L'identité
de la
France

Les hommes et les choses

* *

Fernand Braudel

L'identité de la France

Les Hommes et les Choses

★ ★

Arthaud-Flammarion

Document de couverture :
Vincent Van Gogh, *Le Semeur*, Londres,
Christies (Cliché Bridgeman-Giraudon)

SECONDE PARTIE

UNE « ECONOMIE PAYSANNE » JUSQU'AU XXe SIECLE

CHAPITRE III

LES INFRASTRUCTURES RURALES

Ce chapitre et le suivant présentent, dans la longue durée, une perspective de la France économique d'autrefois. Je n'en suivrai le destin qu'à partir de l'An Mille ou mieux, de 1450, quand les lumières sont suffisantes pour poser les grands problèmes avec quelque chance de les bien saisir. Mais, même ainsi réduite, la distance de temps reste impressionnante. Il fallait, en outre, atteindre une histoire économique en profondeur. Pour cette raison et beaucoup d'autres, il était logique de donner la primauté aux campagnes françaises, partir d'elles, juger l'ensemble de cette vie économique en fonction de leur rôle. C'est ce qu'annonce le titre de ces chapitres. Mais je n'ai pas inventé l'expression d'*économie paysanne* dont je vais longuement me servir. Je l'ai empruntée, telle quelle, à un article décisif et *libératoire* de Daniel Thorner, paru en mai-juin 1964 [1], dans lequel il a tenté de débarrasser nos discours habituels de leurs formules creuses, y compris celle du *mode de production asiatique,* alors en faveur.

Bien entendu, par *économie paysanne,* il n'entendait pas désigner exclusivement le secteur paysan qu'inclut toute économie, et qui, jadis, était d'une surabondance massive. Son intention : identifier une forme d'économie *globale* où la vie rurale est dominante par rapport aux autres activités qui l'accompagnent nécessairement et qui, d'ailleurs, peu à peu, vont grandir et se développer à ses dépens.

Pour Daniel Thorner, la proportion entre activités rurales et non rurales est le trait qui, prioritairement, définit et différencie

les sociétés. Celles-ci, dans l'Occident d'hier comme dans bien des pays en voie de développement d'aujourd'hui, en restent au stade de l'*économie paysanne* aussi longtemps :
– que l'agriculture, qui s'y intègre, représente la moitié (ou plus) de la production totale ;
– que la moitié (ou plus) de la population est engagée dans des tâches agricoles ;
– que la moitié (ou plus) de la production agricole dépend de ménages paysans, ou, pour mieux dire, de familles paysannes (par opposition aux grosses exploitations, qu'elles soient seigneuriales, bourgeoises ou capitalistes). Ce petit monde paysan est exploité, d'une façon ou d'une autre, mais il garde une certaine indépendance et des liens directs avec le marché.

Toutefois, ceci posé, il s'agit d'une économie suffisamment développée pour impliquer :
– qu'il y ait, actif, un Etat avec l'encadrement plus ou moins important qu'il suppose ;
– et qu'un dialogue serré rapproche villes et campagnes.

Tels sont les critères de l'*économie paysanne* de Daniel Thorner, que j'accepte, évidemment, pour mon propre compte. On remarquera que, sans les pousser jusqu'à leurs conséquences extrêmes, ces critères dessinent un système, un *ensemble* : placer les villes et l'Etat à l'intérieur du *modèle*, c'est y introduire la réglementation, l'industrie, l'échange déjà sous toutes ses formes, le crédit, même le capitalisme à ses premiers pas. Autre évidence, l'adjectif *paysanne* concentre l'attention, comme il convient, sur l'importance primordiale de l'agriculture : les campagnes soutiennent tout, envahissent tout, les autres activités ne sont que des îles au milieu de la mer. Mais ces îles existent.

Tous les pays d'Europe auront vécu, des siècles durant, en *économie paysanne*. Puis tous s'en sont dégagés, plus ou moins vite. La France plus lentement que quelques autres : ce retard a sûrement marqué notre histoire profonde. Encore en 1947, Louis Chevalier affirmait, à propos de la France, que « la paysannerie [était] en quelque sorte la conscience habituelle du pays, de ses possibilités, de ses limites. Il n'y a que par elle que la France puisse, en tous moments, avoir un sens exact de ce qu'il lui est permis d'oser ou de ce qu'elle doit refuser »[2]. Sauvegarde, l'agriculture exprimerait ainsi, à elle seule, « une certaine conception de la France ». Ce poids évident, cette réalité sous-jacente, ce retard à évoluer peuvent-ils être considérés comme un bien (j'en doute), ou comme un mal, ainsi que le pensent de nombreux historiens ?

Plutôt que d'en juger, on se demandera comment, pourquoi, à quel prix, la France a gardé chez elle une masse paysanne surabondante et de moins en moins fonctionnelle. Faut-il accuser les avantages naturels de notre pays, capables de prolonger au-delà du raisonnable la priorité rurale, et cela contre vents et marées ? Ou accuser une longue histoire conservatrice, forte de sa propre inertie autant que d'indéniables succès, et dont il était difficile de sortir du jour au lendemain ? Ces interrogations traversent le présent chapitre. En fait, elles se poursuivront jusqu'au terme même de notre ouvrage.

I

COMBIEN DE SIECLES LA FRANCE A-T-ELLE VECU EN « ECONOMIE PAYSANNE » ?

La première question concerne un bornage : pendant quel temps (opérationnel à mes yeux) peut-on observer le *modèle* de l'économie paysanne et dégager, grâce à lui, les enseignements et perspectives dont nous avons besoin ? Le modèle s'annonce, évidemment, dès qu'un de ses éléments se présente avec clarté ; il est à l'œuvre quand tous ses éléments sont en place ; il se détériore par étapes, quand l'un, puis l'autre de ses ressorts essentiels se brisent...

Certes, il y a eu des villes et des campagnes, c'est-à-dire un ordre et des contraintes, dès la Gaule romaine. Avant elle, la Gaule indépendante reste sans doute un cas ambigu. Mais, au temps des villes romaines, le *modèle* n'est peut-être pas arrivé à sa plénitude puisque, à travers les campagnes, les *villae* et leurs esclaves sont en contradiction avec la condition que pose Daniel Thorner, à savoir que la moitié de la production au moins relève d'unités familiales, disposant d'une certaine liberté d'agir [3]. Certes, la Gaule romaine a eu ses paysans indépendants, mais ils ne représentent sans doute pas la majeure partie de la production. D'autre part, les cités se détériorent, laissent bientôt aux *villae* un rôle primordial ; il y alors fractionnement de l'espace, effacement de l'Etat, une sorte de préface au régime seigneurial qui surgira des siècles plus tard. Pour s'affirmer, l'économie paysanne attendra, si je ne me trompe, le tournant décisif de l'An Mille et l'explosion qui va soulever nos campagnes et les campagnes européennes. J'essaierai dans un instant de montrer combien cette économie a présenté, dès cette époque, les signes caractéristiques requis, plus ou moins développés, cela va de soi. A propos de ce premier repérage, il n'y aura aucune surprise, aucun doute possible.

Jusqu'à aujourd'hui

La surprise – elle eût été totale hier encore, au temps de Marc Bloch –, c'est la persistance d'une telle *économie paysanne* française englobant, dépassant même le XIXᵉ siècle. Des paysans propriétaires libres, fermiers, métayers, exploitent à peu près les deux tiers des terres vers 1840, selon le témoignage d'un agronome sérieux, comme Lullin de Chateauvieux [4] ; vers 1881, le revenu agricole, relativement diminué, est encore la moitié, ou peu s'en faut, du revenu national brut ; en 1931, la population urbaine s'apprête seulement à dépasser la population rurale qui, jusque-là, l'avait surclassée. Ainsi, commandées par leurs réalités sous-jacentes, leur poids et leurs exigences, les campagnes françaises ont peut-être été longtemps le « livre de raison » de notre pays, auquel il convient de se reporter pour le bien comprendre. Nous venons seulement d'assister à la désorganisation rapide, catastrophique, inattendue celle-là, de cette France paysanne venue vers nous du plus profond de notre passé.

Maurice Parodi en dresse l'acte de décès dans son récent livre – *L'Economie et la société française depuis 1945* – quand il écrit en bref : « L'agriculture qui était encore en 1968, "la première industrie nationale" du point de vue de l'emploi, avec ses 3 125 000 personnes actives occupées, ne comptait plus, en 1977, que 2 millions de personnes actives. » [5] En moins de dix ans, la mutation s'est accomplie. Et nous l'aurons remarquée plus encore à ses résultats, qui crèvent les yeux aujourd'hui, que dans ses processus, ses remuements, ses désertifications successives, ses mouvements de population et la fortune insolente de nos villes : toutes ont grandi de façon spectaculaire. Marc Bloch ne pouvait imaginer pareil déluge, pareille marée d'équinoxe quand, en 1930, il publiait *Les Caractères originaux de l'histoire rurale française*. Et pas davantage Daniel Halévy [6] en 1934, visitant les campagnes du centre de la France comme on visite la Terre Sainte.

Dès lors, le problème qui se pose à nous est de relier, aux considérations habituelles et classiques sur un processus multiséculaire, les catastrophes et les éboulements du temps présent : ils sont la conclusion qui s'impose aujourd'hui, qu'on le veuille ou non, au terme d'une évolution longtemps freinée et ralentie. Obligés de changer nos perspectives, nous rejetons, en partie, un XIXᵉ siècle révolutionnaire, moderniste et modernisé, fier de ses progrès, dans un passé dont il abrite de toute évidence, bon gré mal gré, les dernières coulées puissantes, certaines parvenues jusqu'à nous.

C'est donc face à une France des campagnes qui, jusque-là, bougeait peu, qu'ont surgi hier, avec vigueur, les secteurs modernes de l'industrie, des services urbains, des transports, et les mille formes nouvelles de la vie nationale... Nouveautés d'un côté, conservatisme de l'autre. Depuis longtemps, la France moderne s'employait à mépriser et à dénigrer l'autre, à dénoncer son poids, son inertie. Au XVIIIᵉ siècle déjà, en Provence, pour l'homme des villes, « le paysan est un animal méchant, rusé, une bête féroce à demi civilisée »[7]. Le florilège de ces aménités traverse le XIXᵉ siècle et s'y épanouit. N'est-ce pas la preuve qu'une économie paysanne sous-jacente a continué de vivre, de contredire les désirs, d'offusquer les efforts d'une autre France qui souhaite entrer, à part entière, dans le concert du monde industriel ? Jacques Laffitte (1767-1844), banquier, homme politique, ne se plaint-il pas que l'ingénieuse France du XIXᵉ siècle trouve encore, pour consommer ses produits, la France indigente du XIVᵉ siècle[8] ? Dualité à ses yeux évidente : « On voit, en effet, écrit-il en 1824, quelques places de commerce et quelques provinces qui ont participé au mouvement industriel de notre époque, et où les capitaux abondent et se donnent au prix le plus modique ; mais tout le reste du sol, livré à l'ignorance, à la routine, à l'indigence, est dévoré par l'usure, et se trouve fort en arrière de la France qu'on peut appeler civilisée. »[9]

Ainsi survit une France pauvre, misérable, laborieuse, innocente, gênante cependant, acharnée – ou obligée – à lésiner ; à économiser le sel aussi bien que les longues et épaisses allumettes de contrebande ; à recouvrir le feu, chaque soir, sous la cendre pour le retrouver en place le lendemain matin ; à cuire son pain au plus tous les huit jours, et encore ; à se contenter – hommes et femmes – d'un costume du dimanche pour toute une existence ; à tout produire si possible (la nourriture, la maison, le mobilier, le vêtement), tels ces paysans de Corrèze qui, encore en 1806, « s'habillent de gros draps faits avec la laine de leurs brebis qu'ils préparent eux-mêmes »[10] ; à dormir au voisinage, réchauffant l'hiver, de leurs bêtes ; à n'avoir aucune des commodités que l'hygiène commande et vulgarise aujourd'hui[11] et, pour économiser la chandelle, « à suivre le soleil pas à pas », voire à le précéder : « Le gros de la population se [levant] au premier jour, partout les premières messes se [disent] en hiver dans l'ombre ténue de l'aurore. » [12]

Oui, tant que sera resté en place, dur, actif, tranquille, cet univers paysan que les hommes de mon âge ont encore connu et aimé, avec ses couleurs, ses habitudes, sa connaissance intime du terroir, ses besoins réduits, sa modération profonde, l'histoire de France, la vie française auront eu une autre assise, une autre résonance. Une autre sorte de contact avec la nature.

Paul Dufournet, connaisseur sans égal du passé et du présent de la Savoie, un homme de ma génération, pense même que « la civilisation néolithique est presque venue jusqu'à nous avec le bœuf et le cheval ». C'est beaucoup dire. Mais, ajoute-t-il, « sur un des champs où je recueille des silex mésolithiques et néolithiques, à proximité de ma maison de campagne, je me souviens avoir vu un grand-oncle paysan "écrouter" [13] la terre avec sa houe. Je l'associe dans ma pensée aux premiers hommes qui ont mis cette partie du terroir en valeur, voici peut-être cinq ou six mille ans. J'ai conversé avec les derniers représentants de ce monde enfoui. J'ai assisté à la disparition rapide des témoignages, à la coupure avec la tradition orale. Beaucoup des cheminements anciens, qui remontent au plus tard à la Protohistoire, disparaissent sous les taillis, les haies ou les cultures, faute de pouvoir être empruntés par des engins à moteur. Ils étaient encore presque tous praticables, au moins à pied, vers 1960 » [14].

Ces chemins, vivants encore hier et qui s'effacent, sont innombrables. Les plus visibles, en montagne, les chemins des troupeaux transhumants d'ovins ou de bovins. Depuis que des centaines de milliers de moutons ne les piétinent plus chaque année, les plantes arbustives et les broussailles en ont repris possession, ainsi sur les flancs du massif de l'Aigoual et du mont Lozère où les premières transhumances avaient tracé les grandes *drailles*, il y a peut-être quatre millénaires, vers 2000 avant J.-C. Aux rares troupeaux que leurs bergers mènent encore aujourd'hui vers les hauts alpages, il faut frayer la voie à travers les fourrés d'ajoncs et de genêts. Étranges images [15] !

Tout n'a pas commencé, mais tout s'affirme à partir du XIᵉ siècle

Viennent donc de disparaître, ou vont disparaître, les dernières survivances d'une *économie paysanne* en voie de dissolution depuis des décennies. Mais, à l'autre bout du processus, vers l'amont, où en fixer les débuts ?

Assurément au moment où se précise cette géographie villages-bourgs-villes dont nous avons déjà longuement parlé [16]. Disons à partir du XIe siècle, ou du XIIe selon les lieux. J'irai jusqu'à dire, comme certains historiens, ou que « le village [au Moyen Age] l'emporte sur la ville » [17], ou que les activités rurales ont induit l'ordre urbain et les échanges nécessaires à cet ordre [18]. Mais l'explication inverse est aussi partiellement vraie : la montée des échanges, y compris des échanges au loin qu'on aurait tort de négliger [19], a exalté la ville, laquelle a induit à son tour la montée des activités rurales. Il y a eu croissance parallèle, réciprocité. L'activité grandissante des défricheurs ne répond pas seulement aux besoins alimentaires d'un peuple villageois de plus en plus nombreux ; les *surplus* paysans, largement contrôlés par le seigneur, par l'Eglise ou par les ordres monastiques, nourrissent des villes peu à peu gonflées par la montée des hommes, par l'essor du commerce à longue distance, ainsi que par l'extension des produits d'un artisanat plus sophistiqué et spécialisé que celui des villages.

En tout cas, la précocité, l'annonce de l'avenir, c'est l'affirmation du *haut* de la vie économique ancienne. Si nous voulons fixer *un* point de départ – non *le* point de départ –, il importe de regarder vers ces étages supérieurs en formation. Dès qu'ils se dessinent, le long processus, la longue réalité de l'économie dite *paysanne* s'amorcent.

Peut-être la Provence de l'Ouest, au Xe siècle, est-elle un trop bel exemple ? La Méditerranée suscite sa précocité. Au-dessus des campagnes, des cités déjà se développent : Avignon, Aix, Arles, Tarascon. Elles créent des faubourgs, jettent leurs filets sur les campagnes proches, s'annexent, le cas échéant, des industries paysannes, multiplient leurs propres activités artisanales... Sur le Rhône et la Durance, des barques, très tôt, transportent le précieux sel des côtes méditerranéennes et font halte à des relais obligatoires : Saint-Gilles, Tarascon, Avignon, Pont-Saint-Esprit. Y circulent aussi « des radeaux [de troncs d'arbres]... coupés dans les montagnes du Gapençais et du Diois » [20] ; par la suite, le blé s'ajoute à ces échanges, et c'est une novation importante.

Dès lors, les marchés anciens ne suffisent plus, des foires se fondent au XIIe siècle, une à Pont-Saint-Esprit, deux à Gap (l'une pendant l'octave de la Nativité de Notre-Dame, l'autre à la

Saint-Arnoul), d'autres encore à Saint-Paul-des-Châteaux, à Fréjus, à Marseille, à Avignon, à Beaucaire... Des caravanes d'ânes portent aux teintureries urbaines le vermillon [21] des villages, avec la craie pour teindre en blanc et la fougère pour faire le mordant. A ces échanges régionaux s'ajoutent des trafics au loin, les épices, le poivre, la soie des marchés du Proche-Orient.

Ainsi se crée un réseau de relations entre commerce local et commerce au long cours. « Lorsque les Lombards viennent aux foires de Saint-Gilles ou de Fréjus, ce n'est pas seulement pour apporter la soie et les épices et remporter les fourrures ; ce qu'ils chargent dans leurs grosses nefs, c'est le sel qui passe au tonlieu de Gênes, le bois descendu par le Rhône jusqu'à Saint-Gilles ; c'est le blé..., les ballots de draps qui ont passé tous les tonlieux [22]. En 1190, sur ces foires de Fréjus, se négociaient des draps de Saint-Riquier, de Chartres, d'Etampes, de Beauvais, d'Amiens, d'Arras, à côté d'autres *panni de colore* et de soie. » [23] Le progrès général aidant, une activité supérieure, en voie de développement, pousse ses ramifications jusqu'au plan des villages, que touche une commercialisation insidieuse, destructrice à la longue des libertés d'un ancien artisanat rural.

La monnaie est de la partie. Elle circule, issue des ateliers carolingiens de Marseille et d'Arles (dès le IXe siècle), plus tard des frappes régulières de Pavie et, au XIe siècle, des ateliers de Melgueil (aujourd'hui Mauguio, près de Montpellier). Vers la fin du siècle, elle apparaît dans les redevances acquittées par les paysans. Sa circulation s'accélère au XIIe siècle, en même temps qu'un essor commercial soutenu lie villes, campagnes et grand commerce [24].

Bien sûr, la précocité provençale est loin d'être la règle. Dans le mouvement qui affecte tout l'espace « français », il y a des avances et, plus encore, des retards et des inerties.

Ainsi, le Mâconnais ne semble pas trop précocement atteint par l'élan que le sillon Rhône-Saône aurait pu lui apporter. A la fin du Xe siècle, est-ce encore « une économie purement terrienne » [25] ? L'expression est peut-être péremptoire : quelle *économie* pourrait se limiter aux seules activités de la terre ? D'ailleurs, les marchés sont nombreux, actifs. Dès avant l'An Mille, « au concile d'Anse de 994, les clercs se soucient d'interdire aux fidèles d'acheter ou de vendre le dimanche, "sinon ce qui doit être mangé dans la journée" ; c'est bien qu'il est d'usage de négocier quotidiennement la provende », même le jour du Seigneur [26]. Et ces échanges locaux, de même que les redevances, ou les amendes, sont souvent acquittés en espèces sonnantes. Au long du val de Saône, une « intense activité batelière » favorise des trafics à plus ou moins longue distance. Cluny, bourgade nouvelle, née du monastère, est un centre de transactions commerciales, animé par l'afflux des pèlerins. On y frappe monnaie, ainsi qu'à Tournus et à Mâcon, très vieilles villes plus ou moins déchues de leur ancienne splendeur romaine, mais qui ont leur foire annuelle à la fin du Xe siècle [27]. En 950, Létaud II, comte du Mâconnais, dont les possessions se dispersaient sur un large espace, se créait « d'abondantes ressources... de l'exploitation des salines du Revermont » jurassien [28]. Le Mâconnais importe, en effet, du sel, du fer, et même quelques objets de luxe – étoffes précieuses, épices... – par l'intermédiaire d'une colonie juive [29].

Toutefois, ce n'est qu'à partir du troisième ou quatrième quart du XIe siècle que le mouvement commercial, au long de l'axe Rhône-Saône, s'amplifie et pénètre efficacement l'économie ambiante. Les foires se multiplient à Tournus, Cluny, Mâcon. De nouveaux quartiers et faubourgs s'y construisent pour une population en vive croissance, nourrie par des apports étrangers ou campagnards. Les trafics routiers s'amplifient, au point d'étonner les contemporains – aussi bien moines ou châtelains s'empressent-ils d'instaurer des péages [30]. La masse monétaire s'enfle [31] et, en même temps que l'artisanat, une classe marchande se développe, qui pratique commerce et usure et ne donne plus sa préférence à la richesse terrienne [32]. A l'extrême fin du XIIe siècle apparaissent à Mâcon les premières dynasties marchandes [33].

S'arrêter à Chartres où la circulation monétaire commence dès l'époque carolingienne et s'avive par la suite, grâce aux pèlerins et aux étudiants, autant et plus qu'aux marchands [34] ; à Paris, trop bel exemple, où sous Philippe Auguste (1180-1223) le blé commence à arriver par voie d'eau, les transports par terre, habituels, ne suffisant plus, vu l'ampleur de la population [35] ; à Toulouse où les compagnons du textile manifestent, au XIe siècle, en promenant en ville une navette géante [36] ; ou encore au péage de Méron, près de Montreuil-Bellay dans le Saumurois, où un hasard nous a conservé une liste de marchandises en transit entre 1080 et 1082 : chevaux, bétail, laine, graisse, plume, cire, auxquelles s'ajoutent « les marchandises étrangères ou de grand prix *(merces peregrine vel magni precii)* apportées à col ou à dos d'âne » [37] – ce serait se donner une tâche trop facile. On trouverait sans peine au rendez-vous artisans, marchands, routes et ponts de pierre jetés sur les rivières...

Alors plaçons-nous plutôt au centre géométrique, au cœur épais de la France, dans le Berry, défriché, au moins en ce qui concerne l'espace essentiel de la Champagne berrichonne, dès l'époque préromaine [38]. Guy Devailly a raison de dire qu'au XIe siècle, il y « existait bien quelques villes..., Bourges notamment. Mais, précise-t-il, elles étaient peu nombreuses, peu importantes et restaient d'autre part étroitement liées au monde rural. Commerçants et artisans étaient [alors] des hommes qui, la plupart du temps, travaillaient la terre, tout en exerçant leur métier spécialisé : ils transformaient les produits de la [campagne] ou fabriquaient ce qui était indispensable pour la travailler. Il est encore beaucoup trop tôt, au milieu du XIe siècle, surtout dans ces régions du Centre de la France, *pour opposer la ville à la campagne* » [39]. J'ai souligné ces derniers mots, non pas pour chercher querelle à l'auteur, loin de là. En fait, le problème n'est pas d'opposer (comme chacun le fait trop souvent) la ville à la campagne, mais de mettre en lumière ce qui les oblige à vivre ensemble. Si peu étoffée que soit cette liaison, elle est en place dans un Berry proche encore, à cette époque, de sa vie presque primitive [40].

Quant à penser que, immergée dans la vie rurale, une ville n'est plus une ville, voilà qui est indéfendable. Qui ne sait, en effet, que les villes de France, jusqu'à la fin de l'Ancien Régime et même au-delà, s'enfoncent jusqu'à mi-corps dans la vie des champs qui les entourent et les pénètrent ? A Paris, en 1502, quantité de maisons abritent « pigeons, oisons, lapins et porcs » [41]. En 1643, à Lyon, un voyageur attentif notait : « Cette ville est très grande, d'étendue considérable, parce qu'elle contient dans son enceinte ses champs de tir, ses cimetières, des vignes, des champs, des prés et autres terrains... » [42] Vérité banale [43] qui se présente à des dizaines d'exemplaires. A Paris, pour y revenir un instant, lors de la guerre des farines, en mai 1775, un pauvre diable arrêté est un charretier qui transporte le fumier des écuries parisiennes vers les jardins de la ville et de ses environs [44]. Encore vers la fin du XIXe siècle, à Limoges, « sans compter les jardins particuliers et les porcheries, le périmètre de l'octroi [urbain] englobe des prairies et des exploitations maraîchères » [45]. Mais, qu'elle conserve, ou non, des activités rurales, l'important est que la ville joue son rôle de ville. Précisément, c'est ce qui s'est mis en place et consolidé à partir des XIe et XIIe siècles : le rôle de la ville et du bourg face aux villages.

Ce système plonge évidemment des racines dans les siècles « obscurs » qui précèdent l'An Mille : des continuités se devinent qui traversent le destin de l'Europe et de la France, au lendemain des grandes invasions barbares. Ce problème des origines, sans solution sûre, est de ce fait passionnant. Les articles d'Anne Lombard-Jourdan l'établissent de façon brillante. Des villes affaiblies, minuscules lumières, des foires venues de loin, pré-romaines, gauloises, animent ces époques qui nous échappent. Des produits exotiques y circulent dont les foires assurent la diffusion : « les bons vins, les épices, les fourrures plus chaudes que le drap et symboles de richesse, et surtout les beaux tissus dont les prêtres étaient acheteurs pour l'autel comme les femmes pour leur parure. » Ce commerce « tentateur... n'était plus assuré par les Syriens, disparus à la fin de l'époque mérovingienne », mais par des foires, brèves mais décisives rencontres qui relancent l'essor de l'économie de marché et réveillent les urbanisations un peu endormies [46]... Notre « renaissance » du XIe siècle n'est pas née *ex nihilo*.

II

LES TRAITS D'ENSEMBLE

Une étude de l'*économie paysanne* ne peut que commencer par la paysannerie elle-même. Encore qu'il ne soit pas si simple de la regarder et de la comprendre comme il convient. Parce qu'il y a non pas *une,* mais *des* agricultures françaises, comme dit Jacques Mulliez [47]. De même qu'il y a non pas *une,* mais *des* paysanneries françaises, assez différentes les unes des autres, discordantes. Qui ne l'aura signalé [48] ?

N'empêche que paysans et activités rurales forment un ensemble, une catégorie à part, une masse cohérente distincte dans l'épaisseur de notre histoire. Au lieu donc de décrire la paysannerie à partir de ses différences – et Dieu sait qu'elles sont nettes entre le céréalier, le vigneron, l'éleveur, pour ne pas parler des modes de vie régionaux ! – je voudrais la voir d'abord dans sa généralité, face au reste de la société, être attentif au poids, au nombre, au volume de cet *ensemble*, et à l'espace variable qu'il s'adjuge. Autrement dit : la peser et mesurer par rapport à ce qui n'est pas elle. Ensuite, comme tous les historiens, il nous sera loisible de revenir au détail, aux divisions et aux explications qu'elles exigent.

La force de la nature

Le trait majeur, obsédant de la vie paysanne, c'est sa lutte sans fin contre les forces incontrôlables de la nature. Contre ces forces-là, tout au long des siècles, elle a accumulé ses travaux, à la fois destructions et constructions. Selon cette perspective, rien ne semble plus simple que d'admettre, suivant une tradition bien établie, l'antithèse de l'histoire et de la nature [49]. L'histoire étant l'homme face à la nature aveugle. Est-ce tout à fait exact ?

En fait, l'homme lui-même est partie du monde naturel, il est dans la terre, dans le climat, mêlé à la végétation, celle qui lui échappe comme celle qui, tant bien que mal, lui obéit, à condition qu'il commence par accepter ses exigences. Il vit au milieu de la population des animaux domestiques et des bêtes sauvages, il vit de l'eau des sources, de l'eau des rivières, de l'eau qui coule, ou bondit, inonde les terres, ravage les montagnes, comme de celle qui stagne pour mieux animer ensuite la roue d'un moulin villageois. L'homme est également pris, à chaque instant, dans la nappe de l'énergie solaire. « En fin de compte, comme l'écrit François Jacob, c'est le soleil qui fournit son énergie à la plupart des êtres vivants » [50], y compris l'homme.

Donc, « l'homme vit de la nature, ce qui signifie que la nature est son corps avec lequel l'homme doit rester uni et qu'il doit maintenir des rapports constants avec elle pour ne pas mourir » [51]. Cette belle image de Marx est une vraie perspective d'histoire. L'homme ne crée-t-il pas sa société comme son indispensable instrument pour dominer la nature [52] ?

Cependant, il y a longtemps qu'il a l'illusion de l'avoir maîtrisée. François Malouet (1740-1814), que nous connaissons pour son rôle à la Constituante, s'extasiait sur l'œuvre accomplie par l'homme d'Occident. « Le travail de la nature, écrivait-il, ses productions spontanées, ses œuvres primitives ont presque disparu sous les pénibles efforts des habitants de l'ancien continent. » [53] Cela avant la vapeur, avant l'électricité ! Est-ce raisonnable ? Aujourd'hui, au temps de la machine, Paul Dufournet peut aller jusqu'à dire, victime d'une même illusion, que « l'élément naturel disparaît et que tout devient produit de l'homme » [54].

Il est vrai, surtout dans un pays comme le nôtre, qu'il ne se trouve aujourd'hui aucun paysage agricole qui soit « naturel ». Entièrement reconstruit, le paysage est le fruit d'une évolution multiséculaire, il dissimule la nature elle-même, comme un vêtement qui serait jeté sur elle. Mais faut-il prétendre pour autant que l'homme maîtrise son ennemie ? Songez à l'affreuse sécheresse de 1976 ; aux famines du Sahel saharien qui se répètent périodiquement ; aux froids inouïs qui se sont abattus sur les Etats-Unis à la Noël 1983 et par rapport auxquels l'hiver de 1709, de sinistre réputation, n'a peut-être été qu'un accident mineur. Songez à tels cyclones des Antilles ou de Floride qui déploient cent fois, mille fois plus d'énergie que la bombe sinistre d'Hiroshima... Ce sont là des rappels à l'ordre pour nos contemporains. Quant au monde de jadis, je ne crois pas qu'on puisse démentir Jean Georgelin lorsqu'il le décrit soumis, sans plus, à la « dictature du milieu physique » [55].

Evidemment, cette dictature s'apprivoise, se tourne, s'utilise. Elle ne commande pas à toute l'économie rurale, mais elle l'enserre, lui impose ses rythmes, organise ses articulations. Et comment ne pas voir, par surcroît, ses explosions, les catastrophes et calamités qu'elle jette à travers la vie des hommes ? Défions-nous cependant de ne voir qu'elles et leur histoire véhémente, redoutée, dont les coups sinistres restent fichés dans la mémoire des hommes. D'être attentifs seulement aux péripéties consternantes qui figurent dans toutes les chroniques : ces coups de froid qui s'attaquent aux arbres fruitiers, même aux chênes des forêts ; ces gelées qui mettent hors jeu le blé prématurément levé et que ne protège plus une couche suffisante de neige (cette neige dont le proverbe dit : « Neige en février vaut fumier » [56]) ; les incendies, les sécheresses ou les inondations, les maladies des animaux ; les grêles inopinées qui saccagent tout, le blé ou les vignes en quelques heures : dans le Fertois, dans le Vivarais, « on avait coutume de sonner les cloches des églises pour éloigner les orages » [57].

Notre documentation est une accumulation fantastique de catastrophes : les pluies qui s'éternisent ; le blé en fleur surpris par la neige [58] ; les céréales étouffées par les mauvaises herbes – mieux vaut alors faucher le tout comme fourrage ; les sécheresses qui se prolongent tandis que les paysans multiplient les processions ; ou telle vendange qui, pour la quatrième année, ne donne pas de quoi assurer le vin de la messe ; ou des grêlons qui brisent toutes les vitres d'une ville et hachent les vignes circonvoisines [59] ; ou des inondations désastreuses. Le 16 janvier 1649, « la Seine a tellement débordé que l'on est obligé d'aller en batteau en plusieurs de nos rues » (comme en 1910) [60]. Le 21 janvier 1651, c'est la Mayenne qui submerge Angers, « toute la ville basse et le quartier des ponts estant inondé jusques au second estage des maisons » [61] ! Quant à la Loire, elle est capable de recouvrir la vallée d'un seul coup entre Roanne et Orléans, à la fin de juin 1693, à la veille d'une moisson « de la plus belle apparance qu'on n'ayt jamais veüe ». Si l'on fauchait les prairies dès le retrait des eaux, on pourrait « espérer un regain au mois de septembre... L'obstacle... est que, presque partout en ces provinces, au moment que les prez sont fauchez, chacun est en droit d'y jetter ses bestiaux ». Aucun juge n'ose se prononcer contre cette jouissance. Donc le bétail n'aura pas de foin pour l'hiver [62]. Un malheur n'arrive jamais seul.

Si l'on ne replaçait pas ces nouvelles calamiteuses à leurs dates, au long de la durée, pour qu'apparaissent entre elles les bonnes récoltes et les intervalles presque tranquilles qui ont tout de même existé, elles constitueraient, rapprochées comme autant de pierres noires, un mur d'éternelles lamentations. Mais se plaindre, pleurer sur soi, exagérer ses détresses, c'est être...

TABLEAU DU MONTANT DES PERTES CAUSEES DANS CHAQUE DEPARTEMENT DE LA FRANCE DE 1807 A 1810 ET DE 1814 A 1819

« Inondations, grêle, incendies et autres désastres publics qui ont été officiellement constatés pour obtenir les secours de l'Etat » (Source : A.N., F 12 560.)

Années	Inondations	Grêle	Incendies	Epizooties et autres événements désastreux	Total
1807	869 000	2 467 664	2 533 171	450 000	6 319 835
1808	2 373 242	12 394 109	3 621 993	3 293 769	21 683 113
1809	3 807 485	12 115 710	3 073 111	17 100	19 013 406
1810	4 781 898	16 828 316	6 485 995	16 000	28 112 209
1814	796 003	3 390 109	7 097 571	4 999 845	16 283 528
1815	3 647 230	6 573 917	5 041 171	96 436	15 358 754
1816	3 868 864	9 296 203	4 133 138	51 105	17 349 310
1817	3 094 709	18 912 478	4 302 755	190 512	26 500 454
1818	109 991	4 596 305	4 315 899	360 873	9 383 028
1819	525 610	37 659 925	5 181 840	4 835 481	48 202 856
Total général	23 874 032	124 234 736	45 786 644	14 311 121	208 206 493

Pour l'historien, comptera avant tout le poids global de ces calamités, un poids qu'il conviendrait de jauger. Or l'occasion nous en est fournie par une statistique curieuse du début du XIXe siècle [63] : elle met en cause les années 1807 à 1810 et 1814 à 1819, soit dix années, au total. Il s'agit du relevé des pertes subies par *tous* les départements français en raison de la grêle, des incendies, des inondations et des autres calamités, y compris les épizooties. Au total, pour ces dix années prises en bloc et en arrondissant les chiffres, une perte de 206 millions de francs.

Le relevé a l'intérêt de classer, par ordre d'importance décroissante, l'incidence de ces « désastres » divers : en tête, 123 millions, plus de la moitié du total, la grêle ; 46, les incendies ; 23, les inondations ; 14, les épizooties et « les autres désastres ». Ce classement a quasi la valeur d'une constante. En tout cas, il est utile de retenir la priorité des ravages de la grêle et de l'incendie. A une époque où, dans les villes, des maisons ont encore des murs de bois et des toits de chaume, où, en Picardie, en 1728, un voyageur signale même des églises couvertes de paille [64], on comprend que le feu fasse des ravages fantastiques. Ainsi en 1524, un incendie avait détruit presque entièrement Troyes [65]. Dans tels villages de la vallée jurassienne de la Loue, 99 maisons brûlaient à Mouthier, en 1719 ; 80, en deux heures de temps, dans le village tout proche de Vuillafans, en 1733 ; une centaine à Ornans, petite ville voisine, en 1636, et autant, toujours à Ornans, en 1764 [66]. Si les deux gros chapitres de tête, ceux de la grêle et de l'incendie, ont attiré assez tôt le zèle intéressé des assureurs – la grêle à partir au moins de 1789 [67], l'incendie à partir de 1753 –, c'est bien parce qu'ils concernent une grosse clientèle éventuelle, outre que ces deux domaines s'ouvrent aux calculs et prévisions, selon la loi des grands nombres.

Mais est-ce là le témoignage essentiel ? L'essentiel, n'est-ce pas plutôt le total de 206 millions pour dix ans, soit une vingtaine de millions par an, alors que le revenu national brut, que je mettrai en cause par la suite, est de l'ordre de 8 milliards de francs, le revenu agricole s'établissant au voisinage de 5 milliards [68] ? Par rapport à ces chiffres massifs, calculez le pourcentage des pertes, le résultat étonnera : entre 0,25 et 0,4 %. Evidemment, le relevé a laissé de côté les années 1812 et 1813 qui, comme 1814 et 1815, ont été calamiteuses : « Les intempéries furent sans doute pour beaucoup dans les disettes qui affligèrent les dernières années de l'Empire. » [69] Or, justement, rien, dans le calcul offert, n'est retenu des déficits dus aux intempéries ordinaires, aux saisons qui s'étalent mal, aux changements cycliques du climat : n'y a-t-il pas eu, lors du règne de Louis XIV, ce que l'on a appelé un « petit âge glaciaire » ? Les mauvaises récoltes devraient entrer en ligne de compte, s'inscrire pour le manque à gagner qu'elles entraînent, par rapport à la normale : ne dressons donc pas trop vite un bilan satisfaisant.

Le rythme des saisons

Le grand jeu de la nature, c'est la succession des saisons. Le mouvement de la terre autour du soleil va comme une horloge et les présente l'une après l'autre. Chaque année, l'évolution est la même en apparence ; elle commande de façon monotone le calendrier des travaux agricoles. Pour les fruits de la terre, selon les conjonctions de la pluie et du soleil, de la chaleur et du froid, l'année sera ou bonne ou médiocre ou calamiteuse.

Peut-être, pour une compréhension plus exacte du passé, faut-il parvenir à se représenter combien les saisons rythmaient la vie entière et, plus encore, combien, de ce point de vue, hier différait d'aujourd'hui. En gros, les saisons que nous subissons sont les mêmes qu'autrefois, c'est vrai, mais nous ne les vivons plus de la même façon. Nous nous en sommes affranchis largement. Dans la bibliothèque de l'université de Chicago, alors que le vent souffle dehors, glacial, chargé de neige cinglante, je suis, comme tous les lecteurs, en manches de chemise (1968). Et si le gel vient détruire nos cultures maraîchères, si la pluie obstinée couche les blés ou pourrit en terre les pommes de terre, nous savons, quelles que soient les conséquences économiques, que nous ne risquons guère de souffrir de la faim.

Alors, essayons de revivre à l'heure d'hier, de nous mettre au diapason de ces hommes qui, tous, même le citadin « souvent à demi cultivateur » [70], sont constamment préoccupés par les températures, l'état de la végétation, la floraison ou l'épiage des blés. En 1675, un « bourgeois de Metz » note dans son journal : « Je ne dois omettre les grandes pluyes et froidures extraordinaires qui commencèrent le lendemain de la Pentecoste et continuèrent près d'un mois. Ce qui mit le monde fort en peine à cause que les froments et raisins ne pouvoient fleurir. » [71] S'étonnera-t-on que les ambassadeurs de Philippe II dans leurs lettres, les intendants du roi de France, dans leurs rapports, n'omettent jamais, eux non plus, de parler de la pluie et du beau temps, c'est-à-dire des prévisions de la récolte prochaine ?

Le déroulement des saisons ne souffle pas seulement le froid et le chaud, il rythme l'alternance des périodes d'activité et des temps morts de la vie paysanne.

A une date plus ou moins précoce ou tardive, le printemps est la remise en marche des travaux agricoles : labourer, bêcher, semer, creuser des fossés... Mais ce n'est pas encore l'époque des grandes opérations et le moment est propice pour louer les services des paysans, alors toujours à assez bas prix, tant pour les transports qu'ils assurent, avec leurs bêtes, à travers tout le royaume, que pour les travaux publics.

Vous comprendrez donc sans trop de peine l'ingénieur Pierre de Riquet (1604-1680) qui achève de creuser le canal des Deux Mers (de 1666 à 1681). Le voilà, le 16 avril 1679, alors que l'œuvre touche à sa fin, brusquement embarrassé : « L'inquiétude de M. Riquet, écrit à cette date d'Aguesseau, alors intendant du Languedoc, sur le sujet des fons qu'il espère que vous luy feres pour ses travaux, est si grande, à cause du nombre d'ouvriers qu'il a sur les bras, que je n'ay pu l'empescher de vous envoyer un courrier exprés pour vous demander vos ordres. En effet, *cette saison est la plus propre de l'année* pour avancer ses ouvrages et s'il ne fait pas un effort considérable entre cy et la St Jean, il aura de la peine à y suppléer dans un autre temps. » [72]

Vous comprendrez aussi l'attente inquiète d'un marchand qui, pour ravitailler le lointain Valais, fait venir du sel des marais languedociens de Peccais par les bateaux du Rhône. De Genève, il écrit le 3 janvier 1651 : « Si ce temps ne relâche sa rigueur [si le dégel ne s'annonce], nous n'aurons envoyé tout le sel [prévu] qu'à Pâques. » [73] Impossible, en effet, de ne pas ajuster ses efforts à l'heure que fixe la nature, de ne pas l'attendre, souvent avec anxiété et longtemps à l'avance.

L'été et le début de l'automne sont la période de suractivité par excellence : fenaison, moisson, vendange, battage précoce du mois de septembre, le mois, dit un observateur attentif (1792), « où l'on mange déjà du bled nouveau » [74]. En Savoie, le proverbe dit : « Neuf mois d'hiver, trois mois d'enfer. » [75] L'enfer, c'est évidemment l'été avec ses tâches urgentes et qu'il faut accomplir au galop. Il est vrai que la montagne et ses froids hâtifs et prolongés en portent la responsabilité.

Toutefois, les durs travaux de la moisson et de la vendange sont aussi des fêtes : la joie vivante des campagnes, une suite de réjouissances, presque de bombances... Et c'est le plein emploi, dirions-nous : les gens des villes accourent, quittent leurs métiers – la pratique est courante à travers l'Europe entière. Et cette mobilisation générale était encore visible chez nous, au milieu du XIXe siècle.

Dans le Maine, « en août et en septembre de chaque année [avant la Révolution], les sabotiers, comme d'autres ouvriers, abandonnent la pratique de leur métier pour se consacrer au travail des champs qui leur assure, sans doute, un bien meilleur salaire » [76]. Dans les Alpes de Provence, c'est une véritable explosion : « Le temps des moissons met presque tous les bras en mouvement. Les maladies contractées par l'intempérie des saisons, par les promptes variations de l'atmosphère, par le besoin, sont dissipées à l'entrée du printemps : à l'approche du solstice d'été, tous les maux s'évanouissent ; il n'est plus d'inflammations, de vieilles douleurs, de catarrhes, de fièvres rebelles : ces affections désolantes et chroniques font place à la santé dans les bourgs et les villages... Les moissonneurs... parcourent successivement une partie de la province et coupent les blés à mesure qu'ils sont parvenus en maturité... Ce sont des hordes ambulantes... Les premiers... commencent par les plaines de la Napoule ; ils viennent à Fréjus, Le Puget, Sainte-Maxime, Grimaud où les moissons par la situation des lieux aux bords de la mer sont toujours précoces... » [77] Mais qui ne connaît la descente rituelle des « gavots » [78] – garçons et filles – à partir des Alpes vers la Basse-Provence des céréales, des vignobles et du vin ?

Puis tout s'apaise. Dès le 15 août, le paysan, obéissant au dicton, a « pendu sa lampe à son clou ». Et après les vendanges et les labours nécessaires aux champs de céréales, quand court encore l'automne, il prend ses précautions pour aborder l'hiver. Durant cette dure saison, encore en 1804, « les journées sont à bas prix [et les] domestiques sont assidus à leur travail et ne parlent point de quitter les propriétaires ». Où trouveraient-ils du travail ? Alors, avant d'en arriver là, celui qui veut changer de maître se hâte de tirer ses plans. « Dès que les travaux des vignes commencent, ainsi que la hausse de la main-d'œuvre, plusieurs... domestiques quittent leurs maîtres pour aller travailler comme journaliers ou se placer plus avantageusement ailleurs. » [79]

Les rigueurs de l'hiver, il nous est difficile de les imaginer en notre siècle de maisons chauffées, de routes aménagées et régulièrement déblayées, de transports faciles, de fleuves et rivières surveillés, canalisés, aux inondations devenues rares. En hiver, hier, tout s'aggravait automatiquement, le froid était le visiteur obstiné, dangereux, dévastateur... Les signes se répétaient, d'une régulière banalité : l'encre qui gelait au moment où vous alliez écrire [80], ou le vin, même sur la table de Louis XIV et de Madame de Maintenon ; le gibier que l'on retrouvait mort dans les champs et les bois ; et tant d'autres rigueurs ! A Marseille, en 1709 – est-ce croyable ? –, l'eau du Vieux Port est prise par les glaces [81], catastrophe qui n'est cependant pas une « première », puisque ce phénomène aberrant s'était déjà produit en 1506 [82]. L'hiver de l'année 1544, lui aussi, « avait été si rigoureux [dans le Maine] que l'on coupa le vin dans les tonneaux avec des instruments tranchants » [83]. Nous voici à Caen, en février 1660, « durant lequel temps, moy et les autres, dit Simon Le Marchand dans son *Journal*, il fallut chauffer le pain pour le coupper et menger. Et le boyre gelit aussy dans les tonneaux ; et lorsqu'il falloit tirer, il falloit un réchaud sous la clef [le robinet] pour la dégeler » [84]...

Tout cela pas aussi vieux qu'on l'imaginerait. En plein XIXe siècle, la France n'est pas sortie des duretés accumulées de l'hiver. Nous sommes à Saint-Antonin, dans le Tarn-et-Garonne, une petite ville aux trois quarts rurale, le 11 décembre 1845, un bon demi-siècle après notre Révolution. « Par suite du manque de travail que l'hiver traîne à sa suite, dit un document, une très grande misère va tomber sur la commune de Saint-Antonin », et sur des milliers d'autres communes [85]. A Marseille, le 18 novembre 1853 – le Second Empire va bientôt fêter son premier anniversaire (2 décembre) – voici un mot rassurant du préfet : « En résumé, l'hiver paraît devoir se passer sans trop de souffrance pour les classes agricoles. » [86] Mais, cette même année 1853, à un jour de distance, le 19 novembre, le préfet de l'Aube écrit : « La situation générale de l'arrondissement de Troyes et du département de l'Aube est restée la même depuis mon dernier rapport. On ne peut néanmoins se dissimuler qu'il existe des appréhensions pour l'hiver prochain qui sont la conséquence de la cherté du pain. Partout cependant, et surtout à Troyes, où la population est la plus considérable, les autorités municipales avisent aux moyens de porter remède à la situation et dès le lundi 7 des bons de différence [de rabais] sur le prix du pain ont été distribués aux familles les plus nécessiteuses. Des quêtes ont été faites, des souscriptions seront recueillies et l'on créera s'il est nécessaire des ateliers d'urgence pour occuper les ouvriers que des fabricants ne sont que trop souvent forcés de congédier à l'entrée de l'hiver. » [87] Ateliers d'urgence, autant dire, comme sous l'Ancien Régime, ateliers de charité.

Un dernier exemple, cette fois dans les Ardennes, à Rocroi, en date du 27 février 1854 : « Les départements situés dans la région du Nord [de la France] se ressentent cette année plus que toutes les autres des effets désastreux d'un hiver rude et prolongé. Les classes nécessiteuses qui vivent au jour le jour n'ont pas pu se livrer à leurs travaux ordinaires, ce qui a beaucoup contribué à empirer leur position. Cependant les mesures bienfaisantes adoptées par le gouvernement ont permis de soulager bien des souffrances et ont excité des sentiments de profonde reconnaissance pour l'Empereur et l'Impératrice. La charité publique ne s'est pas ralentie un seul instant ; partout des ressources ont été mises à la disposition des bureaux de bienfaisance, partout on s'est trouvé en mesure d'apporter des secours aux familles qui manquaient de moyens d'existence. » [88]

Sans doute ces témoignages mettent-ils en cause la détresse des pauvres des villes et il s'agit toujours de chômage, de cherté, non pas de famine, comme si souvent jadis. Les campagnes sont plus silencieuses, peut-être résignées, peut-être plus à l'abri, ce n'est pas impossible.

Je soutiendrais volontiers que l'*économie paysanne* s'est maintenue, en France ou ailleurs, tant que l'hiver a été pour les hommes cette épreuve dont aujourd'hui nous n'avons plus idée. Tant que chacun, ou presque, aura pu reprendre à son compte les premiers mots, en argot faubourien, des *Soliloques du pauvre* de Jehan Rictus (1897) :

> Merd' ! V'là l'hiver et ses dur'tés
> V'là l'moment de n'pus s'mettre à poils
> V'là qu'ceuss' qui tienn'nt la queue d'la poêle
> Dans l'midi vont s'carapater... [89]

La bêche, la houe, la pioche – ou la charrue

Lutter contre la nature. Mais avec quelles armes ? Avec quels outils ? Selon quelles méthodes ? Avant tout, avec l'aide des animaux domestiques, principalement « des bestiaux aratoires » [90] : le cheval, le bœuf, la vache (attelée par les cornes dans les pays pauvres jusqu'au XXe siècle), l'âne, le mulet (« véhicule tous terrains », dit un historien [91]). Oui, avant tout : *les animaux*. Ils font l'énorme différence entre la culture à la chinoise et la culture à l'occidentale, constatation souvent répétée, banale mais capitale.

Ces bêtes de trait, ces moteurs, l'homme se les est soumis, en Europe, dès la Préhistoire ; ce sont de très vieilles acquisitions. Mais, des siècles durant, le paysan n'en a pas possédé à suffisance pour la mise en valeur de l'immense espace à cultiver. Sans doute, à la veille de la Révolution, Lavoisier compte 3 millions de bovins (plus 4 millions de vaches) et 1 780 000 chevaux (dont 1 560 000 occupés dans l'agriculture) [92]. Pourtant, chevaux, bœufs et mulets sont, encore à cette époque, *relativement* peu nombreux : l'animalisation n'a atteint ses plafonds que plus tard, au début du XXe siècle.

En outre, l'animal ne pouvait se charger de toutes les tâches. Il laissait une place, impossible à évacuer, au travail personnel des hommes. Cette place est, à sa façon, un trait révélateur de l'économie paysanne, bien que, curieusement, on ne reconnaisse pas d'ordinaire son rôle.

Il s'agit de la place, non de l'homme aux mains nues (comme l'on dit parfois), mais de l'homme armé de ses outils, bêche, houe, pioche, faux, râteau, trident, fourche, serpe, sans oublier des outils particuliers aux noms variables selon les régions – ne serait-ce que pour tailler la vigne, défoncer la terre autour des ceps, des oliviers, des noyers, des mûriers, des châtaigniers, sans compter la hache et les scies diverses pour s'attaquer aux arbres ou, pour battre le blé, le fléau avec son bruit de « carillon » (lequel restera en usage, en pays charentais et ailleurs, jusqu'au début du XXe siècle).

Certes, l'animalisation – que l'on me pardonne ce néologisme commode auquel je ne souhaite pas bonne fortune – apporte aux hommes des allégements, des libertés, des possibilités, des ambitions. L'extensive culture céréalière eût été impossible, telle qu'elle se développa, sans l'aide des animaux. Mais celle-ci est restée incomplète, d'autant qu'elle s'insérait dans l'équilibre des nourritures et des productions : ou les hommes, ou les animaux ; ou le blé, ou l'herbe... Trop souvent, ce qui nourrit l'homme nourrit l'animal : certaines nourritures sont « interchangeables » [93].

Vérité banale. Dans l'Angleterre du XVIe siècle, Thomas More (1478-1535) signalait dans son *Utopie* que le paisible animal domestique qu'est le mouton, avec l'extension de ses pâturages au détriment des champs céréaliers, « dévorait les hommes », c'est-à-dire les privait de leur nourriture, même de leur travail : ne suffit-il pas d'un berger « pour faire paître les bêtes sur cette même terre qui, auparavant, demandait plusieurs mains pour être cultivée et ensemencée » [94] ? Le dilemme se présente, en France, à Cantillon (1680-1734) : « Plus on entretient de chevaux dans un Etat, et moins il restera de subsistance pour les habitants » ; « ou des chevaux, ou des hommes » [95]. Messance (1788) lui fait écho : « La multiplication des fourrages et le grand nombre de chevaux diminuent les subsistances propres à nourrir les hommes. » [96] Dans le pays d'Auge, à partir de 1660, et dans toute la Basse-Normandie, beaucoup plus tard, vers les années 1780 à 1820, avec le passage à la mise en herbe, la vache à son tour devient innocemment homicide.

Ainsi, d'un côté, le travail qui s'accomplit avec l'aide des animaux ; de l'autre, le travail que l'homme est obligé, ou qu'il choisit de faire seul. Mais quelle peut être l'étendue de ce que l'on appelait communément hier *la culture à bras,* parfois *la culture à la main ?*

Premières localisations : les jardins et les chènevières, celles-ci des quasi-jardins où se cultive tantôt le lin, tantôt le chanvre. Dans ces espaces étroits, où le chanvre pousse parfois des tiges serrées de plus de deux mètres de haut, on pourrait à la rigueur imaginer, aujourd'hui, l'entrée d'un motoculteur (et encore), mais un cheval y aurait été, hier, déplacé. Ce sont là, forcément, des cultures à la bêche, le plus souvent réservées aux femmes. Indispensables à la vie paysanne, proches de la maison, elles reçoivent un *surplus* de fumier, rarement des ordures humaines que la campagne française d'ordinaire ne collecte pas, ou collecte mal, sauf dans le Nord où les gadoues urbaines s'utilisent sans répugnance [97], ou près des villes. Souvent, en effet, les cultures maraîchères, ceintures de jardins autour de toutes les villes, utilisent le « pot à fiente » ou la masse de ces ordures diverses qu'à Laval, par exemple, les domestiques ou les manants, les mardi, jeudi et samedi, accumulent le soir devant la porte des maisons pour que « le fermier des boues » les enlève [98]. N'en va-t-il pas de même à Lyon où l'« on nettoie les rues aussi bien qu'on peut et emporte les gadoues à dos d'âne aux granges » [99] ? Autour de Paris, boues, ordures et immondices de la ville engraissent les cultures des maraîchers. Encore le 13 nivôse an II, un nommé Bridet « jouit du privilège exclusif qu'il avait eu de l'intendant de la généralité [de Paris] de laisser réduire en poudre les matières [fécales recueillies à Monfaucon] et de les vendre » [100]. Mais cette « poudre végétative » ne vaut pas la substance originelle, disent les plaignants. En conséquence, ils demandent l'abolition du privilège. Pourtant il y avait longtemps que défense était faite aux laboureurs de Belleville, Pré-Saint-Gervais, Pantin, Saint-Ouen, La Villette – villages aux portes de Paris – d'utiliser ces matières « pour fumer leurs terres avant qu'elles ne soient reposées et consommées suffisamment » [101].

Dans tous ces terrains privilégiés, on déverse plus d'engrais que dans les champs ordinaires, même dans ceux où du blé froment doit être semé. De sorte qu'il y a souvent coïncidence entre culture à bras et abondance de l'engrais. L'île de Ré en offre un exemple extrême. Vouée *en son entier* à la culture maraîchère, elle n'élève pas un cheval, pas un mulet, même pas un porc ! « La houe et les bras des habitants, voilà tous les instruments aratoires... On rencontrait jadis des vieillards qui, pour avoir pioché toute leur vie au ras du sol, s'étaient noués en cep de vigne, la tête à hauteur du ventre. » [102] Selon le peintre Eugène Fromentin, des petits propriétaires y arrachaient « leurs orges à main nue » – alors, « pas de buailles, c'est-à-dire pas de chaumes » [103]. Est-ce une propriété émiettée en lopins minuscules qui serait responsable de cette méthode de travail ? Ou bien les rendements magnifiques que celle-ci s'assure, grâce aux incomparables ressources de l'île en goémons – le *start* que l'on récolte à l'heure de la marée nocturne, même par grosse mer, avec de l'eau jusqu'à mi-corps pour ces étranges pêcheurs ? Ici, la « mer sauvage » est nourricière.

Mais la liaison engrais-culture à bras, jamais tout à fait oubliée, n'explique pas, loin de là, l'extension de cette dernière « en pleins champs », où l'engrais devient rare. Seule la nécessité pouvait l'imposer dans ce cas, même si la nécessité la mettait en place, ici ou là, et l'imagination des agronomes en rêvait l'application systématique sur de vastes surfaces. En 1806, l'un d'eux, P.G. Poinsot, déclarait tout de go : « Il serait bien à désirer que l'on pût labourer toutes les terres à la bêche. Ce travail serait certainement beaucoup plus avantageux que celui de la charrue, et cet outil est préféré dans plusieurs cantons de la France, où la grande habitude de la manier abrège beaucoup l'opération, puisqu'un seul homme peut remuer 487 mètres (deux cent cinquante toises) de terrain à 65 décimètres [évidemment centimètres] (deux pieds) de profondeur en quinze jours, et ce seul labour suffit, au lieu que celui de la charrue doit être répété quatre fois avant de pouvoir semer, dans les terres fortes ; d'ailleurs la terre n'est jamais aussi bien remuée, ni émiettée qu'avec la bêche. Si l'on objecte que la dépense serait beaucoup plus considérable qu'à la charrue, je répondrai qu'on n'a qu'à calculer la dépense du bétail et de son entretien, celle des harnais et des instruments d'agriculture, les maladies et la perte du bétail ; on verra que c'est une mauvaise économie que de labourer à la charrue, quand on n'a pas un domaine considérable à cultiver... Un avantage bien remarquable du labour à la bêche, c'est que la terre ne repose jamais, et que l'on ne perd pas le plus petit espace de terrain ; ensuite... les récoltes des terres ainsi cultivées sont triples des autres. La bêche dont on se sert... doit être au moins du double plus longue et plus forte que celle que l'on emploie pour les jardins ; celle-ci... ne résisterait pas aux efforts que l'on est obligé de faire pour soulever une terre compacte, et pour la briser suffisamment. Le manche doit être garni d'une traverse par le haut pour pouvoir appuyer les deux mains en même temps, pendant que l'ouvrier appuie le pied sur un des côtés du fer pour l'enfoncer dans la terre. Lorsque la terre est trop pierreuse... on se sert d'un trident dont les trois pointes pénètrent facilement dans les cailloux. C'est avec cet instrument que l'on bêche les pays caillouteux des environs de Lyon. On peut aussi l'employer pour la vigne dont il ne blesse point les racines. » [104]

A ce long exposé des vertus et méthodes de la culture à bras, il manque cependant l'indispensable prescription qui concerne l'engrais : la bêche fait des merveilles par elle-même, c'est vrai, elle aère, mélange le sol – le superficiel et le profond –, mais, si l'on veut que « la terre ne repose jamais », comme dit l'auteur, il faut recourir intensivement à la fumure. Sans fertilisants, la culture *continue* est impensable. Encore faut-il en disposer.

Or, l'engrais est extrêmement rare, parce que le plus souvent d'origine animale. Supprimer le bétail, suivant le conseil de Poinsot, n'aurait certes pas arrangé les choses. « Dans le Fertois, dès le XVIIe siècle, on améliorait les terres par le marnage, ce qui augmentait le rendement d'un tiers. » « En 1748, des paysans composaient des engrais avec de la fougère et de la bruyère qu'ils allaient vendre au marché du Mans. » [105] Mais je ne garantis pas la valeur de ce compost, pas plus que celle de l'écobuage pratiqué à peu près partout, ou des engrais obtenus dans les Alpes par le pourrissement des feuilles de chêne, frêne et mélèze, des rameaux de buis, des tiges de serpolet, de lavande [106]. Palliatifs au plus, et exceptionnels. Dans la mesure où les excréments humains sont peu employés, l'animal est le grand, ou plutôt le seul fournisseur. Toujours dans les Alpes du Sud, le paysan va ramasser dans les alpages le fumier abandonné en été par les moutons transhumants ou indigènes – le *mison* – et à dos d'hommes ou de mulet, le précieux matériau est descendu vers les vallées [107]. Mais, à Châlons-sur-Marne (entre les deux guerres, 1918 à 1939), « ne loue-t-on pas..., dans certains villages proches... des rues et des portions de rue pour le ramassage du crottin de cheval ? » [108] Exemple pour exemple, le plus significatif ne vient-il pas de la Provence alpestre du XVIIIe siècle ? Le cheptel bovin y était devenu rare, le mouton y ayant établi sa royauté. Pourtant, « nulle part les bêtes à cornes ne devenaient plus vieilles que dans ces pays, où on les conservait pour leur fumier » [109]. Rareté de l'engrais : le paysan peut tout échanger, nous dit-on, non pas son fumier.

Un projet inattendu

Il faut ne pas être paysan pour oublier ce rôle de l'engrais, comme fait l'auteur d'un beau projet qui n'eut aucune conséquence pratique, mais qui mérite que l'on s'y arrête, d'autant qu'il est inédit. Son intérêt ? La conviction sans faille qui inspire des solutions péremptoires, à grand renfort d'arguments.

Nous sommes en janvier 1793, les temps révolutionnaires poussent aux discours. Rien cependant ne désignait, pour expédier de telles propositions au ministre de l'Intérieur [110], A.P. Julienne Belair, alors directeur général des travaux du camp militaire sous Paris. Ledit directeur général, qui se présente comme « un citoyen... jaloux de sa réputation », désireux « d'être vraiment utile », et qui « n'avance rien légèrement », propose au gouvernement un système de culture, mirifique à ses yeux. « Des épreuves [entendez des expériences] faites en grand et plusieurs fois réitérées m'ont assuré des avantages immenses d'une culture à bras imaginée par moi, après dix années de recherches. D'abord, avec un peu plus d'avance foncière ou plutôt d'avance de culture [cette phrase signifie sans doute : en commençant plus tôt les travaux], on emploie à cette méthode de cultivation plus de bras que de chevaux, plus de bêches et de houes que de charrues et si, dans les autres manufactures, [c'est-à-dire dans l'artisanat], une machine qui économise les bras est toujours avantageuse, je me suis assuré dans la culture qu'il est un mode au moyen duquel le travail des hommes (tout en étant rendu facile) ne peut être suppléé par les herses, ni par les charrues. J'ai fait mes principales épreuves dans des sols qui ordinairement ne produisent pas, du fort au faible, au-delà de onze quintaux de froment, cultivés, mais bien cultivés par le système ordinaire, et l'on sème deux quintaux et souvent quelque chose de plus pour obtenir ce produit. D'abord j'ai épargné 60 livres ou trois boisseaux de Paris sur la semence, ce qui est un produit [un bénéfice] certain ; ensuite au lieu de onze quintaux, j'en ai récolté cinquante-cinq, cinquante-six et jusqu'à soixante quintaux et des pailles à proportion... Dans l'ancien système [sur les mêmes sols]... on semait deux boisseaux pour [en] avoir onze... on semait [donc] dix boisseaux pour en avoir cinquante-cinq, et moi j'en semais seulement sept pour en avoir deux cent quatre-vingts et plus. Un boisseau, dans l'ancien système de culture ne produisait que cinq et demi [pour un] et peut-être six actuellement, à cause de la destruction du gibier [111], et un boisseau dans ma culture en produit quarante et plus. Jugés de là à quelle valeur s'élèveraient les biens nationaux qui restent à vendre... »

L'auteur du projet envisage, ni plus ni moins, de mettre en valeur de cette façon les 60 millions d'arpents de terres arables qu'à son avis posséderait la France. Il aperçoit tout de même l'ampleur de l'entreprise et reconnaît qu'il faudrait, pour ces 60 millions d'arpents (un arpent entre 40 et 50 ares), 10 millions de travailleurs, « d'ouvriers, dit-il, ou de *capitalistes de travail* comme les a bien appelés un *écrivain économique* ». Goûtez, au passage, ces deux expressions que j'ai soulignées. Et retenons la proportion : la force de travail d'un homme, avec ses outils et ses mains nues pour 6 arpents (2,4 hectares ou 3 hectares).

Bien entendu, ce projet restera sans suite. D'ailleurs, au lendemain de Jemmapes (6 novembre 1792), où aurait-on pris les 10 millions de travailleurs nécessaires – ou même le million expérimental que proposait l'auteur pour amorcer l'entreprise – alors qu'avec la guerre et les réquisitions d'hommes et de chevaux, l'agriculture se vidait d'une grosse partie de ses forces vives ?

Une suite d'exemples

En France, la culture à bras était une vieille réalité, fille des nécessités et de l'expérience. Même, dans de nombreux cas, c'était la solution unique pour sortir de difficultés impérieuses.

En montagne, comment cultiver les terrains trop en pente ? Dans le Massif Central, les terres basses exceptées (et encore !), la culture se pratiquait hier surtout à bras ; l'emploi des attelages restait l'exception. Mêmes causes et mêmes résultats dans les Alpes. Le travail animal est exclu, ainsi sur les pentes trop déclives de l'Oisans. De même, dans la Durance moyenne (pour les gens de Montrond par exemple), « tout le travail se fait à bras. Misère ! » [112]

Pourtant, hier encore, en dépit des difficultés, la montagne était largement cultivée chaque fois qu'augmentait la population. Il en résultait, dans les Pyrénées comme ailleurs, une recherche fiévreuse de terres nouvelles à exploiter, jusqu'à 2 000 mètres en Andorre, jusqu'à 1600 en Cerdagne et en Capcir... Mais l'agriculture ne gagnait la haute montagne qu'au prix de véritables acrobaties : parti à la conquête de ces terrains difficiles, le paysan devait laisser en bas attelages et araires. S'élevant jusqu'au bord des neiges, il « va cultiver à la bêche cette langue de terre que les bestiaux ne pourraient aborder. Il est suivi de sa femme et de ses enfants, courbés sous une hotte ou un panier rempli de fumier. Sans cet amendement, le travail serait sans fruit ». Encore faut-il que cette terre fragile ne soit pas, un beau jour, entraînée par « les premières avalanches » [113].

Autre région pauvre où règne la culture à bras, le Maine. Les charrues et les attelages y sont rares. Ces charrues, par surcroît, sont incommodes, de très lourds et encombrants instruments de bois « bricolés à la ferme avec l'aide épisodique du charron de village » [114]. Elles ne possèdent, en fer, que la partie terminale du soc ; au plus, elles font éclater la terre à 10 ou 12 centimètres de profondeur, exploit dérisoire qui ne suffit pas à couper les racines des mauvaises herbes. Pourtant, en raison de son poids, la lourde machine exigeait un attelage d'au moins six bœufs ou quatre chevaux, et cultivait au plus 6 hectares par an. A quoi s'ajoutait le petit nombre de tels instruments. « A Saint-Mars-sous-la-Futaie, sur 81 *closeries* (des petites fermes), trois seulement possédaient une charrue. » [115] Alors le *closier* ordinaire ou, comme on disait aussi, le *bordager*, s'entendait avec un laboureur ou, plus souvent, il « ameublissait la terre avec la houe à main, ou croc, et la bêche [celle-ci en bois, recouverte d'une plaque de fer]. Le labour ou *émottage* à bras était un procédé lent, coûteux. Un homme pouvait bêcher au plus deux hectares à l'année, travail pénible... qui faisait très tôt [de lui] un vieillard courbé, pour obtenir de médiocres produits et un médiocre profit. » [116]

Toutefois, dans le Maine, il faut tenir compte d'un contexte particulier : l'extension des *terres vaines* où se développe l'élevage des bœufs et des moutons. C'est seulement tous les huit, dix, douze ans, notamment dans la région de Laval (1777), que ces terres sont ensemencées pour remettre ensuite la prairie en valeur [117]. Le plus souvent, elles ont été envahies par des ajoncs et par des « genêts énormes dont l'impénétrable fourré sert de repaire au gibier (lièvres, lapins, perdrix, bécasses) chassé par les paysans, mais aussi aux animaux nuisibles (loups, renards, blaireaux) ». La charrue ne répondant pas à cette tâche difficile de défonçage, la culture à bras intervient logiquement. Défrichement à la hache et à la serpe, écobuage et brûlis sont indispensables pour remettre en culture la terre redevenue par trop sauvage.

Ailleurs, c'est la pauvreté du sol ou la minceur de la terre végétale qui interdisaient l'usage de la charrue. Ainsi dans l'arrondissement de Nontron, en Dordogne, à une cinquantaine de kilomètres au nord de Périgueux, une petite région presque entièrement caillouteuse, avec de rares vallons étroits. « Comme nous avons peu de terre végétale, explique en 1852 le président de la Commission de statistique de l'arrondissement, les travaux sont durs, difficiles et coûteux, la pioche est plus efficacement employée que la charrue. La herse et le rouleau ne produiraient que peu d'effet ; voilà pourquoi nous n'avons aucun de ces instruments perfectionnés... Dévorés par les moindres chaleurs, nos blés, faute de nourriture, ne donnent que peu de paille, courte, fort mince et souvent difficile à mettre en gerbe, ce qui porte à employer les liens de bois, cause désastreuse pour nos forêts. Nos pailles, au lieu d'être converties en engrais, nous servent de fourrages et sont remplacées dans les étables par la bruyère, inconvénient des plus graves, car une charrette de fumier de paille en vaut au moins trois de bruyère. » [118]

C'est à la main aussi que l'on cultive les terrasses des pays méridionaux (des vignes le plus souvent) et, partout, les plantes nouvelles : les pommes de terre au début de leur diffusion, ainsi que les *turneps* sur instruction officielle (1785) [119]. De même, dès son apparition, le « blé de Turquie », le maïs. On *pelleversait* le champ où il allait être cultivé et cette méthode a longtemps prévalu sur les parcelles minuscules qui lui furent réservées, jusqu'en 1965 – je dis bien 1965 [120]. En conséquence, le travail à bras a d'entrée de jeu rapproché la culture du maïs des paysans pauvres [121]. L'outil, le *pelleversoir* (qui bien entendu ne servait pas seulement pour le maïs), était « une fourche à deux dents, droites et très fortes, et munie d'un manche en bois ayant un mètre de longueur. C'est avec cet outil, dit un ouvrage de 1868, que les ouvriers opèrent [en Languedoc] pendant l'hiver le défoncement des terres, moyennant un prix convenu » [122].

Bien entendu, la parcellisation croissante de la propriété paysanne, au XIXe siècle, a largement contribué au maintien de la culture à bras. Sur des parcelles lilliputiennes, la bêche et la pioche sont de rigueur. Par suite, on ne s'étonnera pas outre mesure de voir la culture à bras, au XIXe siècle, non seulement se maintenir, par exemple dans les vignes où elle est vraiment chez elle – les premières charrues vigneronnes font leur apparition sous le Second Empire, dans le Sud-Ouest [123] et le Languedoc –, mais encore s'étendre dans des régions de culture intense où, *a priori*, elle n'est pas attendue, comme l'Alsace, comme la Limagne où, nous dit un témoin en 1860, la population augmente et « tout entière travaille le sol de ses mains, le plus souvent à la bêche » [124].

Mais où ne retrouve-t-on pas trace, le hasard aidant, de la culture à la main ? Une enquête récente, dans une commune « marchoise » du département actuel de l'Indre [125], met un historien en face du mot, devenu obsolète bien sûr, de *manucottiers* (*manu cultores*), qui évoque les paysans exploitant leurs minuscules lopins de terre, hier, à la pioche.

Au total, une pesante réalité de la France rurale d'hier, une imperfection persistante d'une culture qui, incapable d'utiliser à plein la traction animale, ne remue pas, ne fertilise pas suffisamment la terre, ne parvient pas à la débarrasser des mauvaises herbes : dans leur croissance, celles-ci gagnent de vitesse le blé, le seigle ou l'avoine. De même que tous les paysans d'aujourd'hui ne possèdent pas un tracteur, beaucoup de paysans de jadis – de loin les plus nombreux – ne possédaient ni un cheval ni deux bœufs pour tirer la charrue. Au début du XXe siècle encore,

« avoir l'emploi de deux bœufs exprime [en pays charentais et sûrement ailleurs] une aisance certaine, celle de gros exploitants en face des *lopiniers* dont la charrue [quand ils en ont une] est tirée par un âne ou une vache étique » [126].

Tout cela clair. N'empêche que les explications peuvent se retourner : si la culture à bras implique une main-d'œuvre surabondante, à son tour cette surabondance implique ce genre dispendieux de culture ; d'elle-même, elle limite « l'emploi de l'animal dans les travaux agricoles » [127]. Il y a concurrence pour l'emploi entre l'homme et la bête.

Toutefois, nous connaissons le nombre des deux « populations » en présence, l'humaine et l'animale. En 1789, il y a plus de 1 700 000 chevaux et de 6 à 7 millions de bovins [128] ; en 1862, on compte près de 3 millions de chevaux, et près de 13 millions de bovins [129]. Le bétail a doublé en nombre, la population agricole a progressé bien moins vite, de 20,9 millions à 26,6 [130]. Il n'est donc pas excessif de conclure que, durant ce laps de temps relativement court, l'homme de nos campagnes a commencé de se libérer. Au-delà de sa stagnation apparente, le monde rural a été touché par un mouvement en avant, assez vif et continu. Un mouvement qu'avaient déjà connu, plus précocement, certaines régions privilégiées [131].

La proportion des cultures

Ce titre s'expliquera de lui-même. Il signale l'obligation, pour le monde paysan, de *structurer* l'espace qu'il accorde à ses cultures diverses, d'en répartir les superficies selon des proportions qui, une fois acquises, ne varient ensuite qu'à très petits pas, quand elles varient.

Il y a bien des façons de comprendre les raisons de ces répartitions. La première étant qu'il faut manger pour vivre et que l'on ne saurait manger que du pain, ou des bouillies à base de céréales, ou des châtaignes [132]. Il faut des corps gras en supplément : le beurre, un luxe ; le lard, le saindoux ; l'huile et pas seulement l'huile d'olive ; souvent l'huile de noix sert à l'alimentation comme à l'éclairage des maisons. Enfin quelques protéines : laitages, œufs, viande... Pierre Deffontaines met la géographie de l'estomac au-dessus de la géographie de l'abri [133], qui elle aussi a cependant ses exigences. Et si l'on y ajoute la

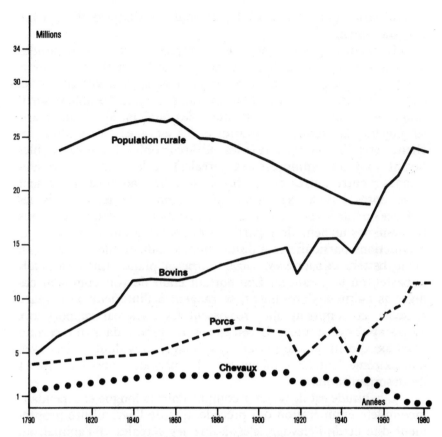

POPULATION RURALE ET POPULATION ANIMALE DE 1806 A 1954
   Ce graphique enregistre à la fois : la forte augmentation des animaux de
trait de 1789 à 1860, accompagnant une montée beaucoup plus faible de la
population rurale ; la diminution progressive de cette dernière à partir de
1860 ; la diminution des animaux de trait depuis 1930, illustrée par la quasi-
disparition des chevaux ; la forte augmentation des bovins et des porcs,
correspondant à la consommation croissante de viande. (Source : d'après Y.
TUGAULT, *Fécondité et urbanisation*, 1975.)

géographie du vêtement, l'éventail sera complet. Pour se nourrir,
se loger, s'habiller, le paysan s'acharne à « vivre du sien », non
seulement à « mordre dans son pain », mais à tout produire

41

dans l'espace qui est le sien. La polyculture s'impose donc à lui, nécessairement.

Il faudrait sans doute, en rompant avec des habitudes apparemment raisonnables – et même avec l'étymologie des mots qui fixe leur sens profond – mettre le mot *agriculture* au pluriel afin d'y inclure *toutes* les activités rurales. Sous ce vocable seraient rangés les forêts, les arbres fruitiers, les oliviers, les châtaigniers, les noyers ; la vigne ; les prairies et les élevages ; les jardins, les chènevières (lin ou chanvre) ; les cultures nobles des terres arables (avant tout les omniprésentes céréales) et les cultures prolétariennes : entre autres ces cultures nouvelles, adoptées lentement l'une après l'autre, sarrasin, maïs, pomme de terre ; puis les prairies artificielles (comment se sont-elles introduites dans les systèmes anciens de répartition des sols ?) ; enfin une série de productions particulières à destination « industrielle » : mûriers, tabac, betteraves sucrières, colza, tournesol, plantes tinctoriales tels le pastel, ou la garance... L'important étant de voir comment ces diverses cultures s'ordonnent, se rangent à l'intérieur de l'espace agricole, et comment elles réagissent les unes par rapport aux autres, puisque toutes, forcément, sont prises dans un certain équilibre qui lui-même se déforme, bouge, sans doute, mais avec une extrême lenteur – même lors des périodes dites de crise et de désorganisation.

L'habitude est de ne tenir compte, dans la longue et cependant incomplète énumération qui précède, que de l'agriculture proprement dite et de l'élevage, c'est-à-dire les céréales et l'animal, au vrai les deux éléments essentiels, mais non les seuls. « En France comme dans toute l'Europe, notait Marc Bloch, [l'économie agraire] reposait sur l'association du labour et de la pâture, trait capital, un de ceux qui opposent le plus nettement nos civilisations... à celles de l'Extrême-Orient »[134]. Mais qui ne l'aura signalé ? « L'agriculture, dit un document du département de l'Ariège, vers 1790, a deux parties qui se donnent des secours mutuels, la culture des terres et celle des bestiaux. »[135] « Secours mutuels », soit un équilibre dont les avantages sont reconnus : le texte cité ne proteste-t-il pas, précisément, contre un excès de défrichement – lequel se fait évidemment aux dépens de l'élevage ?

Mais, en France, dans la liste des priorités, impossible de ne pas placer aussi la vigne. Isaac de Pinto[136], comme toujours attentif aux réalités de son temps, a bien vu, en 1771, ces problèmes d'équilibre. « Reste à savoir, écrivait-il, s'il ne doit pas y avoir une proportion entre ces deux objets [labourage et pâturage], s'il n'est pas aussi dangereux [il s'agit de l'Angleterre] de mettre trop de pâturages en terres labourables et si l'Angleterre ne pourrait pas tomber dans cet inconvénient en encourageant trop l'exportation [du blé] par des primes [137]. La France a un triple objet à ménager : les vignes, les pâturages et les terres labourables ; l'équilibre de ces trois objets est plus compliqué. »

A ces trois variables que retient Isaac de Pinto – le blé, l'herbe, la vigne –, j'ajouterai au moins la forêt, variable majeure, ne serait-ce que pour réintroduire dans le concert la frontière importante qui sépare les arbres, le *bosc*, du *plain* [138], c'est-à-dire de l'espace découvert, pour l'essentiel le territoire agricole.

Voilà donc trois ou quatre variables, pour éclairer une longue évolution qui en compte quelques autres. Simplification, sans doute, mais acceptable : le lecteur un peu familiarisé avec l'algèbre d'hier sait que l'étude d'une fonction, quand elle met en jeu des valeurs considérables (et c'est le cas : des millions d'hectares, des millions de quintaux, des millions de francs, des millions d'animaux, des millions d'hommes), tend vers la somme des *seules* variables du plus haut degré.

A partir de ces notions, essayons d'y voir clair. Le territoire national, vers 1859, à la veille de l'annexion, en 1860, de la Savoie et de Nice — soit au plus un million d'hectares et 700 000 âmes — est de l'ordre de 53 millions d'hectares [139]. D'ordinaire, on déduit de ce chiffre les espaces dits *non imposables* (agglomérations, routes, rivières, etc.) et, après cette soustraction, le chiffre retenu est de 50 millions d'hectares, chiffre rond qui a l'avantage de faciliter les calculs approximatifs que permet une documentation malheureusement pas toujours parfaite. Les raisons en sont bien connues : avant tout, la répugnance du monde rural à se prêter à des recensements, les intéressés redoutant toujours que ce type d'enquête puisse cacher le projet d'une imposition nouvelle [140]. Les chiffres collectés auprès des maires, au temps de l'Empire, risquent ainsi d'être suspects dans leur détail ; ils permettent tout de même, pour l'ensemble, d'établir quelques traits valables.

Premier résultat : le territoire national est, en gros, partagé en deux, les *terres arables* d'un côté, les espaces abandonnés à la nature de l'autre. Dans les espaces naturels, on placera *sans hésiter* les forêts, les prairies naturelles, les landes, les pâtis – tout ce que j'appellerai quelquefois, faute d'un meilleur mot, le *vide*. On se méfiera, par contre, de l'expression commode de *terres arables* ; elle désigne, en principe, les labours, les terres que la charrue remue ou peut remuer. Ne vaut-il pas mieux parler de « terres cultivées », de façon à y inclure la vigne, les jardins, les chènevières et les vergers ? De cette façon, la terre cultivée, en 1859, c'est 25 millions d'hectares pour les terres arables, plus 2 millions pour la vigne, 2 millions pour les jardins et les vergers, soit, au total, 29 millions d'hectares. Le vide, quant à lui, est la somme des forêts, 8 millions ; des prairies naturelles, 5 millions ; des landes et pâtis, la terre rebelle qui est ou redevient sauvage, 8 millions. Au total, 21 millions d'hectares contre 29. Le territoire n'est pas exactement partagé par moitié : l'activité des hommes en occupe la meilleure part et le mouvement qui déplace à son profit la ligne de séparation entre *culture* et *vide* est lent, mais précoce et continu. De 1815 à 1859, il y a peut-être eu une progression des labours au voisinage d'un million d'hectares, ce qui n'est pas négligeable.

Comment, en cette année 1859, se divisent les 29 millions d'hectares de la terre cultivée où l'homme a la charge de tout réglementer ? Pour la catégorie des « jardins et vergers » : jardins, 500 000 hectares ; châtaigniers, 550 000 ; oliviers, 100 000 ; mûriers, 50 000 ; pommiers et autres arbres à fruits, 200 000 ; pépinières, oseraies etc., 600 000. Pour les 25 millions d'hectares de *terres arables* : froment, 6 500 000 ; méteil et seigle, 2 500 000 ; orge, maïs et sarrasin, 2 500 000 ; avoine, 3 000 000 ; racines (dont les pommes de terre et betteraves), 1 500 000 ; prairies artificielles, 2 500 000 ; légumes secs, 500 000 ; cultures industrielles (colza, lin, chanvre, garance, tabac...), 500 000 ; enfin jachères, 5 500 000 [141]. La vigne, quant à elle, n'occupe que 2 millions d'hectares.

Ces chiffres sont intéressants à plus d'un titre.

Ils montrent, une fois de plus, la faible étendue de la vigne, qui n'est pas une dévoreuse d'espace (même pas la dixième partie de l'espace cultivé, soit, sur une carte à petite échelle, des points, des lignes, des taches limitées).

Ils signalent qu'en ce milieu du XIXe siècle, les *nouveautés*, anciennes et récentes – c'est-à-dire les racines (dont les pommes de terre et la betterave), le maïs, le sarrasin, les prairies artificielles, la garance – sont bien implantées.

Toutefois, encore à cette date tardive, l'énorme espace réservé aux céréales conserve à la France rurale cette monotonie d'aspect qu'hier signalait Marc Bloch [142]. Le blé n'apparaît-il pas comme « un mal nécessaire » [143], une obsession ? On le cultive là où il serait sage de laisser pousser l'herbe, la vigne ou les arbres fruitiers. En Roussillon, près de Prades, pour le protéger contre le dessèchement qu'entraîne la tramontane, le vent du nord, on va jusqu'à l'irriguer [144]. Dans le Jura, à Pontarlier (à 837 mètres d'altitude), Léonce de Lavergne (1860) s'étonne « de voir, au-dessus de la région des sapins, des champs de froment ; on y fait la moisson en septembre comme dans le Nord de l'Europe, peu avant les premières neiges » [145].

Les proportions (suite)

En nous plaçant en 1859, presque à la moitié de la course du Second Empire (1852-1870), ai-je dépassé les bornes chronologiques de l'économie dite paysanne ? Suis-je allé trop loin ?

En tout cas, le *modèle* dessiné par les chiffres que je viens de donner facilite une longue remontée vers les époques précédentes.

Les évaluations d'Arthur Young pour la fin de l'Ancien Régime, légèrement modifiées par Léonce de Lavergne [146], en sont assez proches : le *cultivé* (25 + 1,5 + 1,5) se monte à 28 millions d'hectares ; le non-cultivé (9 + 3 + 10) à 22 millions d'hectares. L'avantage revient déjà à la terre cultivée : forêts, landes et prairies naturelles représentent moins de la moitié du territoire, bien qu'elles occupent un million d'hectares de plus qu'en 1860.

Nous voilà tentés de remonter plus haut, bien qu'à ce jeu, les risques d'erreur augmentent. Mais nous cherchons, au mieux, des ordres de grandeur.

En 1700, à la veille de la guerre de Succession d'Espagne, lors des dernières années de Louis XIV († en 1715), de Vauban († en 1707), et de Boisguillebert (qui publiait, en 1697, *Le Détail de la France,* et en 1707 le *Factum de la France*), le territoire national est de l'ordre de 50 millions d'hectares. La France ne possède encore ni la Lorraine, acquise en 1766, ni la Corse, achetée en 1768, ni le Comtat Venaissin, annexé en 1790, ni la Savoie et le comté de Nice, réunis au territoire en 1860. Une fois défalqués les 3 millions d'hectares admis comme « terres non imposables », nous obtenons 47 millions d'hectares. Les cultures y occupent environ 23 millions d'hectares de terres arables, plus des vignes, des jardins et des vergers. Peut-être 26 millions au total contre 21. En ce début du siècle des Lumières, le partage entre l'*ager* et le *saltus*, entre le cultivé et le naturel, serait plus proche de l'égalité qu'en 1789. L'écart est moindre, mais écart il y a déjà, dans le sens à venir. Boisguillebert exagère donc quand il écrit que « plus de la moitié de la France est en friche ou mal cultivée ». Mais on aimerait être en mesure de vérifier son jugement quand il ajoute que, si le paysan défrichait les terres disponibles, étant donné les impôts et les frais (et j'ajoute les rendements), « la récolte ne serait pas pour lui » [147].

Aucun doute : il serait passionnant et nécessaire de remonter plus haut encore dans le temps. Le vicomte d'Avenel s'y est aventuré, il y a longtemps (en 1894) [148], à une époque où l'étude des prix, la statistique et la démographie historiques n'étaient pas encore nées, ou du moins n'étaient pas facilement maniables, où nul ne pensait encore selon les lignes de la macro-économie et du revenu national brut. Critiqué sans pitié et avec ironie, hier, par les historiens universitaires, le vicomte d'Avenel a reconquis notre confiance lorsqu'on s'est aperçu que nos courbes de prix, établies avec toutes les précautions à partir de séries homogènes et longues, rejoignaient finalement, à peu de chose près, celles qu'il avait déduites de sources *éparpillées*. En tout cas, qui ne reconnaîtrait ses prodigieuses connaissances ? Ses calculs, spéculatifs, dangereux, intelligents, le conduisent jusque dans la France de Henri IV et de Sully, au voisinage de l'année 1600. Cette fois, nous avons reculé à nouveau d'un bon siècle.

La France en 1600 ne mesure que 44 millions d'hectares (moins les terrains « non imposables », 42 ?). En pourcentage, d'Avenel avance que les terres labourables représentent alors 32 % du total ; les terres incultes, 27 % ; les bois, 33 % ; les prés et vignes, 7 %. En partageant ce dernier chiffre en deux – 3,5 % aux prés ; 3,5 % aux vignes –, la terre cultivée atteindrait 35,5 %, contre 63,5 % au *vide* (soit 15 millions d'un côté et 27 de l'autre) [149]. Nous aurions, à une époque où la « modernité » est déjà franchement en place, une nature installée bien plus au large que l'homme.

Je ne suis pas sûr des calculs du vicomte d'Avenel. L'était-il lui-même ? Sa démarche, pour rétablir des ordres de grandeur là où nous possédons des chiffres insuffisants, est pourtant ingénieuse. Il compare, de siècle en siècle, le revenu à l'hectare (établi à partir de sondages fiables relatifs à plusieurs provinces françaises) ; puis calcule le revenu agricole global. Il conclut que, de 1600 à 1890, il y a eu un triple progrès : le premier, avec l'extension du territoire français, de 44 à 53 millions d'hectares ; le second, qui nous intéresse davantage encore, en raison de la progression de la terre cultivée, de 35,5 % en 1600 à 60 % en 1890 ; le troisième, enfin, du fait que le produit de l'hectare, en francs constants, passe de 19 francs, en 1600, à 26, en 1789, et à un peu moins de 50, en 1890. Le tout expliquant la montée du revenu agricole brut : 500 millions en 1600, 1 000 (chiffre à mon avis trop bas) vers 1789, et 2 400 en 1890. Tels sont les chiffres que déduit d'Avenel [150]. Libre à tout historien de les discuter, mieux de les améliorer, mais le sens et l'importance de l'évolution qu'il soupçonne sont, en gros, hors de doute.

Ces constatations ont leur importance.

Elles montrent, tout d'abord, à l'arrière-plan de l'histoire de la France, la prodigieuse place d'une France *naturelle*, que l'homme rétrécit lentement à longueur de siècles, à force de travail, mais qui, par sa masse, résiste à la hache, à la houe, à la pioche, à la charrue, à la scie, au feu, destructeur aveugle... Qui reprend rapidement du terrain, dès que l'effort de l'homme se relâche. Qui profite, d'ailleurs, de la protection de ceux qui en tirent avantage : seigneurs acharnés à défendre leurs forêts et leurs chasses, villages accrochés à leurs biens communaux... Les terres incultes ne sont-elles pas indispensables, tant aux citadins qui en tirent leurs charpentes et leur bois de chauffage, qu'à l'industrie, comme combustible, qu'aux paysans et seigneurs qui utilisent prairies et forêts pour leurs troupeaux ? Le *naturel* et le *cultivé* doivent coexister dans un certain équilibre.

Un équilibre que garantit d'ailleurs une sorte de ligne fortifiée, ni plus ni moins que la loi assez stricte des *rendements dégressifs* que Turgot a, pour le moins, pressentie. Tout défrichement, en effet, implique un élargissement du terroir villageois. Il augmente le temps de déplacement du travailleur, de ses allées et venues entre le champ et la maison. Et le temps, c'est tout de même de l'argent. Par surcroît, le sol, loin des terres labourées ou bêchées depuis des siècles, est d'une infertilité redoutable. La moisson y est si maigre bientôt qu'elle ne suffit plus à nourrir son homme. Si tels ordres religieux, vers 1520 [151], abandonnent certaines terres en Champagne, c'est que celles-ci se situent au-delà de la ligne dangereuse des rendements décroissants, que leur produit « n'est pas capable de compenser les frais » .

Finalement, tout nous aide à voir le destin agricole de la France sous l'aspect d'un duel entre l'homme et la nature sauvage : arbres, buissons, plantes, animaux, eaux courantes ou stagnantes... L'abondance de la faune ne marque-t-elle pas à merveille cet univers second de la libre nature ? Les loups, en particulier, qui pullulent en France jusqu'au milieu du XIXᵉ siècle. Un informateur rapporte qu'en Franche-Comté, « de 1775 au mois de mars dernier (1784), pendant neuf ans, ont été tués dans cette province 627 louves, 641 loups et 1 385 louveteaux, au total 2 653 bêtes » [152]. Mais ce n'est sûrement pas là un record. Si vous quittez la France pour aller vers l'est, la présence des loups prend des allures de cauchemar. « Encore de 1822 à 1824, en deux années, les loups, en Livonie, ont mis en pièces 25 000 animaux domestiques. » [153] Et si vous remontez le cours des siècles, la race louvetière s'adjuge de plus en plus de place : « On prend aux environs de Troyes, dans l'été de 1341, 571 loups vivants et 18 morts. » [154] Vers 1850 seulement, le loup disparaît. Il y aura des exceptions – comme le Berry, où Léonce de Lavergne, vers 1870, disait que « le loup surtout y est de trop » [155] – mais assez souvent aussi des passionnés de la chasse au loup la maintiendront artificiellement, pour quelques années encore, comme on maintient ici ou là, aujourd'hui, la chasse au sanglier.

Le sanglier serait peut-être un bien meilleur témoin, mais il n'est pas, comme le loup, pris dans la lumière inquiète de nos chroniques. C'est par hasard qu'il nous est signalé. Je lis ainsi, dans *Le Courrier du département du Bas-Rhin* [156], journal officiel, cet entrefilet inattendu à plus d'un titre, le 22 juin 1817 : « On se plaint beaucoup, dans le département de la Meuse, des ravages que les sangliers, rassemblés en troupes, exercent dans les champs qui portent des pommes de terre. » Herbivore, le sanglier résistera mieux aux hommes que le loup carnivore, redoutable et redouté peut-être plus que de raison. Quant au gibier ordinaire, il abonde, d'autant que les réserves seigneuriales de chasse sont nombreuses et mal exploitées. Avec la Révolution française, il y aura une extension spectaculaire de la chasse et une multiplication invraisemblable du braconnage paysan. Tant pis pour « les bestes sauvages tant noyres que fauves » [157]. Il y aura en même temps, hélas, et c'est presque naturel, une détérioration accrue des forêts.

Autre constatation : bien qu'il y ait eu, selon les régions et selon les époques, des avances ou des reculs de la terre cultivée – des marécages drainés qui redeviennent marécages, des terres défrichées puis abandonnées, des forêts saccagées qui, laissées à elles-mêmes, finissent par dépasser les fossés qui les entourent [158] –, il est évident que le mouvement à long terme est celui d'une conquête continue. La terre cultivée, domestiquée, ne cesse de gagner contre l'ennemi. De génération en génération, il y a avancée, *accumulation constante* – expression dont la théorie ferait bien de s'emparer pour une plus grande clarté de l'histoire lente, faussement immobile, de nos campagnes. Voire de l'histoire entière de la France.

Ote-toi de là que je m'y mette : les cultures nouvelles

A l'intérieur du territoire agricole, toutes les cultures luttent entre elles, se disputent l'espace utile. Ou du moins le propriétaire responsable favorise les unes au détriment des autres, quitte à revenir sur ses pas. La stabilité semble prévaloir : cette année j'ai une division du finage que je retrouverai, l'an prochain, à peu près identique. Mais d'à-peu-près en à-peu-près, de petits changements en petits changements, une division différente finit par s'imposer.

Ainsi l'herbe, en Normandie, avait toujours eu une place plus importante qu'ailleurs. Mais la véritable mutation qui devait favoriser franchement la place de l'herbe au détriment de celle des grains, s'est fait attendre. Dans le pays d'Auge, *l'enherbage* ne se manifeste et n'accentue son extension qu'à partir de 1680. En Basse-Normandie, son triomphe tardera en gros jusqu'en 1820. On nous dit que la vache y a dévoré l'homme, c'est vrai, mais elle y aura mis le temps ! Nous voilà en face d'un mouvement séculaire, ni plus ni moins. En dépit des avantages et des facilités qu'elle offre, l'herbe monoculture ne s'est pas établie du jour au lendemain.

Je signale cet exemple massif comme une mise en garde utile, voire précieuse. Si les cultures nouvelles, en effet, ont tant de peine à s'immiscer dans l'agriculture, ce n'est pas seulement parce qu'elles sont inconnues et qu'il convient de les observer, de les expérimenter, des années durant. De préférence dans les jardins, qui sont des jardins d'essai, à deux pas de la surveillance quotidienne. Elles y ont fait, toutes, leur purgatoire : le sarrasin, le maïs, le tabac, la pomme de terre, les haricots, les tomates, le colza, le tournesol, la betterave sucrière... Quand le chevalier de Vivens, revenu d'Amérique, introduisit le tabac à Clairac, en 1637, le curé Laplaigne raconte que « les graines furent d'abord semées dans les jardins »[159]. C'est ensuite seulement, l'épreuve subie avec succès, que les plantes adoptées gagnent les champs, s'y ébrouent.

Mais du coup les voilà introduites dans la compétition générale : pour se faire une place, il faut chasser l'ancien occupant ou s'entendre, bien ou mal, avec lui. Dans cette lutte des cultures entre elles, l'homme n'a pas toujours en main la solution idoine. Tout va au ralenti.

Le colza a été très tôt cultivé dans ce qui sera le département du Nord, mais il n'arrive au voisinage d'Eu et de Dieppe que vers 1788 ; et il ne se développe que quelques années avant 1860[160]. La betterave sucrière (dont l'exploitation industrielle est au point après les travaux du chimiste prussien Achard, à Berlin, en 1799)[161], ne fait pas exception à la règle. La volonté du Premier Consul l'introduit en France en 1801, le Blocus continental la favorise. Pourtant, le sucre de betterave, rival du sucre de canne, mettra un siècle à s'installer et progresser chez nous.

Si nouveaux venus et anciens occupants sont accommodants, le problème se résout un peu plus vite. On plantera un champ de maïs de façon à pouvoir y semer des légumes, entre les hampes de la plante. J.-J. Menuret (1791), observateur attentif des cultures en bordure des rives de l'Isère[162], remarque que les tiges du maïs « qu'on laisse placées à une certaine distance et régulièrement espacées, permettent dans l'intervalle la culture des pois, des haricots, etc. ». C'était là une pratique habituelle entre les rangées de la vigne. Par exemple, au XVIIIe siècle, dans la vallée jurassienne de la Loue[163] ; ou, vers 1900, autour de tel village du plateau de Langres : « Les vignes, écrit Joseph Cressot, y donnaient l'ail et l'échalote, les haricots et les raves »[164], les fèves... Et restait, pour finir, la solution de mêler les grains à semer. Ainsi le méteil, mélange de blé et de seigle, le plus souvent à parties égales, est connu dans toute la France (c'est le conseigle, ou blé consegal, du Languedoc). En Languedoc encore, la basjalade est un mélange d'avoine et de vesce[165] ; dans le Maine, le bréchet réunit le blé froment et une légumineuse, la jarosse ; la mélarde associe l'orge et l'avoine... Autre possibilité : semer entre les rangs d'une plante déjà hors de terre les graines d'une autre. C'est le conseil que donnent, en 1787, des instructions officielles au sujet des *turneps* venus d'Angleterre et assimilés à d'autres espèces de navets : on les sèmera au début de juin sur des terrains déjà plantés de fèves et de haricots blancs, qui seront récoltés avant lesdits turneps [166].

Des compromis, direz-vous. De petits succès pour locataires nouveaux et discrets. Il y avait cependant des plantes plus exigeantes.

Ainsi le sarrasin, le blé noir, qui, malgré son nom, n'est pas une graminée, mais une polygonacée [167]. Il était arrivé en Bretagne à la fin du xve siècle et la rapidité de sa croissance végétale lui permit, par la suite, d'accomplir des prouesses, notamment de prendre la suite du blé, ou du seigle, ou de l'orge sur le sol que la moisson venait de libérer. Pour J.-J. Menuret [168], le blé sarrasin « peut être semé sur le chaume, dès qu'on a coupé et enlevé les épis [et sans se livrer à un labourage préalable, dès juillet-août] ; il donne à la fin d'octobre une récolte qui n'est point sans intérêt pour le cultivateur ; la farine de ce grain forme un pain lourd et nourrissant ; elle sert [aussi] pour des potages ; mais son usage principal et fort utile est, soit en grain ou en farine, pour l'engrais de la volaille, des dindes et des cochons. La paille concourt encore à augmenter les fumiers. Si l'on enterre la plante dans le temps de la floraison, on rend le champ susceptible d'admettre et de porter tout de suite, avec avantage, du bon grain ; dans les pays où la moisson est plus retardée et les semences avancées, on ne peut guère profiter de l'intervalle trop court pour avoir du blé sarrasin, il faut en renvoyer les semailles au printemps... ». Le texte semble clair pour les deux premières solutions – ou le grain récolté, ou la plante en fleur servant, dirions-nous, d'engrais vert. La troisième est laissée un peu à notre imagination. Je crois que le sarrasin ne peut devenir céréale de printemps que sur la sole laissée libre par le blé, par l'avoine ou l'orge. Ce qui est sûr, c'est qu'il a pris une place importante, définitive désormais, dans l'alimentation des Bretons et de bien d'autres paysans du Massif Central et du Midi. Au xviie siècle, il avait atteint le haut pays ariégeois [169].

Le maïs, arrivé très tôt en pays basque [170], ne s'est installé de façon visible et utile que durant le dernier quart du xviie siècle, en Aquitaine et, avant tout, autour de Toulouse. Mais il s'impose et obtient une place de choix, il sait se rendre indispensable. Le grain jaune, en effet, aura littéralement sauvé le Midi des disettes et des famines de l'âge baroque, en dépit des « récriminations [ainsi en pays saintongeais] des propriétaires de vignobles qui voient [à son profit] fuir une main-d'œuvre bon marché » [171]. A la fin du XVIIIe siècle (1791), J.-J. Menuret, encore lui, chante ses louanges : « Le maïs ou gros blé, blé de Turquie, plante volumineuse en tiges, en feuilles et en grains, abondante en corps muqueux, aime aussi les bons terrains ; mais elle tire de l'atmosphère la plus grande partie de sa subsistance, la semence se centuple, ses débris considérables font du fumier, les tiges et les feuilles superflues fournissent un bon fourrage aux bœufs... Le grain qui en provient sert à un très grand nombre d'usages économiques pour les hommes, pour les volailles, pour les cochons, même pour les gros bestiaux... Le maïs semé comme fourrage sur le chaume donneroit au printemps et dans l'été... plusieurs coupes ou un excellent pâturage. » [172] Cette dernière solution vaut encore aujourd'hui. Mais le maïs compte avant tout par son grain. Le Midi, à assolement biennal, a trouvé en lui la céréale de printemps qui, jusque-là, lui avait manqué, et un supplément de nourriture, inestimable pour les animaux, acceptable pour les humains. Le paysan s'y résigne chaque fois qu'il a besoin d'augmenter ses revenus. Il réserve alors au marché sa récolte de froment. C'est grâce au maïs que Toulouse est devenue une très grande ville spécialisée dans le commerce des grains et, tout spécialement, du blé. Notez que, plante méridionale (voir carte, p. 51 du tome I), le maïs n'a pu s'étendre en France que récemment, grâce à la création d'hybrides adaptés au froid.

Avec la pomme de terre, importée comme le maïs d'Amérique, les mêmes difficultés se répètent, puis peu à peu se résolvent. Une nouvelle révolution s'ensuit, plus profonde assurément, étant donné la place que ce tubercule devait prendre dans notre alimentation. Si la population de l'Europe augmente au XIXe siècle, c'est, selon quelques historiens, à cause de la généralisation, cependant lente, de la vaccination contre la variole, selon d'autres, dont l'économiste allemand W. Roscher, à cause de la diffusion de la pomme de terre [173]. Deux raisons valent sans doute mieux qu'une.

L'histoire européenne de la pomme de terre commence au XVIe siècle, quand quelques tubercules sont confiés à deux botanistes, l'un anglais, John Gerarde, en 1586, l'autre français, mais qui vivait à Francfort-sur-le-Main, Charles de l'Escluse, en 1588. Le hasard avait mis dans leurs mains deux espèces différentes qui sont à l'origine de toutes les cultures qui suivirent, pendant un siècle et demi : l'une rouge, l'allemande ; l'autre jaune, la britannique.

C'est seulement au milieu du XVIIe siècle, cependant, que la pomme de terre commence à quitter les jardins pour les champs, en Allemagne et en Autriche ; puis elle gagne l'Italie, la Suisse, le Dauphiné, la Franche-Comté, l'Alsace, les Vosges, les Flandres [174]. A cette époque, elle nourrit presque exclusivement les animaux ou les pauvres diables. C'est en Prusse, comme prisonnier pendant la guerre de Sept Ans (1756-1763), que Parmentier aura découvert les bienfaits de la pomme de terre, sa seule nourriture alors, avec, nous confie-t-il, de l'eau-de-vie de genièvre... De même, au cours de la rapide campagne qui mena, bien plus tard, les armées françaises du Rhin au Danube, lors de la prise d'Ulm (20 octobre 1805), puis à Austerlitz (2 décembre de la même année), le soldat de chez nous s'est nourri sur place de pommes de terre. La précocité de l'Allemagne, en l'occurrence, est certaine. N'empêche qu'en 1781 encore, dans les pays de l'Elbe, pas un valet ou domestique n'acceptait de manger des *Tartoffeln :* il changeait plutôt de maître [175]. L'Angleterre boudera plus encore la pomme de terre, qui y resta longtemps une simple curiosité botanique, tandis que la pauvre Irlande se convertissait à la plante nouvelle dès la seconde moitié du XVIIe siècle. Ce sont d'ailleurs des Irlandais qui, finalement, en introduiront la culture dans l'agriculture anglaise et en Amérique du Nord.

Quels qu'aient été ces premiers succès, il a fallu attendre le milieu du XVIIIe siècle pour que la pomme de terre accède enfin chez nous à sa « dignité », qu'elle y trouve des défenseurs de sa valeur alimentaire et culinaire. On peut supposer que cette longue désaffection a tenu, pour une large part, à la qualité discutable des premières espèces acclimatées : en 1752, il n'y en avait toujours que 2 à travers l'Europe ; en 1757, on en compte déjà 7 ; 9 en 1770 ; 40 en 1772 et le premier catalogue de Vilmorin en offrira 177, en 1846. On en connaît plusieurs milliers aujourd'hui, répondant aux diversités climatiques, aux *desiderata* des agriculteurs et aux modes de cuisson choisis. Quand on sait que les premiers utilisateurs ont souvent cherché à en faire du pain, on imagine sans peine leur déception.

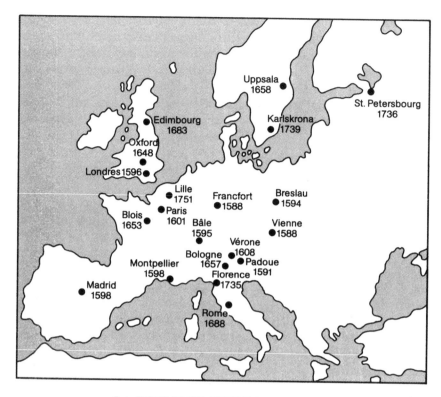

LA POMME DE TERRE EN EUROPE

Noter que cette carte empruntée à György Mandy et Zoltán Csák date
l'apparition de la pomme de terre à travers l'Europe, non de sa diffusion
comme aliment du bétail ou de l'homme, laquelle a plus ou moins tardé selon
les lieux. Plus d'un siècle, par exemple, en Angleterre.

L'évolution, à partir du milieu du XVIIIᵉ siècle, s'explique sans
aucun doute par la montée démographique. De ce point de vue,
quelques observateurs lucides comprirent l'intérêt social des
cultures nouvelles. Ainsi, dans la généralité de Limoges, les
pommes de terre, accusées d'engendrer la lèpre, étaient proscrites.
Lorsque Turgot en devint l'intendant, en 1761, il parvint à détruire
ce préjugé, avec l'aide de la Société d'agriculture et des curés, et
en prêchant lui-même d'exemple, consommant publiquement le
tubercule redouté. De même l'évêque de Castres, en chapitrant

ses curés, fit si bien que la « patane » était cultivée en grand dans les Pyrénées, vers 1770 [176].

Cependant, le grand virage ne s'est opéré qu'après la famine sévère de 1769-1770. L'année suivante, l'Académie de Besançon mettait au concours le thème : « Indiquer les végétaux qui pourraient suppléer, en temps de disette, à ceux que l'on emploie communément à la nourriture des hommes. » Tous les mémoires présentés parlaient de la pomme de terre, et particulièrement celui qui fut couronné, œuvre de Parmentier. Ce dernier, déplorant « l'humeur dénigrante de nos concitoyens dédaigneux », commence alors une grande campagne de propagande ; il multiplie les publications, prodigue ses conseils pour la culture et la conservation des tubercules, organise à sa table des dîners raffinés où ne sont servis que des plats à base de pommes de terre (Young fut l'un de ces convives) ; rassemble à Paris toutes les espèces cultivées en France et en fait venir d'Amérique, pour une meilleure sélection [177]. Enfin, il obtient de Louis XVI, en 1786, l'autorisation de faire une plantation expérimentale sur une vingtaine d'hectares, aux portes de Paris, à Neuilly, dans les terres ingrates et incultes de la plaine des Sablons. Le succès fut total. Parmentier, désirant entraîner les consommateurs, s'avisa que le meilleur moyen était de tenter les voleurs. Ostensiblement, il faisait garder ses plantations par la maréchaussée, mais... de jour seulement. De même, il conseillait aux possesseurs de terres de ne rien imposer à leurs paysans, mais de planter eux-mêmes un beau champ, précieusement soigné et d'en « interdire expressément l'entrée » [178]. Procédé plus subtil que celui de Frédéric II qui, en Prusse, envoyait ses troupes pour obliger les paysans à semer des pommes de terre !

Que les efforts de Parmentier, parfois raillés comme une douce manie, aient été plus que nécessaires, insuffisants même, on en jugera par cette lettre officielle du département de la Mayenne, 29 vendémiaire an IV : « La culture de la pomme de terre est [ici] presqu'encore dans son berceau parce qu'elles [*sic*] n'ont réussi que dans les jardins et les meilleures terres et dans les endroits stercorés avec beaucoup de dépenses. » [179]

Il a fallu, dans nos pays du Centre et de l'Ouest, attendre longtemps encore la visiteuse. A Huillé, en Anjou, elle se présente seulement entre 1790 et 1795, mais gagne ensuite du terrain d'année en année. Ne valait-elle pas, à la fois, « pour l'engrais des cochons » et « pour la nourriture des hommes en période de disette » ? « En 1834, Huillé lui consacrait 105 hectares, presque 25 % de la sole céréalière. »[180]

J.-J. Menuret est donc en avance, en 1791, quand il en fait l'éloge, mais c'est qu'il vit dans l'Isère, du côté précoce de la France. D'ailleurs, il la cultive lui-même, sur ses terres. Ecoutons-le : « Les pommes de terre, ce végétal admirable qui contient abondamment du corps muqueux très doux et très développé [est] susceptible des assaisonnements les plus recherchés et des préparations les plus simples, propre à être transformé en mets délicats et variés pour la table des riches [qui, en fait, bouderont longtemps le « gonfle bougre »] et à fournir une nourriture facile et simple à tous les ordres des Citoyens. » Et d'ajouter : « Cette culture, étendue, encouragée, excitée dans mes possessions, m'a procuré beaucoup d'avantages ; les pommes de terre ont abondamment fourni aux usages économiques et à la table des maîtres, des grangers, des domestiques, à la nourriture des volailles, des dindes, des cochons ; il y en a eu pour distribuer aux indigens, pour vendre, etc. Que de produits, que de jouissances ! »[181] Servant très tôt à l'élevage des porcs, la pomme de terre reléguera peu à peu dans l'oubli la conduite des troupeaux de porcs à la glandée. En Saintonge, quand le blé et le maïs sont en défaut, le paysan est obligé de se rabattre sur les pommes de terre ; alors l'élevage des porcs tombe en panne. De même dans le Nivernais au début du XIXe siècle[182].

Tout un apprentissage aura été nécessaire, tant pour le producteur que pour le consommateur. Et si vous voulez refaire cet apprentissage, gagnez la France de l'Est. Un professeur s'offre à vous, à Libreville, Ardennes – un certain Collot dont je n'ai pas réussi à préciser la personnalité. Ne cherchez pas sur la carte Libreville d'où il écrit, c'est le nom qu'a pris Charleville, ou qu'on lui a donné, au début de la Révolution. La lettre que je mets en cause est du 30 frimaire an III, plus d'une année après la chute de Robespierre. La Convention va se terminer le 26 octobre 1795. Soit. Mais la lettre laisse de côté toute politique. Il n'y est question que de pommes de terre. De la façon de les cultiver, d'abord : « Voicy ce que je ferai », écrit Collot : pour commencer, un labour profond avant ou pendant l'hiver, « soit avec la charrue, ou la bêche ». Passé les gelées, un second labour, des trous à la bêche, en ligne droite à quatre ou cinq pieds de distance, une personne y dépose la pomme de terre que porte une autre personne... Dans chaque trou, du fumier. Puis combler. Quand les plantes atteignent « d'un pied à 15 pouces, je les fais buter une seule fois mais le plus qu'il est possible pour les margoter »[183]. L'été venu, sarcler les mauvaises herbes, mais légèrement. Ensuite, et c'est plus important, Collot aborde le problème des espèces de pommes de terre : « Celles que je cultive maintenant, écrit-il, sont de deux espèces, l'une est rouge, l'autre est jaune. Les rouges sont de l'extérieur couleur de betterave, elles sont lisses, épaisses et plutôt longues que rondes, enfin les plus grosses ressemblent à un sabot de femme lorsqu'il n'est qu'ébauché. La seconde espèce est jaune à l'extérieur, les plus belles sont plus grosses que le poing, lisses comme les premières et forment un carré imparfait. L'une et l'autre de ces pommes de terre sont blanches intérieurement et de très bon goût, à telle façon qu'on veuille les manger. »[184]

La progression de la pomme de terre aux XIXe et XXe siècles est présentée dans le graphique de la page 58. Même le mildiou, une maladie qui n'est pas réservée à la vigne et qui sévit de façon cruelle en Irlande en 1846, et en France l'année suivante, n'aura pas mis fin à son expansion.

Ce qui vient d'être dit de la pomme de terre pourrait se dire, *mutatis mutandis*, à propos de la betterave sucrière, de la garance dans la vallée du Rhône, ou dans le Nord de l'Alsace où elle fut connue longtemps comme « le rouge » d'Haguenau, ou de l'arrivée bien plus précoce du mûrier qui aboutit aux merveilles de l'industrie de la soie...

Sur la sole vide des jachères

Toutes ces nouvelles venues avaient un atout dans leur jeu : elles pouvaient se contenter de la sole vide que laissent en repos les jachères, sans éliminer les cultures traditionnelles.

En régime biennal, le terroir est divisé en deux soles qui alternent : d'un côté, les champs mis en culture, de l'autre, les champs au repos. Cette terre, qu'on met hors jeu une année sur deux, sans rien lui faire porter *en principe*, n'est stérile qu'en apparence : l'herbe y pousse et les troupeaux s'en nourrissent ; des labours y sont répétés, destinés à préparer la terre pour les grains qui seront récoltés l'année suivante, avant tout le blé.

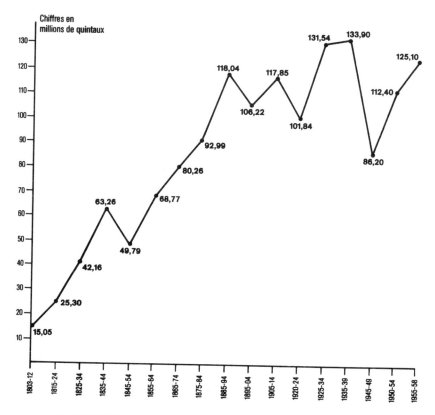

Chiffres en millions de quintaux

15,05 · 25,30 · 42,16 · 63,26 · 49,79 · 68,77 · 80,26 · 92,99 · 118,04 · 106,22 · 117,85 · 101,84 · 131,54 · 133,90 · 112,40 · 86,20 · 125,10

1803-12 · 1815-24 · 1825-34 · 1835-44 · 1845-54 · 1855-64 · 1865-74 · 1875-84 · 1885-94 · 1895-04 · 1905-14 · 1920-24 · 1925-34 · 1935-39 · 1945-49 · 1950-54 · 1955-58

PRODUCTION DE LA POMME DE TERRE EN FRANCE
DE 1800 A 1950
(D'après J.-C. Toutain, « Le produit de l'agriculture française de 1700 à
1958 », II, *Cahiers de l'Isea,* n° 115, juillet 1961.)

Dans le système triennal, la jachère est la troisième sole –
soit le tiers du terroir –, les deux autres étant occupées par le blé
(ou le seigle), et les céréales de printemps dites *marsage* ou *mars,*
car on les sème au mois de mars. Ces soles tournent et se
remplacent l'une l'autre. La jachère (qui porte partout en France
des noms locaux, différents selon les régions [185]) change aussi de
visage selon les lieux. Ici, elle sera *absolue, complète,* ou *morte ;*
ailleurs, *relative* ou *cultivée.* La jachère que l'on dira, au

XVIIIe siècle, l'*opprobre* de la vie agricole, est évidemment la *jachère morte*, celle qui, improductive, se contente sans rien faire de préparer les moissons à venir.

De tout temps, ce *vide* a suscité des utilisations. Pousser des troupeaux sur la jachère s'est pratiqué depuis toujours, aux premières herbes du printemps. Y risquer des cultures, dites *dérobées* – les pois blancs, les pois gris, les vesces, les lentilles, les fèves, les haricots... – c'est une pratique elle aussi très ancienne. Tout bien pesé, le sarrasin, le maïs, la pomme de terre ont été, bel et bien, au moins en leur début, des cultures dérobées. Et les plantes qu'elles ont chassées n'étaient que les cultures *dérobées* d'autrefois, rien de plus. Dans le Morvan, lorsque la pomme de terre, cultivée depuis près d'un siècle déjà, s'étend largement après la crise céréalière de 1812-1813, elle élimine d'un coup la culture du sarrasin [186].

Au total, pour ces innovations, l'installation aura été relativement facile. Il n'en sera pas de même avec l'innovation par excellence, celle des prairies artificielles.

Ote-toi de là que je m'y mette (suite) : les prairies artificielles

Les prairies artificielles s'opposent aux prairies naturelles, aux prés, aux herbes spontanées qui accompagnent les bords de rivière ou de simples ruisseaux et qui ont été de tout temps des terres convoitées : dès le Xe siècle, en Mâconnais, « le pré [vaut] deux fois la terre arable » [187]. Encore en 1680, dans le Beauvaisis, l'arpent de terre céréalière vaut de 60 à 100 livres, l'arpent de pré de 200 à 800, la différence n'a fait que s'accroître [188].

Les prairies artificielles sont créées de main d'homme : labours ou travail à la bêche, ou à la pioche, fumier, semailles de luzerne, de trèfle, de sainfoin, de vesces. Parfois, ces plantes étaient semées ensemble, non sans inconvénient, car elles ne poussent pas à la même allure et ne fleurissent pas au même instant. « Cette méthode ne doit pas être la bonne, dit un observateur de 1786, car les trèfles ne s'élevant pas à la hauteur des luzernes, sont étouffés par cette plante ; et les sainfoins fleurissant longtemps avant les autres devraient être plus tôt coupés, ils souffrent toujours du retard que les luzernes et les trèfles nécessitent. La luzerne et le sainfoin devraient donc être semés seuls... » [189]

Quoi qu'il en soit, à égalité de superficie, les prairies artificielles produisent deux ou trois fois plus que les prés naturels. Elles donnent finalement un supplément important de nourriture aux troupeaux, elles en augmentent le nombre et, du coup, livrent à l'agriculture une quantité accrue de fumier. Certes, elles occupent une partie de l'espace accordé au blé sacro-saint, mais elles en accroissent la productivité, en augmentant la fumure et en fixant par surcroît l'azote dans le sol. Il y a moins de terres à blé, mais leur produit global est plus abondant. C'est un raisonnement aisé à comprendre, mais que le Premier Consul, Bonaparte, pourtant fort intelligent, n'arrivait pas, au dire de Chaptal [190], à saisir.

Bref, les prairies artificielles sont l'élément moteur d'une révolution agricole puissante, nécessaire, difficile cependant à développer en France. Encore en 1823, le même Chaptal peut affirmer : « Aujourd'hui... l'établissement des prairies artificielles et un bon assolement doivent former la base de l'agriculture. » [191] Mais, à cette date, le conseil ne semble pas avoir été pleinement entendu.

Pourtant, les plantes qui constituent la prairie artificielle sont connues, en France, au moins depuis le XVIe siècle. Deux siècles plus tard, elles sont cultivées, mais sur de petites superficies, dans la Charente, dans le Dauphiné, aux environs de Paris, en Roussillon, en Flandre [192]. Plus encore, il y a l'exemple de la réussite anglaise avec les années 1730 [193]. Les encouragements, les mises en demeure, certes, n'ont pas manqué. Parfois sous la forme de l'invective exaspérée. Vers 1795, Martin de Chassiron s'adresse aux paysans des environs de La Rochelle : « Vous croupissez dans la misère et dans la saleté parce que vous organisez mal votre travail : trop de champs et pas assez de prairies. » [194] Les critiques ne sont pas moins nettes, pour être plus calmes, dans un mémoire écrit à Metz, une vingtaine d'années plus tôt, en 1777 [195] : il faudrait rompre, explique son auteur, avec ces récoltes continues de céréales sur « des terres qui s'épuisent en produisant toujours les mêmes grains » ; le régime en place entretient, en outre, une disette de gros bétail en Lorraine et dans les Evêchés ; d'où l'obligation d'importer de Suisse des bœufs, pour le travail et la boucherie, et des chevaux d'Allemagne, des Ardennes et du Danemark, « pour le service militaire... et pour le labourage ».

Alors, pourquoi ces lenteurs, ces refus ? Pourquoi, tandis qu'à la fin du XVIIIe siècle tant de physiocrates, de sociétés d'agriculture, de grands propriétaires (car il en existe qui sont soucieux de rendement et prêts à l'expérimentation) mettent le nouveau « mot d'ordre de la prairie artificielle et des racines » au premier rang de leurs préoccupations, pourquoi ce mouvement intellectuel passe-t-il si peu dans les faits ? Pourquoi « le vieil assolement... semble [-t-il] massivement subsister un peu partout autour des novateurs » [196] ?

Essentiellement, parce que si les légumineuses herbacées de la prairie artificielle ont de multiples avantages, elles ne peuvent guère se glisser comme cultures *dérobées* sur l'espace ouvert des jachères. Le trèfle ou les vesces, à la rigueur, peuvent fournir une prairie artificielle annuelle ; semée sur la jachère, elle pousse vite, peut être fauchée comme fourrage, et laisse alors au blé sa place entière sur un sol enrichi. Tout resterait dans la règle de l'assolement.

Mais une luzernière, selon les normes *actuelles*, peut durer neuf années, une prairie semée en sainfoin ou en trèfle, six ans... Il y a là un avantage de durée, tôt reconnu. Ainsi un long mémoire, consacré à la région parisienne à la veille de la Révolution [197], nous dit : « C'est à l'âge de trois, quatre, cinq et six ans qu'une prairie de sainfoin, trèfle et luzerne est dans sa plus grande force. Après ce temps, la plante commence à dépérir insensiblement et la prairie a besoin alors d'être renouvelée. » On devine les suites d'une telle permanence, la rotation traditionnelle des cultures en est gênée, la prairie artificielle demeurée en place entraîne le *dessolement*, comme l'on disait.

Or le dessolement se heurte à un double obstacle.

Le premier est juridique : les contrats de fermage ou de métayage, d'ordinaire, prévoient « de bien fumer et cultiver les terres, sans les dessoler ni déroyer [198], aux peines de droit ». Les plaintes éventuelles du propriétaire se portent devant les parlements. Et si l'on connaît quelques régions – Artois, Flandre, par exemple – où les propriétaires sont plus d'une fois déboutés [199], les parlements, d'ordinaire, interviennent pour maintenir la succession traditionnelle des soles, nécessaire, croyait-on, au bon rendement des céréales.

Le second obstacle tient aux habitudes de la dépaissance traditionnelle, au fait que la contrainte des soles n'est pas considérée seulement comme un système rationnel de culture, mais comme un corollaire du droit de vaine pâture, comme on dit dans les régions de droit coutumier, ou de compascuité, c'est le mot qu'emploie le Midi de droit écrit.

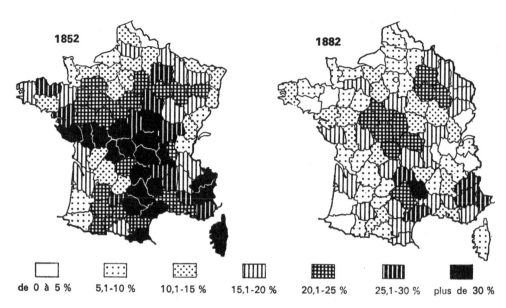

LE RECUL DE LA JACHERE DE 1852 A 1882
(D'après F. BRAUDEL, E. LABROUSSE, *Histoire économique et sociale de la France*, III, p. 672.)

Toute communauté villageoise, vivant avant tout d'elle-même, se trouve, confrontée sans fin aux contraintes issues et de l'élevage et de la culture des grains. Impossible de se passer de pain, impossible de ne pas disposer d'animaux domestiques. Pour la vie de ces derniers, entrent en jeu les pratiques anciennes, mais vivaces, de la *vaine pâture* et du *parcours*.

La *vaine pâture*, c'est l'ouverture aux troupeaux du village de tous les pâturages récupérables, nécessaires à leur élevage et à leur entretien. Elle est autorisée le long des chemins herbeux, c'est une solution pour la vache du pauvre. Elle est autorisée sur les communaux, ces friches que le village possède en commun ; cette fois, riches et pauvres en profitent. Elle est autorisée sur la jachère, comme je l'ai déjà dit, dès la poussée des premières herbes. Elle se pratique aussi ·sur les éteules des champs céréaliers, après la moisson. Enfin elle s'adjuge les prés, soit après la fenaison – ce qui est rare –, soit après le regain, ce qui est la norme. Le regain, c'est ce que l'on appelle parfois le *surpoil*. « Depuis la création du monde, dit un cahier lorrain, en 1789, le second surpoil [c'est-à-dire le regain après le regain] appartient aux communautés. »[200]

Le *parcours* est l'élargissement du droit de vaine pâture qu'une commune obtient de ses voisines ou qu'elle leur concède sur son propre territoire. Donc une extension. Les limites villageoises sont indécises, elles s'imbriquent, le *parcours* permet de ne pas en tenir compte. C'est un avantage pour les déplacements des troupeaux et, au total, un système d'une certaine habileté, puisque l'élevage y trouve ses avantages et que la culture n'y perd pas ses aises.

Encore faut-il que l'ordre se maintienne, que les soles se déplacent comme prévu, que les herbages soient ouverts au moment voulu. Or, les prairies artificielles doivent se clore pour se protéger – du fait même de leur permanence qui aggrave les choses – contre la dent vorace des troupeaux. Il est indispensable de les mettre à l'abri de haies, de murs, de barrières, de fossés, de surveillances efficaces. Il s'ensuit des contestations, des procès, au nom de droits et de libertés antagonistes. N'y a-t-il pas deux libertés qui s'opposent, celle qui défend les usages communaux, celle qui défend la propriété individuelle[201] ? Dans une région opulente où l'herbe gagne en étendue, comme la Normandie, la clôture s'impose sans doute plus facilement qu'ailleurs. De même le Midi, où la jachère, les garrigues, les terres incultes sont souvent très étendues, se prêtera finalement mieux – les exceptions confirmant la règle – aux prairies artificielles et aux innovations (quand les conditions naturelles ne s'y opposent pas) que les champs ouverts du Nord-Est céréalier, où les contraintes de l'assolement triennal sont plutôt rigides et les pâturages et biens communaux relativement peu étendus.

L'Etat, assez vite, aura pris parti pour les riches propriétaires novateurs, en même temps que pour le progrès évident de la production. A partir de 1764, en vertu d'une série d'édits à portée régionale, la *vaine pâture* et le *parcours* seront abolis. Les textes sont clairs, péremptoires. Mais la résistance sera universelle et tenace. Les paysans s'acharneront à défendre leurs maigres avantages. Les seigneurs refuseront de perdre les droits qu'ils possèdent sur la vaine pâture. Les parlements, je l'ai dit, leur emboîteront le pas. L'Eglise sera aussi de leur côté, qui n'arrive pas à étendre la dîme sur les prairies nouvelles, comme sur les *novales*, les terres défrichées. Donc une conjonction d'intérêts vigilants joue contre les prairies artificielles.

De son côté, l'Assemblée d'administration de l'agriculture, créée en 1787, a naturellement pris parti contre le parcours, et non moins contre les interdictions de dessoler[202]. En vérité sans grand résultat pratique. L'Assemblée provinciale de l'Ile-de-France accordera, en 1787, au propriétaire désireux de créer des prairies artificielles le droit d'enclore un terrain, si sa superficie ne dépasse pas le dixième de l'ensemble des terres qu'il possède[203]. C'est peut-être la recherche d'un compromis, mais qui restera largement lettre morte. Et, avec la Révolution, le Code rural de 1791 redonnera aux communautés leurs anciens droits qu'elles n'avaient pas vraiment perdus.

Les années passent, les régimes politiques changent, sans rien résoudre. Encore en 1836, le Conseil d'agriculture constate son impuissance : des cultivateurs de l'Aisne, consultés, ne se sont-ils pas tous déclarés favorables au maintien de la vaine pâture ? Mieux vaudrait, disent les experts du Conseil, nourrir le bétail à l'étable, mais dans l'état actuel de l'agriculture, il semble que ce soit impraticable[204].

Ils n'avaient pas tort si l'on en juge par la minuscule révolution qui, le 14 juillet 1861, mit en émoi le petit village de Futeau (canton de Clermont-en-Argonne, département de la Meuse). Des troubles y éclataient durant l'après-midi de la fête nationale. Le maire, resté chez lui, « n'a pas cherché à calmer cette effervescence » et « le sieur Dupont François, officier des pompiers de ladite commune, a fait battre le rappel sans [en avoir reçu l']ordre ». Tout cela pour protester contre la suppression de la vaine pâture ! Il est vrai que la sécheresse sévissait et que le manque d'herbe devenait désastreux. Dans la nuit du 14 au 15, « les clôtures des prés ont été enlevées », sans doute à l'instigation de l'officier des pompiers[205].

Ce voyage à Clochemerle n'est-il pas révélateur ? En fin de compte, ce n'est pas le prestige du blé, de Sa Majesté le Blé qui, à lui seul, avait bloqué, presque un siècle durant, le développement logique des prairies artificielles.

Vers 1861, les plantations de luzerne, de sainfoin et de trèfle couvraient tout de même 2 500 000 hectares, soit la moitié de l'espace dévolu aux prairies naturelles. La nécessaire révolution s'était produite, mais vaille que vaille, incomplètement et irrégulièrement. En 1877, les communaux avaient pratiquement disparu dans le Nord-Ouest et « avec eux, les terres incultes qui, en 1789, occupaient encore le huitième de la région »[206]. Mais la loi ne supprima la vaine pâture que le 21 novembre 1889 et plus de 8 000 de nos communes protestèrent à cor et à cri contre cette décision qu'elles jugeaient catastrophique[207]. En 1914 et même plus tard, n'ai-je pas vu de mes propres yeux, dans un village de l'Est, les troupeaux de tous les propriétaires gagner les prés en un seul groupe, après la fauche du regain, dans la longue avenue d'herbe ouverte par l'eau des ruisseaux, à travers l'étendue forestière ?

Une France toujours en retard d'une innovation

«   Si vous reprenez, une à une, les innovations agricoles – le sarrasin, le maïs, la pomme de terre, le colza, la garance, la betterave sucrière, les prairies artificielles... –, un trait leur est commun : elles sont arrivées de l'extérieur. Parfois de fort loin, d'au-delà des mers. Mais, en bout de course, la transmission décisive s'est faite à partir de l'Europe qui nous entoure, nous lie au monde, et aussi nous en sépare : le sarrasin à partir de la Hollande, le maïs de l'Espagne, la pomme de terre de l'Allemagne, le mûrier de l'Italie, les prairies artificielles des Pays-Bas et de l'Angleterre...

Y a-t-il de quoi étonner ? Toute économie, toute société, toute culture, tout organisme politique ne cesse de recevoir les biens culturels en perpétuel mouvement qui transitent à travers le monde. La France n'est pas mal placée pour de pareils accueils puisque, chez elle, débouchent la route maritime du Nord à partir de la Baltique, par la mer du Nord et la Manche, les routes essentielles de terre (souvent hélas chemin des épizooties) qui lui viennent des profondeurs de l'Europe centrale, de l'Europe de l'Est et des étendues lointaines de l'Asie, la route toujours active en provenance de la Méditerranée, enfin, largement ouverte par la nature à l'ouest, la voie royale de l'Atlantique que la France n'a pas su utiliser très tôt, comme il eût été possible sans doute de le faire avec les marins normands de Dieppe, de Rouen ou de Honfleur, ou avec les milliers de bateaux bretons qui furent les vrais rouliers des mers européennes, au XVIe siècle...

Par ces routes, d'innombrables biens culturels ont voyagé vers nous : ainsi la construction à *clin* des coques de navires et le gouvernail d'étambot, ces deux révolutions en provenance de la

Baltique des XIVᵉ et XVᵉ siècles ; l'étrier et le collier d'épaule qui transformèrent l'utilisation du cheval, entre VIIIᵉ et Xᵉ siècle, en provenance de l'Europe de l'Est. Par la France du Midi, encore aux XVIIᵉ et XVIIIᵉ siècles, la route méditerranéenne touche nos provinces du Nord, les ravitaille en semences de blé, en greffons utilisables, en légumes, en arbres fruitiers, en fleurs... Mais tout cela nous arrive d'ordinaire par des intermédiaires, avec un certain décalage dans le temps par rapport à d'autres Europe.

Faut-il penser que la France aura été, en quelque sorte, victime de sa position géographique ? Que les marges et prolongements européens qui l'entourent sont plus sensibles qu'elle à la vie multiple du vaste monde et à ses novations ? En tout cas, ce sont les « extrémités de l'Europe » qui ont réussi la rupture explosive du continent : la Russie massive, au XVIᵉ siècle, s'annexe la Sibérie des cavaliers cosaques, tandis que le monde ibérique, à proximité des alizés – cette soufflerie permanente qui, à partir des Canaries, pousse automatiquement les voiliers vers l'ouest – découvre le Nouveau Monde. Angleterre, Hollande, France sont des retarda-taires et l'Amérique première n'est pas la leur, pas plus que la Sibérie des fourrures et des courses en traîneaux.

Mais, plus encore que sa place à l'intérieur de l'Europe, est-ce la propre géographie de la France qu'il faut mettre en cause ? Son immensité ancienne, sa masse compacte, qui l'ont condamnée longtemps à une vie morcelée, n'expliquent-elles pas la lenteur avec laquelle toute invasion étrangère pénètre notre pays, pourtant ouvert à tous les vents ? La lenteur aussi avec laquelle les cultures étrangères n'en finissent pas d'y progresser, bien que toutes y pénètrent et s'y croisent comme en une sorte de carrefour ? Ceci dans le domaine de l'art et des idées comme dans celui des biens matériels. Le maïs est à Bayonne vers 1570, il sera à Castelnaudary en 1637, à Béziers en 1678 [208]. Le cépage de l'*Ugna* blanche et noire, d'origine italienne, passe de la péninsule dans le Comtat Venaissin au XVIIᵉ siècle ; il est en Languedoc au siècle suivant ; au XIXᵉ, il a progressé « vers le Bordelais de Saint-Emilion, vers les Charentes où il formera la base de la production du cognac » [209]. La pomme de terre était cultivée dans le Vivarais par Olivier de Serres au XVIᵉ siècle, inconnue deux siècles plus tard dans bon nombre de nos provinces.

Immensité, diversité, la France est une constellation de provinces différentes : elles communiquent mal entre elles, sont obligées, au dire des intendants, de vivre avant tout sur elles-mêmes [210]. Les unes condamnées à la médiocrité, attachées plus que les autres à leurs pratiques, à leurs systèmes ; les autres brillantes, pourrait-on dire, avec le désir et les moyens d'innover, mais séparées des autres par les distances à vaincre et isolées par leur réussite même, qui les met à part. Quand, au-delà de Bouchain [211], Arthur Young pénètre en Flandre, il s'extasie devant ses richesses agricoles [212]. Le contraste entre cette île de modernité et la norme française est toujours la même vers le milieu du XIXᵉ siècle [213]. La terre y rapporte alors environ 450 francs par hectare cultivé, soit trois fois la moyenne nationale ; on y compte 213 habitants au kilomètre carré, une tête de gros bétail par hectare ; à l'engrais que fournissent les troupeaux s'ajoutent les boues des villes, les tourteaux, les os, les sables de mer, les engrais humains. C'est ce qui a permis aux Flamands d'« étendre leur cultures épuisantes sans nuire à la fécondité de leur sol et de se montrer supérieurs même aux Anglais comme production » [214]. En outre, ici, pas de jachère, l'assolement dit alterne l'a supprimée. Et pas de communaux. Mais cette région reste à part, plus ouverte, en somme, sur la Flandre belge ou la Hollande que sur le reste de la France. Autres régions à part, riches par elles mêmes, l'Artois, le Pas-de-Calais, la Normandie, la Beauce, l'Ile-de-France...

Différences, manque d'homogénéité, nos provinces ne sont pas des vases parfaitement communicants. La distance, l'immensité jouent leur rôle. Déjà vers 1450, Gilles le Bouvier définissait la France : « De long vingt-deux journées... et de large seize. » [215]

III

L'ELEVAGE, LA VIGNE, LE BLE, LES FORETS

Les lignes générales une fois esquissées, le détail se présente, surabondant. Alors, choisissons, simplifions, ne retenons que l'essentiel, lui aussi, hélas, surabondant. Quatre grands chapitres s'imposent : l'élevage, la vigne, le blé, la forêt. Ils dominent, divisent, écartèlent la France : n'y a-t-il pas quatre France diverses, mal séparées, selon qu'elles valorisent ou l'herbe et l'élevage, ou la vigne et le vin, ou le blé et le pain, ou les arbres ?

Comparée aux deux vastes espaces réservés au blé et aux animaux domestiques ou aux masses forestières, la vigne s'avère, à première vue, limitée à l'extrême. Mais, véritable industrie, elle est attraction, outil de peuplement : ne réclame-t-elle pas, n'occupe-t-elle pas beaucoup de bras ? La voilà même, le cas échéant, explosive : au XVIIIe siècle, les autorités responsables essaient en vain de la contenir, d'interdire les nouvelles plantations [216]. Et elle profitera de la Révolution et de ses facilités pour s'adjuger de vastes terres céréalières. Ce mouvement continuera jusqu'aux environs des années 1850, et même au-delà. Elle aura, à ce jeu, conquis au moins 500 000 hectares nouveaux, ce qui n'est pas négligeable. Elle fut même capable, au XIXe siècle, de faire basculer vers elle tout le Languedoc méditerranéen, jadis industriel et céréalier, et d'y déchaîner, avec les conséquences que l'on connaît, une véritable folie viticole. Une folie qu'a connue d'ailleurs tout le Midi quand le chemin de fer a facilité, miraculeusement, la diffusion de ses produits vers le nord.

Bref, il faut admettre que la vigne n'a rien eu et n'a rien d'un gringalet, qu'elle fait le poids, même vis-à-vis des trois autres grands acteurs qui, en superficie, l'emportent tellement sur elle. Ajoutez qu'elle se targue à bon droit de titres de noblesse. Parlant de son pays, l'Armagnac noir, Joseph de Pesquidoux note, vers 1920, combien « pasteur insouciant, laboureur imprévoyant, l'homme chez nous se galvanise en touchant le cep » [217].

Mais, en définitive, aucun de nos secteurs n'ignore les trois autres. Simplement parce qu'ils ont besoin les uns des autres. Un vieux proverbe dit : « Qui a du foin, a du pain », et c'est vrai. En Normandie, même aphorisme aujourd'hui : « Veux-tu du blé, fais des prés. » [218] On pourrait dire aussi bien : « Qui a du blé a de la viande », « Qui a du vin a du pain », etc. En Bourgogne, le blé se transporte parfois en tonneaux, le vin y a fait école. Et qui a du bois peut en vivre.

Ne pas oublier l'ensemble

Là où les zones différentes se touchent, l'échange à courte et moyenne distance favorise les bons voisinages. S'associent ainsi le Marais poitevin, éleveur de chevaux, et la plaine céréalière proche de Fontenay-le-Comte ; la Champagne berrichonne et, à l'ouest, les régions marécageuses et herbeuses du Boischot et de la Brenne ; la Basse-Normandie, de plus en plus spécialisée dans l'élevage, et les plaines à céréales d'Argentan, de Sées et de Caen ; le Nivernais et les bonnes terres à blé des bords de la Loire, de l'Allier, du Val d'Yonne [219] ; la Flandre maritime et la Flandre intérieure ; le vignoble glorieux assis sur la falaise de l'Ile-de-France, et, à l'est, les champs de seigle, de blé, et les troupeaux de moutons de la Champagne crayeuse, dite *pouilleuse* ; les vignobles du Bordelais et les champs céréaliers des bords de la Garonne... Quant aux arbres, ils bordent, pénètrent toutes les activités rurales.

Bien que, par leurs activités et leurs habitudes de vie, pasteurs, agriculteurs, vignerons s'opposent, ne puissent être, souvent, que des adversaires, les voilà enfermés, les uns et les autres, dans l'unité de champs de force contraignants – Paul Adam dit de *champs économiques* [220]. Et si ces France diverses s'opposent, comme les électricités de signe contraire, elles s'attirent aussi, s'inscrivent dans un même et vaste encadrement économique. Aussi bien, présenter pêle-mêle céréales, élevages, vignobles, forêts s'annonce comme une entreprise logique, nécessaire, bien qu'immense et difficile.

En 1817

Pour nous en donner une première esquisse, il faudrait de bonnes statistiques. Un document utile nous aidera au moins à voir le bon chemin, sans toutefois nous conduire au but.

Il s'agit d'un relevé précis, établi à la fin de l'année 1817, d'après les travaux du cadastre [221]. Il donne, pour chacun des 86 départements français d'alors, le revenu calculé par hectare pour les divers secteurs de production (terres labourables, vignes, prés et bois). Un cinquième chiffre fixe le revenu, en francs, de l'hectare moyen dans chaque département. Pour ce calcul, il a fallu tenir compte des superficies occupées par les diverses productions.

Voici, pour le département le plus pauvre, à la dernière place du classement – les Basses-Alpes –, les cinq chiffres avancés : en suivant l'ordre (terres labourables, vignes, prés, bois), 13, 30, 57, 2 ; le revenu moyen, à l'hectare, s'établit à 6 francs 38 centimes. Le département le plus favorisé (celui de la Seine évidemment, bien que le plus petit de tous : 10 000 hectares) s'octroie 100 francs à l'hectare pour les labours (honneur aux cultures maraîchères) ; 112, pour la vigne, alors encore en place autour de la capitale ; 84, pour les pâturages et 108, pour les bois qui se font de plus en plus rares dans l'étroit espace du département. Mais la Seine et, plus encore, Paris sont des exceptions, voire des *monstres*.

Alors, devinerez-vous quel est, ce monstre mis à part, le premier département dans l'ordre de la richesse agricole, si l'on se fie au revenu moyen par hectare de nos calculateurs ? C'est le Calvados que vous n'attendiez sans doute pas à cette place – le Calvados où il n'y a cependant pas de vignes, mais où la terre labourable affiche 59, les prés 83, les bois 36. Le revenu moyen de l'hectare courant s'y établit à 78,25 contre plus de 100 à la Seine, seul département pour lequel manque le calcul de la moyenne d'ensemble. Les départements suivants restent à bonne distance : la Manche, 62,44 ; la Seine-et-Oise, 58,63 ; le Nord, 58,17 ; l'Eure, 47,3 ; le Jura, 46,64 ; l'Oise, 45,75 ; la Seine-et-Marne, 43,35.

Mais ce n'est pas ce classement qui, présentement, nous retiendra, bien qu'il prouve qu'une estimation de la richesse de nos régions n'est pas simple, qu'elle ne se détermine pas, comme on croit souvent pouvoir le faire, à partir d'une ou deux lignes de partage des eaux. Ce qui, pour le moment, nous intéresse, ce sont évidemment les conflits entre les arbres, l'herbe, le blé, la vigne, dans la mesure où la dispersion des revenus les dévoile.

Il était donc tentant de calculer, pour les 86 départements, soit pour la France entière de 1817, le revenu *moyen* de l'hectare de terre céréalière (26,8), de vignoble (47), de pré (60,9), ou de forêt (16,4). Ce dernier chiffre est le plus bas de tous et, pourtant, la forêt livre encore, en 1817, le combustible nécessaire aux habitations et aux « usines à feu », par fabuleuses quantités [222].

Le relevé de 1817 constitue une *matrice* à 430 lignes (86 départements et 5 chiffres pour chacun d'entre eux). Le calcul pourrait donc longuement s'y attarder (voir pp. 72-73 les cartes résumant ces chiffres et leur commentaire). Mais ne croyez pas que les résultats en seraient définitifs, immédiatement explicables. Chaque département ne pose que trop de problèmes particuliers. Le revenu par hectare des diverses exploitations dépend, entre autres facteurs, de l'existence, ou de l'absence d'une clientèle à portée de main qui consomme le blé, boit le vin, utilise la forêt, achète les bestiaux ou leurs produits. « On peut difficilement se faire une idée... de ce que peut devenir la moindre branche de l'économie rurale, quand elle a des débouchés suffisants », remarque Lavergne à propos de ce que le « voisinage de la capitale » apporte de richesse à la Normandie [223]. Le revenu dépend aussi du niveau de vie, donc des salaires, certes inégaux de département à département. Si l'on considère le salaire annuel des ouvriers agricoles, la différence peut être du simple au double, entre par exemple un département du Nord-Ouest et un département du Centre ou du Sud-Ouest [224].

La rareté relative des produits et l'abondance de la demande jouent leur rôle dans la formation des prix et des revenus. C'est ce qui aide à comprendre que la vigne, là où elle prospère de façon éclatante, ne donne, en Gironde, que 58 francs de revenu par hectare ; dans la Marne, que 49 ; dans l'Aube, que 46 ; en Côte-d'Or, que 42,36 – mais 83, en Haute-Saône ; 81, en Moselle (vive le mauvais vin des alentours de Metz !) ; 79, dans le Doubs ; 75, dans le Rhône ; 74,64 dans le Jura ; 73, dans la Haute-Loire ; le point culminant se situant autour de Paris, 112 – record indiscutable. Un hectare de vigne autour de la capitale rapporte 33% de plus que les meilleures terres labourables de Flandre ! Voilà une géographie inhabituelle, inattendue, mais véridique, du vin et de la vigne. Car c'est là où le vignoble se restreint, où il vivote, où ses produits sont de petite qualité que le vigneron gagnerait le mieux sa vie ! Paradoxe qu'explique – jusqu'à l'ère du chemin de fer – l'impuissance des transports à opérer une redistribution efficace d'une zone d'abondance à une zone de pénurie.

REVENU MOYEN DE L'HECTARE EN 1818

Le revenu des prés, le plus élevé de tous, culmine dans les Bouches-du-Rhône, où ils sont trop rares pour la demande, et dans une partie de la Normandie, directement liée à l'approvisionnement de Paris.

Le revenu de la vigne, supérieur à celui des labours, culmine non dans les régions de grands crus, mais autour de toutes les grandes villes. Ce qui explique sa présence partout où le climat ne l'interdit pas absolument.

Les terres labourables à haut revenu dessinent de façon exemplaire la pauvreté de la France centrale et la supériorité de l'agriculture capitaliste du Nord.

La forêt est de grand rapport quand elle est liée à des voies navigables et aux énormes besoins des grandes villes et des industries à feu.

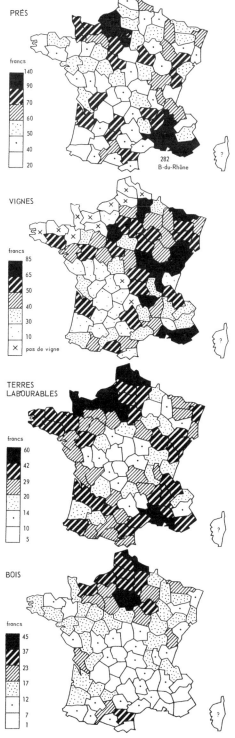

PRÉS

francs
140
90
70
60
50
40
20

282
B-du-Rhône

VIGNES

francs
85
65
50
40
30
10
× pas de vigne

TERRES LABOURABLES

francs
60
42
29
20
14
10
5

BOIS

francs
45
37
23
17
12
7
1

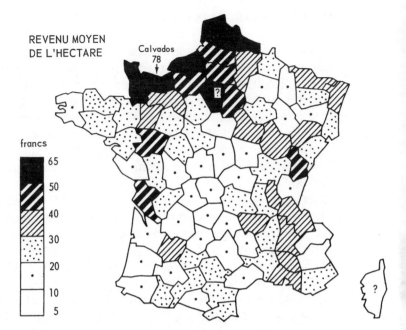

REVENU MOYEN
DE L'HECTARE

Calvados
78

francs

65
50
40
30
20
10
5

La carte du re-
venu moyen à l'hec-
tare reproduit, une
fois de plus, la cou-
pure entre France
du Nord et France
du Midi.

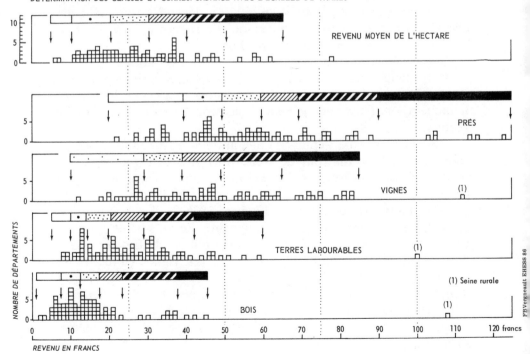

DIAGRAMMES DE DISTRIBUTION DES DÉPARTEMENTS SELON LEUR REVENU MOYEN À L'HECTARE
DÉTERMINATION DES CLASSES ET CORRESPONDANCE AVEC L'ÉCHELLE DE TRAMES

REVENU MOYEN DE L'HECTARE

PRÉS

VIGNES (1)

NOMBRE DE DÉPARTEMENTS

TERRES LABOURABLES (1)

(1) Seine rurale

BOIS (1)

REVENU EN FRANCS

PB Vergneault EHESS 86

La rareté explique aussi le record inattendu des Bouches-du-Rhône en ce qui concerne le revenu de ses prairies. C'est un record absolu (282 francs) : aucun hectare de terre française ne peut rapporter autant, même planté en vignes. Cette anomalie s'explique par la rareté de l'herbe entre les pierres de la Crau et les marécages de la Camargue et dans le reste du département, alors que les moutons retour de l'alpage, à l'approche de l'hiver, sont innombrables. Dans la seule Camargue, naissent chaque année plus de 40 000 agneaux, les troupeaux de moutons y paissent en liberté nuit et jour, « on y compte [vers 1780] 3 000 chevaux et autant de bœufs ; les premiers sont tous blancs, tandis que les bœufs du pays sont reconnaissables à la couleur noire de leur poil » [225]. Autres prairies privilégiées mais pour de tout autres raisons : celles de la Seine-et-Oise, de l'Eure, de la Seine-Inférieure. Leur avantage est d'être à portée de la capitale, grâce à la route de Dieppe à Paris. Une route très bien équipée, à l'usage des chasse-marée qui chaque jour y transportent le poisson en toute hâte. Les produits laitiers courent par le même chemin, si bien que Gournay, dans le pays de Bray, est le centre d'une véritable industrie du beurre.

Quant à la forêt, dont l'exploitation dépend étroitement des transports par eau, qui s'étonnera qu'elle rapporte 2 francs dans les Basses-Alpes et 108 autour de Paris ?

Nous voilà mis en appétit par de telles révélations, mais, de toute évidence, ces calculs limités à une année ne suffisent pas, il nous faudrait des séries longues, à l'amont et à l'aval. Elles nous manquent, ou, du moins, je n'en ai pas trouvé qui aient la fiabilité requise.

Faute de mieux, déployons une autre série de chiffres, moins satisfaisants, je le dis tout de suite, plus grossiers que ceux que nous venons d'utiliser. Je les prends à un ouvrage assez peu connu [226].

En moins d'un siècle – 1785 à 1875 –, les productions agricoles, en France, ont toutes augmenté, en valeur, en volume, en superficie utilisée. Les terres labourables, chiffres arrondis, passent de 24 à 27 millions d'hectares ; les vignes (toujours en millions d'hectares), de 1,86 à 2,5 ; seuls les prés et vergers diminueraient, et encore, de 5,2 à 5. En valeur, le *prix* (attention, nous ne parlons plus *revenu,* mais *capital*) de l'hectare de terres labourables triple, 900 francs en 1785, 2 700 en 1875 ; de même, l'hectare de prés ou d'arbres fruitiers passe de 1 500 à 4 500 ; la vigne quadruple, 2 500 à 10 000. A elle, le record. Sa poussée va assurément ennoblir nos paysages de sa présence accrue, non les bouleverser. Les bouleversements spectaculaires, surgiront plus tard, mais pas à cause d'elle.

L'élevage ancien.
Première règle :
aux animaux de se débrouiller pour vivre

L'élevage d'hier n'est pas celui d'aujourd'hui, est-il besoin de le dire ? Mais il est besoin de l'expliquer.

Première règle à large portée : les hommes sont, hier, plus mêlés qu'aujourd'hui à la vie des animaux domestiques, mais ils s'en occupent beaucoup moins. Est-ce paradoxal ?

Aujourd'hui, la vie d'un éleveur est sous le signe d'une attention continue. 100 vaches laitières dans une étable, 1 000 porcs dans une porcherie, 10 000 poules pondeuses dans une sorte d'usine, on dit aujourd'hui un « atelier », voilà qui ne permet aucune inadvertance. Quel éleveur ne surveillerait pas les clos où, en été, est parqué son bétail ? De même, à l'étable moderne, scientifiquement organisée, avec un *chemin d'alimentation,* dans la bergerie modèle ou dans la porcherie nouveau style – bâtiment construit souvent très loin des habitations –, l'action des responsables ne connaît jamais de halte : il faut respecter les horaires, se soucier des prophylaxies, des vaccinations, apporter mécaniquement les nourritures convenables. La corvée est continuelle pour atteindre une production maximale, en quantité, sinon toujours en qualité.

Hier, au contraire, la majeure partie du gros bétail – bœufs, vaches, chevaux, juments – vivaient une portion notable de leur existence « livrés aux hasards du dehors » [227], sans surveillance, souvent à l'état quasiment sauvage.

Tout d'abord, parce que l'élevage, dans la plupart des cas, n'est qu'une occupation seconde, l'essentielle étant le blé, le seigle, l'avoine, l'orge... Les céréales sont tyranniques et c'est à cause d'elles, avant tout, que des animaux sont élevés quasiment dans chaque ferme, pour le fumier qu'ils fabriquent et comme bêtes de trait : bœufs, vaches, chevaux, mulets, ânes sont destinés avant tout aux voitures, aux chariots, aux charrues.

D'autre part, le paysan manque par trop de temps. Il a tendance à faire de l'élevage aux moindres frais, à la moindre peine.

C'est l'avantage qu'offre un élevage libre, abandonné à lui-même, qui n'empiète ni sur les tâches, ni sur les terres de leur propriétaire, puisqu'il peut s'installer à l'aise dans les vastes espaces des landes, des friches envahies par les genêts, les ajoncs, les bruyères ou par les eaux insidieuses des marais et des marécages... Dans ces espaces à l'abandon – y compris les forêts et les pentes escarpées – où rien ne se cultiverait facilement, l'éleveur lâche bœufs, vaches, chevaux, juments, soit au début, soit à la fin de leur existence, ou à n'importe quel âge lorsque les circonstances le permettent ou l'exigent.

Sur cet élevage *sauvage,* avouons que nous sommes mal renseignés. La faute en est sûrement aux historiens, eux aussi plus préoccupés par le blé que par les bêtes domestiques, si l'on excepte le livre, très récent, de Jacques Mulliez [228]. Aussi bien nous retrouvons-nous souvent en face de ce spectacle comme par hasard, ainsi qu'un chasseur que le gibier surprendrait.

Voici, par exemple, un projet d'agriculture présenté le 10 janvier 1731, devant les états de Bretagne. Il dénonce la pratique qui, pour engraisser un bœuf, consiste à l'abandonner dans une pâture de cinq ou six arpents (il s'agit bien entendu des vastes landes de Bretagne) ; la bête est libre dans ce royaume où son maître prend tout de même la précaution de lui apporter environ « cinq milliers [229] de foin, [dont] elle ne mange pas la moitié, parce qu'[elle] rebute l'autre » [230]. Etrange façon, en vérité, de concevoir l'embouche ! Mais ces bœufs à l'engrais sont tout de même relativement surveillés, puisqu'on leur réserve un supplément de nourriture, et ils ne sont abandonnés que temporairement : ils ont probablement servi comme bêtes de trait avant d'être promis à la boucherie. Comme l'explique le dictionnaire de Savary (1772) : un bœuf est « propre à tirer » à l'âge de 3 ans, et à 10 ans, « il faut le retirer du chariot ou de la charrue pour le mettre à l'engrais » [231].

Ce sont des images autrement vives que livre le journal de Gouberville. Avec lui, nous remontons le cours du temps jusqu'au XVIᵉ siècle, mais nous quittons à peine la Bretagne pour gagner en Normandie, au Nord du Cotentin, à une journée de marche de Cherbourg, en pays bocager encore très boisé, le domaine du Mesnil. Une belle exploitation que son propriétaire, Gouberville, gère lui-même, efficacement. L'élevage y tient une bonne place et des bâtiments séparés abritent chevaux, juments, vaches, moutons, porcs, chèvres... Pourtant, la plus grande partie du gros bétail se compose comme le dit Gouberville lui-même, des « bestes saulvages [qui] pasturent à la forêt », mêlées parfois à celles des voisins, et qui s'y reproduisent librement. Le problème est de les récupérer, tant pour les besoins de l'exploitation que pour les ventes en foire. Chaque fois, il est nécessaire d'organiser une véritable battue, avec vingt, trente hommes... Encore les rabatteurs reviennent-ils souvent bredouilles : ils n'ont pas retrouvé telles bêtes qu'ils recherchaient, telles autres leur ont échappé, parfois de haute lutte, ainsi cette jument qui « força [l'un des rabatteurs] et luy cuyda passer sur le ventre » [232].

Les notes de Gouberville, au fil de son journal, sont étonnantes. Le 24 juin 1562, c'est le troupeau de bovins qui est rassemblé, « presque » au complet ; les jeunes produits, les « veaulx saulvages », furent sans doute marqués au fer ce jour-là, puisque c'était l'habitude de Gouberville, et une partie en fut retenue pour les « senner », c'est-à-dire les châtrer. Tel autre jour, une vraie partie de chasse est organisée pour « tuer ung toreau saulvage », réclamé par un acheteur. Périodiquement, Gouberville emmène une petite troupe pour « prendre du haras » [233], avec des succès divers : il s'agit généralement de jeunes poulains et pouliches qui seront entravés et dressés, ou relâchés dans la forêt après avoir été marqués [234].

Voilà des notes qui évoquent le Far West plutôt qu'une campagne française ; elles nous mettent en face d'une réalité à laquelle, historiens, nous nous sommes moins intéressés encore qu'à la culture à bras, ce qui n'est pas peu dire. Nous sommes d'autant plus encouragés à poursuivre notre chasse et, en interprétant des textes qui ne sont pas toujours précis, à apercevoir un paysage qui change les perspectives habituelles de l'explication historique.

Ainsi, au XVIIIe siècle, les « nourrisseurs » du Périgord ont l'habitude d'acheter dans le Haut-Limousin de jeunes veaux de 12 à 18 mois ; ils les font paître ensuite dans « des prairies de médiocre qualité » jusqu'à 4 ou 5 ans, puis « après les avoir accouplés et domptés », en gardent quelques-uns pour leurs travaux et revendent le reste [235]. N'ai-je pas le droit de penser que ces bêtes, finalement *dressées,* étaient au préalable plus ou moins sauvages, comme les chevaux et les taureaux de Gouberville ?

Mais l'exemple particulier de la Basse-Alsace, auquel il est possible de s'arrêter plus longuement, est beaucoup plus significatif. Son climat et ses herbages permettent aux animaux de vivre au grand air, neuf ou dix mois de l'année. Etrange liberté, mais ils se nourriront facilement dans les forêts, broussailles et marais qui leur sont en fait abandonnés. Ces pâturages, ouverts à tous, relèvent souvent des biens communaux *(Allmend),* mis à contribution depuis des siècles. Encore en 1805, le maire de Sélestat se plaignait des dégâts commis par les chevaux et les vaches dans les forêts des bords de l'Ill, la rivière centrale de l'Alsace qui coule parallèlement au Rhin : « Ils détruisent tout, écrivait-il, par les pieds et par la dent, et il est connu qu'un cheval dans une coupe y fait plus de mal dans un jour que ne pourrait y faire la hache meurtrière de quinze bûcherons. » [236]

Cependant, l'élevage alsacien s'était déjà largement modifié à cette date. Les pâturages, jadis amples, étaient devenus insuffisants dès les XIIᵉ-XIIIᵉ siècles, par suite des défrichements et de l'augmentation probable des troupeaux. D'où, en Alsace comme dans toute la France du Nord-Est [237], des réglementations, des appropriations, des itinéraires fixés autoritairement pour les déplacements des bêtes, et, finalement, l'apparition de bergers communaux [238]. L'ordre, du coup, s'est établi. Serait-ce une règle, valable ailleurs ? A savoir qu'un élevage abandonné à lui-même, pour le moins mal contrôlé, se découvre chaque fois que l'on remonte jusqu'à un passé suffisamment éloigné ? Ainsi, dans le Bourbonnais, à l'époque de la guerre de Cent Ans, où les troupeaux des paysans mettent à profit et à sac les vastes forêts du pays, malgré les résistances vives des seigneurs [239]...

Pour les chevaux, l'ordre ancien s'est maintenu curieusement, parfois jusqu'au XIXᵉ siècle – ce que le beau livre de Jacques Mulliez vient d'établir. Est-ce le mérite des bêtes ou la nonchalance des hommes ?

En Bretagne, au XVIIIᵉ siècle encore, les chevaux vivaient toute l'année en liberté dans les landes, les terres marécageuses, à demi boisées. Que la neige et la glace les surprennent, tant pis pour eux ! Ils déterreront à coups de sabots l'herbe qui les nourrit. Si les loups les attaquent, à eux de se défendre ; juments et poulains se groupent régulièrement, chaque soir, derrière les étalons qui les protégeront jusqu'au lever du jour. Quant à la reproduction, elle s'organise d'elle-même. Tardivement, on se préoccupera de couper les jeunes chevaux mal formés pour éviter des produits défectueux.

Même spectacle en Béarn et au pied des Pyrénées centrales. Le cheval dit *navarrin* y naît sans que nul propriétaire s'en soucie. Cavales et étalons vivent à l'état sauvage. Ils ont appris dès leur naissance à se débrouiller par eux-mêmes, à supporter les orages, les chutes de neige précoces, à gravir d'un pied sûr les pentes les plus escarpées. Quand le mauvais temps d'hiver les pousse vers les plaines, ils cherchent l'herbe, parfois jusque dans les landes de Bordeaux. Petits, robustes, rapides, adroits une fois dressés, ils servent à la chasse, à la monte de la cavalerie légère. Si bien que la fin des guerres de Louis XIV portera à cet élevage un coup sérieux dont, d'autres raisons entrant en jeu, il ne se relèvera pas. Mais vous pensez bien qu'il ne disparaîtra pas pour autant. En août 1843, à Cauterets, Victor Hugo, en voyage de délassement, les retrouve et en utilise un, curieux et original : « Les chevaux de montagne, écrit-il, sont admirables, patients, doux, obéissants. Ils montent des escaliers et descendent les échelles. Ils vont sur le gazon, sur le granit, sur la glace. Ils côtoient le bord extrême des précipices. Ils marchent délicatement et avec esprit, comme des chats. De vrais chevaux de gouttières. » [240]

Autre étrange élevage, celui du Marais poitevin, à demi comblé par les alluvions de la mer et des rivières, asséché très partiellement par des canaux. Les sols instables y sont couverts d'arbres et d'herbe. Pour tel intendant, « les chevaux [s'y élèvent] presque sans dépense et sans soin... On ne fait pour cela que les abandonner dans les pacages où ils se nourrissent été et hiver... La spécialisation dans l'élevage a conduit le paysan à ne conserver que les cavales dont le plus grand nombre sont des bêtes sauvages, n'étant jamais à l'écurie, jamais touchées par l'homme » [241].

Evidemment, une telle méthode ne livre pas des produits de choix. Et l'on se demandera pourquoi le cheval continue à s'élever, à la veille de la Révolution française, comme au temps de la guerre de Cent Ans. Peut-être parce que le cheval sauvage est difficile à maîtriser ? Ou parce que son élevage – contrairement à ce que l'on pourrait penser *a priori* – rapporte moins que celui des bovins ou des mulets ? Parce qu'il y a avantage à nourrir les bovins en étable, ne serait-ce que pour la traite des vaches et le bénéfice des produits laitiers ? Mais il y a sans doute d'autres explications.

Seconde règle : la stabulation saisonnière et le plein air

La *stabulation,* au sens premier du mot, c'est le maintien des bovins dans l'étable, mais le mot s'entend, par extension, pour tout enfermement des animaux domestiques dans un local clos, étable, écurie, bergerie, porcherie. La stabulation est dite aujourd'hui *permanente* ou *saisonnière.* Le premier animal à connaître l'enfermement total aura été le porc, du jour où il a été nourri à domicile, essentiellement de pommes de terre. Auparavant, les troupeaux de cochons, conduits dans les forêts, se nourrissaient de glands ou de faines, pratique qui s'est maintenue jusqu'à aujourd'hui dans certaines régions de Corse. Gouberville envoyait régulièrement ses très nombreux « pourceaulx au glan » (il disait aussi à la *peusson*) dans ses bois de chênes, non sans en perdre quelques-uns qui s'égaraient ou étaient mangés par les loups. Il vendait aussi ce droit de *peusson* à d'autres éleveurs. Toutefois, pour les besoins de sa maison (une quinzaine de porcs salés bon an mal an), il enfermait ses bêtes pour les engraisser, au début de l'automne. Et sans doute était-ce une habitude générale, car les glands étaient l'objet d'un commerce actif. Gouberville en faisait de larges provisions, envoyant ses gens en troupe « cueillyr du glan » ; il en revendait à l'occasion, en faisait aussi ramasser par des tiers à mi-fruit [242].

Pour tous les autres animaux domestiques, seule la stabulation saisonnière était possible, les ressources herbagères, avant les prairies artificielles et la culture des plantes fourragères (c'est-à-dire en gros avant le XIXe siècle), étant insuffisantes. Garder les animaux à l'étable, c'était les nourrir, peu c'est vrai, mais à 10 livres de foin par jour pour une vache laitière, cela supposait des granges bien garnies. Dès que possible, on leur rendait une liberté pas toujours surveillée.

Quand le froid enfermait les animaux entre quatre murs, les hommes vivaient avec eux, à côté d'eux, ils profitaient de leur chaleur. Cette cohabitation n'allait pas sans inconvénients, ni sans danger. En Bretagne [243] et ailleurs, on l'accusait d'entraîner la mauvaise santé des paysans. En montagne, elle était particulièrement longue et stricte, en raison du froid intense de la mauvaise saison. La cohabitation entre hommes et bêtes n'en finissait plus. Quelle existence pour les paysans que « de coucher pendant l'hiver dans les écuries fermées avec le plus grand soin, où l'air humide et sans renouvellement perd son oxygène, où une chaleur étouffante porte le trouble dans les fonctions animales [de l'homme] » ! Danger d'autant plus grand que, sortant de cette étuve, on s'exposait « sans précaution aux froids vifs du dehors » [244].

Mal nourries, de foin ou même de paille, et pas toujours en abondance, les bêtes souffraient tout autant. Un proverbe savoyard disait que si, le 23 février, la réserve de foin n'était consommée qu'à moitié, tout se terminerait bien. Mais il n'était pas rare, en Bourgogne comme en Savoie, en fin d'hivernage, d'avoir à recourir aux moyens extrêmes : la paille des literies, le chaume du toit des maisons finissaient dans les mangeoires. De l'épreuve, les bêtes sortaient si faibles et amaigries qu'il fallait soulever les vaches pour les remettre sur pied et les faire sortir, quand, enfin, s'annonçait le printemps. En Auvergne où l'hiver est rude, la tradition, observée encore aujourd'hui, veut que les vaches ressortent dans les champs le 25 mai seulement, à la date de la saint Urbain, « où ne gèlent plus ni pain ni vin... Elles doivent avoir un calendrier dans l'estomac, car elles sentent l'approche de cette date et commencent à s'agiter. Si on les lâchait, elles partiraient toutes seules » [245].

Selon les lieux, cette sortie s'organisait de façon différente. Dans bien des villages, il s'agissait d'un très court trajet : je sors de chez moi le matin ou au début de l'après-midi et, avec mon chien et quelques vaches, je gagne, à l'intérieur du finage, l'étroit pâturage où le troupeau fera halte. La tâche est des plus simples : le chien est là pour ramener les désobéissants qui iraient – ô scandale ! – chez le voisin. J'ai le temps d'allumer un feu, de faire cuire quelques pommes de terre sous la cendre chaude. Délices de l'enfance campagnarde ! Car ce sont les enfants qui accomplissent cette corvée régulière. Jeanne d'Arc enfant gardait ses moutons au Bois Chenu, près de Domrémy. En 1778, Nicolas Durival [246] présente les chevaux de Lorraine, « petits, dégénérés... [mais] courageux et forts plus qu'à raison de leur volume ; dociles, adroits, obéissant à la voix de leurs maîtres ; peu sujets à la maladie, aisés à ferrer ; beaucoup travaillant le jour et pâturant la nuit, sous la garde d'enfants et de chiens trop faibles contre les loups ».

Mais le gros du travail, dans nos villages de l'Est, était fait par des bergers professionnels – jusqu'à trois par village : le berger des vaches, le berger des moutons, le berger des porcs. Ils annonçaient leur départ le matin à coups de corne et, de même, leur retour à la nuit tombante.

Ce sont là encore de modestes mises hors. Il en est de plus importantes, mais en zones montagnardes. Il s'agit de changer d'altitude, de gagner, l'été venu, les herbes des sommets – les alpages. Toutefois, ne vous y trompez pas, la règle – dans le Massif Central comme dans les Vosges ou les Alpes – ce n'est ni le nomadisme, ni la transhumance, mais la migration « dans un petit rayon » [247]. Bovins et moutons, lorsqu'ils quittent l'étable ou la bergerie d'en bas, ne font que gagner les hauteurs que l'on aperçoit du fond de la vallée. Si vous arrivez avant la montée des troupeaux, « les meuglements sortent des vastes étables que dominent [dans les Alpes et ailleurs] des granges aux formes amples où le foin s'est accumulé... Les portes entr'ouvertes que barrent des claies, envoient par bouffées de violentes senteurs qui font deviner les moutons entassés à l'étroit dans les bergeries, où de rares soupiraux, vraies meurtrières, ne laissent pénétrer que de minces filets de lumière » [248]. Dans les Vosges, au dire d'un voyageur (1696), les vaches sont capables de monter à leurs pâturages seules au printemps et d'en revenir seules en octobre, mais dans les « chaumes », pâturages d'altitude, elles passent sous la surveillance de bergers – les *marcaires* – souvent originaires des Cantons Suisses. Arrivés avant les troupeaux, ils vont des mois durant vivre dans leurs baraques de bois, « séquestrés du genre humain et ne vivant pour ainsi dire que de laitage. Au lieu du pain qu'ils ne peuvent se procurer que quand le blé est à bas prix, ils ont pour se nourrir un fromage insipide et grossier » [249].

Dans les Alpes, il faut dès le mois d'avril « se refaire un passage jusqu'aux champs et, pour aider la neige à fondre plus vite, on y répand des pelletées de terre » [250]. Suivant les conditions locales, les solutions varient. Souvent, les sommets étant tardivement accessibles, « la montée se fait par étapes » : il y a deux ou trois niveaux d'alpage, « on s'arrête d'abord quelque temps à la "montagne basse", entre quinze cents et mille sept cents mètres... De même pour la descente ». Ici, les troupeaux seront confiés à des bergers, loués le plus souvent à la foire surpeuplée de Barcelonnette. Là, comme en Tarentaise et dans le Haut-Faucigny, c'est la famille qui migre pour l'été vers les alpages. « Quand l'exploitation est de type familial, ce sont les femmes, grimpées avec les petits, qui font les montagnardes, veillant sur le bétail et assurant les travaux, y compris le fromage, tandis que les hommes sont restés en bas pour faner et cultiver les champs. » [251] Selon les régions, la migration estivale de haute montagne s'installe dans des chalets individuels ou dans des hameaux, aux maisons groupées comme les maisons d'un village.

A la descente, le propriétaire sépare ses bêtes des bêtes étrangères emmenées avec les siennes dans la montagne. Il en confiera certaines pour l'hiver à des tierces personnes, contre le lait ou le veau à naître. Mais, dès septembre, le gros des troupeaux est conduit vers les grandes foires, pour la vente.

Autre règle : la division du travail oblige aux échanges,
ventes et reventes

Aujourd'hui comme hier, l'élevage se partage en activités diverses selon les exigences de la division du travail, une division plus poussée hier qu'aujourd'hui. Chaque région souvent est spécialisée selon les élevages auxquels elle se consacre : ainsi le Poitou, aux mulets ; le Perche et le Boulonnais, aux chevaux de qualité ; la Crau et la Camargue, aux moutons ; le Périgord, aux porcs, production dont les marchands de Bordeaux se sont assuré le contrôle... D'autre part, pour les bovins en particulier, il y a des pays « naisseurs » qui se consacrent aux jeunes bêtes et les vendent rapidement ; des pays « nourrisseurs » qui se spécialisent dans les bœufs d'engrais et d'embouche ; il nous manque d'autres mots pour désigner les pays qui, ayant acheté veaux et génisses, les mettent au travail dès que possible et les cèdent, quand ils sont hors service, aux régions d'embouche ; ou ceux qui rassemblent les chevaux à demi sauvages pour les dresser avant de les mener en foire.

Bref, la règle est d'acheter pour vendre, de vendre pour acheter. Il s'ensuit une vive circulation de province à province, parfois sur de longues distances : pour leurs achats de bovins, dans l'intention d'améliorer les races locales, les paysans des Alpes ne se procuraient-ils pas des bêtes en Auvergne, dans le pays ardéchois ou même dans la Haute-Loire ? Les Limousins, quant à eux, achètent les bœufs qu'ils engraissent pour une boucherie de luxe aux Saintongeais, lesquels les ont achetés eux-mêmes quelques années plus tôt à des naisseurs [252]. Les laboureurs du Berry achètent des poulains en Poitou, ils les habituent à tirer voitures ou charrues, les soumettent, étant donné le pays, à des travaux relativement faciles, puis les revendent en direction de la Normandie ou de Paris où tout cheval, même usé, est bon pour tirer un fiacre [253].

Dans la Marche, en 1768, « on élevait des moutons "de la petite espèce" jusqu'à l'âge de 2 ou 3 ans, puis ils étaient vendus en mai ou juin (8 ou 9 francs la paire) au Berry ou au Bourbonnais ». C'est au Berry encore ou au Poitou qu'on achetait des porcelets « en août-septembre pour 10 ou 12 livres pièce et on les revendait en hiver 15 ou 18 livres, à condition... que les chênes aient produit assez de glands » [254]. Les régions alpines du Diois, du Dévoluy, du Champsaur, du Vercors se ravitaillaient en agneaux dans les bergeries de la Camargue, de sorte que « lorsque quelques hivers rigoureux, comme ceux qui précédèrent l'an XIII [1805], faisaient périr les agneaux dans la Camargue, la prospérité de l'élevage alpin était compromise. On se l'explique, si l'on songe que le Dévoluy, qui hivernait 7 000 moutons, en achetait 3 000 au printemps, soit près de la moitié ». Les montagnards des bords de l'Isère, quant à eux, se les procuraient dans le Languedoc ; le Beaumont allait les chercher dans le Vaucluse... Mais à quoi bon multiplier les exemples ? Tout le territoire français pourrait figurer dans le tableau en bonne place [255].

Ces spécialisations correspondaient à des possibilités différentes : il y a herbage et herbage, toutes les prairies ne sont pas d'embouche. Les habitudes, les incitations du marché ont aussi joué leur rôle : la France, comme l'Europe, est semée de *foires grasses* qui sont des foires de bétail. Elles ne cessent de se multiplier jusqu'au milieu du XIXᵉ siècle. Car, si les grandes foires à portée internationale, Lyon, Guibray, Beaucaire, même Bordeaux, perdent progressivement de leur importance, les foires régionales continuent à programmer les échanges et les ventes des produits de la terre et de l'élevage. Pour le paysan, le bétail reste la meilleure monnaie d'échange. Pour acheter les objets dont il a besoin, pour payer redevances et impôts en argent, il vendra, le plus souvent très jeunes, ou ses poulains, ou ses veaux, ou ses muletons, ceux-ci toujours d'un assez bon débit. Ne vend-il pas aussi son blé en herbe, plus d'une fois ? En fait, il n'achètera d'animaux que pour les revendre à plus ou moins long terme et ceux, paysans ou marchands, qui lui en achètent, s'empresseront de les revendre à leur tour. Il y a ainsi inflation d'achats et de ventes.

Les produits animaux – produits laitiers, cuir, laine – ne cessent de prendre le chemin sinon de la foire, au moins du marché urbain.

Voici l'Auvergne qui exporte dans toutes les directions les grosses meules de ses fromages. Elles sont à Marseille dès 1543 [256], et, sans aucun doute, plus tôt. Les Alpes exportent les leurs (parfois dans des tonneaux par meules de 35 à 60 livres) [257] vers la Lombardie, le Piémont, Genève, la vallée du Rhône, la Provence. « De la seule Tarentaise... [spécialisée] dans ce trafic [se] transportaient [au XVIIIe siècle] annuellement en Piémont, à dos de mulet, 6 000 formes de fromage. » [258] Et, dès le Moyen Age, « les juments du Prieuré de Chamonix descendaient en Savoie chargées de séracs [259], de fromages et même de beurre » [260]. Soucieux d'exporter ses produits, le Queyras surveillait depuis toujours les routes nécessaires à ses expéditions de produits laitiers ; « son beurre... passait pour le meilleur des Alpes dauphinoises et provençales ; aussi n'était-il pas vendu uniquement aux marchés de Gap et d'Embrun, mais s'écoulait-il encore pour une large part en Provence » [261]. Tous ces trafics sont très anciens : le roquefort, fabriqué à partir du lait des brebis du Larzac, n'était-il pas connu et estimé des Romains [262] ?

Mais la marchandise par excellence, c'est l'animal lui-même – marchandise qui a le mérite de se déplacer par elle-même vers les marchés et les foires, qui, par suite, ne connaît aucun obstacle rédhibitoire : point n'est besoin, pour elle, de route carrossable ou bien tracée. Tout chemin lui convient.

Finalement, les paysans ne résistent pas à ces facilités, à ces nécessités, à ces appels journaliers des foires et à leurs plaisirs : y prendre un pot de vin, y entendre des nouvelles, s'y retrouver entre amis. Qui ne boit à la foire, qui n'y danse au son de la musette, qui n'y rosse avec satisfaction les cavaliers de la maréchaussée assez novices pour y venir faire respecter l'ordre, ou y arrêter un prévenu que l'un des cavaliers prendra en croupe [263] ? Il déchaînera du coup une échauffourée.

Le plus étonnant, c'est, au terme de ces multiples échanges de foire et de ces fatigues, la médiocrité régulière des profits, surtout si nous en dressons le bilan avec nos idées d'aujourd'hui. Le paysan, hier, dans ses calculs, ne compte pas sa peine, il la prodigue. Il ne la comptabilise pas et c'est là aussi une règle, plus importante qu'il n'y paraît.

La transhumance : plutôt une exception

Au milieu de ces règles, la transhumance [264] est une exception, longtemps et largement présente – mais une exception. C'est un ancien processus, vieux comme le monde. Erosion multiséculaire, il a creusé ses routes, imposé ses échanges, établi l'association, à longue distance, de pâturages d'hiver, dans les plaines chaudes de Méditerranée ou d'Aquitaine, et de pâturages d'été dans les *alpages* du Massif Central, des Pyrénées ou des Alpes. Dans le processus, la stabulation est au plus épisodique. Il s'agit de mouvements ordonnés, organisés savamment sur de longues distances, à raison de 20 à 25 kilomètres par jour et sous la conduite de bergers spécialisés.

Peu importe que la transhumance soit *directe* (on dit aussi *normale*) ou *inverse*. Dans le premier cas, les propriétaires des troupeaux habitent la plaine ; dans le second, ils logent dans la montagne. Mais, dans les deux cas, l'oscillation des troupeaux et des bergers est, à l'une ou à l'autre de ses extrémités, une intrusion étrangère, un phénomène extérieur, avec les conséquences et les hostilités que cela implique [265].

Les routes de transhumance – *camis ramaders* des Pyrénées orientales, *drayes* ou *drailles* du Languedoc, *carraires* de Provence – traversant des régions habitées et mises en culture, des villages, voire des villes, ont toujours été d'une utilisation difficile.

Il y a parfois association d'intérêts, quand, par exemple, le sédentaire loue ses champs aux moutons transhumants, avec l'avantage de les retrouver fumés par le troupeau. Fumure particulièrement appréciée, aujourd'hui encore : comme le disait déjà Rabelais à propos des moutons de Dindenault, « par tous les champs... [où] ils pissent, le bled y provient comme si Dieu y eust pissé : il n'y fault aultre marne ne fumier » [266].

Mais, en général, les sédentaires sont des ennemis. Depuis toujours des querelles ont existé. Au XVIIIᵉ siècle, les intendants de Languedoc ont souvent eu à enquêter sur les plaintes des « troupeliers » qui, obligés d'abandonner quelques années la transhumance à cause, par exemple, d'une épizootie, retrouvent les chemins des drailles tellement rétrécis par les usurpations des riverains que les troupeaux n'y peuvent plus passer sans dommage et que « les bergers [sont] maltraités et obligés de rétrograder » [267]. Le Recueil des usages locaux du département de l'Hérault, de 1936, indique que la plupart des drailles, dont l'entretien appartient aux communes, avaient alors disparu, « les unes transformées en chemins vicinaux ou départementaux, les autres, sortes de servitudes de passage, ayant été usurpées par les riverains » [268].

Ces mouvements, hier grandioses, aujourd'hui encore pittoresques, tendent à s'amenuiser. Au total, aujourd'hui, environ 700 000 moutons et brebis, ce qui n'est rien par rapport aux chiffres de jadis. En outre, l'utilisation du chemin de fer ou de camions à trois étages, chacun emportant jusqu'à 500 moutons à la fois, dérobent à nos yeux ces spectacles qui, traditionnellement, se produisaient au grand jour, autour de l'Europe méditerranéenne. Les photographes le savent qui se précipitent pour saisir les dernières images de la vieille transhumance.

Avant qu'ils n'aient totalement disparu, offrons-nous un de ces spectacles anciens encore vivants, « renouvelé de la Bible et de Virgile », comme dit un présentateur, « une image du fond des âges ». Nous sommes cependant en 1980, dans la vallée pyrénéenne de la Soule, au mois de mai, quand « les grands *artzain* [emmènent] leurs bêtes vers les hauts pâturages qui couvrent la crête, frontière du pic d'Anie à la montagne d'Orry. Ils marchent en tête... au milieu d'un nuage de poussière, dans le tintamarre des cloches et des bourdons – la *tzintzarrada*. Au long de la route, la troupe fait entendre un respectable bruit de sonnailles, mais à l'approche des bourgs, on décharge l'âne... des plus grosses cloches..., on les attache au cou des bêtes les plus fortes et le troupeau traverse les rues comme une fanfare en marche, attirant les gens sur le pas de leurs portes » [269].

Les bergers, « ceux qu'on nomme l'*aulhès* en béarnais, le *mountagnol* en commingeois, savent parler aux bêtes, chiens ou brebis, [ils] lisent le temps à ciel ouvert et guérissent par les plantes... » [270]. Seuls dans leurs cabanes, entre leurs chiens et leur troupeau, ils passent des mois dans la montagne. Qu'ils soient à la fois craints, jalousés et méprisés par les gens du bas pays n'est que la répétition, sur un cas particulier, d'une règle presque sans exception. A travers l'Europe entière, le berger a toujours été un individu à part. Souvent, il a la réputation d'être un *armier*, comme on dit dans le Midi français, un « messager des âmes », un intermédiaire entre les morts et les vivants, capable de communiquer avec l'au-delà, parfois doté de seconde vue. Ce n'est pas de la sorcellerie, de la magie noire – bien qu'à l'occasion, on puisse aussi l'accuser de « commercer avec le diable »[271] – mais une puissance au-delà du normal, un pouvoir mystérieux et inquiétant. Un pas de plus, il eût été maudit.

Avec d'autres guides, la transhumance pourrait nous conduire vers les Alpes de Provence, ainsi avec Thérèse Sclafert[272], ou aux côtés de Marie Mauron[273] qui a vécu avec les bergers et en a dépeint la vie avec une poésie contagieuse, ou avec Anne-Marie Brisebarre qui vient de nous conduire, en 1978, dans le Massif Central, au long des pentes de l'Aigoual, par la grande draille de la Margeride[274].

La difficile naissance d'un élevage scientifique

A partir de 1750 environ, l'élevage traditionnel est vivement dénoncé par les agronomes français. A des éleveurs qu'ils jugent ignorants et bornés, ils cherchent à imposer, sur le modèle anglais, une sélection par croisement avec des étalons de sang étranger. Ces essais ont parfois réussi. Dans le Bas-Maine, par exemple, au XIXe siècle, l'amélioration du cheptel est évidente[275].

Mais les résistances paysannes sont tenaces. Trop souvent, à la seconde ou à la troisième génération animale, les produits dégénèrent et l'on revient au cheptel local. En Normandie, vers 1860, on se demande encore s'il vaut mieux s'en tenir à la race locale, la *cotentine* – les vaches donnent 100 kilos de beurre par tête –, ou l'améliorer en la croisant avec la race anglaise de Durham, ou la remplacer purement et simplement par celle-ci[276]. On pourrait reprendre le problème à propos de la race *morbihanaise*, « au pelage bariolé de noir et de blanc »[277], ou mieux encore de la *charolaise* qui, par améliorations successives, allait donner l'excellente race actuelle, connue dans le monde entier.

Le gouvernement monarchique, quant à lui, n'aura cessé, dès le XVIIe siècle, de travailler au progrès de l'élevage sous toutes ses formes. En 1665, Colbert créait les *haras*. L'œuvre, souvent interrompue par la suite, a-t-elle vraiment cessé avec la Révolution française ? C'est ce que répétait encore, en février 1833, la Société royale académique de la Loire-Inférieure[278] qui affirmait que l'organisation des haras étatiques était alors « vicieuse » et déplorait la disparition des anciens haras du Poitou, ceux d'avant 1789. Avec le soulèvement de la Vendée avaient disparu « des étalons anglais, andalous, barbes, limousins, normands ou du Holstein » [279]. A supposer que l'accusation fût vraie, faut-il généraliser le jugement ? Les paroles d'une Académie de province ne sont pas forcément d'évangile.

Il est vrai cependant qu'à la fin du XVIIIᵉ siècle, des efforts anciens et méritoires avaient abouti à la création du cheval percheron, aussitôt acheté avec prédilection pour les services des messageries, et du cheval boulonnais, autre réussite. De même, pour introduire le mouton mérinos d'Espagne en Bourgogne et ailleurs, une bergerie modèle avait été fondée à Rambouillet, en 1786. Par miracle, ladite bergerie traversa, indemne ou peu s'en faut, les années agitées de la Révolution et de l'Empire, et, après 1815, avec les premières années de la Restauration, elle obtenait des résultats cette fois remarquables. Là aussi, il avait fallu beaucoup d'années. Sans compter la difficulté, ensuite, d'imposer la nouveauté aux réticences et aux habitudes du monde paysan.

Mais celui-ci était-il toujours dans son tort en préférant des races connues de lui et adaptées depuis longtemps à leur milieu ? Selon Jacques Mulliez [280], l'élevage traditionnel obéissait à « une pratique populaire raisonnée ». La preuve en est qu'en dépit des échanges constants dont nous avons parlé entre pays naisseurs, nourrisseurs ou d'embouche, des races bien particularisées se perpétuent, adaptées à des conditions de vie, à des besoins locaux. La Montagne Noire entretient des vaches de très petite taille, capables cependant de tirer l'araire, de faire déambuler une voiture, un chariot, de fournir lait, beurre, fromage. Que ferait-on dans un tel pays des grands bœufs du Poitou ou de ceux de l'avant-pays pyrénéen, qui fournissent des attelages somptueux pour les labours du Languedoc ? Ce n'est pas un hasard si la race bovine dite *tarentaise*, ou *tarine,* décrite aujourd'hui comme « résistant fort bien aux variations brutales de la température, à la disette et à la fatigue » est « typiquement alpine » [281]. En fait, les pays naisseurs travaillaient *à la demande* de leurs acheteurs potentiels. Ils entretenaient un troupeau homogène de femelles reproductrices, d'une race correspondant au terroir et aux besoins de la région qu'ils approvisionnaient, en choisissant parmi leurs produits un reproducteur quelconque, sans se soucier de garder un même étalon. Chaque naisseur élevait finalement une race particulière, pour une région particulière, qui s'adressait à lui en connaissance de cause.

Or, ce qu'on propose aux éleveurs, c'est au contraire d'introduire des étalons qui modifient les races pour les améliorer. Donc, une désorganisation de leurs marchés habituels. Il s'agit d'obtenir des « races pures », avec des livres généalogiques garantissant cette pureté. Le but : sélectionner et assurer la transmission de records *quantitatifs*, donc de races destinées à supplanter les autres parce que choisies pour une production maximale de viande, ou de lait, ou de beurre, ou de laine, ou, en ce qui concerne les porcs par exemple, de viande plutôt que de lard...

L'élevage de ces races pures, remarquons-le, ne s'est vraiment étendu à travers notre territoire qu'en notre siècle, à la fin des années cinquante, avec l'insémination artificielle. Il devenait facile d'élever partout les quelques races championnes dans leur catégorie. Toutefois, récemment, les généticiens se sont avisés du danger de réduire drastiquement le stock génétique, en décidant, comme on l'a fait, « l'extension de quelques races plus productives, dans les conditions économiques actuelles, et la disparition de centaines d'autres ». Diminuer de la sorte « la variabilité intra-et interraciale » menacerait, à terme, les caractères *qualitatifs* des espèces domestiques en place et l'on s'emploie désormais à faire machine arrière et à protéger les races en voie de disparition [282].

Sans doute l'élevage traditionnel ne se comprend-il bien que dans le cadre limité des ressources naturelles à sa portée, exploitées sans trop d'effort. Le seul élevage qui ne soit pas sous le signe de l'insouciance est celui, très spécialisé, qu'a créé une demande parisienne et plus généralement urbaine, de viande grasse et de haute qualité. Elle a favorisé dans le Limousin et, dans d'autres régions, la Normandie notamment, une industrie de l'embouche des bovins réservée à une clientèle de luxe. La méthode limousine, au XVIIIᵉ siècle, est compliquée, savante. Les bêtes choisies sont plus jeunes que de coutume, six ans d'ordinaire. « Comme on ne manque pas de jeunes bœufs qui profitent en travaillant, on vend volontiers ceux de moyen âge quand on a besoin d'argent. » [283] Dans le canton de Chabanois, la bête à engraisser est mise dans les prés, mais ne couchera pas dehors. Quand l'herbe fait défaut, du foin lui est offert, et aussi un breuvage au pain de noix (le marc qui reste dans le pressoir une fois l'huile exprimée et qu'on délaye dans l'eau chaude). Ces privilégiés ne sortent que par beau temps. A l'étable, ils boivent de l'eau mêlée de farine de seigle ou d'orge.

La litière sera sèche et abondante. Mêmes soins, mêmes précautions, j'allais dire même luxe, dans le canton voisin de Pompadour où sont élevés des bœufs également superbes, mis au pâturage jusqu'à la Toussaint, ensuite à l'étable et alors nourris de foin et d'une pâtée de farine de châtaignes et de divers grains.

D'ordinaire, ces bêtes de choix étaient vendues à haut prix, à la fin du Carême, pour célébrer la levée du jeûne. Pourtant, quel que fût le régime alimentaire adopté pour cette embouche (il variait selon les cantons limousins, même contigus), l'opération ne rapportait à l'éleveur qu'un assez maigre bénéfice. Le profit, nous dit le long texte de 1791 qui détaille cet élevage, ne dépasse guère la nourriture supplémentaire : « Acheté maigre 200 livres, il se vend bien gras 300, [mais] le bénéfice [compte tenu de la dépense] est de 60 à 70 livres. » [284]

Etant donné ce qu'il était, l'élevage provoquait quelques plaintes amusantes, qui illustrent, une fois de plus, la césure française entre Nord et Midi. Chaque région, avons-nous dit, a ses animaux, elle a aussi ses animaux manquants. Alors plaignons Arthur Young qui se désespère de ne pas trouver une tasse de lait entre Toulon et Cannes. Et sourions un peu aux dépens de ce voyageur peu connu, Pigault-Lebrun, qui atteint Orange en 1827. « Il n'y a pas plus de bœufs, note-t-il, à la boucherie d'Orange que d'oliviers en pleine terre dans la Sibérie. On ne voit que de petits moutons d'un fort bon goût, et on en sert à toutes les sauces. On a de la soupe comme dans toute la France : ce mets préparatoire est fait avec du mouton. La gousse d'ail fait disparaître la fadeur de la viande. On boit du lait de brebis ; on mange du beurre et du fromage de lait de brebis. Ce n'est pas pour les Provençaux que Noé a fait jadis entrer un taureau et une vache dans son arche. » [285]

L'histoire curieuse du cheval, en France, s'explique-t-elle ?

Parlant du bœuf limousin à l'engrais, j'ai fait l'éloge de la demande comme si, automatiquement, elle entraînait l'offre. Or le cheval est demandé sans fin par l'armée française, mais la demande insistante, qui vise une bête de qualité, se tourne vers l'étranger. J'accepterais volontiers comme première explication – nécessaire, non pas suffisante – la thèse qu'avance Jacques Mulliez. N'y aurait-il pas eu, au temps lointain de la féodalité, même avant elle, une époque où la France a eu des chevaux de qualité, fabriqués, élevés chez elle, mais que la politique royale a peu à peu détruits ? Il s'agissait d'atteindre la noblesse en tant que puissance politique, de l'asservir, de la domestiquer. Politique longuement, patiemment poursuivie : « Richelieu, en ordonnant la destruction des châteaux forts, a en même temps ruiné les haras seigneuriaux ; en brisant la féodalité, le pouvoir royal anéantissait ce qui avait été l'instrument de sa domination : l'élevage du cheval. » [286]

Une histoire plus longue, me semble-t-il, est à mettre en cause par surcroît. Les beaux chevaux, ceux dont le sang a été nécessaire à partir du XVIIe siècle pour mener à bien l'œuvre des haras, viennent de l'Afrique du Nord et du Proche-Orient. Ils sont à l'origine des beaux élevages de l'Andalousie médiévale et du Mezzogiorno italien (surtout napolitain), régions qui ont profité, en l'occurrence, des privilèges du voisinage. Les Français n'ont cessé de rechercher ces chevaux magnifiques, au XVIe siècle et sans doute plus tôt. Ils essayèrent d'atteindre les pays d'origine par des achats directs, des voyages de reconnaissance, firent même le projet d'installation à demeure à Tripoli. Tout cela en vain. Au XVIIIe siècle, « les obstacles sont presque insurmontables » pour tout Français qui voudrait acheter directement. Il doit passer d'ordinaire par les consuls des côtes de Barbarie, qui sont de piètres intermédiaires. Lorsque des barbes de qualité sont nécessaires pour « les haras ou les écuries du roi », un émissaire spécial est envoyé sur place avec quasi-rang diplomatique [287] ! Les Français se sont-ils mis sur les rangs trop tard ? Le marché est-il fermé pour eux ? Car enfin la position géographique ne suffit pas comme explication : l'Angleterre, moins bien située que la France, aura, avant elle, fabriqué le cheval pur-sang. A moins, mais comment l'établir, que notre frontière de l'Est, la plus menacée, la plus gaspilleuse de crédits militaires, ait eu avantage à se ravitailler en chevaux de remonte à deux pas de chez elle, en Allemagne ou dans les Cantons Suisses ?

L'élevage : activité marginale

Aujourd'hui, l'herbe, l'élevage ont pris dans toute la France leur revanche. Il y a, à leur avantage, glissement, concentration : 55 % du revenu agricole global leur revient. Hier, si vivace qu'il ait été, l'élevage n'a pas eu les mêmes faveurs ni les mêmes supériorités : il restait, d'une certaine façon, second, un peu marginal. Il était le plus souvent accompagnement, conséquence.

R. Chapuis, historien attentif de la vallée de la Loue, une large échancrure creusée d'est en ouest dans le calcaire épais du plateau jurassien, note qu'au XVIIIe siècle, les villages qui bordent l'eau rapide de la rivière ne nourrissent « quelques bêtes que pour tirer la charrue, fumer le champ ou la vigne, procurer à la famille le lait nécessaire à faire des bouillies et lui permettre, lors de l'abattage, de manger quelques quartiers de viande » [288]. Aucun des produits de cet élevage n'entre dans le circuit commercial. Or, ne vous y trompez pas, il ne s'agit pas d'une petite région inerte, close sur elle-même. Elle est, en fait, privilégiée par les contacts qu'elle autorise entre l'avant-pays jurassien et les hauts plateaux de l'Est ; elle possède elle-même des champs de blé, des jardins, un feston de vignobles réputés et, au fil de la rivière qui coule vite, une série de moulins et d'industries prospères. Dans ces conditions, elle peut s'offrir le luxe d'un élevage réservé à ses seuls besoins.

La vallée de la Loue est un exemple à part. C'est vrai. Cependant, il peut être le point de départ d'une réflexion d'ordre général. Il y a, en effet, plus d'un trait commun entre les divers élevages qui prospèrent à travers la France. Le plus important est qu'ils ne sont pas destinés à la consommation paysanne. Seul le porc est incorporé à l'alimentation du producteur, lequel ne consomme ni ses agneaux, ni ses moutons, ni même souvent ses volailles, ni les bœufs de ses étables, ni les veaux que les bouchers parisiens font venir de Normandie : « veaux de lait », jusqu'à dix semaines ; « veaux broutiers », dès qu'ils ont goûté à l'herbe [289]. Dans les Alpes, le troupeau plus abondant qu'ailleurs fournissait le fromage et le lait, « cette base solide [salvatrice] de la nourriture alpestre » [290]. Mais peu de viande pour la consommation paysanne : chaque année, le Faucigny vend, surtout en direction de Genève, le tiers de ses animaux sur pied [291]. C'est une entrée d'argent appréciable, un accès au marché. Ajoutons-y les bénéfices des transports en morte saison que permet, un peu partout à travers la France, la possession d'un attelage[292]. Sans contredit, l'élevage est, de diverses façons, un appoint d'importance pour l'agriculteur, mais, d'ordinaire, un appoint seulement.

Là où l'élevage domine, monopolise l'essentiel de l'activité rurale, il la déforme, la défigure aux yeux des ruraux attachés à leur polyculture. En tout cas, le paysan, qui, jusqu'au XXe siècle, a été la risée d'une certaine société française, tourne sa gouaillerie et sa malignité contre le berger, pris entièrement par le soin de ses bêtes. Convaincu de sa supériorité, il a trouvé qui il peut, à son tour, ridiculiser et critiquer sans mesure. Etrange revanche, étrange mentalité, qu'on peut observer par exemple en Normandie. Le pays de Bray est une « boutonnière » géologique, ouverte dans la craie picarde jusqu'aux couches d'argile – soit un pays d'eau courante, de grasses prairies, difficile à traverser, semé d'arbres fruitiers, et qui livrait au marché de Gournay d'innombrables et énormes mottes de beurre, destinées à la clientèle assidue des Parisiens. En pays de Bray, l'herbe pousse, les bestiaux s'élèvent d'eux-mêmes, les éleveurs locaux, les Brayons, ont tendance à se laisser vivre. Les paysans céréaliers du Beauvaisis, leurs voisins, se moquent d'eux, couvrent de brocards ces « festards et paresseux » [293], comme si c'était un crime d'aimer la fête et les gros repas, comme si c'était une macule d'être de ces Normands pour qui « le revenu des herbages... vient sans travailler » et qui n'aiment « ni la dépense, ni la fatigue » [294].

Le croiriez-vous ? Le mépris de l'agriculteur à l'égard des éleveurs et bergers traverse l'histoire de notre pays, jusqu'au temps présent. En 1920, Daniel Halévy rencontre, en Périgord, un paysan venu là de sa Corrèze natale et qui a remis en état terre et vignoble, avec un acharnement magnifique. Mais l'âge vient. Alors lui faudra-t-il se contenter d'élever des moutons ? « Je regarderai l'herbe pousser et les moutons la tondre... *Berger* : il avait prononcé ce mot avec mépris... Il estime les travaux rudes et difficiles, la culture du blé, celle du lin, celle de la vigne, l'agronomie savante... L'élevage, selon lui, n'est pas une occupation digne d'un homme. *Berger* !... Quand [il] répète le mot, c'est avec le mépris du sédentaire pour le nomade, du civilisé pour le primitif. » [295]

J'ai souvent pensé que si l'Europe ne s'était pas offert la longue détestation du Juif, elle aurait peut-être pris en chasse le berger, homme à part s'il en fut.

La somptuosité de la vigne

La limite nord de la vigne *marchande* commence à l'embouchure de la Loire et quitte notre territoire, vers l'est, à la hauteur de Metz et de Trèves. Limite *marchande*, entendez qu'en la dépassant, vers le nord, s'atteignent des régions où la vigne peut être cultivée, oui certes – elle y a été cultivée jadis –, mais où elle le serait *actuellement* sans profit marchand.

Au sud de cette ligne, la vigne est le plus souvent discrète. Elle ne fait que se glisser « le long des mille sinuosités des vallées et des coteaux » [296] exposés à la chaleur première du soleil levant. Au hasard de vos déplacements, elle surgit au coude de la route pour disparaître presque aussitôt. Elle ne se présente en nappes envahissantes que dans le vrai Midi, en Provence, Languedoc, Roussillon, sans jamais toutefois submerger tout le paysage.

Aussi bien les vignobles les plus célèbres frappent-ils par la modicité de leur étendue. C'est vrai pour la célèbre Côte-d'Or : « de la vallée de l'Ouche à la vallée de la Dheune, [elle] étire son mince liseré de vignes, jalonné des plus grands noms », Nuits, Chambertin, La Romanée, le Clos Vougeot... [297]. C'est vrai pour le vin de Champagne qui, en 1860 [298], se produit « sur une espèce de bande située entre la Brie et la Champagne », de 60 000 hectares. D'ailleurs, sur les 50 millions d'hectares de notre territoire, la vigne en occupe, selon les époques, entre 1,5 million et 2,5 millions, soit entre un trente-troisième et un vingtième.

Toutefois, il s'agit toujours d'un espace ultra-précieux, beaucoup plus fructueux, sur le plan des revenus, à surface égale, que le champ céréalier qui la borde. Cette préciosité a entraîné, les circonstances historiques aidant, le morcellement poussé à l'extrême de la propriété vigneronne. En 1898, pour ne prendre qu'un exemple, dans le vignoble de Ribeauvillé, en Alsace, « on compte 894 hectares de propriétés particulières... partagées en 8 967 parcelles » [299]. Même règle en Côte-d'Or ou dans les vignobles de Touraine, etc. Etienne Chevalier, cultivateur vigneron à Argenteuil, près de Paris, expliquait, en 1790, la « *différence surprenante* qu'il observait, en Ile-de-France, entre la population des régions de labours et celle des lieux où, grâce à la vigne, *il suffit d'un arpent* pour faire un *mariage* » [300].

Ainsi la vigne a par elle-même – un jour ou l'autre, mais très tôt – permis l'accès du paysan libre à la micro-propriété, avec les conséquences qu'un tel processus implique. On aura souvent répété que la France, par opposition à l'Angleterre et à l'Allemagne, était essentiellement un pays de petits propriétaires ; il faut ajouter que c'est surtout à la diffusion de la vigne qu'elle doit ce caractère [301], fruit d'une longue évolution. Lui doit-on aussi une certaine dispersion de l'habitat, comme le prétend un peu vite notre révolutionnaire Raymond Lebon (1792), alors que les régions céréalières présenteraient de gros villages, séparés par de larges espaces vides [302] ?

En fait, le passé de la vigne, compliqué, brillant et dont tous les détails et incidents nous enchantent, ne cesse de poser des problèmes à tous les étages de l'interrogation historique. La vigne est société, pouvoir politique, champ exceptionnel du travail. Civilisation...

Si le pain est le Corps du Christ, le vin est le symbole de son Sang Précieux. Et si le blé est la prose de notre long passé, plus récente, la vigne en est la poésie : elle éclaire, ennoblit nos paysages. Car « ce n'est pas de la terre », comme dit Georges Durand [303] dans un livre à la gloire du vin, « mais bien du plaisir de bouche et de la joie du cœur que naquit le vin... Sa consommation dépasse... la simple satisfaction d'un besoin biologique, elle tient par mille attaches à tout un art de vivre ». Un art de vivre : autant dire une civilisation. La vigne marque de son sceau tous les pays qui l'accueillent, elle y réussit avec une vigueur toujours étonnante. Et d'ailleurs aucun sol ne la rebute.

Même là où elle a disparu à la suite de la crise prodigieuse qui suivit l'extension des chemins de fer, elle a laissé des marques indélébiles de son passage. La maison du vigneron s'y reconnaît encore, une maison haute, la cave avec son porche énorme, à la mesure des foudres qu'on y introduit pour la conservation du vin, le cellier envahissant le vaste rez-de-chaussée, tandis qu'un escalier souvent extérieur, pas toujours modeste, monte jusqu'aux pièces de l'habitation [304]. Abandonné par la vigne, le paysage lui-même témoigne de façon significative : dans la campagne autour de Laon, ou autour de Besançon, ou autour de Bar-le-Duc, l'emplacement des anciens vignobles se devine aux broussailles et aux arbustes qui ont conquis l'espace devenu vide et aux chemins en lacets qui permettaient les allées et venues, au temps de la vendange, des porteurs de hottes remplies de raisin. Et je ne suis pas seul à penser, ainsi en ce qui concerne l'ancienne vallée viticole de l'Ornain (la rivière de Ligny-en-Barrois et de Bar-le-Duc), que la vigne, bien que disparue, y explique la propreté anormale et l'élégance des anciens villages vignerons. Et la joie moqueuse de leurs habitants... Ce ne sont certes pas des campagnards un peu lourdauds – des *houle-mottes* comme se désignent les villageois cultivateurs...

L'extension de la vigne

La vigne est arrivée en Gaule avec les Grecs de Marseille, en 600 avant J.-C., donc bien avant Rome. Un premier vignoble a existé autour de la ville phocéenne et les Grecs ont vendu du vin aux buveurs gaulois.

L'œuvre tardive des Romains a été cependant décisive : elle débute avec l'occupation, en 122 avant J.-C., de la Narbonnaise, la *Provincia,* soit, en gros, la Provence, plus le Languedoc. Un vignoble se constitua autour de Narbonne et gagna vite l'espace entier de la *Provincia.* Songez qu'en 111 avant notre ère, lors de l'invasion des Teutons que les légions de Marius arrêtèrent enfin à Aix, les Barbares, avant le combat, étaient ivres, excités par l'alcool. Selon Plutarque [305], ils « avaient le corps appesanti par l'excès de la bonne chère, mais le vin qu'ils avaient bu, en leur donnant plus de gaîté, ne leur avait inspiré que plus d'audace ».

Ce succès premier de la vigne a entraîné un important commerce de vin vers le nord. « Le naturel cupide de beaucoup de marchands italiens, dit Diodore de Sicile [306], exploite la passion du vin qu'ont les Gaulois : sur des bateaux qui suivent les cours d'eau navigables, ou sur les chariots qui roulent par les plaines, ils transportent leur vin, dont ils tirent des bénéfices incroyables, allant jusqu'à troquer une amphore contre un esclave, de sorte que l'acheteur livre son serviteur pour payer sa boisson. » Voilà qui fait penser au commerce de la drogue qui, aujourd'hui, favorise tellement les intermédiaires, les transporteurs, les distributeurs, et, au lointain départ, les paysans cultivateurs de pavot, en Extrême-Orient.

Tout semble donc en place, très tôt, pour une extension rapide de la vigne. Or, l'histoire va marquer curieusement le pas. La vigne tarde, en effet, à s'échapper du Midi méditerranéen. Vers le nord et vers l'ouest, elle se heurte à des froids pernicieux dont l'olivier, autre enfant méditerranéen, ne pourra jamais aborder les rigueurs. La vigne, plus accommodante, finira par franchir l'obstacle après la découverte et la mise en place de nouveaux cépages – un ancêtre du pinot de Bourgogne, un ancêtre du cabernet des vignobles bordelais. Ainsi naquirent (peut-être à partir de vignes sauvages,

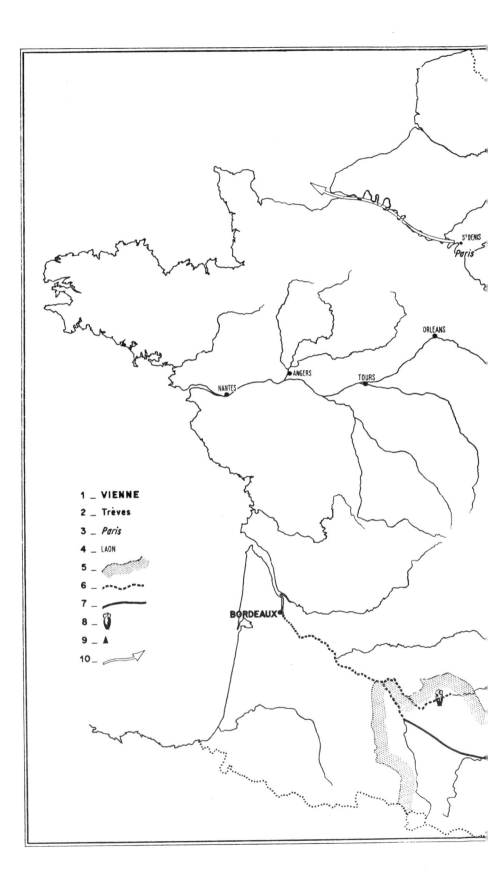

1 _ **VIENNE**
2 _ Trèves
3 _ *Paris*
4 _ LAON
5 _
6 _
7 _
8 _
9 _ ▲
10 _

St DENIS
Paris

ORLEANS

ANGERS

TOURS

NANTES

BORDEAUX

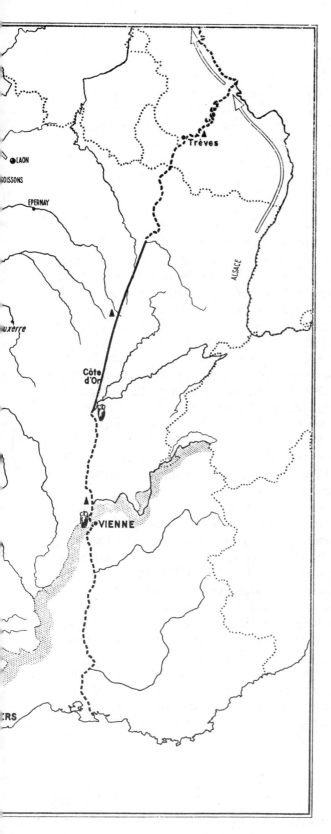

VITICULTURE ET COMMERCE DU VIN DANS LA GAULE ROMAINE ET FRANQUE

Déjà, dans la Gaule romaine et franque, les exportations de vin allaient aux clients du Nord. (Source : R. DION, *Histoire de la vigne et du vin en France.*)

Lieux signalés comme producteurs ou exportateurs de vin :

1. Au Ier s. ap. J.-C.
2. Au IIIe siècle.
3. Aux IVe et Ve s.
4. Du VIe au IXe siècle.
5. Limite de la province de Narbonnaise du Haut-Empire.
6 et 7. Principales voies fluviales et terrestres utilisées pour le transport commercial du vin à l'époque romaine.
8. Importants amas de débris d'amphores.
9. Inscriptions ou monuments figurés d'époque romaine se rapportant au transport commercial du vin par voie fluviale ou terrestre.
10. Principales directions du commerce d'exportation du vin à l'époque franque.

Map labels: LAON, SOISSONS, EPERNAY, Auxerre, Côte d'Or, VIENNE, Trèves, ALSACE les lambrusques, qui n'ont disparu de nos forêts qu'avec le phylloxéra) des vignes capables de mûrir avec la première gelée. Au premier siècle de l'ère chrétienne, la culture conquérante remonta le Rhône, au-delà du seuil de Vienne, et contourna les Cévennes pour atteindre, au nord du seuil de Naurouze, la vallée du Tarn à Gaillac, relais essentiel, puis la vallée de la Garonne jusqu'à Bordeaux.

Ces conquêtes acquises, l'invasion de la Gaule s'opéra d'elle-même. Avec plus ou moins de rapidité, sans doute. La vigne ne s'établit sur la côte bourguignonne qu'en 311 après le Christ [307]. Elle serait sur le Rhin au VIᵉ siècle, ce dont je doute [308], après l'arrivée des invasions barbares [309]. Le vin de Bordeaux et le vin de la Moselle connaissent leur première célébrité à la fin de l'Empire [310]. Mais la vigne a été favorisée, en Gaule, par la montée précoce de la consommation populaire. La production est même telle, au temps de l'empereur Domitien (87-96), que le vin gaulois s'exporte alors, juste retour des choses, de la Gaule vers l'Italie. Fut-ce pour protéger les vignobles italiens et préserver, en Gaule, la culture du blé, que Domitien ordonna l'arrêt de l'extension des vignes gauloises ? Il fut même question d'en faire arracher la moitié [311]. Pour un piètre résultat, sans doute ! Deux siècles plus tard, sous le règne de Probus (276-282), la liberté était rendue à la Gaule entière – mais était-ce nécessaire ? – de planter à sa guise [312]. Si bien que, lorsque s'achève la domination romaine, la vigne est en Gaule presque partout.

Partout. Même dans de froides régions où on ne l'imaginerait guère. C'est que les communications sont lentes, malgré les images que nous avons de bateaux ou de voitures chargés de tonneaux de vin. Le client, le consommateur qui, au vrai, commande la production quand il ne l'organise pas lui-même, préfère avoir son vin à portée de main. Les villes ont donc, partout où c'est possible, disons plutôt où ce n'est pas impossible, leurs vignobles au plus près de leurs maisons. Si l'empereur Julien (331-363) évoque le plaisir qu'il eut à habiter Lutèce, c'est que la ville possède autour d'elle des jardins et des vignes, un paysage qui lui était familier [313].

Quand la Gaule romaine se désorganise, avant même les grandes invasions du Vᵉ siècle, la vigne, les vignerons et le vin ne sont pas emportés par la débâcle. La Gaule barbare disposera d'un vin abondant, et sans sortir de chez elle. La vigne restera cultivée autour des villes, autour des abbayes.

Toutefois, l'activité des vignerons diminue. Elle est liée à la clientèle des buveurs de vin, et ceux-ci se font rares dans les villes qui se sont terriblement appauvries. Ne survivent, au vrai, que les villes épiscopales, si bien que l'évêque devient le protecteur, l'animateur, le sauveur de la viticulture. Il y a aussi, plantant des vignes à côté de leur abbaye, les riches ordres monastiques : partout l'Eglise est liée au vin de messe, indispensable à l'office divin. Et le vin reste, par surcroît, le signe de la richesse et de l'hospitalité, le présent indispensable de la courtoisie et de l'amitié, pour tous les grands de ce monde. Les princes, comme les moines, protègent la viticulture. Mais ce qui a disparu presque entièrement, c'est le commerce du vin à longue distance, en particulier le commerce atlantique qui avait été vif au temps de Rome, en direction des îles Britanniques et des pays du Nord.

La viticulture s'épanouira à nouveau du jour où la circulation s'améliorera, avec le renouveau économique de l'Europe : au-delà des XIe et XIIe siècles. Alors, il y a eu plus de riches, davantage de clients dans les villes et de buveurs dans les pays du Nord en plein développement, là où la vigne pousse mal ou ne pousse pas. Ces déshérités, plus que les autres, ont le gosier en pente : Anglais dans leur île où la vigne n'a été qu'une curiosité épisodique, gens des Flandres et des Pays-Bas, gens de l'Allemagne du Nord, vont réanimer un commerce d'exportation qui fera affluer dans le royaume les *esterlins* des pays du Nord. Le vin, c'est de l'or, disait-on au XIIIe siècle [314].

Mais le transport est coûteux, si coûteux que seul le vin de qualité, surveillé jalousement, va circuler, bénéficiant d'une concentration qui mettra certains vignobles au-dessus des autres et les poussera rapidement à une modernisation déjà capitaliste. C'est le cas du vignoble de Bourgogne qui ne passera pas impunément sous le contrôle des riches conseillers du parlement de Dijon, et du vignoble bordelais, particulièrement prospère, tombé dans les mains de l'aristocratie parlementaire de Bordeaux [315].

L'exportation suit les transports faciles, à bon marché, de préférence par l'eau des rivières ou des fleuves et l'eau incomparable de la mer. Ainsi s'explique le recours à la Loire pour les vins de ses rives, y compris les vins du Forez. Ainsi s'imposent les services de la Saône et du Rhône. Ou de l'Yonne qui n'apporte pas seulement le bois de flottage du Morvan, mais aussi les tonneaux de vin du Chablis. Ou de la Marne se chargeant des expéditions

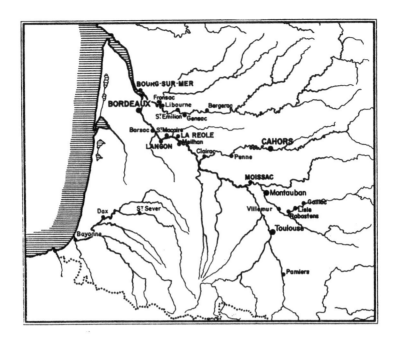

**VILLES ET BOURGS D'AQUITAINE
SIGNALES AU XIIIe SIECLE COMME EXPORTANT DU VIN
VERS L'ANGLETERRE**

Au XIIIe siècle, l'exportation vers l'Angleterre a déjà développé les vignobles d'Aquitaine partout où nous les retrouvons au XVIIIe siècle (carte ci-contre), si l'on fait abstraction des cultures nouvelles réservées à la distillation de l'eau-de-vie au XVIIe siècle. (D'après R. DION, *op. cit.*.)

du vin de Champagne qui, avec le XVIIIe siècle et le succès de la champagnisation, verra monter sa cote ; même la Meuse transporte vers Liège le vin aigrelet du Barrois, et le Rhin a créé très tôt les gloires du vignoble d'Alsace. Strasbourg était la place où se rassemblaient les vins à expédier vers les mers du Nord [316].

A l'Atlantique reviennent deux succès précoces. Celui de la Saintonge et de l'Aunis autour de Saint-Jean-d'Angély qui en a été la première fenêtre ouverte et autour de La Rochelle, vigoureuse ville exportatrice. Puis la fortune du Bordelais, plus tardive mais plus éclatante. Bordeaux a dû son essor au « coup de fouet » donné par les privilèges que lui accorda le roi d'Angleterre. Comble de chance : La Rochelle tombait aux mains du roi de France et cessait d'être reliée à la soif anglaise. Cette soif aura développé la fortune de Bordeaux, aidé aux défrichements sur les *graves* [317], les paluds et terrains boisés, proches de la ville ; elle a même

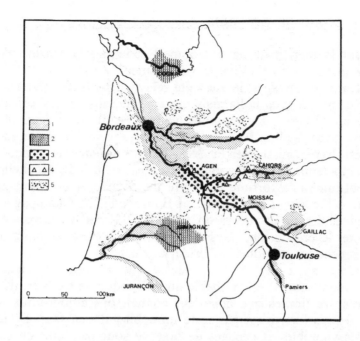

L'ORGANISATION DE L'ESPACE RURAL
DANS LE SUD-OUEST FRANÇAIS (XVIIIᵉ SIECLE)

Toute l'agriculture tournée vers les marchés extérieurs (nationaux ou étrangers), la vigne au premier chef (1) ainsi que l'eau-de-vie (2) mais aussi les pruneaux d'Agen (3), le tabac (4), et même l'exportation du bois à merrains (5) (pour la fabrication des tonneaux) est étroitement liée aux voies navigables. (D'après P. CLAVAL, *Eléments de géographie humaine*).

favorisé la formation de ses crus et la fortune de l'arrière-pays, du moins au long du fleuve. Exportation d'abord !

Alors ne vous y trompez pas, quand l'intendant Basville déclare, en 1734, à propos des vins d'Alès, qu'« ils ne se transportent pas » [318], c'est un arrêt de mort, leur condamnation, pour le moins, à n'être qu'un petit vin de consommation locale. Le même intendant de nous dire, mais à propos de Gaillac [319], dans le « diocèse » d'Albi, qu'il « produit les seuls vins qui se peuvent transporter. Il s'en fait, ajoute-t-il, un grand commerce par la rivière de Tarn qui commence à être navigable en cet endroit. On les porte à Bourdeaux où les Anglois les achètent, et ils ont cette propriété de s'acomoder sur la mer et de devenir beaucoup meilleurs par le transport ». Une propriété que possèdent aussi ces vins du Languedoc que les Anglais chargent à Sète : « Ils ont fort réussi à Londres. On craignoit qu'ils ne pussent pas soutenir la mer, mais on se trompoit et jamais la Marine n'en a eu de meilleurs. » [320] Vive le vin de mer !

Dans ses voyages, le vin a été relayé, à partir du XVIIe siècle, et grâce aux achats hollandais qui en généralisent la fabrication, par l'eau-de-vie [321]. De moindre poids à égalité de valeur, elle se déplace avec facilité. La longueur du voyage ne l'inquiète guère : elle est livrée aussi bien à Sète, ce qui soulage la production languedocienne, qu'à Bayonne, à Bordeaux ou à La Rochelle, ce qui entraînera la fortune éclatante du cognac et de l'armagnac. Même à l'intérieur des terres, en Bourgogne, en Champagne, en Lorraine, des moûts de raisin sont distillés. En Champagne, où la bière, le croirait-on, pousse ses avances comme ailleurs, où le bois cependant manque, on brûle les vins.

C'est au cours de ces siècles que les *grands* vignobles s'individualisent. Il est probable qu'à l'époque de Colbert, ils ont, en gros, les limites que nous leur connaissons aujourd'hui. Mais tout, depuis lors, n'est pas resté immobile, il s'en faut. D'autant que les vignobles et cépages de luxe ne sont pas seuls en cause.

Une viticulture populaire

Les vignes, possessions des riches et des puissants, ont été longtemps cultivées par des vignerons travaillant à mi-fruit, ou salariés. Leur situation était probablement moins médiocre que celle de simples laboureurs. Mais leurs tâches multiples leur imposaient un travail continu : bêcher, piocher le sol entre les ceps, dessoucher et remplacer les plants vieillis (bien que la vigne puisse devenir centenaire), relever à dos d'homme la terre que les pluies font couler au bas des pentes, tailler chaque année les sarments, en taille courte ou taille longue...

Sur la taille, les controverses étaient vives. Un proverbe, à Bar-sur-Seine, affirmait : « Taille tôt, taille tard, rien ne vaut la taille de mars. » [322] En Champagne, au XIXe siècle, on prétendait au contraire que c'était un « vice général [que de] tailler la vigne et de ne la provigner qu'à l'entrée du printemps. Il semble que si ce travail se faisait à l'entrée de l'automne, les vignes ne dissiperaient pas leur sève en boutons et fleurs inutiles... » [323]. En Languedoc, dans le « diocèse » de Lodève, au XVIIIe siècle, le vigneron taille sa vigne en hiver. Au printemps, les souches sont déchaussées ; les labours répétés « deux fois par an, en février ou mars et en avril, mai ou juin ; et si le second est empêché par la sécheresse, il est reporté en novembre ». Le labour se fait « avec un araire léger, dit *fourcat,* au soc en fer ». Dans les terrains en pente, il faut se résigner à « bêcher..., ce qui s'appelle *fossoyer.* Beaucoup de vignes, cultivées en terrasses, sont à réparer sans cesse » [324].

Tout ce travail savant se noie au temps de la vendange dans la masse des hommes que l'on engage alors, « coupeurs, hotteurs et fouleurs menés par un conducteur de vendange. [En Beauvaisis] ils étaient copieusement nourris de soupes solides et de tripes de veau et recevaient quelques sols par jour » [325]. Ce n'étaient là en somme que des manœuvres.

Le vigneron, au contraire, est homme de l'art. « Le vigneron, plus important que la vigne » elle-même [326]. Car la plante, d'une vitalité exubérante – plantez-la, vous verrez par vous-même –, est sans fin remodelée par le vigneron. Il en fera une plante grimpante aux longues guirlandes attachées à leur support, ou un buisson trapu, au tronc noueux, qui ne demande aucun tuteur ; il changera le goût du fruit, le degré du vin, l'abondance de la récolte ou sa qualité particulière, en jouant sur les cépages et non moins sur la composition de la terre, une terre qu'il peut modifier à son gré. En la chargeant de cailloux, comme on le fait parfois, ou, au contraire, en y faisant surabonder l'engrais, au point de « graisser le vin et d'en diminuer la finesse et la délicatesse » [327]. Bref, le vigneron doit maîtriser des techniques délicates.

Or, très tôt, dès le XIVe siècle, alors que la vigne a partout repris son essor, un conflit s'annonce entre vignerons et propriétaires de vignes [328]. Un conflit appelé à s'amplifier par la suite. A l'origine, il se situe aux abords des villes, Paris, Lyon, Orléans, Tours, Sens, Auxerre, Blois, Metz... Les populations urbaines sortent alors d'une période de forte croissance et les bourgeois font concurrence aux nobles et aux gens d'Eglise : ils veulent tous posséder leur vigne et se font un honneur de boire le vin de leurs terres. Recherchés activement aux abords des villes, les vignobles ont augmenté de prix et se sont morcelés en parcelles qu'on se dispute. Mais quand la propriété tombe au-dessous de 2 hectares, il est impossible d'y maintenir à demeure un ménage de vignerons, de *closiers,* comme on disait. En conséquence, ce sont des ouvriers à la journée, spécialisés bien entendu, qui cultivent ces minuscules et nombreuses propriétés bourgeoises.

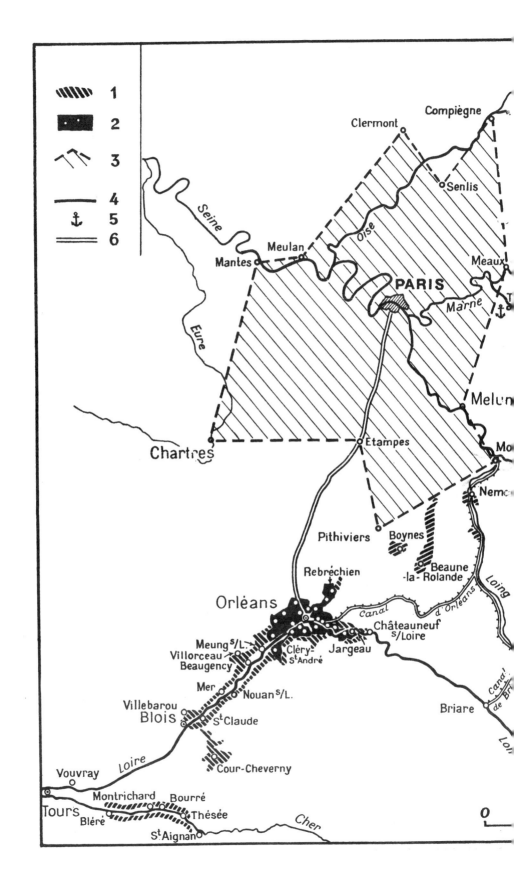

Légende :
1
2
3
4
5
6

Clermont
Compiègne
Senlis
Meaux
Meulan
Mantes
Seine
Oise
PARIS
Marne
T
Eure
Melun
Chartres
Etampes
Mo
Nemo
Pithiviers
Boynes
Beaune-la-Rolande
Loing
Rebréchien
Orléans
Canal d'Orléans
Châteauneuf s/Loire
Meung s/L.
Villorceau
Beaugency
Cléry-St André
Jargeau
Mer
Nouan s/L.
Briare
Canal de Br
Villebarou
Blois
St Claude
Loir
Vouvray
Loire
Cour-Cheverny
Montrichard
Bourré
Tours
Béléré
Thésée
St Aignan
Cher
O

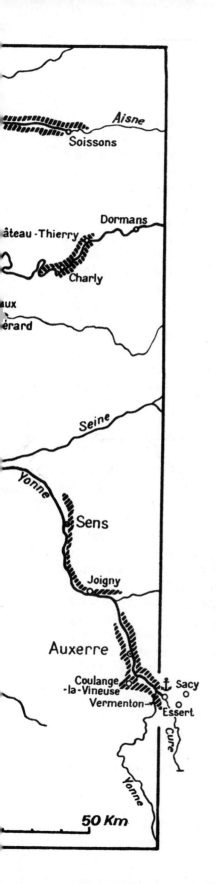

APPROVI-
SIONNEMENT
DE PARIS EN VINS
A BON MARCHE
AUX XVIIᵉ ET
XVIIIᵉ SIECLES

Pour essayer de pro-
téger la qualité des vins
de Paris, un arrêt de
1577 dessine autour de
la capitale, sur plus ou
moins 80 kilomètres de
rayon, une zone inter-
dite aux achats des ca-
baretiers de Paris. En
fait, elle devient aux
XVIIᵉ et XVIIIᵉ siècles la
zone d'élection d'une
abondante production
de vins exécrables ven-
dus dans les guinguettes
des faubourgs. Paris re-
çoit en outre des vins à
bon marché par toutes
les voies d'eau autour de
la capitale et par la
bonne route d'Orléans.
(D'après R. DION, *His-
toire de la vigne et du vin
en France, op. cit.*)

1. Vignobles assurant cet approvisionnement. 2. Paroisses de l'élection d'Orléans signalées en 1709 comme étant « tout
en vignobles » (Arch. nat. G⁷ 421). 3. Extension minima de l'aire des vingt lieues
telle que la définit l'arrêt du parlement
de Paris du 14 août 1577. 4. Cours d'eau
utilisés par la navigation fluviale. 5. Ex-
trémité supérieure d'une voie navigable.
6. Route d'Orléans à Paris.

Or à ces ouvriers dont on ne peut se passer – et qui le savent –, l'ambition vient de posséder leurs propres ceps et de vendre leur production. Trouver un lopin de terre n'est qu'une difficulté mineure : un sol médiocre, impropre à la culture des grains, suffit à la vigne. Le principal investissement est le travail.

Et c'est ainsi que naît un long conflit entre employeurs et ouvriers qui s'ingénient à voler au patron une partie de leur temps de travail. Celui-ci, en principe, commence au lever du jour et s'achève au coucher du soleil. Les ouvriers vignerons prennent l'habitude, pour « ouvrer en leurs vignes », soit d'arriver tard le matin, soit de quitter leur travail au milieu de la journée, quand sonne l'heure de none (trois heures de l'après-midi). S'ils osent ainsi braver leurs employeurs, c'est que leur lutte est *collective*. D'ailleurs, si l'on en croit Etienne Pasquier (1529-1615), le mot *tintamarre* aurait désigné le bruit que les vignerons de Blois déclenchaient en frappant d'une pierre leur *marre* (la bêche des vignerons), afin de s'avertir mutuellement que l'heure était venue de quitter, tous ensemble, leur tâche [329]. Lorsque les autorités de la ville, sur plaintes des bourgeois, parvenaient à maintenir les ouvriers sur leur champ, le signal déclenchait un arrêt de travail, une sorte de grève sur le tas.

Les propriétaires protestaient au nom de la qualité du vin qu'ils recherchaient avec passion, pour leur propre gloire et celle de leur ville. Or, sur leurs minuscules lopins, les ouvriers, au lieu des plants nobles sélectionnés par la tradition, introduisaient des cépages grossiers (le gamay en Bourgogne ou le gouais en Ile-de-France), faciles à cultiver et très productifs, mais donnant des vins plus que médiocres. S'ils ont finalement gagné la partie contre les propriétaires, c'est que leur politique allait au-devant d'une forte demande de vin ordinaire et à bas prix, du fait d'une consommation populaire croissante. Non pas rurale : dans les campagnes, le vin reste un luxe des jours de fête et, à la fin du XVIIIe siècle encore, les vignerons eux-mêmes se contentaient de la *boisson,* obtenue en ajoutant de l'eau au marc de raisin resté au fond du pressoir – ce qu'on appelait selon les lieux *piquette, buvande*, etc. Dans les villes, au contraire, la tradition voulait que tout maître, s'il buvait du vin, en fît boire aussi à ses serviteurs, bien que d'une autre qualité. La domesticité citadine buvait donc du vin, de même les artisans. D'où, accompagnant une forte poussée de la population urbaine, un accroissement considérable de la consommation des vins communs, à partir surtout du règne de Henri IV.

Ainsi s'est trouvée favorisée une viticulture populaire qui « aidait l'ouvrier vigneron à s'affranchir de la tutelle bourgeoise et dépréciait en même temps le vignoble, en le peuplant de cépages grossiers ». Ainsi périrent les vins de qualité autour de Laon, Auxerre, Orléans, Paris... « Le prix de la main-d'œuvre et son peu de bon vouloir, réunis à l'inclémence du climat, y firent disparaître tout profit. Les bourgeois, alors, furent obligés de vendre ou d'arracher. Les vignerons achetèrent et s'empressèrent de substituer les plants d'abondance aux plants fins [330].

Une évolution analogue, mais pour de tout autres raisons, se dessine dans la région atlantique ouverte au commerce hollandais. Alors qu'à Bordeaux la clientèle anglaise a développé les grands crus de qualité, la demande hollandaise du XVIIe siècle a eu l'effet inverse. Les Hollandais réclament, en effet, de l'eau-de-vie, soit pour la mêler au vin et en renforcer le degré, soit comme alcool pur. Or le brûlage se contente de petits vins. S'étendant très rapidement à la façade atlantique et à l'arrière-pays desservi par voie fluviale (Adour, Garonne, Charente, Loire), il va développer une forte production de vins médiocres, mais surabondants. Le glissement sera rapide. Comme dit un mémoire de 1725 sur l'Angoumois, « ce n'étoient autrefois que les gros bourgeois et les gens aisés qui tenoient des vignes à leur main. A présent, presque tous les paysans... en ont planté pour eux-mêmes » et il ne se trouve plus de main-d'œuvre pour la propriété bourgeoise. Celle-ci, du coup, tend à disparaître [331].

Cette évolution explique que le vigneron ait joui d'un niveau de vie supérieur à celui des cultivateurs. Simple ouvrier, il était en mesure de se défendre et l'accession à la propriété lui a été relativement facile. En Bourgogne, à la veille de la Révolution, « le vigneron se nourrit mieux que l'homme de la plaine... Il mange assez souvent du pain de froment » [332]. Arthur Young a noté, à cette même époque, sa situation privilégiée dans l'ensemble du monde paysan français.

Le vin : une industrie

Comme le blé, pour se transformer en pain, recourt à la meule des moulins et au four des boulangers, la fabrication du vin, au-delà de la vigne, aboutit à une transformation qui, elle, a la particularité de rester dans les mains du producteur. Peut-on dire pour autant qu'elle relève de la vie paysanne ? N'est-ce pas une industrie ?

Industrie ou non, c'est une activité hautement diversifiée. On s'en convaincra en se reportant au *Dictionnaire* de Savary des Bruslons (1762) [333]. Nous distinguerons, en effet, avec lui, la *mère-goutte,* « le vin qui coule de lui-même de la cannelle de la cuve... avant que le vendangeur y soit entré pour fouler les raisins » ; le *surmoust* ou *moust,* « le vin de la cuve après que les raisins ont été foulés » ; le *vin de pressurage,* celui « qu'on exprime avec le pressoir en y mettant les rafles [les pédoncules qui aboutissent aux grains] et les raisins plus qu'à demi écrasés, quand le vin en a été tiré dans la foulerie » ; ce qui reste de ce pressurage, le marc, « avec quoi l'on fait ce qu'on nomme de la *boisson* » (en le pressurant à nouveau avec de l'eau) ; le *vin doux* « qui n'a pas encore bouilli ; le *vin bourru,* qu'on a empêché de bouillir » ; le *vin cuit,* « à qui on a donné une cuisson avant qu'il ait bouilli et qui, à cause de cela, conserve toujours sa douceur » ; les *vins de liqueur,* « entr'autres les muscats de Saint Laurent et de la Cioutat en Provence ; ceux de Frontignan et de Barbantane en Languedoc ; ceux de Condrieux dans le Lyonnois ; ceux d'Arbois, ceux de Mâcon dans la Bourgogne ; ceux de Pouilly dans le Nivernois ». Mise à jour pour le temps actuel, cette liste serait plus longue encore.

Si l'on voulait recenser les vins, dire leur réputation, le prix de la barrique et de la bouteille, leurs clients..., un livre entier n'y suffirait pas. Il faudrait, en outre, parler des tonneliers, des transporteurs, de la conservation et du maniement du vin, des immenses caves du vignoble de Champagne où, au temps du Second Empire et sans doute plus tôt, « des voitures à quatre chevaux peuvent... circuler librement » [334]. Il faudrait parler encore des pressoirs, différents les uns des autres, trop souvent des pressoirs banaux qui obligeaient les vignerons à mélanger leurs raisins, pratiques contre lesquelles ils ne cessèrent de protester. Finalement, non pas une, mais des industries, voire des groupes d'industries.

Ces industries de la vinification font-elles tort aux autres industries, où qu'elles soient ? C'est ce que pense Colbert. Préoccupé de développer les métiers, notamment de répandre dans les campagnes et les villes le tissage à domicile, il se demandait si la chose était possible en Bourgogne. « Dans ces sortes d'establissemens, expliquait-il, il faut observer qu'entre deux villes dont le terrain seroit également propre pour ce que l'on veut y establir et dont l'une seroit pays de vignoble et l'autre non, il faut toujours prendre celle qui n'a point de vignoble, les vins estant un très grand empeschement au travail » [335]. Sans doute, comme l'écrit Roger Dion, « c'est la France non viticole, de Laval à Rouen, Cambrai et Fourmies, qui est, par excellence, le pays des métiers domestiques [des industries rurales]. Par contre, en deçà de la limite nord de la viticulture *commerciale* [c'est-à-dire vers le sud], les populations rurales, bien souvent, ne semblent pas avoir soupçonné l'efficacité du remède que la filature ou le tissage à domicile auraient pu apporter à leurs maux » [336]. Il y aurait donc ou viticulture ou industrie. N'est-ce pas trop simple ?

Au XVIIIe siècle, le Languedoc est un pays très peuplé et pauvre, ravitaillé sans fin en hommes par les pays du Massif Central, plus pauvres encore que lui et qui l'avoisinent. S'impose à lui la nécessité d'avoir, en dehors des céréales que contrôlent des propriétaires bourgeois et ecclésiastiques, des activités supplétives : la vigne s'est glissée sur les terres les plus pauvres et, d'ailleurs, contre elle, règne un préjugé hostile de la part des riches, si bien qu'autour de Lodève, comme de Montpellier et des autres villes ou bourgs, ce sont les pauvres et parfois des *brassiers* [337], ou des artisans citadins, qui s'acharnent à avoir leur lopin de vignes et à faire leur vin. Mais cette micro-viticulture n'est pas seulement destinée à la consommation locale, avant tout populaire. Elle livre à l'exportation d'importants *surplus* qui s'en vont vers l'Italie – et notamment des produits de qualité comme le muscat, un vin liquoreux qui ne vient pas seulement des coteaux de Frontignan.

Or, en même temps, le Languedoc abrite d'importantes industries textiles, le drap y est travaillé pour l'armée, par exemple à Lodève, et pour les marchés du Levant, comme à Clermont ou à Carcassonne. Cette industrie connaît une série de concentrations qui rendent précaire la vie d'artisans misérables, mais dont le travail contribue à l'essor et à l'équilibre de la province.

Que conclure, sinon que le problème, finalement, est celui d'un équilibre qui ne se pose pas seulement entre industrie et vigne, mais entre industrie et niveau de vie. Généralement, les vignerons sont gens plutôt aisés. Pourquoi émigreraient-ils à la ville s'ils vivent bien chez eux ? Et pourquoi accepteraient-ils des offres de travail à domicile, au profit d'industries rurales moins bien rétribuées que les citadines, s'ils peuvent s'en passer ? N'y a-t-il pas le même refus dans la riche plaine céréalière de Caen ? Lorsque les marchands de la ville souhaitent recruter, dans les villages, des fileuses, ils trouvent les paysannes réticentes. Elles travailleraient à la rigueur, si les salaires étaient hauts. Tout le monde ne mange-t-il pas plus qu'à sa faim, dans cette région régulièrement exportatrice de blé ?

Quand un Anglais astucieux, vers 1750, voudra installer en France une industrie de tissage de type britannique, capable de compléter la production française, dans quelle région choisira-t-il de s'installer ? Le Gévaudan. Non parce que le Gévaudan ne porte que de maigres vignobles, mais parce qu'il est très pauvre [338].

Trois France viticoles

Pour un résumé de l'histoire de la vigne, il faut diviser la France en traçant deux frontières : vers le sud, la limite de l'olivier qui enveloppe la France méditerranéenne, zone première et, si l'on veut, « naturelle » de la vigne sur notre territoire ; vers le nord, la limite septentrionale de la vigne *marchande* – je souligne, une fois de plus, ce dernier mot : de l'embouchure de la Loire, se poursuivant vers l'est, elle traverse l'Europe entière jusqu'à la Russie méridionale, à la Crimée et à la Perse où les vignes, l'hiver, sont enterrées pour échapper au froid [339]. C'est une vraie ligne de chance pour l'Europe – chance au sud, bien entendu. D'où une articulation majeure : le vin ne cesse de se transporter du sud vers le nord, après chaque vendange. Venise va ainsi chercher le sien, fort en alcool, dans les Marches et à Naples, mais laisse les *carretoni* allemands – véritables flottes de carrioles – charger, pour les transporter au-delà des Alpes, à chaque automne, les petits vins blancs du Frioul et de la Vénétie [340].

Donc deux limites, par suite trois France.

La plus curieuse, c'est la France médiane, le Bordelais, les pays de la Loire, la Bourgogne, la Champagne, l'Alsace – je laisse de côté la Lorraine où subsistent aujourd'hui les étroits vignobles du Toulois et du pays messin.

Disons-le sans forfanterie, cette France médiane possède les premiers vignobles du monde. Et les Français ne sont pas les seuls à le dire. Il a fallu, en ces zones où le froid surgit, recréer la vigne, sélectionner des cépages adaptés, ne récolter les raisins que bien après leur maturité, laisser agir la *pourriture noble,* le *botrytis cinerea,* qui augmente la teneur en sucre et en alcool du fruit. Dans le Sauternais, ne va-t-on pas jusqu'à vendanger « à la pointe du ciseau », en détachant des grappes peu à peu, en plusieurs récoltes, les seuls grains atteints par cette moisissure [341] ? Cette pratique, qui fait du sauternes le « vin le plus élaboré du monde », ne remonterait qu'à 1845.

La France médiane n'est pas celle que la nature semble prédestiner à ce rôle exceptionnel. Mais est-ce aussi vrai qu'il y paraît à première vue ? Car il y a vigne et vigne. Celle qui avait été implantée par les Romains dans la Gaule narbonnaise, bien avant l'ère chrétienne, n'est pas celle qui, au cours du Iᵉʳ siècle après J.-C., s'est étendue dans les pays des Allobroges, riverains du Rhône. Pline l'Ancien parle de cette nouvelle variété, adaptée aux climats *froids,* qui mûrit avec les gelées (ce qui est encore le cas très souvent aujourd'hui en Bourgogne et n'est pas concevable dans la plaine languedocienne, par exemple) [342]. En fait, les deux grands plants « nobles », le cabernet et le pinot, tous deux adaptés à l'humidité et au froid, semblent dériver non des cépages méditerranéens, mais d'espèces sauvages locales, en ce qui concerne le pinot, et peut-être cantabrique, en ce qui concerne le cabernet du Bordelais.

Plus encore, les vignobles de la France médiane ont été favorisés par leur position géographique. En effet, les forts consommateurs étant, je le répète, les gens du Nord, nos grands vignobles se trouvaient aux portes de leurs clients. Les avantages de l'exportation exigeaient, en outre, que soit maintenue et sauvegardée leur qualité, fruit de vigilances, de soins, d'investissements. Cette politique prévaut encore aujourd'hui.

La seconde France viticole, au nord de la Loire, est, en apparence, la plus simple à comprendre. Son histoire ? Des vignobles implantés autour de presque toutes les villes, pour leur propre consommation, subsistent tant que les transports restent difficiles ; puis intervient le repli de ces vignes égarées dans un climat peu favorable, responsable de rendements irréguliers, de récoltes anéanties parfois par l'eau ou le gel. Ce recul, amorcé dès les débuts de la grande circulation maritime, aux XIIe et XIIIe siècles, et du transport par eau des vins de la France médiane, sera consommé avec l'arrivée des vins généreux du Midi, à l'heure des chemins de fer. La vigne aurait alors réintégré sa zone climatique normale.

Toutefois, l'explication est trop simple, car la France nordique a conservé, ici et là, ou aurait pu conserver, des vignobles de qualité. Ne voit-on pas renaître, aujourd'hui, la production de vins blancs de *qualité* à Suresnes [343] ? Le climat ne suffit donc pas à tout expliquer. Roger Dion a en effet remarqué qu'au moment où le vin du Midi arrivait sur les tables du Nord, il y a eu dans le monde rural un regain de prestige de l'économie céréalière, perfectionnée au point d'admettre, sur ses anciennes jachères, la betterave sucrière ou les prairies artificielles. Banquiers, hommes d'affaires et agronomes professent dès lors que « le blé et le bétail valent seuls quelque chose en agriculture » ; que la culture industrielle de la betterave vaut cent fois celle de la vigne. Bref, la régression de la vigne ne se fait pas selon la logique d'une différence climatique, mais selon la « limite séparant des types de sols arables inégalement doués ». Elle a disparu dans toutes les riches terres de labour ; au contraire, elle a résisté (par exemple aux abords de la Loire) là « où le sol n'est plus capable d'appuyer aussi fortement qu'au nord de Paris... les cultures rivales ». Comme le disait Mathieu de Dombasle, en 1829, « nous trouvons la riche agriculture presque exclusivement confinée dans les départements septentrionaux où la vigne n'est pas cultivée ; et la prospérité agricole décroît en se dirigeant vers le Midi, à peu près dans la même proportion que l'on voit s'étendre la culture de la vigne » [344].

Quant à la troisième France, celle du Midi, la plus douée pour la vigne, la première à l'avoir cultivée, elle a été longtemps désavantagée par rapport à la France médiane qui lui barrait la route des bons clients, y compris ceux de la capitale.

Tout aura commencé de changer avec le XVIIIe siècle. En effet, le terrible hiver de 1709 a ouvert définitivement le Nord aux vins du Midi : les vignes méridionales n'avaient-elles pas échappé, en partie, aux gelées dévastatrices qui, cet hiver-là, avaient ruiné les vignobles du Nord ? La cherté brusque du vin provoqua la montée des tonneaux du Midi jusqu'à Paris.

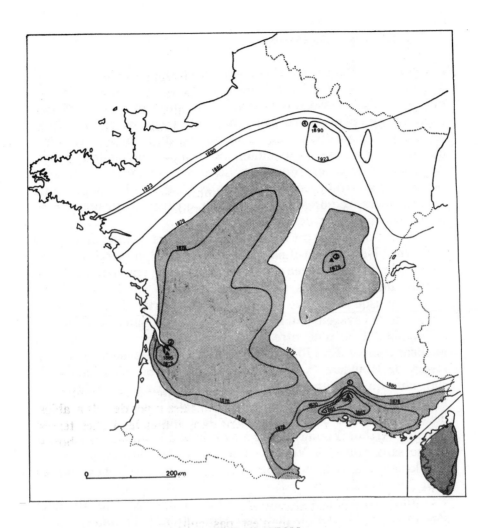

LA PROPAGATION
DU PHYLLOXERA EN FRANCE
1. Pujaut (Gard) ; 2. Floirac (Gironde) ; 3. Beaujolais ; 4. Champagne. En
grisé : zones atteintes en 1879. (D'après Paul CLAVAL, *Eléments de géographie
humaine*, 1980.)

Mais la grande aventure se produit avec les chemins de fer.
La géographie du vin en est bouleversée. Le Beaujolais fait alors
sa véritable entrée à Paris. Plus au sud, le Languedoc, jusque-là
manufacturier, viticole et céréalier, s'abandonne à la folie de la
vigne. Une révolution s'installe avec la mise en place d'une

115

monoculture, bientôt envahissante. La crise du phylloxéra (1865 à 1890) – « le principal événement de la Troisième République » [345], disait Gaston Roupnel – y déchaîne une reconstitution onéreuse, sur plants américains, mais, du coup, la vigne s'adjuge les plaines languedociennes, se rapproche de la mer. C'est alors que surgit une crise épouvantable de mévente, de chute des prix, conséquence de la surproduction. Les ouvriers vignerons, les petits propriétaires se soulèvent. Il fallut, en 1907, utiliser la troupe contre ces émeutiers, écœurés de s'apercevoir qu'avec « du bon vin », on ne pouvait avoir de pain.

Avons-nous tout dit ? Suffit-il de regarder l'histoire de la vigne et du vin ? Ne convient-il pas de retrouver aussi, ne serait-ce qu'un instant, le buveur moyen : chaque dimanche, l'ouvrier de Paris, habitué des guinguettes de la banlieue où le vin est à meilleur marché puisqu'il ne paie pas l'octroi aux portes de la capitale ? Ou suivre le voyageur qui se déplace vers le vin, sans trop le savoir à l'avance ? Il le rencontre, le boit frais et, étant à la source, à meilleur compte. En 1703, mais il ne nous dit pas le mois de l'année, Henry de Rouvière [346], pharmacien du roi et qui s'en va vers le sud, note qu'à Montmirel, à 12 lieues de Meaux, « ce fut là où nous commençâmes à boire, aussi bien qu'à Vieux Maison [trois lieues plus proche de Meaux] d'excellent champagne ». S'arrêter et boire. Arthur Young réussit à s'offrir une bouteille de sancerre (blanc sans doute) à Vatan, en avant de la petite ville. Plaisir supplémentaire, il le boit pour 10 sols, alors que la bouteille en vaut 20, en ville [347].

Mais qui n'a pas eu, au hasard d'un voyage, d'un itinéraire sans projet de libation, le plaisir de rencontrer le vin dont on garde le souvenir, sa vie durant ? Vers 1920, en bicyclette, me préoccupant alors des limites entre le Barrois et le pays de Joinville, je gagnai la vallée profonde de la Marne où nous attendait le vin blanc nouveau. Etait-il aussi délectable que le jugea alors ma bien courte expérience ?

Enfin parlons du blé ou mieux des blés

En ne commençant pas mes explications par le blé, comme tout un chacun, j'ai rompu avec des ordres habituels. Je craignais que, vu son importance, le blé ne cachât d'entrée de jeu le reste du paysage. Et, puisqu'il règne au milieu d'un ensemble qu'il détermine ou infléchit, ne valait-il pas mieux montrer cet ensemble avant de parvenir jusqu'à lui, qui est sans doute l'essentiel ?

L'essentiel ? D'abord vivre, d'abord manger. En outre, le blé n'est-il pas né, pour parler comme Pierre Gourou, d'un *choix de civilisation,* prodigieusement antérieur à ce que nous appelons l'histoire, tout comme le choix du riz ou celui du maïs qui commandèrent, des siècles, des millénaires durant, le destin des paysanneries d'Extrême-Orient et de l'Amérique précolombienne ? Ces choix une fois faits, les hommes n'arrivent plus à s'en dépêtrer.

Avant d'aller plus loin, précisons (question de vocabulaire) qu'il faut dire non pas *le* blé, mais *les* blés. Nos ancêtres entendaient par là toutes les céréales panifiables – froment bien sûr, mais aussi orge, avoine, épeautre, seigle (encore à la fin du XVIIIe siècle, en France, la céréale la plus cultivée) [348], méteil (un mélange souvent à égalité de froment et de seigle), sarrasin (le blé noir) ; sans parler des « petits blés » [349] qui ne désignent pas seulement les grains semés en mars, comme l'orge ou l'avoine, mais les pois, les vesces, les haricots, les lentilles, etc. Comme dit Olivier de Serres, « ce mot de bled est pris généralement pour tous les grains jusqu'aux légumes bons à manger » [350]. En 1898 encore, un enquêteur sociologue affirmait que la châtaigne, si décisive dans notre Massif Central, « joue le rôle d'une céréale ; elle remplace le pain. Et c'est un pain qu'on obtient sans culture, qui ne nécessite ni labours, ni semailles, ni fauchage, ni battage », bref, conclut l'enquêteur, qui encourage la paresse ou le manque d'initiative du paysan [351].

En somme, le blé serait tout ce qui aboutit au pain, le froment étant toutefois « le plus pesant et le meilleur de tous les grains..., celui de tous qui contient la farine la plus blanche, de la meilleure espèce et de plus grande quantité » [352]. Mais, si l'on s'en tient au volume de la production, c'est de la primauté du seigle qu'il faudrait parler jusqu'au XIXe siècle. Elle explique la persistance du pain bis, qui était souvent pétri d'un mélange de céréales secondaires plutôt que de farine complète de froment, comme on l'entend aujourd'hui. Convoitise de tous, le pain blanc, le pain de froment, s'imposera, en France, beaucoup plus tard que ne le disent d'habitude les historiens, entendez bien au-delà des guerres révolutionnaires et impériales. Raymond Lebon, en 1792, affirmait [353] que « l'homme qui se nourrit constamment de pain de froment est plus nerveux, plus robuste, plus dispos, moins sujet aux maladies ». Le Français moyen a dû attendre longtemps ce privilège.

Les exigences du blé

Le blé est le souci constant des autorités, une obsession, un ensorcellement. La récolte en cours, comment s'annonce-t-elle ? On ne cesse de la surveiller, d'en suivre les aléas ; on sait que, selon ses résultats, la vie sera tranquille ou sous le signe des restrictions, de l'anxiété. Bien qu'aucune histoire, dite de France, ne lui accorde la place considérable qui lui revient, le blé a toujours été le personnage dominant de notre passé. Au moins jusqu'au XIXe siècle. Il règne par les services qu'il rend, par les grâces qu'il accorde et, pour finir, par les contraintes qu'il impose.

Tout d'abord, il « tourne », c'est-à-dire qu'il ne se récolte pas – l'exception confirmant la règle – deux années de suite sur la même terre. Il impose donc, de façon continue, le mouvement giratoire des *soles*. Tous les agronomes en donnent leurs explications. « La non-permanence du blé sur un sol donné, dit l'un d'eux [le comte de Gasparin] en 1831, vient de l'insuffisance des engrais, de l'impossibilité de lutter contre les mauvaises herbes dont la maturité devance celle des blés, de la difficulté de nettoyer [au préalable] le terrain où se jettent les semences. » [354] Tel autre expert [355] (1843), parle des lois de la végétation, à savoir que les plantes se nourrissent de certains éléments de la terre végétale et y reversent leurs résidus ; ainsi elles empoisonnent le sol, s'il y a culture renouvelée de la même plante. « Nous voyons dans les prairies naturelles qu'alors qu'une même espèce de plantes a abondé sur un des points de cette prairie, elle en disparaît à l'expiration du terme de sa vie pour être remplacée par d'autres, en sorte que le foin qu'on y récolte n'est jamais identiquement pareil. »

Toutefois, il y a, à la rotation quasi ubiquiste du blé, d'autres explications plausibles.

Le cycle de sa culture s'étale, en effet, sur plus d'une année, 14 à 16 mois, car tout ne commence pas avec les habituelles semailles de septembre ou d'octobre. Il a fallu d'abord, tant pour le blé que pour le seigle d'hiver, préparer le sol, le rendre plus apte à la poussée de la plante par une série de labours. Si ceux-ci sont profonds (c'est-à-dire tracés avec la charrue lourde du Nord), trois ou quatre suffisent ; dans les régions méridionales, où seul l'araire est utilisé, il faut les multiplier : avant la Révolution, pas moins de neuf labours sur les champs du Poitou [356]. Outil imparfait, l'araire ne fait, en effet, qu'égratigner le sol. Il attaque « la bande de terre qu'il soulève en la coupant par-dessous et en la posant, retournée, sur la superficie latérale du sol, en sorte qu'il superpose, pour ainsi dire, la couche labourée au plan inférieur qu'il n'entame jamais ; et, comme cette couche n'a pas plus de quatre pouces d'épaisseur, l'araire, loin d'enfouir les mauvaises herbes, ne fait guère que leur donner une culture salutaire... Peu après chaque labour, on les voit reparaître de toutes parts, ce qui oblige... à répéter de fréquents labours, pour faire disparaître ces herbes à force de les tourmenter » [357].

Donc labourer et labourer, jusqu'à l'épuisement des attelages et des hommes. Le but, jamais atteint à la perfection, c'est de chasser les plantes rivales du blé – la nielle, les vesces, les bleuets, la folle avoine [358] – qui, autrement, quoi qu'on fasse, fleurissant plus vite que lui, le gagnent de vitesse. On se trouve alors devant le triste spectacle décrit, en 1527, par Pouget, chroniqueur de l'époque, dans la campagne de Cahors : des champs « gastés des herbes », où il y a « plus de coyouls noirs [de folle avoine] que de bled » [359]. « Le nettoiement du sol, ou la destruction des plantes qu'il produit spontanément, écrit Mathieu de Dombasle, est une circonstance aussi importante que la fertilité pour l'abondance des produits qu'on peut obtenir. » [360]

Cet espace sans fin labouré par précaution, c'est la *jachère,* la partie du terroir laissée chaque année en repos, précisément pour donner aux charrues et aux araires la possibilité de nettoyer le terrain ; le sarclage final (quand il existe) en est extrêmement facilité. En Lorraine, avant 1914, on sarclait les blés pour les débarrasser des chardons prolifiques.

Les labours préalables, c'est beaucoup de temps et de travail. S'y ajoute l'obligation de fumer le terrain avant les semailles d'automne. Grosse corvée : même dans une ferme médiocre, il faut jusqu'à cent cinquante voitures de fumier, entre l'avant-dernier et le dernier labour – celui-ci destiné à enterrer le grain semé. Ensuite, on passera la herse, surchargée d'un bon poids, pour égaliser les sillons, ce qui s'appelle parfois « labourer à plat » [361]. Le contraire, c'est le labourage en « billons », des talus en dos d'âne séparés par des sillons profonds, destinés à évacuer l'eau superflue [362].

Cela dit, revenons à la rotation des cultures.

Dès avril, les labours de la jachère ont partout commencé. A cette époque, le blé semé en septembre ou octobre de l'année précédente est déjà haut, à la veille ou au lendemain de sa floraison. Il y a donc coexistence de deux blés, l'un virtuel pour qui se répètent les labours, l'autre qui donnera, en juillet ou en août, la moisson nouvelle. Si le lecteur veut bien y réfléchir, le blé que faucheront les moissonneurs, que les femmes lieront en gerbes et que l'on entassera sur le terrain en petites meules, aura demandé de quatorze à seize mois pour accomplir son cycle – labours préalables compris. Quatorze à seize mois, selon que l'on commence les labours plus ou moins en avance et que l'on moissonne plus ou moins tôt. C'est un cycle qui déborde donc l'année normale. Duhamel du Monceau y a vu la raison de la rotation de la culture du blé, mais il le dit dans une phrase brève, trop chargée de sens, qui risque de ne pas se comprendre à première lecture : « On ne peut semer tous les ans du froment dans la même terre, écrit-il, parce que, depuis la moisson jusques aux semailles, il n'y a pas assez de temps pour donner les cultures [entendez les labours] convenables. »[363] Agronome et historien, François Sigaut[364], a repris l'explication de Duhamel du Monceau. Un de ses arguments, à lui seul, est plus clair qu'un long discours. Il se rapporte à un cas significatif : en Lombardie, où « les étés sont très chauds (on prétend que Milan a les étés de Naples et les hivers d'Amsterdam), le froment est mûr dès la mi-juin. Cette avance de la récolte laisse un délai de plus de quatre mois jusqu'aux semailles suivantes qui ont lieu en novembre. On met à profit ce délai pour une jachère de quatre labours avec engrais verts »[365], puis on sème le froment que l'on enterre à la herse. Dans cet exemple à part, l'année du blé entre dans l'année normale. Et cette fois, le blé succède au blé, ou du moins peut lui succéder. Les conditions nécessaires ont été en effet remplies : des labours à suffisance et l'engrais indispensable, fourni en l'occurrence par les cultures dérobées.

Toutefois, si important soit-il, le calendrier n'explique pas tout. Il est évident que les céréales, avec leurs racines courtes, épuisent la superficie du sol. D'où l'importance de les faire alterner avec des plantes sarclées – betteraves, *turneps*, pommes de terre – à racines profondes qui vont chercher leur nourriture à bonne distance de la surface et qui, surtout, fixent l'azote de l'air. Leurs fanes, incorporées aux labours, constituent un fertilisant.

La rotation des cultures

Le cas milanais – une exception – confirme la règle, à savoir que le blé est partout, aujourd'hui encore, soumis à des rotations régulières. Celles-ci ont fasciné littéralement les historiens ; volontiers ils ne verraient qu'elles.

La géographie des assolements est archi-connue (voir carte *infra* p. 131). Au nord d'une ligne tirée de Saint-Malo à Genève, la rotation dominante est à trois temps : c'est le système de l'assolement triennal. La terre arable est divisée en trois soles : blé, marsage (c'est-à-dire céréales de printemps ou de *mars,* orge, avoine), jachère. Celle-ci correspond, en principe, au repos complet de la terre – la jachère morte. Si donc le terroir est représenté par un cercle divisé en trois secteurs à peu près *égaux,* chaque année, le cercle tourne sur lui-même : le blé se substitue à la jachère, le marsage au blé, la jachère au marsage, et le mouvement se répète indéfiniment.

Au sud de la ligne Saint-Malo-Genève, la rotation à deux temps devient la règle. La moitié du terroir est consacrée au blé, l'autre moitié à la jachère. L'année suivante, la répartition s'inverse, et ainsi de suite.

Il y a là une division, une opposition caractéristique, mais aussi une interrogation : quelles en sont les raisons ? Que peut signifier, d'un côté et de l'autre, la répétition obstinée de ces mouvements ? Plus on regarde de près ces problèmes simples, plus ils se compliquent et les réponses faciles s'éloignent, ou deviennent ambiguës.

Tout d'abord les deux France qui s'opposent présentent chacune, en elle-même, des variantes, sinon nombreuses, pour le moins curieuses.

Le triennal, dans sa zone, abrite quelques aberrances. A la fin du XVIIIe siècle, la Basse-Alsace, jusque-là fidèle à l'assolement triennal, passe sans crier gare au biennal [366]. C'est ce qu'a fait, mais bien plus tôt, à la fin du Moyen Age, la Thiérache, qui, ralliée au biennal, se laisse envahir par les enclos et les rideaux d'arbres caractéristiques des terres bocagères [367]. Le pays de Caux, lui, est depuis toujours, pour le moins depuis que notre observation nous permet de l'apercevoir, une zone en partie bocagère et relevant de l'assolement à deux temps. Mais, à la fin de l'Ancien Régime, les enclos y progressent largement [368]. De même, j'ai signalé le cas curieux de la Gâtine poitevine qui, « campagne », devient bocage au XVIe siècle, avec les remembrements que pratiquent les nobles sur les terres dont ils sont propriétaires [369]. Et la liste n'est pas close : le Revermont jurassien « s'embocage » au-delà de 1770 [370] ; les fonds de vallées du Boulonnais, vers la même époque, « sont en train de s'enclore » [371].

Il faut faire une place à l'exception parfaite de l'agriculture flamande qui, fidèle au « régime alterne », se rattache aux pratiques agricoles révolutionnaires des Pays-Bas : la terre ne s'y repose jamais, la jachère y est absente. Au-delà de Bouchain, pour qui va vers le nord, « vous êtes dans un jardin » qui ignore l'habituel repos des champs [372]. Aurait-on laissé derrière soi le pays de la paresse pour celui du labeur et de l'intelligence ?

Autre aberrance hors cadres : celle des Ardennes. Le système de la jachère, plus que probablement d'origine méditerranéenne, aurait-il été incapable d'atteindre ce pays lointain, pauvre, isolé dans ses nappes forestières ? C'est ce qu'avance François Sigaut [373]. L'habitude, en tout cas, y est de ne cultiver qu'un espace restreint et de rassembler, à son avantage, tous les engrais dont on peut disposer à partir des terres environnantes : en ce centre à part, les cultures se succèdent sans arrêt.

Dans l'immense zone du biennal, plus étendue chez nous que celle de l'assolement à trois temps, les aberrances ne manquent pas non plus et, étendue oblige, elles devraient y être plus nombreuses. On rencontre, en effet, des terres à trois *saisons* dans certaines régions étroites. Et d'autres anomalies. Au sud de Bordeaux, dans les Landes, le XIXe siècle pratique une culture analogue à celle du pays ardennais, une sorte de concentration à la chinoise au bénéfice d'un espace étroit, stercoré au maximum et où les cultures s'enchaînent sans repos. Près de Nîmes, au témoignage de Léonce de Lavergne (1877), « on... suit un assolement spécial. La rotation commence par une luzerne largement fumée ; au bout de quatre ans, cette luzerne est retournée, et l'on fait du blé sans fumance, pendant quatre années de suite, puis deux ans de sainfoin, suivis encore de deux ans de blé : en tout douze ans, dont six de blé, avec une seule fumure », et d'excellents rendements [374]. C'est là, évidemment, une solution tardive, puisqu'elle s'appuie sur la prairie artificielle. Mais, en nous enfonçant dans le passé médiéval, on retrouvera du triennal en Bretagne, ou sur certaines terres de la région toulousaine [375].

Toujours au Moyen Age, dans les environs de Grasse, tel bail notarié précise que tout devra être sous la règle de trois, « *dicendo per ters* » [376].

Aberrances, déviations, le biennal et le triennal restent cependant majoritaires dans leurs domaines respectifs. Alors, l'important serait de savoir comment ces zones s'affrontent l'une l'autre, comment elles se définissent au long de leurs frontières, les marges étant généralement révélatrices.

Malheureusement, ce que nous savons sur ce vaste sujet est bien peu de chose. Il est probable, en gros, que le triennal a gagné, mordu sur l'autre zone. Ainsi, il aurait conquis peu à peu, mais conquis finalement la Touraine [377] et, plus tard, à la veille de la Révolution, il pénétrait dans le Poitou, entre Châtellerault et Poitiers [378]. Ces cas ne sont sans doute pas uniques, mais les études en ce domaine sont rares peut-être parce que historiens et géographes ont considéré, une fois pour toutes, le triennal comme supérieur au biennal. Le problème était résolu d'avance si celui-là gagnait toujours sur celui-ci. C'est ce que croyait Marc Bloch, de même Albert Demangeon, et plus récemment un historien aussi averti de l'histoire des techniques que Lynn White [379]. Le triennal, de formation plus récente, aurait régulièrement bousculé son trop vieux voisin. Cette histoire n'est-elle pas trop simple ?

Pour y voir plus clair, appelons à la rescousse les défenseurs des vertus du biennal. Selon Roger Dion, ce n'est pas en raison de ses structures, soi-disant insuffisantes, qu'il ne cultive pas une céréale *secondaire* de printemps – avoine ou orge – mais bien parce que ces plantes ne résisteraient pas aux sécheresses du climat, tel qu'il existe en France, au sud du seuil du Poitou [380]. Pour Jacques Mulliez [381], le biennal a la vertu d'être plus souple, plus apte à se plier aux novations du XIXe siècle que le triennal, pris trop souvent dans ses contraintes rigides. Enfin, pour François Sigaut [382], l'infériorité du biennal n'est pas prouvée et il nous offre, à ce sujet, un calcul au premier abord convaincant, si du moins un calcul théorique peut satisfaire en pareille matière.

Voici son raisonnement : sur un espace de trois années, le biennal fournit trois récoltes, obtenues, chaque fois, sur la moitié de ses terres labourables ; si 100 représente une récolte annuelle qui *serait* obtenue sur l'*ensemble* de la terre labourable, le total que nous cherchons sera de 150. Pour le triennal (si les céréales

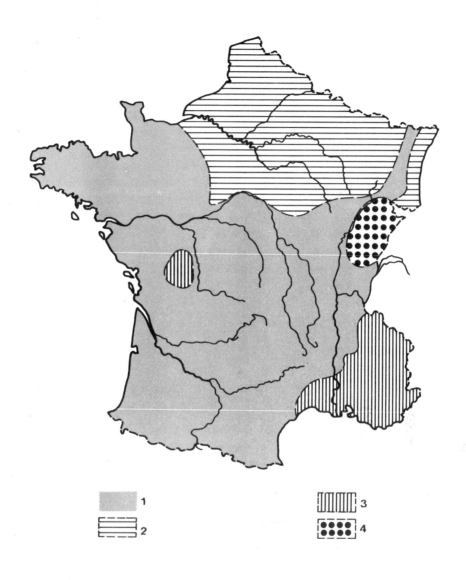

REPARTITION DES ANIMAUX DE LABOUR AU XVIIIe SIECLE

1. Bœufs. – 2. Chevaux. – 3. Bœufs et chevaux.– 4. Mulets.

de printemps sont comptées, comme c'est l'habitude, pour la moitié de ce que rapporte chaque année le blé d'hiver), ce blé donnera annuellement le tiers de 100, soit au bout de trois ans 100, et les blés de printemps donnant la moitié au cours de ce même laps de temps, la production totale sera de 150. Nous voilà à égalité.

Acceptons – toutes choses égales d'ailleurs – que les deux systèmes soient, en ce qui concerne les résultats, proches l'un de l'autre – ce doit être vrai. Mais la démonstration de l'égalité n'est pas péremptoire. Comment tenir compte, en effet, des conditions réelles des cultures, climats, hydrographie, semences, types de propriété, rendement des sols, investissement, outillage ? Dans ce dernier ordre d'idées, il faudrait comparer, une fois de plus, la charrue du Nord et l'araire du Midi et de l'Ouest, les attelages de bœufs et les attelages de chevaux... L'araire l'emporte pour le labourage des sols en pente, peu épais, encombrés de roches ;

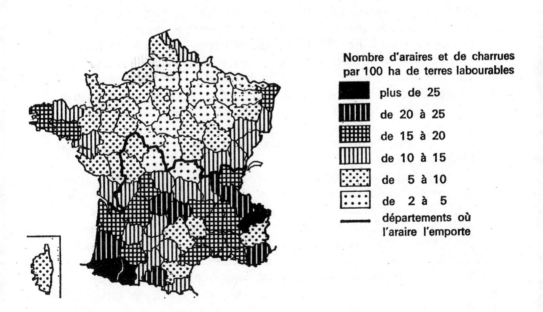

Nombre d'araires et de charrues
par 100 ha de terres labourables

plus de 25

de 20 à 25

de 15 à 20

de 10 à 15

de 5 à 10

de 2 à 5

départements où
l'araire l'emporte

ARAIRES ET CHARRUES, 1852
(D'après F. BRAUDEL, E. LABROUSSE, *op. cit.*, p. 680.)

conduire l'araire est d'ailleurs, de ce fait, un art, un exercice plus compliqué que de labourer avec une charrue à avant-train. Quant aux avantages comparés des chevaux et des bœufs, où n'irions-nous pas en ressuscitant des discussions qui, commencées il y a des siècles, ne sauraient se conclure ! Le bœuf va moins vite, mais il consomme moins, il n'est pas comme le cheval un « coffre à avoine » [383], etc. Bref, ne sommes-nous pas, chaque fois, mis en présence non de caprices ou d'aberrances, mais d'adaptations évidentes à des milieux contraignants ?

Un aussi bon connaisseur du passé agricole que René Musset [384], jugeant à partir de cantons de Haute-Normandie, peut affirmer, sans hésiter, la supériorité du triennal. Mais comment s'en tenir, comme il le fait, à des sondages, sans savoir s'ils sont ou non généralisables ? Comment, d'autre part, apprécier l'espoir offert, en zone triennale, par les possibilités des céréales de printemps ? S'apercevait-on, aux beaux jours de la saison nouvelle, que le blé et le seigle avaient échoué, une moisson de repêchage pouvait être tentée. En 1651, autour de Reims, l'hiver a été long avec de grandes gelées, de grandes eaux et pas de neige, on sait ce que cela veut dire. Mais « nous espérons, dit un bourgeois de la ville, semer nombre d'orges sy nous n'en sommes empeschez par les soldats » [385]. Ceux de la Fronde, hélas ! Encore faut-il, l'échec du blé d'hiver constaté, accepter le risque de jouer la carte des « blés » de printemps ! Ce n'est pas le cas en 1740, à Gonesse – le célèbre village des boulangers proche de Paris – où « les laboureurs n'ont ozé relabourer et retourner leurs bledz manqués » [386].

Les faits mis en cause nous laissent finalement pensifs. Rien ne permet d'affirmer qu'un des deux systèmes présente une supériorité sur l'autre. Ni d'expliquer exactement pourquoi il y a eu, ici ou là, abandon de l'un au profit de l'autre. Peut-être le glissement s'expliquerait-il mieux à l'intérieur d'une transformation plus large, dont il ne serait qu'un élément. Ainsi la progression du triennal au sud de Châtellerault, évoquée plus haut, accompagne un autre élément, l'intrusion du cheval. Or, pour les propriétaires et les paysans du Châtelleraudais de cette époque, le changement qui compte, la novation discutée, c'est le cheval. Tel auteur anonyme, en 1784, s'indigne que les laboureurs de son petit pays aient « perdu l'ancien usage de cultiver leurs terres avec des bœufs, pour se servir de chevaux ». Quel scandale ! Aussi bien un propriétaire, conservateur comme c'est son droit sinon son avantage, stipule dans le bail de sa métairie : « Les preneurs ne pourront employer que des bœufs. » [387]

Enfin, n'y a-t-il pas un autre élément accompagnant la mutation ? « Les bâtiments d'exploitation, en Châtelleraudais, ont adopté [en effet] la cour fermée et le porche monumental du type de Picardie ou de Beauce, au lieu de la cour ouverte du bocage. » [388] Ce signe qui, à lui seul, mériterait une recherche, nous rappelle en tout cas qu'un système de rotation des « soles » est *un* élément qui n'existe et ne voyage pas seul, qu'il est pris dans une économie, voire dans une pleine civilisation rurale. « La nature, dit Maurice Le Lannou [389], compte pour peu de chose [ce qui à mon avis est tout de même discutable] ; le facteur essentiel... est l'histoire d'une communauté humaine. » Cette dernière affirmation, par contre, m'agrée. Civilisation, en somme, soit l'addition de multiples éléments, de facteurs divers.

Trois France au moins

Ne croyons donc pas trop au schéma simple de deux France rurales, réduites à leurs systèmes culturaux. D'ailleurs, les géographes nous ont appris à ajouter au problème des assolements le problème des *régimes agraires,* on dit parfois des paysages agraires. Les agronomes ont raison, quant à eux, de tout confondre et de parler sans plus de *structures agraires,* c'est-à-dire d'ensembles, et tous de longue durée.

Si l'on ouvre la porte à ces *autres* éléments, il n'y a pas *deux,* mais *trois* France rurales pour le moins.

La première est la France du Nord-Ouest et du Nord-Est, celle des champs ouverts, l'*openfield* des historiens, géographes et agronomes anglais : le village massif, serré sur lui-même, y occupe le centre d'une « clairière » [390] sans arbres, sans haies, souvent même sans clôture. Les « saisons » y sont les secteurs d'un cercle dont le village compact est le centre – aboutissement et point de départ – et elles se distinguent à l'œil nu d'après leurs couleurs différentes. Les champs se présentent en longues lanières qui évoquent assez bien les lames d'un parquet. C'est sûrement le paysage que je connais le mieux et sans doute est-il de tous le plus facile à être reconnu et compris. J'ai gardé le souvenir, en juillet 1945, revenant par avion d'Allemagne en France, après avoir traversé les étranges marécages de Bourtange, d'avoir brusquement, le décor changeant vite, survolé les parcellaires de Picardie, alors de toutes les couleurs, divisés en bandes étroites, aux limites nettes, tirées au cordeau, chacune portant une plantation régulière, bien en ordre, comme époussetée, le clocher de l'église marquant les ralliements. J'étais de retour chez moi.

Pour cet *openfield* discipliné, communautaire, il y a, à l'évidence, coïncidence étroite entre son extension et celle de l'assolement triennal. Des champs ouverts et des trois soles, bien malin qui déciderait du processus qui a mis tout cela en branle.

La seconde France, celle de l'Ouest et du Centre, c'est la France des *bocages*. Ne croyez pas trop à sa monotonie ou à son uniformité, il y a bocage et bocage [391] et les distinctions nécessaires sont multiples.

Dans la Mayenne et le Maine-et-Loire, pour ne prendre que ces exemples, mais ils valent pour plusieurs autres, « les champs sont bordés de grandes haies pleines de toutes sortes d'arbres [plantés sur des talus] ; l'intérieur de cet enclos est, le plus souvent, complanté de pommiers et de poiriers à cidre, ce qui donne à l'ensemble l'aspect d'une immense forêt. Les exploitations ont, en moyenne, une étendue de 30 à 40 hectares ; il en est de beaucoup plus petites, de 10 à 12 hectares seulement, qu'on appelle des *closeries,* parce qu'elles se forment d'un seul clos ». Cette image rapide, qui date du milieu du XIXe siècle, est empruntée à l'ouvrage toujours utile de Léonce de Lavergne [392]. Il faudrait ajouter à ce tableau succinct les chemins creux, les landes marécageuses de genêts et d'ajoncs, et surtout bien préciser que l'aspect boisé est un faux aspect, une apparence, un semblant ; l'arbre n'est ici qu'un complément, qu'un instrument de division. « Vu d'une hauteur » – il n'y avait pas alors, vers 1870, d'avion pour mieux voir les paysages –, le Léon, morceau caractéristique de la Bretagne, ressemble, au dire, une fois de plus, de Léonce de Lavergne, « à un casier divisé en d'innombrables compartiments » [393].

La plus malaisée à définir, c'est la troisième France, celle du Sud-Est, de part et d'autre de la vallée Saône-Rhône, cette fente gigantesque ouverte de la Méditerranée jusqu'aux Vosges, entre les Alpes de Savoie, du Dauphiné et de Provence, le Massif Central, les Pyrénées. Au total des régions bien différentes : végétation, rythmes culturaux, plantes, arbres, activités, tout y change pourvu que l'on s'y déplace un peu.

Dans le schéma explicatif de Marc Bloch [394] – mais je ne ferai pas mieux que lui –, c'est l'ensemble régional qui a été le moins bien saisi dans ses originalités. Jugez-en : l'essentiel, en ce qui le concerne, ce n'est pas le régime céréalier à deux temps qui l'envahit et semble le commander ; ce n'est pas non plus le régime des champs épais, rectangulaires, massifs, qui rappelleraient les centuriations romaines souvent rencontrées ; c'est plutôt la masse des zones neutres et désertiques, des *herms,* des terres *gastes* [395] abandonnées après un usage précaire, quand usage il y a eu. Un homme du Nord est stupéfait, dérouté par ces vides où règnent les pierrailles nues, les arbustes de la garrigue, les cigales et le gibier, et les senteurs des herbes aromatiques.

Quant aux cultures, elles sont aussi variées que les sols et le paysage. Aussi fort que le blé, l'arbre fruitier s'y affirme, occupe le terrain à la moindre possibilité. Aux hautes altitudes, le châtaignier, le noyer, plus bas l'olivier – arbre providence – et non moins les mûriers, les figuiers, les pommiers, les noisetiers, les cerisiers... Enfin, les amandiers dont « l'imprudence [est] proverbiale puisqu'ils ouvrent leurs fleurs avant la fin de l'hiver », mais le risque est léger sur la côte de Méditerranée où les gelées sont rares [396]. Près de Hyères, de Cannes, de Toulon, des orangers et des palmiers poussent en pleine terre, « comme à Sorrente en Italie » [397]. Sauf que, de temps à autre, une nappe subite de froidure et de gel vient tout gâter, capable de faire éclater jusqu'aux troncs noueux des oliviers et des chênes.

Parmi les cultures autorisées par le climat, voyez la splendeur des plantations, jadis, sur les terrasses. Splendeur, par-dessus tout, des vallées largement ouvertes, que ce soit le cours inférieur de l'Isère, les vallées des Pyrénées-Orientales, ou la vallée provençale de l'Argens, en arrière des Maures et de l'Estérel, dont Lavergne s'étonne que, « sur un espace de quelques mètres carrés, on voie en même temps des arbres fruitiers, des oliviers, des mûriers, des blés, des légumes, des vignes, des fleurs... » [398]. Entre les rangs de ceps, des légumes, des pêchers et même des oliviers dont la culture se marie mal pourtant avec celle de la vigne [399]. Au long de l'Isère, dans la vallée du Grésivaudan, « un éternel printemps » est « en face d'un éternel hiver », celui des montagnes. Des champs complantés de mûriers ou de cerisiers, des vignes montant aux arbres. Sous leurs ombrages, le froment, l'orge, le maïs, les pommes de terre, le chanvre, le colza, le trèfle, la luzerne, le sarrasin... [400] Un spectable vu au temps du Second Empire.

Dernier trait : presque partout des villes, des bourgs, de gros villages – à revendre. Tout, certes, n'est pas richesse dans ces régions ensoleillées, souvent desséchées en été, où les troupeaux sont trop peu nombreux et l'engrais, par suite, insuffisant. Les pays riches y sont souvent étroits, au rez-de-chaussée des plaines. Et toute une série de marges montagneuses les entourent, les surplombent, colonisées, exploitées par la richesse d'en bas, soit le Languedoc, soit la Provence des vignes et du blé.

Bref, s'il faut dire l'essentiel en quelques lignes, définissons la région du triennal comme l'effort maximum pour saisir au maximum la terre arable – vive l'*ager,* à bas le *saltus* ! Cette conquête de l'espace cultivable s'est faite par un jeu collectif, par le triomphe de l'ordre – mais ce triomphe entraîne des conséquences inévitables, nous le verrons. Dans la zone du biennal, par contre, le *saltus* conserve ses droits, l'arbre y est partout, soit dans les bocages, soit dans le Midi, une série de pays arborés, dit-on. Et ces arbres sont, presque sans entretien, un apport important. La brièveté de la saison froide permet aussi la variété et l'abondance des cultures de légumes, une sorte d'autosuffisance alimentaire. Ainsi, hors du triennal, les libertés d'agir seraient plus grandes, l'individualisme à son aise. Etats d'esprit, paysages ruraux se correspondent, responsables les uns des autres. Et selon la réciprocité des perspectives, causes et conséquences s'inversent.

Remonter le cours des siècles

Les explications et images qui précèdent montrent qu'à parler du blé, on finit toujours par parler d'autre chose. Ce qui est peut-être naturel. Mais ce que je n'ai pas dit encore, et qui est pourtant de l'expérience de chacun, c'est que le temps présent – les trente ou quarante années que nous venons de vivre – ont bouleversé d'une seule poussée, mais colossale, ce que Daniel Faucher et quelques autres appelaient hier « l'équilibre des champs », cet héritage d'habitudes et de sagesses venu du fond des âges. F.H. Gilbert [401], en 1787, ne soutenait-il pas que l'agriculture française n'avait pas fait de progrès depuis les Romains ? Réflexion qui, malgré son exagération certaine, a tout

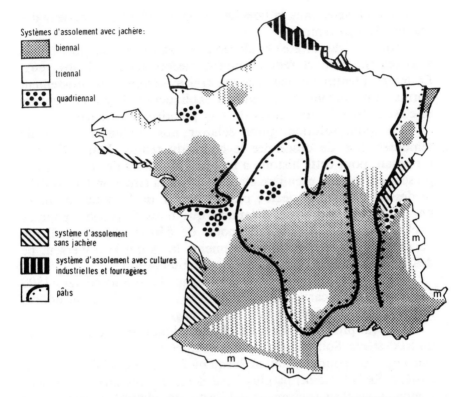

LES ASSOLEMENTS EN FRANCE AU DEBUT DU XIXe SIECLE

A l'intérieur des deux grandes zones : biennal, triennal, François Sigault distingue toute une série d'autres « techniques de préparation du champ », cette carte d'une « simplification extrême » n'en représentant que quelques-unes :

— Le quadriennal : une jachère, trois récoltes successives de grains. Il ne représente que des points, pas plus de 1 % du territoire, en Poitou, Berry, Savoie, Basse-Normandie.

— Assolement sans jachère : le type parfait, les Landes. Deux récoltes de grains par an (seigle, millet) se succèdent sans interruption. Fumure énorme venant des pacages à moutons.

— Assolement avec cultures industrielles et fourragères : le modèle parfait, l'agriculture flamande, où la jachère est remplacée par les fourrages, les oléagineux, les plantes textiles, etc.

— Le pâtis : F. Sigault désigne par là la pratique qui, surtout en zone biennale, mais pas seulement, fait succéder à une série d'assolements normaux une période plus ou moins longue de pâris. Exemples types en zone biennale : le sud-est du massif armoricain, le Bas-Poitou, l'Anjou... En zone triennale, la Bretagne (deux ou trois successions triennales, 6 à 9 ans de pâtis). (D'après François SIGAULT, article cité, *in : Annales E.S.C.*, 1976.)

de même un sens dans la bouche de cet excellent connaisseur des réalités de son temps.

Tout a donc été bouleversé récemment, en un temps relativement bref, et rendu souvent méconnaissable à nos yeux. Le temps présent ne peut pas apparaître comme l'aboutissement normal d'une évolution qu'ainsi il expliquerait. Il y a eu rupture et c'est l'obstacle dont nous devons prendre conscience.

La seule solution, pour éclairer nos problèmes, c'est de remonter, non de descendre le cours du temps. Marc Bloch [402] proposait, pour cette histoire à rebours, de laisser de côté le temps présent et, comme première étape, de fixer la situation telle qu'elle se dessinait au XIXᵉ siècle ; puis de partir de là pour continuer une recherche régressive. D'autant que nous disposons, pour ce siècle proche qui servirait de point de départ, d'une excellente documentation et que les changements lents qui le traversent ne défigurent pas trop le spectacle sous observation.

Cette mise au point, François Sigaut l'a esquissée vers 1800 et je reproduis la carte qu'il a établie à ce propos. Le lecteur pourra lire le long commentaire qui l'accompagne [403].

Le vrai problème, c'est d'aller aussi loin que possible en deçà du XIXᵉ siècle. Soit une tâche qui réclamerait des années de travail *collectif.* Et pour remonter jusqu'où ? Jusqu'à Colbert ? Oui. Jusqu'à Sully ? Ce serait plus hasardeux. Et ces quelques siècles gagnés seraient-ils suffisants ? « L'ordre des champs », pour livrer ses racines lointaines, réclamerait bien davantage.

En attendant, un recours à l'*histoire comparative* est possible. Oui, mais comparer avec qui, avec quoi ? Maurice Le Lannou [404], à ce propos, nous conduit en Sardaigne, dans la partie est de l'île, exactement dans la plaine curieuse de Campidano, soumise au triennal ; Xavier de Planhol [405] va plus loin, en Anatolie méridionale ; Jean-Robert Pitte en Mauritanie... Moi-même, je propose un voyage en Russie. N'est-ce pas là une gageure ? Je sais bien que la Russie a repris à son compte l'expérience de l'Europe. Mais comme elle en diffère ! Toutefois, elle offre un avantage : l'évolution qui la travaille, en retard sur l'Occident, se déroule dans une assez bonne lumière historique. Et, comme elle débute, dans les régions centrales d'« ancienne agriculture », deux ou trois siècles plus tôt que dans les zones périphériques encore primitives (y compris l'Ukraine), on voit coexister et évoluer tous les systèmes au XVIIIᵉ encore. La carte de la page 133 que j'emprunte à Michel Confino [406]

MER BLANCHE

OURAL

Ⓘ

ⒾⒾ

MER BALTIQUE

ST PETERSBOURG

Ile d'Osel

Vologda
Novgorod
Kostroma

Vjatka   Perm

ⒾⒾⒾ

Riga

Dvina

Kovno
Polock
Vilno
Minsk

MOSCOU

Kaluga

Smolensk

Tula

Vladimir

Oka

Niznij-
Novgorod

Rjazan

Volga

ⒾⓋ

Ufa

Stavropol'
Samara   Orenbourg

Penza

Bug

Vistule

Ⓥ

Kiev

Dniestr

Kursk

Dniepre

Knarkov
Poltava
Ekaterinoslov

Don

Saratov

Oural

Ⓥ

Kherson

Ⓥ

Volga

C A U C A S E

MER NOIRE

0   500 km

MER
CASPIENNE

Ⓘ Zone dépourvue de toute agriculture.

ⒾⒾ Zone de culture sur brûlis et d'une certaine expansion de divers systèmes d'assolement réglé (biennal, triennal, quadriennal).

ⒾⒾⒾ Zone de triennal ; îlots importants de biennal ; survivance de culture sur brûlis.

ⒾⓋ Zone de triennal ;
Régions de triennal irrégulier ou combiné à la culture sur brûlis ou à la culture temporaire.

Ⓥ Zone de culture temporaire et itinérante. Zone de transition entre la culture sur brûlis et la culture temporaire et itinérante.

SYSTEMES AGRAIRES EN RUSSIE D'EUROPE AU XVIIIᵉ SIECLE

Si l'on traduit cette coexistence en termes d'évolution, la zone V représente le stade primitif de culture itinérante sur brûlis, la II l'apparition en îlots des cultures réglées, les III et IV la victoire encore inachevée du triennal sur le biennal et le brûlis. (D'après Michel CONFINO, *Systèmes agraires et progrès agricoles. L'assolement triennal en Russie aux XVIIIᵉ-XXᵉ siècles,* 1969.)

m'épargne de longues explications : elle montre que le sol russe a connu primitivement une culture itinérante et sur brûlis. Au fur et à mesure que la population a augmenté et que tout a tendu à se stabiliser, un système biennal s'est mis en place qui, peu à peu, a ouvert la porte au triennal.

Nous voilà ramenés, si le transfert de ce processus s'opère vers l'Occident, à de vieilles et vénérables explications. C'est revenir au moins aux discours anciens qui faisaient du triennal le successeur du biennal. Mais pourquoi ? La question reste posée. Quant à la préexistence d'une culture itinérante, nous l'accepterions presque les yeux fermés. D'ailleurs les préhistoriens la subodorent autour des villages néolithiques. Et n'est-ce pas un souvenir qui en subsiste, en France, avec ce que l'on appelle les cultures *non réglées* – ces pans de *saltus* défrichés et gagnés aux labours de temps à autre, aussi bien sur les bords de la Méditerranée qu'en Bretagne, en Thiérache, ou ailleurs, puis rendus aux bruyères, aux ajoncs ou à la forêt elle-même ?

Cette comparaison avec la Russie n'est qu'un clin d'œil. Mais il suggère un chemin à des réflexions nécessaires. Au vrai, c'est à toute l'Europe que la France devrait se comparer. Au colloque de Budapest, entre historiens français et hongrois, en 1982, Laszlo Makkai affirmait que le triennal n'apparaissait en Hongrie qu'à la hauteur du XVIe siècle et qu'il s'y était présenté comme une remise en ordre, dure pour la paysannerie, imposée par les seigneurs [407]. Dans le Brandebourg du XVIe siècle, les trois soles du triennal et les moutons s'installent en même temps qu'une réaction seigneuriale. Le triennal se retrouve aussi, mais beaucoup plus tôt, dans le bassin de Londres comme dans le Bassin Parisien, comme dans la plaine de Lombardie, toutes régions fortement tenues en main.

Mais forçons l'explication, quitte à nous en repentir. Des hypothèses restent, en effet, possibles, utiles ; aux historiens, si nécessaire, de les mettre demain hors d'usage, pour en fournir de meilleures...

Ainsi la France du Midi, avec ses assolements biennaux, ses champs massifs peut-être issus, répétons-le, de centuriations romaines, semble un héritage de la Méditerranée antique. Le système à deux temps (jachère et culture céréalière) se lit, à volonté, dans le *De re rustica* de Columelle ou dans *Les Economiques* de Xénophon. Au dire du comte de Gasparin, agronome célèbre

(1831), Xénophon aurait écrit « comme s'il avait sous les yeux la pratique habituelle de nos métayers [408]. Il n'y a rien à retrancher, ni à ajouter, à ses tableaux. C'est que la nature n'a pas changé et que, telles circonstances données, il y a un système de culture qui s'y adapte et qui donne le plus grand produit net possible ». Voilà une hypothèse plausible.

Beaucoup moins plausible, l'hypothèse, séduisante cependant, qui met à l'actif des Celtes – des Gaulois – le système bocager. On le retrouve, il est vrai, dans le pays de Galles et en Irlande. Mais n'est-il pas de création beaucoup moins ancienne qu'on ne le dit [409] ?

Reste la France des champs ouverts et du triennal. Nous ne sommes sûrs de son émergence qu'au XIIe-XIIIe siècle, quand les documents parlent de la culture de l'avoine – donc d'une seconde sole – née, avance-t-on, avec l'élevage et l'emploi des chevaux. Mais la formation de la cavalerie lourde des Francs, face aux invasions arabes, ne date-t-elle pas des débuts du VIIIe siècle ? Faut-il alors franchir encore quelques siècles supplémentaires et mettre en cause, pour l'apparition du triennal, l'influence des envahisseurs germaniques, propagateurs de l'élevage et de nouveaux groupements de population ? Evidemment, nous sommes là en plein dans l'incertitude.

Roger Dion, Maurice Le Lannou nous encourageraient, cependant, à poursuivre jusqu'à ce passé lointain. Tout serait né, d'après eux, des désordres qui ont suivi la fin de Rome – et particulièrement aux confins de l'Empire, là où les regroupements en villages et communautés serrées viendraient en premier lieu du souci de défense. Mais tout gros village n'implique pas forcément un régime triennal. De même, l'explication par le cheval, que j'ai déjà signalée, ne va pas sans éveiller des doutes : les « blés » de printemps, dont l'avoine, semblent bien avoir servi aussi à la nourriture des hommes, autant si ce n'est plus qu'à celle des animaux [410]. Le seul fait certain, c'est que le triennal a recouvert un régime antérieur de peuplement dispersé et de champs désordonnés, comme le montrent des fouilles en Angleterre et même en France.

Si l'on acceptait les thèses de Xavier de Planhol, on mettrait en cause l'élevage : il y aurait eu concentration, réunion des troupeaux avec l'arrivée du berger communal, vers le XIIIe siècle ; les clôtures antérieures disparaîtraient alors [411]. A mon avis, c'est l'explication la plus cohérente. La montée de l'élevage, en même temps que l'extension des labours, auraient mis les populations paysannes dans une situation sans issue. Pour en sortir, il fallait renoncer aux clos des troupeaux particuliers, confondre ceux-ci dans un troupeau commun, confié à un berger, et grâce à la jachère et à la vaine pâture, réussir à faire vivre les bêtes.

Personnellement, la thèse de Robert Specklin [412], originale, aventureuse, mêlant la géographie et l'histoire, m'encourage à aller en deçà du XIIIe siècle. Pour lui, la conquête franque (à la fin du Ve et au début du VIe siècle) fait émerger, au sud de la Loire, un *limes,* une frontière, avec des points fortifiés : au nord s'étend une Gaule germanisée ; au sud, séparée fortement d'elle, une Gaule romanisée ; à l'ouest, une Armorique celtique (et même receltisée au VIIe siècle). Le croquis que nous avons reproduit (volume I, p. 87) signale les traits majeurs de cette interprétation. Peut-on y glisser la thèse de la concentration villageoise et de l'autodéfense ? Si oui, reste une question : ce *limes,* ces « marches », face aux deux plus vastes massifs anciens de notre territoire – Massif Armoricain, Massif Central – ne sont-ils pas l'expression de limites *culturelles* plus anciennes ? De populations accrochées au sol depuis des millénaires, avec des adaptations à l'agriculture, aux invasions, et auxquelles Celtes et Francs n'auraient fait que se superposer ? Des rêveurs le suggèrent, le soupçonnent [413]. Mais les rêveurs n'ont pas toujours tort.

Les recherches actuelles de la Préhistoire, qui essaient de repérer les cultures et les habitats dispersés ou villageois (au-delà de l'étude traditionnelle des progrès techniques de l'Age du bronze ou du fer, liés à des vagues d'envahisseurs), pourront peut-être vérifier un jour que la « courbe de la Loire, entre Massif Central et Bretagne, comme disait il y a longtemps Lucien Gachon, est autre chose qu'une ligne harmonieuse de la carte de France » [414] ; qu'elle est une limite, une articulation majeure de notre passé, une explication.

Du blé au pain

Parler du blé, c'est parler du pain, ce qui ne ressortit plus, évidemment, de la vie agricole dont nous avons parlé, tout comme le vin se situe hors des limites de la vigne.

Avant d'être le pain sur la table des riches ou celle des pauvres, le blé doit en effet subir dix opérations pour une. Il faut le battre avec le fléau ou le fouler aux pieds des bêtes, il faut assurer sa conservation, le transporter jusqu'aux marchés des bourgs et des villes, enfin le livrer aux moulins et l'écraser sous leurs meules. Il en ressort sous forme de farine, à utiliser rapidement car elle se conserve mal. Le boulanger la prend en charge, à moins que le pain ne se pétrisse et ne se cuise dans les maisons particulières, ou dans le four banal que le seigneur ou que le village possède en propre.

Chacune de ces opérations a ses exigences. Le grain n'est battu que lorsque les épis sont suffisamment secs. En Pologne et dans le Nord de l'Europe, il reste si humide après battage qu'il faut le dessécher au four. En France, les pays septentrionaux laissent le blé sécher en meules dans les champs, ou à l'intérieur de vastes granges, capables d'accueillir à la fois le foin et les céréales en gerbes. Et c'est progressivement, au cours de l'hiver, que le battage au fléau s'y poursuit. Si le blé est coupé à la faux, il a été moissonné avant sa maturité pour éviter l'égrenage qu'épargne la faucille. Il exigera, de ce fait, un séchage plus long encore et le battage en sera d'autant retardé [415]. Dans les pays méridionaux où le dépiquage aux pieds des bêtes est la règle, le blé peut se battre plus rapidement.

La conservation du grain n'est pas chose simple.

En effet, l'utilisation de silos, comme en Sicile ou en Afrique du Nord, en Espagne et même en Hongrie – fossés ou « creux » que l'on garnit de paille, pour que le grain soit au sec, et que l'on recouvre ensuite de terre – ce procédé ne se rencontre guère, en France, que dans le Quercy, le Vivarais, le Roussillon, le Gers [416]... Dans les greniers où l'humidité, les charançons et les rongeurs sont toujours à combattre, il faut s'astreindre, pour une bonne conservation, à retourner et aérer le grain tous les quinze jours, pendant six mois au moins, puis à le cribler tous les mois. Soins impossibles lorsqu'il s'agit de gros stocks, comme ceux des villes ou des places fortes. Savary prétend qu'on pouvait néanmoins y conserver du blé des dizaines d'années durant. La recette : recouvrir le tas de grain d'une couche de « chaux vive en poudre de trois pouces d'épaisseur », l'humecter ensuite à l'arrosoir ; les grains qui, en superficie, se trouvent mêlés à la chaux poussent des tiges que l'hiver desséchera et ainsi se forme une croûte protectrice, épaisse et très dure, qui isole la masse, la protège en somme à la façon d'un silo [417].

En dépit des difficultés, il était courant de conserver le grain deux, trois et quatre années de suite. « L'ancienne ordonnance royale du 21 novembre 1577, interdisant de garder les blés plus de deux ans, n'était plus appliquée [au XVIIIe siècle] ; peut-être ne l'avait-elle jamais été. » [418] Les riches, les bourgeois, les communautés religieuses ont l'habitude d'avoir en permanence des greniers remplis. Les pauvres qui ne font pas de réserves, les paysans qui sont obligés de vendre leur récolte, soupçonnent toujours les marchands de blé et les riches propriétaires de stocker pour attendre les hausses de prix, et c'est souvent vrai. Qui ne spécule de la sorte ? Si l'on prend quelques-uns de ces roublards la main dans le sac, on s'aperçoit qu'ils appartiennent à tous les milieux, et pas forcément les plus aisés. Toutefois le stockage était aussi une sagesse nécessaire. Le blé ancien qui s'ajoute au nouveau permet de pallier les mauvaises récoltes. En 1816, la brusque disette qui surprend la France vient « d'un hiver rigoureux et presque sans neige », puis de froids subits « pendant la floraison » [419], mais plus encore de l'inexistence de stocks, conséquence des invasions étrangères et de la nourriture des troupes alliées d'occupation sur notre territoire.

L'acheminement du grain vers la consommation se fait sous surveillance. Les autorités en place – le gouvernement central, les intendants, les autorités municipales, rétives souvent et promptes à s'inquiéter – s'y emploient. Le mouvement, des greniers au marché, du marché aux moulins, puis aux fours qui fabriquent le pain, relève de la police des grains, sur laquelle nous disposons d'une documentation surabondante, étant donné les discussions qu'elle soulève : la liberté n'assurerait-elle pas mieux la subsistance des populations ? Les autorités ont, en effet, multiplié les règlements presque jusqu'à l'absurde et, en période de difficultés réelles, elles frappent avec plus de force et d'esprit de suite (sinon d'à-propos) que d'habitude. Or ces difficultés sont fréquentes. Ainsi à Chartres, au cœur de la Beauce, grand pays céréalier, de 1699 à 1763, se comptent vingt-cinq années abondantes, donc marquées sur le marché par une dépréciation désastreuse des prix ; dix-sept années de hauts prix, donc de mauvaises récoltes, et vingt-deux années où le setier de blé oscille entre 10 livres et 15 livres – le producteur ne s'y retrouvant qu'au voisinage de 12 livres.

En principe, le blé se vend uniquement sur le marché public. Si les paysans l'y apportent, comme ils y sont obligés, tout ira bien. Et c'est ce qui se passe le plus souvent. En effet, les ventes sur échantillon s'établissent mal en France, même après l'autorisation officielle de 1709. Si bien que les halles de Chartres, par exemple, inaugurées en 1683 [420], offraient trois fois par semaine « l'aspect qu'elles auront encore au XIXᵉ siècle, avant la généralisation de la vente sur échantillons : les sacs étaient amoncelés tout autour de la place, en piles régulières dépassant le premier étage des immeubles en bordure » [421].

Ces transactions sur le marché passaient par l'intermédiaire de préposés officiels : des courtiers (ou mieux des courtières, le métier étant exercé par des femmes nommées *factrices* ou « leveuses de culs de sacs »), des appréciateurs de la qualité des grains, des mesureurs, enfin des portefaix. Il fallait passer obligatoirement par leur entremise. Les portefaix ne gagnaient guère leur vie, et encore, qu'en hiver, et pour subsister, contrairement aux règles des corps de métiers, ils étaient en même temps charpentiers, couvreurs ou maçons [422]. Sur tous les marchés, la première heure des achats était réservée aux habitants de la ville, les boulangers y étaient aussi admis, puis les forains et les blattiers [423].

Il y avait évidemment blé et blé – comme il y avait ensuite, chez les boulangers, pain et pain. A Chartres, en tête, le froment d'élite ; puis le froment marchand ; le blé champart qui contenait, au début du XVIIIᵉ siècle, deux tiers de froment et un tiers de seigle ; « le méteil moyen composé moitié de froment et moitié de seigle ; le méteil où le seigle l'emportait sur le froment ; enfin l'orge et l'avoine » [424]. Dans les moulins, le grain devenait farine – et il y avait, comme de juste, diverses qualités de farine selon les céréales traitées et, non moins, selon le taux de blutage.

Mais toutes les farines avaient le même défaut : celui de se gâter par le transport, bien plus encore que le blé. D'où la nécessité, pour les villes, d'avoir des moulins proches où se ravitailler en farine fraîchement moulue. Paris est ainsi entouré de moulins sur la butte de Belleville, à Saint-Gervais... Les gros cours d'eau gelant en hiver, seuls tournaient alors les moulins à vent, ou les moulins sur l'eau vive de ruisseaux sortis à peine de leurs sources. C'était l'un des privilèges d'Etampes, gros centre de meunerie. Le travail des moulins s'interrompait parfois aussi avec les basses eaux de l'été. C'est pourquoi, en juillet-août 1789, vu l'arrêt de nombreux moulins et la disette menaçante, Louis XVI renonça aux grandes eaux de Versailles pour la fête de la Saint Louis.

Il arrivait pourtant que la farine voyageât sur de longues distances. Ainsi pour les Français et Européens des Antilles, où le blé importé n'aurait pu être écrasé, faute de moulins. Ou en Extrême-Orient, pour les petites colonies de mangeurs de pain décidés à ne rien se refuser. A l'usage, les farines d'Aquitaine s'étaient révélées de meilleure conservation que les autres. Elles s'expédiaient dans des barriques étanches et soigneusement closes que les navires des îles ou les vaisseaux de la Compagnie des Indes ramenaient vides, utilisables à nouveau pour la prochaine expédition.

Le boulanger n'intervenait qu'en fin de course. Cependant, dans la vie courante, on ne voyait que lui ; ne lui attribuait-on pas la responsabilité des prix changeants du pain ? Une fascination. Parfois des colères, des fureurs. Au printemps 1775, durant la guerre dite des farines, conséquence des décrets de Turgot sur la libre circulation des grains, il y eut à Paris de nombreux pillages de boulangeries. « Hier [3 mai 1775], déclare Catherine le Roux, veuve de Jean Chocarne, maîtresse boulangère à Paris où elle demeure rue et paroisse St-Jacques de la Boucherie, dans le tumulte public, sur les onze heures du matin, plusieurs particuliers étant entrés chez elle lui ont enlevé le pain qui était sur les planches de sa boutique... l'un d'entre eux qui paraissait âgé de douze ans a tiré le tiroir du comptoir et y a pris près de 80 livres, tant en argent blanc qu'en monnaie... on lui a volé dans sa cuisine, ensuite de la boutique, trois fourchettes et une cuillère... et trois timbales d'argent... » [425] En raison de ces pièces d'argenterie, faut-il penser que la plaignante était à son aise ? Les boulangers avaient, sous l'Ancien Régime, la réputation d'être plus favorisés que les meuniers.

Les délits, lors de la guerre des farines – guerre que j'aurais tendance à minimiser, au moins à Paris –, ont entraîné de multiples arrestations. Certaines, à première vue, tout à fait gratuites, d'autres justifiées, selon l'optique du temps. Jean L'Equillier, compagnon gazier [426], âgé de 16 ans, est accusé d'avoir participé au pillage de la boulangerie de maître Jean Baptiste Barre, rue Mouffetard. On retrouve chez lui de la farine et du pain qu'il dit avoir reçu par charité. Le malheur pour lui est qu'il s'agit de pain blanc « qu'on ne donne pas ordinairement pour la charité » ! Une histoire à la Jean Valjean.

140

Les choses tournant trop facilement mal lorsqu'il s'agissait de pain, les intendants et les villes surveillaient de près leurs marchés, intervenaient, menaçaient, ravitaillaient pour faire baisser les prix, utilisaient la force armée pour maintenir le peuple en respect. Finalement, en période de calamités, les villes étaient mieux protégées que les campagnes. Chacun, évidemment, tirait la couverture à soi, cherchait son profit, ne respectait pas les règles, les blattiers officiels ou officieux allaient chercher le blé chez les paysans, le surpayaient, avaient en ville ou à la campagne leur magasin. « On a pu écrire, avec quelque exagération, sans doute, que le blé n'était dans l'Ancien Régime qu'un objet de contrebande. » [427] Cette contrebande existait, mais ne lui attribuons pas toutes les responsabilités d'un système qui était d'abord, comme j'essaierai de le montrer par la suite, victime de défauts incorrigibles : le faible rendement céréalier, de 4,5 ou 5 pour 1 au dire de Vauban, et la médiocrité des transports jusqu'à la généralisation des chemins de fer, sous le Second Empire.

Le Français mangeur de pain

Goût ou nécessité, ou peut-être goût et nécessité, peu importe ! le Français depuis longtemps, est gros mangeur de pain. Non pas le seul de son espèce, mais la caricature est vraie qui le décrit, sur ce point, sans rival. « L'habitant de la France, dit un Genevois en 1843 [428], consomme proportionnellement plus de blé et moins de légumes, de viande et de laitage que tout autre pays [d'Europe], il est donc disposé à cultiver la production de cette plante qui correspond à ses plus impérieux besoins. D'autant, ajoute-t-il, qu'en France se mange le meilleur pain du monde. »

Si l'on en croit Paris-Duvernay [429] (1750), le Français consommerait deux sacs de 200 livres de blé par an, soit, en exagérant un peu, 200 de nos kilos. En 1782, Le Grand d'Aussy [430], plus généreux, fixait sa ration de 2 à 3 livres de pain par jour. Un autre informateur quasi anonyme, Raymond Lebon, vers 1792, l'estime à trois setiers par an (un setier vaut 156 litres ; à titre de comparaison, le quintal de blé est l'équivalent d'environ 120 litres). La ration annuelle serait de peu inférieure à 4 quintaux (3,8 quintaux) [431]. Or, c'est précisément la consommation moyenne que retiennent les calculs des historiens du Moyen Age : 10 000 quintaux pour une ville de 3 000 âmes [432]. *Grosso modo,* la ration moyenne se serait donc maintenue égale, du Moyen Age jusqu'au XVIIIᵉ siècle (ou jusqu'en 1850 ?). Ration moyenne, ce qui implique des exceptions, des écarts. Pottier de la Hestroye remarque (1716) « que les personnes qui se nourrissent de chair et d'autres alimens, ne mangent pas une livre de pain par jour. On ne donne ordinairement à chaque domestique à Paris que 9 livres de pain par semaine, c'est encore moins qu'une livre et demie par jour, c'est plus qu'ils ne peuvent manger et on sçait qu'ils vendent souvent leur superflu » [433]. Les domestiques, des privilégiés, lorsqu'il s'agit de la table...

C'est seulement depuis 1950, soit un siècle plus tard, que la consommation de pain a régressé, à vive allure, bien que le pain conserve pour nous son attrait. Les boulangers font fortune qui s'ingénient à retrouver de vieilles recettes de pain au levain, de pain bis, de pain de seigle, ou même, les modes diététiques aidant, de pain au son. Aujourd'hui, pour une France de 54 millions d'habitants, la production de blé est de 17 millions de tonnes en moyenne, ce qui donnerait par individu *à peu près* la consommation ancienne (soit 3 quintaux). Mais 2 millions de tonnes sont consommées sur place ; 8 millions passent par nos meuneries et nos boulangeries ; 7 millions sont vendues, non sans difficulté, sur le marché international. Notre consommation a diminué à peu près de moitié, par rapport à la consommation à la fin de l'Ancien Régime.

Le pain blanc

La consommation n'avait pas encore diminué qu'une autre révolution s'était déroulée, plus tardive cependant que ne le disent d'habitude les historiens : l'avènement du pain blanc, du pain de froment [434]. Celui-ci est resté très longtemps l'exception, uniquement le pain des riches. Tous les textes officiels, dès l'époque de Jean le Bon (1350-1364), et sans doute bien avant lui, distinguent entre pain et pain.

Selon les lieux et les époques, les noms attribués aux diverses qualités n'ont cessé de varier. A Poitiers, en 1362, quatre variétés de pain sont offertes aux acheteurs : le pain choyne sans sel, le pain choyne avec sel, le pain de safleur (fait de farine sans tamisage) et le pain riboulet avec farine blutée à 90 %, contenant le petit son qu'en patois poitevin on nomme encore aujourd'hui *reboulet*. A Paris, en 1372, trois espèces de pain, le pain de Chailli, le pain coquillé ou « bourgeois », et le pain brode – c'est-à-dire bis. En Bretagne, à la veille de la Révolution, à côté des divers pains pour les riches – pain de fine fleur, pain moussant, pain *jaheur* – le pain de consommation courante est le *mesléard* ou *mesliand,* mélange de froment, de seigle, de paumelle [435].

Tous les riches mangeaient-ils du pain blanc ? Ne soyons pas catégoriques. Au début du XIXᵉ siècle encore, à Limoges [436], « la plus stricte économie régnait dans les détails du ménage. On ne mangeait guère que du pain de seigle, appelé pain-d'hôtel, le pain de froment était pour les étrangers et, tout au plus, pour les maîtres de maison ». Il est vrai que le Limousin est une des plus pauvres provinces de France.

N'empêche que, durant tout le Second Empire et, probablement, dans tous les départements, trois qualités de pain, de prix décroissant, figurent dans les boulangeries et sur les mercuriales officielles. Si les armées de la Révolution et de l'Empire ont fait beaucoup pour la propagation du pain blanc en France et à travers l'Europe, le règne de ce dernier ne s'est installé que lentement et pas avant la fin du XIXᵉ siècle. Jusque-là, il restait un luxe que les pauvres des villes regardaient de loin, que les villageois ignoraient souvent. Le jeune Valentin Jameret Duval, né à Arthonnay (dans l'actuel département de l'Yonne), en 1696, au temps de Louis XIV, le découvrit un jour, ébahi, en regardant le curé de son village en manger devant lui, « d'une couleur différente de celuy dont j'avais vécu jusqu'alors » [437]. Mais un de mes amis, issu d'une famille paysanne des Pyrénées Orientales, avec qui je déjeunais récemment, me dit en souriant dans un restaurant où je lui tendais une corbeille de pain bis : « J'en ai tellement mangé dans mon enfance que je n'aime plus aujourd'hui que le pain blanc ! » Il est né en 1899...

Blé et revenu national

Avant d'en terminer avec le blé, je ferai état d'un document, à ma connaissance jamais utilisé par les historiens : les deux rapports de l'Assemblée de l'administration de l'agriculture [438], constituée par le gouvernement de Louis XVI en 1785, à la suite de la sécheresse exceptionnelle qui, cette année-là, avait frappé l'ensemble de la France. Malgré son titre pompeux, cette commission, où siégea Lavoisier, a eu un rôle modeste. Intelligente certes, mais laissée par le gouvernement sans moyens, elle n'a pas eu beaucoup d'influence. Ses enquêtes sont toutefois une précieuse source d'information.

« On comptait autrefois, nous dit un de ces rapports [439], trois septiers de bled pour la nourriture de chaque individu : avec la mouture économique, deux septiers et un quart suffisent. Mais cette mouture n'étant ni connue, ny employée généralement, ce serait exagérer que d'estimer que l'un dans l'autre, il se consomme actuellement dans le Royaume moins de deux septiers et demi de bled par individu... La consommation doit donc être de cinquante millions de septiers dont les deux cinquièmes en froment et les trois cinquièmes en seigle. On comprend dans cette quantité le froment et le seigle qui se mangent séparément et le méteil, composé du mélange des deux grains à peu près dans la même proportion. La valeur de vingt millions de septiers de froment à vingt livres, l'un dans l'autre, est de quatre cent millions [de livres]. La valeur de trente millions de septiers de seigle à quinze francs, l'un dans l'autre, est de quatre cent cinquante millions. » Soit au total 850 millions.

De ce texte se tire une première remarque : le pain bis ne pouvait pas, vu la proportion énorme du seigle dans la production, disparaître du jour au lendemain.

Seconde remarque : le calcul part d'une population de 20 millions, non, comme d'ordinaire à cette époque, de 23 ou 24 millions. Il a été estimé, en effet, que les jeunes enfants, faibles consommateurs de pain, étaient à soustraire du total. Mais, si l'on accepte une population de 29 millions (celle qu'ont, dernièrement, calculée les historiens), c'est au moins de 25 ou 26 millions de consommateurs qu'il faudrait tenir compte (si, à notre tour, nous éliminons les jeunes enfants). Le chiffre de 26 retenu, le froment consommé se monterait à 26 millions, le seigle à 39 millions de setiers, leur valeur à 520 et 585 millions de livres ; le total dépasserait le milliard ; il atteindrait exactement 1 105 millions.

Notre rapport ajoute, à la consommation humaine, une « moitié supplémentaire » qui correspondrait aux céréales de printemps, celles-ci pour la nourriture du bétail. Soit, dans son calcul, un supplément de 425 millions. Nous voilà au moins à 1 275 millions de livres, si ce n'est davantage, masse énorme à loger dans le revenu national brut.

144

Pourtant, les grains ne représentent, en gros, que la moitié du « revenu de l'agriculture » qui comprend d'autres rubriques : élevage, vigne, jardinage, produits de la basse-cour, bois (bois de charpente, à brûler, glandée, résines, goudrons) ; chanvre, lin, soie, sel, mines et carrières ; total : 2 500 millions de livres. Encore, reprenant ses calculs, la commission juge-t-elle ce total trop faible. Car « cette production, dit-elle, nourrit en totalité et habille, à très peu près, *vingt-quatre millions* au moins [et peut-être jusqu'à *vingt-huit millions* d'habitants]. Une telle *dépense* [les italiques sont de moi] ne se peut soutenir à moins de trois milliards de récoltes annuelles de toute nature. Il faut bien que ce produit renaisse puisqu'il est annuellement consommé ».

En conclusion, deux chiffres : limite basse, 2,5 milliards ; limite haute, 3 milliards [440]. Si la production agricole est équivalente aux trois quarts, ou à la moitié du produit national brut, celui-ci s'établirait entre 3 et 6 milliards [441]. Au plus haut, le revenu *pro capite* n'atteindrait pas 200 livres. Nous serions tout de même au-dessus des 40 écus, c'est-à-dire 120 livres [442], que Voltaire attribuait au Français moyen de son temps.

IV

UN BILAN D'ENSEMBLE
EST-IL POSSIBLE ?

Non, bien sûr. D'autant que n'ont été étudiées, jusqu'ici, que les zones basses, celles de la vie *proprement* paysanne. Or il ne peut y avoir de bilan que si toute l'*économie* dite *paysanne* – infrastructures et superstructures – est mise en cause et pesée, ce que j'essaierai de faire dans le chapitre suivant.

Pour l'instant, une question est à retenir : la France, avant la révolution des chemins de fer, est-elle autarcique, capable de vivre sur elle-même ? Dans son livre, où il reconstitue des statistiques valables qui nous manquent, du XVIIIe siècle à nos jours, Jean-Claude Toutain déclare qu'il ne cherchera pas « si, et dans quelle mesure, l'offre de produits alimentaires faite par l'agriculture française était [ou non] en retard sur la demande... » [443]. C'est justement la question difficile que je veux reprendre : demande contre offre.

En vérité, pour beaucoup de Français, la question ne se posait pas, elle était résolue d'avance : la France pouvait gaillardement se suffire à elle-même. Déjà Sully (1603) cédait au plus solide optimisme : « La France, écrivait-il dans ses *Mémoires* [444], a le bonheur de se voir si heureusement distinguée dans ce partage [des denrées] qu'excepté peut-être l'Egypte, c'est le pays le plus universellement abondant en ce qui est de nécessité ou de simple commodité pour la vie, qui soit au reste de la terre. Ses blés, grains et légumes, ses vins, cidres, lins, chanvres, sels, laines, huiles, pastels, cette quantité innombrable de gros et menu bétail, dont l'homme fait sa nourriture la plus ordinaire, la mettent en état non seulement de n'avoir rien à envier à ses voisins sur chacune de ces denrées, mais même de le disputer à ceux qui font de quelques-unes d'elles leur commerce unique, telles que sont l'Italie, l'Espagne, la Sicile. » Optimisme, orgueil, présomption, autant de mauvais conseillers.

Mais si péché contre l'esprit il y a, il se renouvelle : Antoine Montchrestien (1615), qui invente l'expression appelée à faire fortune d'*économie politique* [445], affirme que « la France seule peut se passer de tout ce qu'elle a de terres voisines et toutes les terres voisines nullement d'elle. Elle a des richesses infinies connues et à connoistre. Qui la considérera bien, c'est le plus complet corps du royaume que le Soleil puisse voir depuis son lever jusques à son coucher... » Vauban lui aussi est catégorique. Plus prudent, il est vrai, puisqu'il parle au conditionnel : « La France *pourroit* bien se passer » des étrangers, auxquels elle ne recourt que pour satisfaire des besoins de luxe [446].

De tels propos se sont sans doute répétés des centaines et centaines de fois. Sinon, vers 1750, Paris Duverney, le financier fort au courant du commerce des blés et des pratiques des munitionnaires, aurait-il pris la peine de réfuter l'affirmation qui courait de son temps, à savoir qu'une récolte ordinaire de grains pouvait nourrir la France trois années durant ? A l'examen des années 1740, 1741, 1747, 1748, cela s'avérait archifaux [447]. Bien sûr, c'est lui qui avait raison. Mais il pense, de toute évidence, à contre-courant. De son temps encore, personne sans doute n'aurait contredit les conclusions d'un rapport de la fin du XVIIᵉ siècle, sur l'économie du Dauphiné : l'auteur, un sieur Guichard [448], estime « que si l'on s'appliquait ainsi [c'est-à-dire selon ses recommandations] dans chaque province du Royaume à cultiver ce que la nature y a donné, la France pourroit se passer des marchandises étrangères à la réserve des épiceries et des drogueries ». On verra, dans les lignes qui suivent, que ce n'était pas là une vue tout à fait raisonnable.

En vérité, la capacité d'autarcie de la France est à reposer selon quatre investigations au moins :

1. Y a-t-il eu suffisance vis-à-vis du dehors et du dedans, c'est le paragraphe que j'intitule : *La France suffit-elle à la France ?* Le problème concerne nos rapports avec l'étranger, et les rapports de la France avec elle-même.

2. *Pénuries, disettes et famines* se présentent comme une série de tests indéniables : l'offre intérieure répond mal à la demande.

3. *Des soulèvements paysans et des révoltes frumentaires* coupent l'histoire de notre pays, de la fin du XVIᵉ siècle jusqu'au milieu du XIXᵉ. De tels désordres ne portent certainement pas un jugement favorable sur l'économie dite paysanne, dont le but primordial était de nourrir le pays.

4. *Tout de même de sérieux progrès* se sont produits, où se situent-ils ?

La France suffit-elle à la France ?

La France rurale se nourrit-elle, vit-elle à partir de ses propres productions ? Et réussit-elle à nourrir, à assurer du nécessaire la France non rurale ?

Oui, en gros, puisque la population française, prise dans son ensemble, se maintient, et que même, malgré avatars et déficits alimentaires, elle progresse. Pour l'essentiel, ce quasi-succès est dû aux nourritures et services tirés de son sol.

Toutefois, les déficiences sont nombreuses. Le ravitaillement connaît des pannes, des ratés, des recours obligés à l'étranger, ceux-ci faciles relativement à partir du XVIIIᵉ siècle, plus encore au XIXᵉ, mais qui ne suffisent pas toujours à rétablir parfaitement l'équilibre et au moment voulu.

Le mémoire que publie la Société d'agriculture, sciences, arts et belles lettres de l'Aube [449], à Troyes, en 1836, n'est pas exagéré. L'augmentation du nombre des bestiaux, en France, est, à son avis, « une nécessité première, puisqu'aujourd'hui même, la France ne produit pas assez de bestiaux pour que chaque habitant puisse consommer trois onces de viande par jour [environ 90 grammes], qu'on n'y récolte pas douze onces de laine par individu [environ 370 grammes] et qu'on ne peut livrer assez de peaux et de cuirs pour que chaque habitant de la France puisse avoir une paire de souliers par an ». Ajoutons que la France ne produit pas non plus assez de beurre, ni de fromage. Ce dernier, au XVIIIᵉ siècle, était importé de Hollande en « quantité prodigieuse » [450]. Au temps de Louis XIV, l'armement maritime repose souvent sur des achats massifs, en Irlande, de barils de bœuf, ou de porc, ou de beurre salé. On achète des bœufs en Allemagne, en Suisse... Et la production des chevaux – c'est alors quelque chose comme celle des automobiles d'aujourd'hui – est insuffisante en qualité et en quantité. Le paysan lorrain se ruinera à acheter de gros chevaux allemands, « d'une race qui ne peut se soutenir qu'à force d'avoine » [451]. Et toutes les villes en réclameront pour les voitures et les carrosses qui y circulent, voire pour les milliers de fiacres parisiens. D'où, dès avant le XVIIIᵉ siècle, en direction de Paris, des convois ininterrompus de chevaux, bons

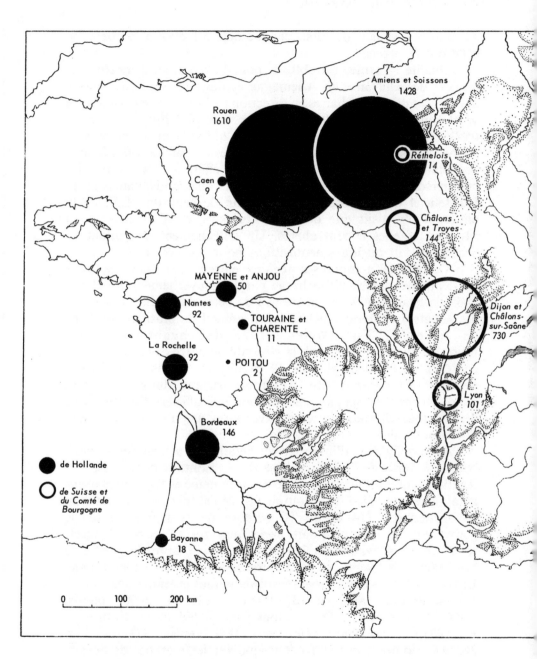

IMPORTATIONS DES FROMAGES A LA FIN DU XVIIe SIECLE
(Carte de F. Vergneault. Source : A.N., G⁷, 1685.)

ou mauvais, venant de l'Est, chaque bête attachée à la queue de celle qui la précède.

Qualité : l'armée est obligée, pour la remonte, d'acheter par milliers des chevaux, en Allemagne et dans les Cantons Suisses qui servent d'intermédiaires en direction de l'Est. Cette dépendance se marque encore au XIXᵉ siècle. Par exemple, durant le second trimestre de 1859, la foire aux chevaux qui se tient à Chalon-sur-Saône voit ses ventes habituelles arrêtées « par les prohibitions des Etats allemands ». D'ordinaire, en effet, « c'est ici que les marchands du Nord amènent les chevaux allemands, danois et du Holstein et qu'ils passent dans la main de ceux du Midi. Cette année, il n'y avait que des bêtes du pays, du Charolais et du Morvan, et elles étaient chères. Un détachement de remonte a cependant fait quelques acquisitions pour l'armée » [452].

Certes, de nombreuses régions élèvent des chevaux, mais en dépit des créations de haras par le gouvernement royal dès 1665, la France produit encore peu de bêtes de qualité. Il s'ensuit des achats à l'extérieur et un déficit annuel de plusieurs millions de livres [453]. En janvier 1792, dès avant la déclaration de guerre du 20 avril, la remonte de notre cavalerie « nous coûte en ce moment plus de 12 m [illi] ons versés dans l'étranger » [454]. Et voyez, à titre d'exemple parlant, durant la guerre napoléonienne d'Espagne, l'admiration des officiers français pour les superbes chevaux de leurs adversaires anglais : en saisir un, quelle aubaine !

De l'obligation d'importer du bétail, il y a bien des signes : que la vigilance de l'Etat, par hasard ou volontairement, cesse aux frontières, que les taxes douanières diminuent, et les importations d'animaux sur pied se multiplient. Mais, par ses décrets du 14 septembre 1714 et du 16 octobre de la même année, le gouvernement lui-même fait appel aux producteurs étrangers, soi-disant pour renouveler le cheptel national, après la guerre de Succession d'Espagne, et pour faire baisser le prix de la viande. Les protestations des éleveurs français se font entendre aussitôt [455]. Un siècle plus tard, en 1818, 1819, 1820, « 16 000 bœufs, 20 000 vaches et 150 000 moutons sont introduits en France ». En 1821, l'importation s'élève à 27 000 bœufs, 23 000 vaches, 265 000 moutons, qui arrivent jusque sur les marchés de Sceaux et de Poissy. Un droit établi en 1822 « arrête cet élan et réduit l'importation à 9 000 bœufs, 13 000 vaches et 115 000 moutons

en 1823. Elle se relève en 1824 et se maintient jusqu'en 1830. » [456].
Une comparaison des importations et exportations en valeur de
bêtes à cornes, moutons et porcs, sur 6 ans (1831 à 1836 inclus)
signale, pour 42 millions de francs d'importations, 16,7 d'exportations, soit un déficit annuel d'environ 4,2 millions [457].

Mais il y a plus grave : la France souffre d'un déficit *céréalier*
quasi permanent, ce qui *a priori* semblerait impensable. Vérité
d'Ancien Régime. Vérité encore au début du XXe siècle. Alfred
Sauvy note qu'en 1913 « les importations d'aliments se sont élevées
pour la France à 1 818 millions [de francs] et les exportations à
839 seulement : grossièrement, le déficit alimentaire pouvait être
estimé voisin de 12 %. Pour le blé seul, qui joue un rôle important,
la balance s'est traduite par un import net de 15 millions de
quintaux ; soit 1/7e de la consommation ». Et il ne s'agit pas d'une
récolte exceptionnellement basse (87 millions de quintaux,
moyenne des dix années précédentes : 89,6 millions) [458].

Ce n'est pas là d'ailleurs une situation nouvelle. « Le mythe
d'une France casanière, enfermée dans ses six frontières, a toujours
été faux », comme l'écrit un historien [459]. En fait le recours aux
céréales étrangères a bel et bien joué son rôle, à toutes les époques
de la France moderne. Ce qui ne veut pas dire que du blé français,
chaque année, ne gagne pas à son tour l'étranger. Quelques régions
sont même régulièrement exportatrices de grains. Ainsi, si l'on
remonte au XVIe siècle, la Bretagne, l'Aunis et le Languedoc. Du
Languedoc, chaque année, sauf en cas de mauvaise récolte, du blé
était exporté vers l'Italie. De Bretagne et d'Aunis, les petits voiliers
bretons portaient du blé au Portugal ou en Espagne : à Séville
il était payé en pièces d'argent, à Lisbonne en pièces d'or. En
1667-1668, pendant la guerre avec l'Espagne, la France ravitailla
secrètement son ennemie en blé « parce que c'est ce débit qui y
attire [chez nous] l'or et l'argent de l'Espagne » [460]. En 1684, la
France étant à nouveau en guerre avec l'Espagne, ce sont des
navires anglais et hollandais qui chargent des grains à Bordeaux
pour la péninsule [461].

Tout compte fait, entre ce que l'on importe et ce que l'on
exporte, la balance d'ordinaire ne nous est pas favorable (voyez
le graphique p. 152). Pour la soudure entre les récoltes, pour les
pannes qui surprennent, pour les exigences inopinées du ravitaillement de Paris, la demande habituelle s'adresse à la Baltique
(le marché céréalier d'Amsterdam s'est substitué à celui d'Anvers

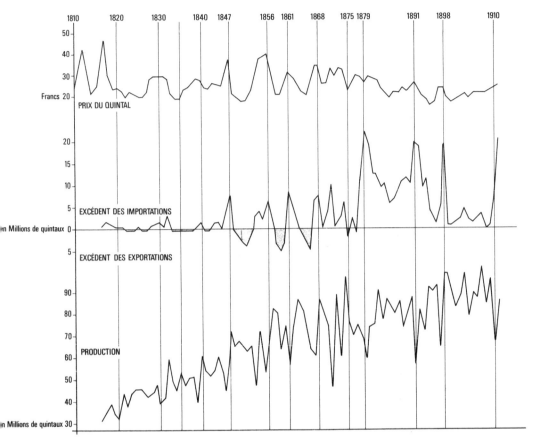

**PRODUCTION, COMMERCE EXTERIEUR ET PRIX MOYEN
DU BLE EN FRANCE DE 1810 A 1911.**
Source : *Annuaire statistique rétrospectif de L'INSEE*, 1966.

en 1544) [462] et à Marseille, que ravitaillent de façon régulière les
pays du Levant et la Barbarie. Marseille et Gênes sont alors des
vases communicants : quand le prix monte à Marseille, les Génois
font des prélèvements sur leurs dépôts et les expédient sur
Marseille ; et inversement. A plusieurs reprises, Paris recevra du
blé méditerranéen, soit venu de Gênes, soit expédié par Marseille,
et qui lui arrive trop souvent en mauvais état, parfois charançonné.

Autre source de ravitaillement, l'Angleterre, exportatrice de
blé en partie grâce à un système de primes, à partir de 1660, et

152

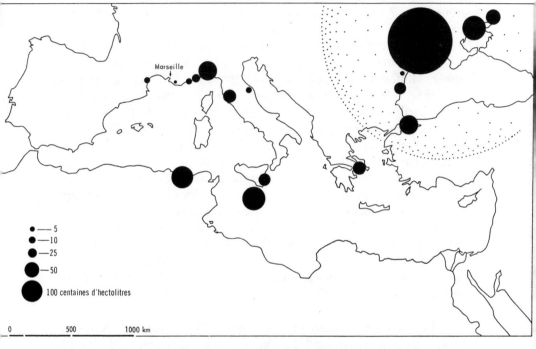

ARRIVAGES DE BLE A MARSEILLE, LE 5 NOVEMBRE 1845.
Lieux d'origine et importance relative. Le grisé souligne la zone d'où
proviennent les blés mis en quarantaine. (A.N.).

qui, au dire d'Ange Goudar, aura jusqu'à l'année 1755 livré à la
France 21 millions de setiers de froment, lesquels « ont coûté à
la monarchie française environ deux cent millions de nos livres
tournois » [463]. 21 millions de setiers, soit 27 millions de nos
quintaux ; une importation spectaculaire.

Le XVIIIe siècle, en s'achevant, voit l'entrée de deux nouveaux
puissants fournisseurs : les Etats-Unis et la Russie méridionale.
Les navires de Philadelphie ravitailleront la France en blé et en
barils de farine dès 1739 [464]. Le blé d'Ukraine arrivera à Marseille

153

à la même époque, mais ne deviendra une révolution à lui seul, pour l'Europe occidentale et la France, que plus tard, à l'occasion de la disette européenne de 1817. C'est un blé à bon marché, providentiel, mais *dangereux*. N'a-t-il pas, en 1819, ruiné les trafics des bateaux qui descendaient la Saône et le Rhône avec le blé de Bourgogne ? « Le blé venant de la Crimée » a fait baisser le prix en France à moins de 20 francs l'hectolitre, niveau au-dessous duquel « le cultivateur est en perte », dit un rapport de l'époque [465].

On pourrait multiplier les exemples, en se reportant à des années difficiles, ou 1662, ou 1693-1694, ou 1709-1710, ou 1740, ou 1788-1789. « La disette actuelle, écrit un témoin de qualité [466], le 24 avril 1789, est effrayante, parce qu'elle s'est fait sentir de bonne heure, et presque aussitôt après la récolte [de 1788], parce que, effectivement, la récolte a été médiocre... et que les accapareurs du blé profitent indignement des circonstances malheureuses pour accroître la misère publique ; parce qu'enfin la partie indigente de la nation se porte aujourd'hui, dans presque toutes les provinces du Royaume, aux derniers excès du désespoir. Je suis voisin d'une ville [Alençon] où s'est passée la semaine dernière une scène sanglante, des misérables ont été tués par des troupes qu'on a fait marcher contre eux. Ah ! Monseigneur, qu'il est terrible de massacrer ceux qui crient la faim ! La récolte prochaine sera certainement plus mauvaise encore que la dernière. »

Le manque de pain aura marqué sinistrement les débuts de la Révolution. Raymond Lebon, de nous dire, en 1792 [467], que « plus de 75 millions [de livres] ont été dépensés [en 1789 et 1790] en achats de grains et de farines chez l'étranger pour subvenir au secours de plusieurs parties de la France, surtout de Paris [au point d'affecter le change français sur Londres], ce qui est la preuve que l'abondance de cette denrée n'est pas régulièrement considérable en France, comme plusieurs personnes l'annoncent ».

Dans ces conditions, l'étonnant, c'est qu'il y ait toujours eu des partisans de l'ouverture de nos frontières à l'exportation céréalière – ainsi Boisguillebert et Quesnay – sous le prétexte que la France avait pléthore de grains. De toute évidence, ce n'était pas le cas. La France considérée comme un bloc (ce qui est une simple vue de l'esprit : il n'y a pas, chez elle, de « marché national » digne de ce nom, avant le déploiement des chemins de fer), la France doit, pour se nourrir, combler un déficit fréquent, presque régulier de sa production céréalière. Elle ne peut le faire – tout devant se compenser – que grâce à l'exportation de ses vins excédentaires et de ses produits industriels, sans compter ce que sa navigation et son commerce lui rapportent – bref, en utilisant les excédents de sa balance commerciale.

Toutefois, n'exagérons pas un déficit évident mais assez léger, une fois ramené à de justes proportions, c'est-à-dire comparé à la masse même de la consommation.

Tout d'abord, l'importation des grains se limite, par priorité, à Paris et aux régions maritimes : les points nodaux du trafic des blés étrangers en chemin vers la France sont Dunkerque, Rouen, Nantes, Marseille, mais aussi, en vérité, tous les ports qui peuvent s'ouvrir un jour à la circulation des « blés de mer », au gré des demandes locales et même les plus humbles : en avril 1683, par exemple, une lettre indique qu'il « est arrivé une grande quantité de seigles de Dantzic aux Sables [d'Olonne] et à Nantes d'où ils ont été répandus dans tout le Poitou » [468]. En janvier 1701, un petit navire anglais et trois hollandais, chargés de froment, seigle et avoine, sont arrivés à Saint-Martin-de-Ré « et on nous fait espérer qu'il en doit venir plusieurs autres » [469]. Le grain étranger arrivé par mer remonte par les grandes voies navigables : la Seine vers Paris ; la Loire, vers Orléans ; le Rhône, vers Lyon...

Turgot estimait, pour son temps, *tout* le trafic maritime du blé, en Europe, à 5 millions de quintaux. La France n'en acquiert qu'une partie (peut-être 2,5, la moitié du chiffre supposé), soit 5 % de sa consommation qui s'élève, alors, à plus de 50 millions de quintaux [470]. En 1913, la proportion de 14 %, notée par Alfred Sauvy, marque un niveau plus élevé. Si nos chiffres disent la vérité, la situation s'est aggravée. Dans cette perspective longue, n'accablons donc pas rétrospectivement la monarchie d'Ancien Régime, elle a fait souvent ce qu'elle pouvait et n'est pas à juger au travers des fantasmes du Pacte de Famine, qui ont eu la vie dure. Peut-on même lui reprocher d'avoir interdit trop volontiers les exportations de grains et laissé la porte ouverte au blé étranger ? Par la loi de 1819, établissant une échelle mobile, et la loi de 1832, maintenant un droit d'entrée, la Restauration et la Monarchie de Juillet ont-elles fait mieux ? N'était-ce pas maintenir la vie chère, même trop chère, comme le diront avec insistance une série de troubles et d'émeutes frumentaires [471] ?

En outre, n'oublions pas que les trafics étrangers pénètrent sans effort les espaces nationaux, mal gardés encore à la fin du XVIIIe siècle, en France comme en Europe. Il y avait osmose continuelle. D'ailleurs, comment surveiller les trafics du blé qui se partagent entre des millions de petits échanges, ne laissant émerger, le plus souvent, que des marchands au petit pied ? « Le commerce des grains [en France] vaut mieux que le Pérou », écrivait Mably [472]. Mais il concerne un marché morcelé à l'extrême. Boisguillebert, qui désire obtenir l'exportation libre des grains, espoir des gros propriétaires, prétend que nos déséquilibres sont finalement très remédiables. Il a suffi, en 1679, écrit-il, de 25 à 30 000 muids de blés étrangers pour conjurer une crise de stérilité, analogue à celle de 1693-1694 [473]. Est-ce vrai ? Oui et non. Il ne faut pas dramatiser le déficit alimentaire. Mais faut-il le sous-estimer ?

Avec les difficultés des communications, en effet, s'ajoutent à ce déséquilibre extérieur des déséquilibres et désordres *intérieurs.* D'où une masse de faits contrariants, de gênes, d'inquiétudes insidieuses. Telle province échappe une année aux calamités qui tendent à se généraliser – ainsi la Bretagne en 1709-1710 –, mais l'année suivante, elle peut être frappée. On croira donc difficilement ce que M. de Lamare nous affirme rétrospectivement (en 1710), dans son *Traité de police,* à savoir que pendant huit années de suite, de 1684 à 1692, la France *entière* aurait connu de bonnes récoltes [474]. En tout cas, lorsque, par les décrets de 1763 et 1764, le gouvernement monarchique permit l'exportation céréalière tant que le quintal ne dépasserait pas le prix de 12 livres, il s'ensuivit des désordres inattendus, des spéculations à contre sens et une hausse générale des prix. Pour les expliquer, les intendants furent largement interrogés. De toutes leurs réponses ressort une même idée : pour eux, les problèmes du blé sont avant tout des problèmes intérieurs, en raison de la disparité, absurde parfois, des prix du grain entre provinces, même quand elles sont voisines. La distance divise, casse la France en morceaux, rend sa vie difficile.

Comment pourrait-il en aller autrement ? Au début de la Révolution, on considérait que, sur 32 provinces (ou mieux « généralités »), 12 étaient régulièrement déficitaires – et c'étaient les plus peuplées ; 10 en équilibre et 10 en excédent. Ces inégalités ne se compensaient pas d'elles-mêmes, les transports étant lents, coûteux, difficiles à mettre en mouvement.

La guerre ajoutait aux difficultés habituelles. Les hostilités sur les frontières et au-delà exigeaient des ravitaillements sur de longues, sur d'absurdes distances. Les réquisitions et exactions des munitionnaires, à qui l'on donnait ou qui s'arrogeaient tous les droits, les impositions sur ordre gouvernemental bouleversaient les circuits normaux. D'où les objections fréquentes de tel ou tel intendant aux ordres reçus. Quand le gouvernement place sur la généralité de Soissons, en août 1709, une « imposition de dix mil sacs de farines de méteil ou orge », l'intendant Le Fèvre d'Ormesson de répondre, le 26 de ce mois [475], que ce sera difficile, car « la moisson des orges ne fait que commencer, qu'elle ne sera finie qu'à la fin du mois de septembre », les sacs ne seront prêts que fin octobre, et le chiffre de dix mille risque de ne pas être atteint... « Ce pays-cy ne produit presque point d'orges ordinairement ; peu de gens en ont semé, et seulement dans les vallées, cette espèce de grains ne venant point dans les meilleures terres... D'ailleurs la culture de celles de mon département a été presque toujours interrompüe par les convois continuels ausquels elle a été assujettie depuis quatre mois. » Façon de dire que les réquisitions gouvernementales en matière de transports ont empêché les paysans de travailler. Cela dit, d'Ormesson propose, en échange, « de l'avoine en nature, ou de la farine d'avoine ou autres menus grains dont on se sert pour faire du pain » – proposition apparemment acceptée, puisque, en marge de la lettre, une main différente a écrit : *bon.* Si le gouvernement s'est rendu aux arguments de l'intendant, c'est, sans doute, qu'ils étaient péremptoires. Le ravitaillement était, en effet, destiné à des troupes en contact avec l'ennemi : nous sommes à deux semaines de la bataille de Malplaquet (11 septembre 1709), horrible boucherie, défaite sans doute, qui bloquera cependant l'envahisseur sur la frontière du nord, fortifiée par Vauban.

Mais la guerre, c'est aussi les déplacements, les afflux et reflux de soldats. Deux jours après la lettre que je citais plus haut, près de Laon, « les débris des troupes sorties de Tournay » pillent autour de la ville « les légumes et les jardins, faute d'estre payés ; la ville leur avance le pain mais ces soldats et valets ne s'en contentent pas » [476].

Même très loin des théâtres d'opération, où tout ou presque est permis, et même quand la guerre n'est plus en cause, les troupes ne cessent d'incommoder, de torturer villes et campagnes, car elles se déplacent et, à chaque fin d'année, elles prennent leurs quartiers d'hiver. Le soldat, qu'il se déplace ou se tienne à demeure, loge alors chez l'habitant et il est nourri par lui. C'est le système des *étapes,* de l'*ustensile* [477]. Les remboursements viennent ensuite, mais avec retard, et les intermédiaires en prennent leur part. En 1682, les passages de troupes ont été si fréquents que les habitants de Bourg-en-Bresse, de Coligny et de Villars « se résolvent d'abandonner leurs maisons, ne pouvant soustenir les logements » [478]. Ce sera pire en 1694 : les récoltes, cette année-là, ayant été calamiteuses, la Bresse et le Bugey se trouvent réduits à la famine par « un passage de plus de vingt-sept mille hommes qui ont couché dans ce pays de Bugey pendant cinq nuits » seulement. Vérité bien antérieure aux guerres de Louis XIV : en août 1625, dans la Saintonge, « il y a... deux ou trois régimens pour le service du roy qui font plus de mal que la foudre, la peste et la famine tout ensemble » [479].

La guerre, c'est par surcroît la recrudescence des impôts, la réduction des aides de l'Etat, les enrôlements. Selon Pottier de la Hestroye (1716), si les récoltes sont « moins abondantes qu'auparavant [durant la guerre dite de Succession d'Espagne, 1701 à 1713-1714], la responsabilité en est « à la guerre [elle-même] laquelle épuisant la campagne d'hommes n'y en a pas laissé assez pour la pouvoir cultiver » [480].

Ces déficiences s'ajoutent les unes aux autres, aggravent la fragilité du système économique à base rurale. C'est cette fragilité que dénonce Friedrich Lütge, lorsqu'il affirme, en général, que toute région à production rurale et artisanale dominante se trouve, une fois dépassée une certaine densité de peuplement, dans l'impossibilité de nourrir à plein sa population. Serait-ce le mot de la fin qui expliquerait tout ? Une France trop peuplée ? Alors Arthur Young verrait juste quand il dit de la population de la France, à la veille de la Révolution : « Six millions d'habitants de trop ! » [481] Jean Fourastié a toujours mis en cause à ce propos, et non sans raison, la faible productivité de la main-d'œuvre agricole. En 1700, dix paysans actifs font vivre dix-sept personnes, en les comptant eux-mêmes dans ce nombre [482].

Tout cela explique que même quand la France nourrit la France, elle la nourrit mal. En 1700 (en francs 1949 constants), la consommation totale d'un individu s'élève à 50 000 francs ; en 1972, à 476 000. Jean Fourastié ajoute, pour mieux préciser la différence : « Le *smicard* de 1700 mangeait huit fois plus de pain que le *smicard* de 1976 ; c'est parce que toute autre nourriture était hors de son pouvoir d'achat... » [483]

Pénuries, disettes, famines, émeutes frumentaires, révoltes

En tout cas, des siècles durant, la grosse majorité des Français souffrent de ces pénuries dramatiques, s'inquiètent toujours, se révoltent aussi. Cinq expressions reviennent dans les documents : pénuries, disettes, famines, émeutes frumentaires, révoltes. Le mot pénurie, le plus léger, apparaît rarement ; disette et famine sont au contraire fréquents ; d'ailleurs, de l'un à l'autre, le chemin est malheureusement bref : on dira « une grande disette », « une disette à produire famine ». La gradation est évidente. De même qu'entre l'émeute frumentaire brève qui, souvent, dure un jour, ou quelques heures, sur une route, sur une rivière portant bateau, ou sur un marché, et la révolte populaire paysanne qui, elle, dure des semaines, des mois et met en cause de vastes espaces.

Mais pénuries, disettes, famines, émeutes, révoltes vont de pair, elles s'accompagnent. Ces agitations ne sont que la traduction de malaises profonds, la preuve que la vie française ne cesse d'être agitée par l'insuffisance tragique de la production agricole. Je dis bien tragique. Les témoignages sont souvent atroces : ainsi en 1661-1662, en 1692-1693, en 1709. Sans la moindre hésitation, le marquis d'Argenson écrit dans ses *Mémoires,* le 26 janvier 1739 : « Dans les provinces les hommes meurent de faim, ou mangent l'herbe. » [484] D'autres témoins décrivent, en 1652, « les peuples de Lorraine et pays circonvoisins mangeant dans les prairies l'herbe comme des bestes » ; ou en 1662, en Bourgogne, un « tiers des habitants, mesme de bonnes villes » obligés d'en faire autant, et « quelques-uns y mangèrent de la chair humaine » ; ou en 1694, ces gens qui, près de Meulan, « vécurent d'herbe comme les animaux » [485]. Les villes étant relativement protégées et secourues, les paysans dépouillés par les citadins se pressent vers les cités et meurent dans les rues (il en va de même dans l'Europe entière : à Venise, les paysans de Terre Ferme viennent mourir sous les ponts et sur les quais des canaux). Le 2 mai 1694, l'intendant de Lyon rapporte que « la disette commence à devenir si grande que la ville de Lyon est inondée de paysans qui, malgré toutes les précautions, enlèvent tout le pain ; et pour cela ils le jettent la nuit par-dessus les murs de la ville, et l'on en a saisy qui sortoit dans des tonneaux comme si c'eust esté du vin » [486].

Desmarets de Vaubourg, intendant d'Auvergne, vient, le 20 juin 1691, de « visiter les élections de Mauriac et d'Aurillac... Cette dernière souffre beaucoup depuis deux ou six mois [nous sommes à la soudure des récoltes] que les paysans ont entièrement consommé le peu de grains et autres denrées qu'ils avoient recueilly l'année dernière ». Une distribution de pain est faite « une fois par semaine à tous les pauvres qui se présentent en quatre différentes villes de cette élection. Et il s'en trouva un si grand nombre à Aurillac à la distribution du huitième de ce mois, qu'il y en eust onze étouffez dans la presse, quelque ordre qu'on y pust apporter. Il s'en trouve ordinairement le jour de la distribution plus de 6 000. Et dans les autres villes à proportion. Les distributions se font dans ces quatre villes le même jour, affin que les mesmes pauvres n'aillent pas en deux endroits » [487].

L'intendant donne « deux raisons du facheux estat de cette élection » : la mauvaise récolte des deux dernières années et « l'augmentation de l'*ustensile,* l'année dernière, qui a monté pour toute l'Auvergne à 666 000 livres, ce qui est un peu trop pour cette province » [488].

Ensuite, à qui donner la parole ? Peut-être au curé de Tulle, en date du 11 décembre 1692 ? Cette petite ville est un des pôles permanents de la misère, dans la généralité de Limoges. « Il n'y a pas six familles à dix lieues à la ronde, écrit le curé Melon, qui aient mangé du pain et ils ont achevé de consommer toutes leurs raves et n'ont plus aucunes denrées, la gelée ayant tout emporté... Si on ne secourt promptement la Province, il périra les deux tiers du peuple. » [489] Là, évidemment, le curé exagère, mais n'a-t-il pas l'obligation d'apitoyer ?

Les historiens répètent que la France a connu 13 famines *générales* au XVIe siècle ; 11 au XVIIe ; 16 au XVIIIe siècle [490]. Supposez que ce relevé soit complet et fiable (ce dont je doute), il laisse de côté les famines *locales,* et celles-ci, très fréquentes, surviennent presque chaque année, ici ou là. On ne peut même pas dire qu'au XIXe siècle disettes et famines ne sont plus que du passé ! En 1812, la France est cassée en deux par « une disette effroyable » [491] ; en 1816-1817, elle est secouée par une famine étendue très vite à tout son espace ; en 1819 s'institue l'échelle mobile pour régulariser les importations ; les mauvaises récoltes

LA FRANCE, UNE ÉCONOMIE PAYSANNE

Scène classique du XVIIᵉ siècle : par Le Nain, *Paysans devant leur maison*. Musée de San Francisco.
(Cliché Giraudon.)

Arrivée en Gaule avec les Grecs de Marseille au VIe siècle avant notre ère,
la vigne connaît dans les siècles qui suivent un essor prodigieux.
Ci-dessus: Le marchand de vin. Bas-relief gallo-romain, IIe-IIIe siècles après J.-C.
(Cliché Lauros-Giraudon.)
En face, en haut: Chargement de tonneaux. Illustration d'une chanson de geste, XIVe siècle.
Manuscrit français n° 21. Venise Bibl. Marcienne. (Cliché Roger-Viollet.)
En bas: Perçage du tonneau et pose du robinet. Miséricorde de stalle. XVe. Paris,
Musée de Cluny. (Cliché Lauros-Giraudon.)

Les activités de la vie rurale : Paysage aux batteurs de blé de N. de l'Abbate, XVIᵉ siècle. Château de Fontainebleau. (Cliché Lauros-Giraudon.)

Scènes de la vie rurale :
La descente en ballon, en août 1795. Paris, Cabinet des Estampes. (Cliché Lauros-Giraudon.)

Par Hédouin, *Faucheurs de sainfouin à Chambaudoin*. XIXᵉ siècle. Lille, Musée des Beaux-Arts.
(Cliché Lauros-Giraudon.)

Rosa Bonheur,
Labourage nivernais, 1849,
Château de Fontainebleau.
(Cliché Lauros-Giraudon.)

Rosa Bonheur,
Berger des Pyrénées.
Chantilly, Musée Condé.
(Cliché Lauros-Giraudon.)

Le Gaulage des pommes, par E. Bernard. Nantes,
Musée des Beaux-Arts. (Photo Lauros-Giraudon.)

se succèdent de 1820 à 1830, en 1837, en 1846-1848. Cette dernière déclenchera une crise typiquement « d'Ancien Régime », c'est-à-dire agricole à son origine, et aidera à la chute de la Monarchie de Juillet. Il a fallu se résoudre alors à abaisser les droits d'entrée sur les blés russes, « importés par Marseille et Toulon et acheminés sur le Rhône par une cinquantaine de navires à vapeur » [492]. Après la très mauvaise récolte de blé et de pommes de terre de 1853, ce recours manquera à cause de la guerre de Crimée qui coupera les importations d'Odessa, de 1854 à 1856. Trois années durant, il fallut d'énergiques interventions de l'Etat et celle, à Paris, du baron Haussmann, organisateur d'une « caisse de la boulangerie », pour éviter une nouvelle crise alimentaire. [493]

Insurrections paysannes et révoltes frumentaires

Les aléas de la production agitent sans fin les univers paysans. Leurs troubles, formés vite, s'épuisent vite. C'était déjà le cas dans un passé lointain : la jacquerie de 1356 commence le 28 mai de cette année-là pour se terminer le 10 juin, sous les coups impitoyables de la répression conduite par Charles le Mauvais [494]. Des dizaines de milliers de paysans sont massacrés. Brièveté, faiblesse face à la répression, la remarque vaut pour les grands épisodes étrangers analogues : la révolte des travailleurs anglais en 1381, le soulèvement, en Allemagne, de la guerre des Paysans, en 1525. Toute révolte paysanne surprend l'ordre social, profite d'une faille, d'une inadvertance pour occuper le terrain, mais ne sait ensuite ni l'organiser ni le tenir. La répression a pour elle l'implacable supériorité technique de la force armée.

Ainsi, les mouvements populaires se ressemblent, se répètent. Cependant, en France, ils changent de nature, en gros après les années 1680, à l'entrée de la seconde partie du règne de Louis XIV. Avant ces années-là, les troubles ont tous les caractères à la fois : spontanéité, action politique, protestation contre l'ordre social, révolte contre le fisc, drames de la misère. Ils se manifestent par de *larges* émeutes qui progressent comme des inondations, et sont au premier chef antifiscaux. Le Vivarais insurgé, en 1670, reprend à son compte une vieille chanson du temps de la Fronde :

...Paysan prends tes armes
Sus aux vautours, aux gabelous

Il faut hurler avec les loups
...Ton hoyau, ton pic et ta bêche
A leur tour percevront l'impôt [495].

Après 1680, les soulèvements sont le plus souvent des émeutes frumentaires, paysannes ou urbaines, limitées, ponctuelles, d'une exceptionnelle brièveté – un jour, deux jours, une semaine au plus. La répression les calme avec facilité, la faible maréchaussée y suffit, l'armée se contente d'apparaître, de multiplier les patrouilles. Ces révoltes seconde manière sont dictées par la hausse des prix ou la rareté du pain. Je ne crois donc pas tout à fait à la thèse de Louise A. Tilly (1972) qui voit, dans la révolte frumentaire, à partir du XVIIe siècle, une série d'actes politiques, antigouvernementaux. « Ce n'est pas, écrit-elle, dans la formule économique simpliste : disette = faim = émeute qu'il faut chercher l'explication de la révolte frumentaire en France, depuis le XVIIe siècle. Elle réside plutôt *dans un contexte politique* – une évolution de la politique gouvernementale – et dans une transformation à long terme du marché des grains. » [496] Certes, toute révolte se dresse contre l'ordre et l'ordre monarchique, en France, s'est substitué aux ordres urbains, chargés, jusque-là, des questions frumentaires. Le gouvernement se trouve donc automatiquement impliqué, au moindre mouvement tumultueux. Mais la misère, la disette, les craintes de famine, plus qu'une intention politique, jouent les premiers rôles.

Ce qui me paraît nouveau, c'est la multiplication de troubles relativement légers et leur simultanéité dans les campagnes et dans les villes. Auparavant, la ville était plutôt un monde à part, spontanément hostile aux paysans. En 1630, pour ne retenir qu'un exemple, Dijon est menacé, un instant, par les vignerons soulevés de ses environs. « La plupart des bonnes maisons ont transporté à la campagne le meilleur de leurs meubles, papiers et argent, sur des terreurs paniques que ces chèvrepieds, animés de leur fureur bachique, recommenceront une seconde alarme bien plus sanglante que la première. » [497] Il fallut fermer les portes de la ville et mettre toutes les compagnies en armes, soit 2 à 3 000 hommes, pour capturer finalement 10 ou 12 coquins. De peur que les autres vignerons ne viennent les délivrer, la garde est doublée la nuit, tous les ecclésiastiques, réguliers et séculiers, ont été réquisitionnés.

Les émeutes avant 1680

En deçà de 1680, je ne remonterai que jusqu'aux dernières années du XVIe siècle, alors que les soulèvements populaires répondent massivement aux excès des percepteurs d'impôts, aux pillages des guerres de Religion, aux brutalités et tortures des soldats et des seigneurs, tous littéralement déchaînés, les royalistes autant que les ligueurs. A leurs violences répondent, quand la situation s'inverse, les violences impitoyables des paysans. Des ligues paysannes d'autodéfense surgissent : entre 1589 (l'année de la bataille d'Arques) et 1593 (l'année de l'entrée de Henri IV à Paris), les *Francs Museaux,* les *Château-verts,* les *Lipans ;* plus tard, les *Tard-venus,* les *Tard-avisés,* les *Croquants.* Ce dernier sobriquet fit fortune, s'étendit à la vaste zone insurgée qui comprit finalement tout l'Ouest, ou peu s'en faut, depuis le Perche et la Marche jusqu'au Limousin – au centre de la révolte – et au Périgord. Soit à travers un espace où les soldats du roi étaient rares, occupés pour la plupart dans le Nord et l'Est du royaume.

La violence paysanne aura dépassé toutes les bornes [498]. Mais finalement, la multitude des révoltés (jusqu'à 50 000 hommes regroupés sur le terrain), bien qu'armée de mousquets, ne résista pas à la cavalerie et à la discipline des petites troupes de répression. La révolte de 1594, commencée en février, sera terminée en juin de cette même année, juste le temps pour que la répression, organisée d'un peu loin, se mette en place. Par la suite d'autres révoltes spectaculaires surgissent, puis s'effacent les unes après les autres : dans le Quercy, en 1624 ; dans le Poitou, l'Aquitaine et le Vivarais, en 1632 ; dans le Languedoc et l'Aquitaine, en 1635 ; dans l'énorme zone qui s'étend de la vallée de l'Allier à l'océan Atlantique, en 1636 ; dans tout l'Ouest de la France, en 1643 ; à travers la France méridionale, au sud d'une ligne Bordeaux-Grenoble, en 1645 ; en 1670, dans le Vivarais ; en 1675, en Basse-Bretagne... Chaque fois, de larges espaces ont été balayés par la révolte, mais jamais pour longtemps [499].

L'insurrection du Vivarais dura de mai à juillet 1670. Celle des Bonnets Rouges, en Bretagne, commencée en mai 1675, s'acheva en août de la même année. La répression fut, comme d'habitude, épouvantable : les soldats se comportèrent pis qu'en pays ennemi. « Nos pauvres Bas Bretons, écrit Madame de Sévigné qui se trouve sur place... dès qu'ils voient des soldats, se jettent à terre, et disent : *mea culpa,* c'est le seul mot de français qu'ils sachent... On ne laisse pas de les pendre. » [500]

Entre ces insurrections ouvertes, il faut imaginer des révoltes multiples, larvées, des incendies qui prennent mal, s'éteignent vite, reprennent, au total des séries impressionnantes. Yves-Marie Bercé compte de 450 à 500 « éclats » dans la seule Aquitaine, de 1590 à 1715 [501].

Depuis la publication, en français (1963), du livre novateur de Boris Porchnev [502], les historiens ont beaucoup discuté sur les causes et caractères de ces soulèvements. Lutte des classes, révolte politique, mouvements violents antifiscaux, ces explications contiennent toutes une part de vérité. Hugues Neveux, dans un récent article [503], s'en tient aux révoltés eux-mêmes, essaie de reconstituer leur idéologie. Il insiste sur la situation précaire du paysan : un impôt nouveau, une exagération fiscale, une exploitation sociale accrue, une conjoncture défavorable, une baisse des prix du blé, et il est rejeté vers la pauvreté, voire la mendicité. C'est l'intolérable. Ces révoltes sont sous le signe de la misère, du désespoir.

Peut-être témoignent-elles aussi d'une autre façon, par leur localisation géographique. Si l'on reporte sur la carte les zones que Boris Porchnev attribue à chacune des révoltes populaires, de 1623 à 1648 (voir p. 165), on s'aperçoit qu'est mise en cause de façon préférentielle une France à part, à savoir l'Ouest et aussi le Midi. Nous voilà ramenés par un autre chemin à la double cassure congénitale de notre pays : les avancées et le rebord du Massif Armoricain (une ligne nord-sud) et la Loire, un axe transversal. Etonnons-nous seulement que cette cartographie n'ait, à ma connaissance du moins, jamais été mise en cause, sauf incidemment par Pierre Goubert [504].

Une telle localisation serait à expliquer. Mais est-ce à notre portée ? Une histoire différentielle de la France ne cesse de nous échapper, à tous les grands moments de son histoire. Est-ce éclairer un peu le problème que de dire : 1) que le Nord est mieux équilibré dans sa vie de tous les jours ; 2) qu'il est, dans l'ordre stratégique de la monarchie, mieux surveillé, n'étant pas trop loin de Paris ; 3) que dans cet espace de circulation facile, la répression court plus vite ; 4) enfin que les troubles frumentaires sont, l'intensité en variant, de toutes les régions.

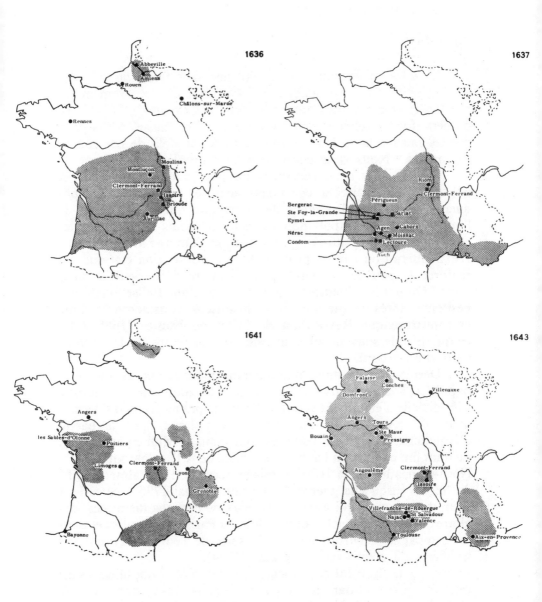

SOULEVEMENTS POPULAIRES EN FRANCE AU XVIIᵉ SIECLE

Sur les 24 cartes que présente Porchnev pour les années 1624-1648, nous avons choisi celles qui concernent le plus large territoire et les régions les plus habituellement touchées. (D'après B. PORCHNEV, *Les Soulèvements populaires en France, 1626-1648*, 1963.)

Après 1680

La mise en sourdine de la violence sans frein, au-delà des années 1680, n'est pas niable, si l'on exclut du recensement les révoltes exaspérées des Camisards dans les Cévennes (1702-1705), où cette fois la religion presque seule a été en cause. Alors pour quelles raisons la violence s'atténue-t-elle, au-delà de ces années tournantes ? Nous voilà confrontés à un problème difficile.

En fait, il y a eu réduction du pays à un ordre social et politique, autoritaire et cependant accepté, acceptable. L'expliquera-t-on par le glissement de la fiscalité qui passe, alors, de l'impôt direct à l'impôt indirect (celui-ci moins ressenti par les contribuables que celui-là), glissement qui s'amorce avec Colbert ? L'expliquera-t-on par les progrès de la centralisation étatique qui renforce le pouvoir monarchique, lui apprend à mieux se faire obéir ? Ou par le ralliement à la monarchie d'une Eglise longtemps hésitante, après ce que nous tous, historiens, considérons comme la catastrophique Révocation de l'Edit de Nantes (1685) ? Le clergé, hostile souvent au gouvernement au temps de la Fronde, aura viré de bord.

Dernière explication, une amélioration possible du bien-être populaire, à la fois dans les villes et dans les campagnes. Ce dernier trait difficile à établir. Et pourtant, n'est-ce pas au cours du dernier quart du XVIIᵉ siècle que le maïs s'implante dans le bassin d'Aquitaine, à partir de Toulouse, puis dans le Midi en son entier, mettant fin, comme on l'a dit, à la famine de « l'âge baroque » [505] ? N'est-ce pas là, après 1680, la raison possible d'un calme relatif ? Au moins jusqu'à la guerre des farines, en mai 1775 – ce sérieux coup de semonce, qui a déjà, aux yeux de certains historiens, des allures de révolte sociale potentielle [506], à Paris, à Versailles et dans les campagnes environnantes, à la suite de l'édit de Turgot sur la liberté du commerce des grains (1774).

Avec la Révolution, émeutes et troubles s'amplifient, sans retomber pourtant dans les violences de jadis. Les troubles de l'été et de l'automne 1789 profitent d'une détérioration de l'Etat et des fantasmes de la Grande Peur. Mais, dès l'automne, des gardes nationales constituées dans les villes rétablissent l'ordre dans les campagnes voisines. N'est-il pas curieux de constater que, dans certaines régions, les paysans paieront la dîme jusqu'en décembre 1790 [507] ?

Ce qui frappe, c'est le caractère limité des troubles, des incidents frumentaires au XVIIIᵉ siècle. Le scénario est toujours le même, ses causes apparentes toujours les mêmes, les réactions des autorités toujours les mêmes. La rareté du blé, la brusque montée de son prix dans les campagnes, et plus encore sur les marchés des villes, sont les détonateurs. La réaction populaire : une *entrave*, soit l'arrêt d'un transport de blé (voitures, bêtes de somme ou bateaux) dans une ville, un village ou en pleine campagne ; soit une émeute urbaine. Quand tout va bien pour les protestataires, le blé est saisi, parfois vendu au-dessous du cours, ou bien pillé, si du moins la maréchaussée ou la troupe ne sont pas intervenues à temps.

Le 2 mars 1709, des blés achetés en Lorraine se trouvaient emmagasinés dans le château de Bourbonne – alors « un petit bourg », situé dans le département actuel des Vosges. Une partie de ces blés furent « chargez sur soixante et huit mulets qui portaient chacun un sac du poids de deux cents livres ». Ils s'acheminaient vers la Saône (Gray, à 67 kilomètres) où ces sacs devaient être embarqués. « La populace, assemblée dans le bourg de Bourbonne, sonna le tocsin, plusieurs hommes et femmes, armés de couteaux, serpes et bâtons ferrez donnèrent l'alarme et nonobstant les remontrances du prévôt qui y accourut, crevèrent tous les sacs et répandirent le bled dans les rues... Sans enquête, une femme... et le nommé Albin, cordonnier, qui avaient paru les plus échaufez et qui avoient le plus de part à cette émeute », ont été conduits dans les prisons de Langres [508].

Ce compte rendu ne diffère guère de celui de l'intendant Vaubourg, au sujet d'une émeute populaire à Bar-le-Duc, le 19 octobre 1697 : « Sur ce que les marchands de Vitry faisoient passer 12 charrettes de bled acheptés dans la Lorraine et en Barrois, 3 ou 400 femmes, se fondant sur ce que ces achapts font enchérir le bled, ce qui est véritable, s'atroupèrent, enlevèrent quelques sacs et en percèrent d'autres à coups de couteau. Les officiers de police eurent peine à appaiser le tumulte. Quelques jours auparavant, il estoit arrivé à Nancy une émotion à peu près semblable que les officiers de l'estat-major et la garnison firent promptement cesser... » [509].

On parlerait de simples faits divers si ces incidents, en eux-mêmes négligeables, ne se répétaient si souvent. En 1709, année maudite, ils se multiplient au point de secouer la France entière : ainsi à Châlons-sur-Marne (ou Chalon-sur-Saône ?), le 15 mars [510] ;

le 16 mars, aux Ponts-de-Cé, sur la Loire, où la foule arrête six gros bateaux de blé prêts au départ, et oblige les marchands effrayés à vendre sur place ; le 18 mars, à Angers, où la populace pille les greniers de marchands et de boulangers ; il y a mort d'hommes [511] ; à Orléans, le 4 et le 16 avril [512] et à nouveau le 27 avril [513], quand du blé destiné à l'armée qui opère dans le lointain Dauphiné est chargé sur des embarcations afin de remonter la Loire. Le vent est favorable, la foule s'est amassée pour empêcher le départ des bateaux, « mais la crainte des deux régiments qui sont icy a retenu la populace qui pleuroit à chaudes larmes en voyant sortir le bled de la ville ». Mêmes manifestations à Coulommiers, le 1er mai 1709 [514]. Et, le 16 juillet, à Montjean, sur la Loire, « tous les peuples, tant hommes que femmes... avec armes, bâtons et pierres » s'assemblent au château pour empêcher le départ du blé emmagasiné par le fermier du maréchal de Villeroy. Seule l'intervention de l'intendant et la promesse de laisser sur place la moitié des grains calment les esprits. La répression se borne à six mois de prison pour quelques séditieux, afin de « ne pas irriter davantage la populace... harcelée par une faim déjà trop importune » [515].

Mais cette mansuétude n'est pas la règle : « Je jugé hier (15 juin 1709), écrit l'intendant du Bourbonnais, Mansart de Sagone, trois chefs de ces voleurs et pillards de bleds, avec attroupemens et armes. Ils ont été condamnés à être pendus. Il y en a eu deux d'exécutés ici [à Moulins] et l'autre que j'ai envoié sur les lieux mêmes pour intimider les autres. Je crois que cela fera un bon effet dans les cantons et que cet exemple arrestera le cours de ces vols et brigandages. Il y en a encore dans les prisons du donjon et autres endroits que je jugerai, d'abord que leurs procès seront instruits. » [516] La justice d'Ancien Régime n'est pas la nôtre. Elle cherche à montrer sa force ou sa détermination pour ne pas avoir à trop sévir. Mais sa patience est courte. Un peu plus tôt, en mars 1709, à Pithiviers, il a fallu, à la suite des désordres, déployer une compagnie de cavalerie qui a évité le pire, douze émeutiers ont été jetés en prison : « Je croy qu'il est nécessaire, dit l'intendant d'Orléans, de faire quelques exemples. » [517]

Mais le mouvement arrêté un jour reprend le lendemain ; une ville, une campagne se calment, une autre ville, une autre campagne s'abandonnent au désordre. Chaque mauvaise récolte en est l'occasion. En 1771, aux mois d'août et septembre, les voituriers sont arrêtés sur toutes les routes. Le blé est si rare et si cher à Cholet que les neuf dixièmes des 3 000 habitants sont sans pain et se révoltent : « Ils ont dit hautement qu'ils aimoient autant estre pendus que mourir de faim. » Les incidents sont journaliers : ils ne cesseront, écrit le responsable local à l'intendant, que si enfin arrive du grain. [518]

Il faudrait, pour reconstituer la trame complète de ces événements, ajouter à ces faits visibles, les délinquances, les activités omniprésentes des faux-sauniers (qui ne s'arrêteront qu'en 1790, avec la suppression de la gabelle par l'Assemblée Constituante), les brigandages ruraux, les grèves des artisans qui se multiplient avec le XVIIIe siècle finissant. Et surtout, replacer dans le tableau les fleuves, les océans de la mendicité. D'ailleurs, il faudra bien que nous revenions, à un moment ou à un autre, sur cet immense drame de la société que l'Ancien Régime léguera à la France du XIXe siècle.

Tous ces troubles s'aggravent avec la Révolution, s'apaisent à moitié sous l'Empire, pour resurgir avec la crise frumentaire profonde de 1812. L'important, c'est de bien voir la continuation, sous la Restauration, la Monarchie de Juillet et même sous le Second Empire, de ces émeutes aussi brusques et violentes parfois qu'un orage de grêle. C'est le mérite de l'article de L.-A. Tilly d'avoir montré que les révoltes frumentaires se poursuivent, comme si de rien n'était, durant tout le premier XIXe siècle.

Une documentation précise permet de faire la part belle aux agitations omniprésentes qui prennent la France en écharpe, de l'automne 1816 à l'été et aux moissons de 1817 [519]. La récolte, en 1816, avait été de 50 % inférieure à la normale. Epuisée par les destructions et les consommations des armées étrangères, en 1814 et 1815, la France ne disposait pas de réserves. Il fallut faire appel au blé de la Baltique et de la mer Noire, ou aux farines de Baltimore. Mais le secours ne pouvait arriver du jour au lendemain et l'impatience gagnait, à Rouen et à Marseille.

C'est trop dire que la disette qui surgit alors a été « plus factice que réelle », mais il est vrai que l'inquiétude, les fantasmes, les médisances d'une opinion hostile ont joué leur rôle dans l'épouvante qui traversa alors le royaume. Comme dit un contemporain, « la disette qui existe dans l'opinion est peut-être la plus dangereuse » [520].

En tout cas, le prix du blé s'envole, les marchés se vident, les pauvres protestent, s'insurgent. Pour les contenir il faut la force, les menaces, les appels au bon sens, des arrivées substantielles de blé. De ces agitations redoutées, redoutables, les rapports conservés aux Archives Nationales racontent chaque détail : les mouvements hostiles de la foule, les incidents répétés sur les marchés, le déplacement des troupes, les mises en place de la garde nationale, les décisions des autorités... L'impression vous gagne alors de vous retrouver sous l'Ancien Régime, un demi-siècle ou un siècle en arrière. Mêmes scénarios ; mêmes gestes des émeutiers ; mêmes précautions des autorités (par exemple pour interdire l'accès des clochers aux fauteurs de troubles, dans la crainte qu'ils ne sonnent le tocsin) ; mêmes lenteurs, même zèle et même impuissance des responsables, dans cette petite guerre où un épisode s'achève pour se reproduire le lendemain.

Voir l'un de ces incidents, c'est en imaginer des centaines d'autres. Nous voici à Toulouse, 12 novembre 1816. L'agitation y est vive, mais la halle aux grains est bien gardée. Des patrouilles circulent dans les rues, « lorsque tout-à-coup une affluence très forte, forçant les avenues, pénétra jusqu'aux barrières du marché et renouvela par les vociférations les plus tumultueuses la demande de la taxe du blé à 24 F. J'arrivai [c'est le préfet qui parle] dans ce moment... Mon premier soin fut de faire disposer les troupes de manière à repousser la populace qui se portait avec effort vers le carreau [521], non plus dans l'intention d'avoir du blé à 24 F, mais dans celle de le piller. La situation du terrain rend très difficiles les manœuvres de la force armée, la halle, formée de grands piliers et entourée de rues très étroites, ne pouvait être défendue que corps à corps. D'un autre côté, nous voulions avoir épuisé tous les moyens de la persuasion avant de faire tirer sur le peuple. Aussi bravâmes-nous les plus grands dangers pour faire entendre à la multitude le langage de la raison et de son propre intérêt, sans néanmoins paraître céder à ses clameurs séditieuses. Cinq fois le détachement qui gardait la principale entrée du carreau parut ployer sous les efforts de la populace, cinq fois sa fermeté soutenue par notre concours la repoussa ; enfin après plus de trois heures de résistance, nous tentâmes avec succès le moyen hardi de faire avancer une colonne de dragons qui parvint à balayer la halle et toutes les avenues. » [522] Ainsi les choses ne se passent pas trop mal, pas de coups de feu, pas d'arrestations. Des cavaliers et des chevaux mettent l'émeute en fuite : elle rentre chez elle. A lire ce récit et quelques autres, vous auriez tendance à être optimistes.

D'autant que les mots de sympathie ne manquent pas dans nos dossiers. Le sous-préfet de Verdun écrit à son ministre, le 15 septembre 1817 : « Presque toujours, Monseigneur, il existe dans les jugements du peuple un fond de justice et de bon sens. » [523]

On pourrait croire que la répression brutale a disparu avec l'Ancien Régime s'il n'y avait, pour nous rappeler à l'ordre, d'autres incidents, notamment le sociodrame de Montargis. Il est probable que l'émeute *tardive* du 8 juillet 1817 a jeté l'épouvante dans cette petite ville. Des villages voisins, où sonne le tocsin, arrivent des foules de paysans, sac vide jeté sur l'épaule, bâtons en main, bien décidés à piller la ville comme ils ont pillé, plus tôt, deux bateaux chargés de blé, sur le canal d'Orléans. Mais les autorités veillent, des paysans sont arrêtés, emprisonnés. La foule essaie en vain de les délivrer, des cavaliers entrent dans la danse et dispersent les malheureux à coups de sabre. Rien de dramatique cependant jusque-là [524]. Des cris, des femmes qui hurlent, des manifestants dispersés. Et finalement le triomphe de l'ordre. Une nuit calme ; il pleut. Une émeute de plus à inscrire au crédit de la misère, de la famine et de l'insuccès. « Comment voulez-vous, dit un témoin sympathique, que la multitude ne se porte pas à des excès quand elle n'a ni travail, ni argent, ni pain, et que toutes ses ressources sont épuisées ? La faim amène le désespoir et le désespoir rend tout excusable... La multitude guidée par la faim serait sourde à la voix de Dieu même, s'il s'avisait de faire entendre la sienne. »

Le drame se noue le lendemain de façon inopinée. La Cour prévôtale s'est déplacée d'Orléans à Montargis pour juger vingt-cinq des détenus. Et le ministère public se révèle impitoyable : cinq condamnations à mort, dont une femme qui, reconnue ou se disant enceinte, échappe à son sort. Les quatre condamnés sont guillotinés sur le marché de la ville. « Je ne sais, dit notre témoin chaleureux et anonyme, ce que je sens. J'éprouve une palpitation de cœur continuelle. »

Ces cruautés n'empêcheront pas les difficultés de se succéder jusqu'au milieu du XIXᵉ siècle. Encore en 1852, des pillages de sacs de blé se produisaient à Saint-Yrieix [525].

En vérité, l'Etat était-il en mesure de remédier à la situation ? Sa seule arme : les lois frumentaires qui taxaient ou détaxaient, selon les cas, les entrées de blé étranger. Elles n'avaient pas très bonne réputation. Celle de 1832, qui taxait aux frontières les grains à l'importation, fut tenue pour responsable de la cherté du pain pendant les années de disette, par exemple lors des émeutes de 1847, assez graves dans plusieurs régions. Celle de Buzançais (Indre) fut même suivie de trois condamnations à mort [526].

Il faudra l'établissement des voies ferrées pour conjurer l'impuissance de la France paysanne à s'assurer le pain de chaque jour, pour effacer enfin le spectre de la disette dans un pays en apparence riche, en tout cas mieux doté que beaucoup d'autres, mais non pas comblé. S'il fallait retenir une date pour marquer cet *immense* changement de l'histoire de notre pays, il ne serait pas absurde d'arrêter son choix à la suppression de l'échelle mobile, en 1861 [527].

Obstinément, l'explication par l'économie me semble de toutes, la plus probable. J'en vois presque une preuve dans la suite des événements en Languedoc et en Provence. Les crises et émeutes frumentaires n'y sont pas inconnues entre 1595 et 1715. Mais René Pillorget est catégorique : « En Provence... aucune *guerre paysanne,* aucune insurrection qui soulèverait l'ensemble, soit même une viguerie ou un groupe de communautés. On n'y trouve, à aucun moment, l'équivalent des Croquants, des Va-nu-pieds de Normandie ou des Sabotiers de Sologne. » [528] Une des raisons, la grande raison de ce calme relatif, le blé qui ne cesse de s'importer par Marseille, qui se vend à haut prix, mais écarte la rareté, l'insuffisance, la disette affreuse – et les paniques qui les accompagnent.

V

TOUT DE MEME DE SERIEUX
PROGRES

Troubles, émeutes, crises, déséquilibres, insuffisances taraudent la vie de la France, sans jamais, il est vrai, en avoir percé l'entière épaisseur. Ce mal n'en est pas moins une mise en accusation sans fin renouvelée de la vie française, durant les premiers siècles de sa modernité, jusqu'en 1850 au moins. Mais si la France paysanne souffre, elle n'en progresse pas moins, bien que son propre progrès ne suffise pas à la libérer. La libération – et, avec elle, des déformations et détériorations décisives – viendra avant tout du dehors.

Les changements peuvent-ils se situer ?

La vie ancienne se maintient, ai-je avancé, tant que l'hiver aura été l'épreuve répétitive des durs malaises de jadis. Sur ce point, il est difficile de dater l'ère nouvelle, l'hiver ayant signifié, dans le passé, à la fois le froid, les villages isolés par la neige ou la boue, les routes impraticables, les soudures difficiles des récoltes pendant lesquelles l'alimentation devient insuffisante, pour les hommes et pour les bêtes.

Cette vie ancienne, ai-je également dit, se maintient tant que le pain reste la nourriture essentielle, le moteur, par suite, du mouvement général des prix : ainsi en a-t-il été au moins jusque vers 1856, l'année où, par une pure coïncidence, se conclut, avec les fanfares militaires du retour, la lointaine et glorieuse guerre de Crimée (1854-1856).

Autres coupures : la très lente décadence de l'artisanat, surtout rural. Ou la victoire, lente aussi, esquissée à partir de 1840 [529], du charbon de pierre sur le charbon de bois.

Mais une vie ancienne, sous le signe d'une autarcie jamais éliminée, ne se continue-t-elle pas aussi tant que le cheval reste, dans les villes comme dans les campagnes, l'outil, le symbole d'une activité et d'une circulation qui, aujourd'hui, sembleraient désespérément lentes ? Dans le Nord et l'Est, le labourage, les machines à battre, les faucheuses et faucheuses-lieuses sont à traction animale. Sur les premiers « chemins de fer », les wagons auront été tirés par des chevaux. A Paris, les fiacres sont encore en service en 1914, les futurs taxis de la Marne viennent seulement de faire leur apparition. Plus encore, dans les campagnes – ainsi dans nos pays du Nord et de l'Est –, le cheval, longtemps signe d'économie avancée, demeure omniprésent. Et l'armée française, en 1939, s'embarrasse toujours dans ses transports hippomobiles : les batteries de 75 se déplacent, comme en 1914, avec leurs attelages, leurs cavaliers et leurs canonniers servants, assis sur les sièges des caissons.

Bornes et repères s'égrènent ainsi, au long du chemin. Si l'on acceptait leurs témoignages, l'économie paysanne s'attarderait étonnamment dans l'espace français. L'effacement de cette économie ancienne, de cet art traditionnel de vivre relèverait, en tant que problème lancinant, de l'histoire très récente de notre pays.

Pour ces problèmes d'évolution récente, il y a deux familles d'historiens. Ceux qui abordent le passé en venant du temps présent, ayant remonté à contresens le cours récent de l'histoire : ils voient de préférence les signes de progrès qui, longtemps à l'avance, préparent les transformations désormais accomplies sous nos yeux. Et ceux qui, comme moi (je suis, par formation première, un seiziémiste), l'abordent en venant des siècles antérieurs : ces historiens ont tendance à noter les ressemblances entre hier et aujourd'hui et rien ne les sortira de leur obstination tranquille.

Une seule solution : suivre les uns et suivre les autres, penser, accepter que le passé se prolonge, et qu'en même temps un certain avenir s'annonce. A ce double jeu, la France du XIXᵉ siècle et du premier XXᵉ siècle se présente comme un difficile champ d'investigation. A nous de ne pas vouloir, à tout prix, y fixer une coupure péremptoire.

Un progrès général et ses revers

Les statistiques le proclament : du début du XIXᵉ siècle à nos jours, le progrès a été constant, général. L'économie dite paysanne et qui, à un moment ou à un autre, cesse d'être paysanne à part entière, est soulevée, de bout en bout, par un mouvement qui s'est précipité durant les trente ou quarante années que nous venons de vivre – les *Trente* ou *Quarante Glorieuses.* Depuis, les incidents de parcours, les catastrophes, les difficultés, les déficits ont été régulièrement comblés ou surmontés. C'est ce que disait déjà Léonce de Lavergne [530], vers 1870 : « La prospérité publique s'est accrue depuis 1815, sinon sans intermittence, du moins sans interruption prolongée, et parfois avec de rapides et magnifiques élans. Le commerce extérieur a quintuplé, l'industrie a quadruplé ses produits et l'agriculture, moins agile dans sa masse, a presque doublé les siens. » Une accumulation, constamment, est à l'œuvre, elle pousse tout en avant. La fortune moyenne des Français, calculée d'après les successions, aurait été multipliée par 4,5 de 1825 à 1914 [531]. Mais, à la seule société parisienne – non à la France entière – le même calcul donne le multiplicateur de 9,5 [532].

Cet énorme privilège de la capitale rappelle que le progrès économique ne soulève pas de la même façon l'ensemble de la société. Certaines classes sociales, au XIXe siècle, voient leurs revenus s'envoler à des hauteurs jusque-là inimaginables. C'est le cas des milieux liés aux industries de pointe : les bénéfices de Kuhlmann (chimie) augmentent de 57 fois en quarante-cinq ans (1827-1872), ceux de la compagnie houillère de Noeux de 23 fois en vingt ans [533]... Imaginez les revenus d'Eugène Schneider, dit Eugène Ier, fondateur de la dynastie qui devait régner sur Le Creusot, régent de la Banque de France et personnalité politique par surcroît, qui fut en mesure, de 1837 jusqu'à sa mort, en 1875, d'augmenter sa fortune de 11 % l'an en moyenne (soit un doublement tous les six ans) [534] ! Or, pendant les trois premiers quarts du XIXe siècle, le revenu *pro capite* double à peine. La rente foncière double ou triple, mais aux dépens des petits propriétaires et des fermiers, défavorisés par la baisse des prix agricoles jusque vers 1840. Après quoi, il y a retournement, déclin de la rente foncière et « montée brutale » du profit agricole. Une montée qui ne correspond cependant qu'à un doublement en trente ans, qui débouche sur une crise et n'aura finalement concerné qu'une minorité d'exploitants, ceux qui cultivent avant tout pour le marché. Les autres n'ont participé que de loin au mouvement [535].

En fait, dans une économie en hausse, les moins avantagés souffrent plus durement qu'on ne le pense. Sont-ils trop nombreux, surtout dans les campagnes ? Je les vois victimes d'une inégalité sociale tenace, d'une *paupérisation relative*.

Il y a toujours eu, en France, à la marge des sociétés paysannes et urbaines, des masses de misérables sans emploi, de vagabonds et mendiants. Ces ultra-pauvres sont visibles dès le Moyen Age. Sans doute ont-ils toujours existé. En tout cas, ils ne cessent de se multiplier au XVIᵉ, au XVIIᵉ siècles. Au temps de Louis XIV, quoi qu'en dise Félix Gaiffe dans son livre célèbre [536], ce ne sont pas les financiers fallacieux et retors qui sont *L'Envers du grand siècle,* mais ces masses de misérables qui, en hiver, assiègent les villes et, en été, se dispersent dans les campagnes, que souvent ils terrorisent. Au XVIIIᵉ siècle, tout s'aggrave à nouveau. Que l'on songe aux ravages des brigands, des « chauffeurs » au nom sinistre, que réduisent, avec peine et vers 1803 seulement, les colonnes mobiles lancées à leur poursuite et les commissions militaires qui les jugent sans pitié [537].

Vagabonds, mendiants, brigands continuent de sillonner la France au XIXᵉ siècle. Chaque préfet lutte contre une mendicité endémique ; il l'exclut un temps de son département et proclame sa satisfaction et ses propres mérites ; les misérables gagnent alors les départements voisins, puis s'en reviennent un beau jour. Les circonstances aidant, ils apparaissent ou réapparaissent un peu partout. Lors des troubles qu'entraîne la disette de 1816-1817, les autorités en place s'inquiètent des faits et gestes de bandes de mendiants pillards. Le mot d'ordre officiel : réprimer le vagabondage [538]. Le ministre de l'Intérieur déclare : « Les troupes de mendiants sont maintenant ce qui nous occupe le plus : les mesures qui ont été concertées entre le ministre de la Guerre et de la Police générale et moi font espérer que la dispersion de ces attroupements sera très prompte. » [539]

De toute évidence, cette force asociale signale la mauvaise santé d'une société sans fin au bord de la gêne et de la misère, qui « décolle » mal, souvent jusqu'à la fin du XIXᵉ siècle, voire plus tard en ce qui concerne les régions pauvres, les moins évoluées.

C'est finalement l'appel des villes, au XXᵉ siècle, qui a peu à peu débarrassé les campagnes de ces populations flottantes. Encore en 1907, le Conseil Général de la Nièvre dénonçait « l'exode incessant sur les voies publiques » de chemineaux « qui vivent de rapines, terrorisent les populations des campagnes et sont souvent une cause de scandale dans les villes », qui véhiculent aussi les germes de maladies contagieuses [540]. De même, dans une région aussi pauvre que le Gévaudan, les procès renseignent, avec force détails, sur les vols et violences des vagabonds « jusqu'au jour où ils quittent définitivement le département [de la Lozère] pour s'installer en ville, vers les années 1910 » [541]. L'ancienne France – une certaine ancienne France – se prolonge jusqu'à une bien petite distance de nous.

Sans doute y a-t-il eu, au XIXe siècle, une prise de conscience de la gravité sociale d'un tel problème – c'est un fait nouveau. Guy Thuillier donne, pour le Nivernais, vers 1850, l'exemple significatif du débat qui s'instaure entre, d'une part, les autorités qui enquêtent sérieusement sur les conditions de travail, les maladies professionnelles, la misère physique des paysans dans les plaines fiévreuses, la sous-alimentation, les insuffisances de la médecine et des hôpitaux, le fléau de la mendicité – et qui proposent diverses solutions administratives – et, d'autre part, des pamphlétaires, qui clament contre une société qui abandonne ceux « qui n'ont pu trouver place au grand festin de l'industrie » et où « vingt-trois millions d'hommes... accusent de lèse-humanité la législation et les mœurs françaises » [542]. Un préfet entreprenant, en 1855, décide d'organiser « un fonds commun de la charité », en demandant aux notables de transformer leurs aumônes privées en une souscription volontaire en argent et en nature, acceptée pour cinq ans, recouvrée ensuite par l'administration comme une imposition et gérée par elle. Importantes au début, les souscriptions se raréfièrent peu à peu et l'œuvre disparut, dans la mesure où se vérifièrent son « impuissance à réprimer la mendicité » et ses résultats, en somme dérisoires, face à l'énormité du problème [543].

Le progrès d'ensemble : technique d'abord

Cependant, dans le domaine propre de l'agriculture, des progrès pas toujours bruyants ou spectaculaires, pas toujours efficaces d'entrée de jeu, mais novateurs à la longue, faisaient leur chemin.

Progrès des outillages avant tout. Pour la charrue, il faut mettre en vedette l'année 1824, date à laquelle Matthieu de Dombasle fonde sa fabrique d'instruments aratoires à Roville (département de la Meurthe) [544]. La faucheuse-lieuse Mac Cormick (américaine) apparaît à l'exposition de 1855 ; elle se répandra avec lenteur, mais avec persistance. La batteuse à vapeur avait fait son entrée plus tôt, en 1851 ; bruyante, tonitruante, elle se répand vite, sans éliminer pour autant les batteuses animées par des manèges de chevaux, qui fonctionneront au moins jusqu'en 1914.

Ces machines ne se généraliseront pas du jour au lendemain. Elles coûtent cher. Encore en 1852, l'araire prédominait dans le Centre et le Sud-Ouest et même dans le Vaucluse. A cette même date, « dans l'arrondissement d'Avignon, le plus propice aux cultures avec la charrue, il y a 3 972 charrues sans roue (l'araire) pour seulement 737 munies d'une roue ou un sabot et 385 d'un avant-train ». Dans la partie montagneuse du département, « il n'y a que des araires. » [545] Mais encore en 1921, dans l'Armagnac Noir, « on coupait le blé soit à la faucille, soit à la faux, soit à la faucheuse » [546]. La faucheuse, lorsqu'on l'utilise pour le blé, dépose, en bordure de son itinéraire, les javelles dont il faut ensuite, à la main, faire des gerbes.

Pourtant, peu à peu, les machines gagnent du terrain. Dans la France de l'Est, la moissonneuse-lieuse est partout en place, avant 1914. A la veille de la moisson, le tourment est de vérifier ses rouages, de la remettre en route : le maréchal-ferrant n'est pas toujours le réparateur idéal ; il soude mal, s'obstine à rebraser les pièces cassées... Heureusement le matériel est robuste. Car le mastodonte (c'est ainsi qu'on le voyait alors) n'a pas de moteur : ce sont les trois ou quatre chevaux de l'attelage qui le mettent en marche. Dans les champs de blé jointifs du triennal, le problème initial était de dégager du champ voisin le champ qu'on allait moissonner, de tracer sur son pourtour l'allée libre qu'emprunterait la machine, pour tourner autour de la pièce. Cela, dans la Meuse, s'appelait *décoter*. On décotait à la faux, sur la largeur de l'attelage de la moissonneuse-lieuse, si bien qu'il y avait un prélude qui reproduisait les moissons antérieures : derrière le faucheur, des femmes ou des hommes ramassaient le blé coupé et le liaient en gerbes qu'on mettait provisoirement de côté. Plus tard, quand le champ était dégagé, elles étaient rassemblées en *meulons,* pratique qui, dans la Meuse, remontait seulement au début du XIXe siècle [547].

Les nouvelles machines sont spectaculaires, mais leur rôle n'est-il pas trop souvent gonflé par les contemporains ? Voici, en tout cas, ce qu'écrivait, en 1913, Daniel Zola, professeur à l'Ecole de Grignon, et bon connaisseur des réalités de l'agriculture française : « L'emploi des machines est... un correctif fort utile de l'élévation des salaires ruraux dans tous les pays. C'est là une vérité incontestable. Mais il ne faut pas, même à ce sujet, exagérer l'importance du rôle qu'est appelé à jouer l'instrument mécanique en agriculture. Dans une foule de cas, le bras de l'homme est indispensable. Pour réduire les dépenses de main-d'œuvre, les transformations des systèmes de culture [entendez la lutte contre les assolements "vicieux"], le boisement des sols pauvres, ou la conversion des terres arables en prairies [évidemment artificielles] sont singulièrement plus efficaces que l'usage des instruments les plus perfectionnés. » [548] La révolution mécanique sera chez nous celle, beaucoup plus tardive, du moteur à essence.

Peut-être convient-il aussi d'avoir un jugement nuancé en ce qui concerne les avantages et les conséquences de l'usage des engrais. Je pense que ce qui a surtout compté, outre l'augmentation du fumier animal, c'est l'emploi qui ne cesse de s'accroître de la marne et de la chaux. Au XIXᵉ siècle, les fours à chaux – ainsi dans le Maine, mais ailleurs aussi – se multiplient. Quant à la marne, il suffit de disposer d'une main-d'œuvre suffisante pour l'extraire, la transporter, la répandre sur les champs comme l'on procède pour le fumier. C'est une tâche fastidieuse, mais les campagnes sont surpeuplées, ce ne sont pas les bras qui leur manquent. Vers 1857, sur telle grosse ferme de Rouvray, en Seine-et-Marne (250 hectares), le propriétaire « a marné la moitié des terres à raison de 50 mètres cubes par hectare » [549]. Dans le Montmorillonnais, vers 1830, la moitié au moins des terres étaient recouvertes par les landes ; celles-ci ont reculé, durant les vingt-cinq années qui suivirent, avec l'emploi de la chaux et de la marne [550] – exemple d'autant plus à retenir qu'il s'agit de toute évidence d'un pays pauvre, arriéré.

Joueront aussi leur rôle le guano du Chili, introduit vers 1850, les superphosphates en 1867, le nitrate de soude, le suint de laine en 1882, le sulfate d'ammoniaque en 1900 [551]. Très importantes, ces arrivées sont cependant tardives et les progrès agricoles du premier XIXᵉ siècle sont antérieurs à l'introduction de ces nouveaux engrais qui, d'ailleurs, se généraliseront lentement. Il est hors de doute, en somme, que les progrès de 1785 à 1850, et même à 1870, ont été accomplis avec des méthodes et des moyens le plus souvent anciens. Les prairies artificielles, qui continuent leur extension, ont été sans doute plus décisives que les nouveautés en matière de fumure. Commentant les progrès de la production agricole entre 1789 et 1859, Lavergne note que les terres incultes n'ont guère reculé que de 4 %, « bien peu de chose pour une si longue durée », mais que l'exploitation des terres cultivées a changé du tout au

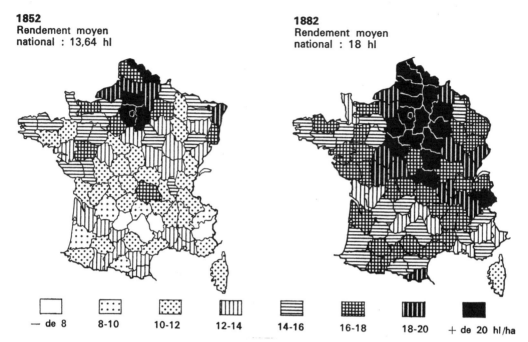

1852
Rendement moyen
national : 13,64 hl

1882
Rendement moyen
national : 18 hl

— de 8   8-10   10-12   12-14   14-16   16-18   18-20   + de 20 hl /ha

AUGMENTATION DES RENDEMENTS DU FROMENT
De 1850 à 1880, l'augmentation des rendements est générale, mais elle
n'efface pas les disparités anciennes selon les départements. (D'après F. BRAU-
DEL, E. LABROUSSE, *op. cit.*)

tout. En particulier parce que les « racines » (betteraves et
pommes de terre) occupent désormais 1 500 000 hectares au lieu
de 100 000, que le froment a progressé aux dépens du seigle, et
surtout que les jachères ont diminué de presque 50 % – 5 500 000
hectares au lieu de 10 – tandis que les prairies artificielles passaient
de 1 million à 2,5 millions d'hectares [552]. Le recul de la jachère
s'accélérera encore de 1860 à 1880 [553].

Finalement, il y a eu progrès et retard, avance et freinage.
Les rendements étaient très inégaux et, si nous les comparons à
ceux d'aujourd'hui, très médiocres. Toutefois, de 1815 à 1880, leur
progression, si elle est lente, est continue et *générale*, bien que les
différences entre régions se maintiennent (voir cartes ci-dessus).
Calculée par périodes décennales, la moyenne nationale des

180

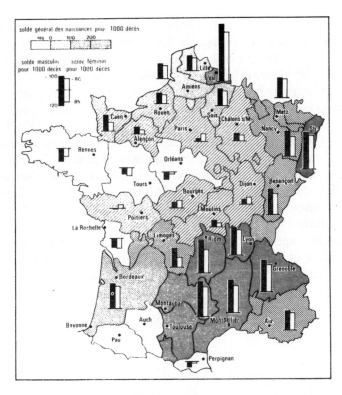

L'INCIDENCE IRREGULIERE DES CULTURES NOUVELLES (1787)
Cette carte des naissances et décès en France vers 1787 établit une distinction curieuse entre des régions en recul démographique (généralités de Rennes, Tours, Orléans, La Rochelle, Perpignan) et d'autres qui, se détachant d'une moyenne médiocre, sont franchement excédentaires, celles précisément où se sont précocement développées les cultures nouvelles, maïs et pomme de terre. (D'après F. Braudel, *Civilisation matérielle, Economie et Capitalisme*, III.)

rendements du froment passe de 10,5 hectolitres à 15 à l'hectare, soit un gain d'environ 40 % [554]. Mais elle demeure et demeurera très inférieure à celle des autres pays européens : en 1886-1889, malgré un rendement de 20 quintaux dans le département du Nord, « la moyenne nationale ne dépasse pas 11,8 quintaux à l'hectare, alors qu'elle atteint 15 quintaux en Allemagne, 18 en Belgique et 25 au Danemark » [555].

C'est ce retard, cette modicité qui prolongent, en France, l'économie paysanne ancienne et, du coup, la rapprochent de nous.

André Gauron a raison d'écrire : « La société française est demeurée jusqu'en ce milieu du XXe siècle profondément paysanne et rurale. »[556] Pour que la France paysanne bascule, il a fallu les tempêtes des Trente Glorieuses (1945-1975).

Car les retards de la France rurale tiennent à bien des raisons. Dont son hétérogénéité, sans doute : d'une région à une autre, d'un pays à un autre, l'histoire, les mutations, les progrès n'ont jamais été identiques, ni simultanés. La troupe n'avance pas, quand elle avance, au même rythme. Des coureurs dépassent les autres – je n'ai pas assez parlé de ces privilégiés – mais il y a, derrière eux, les traînards, lesquels sont majoritaires : ils pèsent sur l'ensemble rural. Toutefois celui-ci est-il l'unique responsable de son destin, de ses retards ? L'« économie paysanne », ce n'est pas seulement la France agricole, mais la France industrielle, la France marchande et c'est la somme de ces France qui rend compte de la progression économique générale. Ce sera l'objet du prochain chapitre.

CHAPITRE IV

LES SUPERSTRUCTURES

> *Le commerce, les manufactures, la circulation, le crédit public sont nécessaires [à la prospérité de l'Etat]... Mais chaque partie a des bornes et des proportions relatives entre elles. Tant que ces proportions sont gardées, elles s'entre-aident ; autrement, elles s'entre-détruisent.*
>
> Isaac de Pinto [1]

Superstructures, infrastructures – ce qui se passe en haut, ce qui se passe en bas de la société [2]. La division est commode, à condition de ne pas la croire parfaite ou péremptoire ; à condition, en se plaçant au haut de l'économie dite paysanne, de ne pas perdre de vue ses réalités de base – cet immense domaine majoritaire qui s'adapte plus ou moins bien aux contraintes des époques successives, plutôt mal, en raison de son énorme inertie, de sa persistance à rester lui-même. Les activités hautes, par contre, sont plus sujettes au changement, en raison, fort longtemps, de leur faible volume. La conjoncture, parfois, les bouscule. C'est ce que dit, à sa manière, Pierre Chaunu : « Le sommet bouge mais la base reste ferme. La plasticité sociale, au moins très relative, est au sommet. » [3]

Ce caractère oscillant des superstructures, est-ce un de leurs signes révélateurs ? Nous en jugerons en abordant successivement : le rôle des villes ; la nature *de la* ou *des* circulations ; la place diverse et variable de l'artisanat et de l'industrie ; enfin, ce que peuvent être, au fil des siècles, le commerce, les crédits multiformes et le capitalisme lui-même. Et, puisque l'économie dite *paysanne* est l'ensemble, contradictoire le plus souvent, de ces infrastructures et de ces superstructures, en fait de permanences et d'évolutions, j'essaierai, chemin faisant, de montrer comment oppositions, convergences et dénivellations s'accompagnent, ne cessent de coexister. Jusqu'à ce que, finalement, en dépit du retard des évolutions à la base, l'ensemble peu à peu se déforme en profondeur. Alors une autre économie, une autre France se dégagent à travers les turbulences, les changements et les violences de la contemporanéité. Elle vient seulement de surgir sous nos yeux.

Chronologiquement parlant, l'étude des superstructures nous fera accepter en général, non pas toujours, des cadres plus étroits que dans les chapitres précédents. S'appuyer sur des réalités saisies par la statistique – c'est ici la sagesse – exige en effet de s'en tenir le plus souvent, comme point de départ, à la fin du XVIIIe siècle : avant 1700, même avant 1750, seules la description et l'hypothèse sont à notre disposition. Je m'en servirai, bien sûr, chaque fois que ce recul dans le temps s'avérera profitable.

Quant au point final, vers le temps présent, nous avons déjà dit, à propos de la vie rurale, combien il est difficile de fixer une date qui marque une complète coupure. Pour les villes, la rupture surgit peut-être après 1945 ; pour les industries, des cassures se succèdent, en 1840, 1860, 1896, 1930, 1940, 1945... Et ces mêmes dates, à peu près, jalonnent l'histoire du commerce, des banques, du crédit, de la monnaie. En conséquence, selon les nécessités de l'explication, nous nous arrêterons à une plus ou moins grande distance du temps présent, dont l'analyse, en principe, sera laissée de côté. En principe seulement.

Car la référence au temps présent, tel que nous le connaissons et que nous le vivons, peut-elle être jamais absente d'une perspective de longue durée ? Elle se présente à l'esprit du lecteur comme à l'esprit de l'auteur, même lorsqu'elle n'est qu'implicite. C'est l'avantage d'une observation étendue largement dans le temps : les mouvements qu'elle révèle se relient d'eux-mêmes aux questions que nous pose, pour notre tourment, notre propre actualité.

I

LES VILLES D'ABORD

Les villes barrent, encombrent, animent l'histoire changeante de la France. Nous voilà contraints de revenir à elles, de commencer par elles ce nouveau chapitre. Cela pour plusieurs raisons. D'abord, leurs témoignages, mis en lumière par de nombreux historiens, remontent assez haut dans le passé. Ainsi se trouveront éclairés de longs préliminaires qu'on saisirait mal autrement et que, par cette voie, on traversera sans trop s'y perdre. En outre, elles se présentent comme un cas d'évidente exemplarité : nul doute, en effet (et bien plus qu'on ne le dit d'ordinaire), qu'elles ne soient des *superstructures*.

Car entre villes et villages se glisse une zone frontière ineffaçable, en place depuis toujours, une limite aussi tranchée que cette ligne montagneuse des Pyrénées dont on a dit : vérité en deçà, erreur au-delà. En fait, la supériorité de l'univers urbain ne s'établit que par rapport à l'univers rural qui le jouxte et s'avère d'une autre essence, d'une autre nature, d'autant plus différent que, par surcroît, il est assez tôt dominé, puis asservi. La superstructure urbaine est un système perché qu'explique le monde paysan sous-jacent, condamné à le porter sur ses épaules.

Les 10 % :
une ligne ancienne
et provisoire de flottaison

Le paradoxe apparent, c'est que la balance où se pèse le poids respectif des populations urbaines et des populations rurales semble pencher à contresens : en France comme en Europe, la ville a longtemps, très longtemps, pesé beaucoup moins lourd en hommes que les campagnes. Chez nous, *jusqu'en 1931* [4]. N'oubliez pas cette date tardive, surtout si elle vous surprend. C'est un utile rappel à l'ordre.

Minorité, en somme, la ville jouit cependant de quelques avantages évidents : ses partenaires sont dispersés, éloignés les uns

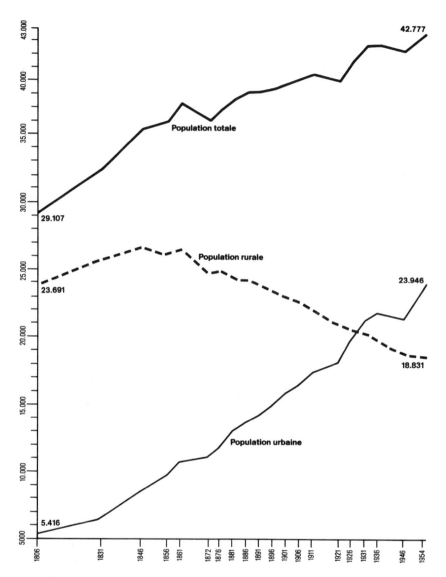

POPULATIONS RURALE ET URBAINE DE 1806 A 1954
Les populations s'égalisent en 1931.
Chiffres donnés en milliers d'habitants.
(Source : Y. Tugault, *Fécondité et urbanisation*, 1975.)

des autres. Dès sa naissance, elle est consciente d'une différence qui la définit, d'une lutte à mener, indispensable à son être même, à sa vie de tous les jours. Concentrée en un point du territoire, son coude à coude la met à l'abri des surprises et elle saura assez tôt se saisir du pouvoir, de la culture, en un mot d'une richesse qu'il lui faudra défendre, préserver, utiliser sans arrêt. Vérités tôt perçues, toutes de très longue durée.

En gros, entre 1450 et 1500 – un départ que nous choisissons faute d'un autre qui serait meilleur –, la population paysanne a représenté au moins les neuf dixièmes, soit l'énorme majorité de la population de la France. C'est un pourcentage que j'*imagine,* mais c'est à cette même proportion qu'arrive Heinrich Bechtel [5] lorsqu'il fait le décompte de la population de l'Allemagne, au XVe siècle. Ce chiffre – dix pour les villes, quatre-vingt-dix pour les campagnes – n'est évidemment qu'approximatif, au mieux *probable.* Mais serait-il légèrement plus, ou légèrement moins fort, qu'il reste un « indicateur » valable : neuf hommes sur dix ont alors vécu au village.

N'imaginez pas toutefois que cette proportion ait été le minimum obligatoire pour assurer le départ de toute *économie dite paysanne,* comme s'il fallait, pour que celle-ci se mît en mouvement, qu'un dixième au moins de sa population fût urbaine ! En fait, ce niveau, décelable vers 1450 ou 1500, représente un stade avancé déjà, une tension qui, au lendemain de la guerre de Cent Ans, me paraît même la preuve d'une certaine maturité, le terme d'une évolution déjà ancienne.

D'ailleurs, nous disposons, pour des époques bien plus tardives, d'exemples légèrement au-dessous ou au-dessus de cette proportion d'un contre neuf. En 1812, l'année de la campagne de Napoléon en Russie, la Livonie et l'Estonie comptent, à elles deux, 811 000 habitants : les villes (dont Riga et Reval qui ne sont pas négligeables) y groupent seulement 66 000 individus, soit, en simplifiant un peu les chiffres, 8,1 % pour les villes, 91,9 % pour les campagnes [6]. Une vingtaine d'années plus tôt, en 1796, l'immense économie en retard qu'est la Russie tourne tant bien que mal, mais tourne avec 6 ou 8 % seulement de citadins [7]. Et, si le lecteur se reporte à la carte de la page 188, il verra qu'au début du Premier Empire, certains départements français se signalent encore par de très faibles taux d'urbanisation : Côtes-du-Nord, 3,1 ; Creuse, 4,4 ; Dordogne, 4,6 ; Vendée, 5,7 ; Corrèze, 5,9... A titre de comparai-

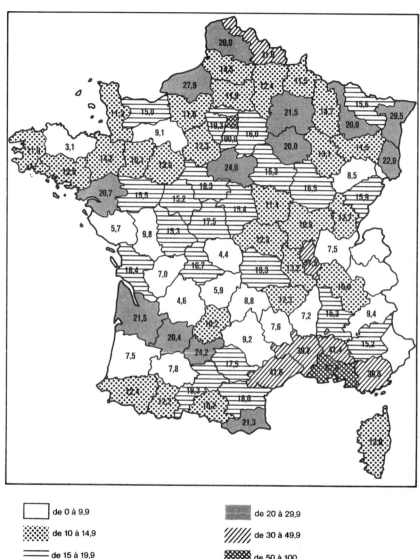

de 0 à 9,9

de 10 à 14,9

de 15 à 19,9

de 20 à 29,9

de 30 à 49,9

de 50 à 100

**DISPARITE DES TAUX D'URBANISATION PAR
DEPARTEMENT - 1806**
(Source : Y. Tugault, *Fécondité et urbanisation*, 1975.)

son : dans l'Angleterre du *Domesday Book* (1083 - 1086), pour 1 500 000 habitants – densité kilométrique, 11,4 – le pourcentage des villes est de 7 % ; trois siècles plus tard, en 1377, pour 2 600 000 habitants, densité 20, il est de 10 % [8].

Quant à la Chine, encore en 1949, elle n'avait que 10,64 % de citadins pour 542 millions d'habitants. Toutefois, en 1982, 20,83 % sur une population d'un milliard de personnes. Progrès rapide, fantastique de l'urbanisation, sans doute, mais récent, accordé au rythme accéléré du monde actuel [9]. L'idéal serait de voir, ce qui s'appelle voir, les débuts (si débuts il y a) d'une urbanisation. Mais même des régions peu développées, en France, comme le Gévaudan (la Lozère actuelle) ou le Vivarais [10] (l'Ardèche actuelle) ne nous offrent pas la solution recherchée. Ce qui serait leurs débuts urbains échappe à l'observation.

En tout cas, les 10 % probables du royaume de Charles VII ou de Louis XI ne sont pas à sous-estimer. J'en arrive même à *supposer,* au risque de me tromper lourdement, que la France exubérante, euphorique, de Saint Louis, qu'un siècle presque sépare encore des désastres de la Peste Noire et de la guerre de Cent Ans, n'avait peut-être pas dépassé ce niveau d'urbanisation. Elle était, assurément, bien plus peuplée que le royaume dont, en 1461, héritera Louis XI, peut-être 21 ou 22 millions d'habitants pour celle-là contre 12 ou 13 pour celui-ci. Mais cette France réduite de moitié en nombre, ou peu s'en faut, entre 1350 et 1450, s'est surtout dépeuplée dans ses campagnes. Les villes, derrière leurs remparts construits ou reconstruits à la hâte, ont, mieux que le « plat pays », traversé la tourmente de la guerre de Cent Ans. N'est-ce pas derrière les murs de Neufchâteau que Jeanne d'Arc, enfant, se réfugia ? En milieu urbain, la peste, sans doute, fait bien plus de victimes que dans le monde paysan, mais l'attrait des villes reste tel que leur population se reconstitue, tandis que celle des campagnes fléchit [11].

La place grandissante des villes

Ce sont tout de même – les exceptions mises de côté – des villes très modestes que ces cités médiévales. Elles émergent seulement au-dessus de leurs campagnes, elles ne les dominent pas encore vraiment. Il faudra du temps pour que « le marché urbain... coordonne la vie économique de toute la région [qui l'entoure] et prenne le pas... sur l'aspect agraire de la ville » [12]. Et plus de temps encore pour que les relations de ville à ville tirent vers le haut l'ensemble des réseaux urbains. L'émergence a été lente. Et s'il y a eu à cette époque un capitalisme urbain, il en était à ses tout premiers stades. Bref, il convient de ne pas situer trop tôt les fortes excellences urbaines.

Sans doute, dès avant le XIVe siècle, les villes françaises avaient progressé, elles avaient acquis des libertés, des franchises (communes et villes franches), créé des institutions nouvelles. Mais d'une part, leur effort d'autonomie s'est heurté aux « deux pouvoirs les plus solidement structurés, l'Eglise et la Royauté » [13], à celle-ci encore plus qu'à celle-là. De sorte que, de gré ou de force, elles se sont trouvées « insérées dans une politique territoriale dont les perspectives dépassaient singulièrement leur horizon et leurs intérêts immédiats » [14]. D'où des difficultés internes. D'autre part, leur autonomie même les a conduites à des endettements hors de proportion avec leurs revenus [15]. Enfin, si, durant l'interminable guerre de Cent Ans et les catastrophes qui l'accompagnent, elles ont été les points forts, les piliers de mêlée, elles n'en ont pas moins subi le contrecoup de temps hostiles à toute croissance. Toutefois, progrès capital, le plus important peut-être, c'est au cours de la guerre de Cent Ans que la ville se libère progressivement des seigneurs et du régime seigneurial [16], libération significative en dépit de maintes survivances, tenaces et lourdes, prolongées jusqu'à l'extrême fin de l'Ancien Régime.

Mais au-delà de 1450, après le retour à une paix bienfaisante, c'est avec une vivacité toute nouvelle que les villes se remettent en mouvement. Tout les avantage : la forte poussée démographique, le bond en avant de la productivité des campagnes et la reprise rapide de la production agricole, certes, mais aussi l'épanouissement des activités proprement urbaines, un dynamisme nouveau de l'artisanat et de l'économie marchande [17]. Dès le milieu du XIVe siècle, les prix « industriels » – c'est-à-dire ceux des produits urbains – sont à la hausse, tandis que les prix agricoles se dépriment [18]. Les « ciseaux » des prix ouvrent leurs branches dans le bon sens pour le profit des villes. Avec l'essor vif et les récupérations du XVIe siècle, au gré de la révolution des prix inflationnaire qui soulève tout [19] et, au premier chef, leurs activités, elles reprennent du poids, se peuplent, développent leurs faubourgs et sont bientôt capables de travailler à leur gré les campagnes qui les entourent et ne savent guère se défendre contre elles.

Pour Werner Sombart [20], cette *révolution des prix* du XVIe siècle, autant, si ce n'est plus qu'à l'abondance des métaux précieux d'Amérique déferlant sur l'Europe, serait à imputer à l'action des villes : elles ont concentré chez elles la richesse monétaire, mobile et grandissante, et, du coup, créé l'inflation dont elles ont été les moteurs. C'est vrai en partie. Ce qui est certain, c'est que l'histoire traditionnelle des prix, telle que, historiens, nous la présentons, a été un processus avant tout urbain, disons *superstructurel*, qui, souvent, aura passé au-dessus de la vie des paysans.

Mais n'imaginons pas ces villes actives à l'image des nôtres. Longtemps encore, ne serait-ce que pour se nourrir, elles devront largement compter sur elles seules, sur leur propre territoire, et gagner leur pain à la sueur de leur front. Par force, « elles conservent des liens étroits avec l'agriculture. Elles sont pastorales et l'on peut y rencontrer des bovins, des ovins, ainsi qu'une multitude de volailles et de porcs, ces derniers assurant l'éminente fonction de nettoyage des rues. Celles-ci en ont grand besoin, d'ailleurs, étant donné la promiscuité urbaine, le caractère embryonnaire de l'organisation édilitaire et l'absence de pavage. Dans ses murs et [près d'elle] à l'extérieur, la ville accueille des clos de vigne, des jardins potagers, voire des champs. Quelques jardins d'agrément y sont aussi aménagés autour de demeures aristocratiques ou ecclésiastiques. Enfin, la périphérie urbaine est marquée par le regroupement des artisanats polluants : travail du cuir, de la laine »[21]. Cette description de nos villes du XIIe siècle vaut pour celles du XVIe dont Bernard Chevalier, dans son dernier livre [22], remet en honneur l'appellation ancienne – les « bonnes villes » – et essaie d'estimer le vrai rôle, jusqu'aux désordres prolongés de nos guerres de Religion.

Evidemment, des chiffres seraient plus satisfaisants que des descriptions suggestives. Les hasards de la documentation nous en donnent quelques-uns à propos d'Arles, pour la lointaine année 1437-1438. Les deux tiers de ses habitants, alors, sont laboureurs, brassiers, possesseurs de troupeaux, bergers, pêcheurs, chasseurs et « boscadiers » ; ils vivent de la terre, de l'immense territoire d'Arles. « Dans le tiers restant, à peu près tous possèdent ou exploitent au moins une parcelle de vigne. Arles est une ville de la terre », « une agroville »[23], conclut Louis Stouff.

Mais toutes les villes auront été, pour des siècles encore, logées à cette même enseigne. Les vignerons de Paris, la vendange venue, ne suffisaient-ils pas à troubler et à réjouir la capitale entière ? L'intrusion de la vie agricole dans les villes est la preuve de leur insuffisante spécialisation, d'une imperfection de la division du travail, au moins jusqu'à la fin de l'Ancien Régime, voire au-delà. Un handicap de longue, de très longue durée.

Les villes
et le roi

Autre handicap, de longue durée lui aussi, la ville dont l'importance politique, économique et sociale ne cesse de grandir, ne se libère d'un côté que pour s'aliéner de l'autre – tantôt le voulant, tantôt ne le voulant pas. C'est que, une fois la guerre de Cent Ans terminée, le pouvoir monarchique a repris force et vigueur avec les règnes durs de Charles VII (1422-1461) et de Louis XI (1461-1483) : dès lors, il frappe, agit, ruse.

Avec Louis XI surtout, la mainmise royale s'alourdit. Toute ville qui ne se soumet pas est durement traitée, mise au pas par une intervention armée. C'est le sort d'Angers, Besançon, Dole, Arras, Cambrai, Valenciennes, Douai, Saint-Omer, Perpignan... Songez à l'exécution exemplaire d'Arras : occupé en 1477, ses habitants sont expulsés en masse en 1479 ; la ville est même débaptisée et de nouveaux habitants sollicités de la coloniser ! Expérience que justifiait, a-t-on dit, la sécurité du royaume, mais qui échoua finalement. Arras n'en dut pas moins céder à la force [24].

Mais l'obéissance, désormais à l'ordre du jour, ne s'obtient pas nécessairement par la seule violence. Louis XI s'efforce aussi de séduire les notables en les dressant contre le menu peuple, tout en s'employant à réduire les autorités urbaines à de petits groupes, à quelques individus que l'on peut gagner avec plus de facilité que des administrations plus étoffées. Si bien qu'à l'intérieur des villes se constitue une bourgeoisie politique étroite, mieux une aristocratie, qui impose au gouvernement urbain ses lignages et les perpétue.

Entre ces aristocraties et la monarchie, il y a donc souvent connivence, voire complicité. Les villes se placent à l'abri de la garantie monarchique, sans doute pour mieux se défendre contre le menu peuple de la cité et les paysans de la contrée voisine, mais aussi pour échapper en partie à l'impôt du roi qui se remet en place avec Charles VII. Et, pour la politique royale, les villes deviennent de plus en plus les agents essentiels d'une opinion publique [25] avec laquelle il faut compter ; tout Etat, se modernisant, ne peut exercer son pouvoir sans une complicité sociale. La monarchie a donc recherché l'appui des villes – au moins des maîtres des villes – pour qu'ils choisissent de collaborer. Par là s'amorce ce qui sera, par excellence, l'histoire sociale et politique de la France à venir. A l'origine, bien souvent, la soumission, l'abdication, presque la trahison des autorités citadines.

Donc, nos villes n'ont pas évolué, même dans les pays septentrionaux, plus exigeants sur ce point que ceux du Midi, vers le type de républiques urbaines qu'ont connu l'Italie, l'Allemagne ou les Pays-Bas. Est-ce un bien, est-ce un mal ? Un bien immense, dira Machiavel, admirant la montée en France du pouvoir politique et d'une monarchie soucieuse d'imposer l'unité du territoire. Mais il est clair qu'en conséquence, l'essor, le levain urbains n'ont pas travaillé à plein la lourde histoire de notre pays. Il y a eu gêne, contrainte, trop de gourmandise de la part de l'Etat.

Sans doute, au fil du temps, en raison d'antagonismes latents, les villes s'efforceront de secouer le carcan. Chaque fois que l'Etat monarchique aura connu des difficultés sérieuses – par exemple pendant la Ligue à la fin de nos guerres de Religion (à Marseille notamment [26]) ou pendant les heures troubles de la Fronde (ainsi à Bordeaux [27]) – elles essaieront de se libérer, au moins de reprendre du poil de la bête. Inutilement car le temps leur aura chaque fois manqué. Le destin de la France ne leur a pas donné la force suffisante à leur émancipation et finalement, soyons justes, je les vois victimes autant que coupables. La plante végète qui pousse sur un sol et dans un milieu hostiles.

Privées des ambitions, des émulations et rivalités parfois féroces des cités qui, ailleurs, se sont constituées comme des Etats agressifs et conquérants, les villes françaises se sont réfugiées dans la pénombre de la tranquillité. D'ordinaire, l'histoire cruelle frappe les paysans, non la ville qui, dans sa fatuité, les méprise. La ville qui, au temps de Louis XI comme plus tard, se sent un monde à part, un secteur à l'abri : « Qui dira jamais exactement, s'exclame Bernard Chevalier, quelle paix secrète a procuré dans le fond des consciences [urbaines] l'assurance conférée par ces hauts murs, ces tours altières et ces portes soigneusement fermées à clef ? » Le cas échéant, la ville parvient même à vivre sur ses réserves, sur son propre territoire : « Quand la demande intérieure [s'amenuise ou] s'écroule et que les marchés lointains se ferment, il reste encore entre les mains des collecteurs de taxes, des notaires, des gens de justice et des magistrats, assez de ressources pour faire marcher le commerce et maintenir l'activité des métiers. »[28] Pour vivre en paix, dans une ambition limitée.

La fixité
du réseau urbain

Après 1450, le réseau des villes françaises reste tel qu'il a été dessiné des siècles et des siècles plus tôt. Et tel, sous le poids de cet héritage, il se maintiendra des siècles durant, presque inchangé. Retenez le mot de Jean-Baptiste Say au XIXe siècle (1828) : « La plupart [des] rues [de Paris ont été] faites avant François Ier. »[29]

Les créations urbaines, entre 1500 et 1789, ont été peu nombreuses : Le Havre, en 1517, n'est que la fondation d'un port qui tardera à devenir une ville ; Vitry-le-François est construit pour recevoir la population de la petite ville proche de Vitry-en-Perthois, brûlée par Charles Quint, en 1544 ; la création, en 1608, de Henrichemont, par Sully, et de Charleville par Charles de Gonzague (sur l'emplacement ancien d'Arches) répond à des gestes de magnificence, à la portée exclusive de personnages immensément riches. Seule Charleville allait devenir une vraie ville (cependant à peine 300 habitants au début du XVIIe siècle)[30]. Le cardinal de Richelieu sacrifie à cette tradition ostentoire quand il crée, en 1637, sa propre ville de Richelieu[31] – Sully avait déguisé son œuvre, à Henrichemont, sous le nom même du roi, précaution à laquelle le cardinal ne s'arrêta pas – mais cette ville ne se développera pas et n'est plus, aujourd'hui, qu'une sorte de musée insolite, à 60 kilomètres de Tours.

C'est à cette même pensée de magnificence que répond – mais au plan sans égal du Roi Soleil – la construction, en 1661-1682, du palais de Versailles, « scène..., autel du royaume »[32]. Elle entraîne, autour de lui, la construction d'une ville. Paris aura été, par là, privé de certains des avantages que lui procurait le séjour de la Cour, mais son destin n'en fut pas vraiment affecté.

Signalons enfin, à partir de 1666, l'édification de Rochefort, que Vauban fortifiera, face à l'océan mais à l'intérieur des terres ; celle de Lorient, construit sur l'emplacement de Port-Louis, cédé à la Compagnie des Indes ; celle de Sète qui sera le second port de France sur la Méditerranée. A signaler aussi, mais pour mémoire, les modifications qu'apporte Colbert à Brest, à Marseille, à Toulon... Et, parmi les trois cents villes que Vauban a fortifiées ou auxquelles il a imprimé sa marque, quelques-unes qu'il a créées *ex nihilo :* en 1679, Huningue, Sarrelouis, Longwy ; en 1681, Mont-Louis ; en 1687, Fort-Louis ; en 1692, Mont-Royal et Mont-Dauphin ; Neuf-Brisach, en 1698, sur la rive gauche du Rhin. Etroites villes où « le dispositif militaire tolère des habitants mais point trop » [33]. Et qui, par la suite, végéteront.

Somme toute, la liste des créations nouvelles est à inscrire dans la colonne des exceptions, lesquelles, comme toujours, confirment la règle. Sur un millier de villes, peut-être une vingtaine.

Les sites urbains

Donc, les villes françaises subsistent là où elles ont été implantées jadis, soit à l'époque gallo-romaine (presque toujours les plus grandes), soit aux XIe et XIIe siècles, lors de la profusion d'un tissu urbain nouveau, interstitiel, qui souvent d'ailleurs réanime plus qu'il ne fonde.

Rien d'étonnant à ce qu'elles se maintiennent sur place : le site est, pour elles, le point d'attache dont il est impossible de se libérer. Une ville, dès qu'elle compte un millier d'habitants et même moins, ne peut vivre qu'ouverte sur l'extérieur, ce qui implique dans son voisinage, à sa portée, des zones où elle trouve l'eau, les vivres, le bois, les matériaux lourds de construction et enfin les hommes – puisque aucune ville, jadis et jusqu'au XIXe siècle, n'assurait le renouvellement de sa population sans des apports extérieurs, avant tout ceux des zones rurales proches. Mais celles-ci ne suffisaient pas, tant s'en faut.

Paris a eu la chance d'être situé au milieu d'un pays favorisé, qu'on peut dire « complet ». N'est-ce pas grâce à cette suffisance que la ville aura traversé les années, terribles souvent, de la guerre de Cent Ans ? « L'eau y est abondante, à la différence de la Grande Beauce ; les rivières sont relativement poissonneuses..., les forêts passent pour giboyeuses ; les campagnes de Gonesse étaient réputées pour leur richesse céréalière ; les coteaux d'Issy et de Suresnes fournissaient un vin apprécié ; prairies inondables et bas-fonds favorisaient l'élevage, et un humble village comme

195

Vanves produisait du beurre "si excellent que ceux de Flandre et de Bretagne n'en approchent point" ; le bois ne manquait pas ; et si, comme à Ferrières-en-Brie, les gîtes minéraux restaient modestes et peu variés, on exploitait des carrières de bonne pierre aux portes mêmes de la ville, dès le faubourg Notre-Dame-des-Champs. » [34] Les campagnes cernaient Paris de leurs champs, de leurs moissons, même, à l'occasion, de terres redevenues incultes : en septembre 1465 (la guerre sévit alors entre Louis XI et le Téméraire), Commynes raconte la méprise de ces « chevaucheurs » qui, arrivant près de Paris par temps peu clair, virent « grant quantité de lances debout... Ils s'en approchèrent... ils trouvèrent que c'estoient grans chardons » [35], couvrant les champs jusqu'aux portes de la ville.

Mais la première image qu'évoquait une ville, jadis, était celle d'une enceinte. Et ce sont ses murs [36] (si l'on se reporte au vieux dictionnaire de Furetière) qui lui confèrent sa dignité de ville. Vérité de toujours, si l'on en croit Roberto Lopez, médiéviste de haute réputation qui, à ce sujet, rappelait avec humour à son interviewer [37] que « l'hiéroglyphe qui signifiait la ville, au temps des pharaons, consistait en une croix inscrite dans un cercle, autant dire une croisée de routes et une enceinte ». Une enceinte percée de portes, passages obligés pour ses relations avec l'extérieur, mais aussi points faibles de sa défense. Si bien que cette ouverture sur le dehors est parfois des plus restreintes : Dunkerque, en 1708, telle encore que Vauban l'avait fortifiée, « n'a que deux portes du côté de la terre qui sont la porte Royale et la porte de Nieuport » [38]. Encore la dernière n'est-elle ouverte que les jours de marché – défense oblige. Par contre, construit entre 1785 et 1787, le mur des Fermiers Généraux, qui entoure Paris sur 23 kilomètres de longueur, comportera 17 grandes portes d'octroi et trente petites, toutes (grandes et petites) ayant leur bureau de perception. Il est banal de dire, mais nécessaire de rappeler, que les villes, aussi closes soient-elles par leurs murailles, sont avant tout des croisées de chemins, soit des aboutissements et des points de départ, des traversées d'une porte à l'autre de l'enceinte.

Evidemment, situations et sites sont plus ou moins favorables. Dans l'implantation *initiale* des villes, l'eau navigable semble avoir joué un rôle primordial [39]. Mais il y a des gages de fortune privilégiée : se trouver sur une rivière au point où elle devient navigable, là où se crée une rupture de charge entre routes de terre

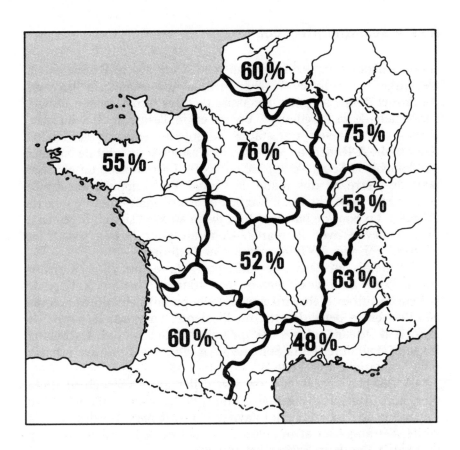

INDICE D'ATTRACTION VILLES-RIVIERES.

La région du Nord, riche en rivières navigables, paraît moins favorisée qu'on ne l'attendait, soit du fait de l'existence d'agglomérations industrielles récentes, indépendantes des rivières et figurant sur cette carte ; soit parce que des rivières effectivement navigables n'apparaissent pas à l'échelle de la carte Vidal de la Blache (par exemple la Deule à Lille).

Dans le Midi méditerranéen, au contraire, de médiocres rivières figurent avantageusement, et le Rhône, qui traverse en étranger, attire des villes qui majorent l'indice régional. Cependant cet indice trouve là son minimum.

(Carte et commentaire de Jules Blache, *in : Revue de géographie de Lyon*, 1959, p. 19.)

et voies fluviales ; détenir un gué, ou un pont qui franchit aisément fleuve ou rivière. Voyez Strasbourg et son pont stratégique sur le Rhin qui joue son rôle pour le passage des marchandises ou des armées. Voyez Angers où le resserrement de la vallée donne une facilité exceptionnelle de passage. Voyez Nantes, qui possède le premier pont sur la Loire pour qui vient de l'océan. Voyez Avignon et son célèbre pont, construit au XIIe siècle : si le Rhône est là très large, il s'y divise en deux bras, ce qui atténue la force du courant et donne au pont une assise de terre ferme, en son milieu, sur le tiers de sa longueur [40]. Voyez, entre Tarascon et Beaucaire, le pont de bateaux qui, faute de mieux, enjambe le Rhône redoutable. A Rouen, au XVIIe siècle, c'est aussi un pont de bateaux qui franchit la Seine : inauguré en 1630, il a remplacé un colossal pont de pierre en dos d'âne, le Grand Pont, appuyé sur treize arches, qui, miné par le sol fragile qui le soutenait, s'était en partie effondré. Le pont de bateaux dura jusqu'au XIXe siècle ; ingénieux, il se soulevait avec la marée, s'ouvrait pour laisser passer les navires. « Louis XVI lui-même vint l'admirer. » [41]

Toutefois un fleuve ne suffit pas à faire une ville : Orléans sur la Loire a eu sa chance de voir tourner l'histoire entière de la France autour d'elle, mais aurait-elle pu la saisir, située comme elle l'est entre deux déserts qui l'isolent : au nord, la nappe de la forêt d'Orléans, plus vaste qu'aujourd'hui ; au sud, les bois et les eaux stagnantes de la Sologne ? Au vrai, pas d'histoire urbaine plus dramatique que celle-là.

Villes privilégiées, à coup sûr, celles qui s'approchent de la mer, non au début des estuaires, mais là où, vers l'intérieur, l'eau s'apaise pour l'accostage des navires : ainsi Rouen, Bordeaux... En vérité, l'étranger les attire, elles en vivent et ne tournent que trop souvent le dos à la France intérieure.

Non moins favorablement situées, les villes qui se sont établies à la frontière de régions différentes, condamnées de ce fait à l'échange, ne serait-ce qu'entre plaine et zones montagneuses. Une guirlande de villes se noue ainsi autour des Alpes.

Cependant, sauf Paris et Toulouse, « les très grandes villes [françaises], en voie de croissance rapide, sont, en forte majorité disposées sur le pourtour, "en semis périphérique" : Nantes, Bordeaux, Marseille, Toulon, Grenoble, Lyon, Strasbourg, Lille. » [42] L'*intérieur* du royaume, comme dira souvent le marquis d'Argenson dans ses *Mémoires,* est quasiment vide et « sonne le creux ».

A condition de forcer ses obstacles, de capter ses possibilités, l'espace participe à la vie des villes. Le succès, pour elles, est de savoir saisir ce qui est à portée de leur main : Bar-le-Duc, en 1717, bien placée pour frauder et introduire en France (la Lorraine alors n'est pas française) les toiles interdites des Indes, ne rate pas pareille aubaine [43] ; Granville, en 1812, utilise à longueur d'années 25 à

30 grosses « gabares » de trois à dix-huit tonneaux, pêche des huîtres, des homards, des crevettes, envoie quelques navires à la pêche à la morue, fait enfin un cabotage continu de Nantes à Brest jusqu'à Dieppe [44]. Le risque parfois est de se laisser gagner par la chance qui s'offre, par le profit saisissable, et de ne voir qu'eux. Nantes qui prospère avec le commerce des îles et la traite négrière – ni plus ni moins – se détache à la fin du XVIIIe siècle de sa campagne proche. Elle la trahit si bien que la bourgeoisie vend même ses domaines fonciers. Arthur Young s'étonne : « Par quel miracle se fait-il que toute cette splendeur et cette richesse [nantaises] n'aient aucune liaison avec la campagne ? » [45]

Forcer, lever les obstacles, provoquer les échanges, accroître les trafics, c'est à quoi tendent l'organisation des foires et la multiplicité des marchés. Ainsi, en Poitou, au temps de Louis XIV, dans la seule élection de Luçon, on compte 87 foires annuelles, plus 18 marchés hebdomadaires ($18 \times 52 = 936$ marchés) [46]... Et ne croyez pas qu'il s'agisse là d'une région suractivée.

En fait, la prolifération saisissante des foires marque fréquemment l'effort de bourgs et de petites villes, dans telle ou telle région plutôt mal lotie, pour y intensifier les échanges. Dans le Vaucluse, en 1815, les foires se multiplient dans les régions de vie difficile (Bollène, 11 foires annuelles ; Valréas, 9 ; Malaucène, 8 ; Apt, 5), alors que dans les plaines plus favorisées de l'ouest du département, elles déclinent en nombre et en importance [47]. Ornans, marché de blé au débouché de la vallée jurassienne de la Loue, à la marge d'une France arriérée, organisait encore au XIXe siècle 24 foires annuelles, « le premier et le troisième mardi de chaque mois » [48]. Dans les Alpes du Nord, particulièrement en Haute-Savoie, les foires de la grande montagne – bovins, moutons, mulets – sont depuis longtemps plus importantes que celles des vallées et des pays d'en bas.

Dans les multiples liaisons villes-bourgs, villes-villages, villes-villes, qui, inlassablement, tissent et retissent la vie matérielle essentielle de la France, c'est la ville qui, sans fin, donne le branle : ses marchés battent la mesure ; elle est la prêteuse d'argent, le lien avec le grand commerce et le capitalisme ; l'Eglise, l'Etat campent chez elle ; la justice, l'organisation administrative lui appartient et elle est, par excellence, « la civilisation de l'écrit » [49]. En 1851, l'économiste Adolphe Blanqui peut écrire : « Deux peuples différents [l'urbain et le rural] vivent sur le même sol d'une vie

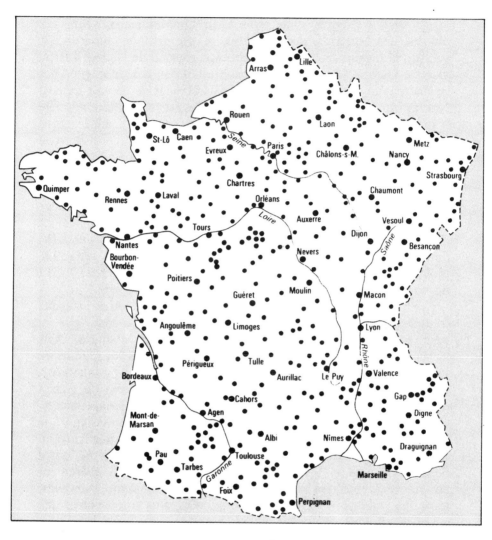

UNE FRANCE ENCORE CRIBLÉE DE FOIRES EN 1841.
D'après *Dictionnaire du commerce et des marchandises,* 1841, I, pp. 960 sq.

tellement distincte qu'ils semblent étrangers l'un à l'autre, quoique unis par les liens de la centralisation [politique] la plus impérieuse qui fut jamais » [50]. Deux peuples contraints à coexister et qui, de la sorte, forment un tout. L'un, l'urbain, commande l'autre et le parasite, l'exploite, mais le soulève au-dessus de lui-même. Il est la condition *sine qua non* de tout essor, s'il n'en est pas la condition suffisante [51].

Les hommes indispensables

Bien sûr, le problème clef du destin des villes, c'est leur ravitaillement en hommes, hier comme aujourd'hui. Aujourd'hui, à cause de leur monstrueuse poussée qui leur donne plus d'appétit que l'ogre de la fable. Hier, de façon ininterrompue, en raison de leur déficit permanent en vies humaines. Pour combler cet excédent de la mortalité et pour se développer, même à petits pas, la ville doit sans cesse renouveler ses élites marchandes et bourgeoises, plus encore sa main-d'œuvre, celle des artisans qualifiés et celle d'un prolétariat de manœuvres.

Mais ces villes de jadis résolvent toutes ce problème essentiel, sans même avoir à s'en préoccuper outre mesure. Elles recrutent sans arrêt des hommes autour d'elles, et parfois très loin d'elles (voir cartes pp. 202-203, et vol. I, pp. 163-168). Répondant à leurs besoins, l'immigrant accourt. Les sources permettent rarement de compter le pourcentage de ces étrangers dans les populations urbaines, mais leur origine géographique ressort clairement des analyses d'actes de mariage ou de décès dans les hôpitaux. Venu de près ou de loin, l'immigrant se logera dans les quartiers que lui désignent soit la proximité de la porte par laquelle il entre, soit le regroupement, dans telle partie de la ville, de provinciaux de même origine que lui, exerçant souvent le même métier. Les quartiers de Paris dessinent ainsi une série de petites provinces, résultat d'une division du travail et non moins d'une répartition sociale exigeante. Mais aussi de l'organisation spontanée d'une structure d'accueil.

Ce qui frappe le plus, dans ces mouvements de population vers les villes constamment en perte de main-d'œuvre, c'est que ce problème, à nos yeux vital, se résolve facilement, comme de lui-même. Il est vrai que la masse des ruraux est énorme par rapport à la masse urbaine. Mais la mobilité de la population française,

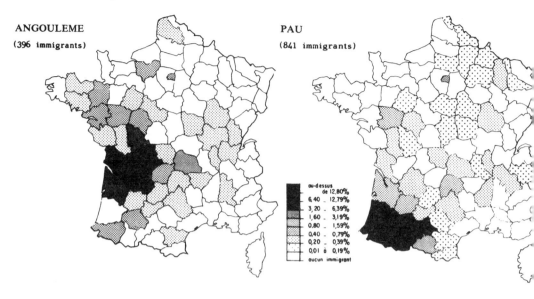

ANGOULEME
(396 immigrants)

PAU
(841 immigrants)

au-dessus
de 12,80%
6,40 - 12,79%
3,20 - 6,39%
1,60 - 3,19%
0,80 - 1,59%
0,40 - 0,79%
0,20 - 0,39%
0,01 à 0,19%
aucun immigrant

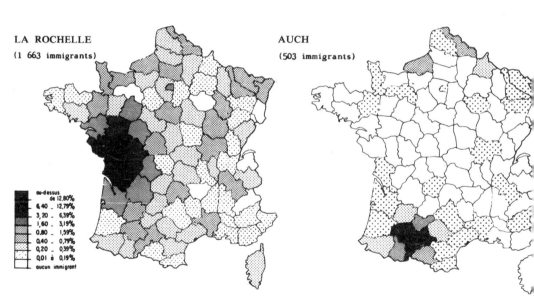

LA ROCHELLE
(1 663 immigrants)

AUCH
(503 immigrants)

au-dessus
de 12,80%
6,40 - 12,79%
3,20 - 6,39%
1,60 - 3,19%
0,80 - 1,59%
0,40 - 0,79%
0,20 - 0,39%
0,01 à 0,19%
aucun immigrant

L'IMMIGRATION DANS QUELQUES VILLES DU SUD-OUEST.

Chaque ville a sa zone de recrutement particulière, qu'elle conserve prioritairement bien que l'attraction de Bordeaux (p. 203) déborde sur l'ensemble du Sud-Ouest.

(Source J.-P. Poussou, *Bordeaux et le Sud-Ouest au* XVIIIe siècle 1983.)

BORDEAUX

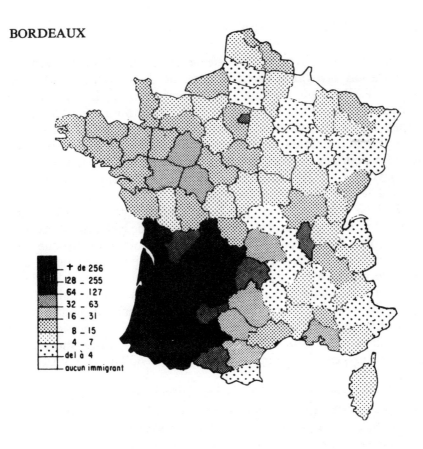

comme de la population européenne, a de quoi surprendre. Elle répond à toutes les demandes ou promesses de l'économie. Ainsi, Arles, ville déchue de ses gloires anciennes, concurrencée par Marseille, par Aix et même par Aigues-Mortes, se redresse à la fin du XVe siècle. Et cet éveil suffit à lui procurer des immigrants, certains, assez nombreux, venus même de la France du Nord. On voit que tout est possible [52]. De même, Nantes, au XVIe siècle, assure sa croissance démographique continue grâce, avant tout, à sa campagne proche et à la Bretagne, mais aussi au Poitou, à la Normandie, à la vallée de la Loire jusqu'à Orléans. Et l'on y trouve quelques Marseillais, à côté de Portugais, d'Italiens et d'une respectable colonie espagnole [53].

Que Lyon, à la fin du XVe siècle, ait besoin de main-d'œuvre, l'émigration savoyarde (dont la zone de dispersion s'étend alors jusqu'à l'Allemagne du Sud, l'Italie méridionale, l'Espagne et des parties notables de la France) est bien située pour répondre à cet appel. Des contemporains affirment même que « les deux tiers de Lyon sont enfants descendus de Savoyens » ; que « presque tous les hommes de bras, qui font le tiers de la ville, sont du pays de Savoie » [54]. Ils exagèrent certes : des recherches précises indiquent que la part du Savoyard, en 1597, à Lyon, n'est que de 21,2 % – mais ce n'est pas là un chiffre négligeable. D'autant que ce mouvement migratoire est une source pérenne d'ouvriers du textile, qu'il dépasse en nombre l'apport plus proche des originaires du Forez, du Lyonnais et du Beaujolais, lesquels à eux tous ne représentent que 18,3 % , et des Dauphinois, 7,2 % [55]. En tout cas, quelle que soit sa source, parfois très lointaine (voir carte du volume I, p. 168), ce ravitaillement en hommes de l'énorme agglomération lyonnaise – presque la moitié de sa population – est pour elle une question de vie ou de mort : ses activités exigent des hommes nouveaux « qu'elle engloutit sans cesse » [56].

Ne parlons pas de Paris, ogre de bien plus grande taille, de bien plus grand appétit ! Sur la population bigarrée de ses « gens de peine », presque tous provinciaux, Savoyards et Auvergnats, Limousins et Lyonnais, Normands, Gascons, Lorrains, les images de Sébastien Mercier à la veille de la Révolution française sont inoubliables [57]. Mais Paris est une ville à part.

Il est plus étonnant de voir Bordeaux, au milieu du XVIIIe siècle, lorsqu'elle développe ses activités maritimes et commerciales avec une vigueur qu'ignorent les autres villes du Sud-Ouest, gonfler sans difficulté le courant de ses immigrants. Ils lui arrivent, comme toujours, de la Gironde proche, mais aussi désormais d'un périmètre extrêmement élargi. Et pas seulement de milieux ruraux, bien que ceux-ci gardent la première place, bien entendu. De forts contingents de main-d'œuvre, et même des commerçants, des négociants, lui arrivent d'autres villes, en particulier du Sud-Ouest. Cependant, et le fait est significatif, même les villes qui répondent à cet appel gardent chacune leur emprise sur leur territoire proche, où Bordeaux puise peu. La ville possède en somme son « bassin démographique » traditionnel, qui est sa chasse gardée [58].

Les villes face à l'économie de la France

Peut-on avancer que la ville est responsable de la vie matérielle, à vrai dire sans éclat, d'une France lentement engagée sur la voie de la modernité ? Contrairement à Jacques Laffitte, déjà cité dans le chapitre précédent [59], qui, en 1824, voyait l'expansion industrielle française freinée par des campagnes encore à l'heure du XIVᵉ siècle, faudrait-il dire : la faute en est aussi aux villes ? La France rurale n'aurait pas été entraînée à suffisance par le moteur urbain, même au XVIIIᵉ siècle, dont les cinquante dernières années, cependant, marquent un tel essor que l'accusation, à peine formulée, semble déplacée.

C'est un fait, assurément, que les villes progressent toutes, encore que lentement, de 1500 à 1789. Elles profitent toutes de la croissance démographique générale qui, d'elle-même, gonfle leurs populations et leurs faubourgs, augmente leur consommation. Cette expansion, nette dès le XVIᵉ siècle, l'est plus encore durant le XVIIIᵉ : elles sont alors sous le signe du changement, de la splendeur architecturale, elles se dégagent de leur gangue médiévale, abattent, non sans hésiter parfois, leurs murailles [60], ouvrent des rues droites, élargissent leurs quartiers...

Au XVIᵉ siècle, un urbanisme naissant anime déjà une politique « volontariste » dont le gouvernement monarchique est souvent l'ouvrier. C'est un fait que l'art italien de la Renaissance, sans bouleverser tout, intervient en des points divers du territoire. La carte empruntée au livre de Jean-Robert Pitte (p. 206) est significative. S'y marque la primauté exubérante de la vallée de la Loire où la présence de nos rois a fixé longtemps, jusqu'aux environs de 1525, le cœur vivant de notre pays, voire de notre civilisation. Paris ne s'impose qu'avec le second quart du siècle, en raison de la préférence que lui accorde alors François Iᵉʳ (1516-1547) dont la Cour reste cependant itinérante. Tout compte fait, la capitale n'échappe pas à la contagion du nouveau style : en son centre, sur la place de Grève, « la vieille maison communale » fait place à un élégant Hôtel de Ville qui est, à Paris, le premier grand bâtiment édifié dans le style nouveau (1532-1549) [61].

Au total, l'empreinte de l'architecture Renaissance marque peu nos villes du XVIᵉ siècle, mais symétrie, perspectives, lumière, ouverture de grands axes font désormais partie de l'esthétique

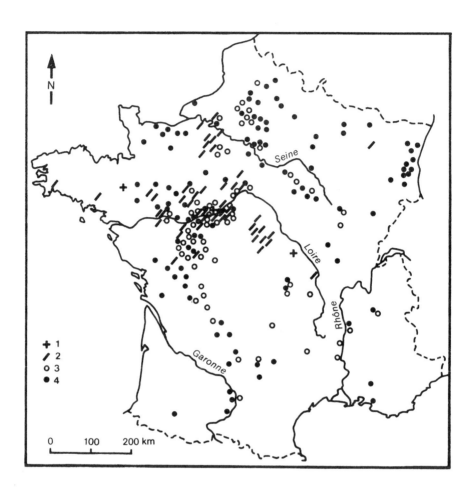

L'ARCHITECTURE CIVILE DE LA RENAISSANCE JUSQU'A FRANÇOIS Iᵉʳ.

Les nouveaux édifices style Renaissance, relativement rares en France, apparaissent surtout dans le sillage de la monarchie – c'est-à-dire dans la vallée de la Loire et la région parisienne.

Localités dans lesquelles existent un ou plusieurs édifices transformés ou bâtis dans le style renaissant sous le règne de Charles VIII (1), Louis XII (2), François 1ᵉʳ (avant 1525), (3), François 1ᵉʳ (après 1525, date de son installation à Paris), (4). Liste publiée par L. Hautecœur, *Histoire de l'architecture classique*, 1963.

(Source : Jean Robert Pitte, *Histoire du paysage français,* II, 1984).

urbaine et cet héritage italien va s'épanouir, à partir de Louis XIV, dans l'art classique [62].

Au siècle des Lumières, un goût renforcé de l'urbanisme s'en donne presque partout à cœur joie. « Le remodelage de l'espace urbain, écrit Jean Meyer, atteint [alors en France] des proportions... grandioses. Supprimons un instant par la pensée tout ce qui, dans nos villes actuelles, date de la période 1650-1790 : que resterait-il du centre, non pas simplement de nos grandes villes, mais aussi... de tant de nos très petites villes ? Et ce sont la plupart du temps, plus que de simples remaniements, de véritables reconstructions... Le Bordeaux du grand négoce avec son admirable ordonnance est, comme le Nancy de Stanislas Leckzinski, l'image même de la réussite du remodelage urbain » de cette époque [63]. Paris, évidemment, comme toujours – « il n'y a de mode que de Paris » –, tient la vedette. La capitale est semée de chantiers, que signalent partout les hautes roues élévatrices qui servent à la montée des matériaux et les taches blanches que laissent, dans les rues, les semelles des plâtriers revenant de leur lieu de travail [64].

Ces activités se poursuivent au XIXe siècle et aboutissent à Paris au monstrueux chambardement du baron Haussmann, nommé préfet de la Seine en 1863. Les villes de province ont également eu leur part. Ainsi « Le Mans, Laval, Angers, note Léonce de Lavergne vers 1860, ont doublé depuis trente ans ; des quartiers neufs, bien bâtis et bien aérés, enserrent ou remplacent les masures sales et pauvres d'autrefois ; un luxe de bon aloi, qui n'a rien d'artificiel ni d'exagéré, s'y déploie... » [65]

Le plus curieux c'est que l'Etat – malgré la masse des impôts prélevés – et les villes, où les gens riches ne sont pas rares, n'aient eu, ni celles-ci ni celui-là, des ressources suffisantes pour mener à bien ces rénovations, qu'il leur ait fallu renoncer à des projets trop importants. Le mot qui revient, dans les nombreuses histoires urbaines dont nous disposons pour la France [66], c'est « le manque de moyens ». Aussi bien à Bordeaux, en plein essor, qu'à Toulouse où, par surcroît, l'absence d'un intendant retarde les décisions nécessaires, à Marseille, à Lyon (où la place Bellecour se dégage), à Rouen qui se contente, par force, d'innover à sa périphérie, à Caen où la participation de la ville à son propre urbanisme n'a pas dépassé 10 % au XVIIIe siècle.

A Rennes, le problème se pose avec urgence, après les ravages d'un fantastique incendie qui s'allume dans la nuit du

23 décembre 1720 et ne s'arrête, grâce à une pluie providentielle, que six jours plus tard ; 945 bâtiments de la ville haute ont été détruits, soit le cœur de la cité ; ne restent debout que 1 367 maisons, dont la majorité se trouve dans la ville basse, pauvre et insalubre [67]. Or la ville n'a pas, à elle seule, les revenus suffisants pour réparer le désastre.

Elle se tourne alors vers l'Etat qui n'est pas lui-même d'une générosité sans limite, bien qu'il prétende imposer, par une série d'arrêts du Conseil du Roi, ses solutions, ses plans, ses architectes et ses ingénieurs : « Chiche de ses deniers, il ne l'est point de règlements. » [68] Elle sollicite aussi les Etats de Bretagne, eux-mêmes soumis aux décisions royales ; elle emprunte ; elle obtient des réquisitions de l'intendance ; elle sous-paie les paysans transporteurs ou les maçons, recrutés parfois malgré eux, par ordonnance ; elle discute avec les ingénieurs chargés de la reconstruction, avec les fournisseurs, avec les propriétaires de terrains...

Et logiquement tout traîne : la population, relogée dans les maisons restées debout et dans les faubourgs, y étouffera longtemps encore ; les baraques de bois provisoires, construites un peu partout avec des autorisations officielles au lendemain de la catastrophe, se maintiendront malgré l'ordre de les détruire, en 1728. Il faudra une quinzaine d'années pour que les habitations soient reconstruites, une trentaine pour l'achèvement des travaux et édifices publics. Cela parce que les trop vastes projets d'urbanisme envisagés par les architectes et les autorités de la ville (non sans conflits et discussions, source en soi de retards) ont interdit, plusieurs années durant, toute initiative des propriétaires de terrains et se sont heurtés, finalement, à l'impossibilité de réunir les fonds nécessaires. La ville n'en réalisera qu'une partie, assez pour se ruiner, pas assez pour transformer radicalement son espace. Seront abandonnés, entre autres, les projets de fontaines, de conduites d'eau, d'alignement du fleuve pour l'assainissement de la ville basse, régulièrement inondée...

Finalement, c'est aux anciens propriétaires que sera remis, en 1728, l'essentiel de la reconstruction des habitations. Elle se fera alors rapidement, la bourgeoisie de Rennes ne manquant pas d'argent. Autour de la place Neuve et du palais du Parlement, conçus par la ville, surgissent des quartiers élégants, aérés par de larges rues rectilignes ; les plus riches habitants y construisent de beaux hôtels particuliers et des immeubles destinés à la location. Cependant, la ville basse, ainsi que l'est et l'ouest de la ville haute, quartiers aux ruelles sinueuses et malpropres, restent inchangés [69].

Retenons ce dernier trait : l'investissement privé dans l'immobilier. Car partout en France, à côté de remodelages urbains toujours partiels, la construction nouvelle a été essentiellement le fait de gens riches, avec l'édification d'hôtels privés (aussi bien à Nancy qu'à Besançon ou à Lille), ou de maisons à étages destinées à des locataires aisés. Le profit est certain : dans toutes les villes, ou presque, une crise du logement accompagne la croissance démographique. A Caen, où comme à Rennes « l'impéritie de l'Etat entrepreneur » a fini par céder la place aux spéculateurs, la construction privée s'envole vers 1770, en même temps que le prix des loyers [70].

Urbanisme brillant donc, ne chicanons pas, mais mesuré. Toutes les villes n'ont pas abattu le mur qui les entoure et souvent les étouffe. Celui de Rennes ne disparaîtra qu'à la fin du siècle, en 1774-1782. Le mur abattu, on dresse des grilles pour percevoir l'octroi et créer l'illusion, toujours vivace, de la ville close ! Surtout, aucune de ces villes n'a liquidé – ce qui s'appelle liquider – l'héritage des rues tortueuses et puantes, caractéristiques des cités médiévales. Même celles qui s'offrent de somptueux monuments pour un parlement, une intendance, un présidial, ou une maison de ville, n'ont pas réussi à se libérer d'une saleté proverbiale, malgré l'amélioration de leurs adductions d'eau, ou leurs efforts pour se débarrasser des ordures : à Lyon, on les enlève dans des sacs que portent des ânes, tandis qu'à Lille, où les eaux divaguent, « le nettoiement des rues et l'enlèvement des eaux usagées se font au moyen de charrettes et de tonneaux à l'étanchéité douteuse » [71]. Toutes les villes – même les grandes, les plus travaillées par la crise de l'urbanisme : Rouen, Nantes, Bordeaux, Lyon, Marseille, Toulouse, Lille – réussissent mal à se sortir des malédictions de jadis. Pierre Patte se désole encore, dans un livre qui paraît en 1772, de ce que dans ces capitales, de toutes parts, coulent « les immondices à découvert dans les ruisseaux, avant de se rendre dans les égouts... ensuite c'est le sang des boucheries ruisselant au milieu des rues... Enfin, lorsqu'il pleut, vous apercevrez tout un peuple inondé d'une eau sale et malpropre provenant de la lavure des toits qui, par leur disposition, centuplent l'eau du ciel... » [72].

Quelle est la plus malpropre de nos villes ? En 1656, Narbonne, selon deux beaux esprits, Bachaumont et Chapelle, nordiques, comme il se doit, et poètes : « Vieille ville, riment-ils, toute de fange / Qui n'es que ruisseaux et qu'égouts... » *Latrina mundi, cloaca Galliae,* ont dit d'autres voyageurs[73]. Ne les croyez pas sur parole : Narbonne a surtout le tort, grave sans doute, d'être construite sur des terrains très bas et l'Aude l'inonde avec trop de régularité. Quant à la première place à ce tableau qui n'est pas d'honneur, vous pourriez tout aussi bien l'attribuer à Rouen. Eugène Noël a raconté le Rouen de son enfance, « une ville infecte » aux rues et ruelles débordant d'immondices, même dans ses « quartiers honnêtes », aux taudis ignobles dans « l'épouvantable gueuserie du clos Saint-Marc... obscur et fétide labyrinthe... impénétrable à la police... Une immense puanteur s'élevait de ce cloaque et se répandait par toute la ville... Rouen se sentait d'une demi-lieue »[74]. Le choléra de 1832 imposa un certain nettoiement des rues, mais Flaubert pestait encore dans ses lettres à Bouilhet contre les ruelles malodorantes qui ne disparaîtront qu'avec les percées du Second Empire[75].

Mais revenons à des questions plus importantes : la part essentielle de l'investissement immobilier et des capitaux privés dans le remodelage urbain du XVIIIe siècle (et même antérieur : n'est-il pas responsable, grâces lui en soient rendues ! de la construction, au temps de Henri IV, de la superbe place des Vosges ?) est-elle, en soi, un signe de vitalité économique ? Faut-il répéter avec tout un chacun : « Quand le bâtiment va, tout va » ?

A ce sujet, bien des historiens sont réticents. Roberto Lopez[76] a tenté de démontrer :

1) qu'à la fin du Moyen Age, le Nord européen, qui ne connaît pas une richesse comparable aux grandes villes de Méditerranée, construit de vastes églises, tandis que le Midi ne leur donne pas une pareille extension, comme s'il avait mieux à faire de son argent ;

2) que la Florence de Laurent le Magnifique connaît une régression économique au moment même de ses splendeurs architecturales et intellectuelles. C'est aussi ce que Jean Georgelin suggère pour la Venise du XVIIIe siècle[77] ou Andrzej Wyrobisz à propos de la Cracovie du XVe siècle. Et Witold Kula leur apporte le concours de sa haute autorité : « Que la construction de luxueuses maisons bourgeoises dans les villes ait coïncidé avec des

périodes de retombée du cycle des affaires me semble tout à fait plausible. » [78]

Ainsi, il y aurait eu dépense, gaspillage de fonds accumulés qui ne trouvaient plus à s'employer utilement. Est-ce le cas chez nous ? Au dire d'historien [79], « le consulat lyonnais, autrefois assez économe des deniers de la ville, devint très dépensier sous Louis XIV », époque de difficultés successives. L'explication, apparemment, c'est que les villes, grandes ou petites, trouvent facilement à emprunter. Elles s'endettent toutes [80]. Mais en ce qui concerne l'investissement privé ? Dans le long terme, dit Pierre Chaunu, il est clair que toute poussée démographique, avec son corollaire, la montée des loyers, lance la construction : c'est le cas à Cambrai, au XVe siècle. Ou à Lille, qui accueille de trop nombreux immigrants au XVIIe siècle [81]. Ou à Caen dont l'intendant disait, en 1759 : « La ville est si peuplée qu'on ne peut pas trouver à s'y loger. » [82] Le tassement de la population entraîne, au contraire, un arrêt du bâtiment : c'est le cas à Rouen, de 1680 à 1720 [83].

Mais il y a construction et construction. Au XVIIIe siècle, ce qui pousse dans toutes les villes de France, c'est un habitat « noble », une architecture de pierre de qualité. Cette « solution de la maison lourde répond, peut-être, à la difficulté de capitaliser les surplus de production... Elle permet mieux que l'or de conserver un capital » accumulé [84]. Preuve *a contrario,* le premier démarrage industriel du XIXe siècle verra une croissance beaucoup plus faible du bâtiment : de même qu'à Paris (où la population de 1817 à 1827 a augmenté de 25 % et les maisons de 10 % seulement) [85], les ouvriers de Lille et d'ailleurs s'entasseront dans les caves et les greniers [86] aussi longtemps que la croissance économique absorbera les capitaux disponibles. Ne rejoignons-nous pas là les explications de Roberto Lopez et de Witold Kula ?

Sur le taux d'urbanisation

Ces interrogations reposent le problème urbain en son entier. Il est plus que probable, du point de vue d'une éventuelle modernisation de l'économie française, que l'élan des villes, même au XVIIIe siècle, reste insuffisant. Elles auront progressé, mais pas autant qu'il l'eût fallu, si l'on en juge d'après les économies contemporaines d'avant-garde – les Provinces-Unies, l'Angleterre.

D'ailleurs, si l'on s'en tient à la règle habituelle selon laquelle est *ville* toute agglomération qui compte plus de 2 000 habitants groupés, les 1 000 et quelques agglomérations urbaines retenues représentent seulement 16,5 % de la population en 1789, 18,8 % en 1809 [87], contre 10 % vers 1500. Le moteur urbain aurait gagné en puissance 6 ou 9 points de plus, mais en presque trois siècles. C'est une progression à peine perceptible au fil du temps.

Encore ces chiffres ne sont-ils pas forcément valables.

La césure habituelle de 2 000 habitants ne peut pas valoir pour toutes les époques. Je m'en suis déjà expliqué [88] et il est indispensable d'y revenir. Marcel Reinhard s'est trouvé devant ce problème pour la France de la Révolution et de l'Empire [89]. Or, son jugement est catégorique : pour lui, pas de ville digne d'être considérée comme ville, à cette époque, si ce n'est au-dessus de la barre des 10 000 habitants. Du coup, au lieu d'un millier, ne resteraient en ligne que 76 villes. Et à elles toutes, ces villes – y compris Paris – représentent 2 564 000 personnes, soit à peine 9 % de la population française. Bien sûr, on peut discuter sur le chiffre de 10 000 et aboutir à des conclusions différentes. Mais il est indubitable que celui de 2 000 ne correspond plus à une population et à une économie qui, s'étant dilatées, exigent des moteurs urbains d'une puissance accrue pour répondre aux essors des temps nouveaux.

D'autre part, ce changement d'échelle augmente la part relative de Paris, non plus le sixième de la population urbaine de la France (calcul sur la base de 2 000 habitants), mais le quart si ce n'est davantage (calcul sur la base de 10 000). Du coup se trouve grossie la responsabilité de la capitale qui, comme on le sait, privée d'un contact direct avec la mer, à la différence de Londres par exemple, n'entraîne pas l'économie française à suffisance. Chez nous, cette puissance d'entraînement se partage entre plusieurs villes importantes, alors qu'en Angleterre, il y a Londres et presque rien d'autre ; dans les Pays-Bas, Amsterdam et presque rien d'autre. Le système urbain français manque ainsi de cohésion et d'unité, d'autant qu'il se disperse du fait de l'immensité relative, alors, du territoire.

La comparaison s'impose donc entre le pourcentage de l'urbanisation dans notre pays et chez nos voisins. Le graphique de la page 213 répond à cette question. Il reprend les chiffres calculés par Paul Bairoch [90], des chiffres différents parfois de ceux

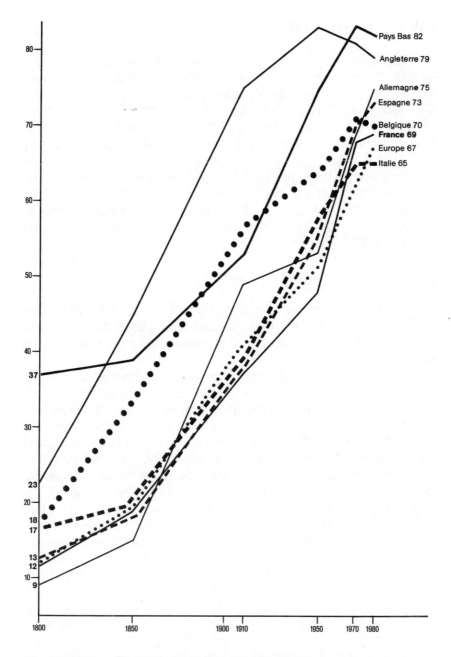

POURCENTAGES D'URBANISATION EN FRANCE ET DANS
LES PAYS VOISINS D'EUROPE, DE 1800 A 1900.
(Source : Paul Bairoch, *Villes et économies dans l'histoire,* 1985, p. 288.)

213

qui nous sont offerts, ici ou là, car, par souci de cohérence, il a eu soin d'appliquer aux divers pays d'Europe les mêmes principes de comptage. Il ressort de ces données numériques que la France, vers 1800, est en retard sur l'Angleterre (12 % contre 23 %), sur l'Italie (17 %), sur les Pays-Bas (37 %, le record), même sur le Portugal (16 %) et l'Espagne (13 %), cependant en proie à une crise profonde de désurbanisation, en avance pourtant (j'en doutais *a priori*) sur l'Allemagne (9 %), atteignant juste la moyenne de l'Europe (12 %). Il y a donc, en gros, un retard de la France. Elle n'aurait pas atteint le taux d'urbanisation qui aurait permis le « décollage ». Encore en 1850, elle se situe au niveau relativement bas de 19 %.

Les villes face à l'économie (suite et fin)

Avec plus ou moins de netteté, les villes françaises, prises dans cette insuffisante urbanisation, portent témoignage de l'infériorité nationale. Mais cette infériorité, la créent-elles ? Je n'en suis pas persuadé.

Je ne nie pas leur inertie fréquente : nombreuses sont celles qui vivent au ralenti, mais pourraient-elles vivre autrement ? Je me suis attardé, dans un volume antérieur, au cas de Besançon ; j'ai signalé aussi celui de Caen – une ville, comme dit son historien récent, Jean-Claude Perrot, « en hibernation ». Il faudrait en citer des dizaines et dizaines d'autres. Est, pour moi, une ville dormante celle qui se contente, pour l'essentiel, de parasiter ses campagnes proches ; une classe d'*officiers* et une étroite catégorie de propriétaires, généralement bourgeois, peuvent ainsi y vivre à leur aise, mais la masse de la population ne connaît qu'une existence précaire, pour le moins terne. C'est le cas de Rennes, après comme avant l'incendie. C'est le cas de beaucoup de villes à l'intérieur du royaume, à la différence des villes marginales régulièrement avantagées.

C'est le cas, jusqu'à la caricature, de la grosse ville d'Angers, « la ville noire aux mille toits d'ardoise » qui, vers 1650, selon un de ses historiens récents, « n'a pas beaucoup changé depuis un siècle et ne changera guère dans les cent cinquante années suivantes » [91]. En 1770, malgré ses 25 044 habitants (dont 16 879 *intra muros*), elle est encore bien peu animée. Pourtant, elle est au centre d'une zone agricole prospère qui, en outre, produit largement lin et chanvre. Elle dispose, avec la Maine et la Loire, d'une merveilleuse position pour les transports. Mais elle reste peu ouverte à l'entreprise industrielle, encore au XVIIIᵉ siècle. Lorsqu'elles s'y implantent, industries lainières, fabriques de toiles à voiles ou de toiles peintes, raffineries de sucre n'y durent guère, d'ordinaire. Même les carrières d'ardoise, à ses portes, sont des entreprises mal organisées. Non que l'argent manque, « mais ses craintifs possesseurs préfèrent aux aléas des affaires industrielles les revenus médiocres mais sûrs de leurs propriétés foncières » [92].

Il en résulte une « vie aisée mais modeste pour la bourgeoisie grande ou moyenne qui, à l'instar de la noblesse, n'a d'ailleurs qu'un pied en ville : presque tous les bourgeois d'Angers ont une propriété dans la campagne proche, y passent une partie de l'année et en tirent, en nature et en argent, une fraction plus ou moins importante de leurs revenus » [93]. Par contre, sauf pour les boulangers, les bouchers, les aubergistes et les tanneurs, la vie des artisans est difficile, en particulier celle des tisserands, fileurs et fileuses... Détail significatif : un dixième de la population est constitué par des domestiques.

En résumé, « Angers est avant tout [si l'on songe à ses privilégiés] une ville de magistrats, de professeurs, d'ecclésiastiques et de rentiers » [94]. Encore en 1783, selon le receveur des finances de la généralité de Tours, ses habitants « préfèrent l'indolence dans laquelle ils sont élevés aux soins et au travail assidus que nécessiteraient des entreprises majeures et des spéculations hardies. Privée d'énergie, la génération actuelle végète comme a végété celle qui l'a précédée, et comme végétera celle qui lui succédera » [95]. Un tel jugement vaudrait pour nombre de nos villes somnolentes.

Les villes industrieuses témoignent dans un sens opposé. Elles se défendent, elles agissent, elles savent utiliser les circonstances. Toutefois, vu leurs structures différentes, qu'elles sont difficiles à bien saisir !

La plupart du temps, leurs activités industrielles débordent sur les villages et bourgs qui les entourent. Au XVIIIᵉ et au XIXᵉ siècle, au moins jusqu'aux environs de 1850, une industrie rurale (une proto-industrie) ne cesse, à partir de centres urbains, de s'étendre comme des taches d'huile envahissantes. Au total, une révolution. Mais ce sont des spectacles si souvent renouvelés, à travers la France et à travers l'Europe, qu'il faut faire effort pour y être, comme il se doit, attentif. Chaque fois, ou presque, le bourgeonnement industriel, parti de la ville, est resté plus ou moins sous son contrôle, voire à sa merci. Ainsi se sont multipliés des ateliers ruraux, organisés par les négociants du centre urbain, autour de Laval, autour du Mans, autour de Saint-Etienne, de Voiron, de Grenoble, de Troyes, de Lodève... De même, au XVIIIe siècle, autour de Carcassonne, l'une des villes d'industrie textile les plus actives de France, comparable, pour le travail de la laine, à Rouen, à Elbeuf, à Louviers, à Reims, à Amiens, à Sedan... En 1731, un subdélégué assure que « Carcassonne n'est qu'une manufacture de draps, remplie de cardeurs, tisserands, fileuses et tondeurs de draps ; toute la campagne fourmille et de fabricants et d'ouvriers, ce qui a même été porté à l'excès et nuit à l'agriculture. Dans les années où le travail des draps abonde, on ne trouve qu'avec peine et fort onéreusement des ouvriers pour donner des façons aux vignes, ni des femmes pour sarcler les blés ». Même témoignage en 1733 [96].

Rouen offre un spectacle plus caractéristique encore. Quand, au début du XVIIIe siècle, l'industrie nouvelle du coton s'y installe et y bouleverse le marché de la main-d'œuvre et les orientations de la production textile, la « rouennerie » (toile métis de lin et coton) ne reste pas enfermée dans la ville : elle s'en échappe vers « le plateau de Boos, les environs de Cailly, le Roumois et surtout le pays de Caux, au point qu'en 1707, les syndics de la chambre de commerce de Normandie affirmaient que 30 000 familles de la campagne gagnaient leur vie à filer du coton ». Du coup, de nombreux marchands débitent les balles de matière première – le coton en laine importé par Rouen – jusque dans de petites agglomérations, « à Routot, à Bourg-Achard et même dans les modestes paroisses comme Hauville, Illeville-sur-Montfort, etc. » [97]. Mais que la ville reste au centre de cette activité largement étendue à travers la Normandie, la preuve en est fournie par l'énorme et rapide progression du nombre des pièces de toiles (coton, lin ou métis) passant au bureau de la marque de Rouen : 60 000 pièces en 1717, 166 000 en 1732, 435 000 en 1743, 543 000 en 1781 [98]...

Sans doute l'industrie cotonnière a-t-elle concurrencé et tué finalement l'ancienne draperie rouennaise. Mais Rouen est une ville vivante, toujours prête à aller de l'avant. Elle défend pied à pied son commerce maritime contre les aléas de la conjoncture ; elle s'engage dans toutes sortes d'entreprises, grosses et petites. Toiles peintes, passementerie, chapeaux de laine, tapisseries, bas au métier, faïence, papier, raffinage du sucre, verreries, fabriques de savon et d'amidon, tanneries, filature mécanique du coton sur des machines importées subrepticement d'Angleterre, blanchiment des toiles au chlore selon le procédé nouveau de Berthollet, laminage du plomb et du cuivre, fabrication du soufre, de l'acide sulfurique... – tout est bon aux Rouennais, et particulièrement les entreprises tournées vers les nouveautés techniques de la première révolution industrielle anglaise [99].

L'exemple de Lyon

Plus significatif encore est l'exemple de Lyon, sans doute la ville industrielle la plus complexe, la plus vigoureuse, la plus importante de la France du XVIIIe siècle, voire du XIXe. C'est merveille comme elle s'établit, au siècle des Lumières, dans la position de capitale européenne de la soie. Alors, les soyeux lyonnais ont déployé des trésors d'ingéniosité pour préserver les exportations qui, traditionnellement, fondaient leur fortune. Lorsque des concurrents italiens s'étaient mis à copier systémati-quement et excellemment leurs soieries, grâce aux liasses d'échan-tillons envoyées aux commerçants, ils avaient trouvé une riposte efficace : des dessinateurs, dits « illustrateurs de la soie », avaient été engagés pour renouveler chaque année, et du tout au tout, les modèles. Lorsque les copies arrivaient sur le marché, elles étaient déjà démodées aux yeux de la clientèle exigeante et snob à laquelle étaient destinées ces étoffes de grand luxe [100].

Mais Lyon allait connaître avec la Révolution et l'Empire de terribles épreuves : après le soulèvement de la ville, le siège (8 août-9 octobre 1793) et la répression brutale qui suivit, elle perdit presque le tiers de ses 150 000 habitants et beaucoup de ses biens matériels, bon nombre de ses firmes industrielles et de ses entrepreneurs [101]. Puis, la guerre étrangère se prolongea et, avec elle, les difficultés du commerce extérieur et les conscriptions qui vidaient la ville. En 1806, la population était tombée à 88 000 habi-tants. Pourtant, Lyon réussit à recréer une réglementation des métiers et, face à un tragique manque de main-d'œuvre, elle misa avec énergie sur le recours aux machines. La mise au point des métiers Jacquard permit effectivement « la renaissance de la [belle] soierie, dans le sens de la tradition et du profit maximum » [102].

Et l'élan se soutint puisque, malgré la dureté de la crise qui frappa à nouveau la ville pendant les dernières années de l'Empire, le redémarrage fut presque immédiat avec le retour de la paix, en 1815.

C'est alors que l'exemple de Lyon devient significatif, dans la mesure où, *tardivement,* l'industrie de la soie y explose littéralement à travers les campagnes lyonnaises et en dépasse même les bornes, comme l'indique le schéma (p. 219) que nous empruntons à l'excellent livre de Pierre Cayez. Lyon s'affirme, une fois de plus, comme une vraie capitale économique. Alors que tous ses ouvriers travaillent à plein, la diffusion des métiers dans les campagnes correspond à un calcul réfléchi : les tissages savants, les métiers Jacquard resteront en ville, les soies unies seront fabriquées dans les zones rurales où se trouve une main-d'œuvre moins bien rétribuée, le tout afin d'être en mesure de réduire la forte concurrence étrangère exercée, dans ce secteur, par la Prusse et la Suisse [103].

En même temps, commence la participation de Lyon à la Révolution industrielle où elle occupera, jusque vers 1860, la première place pour toute une série de secteurs. Elle rayonne alors à travers une vaste région, animée, dominée par ses entrepreneurs et ses capitaux. Bref, Lyon est le contraire d'une ville dormante, elle est un pôle de croissance qui se heurtera finalement à la montée et à l'hostilité de la puissance parisienne. La centralisation – inévitable sans doute – ne s'est pas faite au bénéfice de la métropole lyonnaise. Elle eut à en souffrir. Elle en souffre aujourd'hui encore.

Mais il arrive qu'une ville refuse d'elle-même d'être un pôle de croissance rayonnant. Comparer le rôle de Lyon à celui de Bordeaux, c'est prendre la mesure de ce qu'Edward Fox a appelé « l'autre France » [104], celle de nos grands ports de tant de façons étrangers à la vie française organisée à partir de Paris. Décrivant la vive expansion de Bordeaux au XVIIIᵉ siècle, la « richesse et la magnificence » qui ont tellement frappé Arthur Young, l'attraction que la ville exerce à ce moment là sur tout le Sud-Ouest du fait de ses besoins accrus en hommes, Jean-Pierre Poussou s'étonne, finalement, de « la médiocrité de son influence sur l'évolution économique, démographique et sociale » de ce même Sud-Ouest... Partagée entre une double fascination, celle de ses vignobles, celle des « souffles puissants venus de l'Atlantique », Bordeaux a oublié d'être une capitale régionale[105].

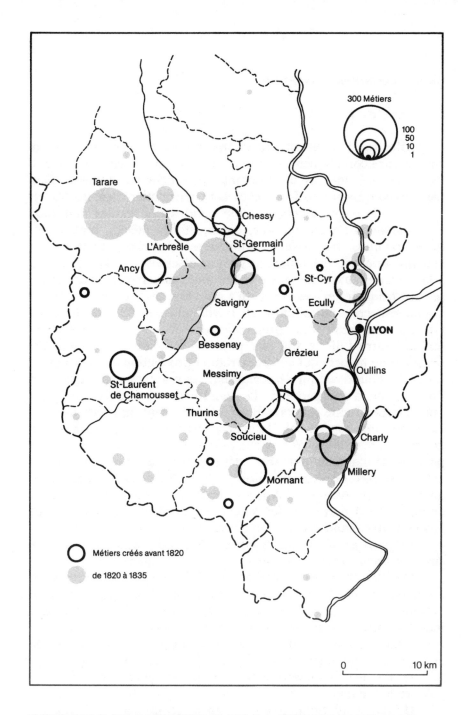

EXTENSION DE L'INDUSTRIE DE LA SOIE EN ZONE RURALE, AUTOUR DE LYON APRES 1820.
(Source : Pierre Cayez, *Métiers jacquard et hauts fourneaux aux origines de l'industrie lyonnaise,* 1978.)

L'exemple de Lille

Ailleurs, d'autres situations spécifiques, d'autres aléas de la conjoncture compliquent les choses. La ville et son environnement industriel ne sont pas un ensemble forcément harmonieux. Des tensions surgissent. A Lille, elles sont particulièrement fortes.

La ville – qui héberge, à côté d'industries textiles multiples et dominantes (laine, lin, soie, coton, étoffes mêlées, tapisseries, toiles peintes, fils divers, bonneterie, dentelles, teintureries, blanchisserie, apprêt), toute une gamme d'activités, de la céramique à la verrerie, aux huileries de colza, aux raffineries de sucre et de sel, aux briqueteries – est soumise à une série de divisions du travail qui ne respectent ni les limites de la ville ni celles de sa châtellenie. Ce qui complique tout, principalement en ce qui concerne les textiles, entre Lille et son plat pays, ce sont les prescriptions de ses corps de métiers qui contrecarrent la production et, non moins, les crises politiques qui désorganisent les marchés : en particulier l'occupation d'une partie de la Flandre par la France, en 1667, qui a coupé la ville des Pays-Bas (et notamment du ravitaillement facile en laine espagnole) ; la guerre insistante sur les frontières ; la prise de la ville en 1708 par le prince Eugène et son occupation par les Hollandais qui sera désastreuse pour ses industries, concurrencées directement alors par l'afflux des marchandises anglaises ou hollandaises. Après sa libération, elle mettra plusieurs années à se débarrasser des stocks encombrants qui lui ont été laissés pour compte. Autre difficulté, le fait qu'elle appartienne au « pays étranger », ce qui l'avantage hors du royaume et la gêne sur le marché intérieur qu'il lui faudrait conquérir [106].

Mais la difficulté essentielle, pour Lille, est que ses campagnes industrielles, héritage d'un long passé, loin d'être soumises aux entrepreneurs de la ville, se sont organisées de façon plus ou moins indépendante, autour de bourgs manufacturiers. A l'abri d'anciens privilèges, ces bourgs restent très actifs, au point de se spécialiser et d'acquérir des monopoles de fait : les molletons à Tourcoing, les calemandes à Roubaix et à Halluin, les pannes et tripes de velours à Lannoy...

De leur côté, les Lillois, au nom de leurs propres privilèges, entendent se réserver la fabrication des meilleures qualités de textiles et certaines activités profitables de finition, telles que la teinture et l'apprêt. Entre les deux groupes, il n'y a donc pas complémentarité, mais rivalité et concurrence. Ceci dès le temps lointain de Charles Quint[107].

Au demeurant, les manufacturiers des campagnes profitent de bien des avantages : ils échappent aux tracasseries des corps de métiers urbains et ont, de ce fait, plus de liberté pour changer de cap, selon la conjoncture ; leurs ouvriers se logent et se nourrissent à meilleur compte, d'autant qu'ils peuvent « joindre à leur petite industrie la culture d'un lopin de terre ou aider aux travaux des champs » [108].

Au XVIIe comme au XVIIIe siècle, l'industrie rurale a donc tendance à progresser alertement, contre quoi la ville se défend avec âpreté et par n'importe quel moyen. Ainsi, pour gêner l'adversaire, elle refuse, vers 1670, l'entrée des étoffes écrues qui lui sont apportées d'ordinaire pour la teinture et l'apprêt. Sur quoi, les Roubaisiens les expédient à Gand et se plaignent en haut lieu. Non sans succès d'ailleurs, car nul n'ignorait que lorsque les industries rurales étaient trop malmenées, les ouvriers gagnaient facilement à l'étranger les ateliers de Bruges ou de Gand. De leur côté, les magistrats lillois intriguaient pour obtenir de l'Etat une réaffirmation de leurs monopoles. La connivence de tel ou tel intendant le leur permit souvent, ainsi en 1704. Mais toutes les occasions – par exemple l'occupation hollandaise – étaient bonnes à l'industrie rurale pour reconquérir un peu du terrain perdu et obtenir, à son tour, des ordonnances en sa faveur[109].

Cette petite guerre se prolongea jusqu'à la fin de l'Ancien Régime. C'est le gouvernement inspiré par Vincent de Gournay et Trudaine qui, las de tenir la « balance droite » entre la ville et la campagne, la fit pencher en faveur de cette dernière. Le décret de 1762 ordonnait, en effet, en termes très fermes, de « faire cesser tous les obstacles qui pouvaient nuire au progrès de l'industrie et de celle des habitants des campagnes en particulier ». Il s'ensuivit une telle effervescence à Lille, notamment dans les quartiers ouvriers, que l'intendant intervint pour faire suspendre la mesure, en 1765. Et, pour que l'industrie bascule plus nettement vers les campagnes, il fallut que le libéralisme inspiré par Turgot intervînt à son tour : des lettres patentes de 1777 (l'année qui suit la chute du ministre) ordonnèrent finalement l'exécution de l'arrêt de 1762. « Le monopole lillois avait vécu. » [110] A Tourcoing, il y eut alors « feux de joie, pétards et baguettes » [111].

Ces quelques explications résument mal des controverses âpres, houleuses à l'échelle locale. Nous n'en saurions le fin mot qu'au prix de recherches nouvelles.

Mais il est évident – et cela me suffit – que Lille n'a pas joué le rôle d'un pôle de développement régional, bien au contraire. Cette politique était-elle conforme à ses véritables intérêts ? Certains Lillois le mettaient en doute. Poussant jusqu'au bout leur logique, les autorités de la ville n'allèrent-elles pas, en effet, jusqu'à interdire à ses propres fabricants de faire battre métier à la campagne, au moins pour certains types de tissus ? L'un d'eux rappelait dans un mémoire que « le travail est partout libre dedans le plat pays... à l'entour de Carcassonne, Rouan, Londre, Leyde et Vervis [Vervins] au pays de Liège ». Et que « les villes quy sont au milieu de ces fabricques sont toutes très fleurissant ». Il estimait que faire travailler hors de la ville, c'est-à-dire à moindre prix, augmenterait la production et les profits de Lille en ce qui concernait la vente des laines, la teinture, l'apprêt, la revente et il revendiquait « cette liberté » pour « le bien du pays et de ma patrie »[112]. Faut-il l'en croire ?

Le conflit était donc interne à la ville et son exemple nous met au moins en garde contre toute généralisation simplifiante. Le désaisissement industriel des villes françaises d'Ancien Régime peut avoir eu des significations diverses, comme c'est le cas à Lyon et à Lille. Ne pensons pas trop vite, bien que le parallèle s'impose, à le comparer à l'énorme glissement des activités du monde industrialisé d'aujourd'hui vers les pays du Tiers Monde, la Corée du Sud, Hong Kong, Singapour...

Alors résumons-nous. Avant la Révolution, l'économie française progresse largement et les villes sont, au premier chef, concernées. Mais elles suivent, elles accompagnent autant qu'elles précèdent cet essor. Au vrai, elle ne sont pas seules responsables du mouvement, ni surtout de sa lenteur relative, si l'on compare le cas français à celui des pays les plus avancés d'Europe.

D'autres responsabilités

Les villes ne sont pas seules en cause. Certes, dès le XVIIIᵉ siècle et presque jusqu'à nos jours, il y a eu insuffisance des marchés urbains[113]. Mais cette insuffisance, quand insuffisance il y eut, était conséquence autant que cause d'une situation d'ensemble. Il convient, pour en avoir le cœur net, d'interroger sérieusement :

1) l'Etat lui-même ;
2) les campagnes, à mettre à nouveau sur la sellette ;
3) l'économie internationale.

L'Etat a pris très tôt les villes en tutelle ; il a surveillé de près leurs gestions financières, les octrois, les dettes constituées, les autorisations d'emprunter, les modes de remboursement ; il s'est préoccupé de leur vie matérielle, de leur ravitaillement ; il a transformé maires, échevins et consuls en *officiers* [114] en généralisant la vénalité des charges, l'achat du pouvoir public par la « marchandise », comme l'on dit, pour ne pas dire par la bourgeoisie ; il a prélevé sa large part des revenus des villes. Enfin, il y a placé ses propres emprunts.

A ce jeu, le capital urbain a été mobilisé, détourné par l'Etat de mille et une façons. Pas toujours d'ailleurs de façon efficace, car – nous aurons l'occasion d'y revenir dans un prochain volume – la monarchie d'Ancien Régime est très mal armée sur le plan fiscal. Un très grand nombre de revenus lui échappent. Mais de ce que perçoit l'Etat – impôts directs, impôts indirects, emprunts – , rien ou presque n'est réinjecté dans l'économie active du pays, ou dans les économies locales. Tout aboutit, « selon un parcours rectiligne d'où tout rabattement est exclu » [115], à la vie de la Cour, aux dépenses de prestige, au remboursement des dettes gouvernementales, aux besoins de l'armée, de la marine... Même les grands travaux publics entrepris au XVIIIe siècle, par exemple le réseau routier modernisé par la volonté et la surveillance royales, auront été financés avant tout à partir des ressources régionales. Hubert Lüthy [116] va jusqu'à parler « d'activités purement parasitaires » de l'Etat. Peut-être est-ce exagéré. Car il a pris en charge aussi, dès avant 1789, beaucoup de tâches indispensables. Mais ces interventions vont-elles toujours dans le droit fil des exigences et nécessités d'un éventuel essor économique ?

En ce qui concerne les campagnes, ne les croyons pas hors de cause, enfermées qu'elles seraient dans une quasi-autarcie et, en conséquence, innocentes. Forcément, elles sont ouvertes sur le dehors, en direction des bourgs et des villes et, en bout de course, des grandes circulations. Et, au XVIIIe siècle, elles progressent.

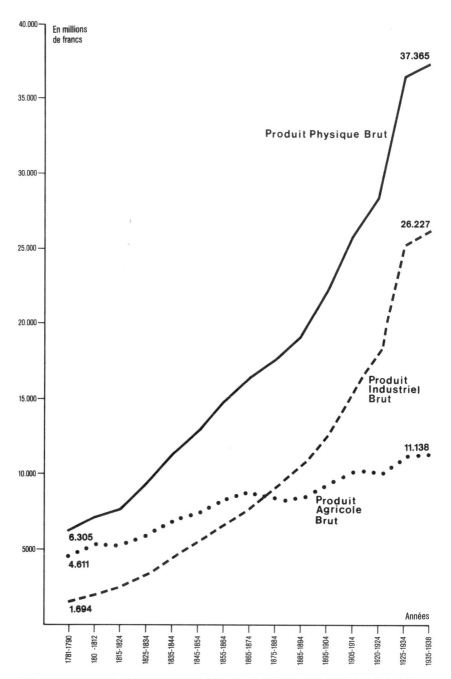

PRODUCTIONS INDUSTRIELLE ET AGRICOLE DE 1781 A 1938
Le produit industriel ne dépasse le produit agricole que vers 1875.
(Source : Jean Marczewski, *Introduction à l'histoire quantitative*, 1965.)

Mais, pour elles, la montée démographique joue comme un frein. Et surtout il n'y a pas eu de *révolution* agricole, ainsi que l'a démontré Michel Morineau. Or, sans une telle révolution, précédente ou concomitante (c'est-à-dire sans une augmentation de la *productivité* qui enrichit les exploitants ruraux tout en libérant de la main-d'œuvre pour d'autres tâches), la Révolution industrielle est à peu près impensable.

A titre d'exemple, malgré la richesse de ses campagnes, voici Toulouse, ville importante à l'échelle du temps, qui ne s'engage pas cependant sur la route de l'industrialisation. Elle fait partie, il est vrai, des villes quelque peu dormantes : les XVIIe et XVIIIe siècles y ont été « deux siècles d'atonie » [117]. Pourtant sa grande bourgeoisie, surtout celle du négoce, a accumulé des capitaux en s'engageant, avec les opportunités de la Révolution française (la mise en vente des biens nationaux), dans des achats immobiliers nombreux ; elle a ainsi démesurément accru sa fortune terrienne et, du coup, bloqué ses capitaux et ses investissements, se plaçant « dans une impasse qui l'empêchera de réussir la Révolution industrielle et de sortir le haut Languedoc de son sous-développement » [118]. Mais elle aura aussi contribué de cette façon au retard d'une révolution *agricole,* puisque ces gros propriétaires bourgeois, non exploitants bien entendu, règnent sur des métairies de style traditionnel où ne saurait largement s'insérer une gestion de type capitaliste. La campagne piège, immobilise le capital et ne l'utilise pas à plein.

Pour finir, mettons en cause *l'ordre même du monde.* Au XVIIIe siècle, la primauté d'Amsterdam et de la Hollande s'amenuise : sonne alors la dernière heure des dominations *urbaines* à l'échelle du monde (Venise jadis, puis Anvers, Gênes, Amsterdam) ; les moteurs urbains sont désormais trop légers pour assurer la vaste maîtrise des échanges mondiaux. Une primauté tombe en quenouille, dont la France et l'Angleterre se disputeront l'héritage. J'ai souvent pensé que, parmi ses avantages, l'Angleterre avait sur nous celui de la modicité relative de son territoire, assez grand pour constituer une nation, assez petit pour unifier spontanément son économie. La France a-t-elle été condamnée, comme je le crois, par son immensité que la puissance d'une seule ville au service de l'économie nationale, fût-ce Paris, n'était guère en mesure d'organiser ? L'a-t-elle été aussi par un phénomène de société sur lequel je reviendrai ? Une certaine attitude, vis-à-vis non de l'argent en soi, certes, mais des façons jugées dignes ou indignes de le gagner et de l'utiliser. « Vivre noblement », pour les vrais ou les faux nobles, c'est ne pas tremper dans le commerce ou l'industrie. Là encore, la France et l'Angleterre ne marchent pas au même pas.

En tout cas, dès avant la Révolution, la France a perdu contre Londres cette bataille économique décisive. A Versailles, en 1783, comme l'a dit dans une excellente formule Robert Besnier, « l'Angleterre a perdu la guerre, mais [elle] a gagné la paix » [119]. N'a-t-elle pas récupéré aussitôt le commerce des futurs Etats-Unis à la barbe des Hollandais et à la barbe des Français ? Les jeux sont faits longtemps avant Waterloo. Or, l'essor économique (et urbain) du plus haut rang revient à celui qui a gagné le gros lot, c'est-à-dire la première place au soleil de l'économie mondiale. Vous penserez peut-être (c'est à la mode de faire la supposition aujourd'hui) : et si nous avions gagné à Waterloo ? La même situation qu'en 1783 aurait pu se reproduire. L'Angleterre eût perdu la guerre, puis gagné la paix.

C'est cette façon de voir qui m'oppose à quelques historiens de chez nous. Ils voient dans la Révolution et ses suites une série de retraits, de retards et de catastrophes économiques. Ils ont sans doute raison – en partie – , mais les grands jeux n'avaient-ils pas été perdus, pour le moins sérieusement compromis, dès avant 1789 ?

II

CIRCULATION ET STRUCTURE

J'ai hésité à employer le mot *circulation*, utilisé fréquemment au XVIIIᵉ siècle, cité encore au début du XXᵉ, puis peu à peu délaissé par l'explication scientifique. Le remettre en course, c'est presque lancer un mot nouveau, au demeurant fort compliqué, en raison de son extension et des discussions, plus ou moins raisonnables, qu'il a suscitées. L'historiographie marxisante ne reprochait-elle pas, hier, à l' Ecole débutante des *Annales* (1929), de miser sur la *circulation* au lieu de placer en première ligne, comme de juste, la *production* ? Vaine querelle ! Tout d'abord, il n'a jamais été question pour nous de bâtir une théorie économique à partir de la circulation. Puis la *circulation* est un processus aisément repérable, aisément mesurable ; l'histoire économique avait peut-être le droit, ou même le devoir, de commencer par des tâches moins difficiles que d'autres.

Enfin, la circulation n'est pas, que je sache, un mythe, et comme l'économie est un ensemble cohérent, y entrer par une porte d'accès facile, c'était tout de même y pénétrer. Y a-t-il une production qui ne se prolonge pas par la circulation, la distribution et la consommation ? Cette dernière ferme le circuit et sa demande rétablit le *contact*, relance le « courant » et du coup la production. Pas plus que la circulation, la production, encore moins le mode de production, ne témoignent, à eux seuls, pour l'ensemble de l'économie. Au demeurant, n'est-il pas admis « qu'on n'implante une production qu'en fonction d'un marché préexistant » [120], c'est-à-dire à la faveur d'une circulation déjà en place ?

Mais laissons ces discussions inutiles. Nous nous attacherons seulement, ici, à repérer les éléments et les outils de la circulation : les routes, les moyens de transport, les marchandises véhiculées, les magasins, les marchés, les foires, les échanges, la monnaie en mouvement, le crédit, les processus divers du commerce. Et naturellement les hommes, leurs actes, leurs déplacements. Bref, par circulation, j'entends l'ensemble des mouvements économiques que suppose le fonctionnement de toute société, ceux qu'elle assure naturellement, ceux qu'elle s'efforce de promouvoir, même si elle n'y parvient qu'à moitié. Chaque société cède au mouvement, s'y adapte. C'est dans cet esprit-là qu'il faut comprendre le livre original de Thomas Regazzola et de Jacques Lefebvre : *La Domestication du mouvement. Poussées mobilisatrices et surrection de l'Etat* (1981).

Haute et basse circulations

La tâche première ? Distinguer entre circulations diverses : au moins une circulation haute, au moins une circulation basse, soit des artères et des veines (c'est le haut) et des vaisseaux capillaires, fins comme des cheveux, c'est le bas.

Soit. Mais contrairement à ce que l'on penserait *a priori,* la circulation basse est de loin la plus volumineuse et la plus stable des deux. La circulation haute, malgré ses réussites ou à cause d'elles, reste minoritaire, sensible aux à-coups de la conjoncture qui accélèrent ou ralentissent son mouvement, changent même ses priorités. Un des séminaires de l'Ecole Pratique des Hautes Etudes, étudiant, vers 1950, le trafic ferroviaire à travers l'Afrique du Nord encore française, constatait que les grandes voies ferrées obéissaient aux oscillations de la conjoncture générale, les lignes secondaires ayant, au contraire, leurs battements personnels, parfois à peine perceptibles [122]. La circulation basse répond à des besoins quotidiens réguliers. Elle les assure, quelles que soient les difficultés.

Vers 1796, on nous dit du « département du Mont Blanc » que « le *roulage* a lieu pleinement dans presque tout le département et il serait aisé de l'établir partout par des *routes de traverse* » ; le roulage, ce sont les voitures des grandes routes ; *les routes de traverse,* les petits chemins où servent presque seuls les mulets de bât ou les hommes porteurs de fardeaux. « Le plus grand bien que l'on puisse opérer dans ce département, dit précisément le même informateur, est de diminuer le transport par dos de mulet en établissant des routes propres aux chariots. » [123] Oui, mais, pendant l'enneigement qui dure plusieurs mois de l'année, ces routes restaient impraticables aux chariots. Ce qu'était un chasse-neige, encore en 1934, dans la vallée des Contamines (Haute-Savoie) ? « Un fantastique attelage. Assemblés deux par deux, huit chevaux et mulets portant leurs colliers de fête, sertis

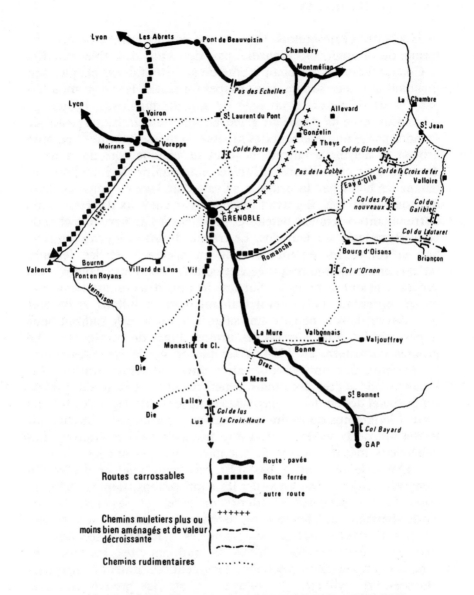

ROUTES CARROSSABLES ET PRINCIPAUX CHEMINS
DU HAUT DAUPHINÉ ISEROIS EN 1787.

Les grandes routes, en direction de Lyon et de Valence, suivent autant
que possible les vallées. Toutes les transversales sont des chemins plus ou
moins rudimentaires.

(Source : Gilbert Armand, *Villes, centres et organisation urbaine des
Alpes du Nord,* 1974.)

de clochettes et de grelots, tiraient une énorme étrave de bois, en forme de triangle », alourdie par des sacs de sable empilés. « Chaque homme marchait à côté de sa bête, faisant claquer son fouet au-dessus de sa tête. Les croupes fumantes, les corps mouillés par l'effort dégageaient un halo de vapeur qui noyait l'équipage et avançait avec lui dans l'air glacé, au son d'une musique pastorale scandée par le martèlement des sabots... la masse énorme et pesante broyait la neige, l'éventrait, la jetait de chaque côté de la route devenue lisse et brillante... Une seconde équipe de huit hommes tenant les bêtes par la bride » suivait l'attelage et, tous les deux ou trois kilomètres, il y avait relève : les « chevaux de tête, suants et tremblants » étaient dételés et passaient à l'arrière, une chaude couverture jetée sur leur dos. Le travail durait la journée entière. Sur la route, les enfants étaient au spectacle et les femmes attendaient leurs hommes avec victuailles et boissons chaudes. Ceci sur les « grandes routes ». Sur les chemins d'accès aux hameaux, on se contentait d'un cheval traînant deux « billons » de bois pour ouvrir dans la neige « une saignée lissée ». Elle suffisait pour le passage des traîneaux ou des grosses luges de transport [124]. Le progrès consistera, en 1934, à remplacer sur les grandes routes les chevaux par un camion, tandis que les petites routes, plus largement déneigées désormais, bénéficiaient à leur tour du système traditionnel des équipes villageoises et de leurs attelages de chevaux – aussi longtemps du moins que ceux-ci n'auront pas disparu dans les fermes de la vallée, c'est-à-dire jusqu'en 1957 environ [125]. Les pelleteuses mécaniques ne datent guère que des années 1960.

Donc, le haut et le bas. Dix fois pour une, la distinction s'impose. Aujourd'hui encore : les suppressions, depuis 1940, de voies ferrées secondaires (dont les gares et les maisons de gardes-barrière désaffectées se détériorent, telles les écoles des villages désertés) n'ont pas supprimé ces « routes » secondaires, reprises en effet par les autobus, les camionnettes, les autos. Et le boulanger, l'épicier, le boucher, le facteur continuent à faire leurs tournées, de village en village... C'est la preuve que ces communications élémentaires ne peuvent disparaître. Cependant, à la circulation « haute » est réservé le privilège des liaisons rapides. Voyageur pressé, vous irez prendre un train express à la gare du chef-lieu du département, ou un avion à l'aéroport le plus proche. La dualité de toujours reste en place.

Au début du XIXe siècle, les statistiques distinguent, au long des routes, le petit et le grand roulage. Celui-ci, en volume, est moins important que celui-là. En 1828, Dutens, se référant aux travaux de la Commission du roulage dont il fait partie, estime à 10,4 millions de tonnes les marchandises déplacées par le grand roulage (sur les routes *royales*), et à 30,9 millions celles que véhicule le petit roulage [126]. Le réseau des vaisseaux capillaires est d'ailleurs infiniment plus développé que celui des grandes et moyennes artères routières. En 1836, les routes royales (si l'on exclut les parties lacunaires ou à réparer) représentent un peu plus de 34 500 kilomètres : ce sont, entretenues, refaites ou à refaire, les routes ouvertes un bon demi-siècle plus tôt par les gouvernements de Louis XV et de Louis XVI – un réseau magnifique, admiré par les voyageurs étrangers, au demeurant, ne l'oublions pas, inachevé avant 1789 [127]. Et sous-utilisé, sur certains trajets au moins, si l'on en croit un voyageur attentif, sinon bienveillant, comme Arthur Young [128]. Le réseau des routes moyennes (départementales) compte environ 36 500 kilomètres. Or, selon la même statistique de 1837, les chemins vicinaux, à eux tous, représenteraient 771 000 kilomètres, soit un déroulement dix fois plus considérable que le total des grandes et moyennes routes [129]. Et les lois organisatrices de 1824 et 1836, les injonctions adressées aux communautés villageoises provoquent des remises en état de ces routes élémentaires, indispensables pour le ravitaillement des bourgs et pour le transport des gerbes, des foins, des engrais, du bois, de la pierre, de la chaux, du sable [130]...

Pierre Goubert a raison d'insister sur les qualifications diverses de ces étroits chemins : sentiers pour gagner les vignes ; « chemins verts », bordés de haies protectrices qui interdisent le vagabondage des bêtes qu'on mène au pâturage ; chemins de transhumance ; chemins du sel et des faux sauniers ; chemins des bûcherons dans la forêt [131]... C'est grâce à eux que la vie rurale s'ouvre, respire, s'accoutume à ne pas vivre seulement sur elle-même. Selon Léonce de Lavergne, la mise ou remise en état de cette circulation élémentaire, grâce à « la loi de 1836 sur les chemins vicinaux, a transformé la France : l'agriculture lui doit la plupart des progrès qu'elle a faits depuis vingt-cinq ans » [132]. On voit bien, au passage, que la circulation touche à la production !

Ceci dit, n'ayons pas trop d'illusions. Peut-être y a-t-il eu en France, au plus, 100 000 kilomètres de ces chemins locaux à être entretenus, ce qui veut dire utilisables pour des échanges *réguliers*. Voyons-les à l'image de cette Allemagne du Sud où, en 1788, un colporteur savoyard de Magland, Jean-Marie Perollaz, trouve comme à l'habitude le chemin des foires ouvert, mais se plaint d'être gêné « pour aller villager », c'est-à-dire se transporter de village en village [133]. Toujours en place aujourd'hui, nos chemins vicinaux n'en finissent pas les uns de s'effacer, les autres de s'élargir en s'adaptant aux motos, aux autos, aux jeeps, aux tracteurs. Empierrés, le plus souvent, de cailloux irréguliers, bordés de haies d'aubépines, quelle splendeur aux premières fleurs ! Gaston Roupnel pensait, à tort sans doute, que ces chemins dont les plus rectilignes étaient souvent attribués aux Romains, remontaient aux temps néolithiques [134]. En tout cas, ils sont assurément très anciens. Ici ou là, ils courent parallèles aux fossés, eux aussi anciens, qui bordent encore les vieilles forêts seigneuriales.

Cependant, des routes départementales ont progressivement traversé la plupart des villages. Régulièrement empierrées, tassées, retassées au rouleau compresseur, elles tendent à hausser sans fin leur niveau. Dans telle maison meusienne où l'on accédait, en 1806, par un escalier, on descend maintenant par quelques marches... Ces grandes routes, construites par l'Etat, le village, vivant d'abord de lui-même, n'en avait pas un besoin urgent. Il les craignait même, ne s'intéressant qu'aux foires et marchés du voisinage, utilisant de préférence les raccourcis des vieux chemins. Encore « trente ans avant la Révolution », les villageois du Rouergue « ne sollicitaient pas très vivement pour avoir des routes : quelques-uns même... tâchaient de les détourner comme des torrents destructeurs » [135]. De même qu'aujourd'hui certaines petites agglomérations ressentent comme une calamité de se trouver sur une route de grand trafic, où se succèdent les camions. Outre le bruit et les accidents fréquents, la circulation autonome du village en est gênée.

Grandes routes et chemins ruraux, circulation haute et circulation basse, la distinction ne se retrouve-t-elle pas dans les vieilles villes, même à Paris, où hier encore, tant de rues étroites, en coupe-gorge ou aveugles, restaient des obstacles à une circulation alerte ? Alors que les axes principaux, la rue Saint-Jacques ou la rue Saint-Martin par exemple, entretenaient un trafic continu, des ruelles desservaient parcimonieusement des quartiers vivant largement sur eux-mêmes, au vrai des villages dans la ville. Même avec le secours des fiacres, les distances parisiennes à franchir entre quartiers demandaient, encore sous la Troisième République, beaucoup de temps. Les destructions massives, que je n'arrive pas à aimer (mais est-ce raisonnable ?), du baron Haussmann n'avaient ouvert de¹ larges voies rectilignes que dans quelques beaux quartiers. « Paris est encore une fédération de villages aussi dissemblables que la Muette et la Goutte d'Or », écrit un journaliste en 1984 [137].

Les grandes routes

La France se sera dotée, au-delà de 1750, d'un *réseau* de grandes routes qui trouvera son premier achèvement d'ensemble vers 1820. Souvent des routes de qualité exceptionnelle pour l'époque. Il s'en faut, cependant, qu'elles modifient de fond en comble la vie économique. D'ailleurs, le réseau est resté longtemps inachevé. Son dessin en « étoile » avantage Paris, c'est évident, mais la centralisation est encore loin d'être parfaite au début du XIXᵉ siècle. Surtout, ces moyens de haute circulation parviennent mal à relier entre eux les circuits routiers régionaux, à demi fermés sur eux-mêmes, conçus pour des besoins locaux. Autant dire que, avant les chemins de fer, la France n'est pas un vrai *marché national*.

La carte de la page 234, prise au travail récent de François Lepetit, montre l'irrégularité de l'équipement routier à travers le territoire français, au voisinage de ces années 1820. Ce qui revient à retracer, une fois de plus, la ligne Saint-Malo-Genève qui distingue une France du Nord à la « capillarité routière maximum », où la circulation a multiplié ses moyens – bien que sans y atteindre encore sa perfection –, et une France méridionale au sens large, où les routes pavées ou empierrées sont rares et les routes de terre trop nombreuses. « La France du Midi, c'est surtout celle du réseau linéaire, fragilisé par la rareté des itinéraires de rechange et trop insuffisamment ramifié pour assurer le désenclavement des régions traversées. » [138]

Mais n'oublions pas qu'à cette époque les grandes routes sont elles-mêmes fragiles, simples rubans que l'on veut solides entre deux bordures routières, les bas-côtés où les voitures s'enlisent. En fait, elles sont constamment à réparer. Exemple entre quelques autres : en 1794, la route de Paris à Brest, liaison d'importance

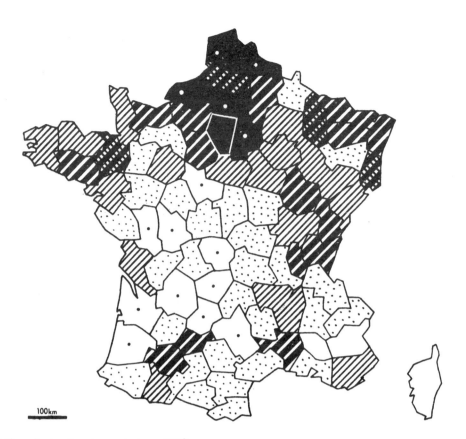

Densité routière, en km de route pavée ou empierrée pour 10 km2 :

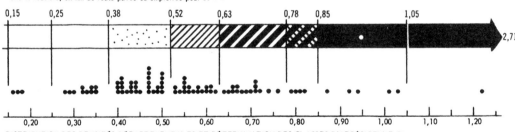

DISTRIBUTION DES DENSITÉS DÉPARTEMENTALES ET DÉTERMINATION DES CLASSES D'APRÈS CELLE-CI

DENSITE ROUTIERE PAR DEPARTEMENT
(LACUNES EXCLUES), 1820.
Le contraste de l'équipement routier entre Nord et Midi est très accusé.
(Source : Bernard Lepetit, *Chemins de terre et voies d'eau,* 1984.)

à travers le département d'Ille-et-Vilaine, nous est décrite comme « en général... viable ; et il n'y a pas d'exemple qu'elle ait été interceptée depuis plusieurs années, mais elle est très pénible pour le roulage aux abords de Rennes, dans les temps pluvieux » [139]. De Gravelle à Vitré, « le sol est ferme, les empierrements faibles, rudes et ravagés. Il y existe un tiers des approvisionnements nécessaires à la réparation » ; de Vitré à Chateaubourg, « le terrain est ferme, mais la chaussée faible et très ravagée. Il n'y a point d'approvisionnement » ; de Chateaubourg à Rennes, « le sol est de la plus mauvaise qualité, l'état des empierrements fort inégal, mais fort éloigné de sa perfection. Il y a un fort mauvais passage de peu de longueur dans la lande Clusaury. On travaille à sa réparation ». Sur les 25 169 toises (environ 50 kilomètres) de ces trois secteurs, 5 032 (le cinquième) sont pavées.

Cet exemple illustre une réalité d'ensemble que l'enquête minutieuse de Bernard Lepetit met à jour. La carte officielle des routes royales – en principe les grandes routes carrossables – dessine sur le papier, en 1820, un « quadrillage de bonne qualité » du territoire. En réalité, ces routes ne sont même pas toutes terminées, elles sont coupées de « lacunes », de chemins de terre plus ou moins praticables selon les saisons, de tronçons détériorés et à refaire. Relevant ces imperfections, Bernard Lepetit dresse du réseau des routes royales une carte retouchée – les bonnes en trait fort, les lacunaires en trait grêle – assurément moins optimiste que la carte officielle. Elle montre d'une part des déficiences régionales importantes, dans le Midi en général et dans les zones montagneuses ; d'autre part, dans l'ensemble, des « systèmes régionaux... entre lesquels la liaison n'est assurée que par une seule route » sans lacune. Bref « l'absence d'un véritable réseau national » normalement carrossable [140] (voir carte p. 255).

Autre gêne, la traversée obligatoire des villes. On penserait *a priori* que la voiture y devrait mieux rouler que dans les banlieues ou dans le plat pays, ne serait-ce qu'à cause du pavé des rues. Mais ces rues sont étroites, sinueuses, souvent en pente. C'est le cas par exemple de Vienne, en Dauphiné, dont la traversée coupe, peut-on dire, la grande route de Lyon à la Provence, par la rive gauche du Rhône. Ses rues, qui n'ont parfois que trois mètres de largeur, sont déclives, à l'occasion inondées. Par temps de neige, ou la nuit, les voitures y frôlent la catastrophe. En outre, la ville s'est beaucoup développée, mais à l'intérieur de ses remparts où les maisons se pressent ; la population augmentant, les marchés envahissent les rues, lesquelles sont « tellement obstruées par les voitures et les chevaux que les habitants [sont] arrêtés à chaque pas ou exposés à être écrasés » [141].

Pourtant, l'effort routier, pendant la seconde moitié du XVIIIᵉ siècle, a été considérable. De nouvelles techniques entrent en jeu, ne serait-ce que la construction de la route en profondeur, ou un nouveau type de fondations des ponts dans l'eau des rivières ; de plus, les virages sont redessinés, les pentes atténuées, des ponts de fer lancés sur les fleuves et les rivières [142]. Toutes ces transformations retiennent l'œil attentif de Stendhal [143]. Et les ingénieurs d'écrire, à propos des routes construites dans la première moitié du siècle, qu'elles n'étaient que « des chemins naturels un peu élargis » [144] ! Sur les voies nouvelles, on pourra rouler mieux, plus confortablement – les véhicules aussi se perfectionnent – et surtout rouler plus vite. Je ne m'étendrai pas sur l'accroissement de la vitesse au XVIIIᵉ siècle, à partir des « turgotines », sur la multiplication des relais de poste et l'organisation des messageries, puisque, sur cette mutation spectaculaire, j'ai reproduit (pp. 238-239) les croquis décisifs de Guy Arbellot [145]. L'accroissement sera plus spectaculaire encore au XIXᵉ siècle, puisqu'il y a triplement de la vitesse moyenne des messageries, de la fin du XVIIIᵉ siècle à 1850 [146].

Au point que la voiture a lutté, un long instant, contre le chemin de fer, bientôt imbattable, mais non pas précocement ubiquiste. Ni d'ailleurs très rapide ! Vers 1910, « quand j'étais jeune fille, racontait la grand-mère de Jean-Claude Georges, on prenait le train pour aller à Benoîte-Vaux ou à la fontaine Saint-Avit [villages de la Meuse]. Je me souviens que, dès que le tacot escaladait une rampe, nous avions le loisir de descendre dans les prés qui bordaient le talus de la voie étroite. Nous pouvions faire un bouquet de fleurs et rattraper le tortillard au sommet de la côte ! » [147]. Aujourd'hui, est-il besoin de le dire, aucun train ne dessert plus ces villages.

L'eau, une troisième voie ?

Si la grande route est la première voie de circulation et le chemin vicinal, la seconde, largement prioritaire malgré sa modicité, la troisième est la route d'eau, si importante avant comme après les chemins de fer. Et là encore, il faut distinguer entre circulation haute et circulation basse.

Ainsi, pour la Bretagne, Alain Croix qualifie d'« autoroute » la Loire et la Vilaine (celle-ci « la première rivière de France canalisée au moyen d'écluses, de 1539 à 1585 » [148]). Mais les petits cours d'eau que la marée remonte, portant à l'intérieur des terres les barques de charge : l'Oust, le Blavet, l'Aulne, le Trieux, la Rance, le Couesnon, sont, eux aussi, « massivement utilisés », malgré la fréquence des accidents.

Plus ou moins bien partagées, nos provinces cherchent toutes à tirer parti de leurs voies navigables. Leurs autoroutes d'eau, on les connaît, ce sont tous nos grands fleuves, chacun avec les traditions batelières qui lui sont propres. Victor Hugo, lorsque, en juillet 1843, il gagne le Midi dans l'inconfort de la diligence, décrit sur la Loire « des convois de cinq ou six embarcations qui remontent ou descendent le fleuve... Chaque bateau n'a qu'un mât et une voile carrée. Celui qui a la plus grande voile précède les autres et les traîne. Le convoi est disposé de façon que les voiles vont diminuant de grandeur d'un bateau à l'autre, du premier au dernier, avec une sorte de décroissance symétrique que n'interrompt aucune saillie, que ne dérange aucun caprice... Je n'ai vu cela que sur la Loire ; et je préfère, je l'avoue, les sloops et les chasse-marée normands, de toutes formes et de toutes grandeurs, qui volent [sur la basse Seine] comme des oiseaux de proie et qui mêlent leurs voiles jaunes et rouges dans la bourrasque, la pluie et le soleil, entre Quillebœuf et Tancarville » [149].

Ce serait un merveilleux, un fascinant périple que de circuler sur les eaux, hier encore vivantes, de notre territoire. Pierre Goubert est bien de mon avis [150]. Si les historiens « ressuscitent les rivières, si vivantes avant-hier, mortes hier, quelque peu renaissantes aujourd'hui, bien que défigurées », c'est que, les ressusciter, c'est retrouver la vie d'autrefois, son charme à nos yeux, mais aussi l'effroyable peine des hommes.

J'ai essayé, dans un chapitre précédent, de reconstituer les navigations glorieuses du Rhône et de la Loire. Je les ai données à titre d'exemples – ce qui revient à sacrifier les autres. Puis-je confier qu'ayant souvent l'occasion de traverser, ou de suivre à partir de la route, le canal des Deux-Mers, visible au loin avec ses lignes de hauts peupliers, le désir m'est venu plus d'une fois

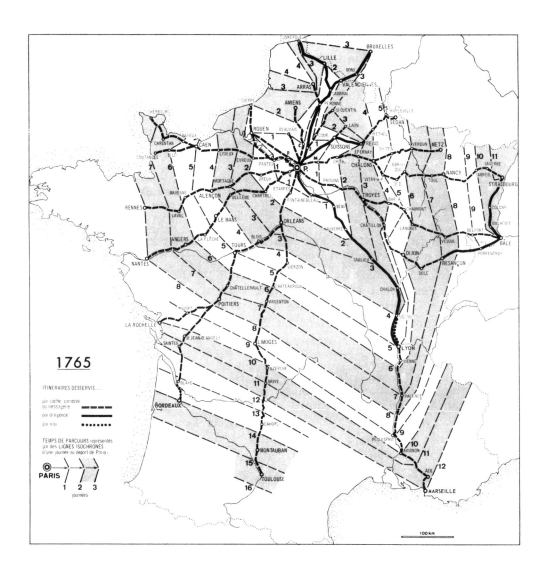

IMMENSITE DE LA FRANCE :
LES DIFFICULTES D'UN MARCHE NATIONAL

Ces deux cartes des G. Arbellot (*in : Annales E.S.C.,* 1973, p. 790 hors texte) montrent « la grande mutation routière » qui, grâce aux nouvelles routes aménagées pour « des voitures au galop », à l'emploi généralisé des « turgotines » et à la multiplication des relais de poste, a raccourci, parfois de moitié, les distances à travers la France, entre 1765 et 1780. En 1765, il faut au moins trois semaines pour aller de Lille aux Pyrénées ou de Strasbourg en Bretagne. Même en 1780, la France se présente comme un espace compact qui se traverse lentement.

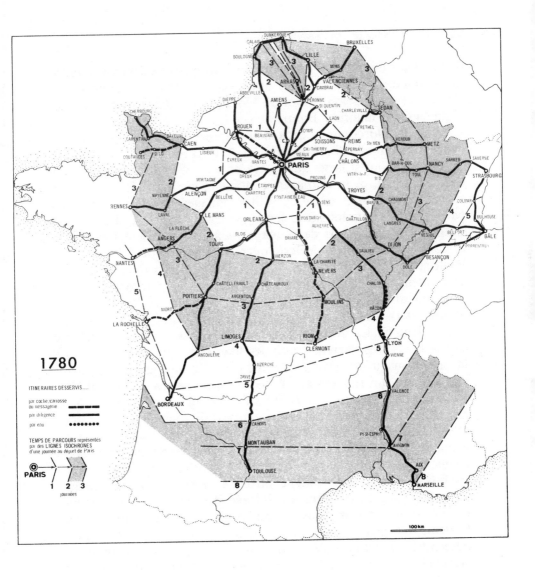

Mais le progrès routier tend à recouvrir l'ensemble du royaume. Dans la première carte, on distingue en effet quelques axes privilégiés : Paris-Rouen ou Paris-Péronne (1 journée, soit autant que Paris-Melun) ; Paris-Lyon (5 journées, soit autant que Paris-Charleville, ou Caen, ou Vitry-le-François). Sur la seconde carte, distance et durée de parcours coïncident en gros (d'où des cercles quasi concentriques autour de Paris). Les durées de trajets restent les mêmes sur les anciennes routes privilégiées, vers Lyon et Rouen. Le fait décisif pour cette mutation : la création par Turgot de la Régie des diligences et messageries, en 1775.

239

de naviguer de bout en bout sur son eau étroite jusqu'à rejoindre la Garonne. La Garonne, un des deux fleuves – le second est la Dordogne – qui, selon le mot de Monluc, en 1562, « sont les deux mamelles qui allaitent Bourdeaux » [151].

Sur la Dordogne – gros fleuve que l'on mettait près d'une heure à traverser en barque au nord de Bordeaux, « là où le fleuve est au moins aussi large que la Garonne » [152], nous possédons un livre exhaustif, plein d'images, contant la vie multiple au long de ses rives au XVIIIe siècle [153]. Villes, villages, hameaux, maisons particulières s'ouvrent sur le fleuve, ne serait-ce que par des *peyrats*, simples aménagements de la berge, « avancées gagnées sur l'eau et consolidées à force de lest, de pierres, de fagots, d'aubarèdes [plantations d'aubiers] et de sable. Appuyés sur la rive, les *peyrats* descendent en pente douce afin de faciliter l'accostage et le chargement des bateaux à fond plat, mais ils résistent mal aux hautes eaux de l'hiver et du printemps, qui les sapent, les remodèlent ou les déportent le long des rives » [154]. La batellerie est de types très variés, depuis les filadières, qui ne servent qu'à la pêche, jusqu'aux gros chalands, dits *couraux,* et aux *gabarres* et *gabarrots* qui règnent sur la basse Garonne, en compagnie des *barques*, en principe réservées au cabotage maritime [155]. A la remontée, le halage de ces embarcations, de tonnage plutôt faible, était traditionnellement assuré par la traction humaine. Ceci jusqu'en 1740 environ, où des attelages de bœufs commencèrent à concurrencer les tireurs de corde. Non sans provoquer de violents conflits [156]. La haute Dordogne, étroite et rapide, ne sert guère qu'à la « flotte », c'est-à-dire au flottage des bûches ou des troncs d'arbre, voire des madriers abandonnés à la force du courant. Système un peu moins simple qu'il n'y paraît : le bois flotté descendra à condition d'être surveillé et guidé jusqu'à « Spontour, Argentat, voire jusqu'au Larroumet, entrepôt des bois de Souillac » [157]. C'est là que les bateaux transporteurs (car il n'y a pas sur la Dordogne les grands radeaux de bois flotté qui, sur la Garonne, descendent jusqu'à Bordeaux) prennent le relais du flottage. Bois à brûler, merrains, charbon de bois sont chargés sur des bateaux légers et éphémères qui doivent leur nom (les *argentats*) au relais contraignant de la petite ville du même nom ; comme les « sapinières » de la Loire ou de l'Allier, ils ne font qu'une descente. On les « déchire » à l'arrivée pour en extraire des planches ou du bois à brûler [158].

Si les formes des bateaux, leurs noms, les modes et difficultés de la navigation varient d'un fleuve à l'autre, les transports fluviaux ont forcément plus d'un trait commun. Sur la Seine et ses affluents, nous retrouvons ainsi les contraintes et les querelles habituelles. Celles-ci viennent souvent des « seigneurs péagers » qui sont une plaie inguérissable ; celles-là, du zèle de l'Etat qui multiplie ses consignes et obligations. Des documents, pas toujours clairs à première lecture, nous disent ainsi que chaque bateau doit avoir ses « lettres de voiture », véritables contrats établis avec l'expéditeur des marchandises [159] et que celles-ci obligatoirement doivent passer par les mains des « brouettiers » qui, sur leurs brouettes, les conduisent à la pesée préalable, puis au bateau. Il y a cohue près de toute balance publique, à l'embarquement ; il y a de même cohue, embouteillage, au débarquement. Tout semble aller cahin-caha, au bonheur la chance.

Mais le système fonctionne. Dans un article ancien qui, en son temps, fit sensation, Léon Cahen s'étonnait du faible débit des voies d'eau en direction de Paris [160]. Je ne suis pas tout à fait convaincu qu'il ait raison. En 1710, il faut huit jours – 10-18 juin – pour transporter du blé de Rouen à Paris, mais la charge est de 4533 sacs [161]. Une note isolée indique qu'au port de Soissons, sur l'Oise, au lendemain du dégel de la rivière, du 6 mars au 13 avril 1709, 805 muids de froment (soit environ 15 000 hectolitres, le muid de Paris en valant 18) ont été embarqués « pour conduire à Paris » [162]. Etant donné le développement prodigieux de la capitale, les trafics sur la Seine et ses affluents, mesurés en 1857, se plaçaient avec 5 376 000 tonnes, en avant de ceux du Rhône (3 608 000) et de la Loire (2 111 000) [163].

De plus les eaux navigables ne transportaient pas seulement des marchandises, mais aussi des voyageurs avec leurs bagages, c'était le rôle de coches privilégiés. Ainsi, pour aller d'Agen à Bordeaux, aux XVIIe et XVIIIe siècles, on s'embarquait sur le « coche à eau » qui, deux fois par semaine, conduisait à Bordeaux en deux jours. Au retour, on pouvait profiter des nombreux bateaux qui « utilisaient journellement la marée [montante] pour venir jusqu'à Cadillac » et de là poursuivre à cheval, en changeant six fois de monture, jusqu'à Agen [164]. A Paris, des feuilles imprimées donnaient aux voyageurs la liste des itinéraires desservis par les coches d'eau, à partir de la capitale, avec le lieu, le jour et l'heure des départs, plus quelques instructions. Vous êtes prié d'arriver exactement à l'heure que donne l'horloge de l'église Saint-Paul. Mais vous partirez tantôt du port Saint-Paul, tantôt du port hors Tournelle et les horaires changent : horaires d'hiver, dirions-nous, horaires d'été. Impossible de vous refuser l'accès du bateau, à vous et à vos bagages, et l'on ne vous volera pas sur le prix du billet, car le tarif des « bateaux coches », selon la décision des prévôts, marchands et échevins de la ville de Paris, du 29 avril 1738, est « attaché aux mâts » desdits bateaux et « inscrit sur une plaque de fer-blanc » [165].

A la même époque, voyageurs et négociants, français et étrangers, se pressaient sur les coches d'eau de la Loire, dont le tarif était de trois sols par personne et par lieue. Les auberges, très nombreuses au long du fleuve, les accueillaient pour la nuit. Un siècle plus tard, en 1829, apparaissent les premiers bateaux à vapeur, mais quelques spectaculaires explosions de chaudière en écartent les voyageurs. D'où le nom de baptême, en 1838, d'un nouveau type de bateau : les *Inexplosibles* ! En 1843, ils faisaient fureur sur la Loire, même sur l'Allier (70 000 voyageurs sur la basse Loire, 37 000 sur la haute Loire et l'Allier). On en vantait la vitesse, les agréments et même la table succulente. On disait moins qu'il leur arrivait, comme à tous les bateaux traditionnels, de s'ensabler. Et qu'il fallait six paires de bœufs pour les tirer de là ! Malgré leur succès, une dizaine d'années plus tard, les Inexplosibles devaient succomber devant le chemin de fer [166].

Bien entendu, fleuves, rivières et canaux sont à aménager, à construire, à reconstruire, à rectifier. Et l'acharnement avec lequel on essaie, partout où c'est possible, d'organiser la voie d'eau, petite ou grande, prouve à soi seul son importance. D'innombrables mémoires proposent d'étendre la navigabilité à de nouvelles rivières. Par exemple, au Cher, en 1679 [167]. Le projet échoue, mais refera surface, inutilement toujours, en 1788 [168]. En 1696, c'est la Charente qu'on voudrait rendre navigable, d'Angoulême à Ventreuil, pour le ravitaillement en bois du port de guerre de Rochefort. En 1763 [169], l'intendant des généralités de Pau et d'Auch aménage en hâte le gave d'Oléron, affluent de l'Adour, pour le transport de mâts de navires jusqu'à Bayonne. En 1795, ce sont les vignerons des bords de la Sioule qui demandent l'aménagement des 6,5 kilomètres qui les séparent du confluent de cette rivière avec l'Allier. Non, leur répond-on. Ce serait coûteux et peu raisonnable, car pour un si bref parcours, il faudrait détruire trois moulins [170].

Autre projet, très vaste celui-là, proposé par la chambre de commerce de Picardie en date du 15 juin 1781 : la régulation du cours de la Somme entre Amiens et la mer, par des travaux anormalement importants puisqu'on suppute une dépense de 900 000 livres [171]. La vaste embouchure de la Somme voit, en effet, s'accumuler la masse des sables apportés par la mer et par le fleuve et il y avait des années déjà que le négoce de Saint-Valéry en était affecté. Les projets s'étaient succédé inutilement, en 1764, 1770, 1779 [172]. Celui de 1781 était grandiose : « La Somme serait barrée à peu de distance de son embouchure » et « ses eaux... conduites par un canal creusé sur une seule ligne jusqu'à la tête du port de Saint-Valéry... Il y seroit pratiquée une écluse dont l'effet seroit d'en chasser et en enlever les sables... en outre [il faudrait] établir un halage de chevaux au lieu de celui exécuté par des hommes, depuis les travaux à faire au port de Saint Valléry jusqu'à Amiens ». Ce projet, sans doute à l'origine de la canalisation du fleuve entre Abbeville et Saint-Valéry, est peu clair à nos yeux. Mais le paysage qu'il évoque, pour qui connaît la baie immense de la Somme, toujours victime du sable, permet d'en rêver.

La terre supérieure à l'eau ?

Les voies d'eau ne se limitent pas aux fleuves et rivières. Il faut leur ajouter la « navigation artificielle » des canaux (1 000 kilomètres vers 1800 contre 7 000 de rivières navigables ; 2 000 en 1830 ; 4 000 en 1843, jusqu'à l'intervention du chemin de fer qui freinera le mouvement) [173]. Leur ajouter aussi le cabotage et même quelques liaisons par la haute mer. Ainsi renforcée, la troisième voie fait-elle le poids, face aux services colossaux que rendent les routes de terre ferme ?

Non, a répondu, il y a longtemps, Werner Sombart et sa démonstration nous a été donnée, comme toujours, avec un zeste de polémique. Faite sur l'exemple de l'Allemagne, la thèse, par analogie, met incontestablement la France en cause. De son côté, Jean Meyer a raison quand il souligne combien, sur un fleuve réputé *régulier* comme la Seine, l'addition des crues et des sécheresses réduit les périodes de son utilisation à moins d'un tiers de l'année [174]. Que dire encore ? Qu'il arrive même que la route terrestre l'emporte carrément sur la voie d'eau qui lui est cependant parallèle. C'est ainsi qu'au XVIe siècle, la plupart des convois conduits par des charretiers d'Arras, de Valenciennes ou de Champagne, au lieu de transférer leurs charges sur des bateaux en arrivant sur les bords de la Saône, « continuaient leur chemin jusqu'à Lyon. Arrivés au début d'une foire, ils s'en retournaient chargés de marchandises achetées en foire et destinées aux Pays-Bas » [175]. On pensera à la régularité de la route terrestre (relative cependant car elle aussi est sous-utilisée au moment où les grands travaux agricoles interrompent les charrois paysans), à sa rapidité, elle encore très relative, face à la navigation lente des rivières, aux risques d'avaries du transport par eau pour certaines marchandises délicates – les textiles par exemple. Enfin, argument péremptoire, il y a les chiffres enregistrés en 1828, 4,8 millions de tonnes transportées par eau et 41,3 par voie de terre [176]. La discussion est-elle, pour autant, close ?

Je ne dis pas que Werner Sombart et Jean Meyer aient tort. Mais ont-ils bien posé le problème ? Ne faut-il pas prêter l'oreille à ce que précise Vauban, observateur sans égal : « Un bateau de raisonnable grandeur, en bonne eau, peut, à lui seul, disait-il, avec six hommes et quatre chevaux [de halage]... mener la charge que 200 hommes et 400 chevaux auraient bien de la peine à mener par des chemins ordinaires. » [177] Et c'est là aussi une vérité : chaque fois que l'occasion lui est offerte, la marchandise lourde ou anormalement encombrante (le charbon de bois, la paille) [178] ne prend-elle pas quasiment d'elle-même la voie d'eau ? C'est le cas pour les pierres, le fer, la fonte, le blé, le vin, le bois, le charbon de terre... Ainsi, en 1796, on vient de trouver du charbon de terre près d'Annecy. « Mais la difficulté du transport de cette houille, dit un observateur attentif, pour être sortie du bassin d'Annecy qui est entouré de toutes parts de très grandes montées, empeschera toujours le grand bien qu'elle pourrait produire à cause des grands frais de voiture qui ne peut être exécuté que par chariots ou charrettes, en telle sorte qu'il est très douteux que l'on puisse conduire d'Annecy à Chambéry, distant de neuf à dix lieues de poste, les charbons provenus de cette carrière à aussi bon marché que ceux que l'on tire par le Rhône et le lac du Bourget des carrières de Rive-de-Giers, quoique distant de trente à quarante lieues ; voilà qui prouve... que les pays à canaux de navigation feront toujours de plus grands progrès que tous ceux qui ne peuvent communiquer que par des routes, tant belles et tant bonnes puisse-t-on les imaginer. » [179] En juin 1757, l'intendant des finances de Courteille calculait que le transport de blé sur des petits chalands de 30 à 50 tonnes, de Caen à Paris, revenait quatre fois moins cher que par roulage [180].

L'eau a donc le privilège d'être moins coûteuse et capable de transporter des matières pondéreuses. Ce sont là des avantages appelés à durer jusqu'à la mise en place des chemins de fer et même au-delà. Ainsi, c'est une caravane d'une dizaine de bateaux chargés à Rouen qui, au mois de juillet 1817, apportent à Poissy du blé pour Paris, chacun d'eux avec environ 200 tonnes à bord [181], soit l'équivalent d'au moins 800 voitures puisque, à la fin du XVIIIe siècle, en dépit des spectaculaires progrès routiers qui ont augmenté les possibilités de charge de quelque 60 %, un roulier avec quatre chevaux ne transportait pas plus de 2,5 tonnes de marchandises [182]. Qui plus est, en 1827, sans entrer ici dans le détail des calculs, la voie d'eau serait encore deux fois et demie moins coûteuse que la route [183].

Ces remarques, si exactes soient-elles, ne réorientent pas la discussion quant au poids respectif de la terre et de l'eau. Mais deux observations devraient nous placer dans la bonne direction.

1) Dans le calcul des volumes et des poids, en ce qui concerne l'eau porteuse, le bois à bûches perdues n'est pas, autant que je puisse le vérifier, pris en compte [184]. C'est probablement une immense soustraction. Paris et sa banlieue, pour se chauffer, consomment, en 1786, 700 à 800 000 « voies » de bois, soit environ un million et demi de stères [185]. Toutes les rivières ont leurs trains de bois, aussi bien l'Isère que le gave de Pau, que l'Allier, que l'Ornain, qui transporte, pour les acheminer ensuite par la Marne jusqu'à Paris ou à Rouen, de grandes « brelles », assemblages de troncs de sapins venus des Vosges, sur essieu, jusqu'à Bar-le-Duc.

2) La voie d'eau sert aux transports à moyenne et plus encore à grande distance : il s'agit de parcourir rivières et fleuves sur presque tout leur parcours ; la barque qui, de Roanne, descend la Loire, va au moins jusqu'à Orléans, parfois jusqu'à Nantes ; sur la Saône, le bateau défile devant Gray et va le plus souvent, comme de juste, jusqu'à Lyon. Les fruits, le vin, les pierres, le charbon

de terre ou de bois, chargés sur l'Allier, vont directement à Nantes ou à Paris, ou à Orléans. Traits d'union entre fleuves et rivières, les canaux permettent de mieux en mieux les voyages sans transbordements. Ainsi, l'eau relève de la grande circulation, de l'étage supérieur des transports.

Voilà justement ce qu'il faut garder en mémoire. La voie d'eau est à comparer à la circulation des routes dites, encore en 1827, *royales*. Les 4,8 millions de tonnes de la voie fluviale ne s'opposent pas aux 41,3 millions du débit de toutes les routes terrestres, mais aux 10,4 millions des seules routes royales. Du coup, il s'agirait d'une proportion de 1 à 2. C'est celle que retient J.-C. Toutain pour les années 1840 (49 % pour la route, 23 % pour les voies navigables) [186]. Mais si l'on adjoint le cabotage à la troisième voie, c'est 25 % qu'il faut ajouter aux 23 % du trafic fluvial. Nous voilà quasi à égalité avec la route de terre. Et que deviendrait cette proportion si l'on tenait compte, je le répète, des énormes quantités de bois de flottage, qui échappent à notre estimation ?

Enfin, les faiseurs de projets rêvaient d'étendre encore le réseau des canaux (multiplié par quatre entre 1800 et 1843) pour diminuer la dépense trop lourde que la route faisait peser sur l'économie française. Vieux dessein : Vauban proposait déjà, pour désenclaver les transports, l'aménagement de 190 cours d'eau qui deviendraient ainsi navigables [187]. La voie d'eau aurait dû, aurait pu grandir, augmenter ses services. En fait, après 1830, elle a prouvé sa supériorité sur le chemin de terre dans la mesure où, mieux et plus longtemps que lui, elle a pu accompagner la montée des trafics concurremment au chemin de fer, jusqu'à ce que ce dernier l'emporte définitivement par une guerre de tarifs [188]. Ainsi la route d'eau aura-t-elle été bloquée au-dessous du niveau qui aurait pu être le sien. Elle l'est encore aujourd'hui.

L'ensemble : le rôle de l'Etat

L'Etat, en France, ne s'est consolidé (ou si l'on préfère assis) qu'en « domestiquant » les mouvements et échanges qui animaient son espace. Sa saisie n'a certes pas été parfaite du jour au lendemain. Il s'est emparé, tout d'abord, des points nodaux de la circulation : les marchés, les foires qui ne s'établirent qu'avec son autorisation et restèrent sous sa protection. A l'issue des ateliers de frappe, il a contrôlé aussi la marchandise ambulante par excellence, la monnaie. Il a créé et privilégié la poste. Enfin, de plus en plus, il s'est occupé des routes, avant tout des grandes routes et du réseau d'ensemble qu'elles formaient, ou auraient dû former, et des villes qui en sont les carrefours.

Cette tâche, colossale parce que menée aux dimensions d'une France immense, excéda forcément l'action de Sully, si vantée, en vérité limitée, voire épisodique au lendemain des destructions de nos guerres de Religion. La charge de Grand Voyer de France, créée pour lui en 1599, fut d'ailleurs supprimée dès 1626 [189]. Sully n'avait-il pas précisé lui-même, en son temps, que « ponts et chaussées ne concernent pas le service du Roy », qu'ils sont à la charge des autorités et ressources locales [190] ? Avec Colbert (1661-1683), la monarchie commence sans doute à s'engager dans les trop vastes entreprises routières. Mais, une fois de plus, Colbert disparu, l'attention de l'Etat se réduit.

C'est au XVIIIᵉ siècle, au-delà de 1735, ou mieux de 1760, que l'Etat s'aventure, délibérément, dans une tâche qui dépassera toujours ses moyens, sinon sa bonne volonté. En fait, seule l'exigence d'une économie à la hausse a fini par imposer les réparations, entretiens et constructions de routes et, comme la technique routière a fait d'immenses progrès, la dépense n'a cessé de croître. En conséquence, l'Etat se trouve engagé dans une tâche qui l'excède et, par ses efforts mêmes, il révèle les obstacles que lui imposent sa propre structure.

La France, en effet, n'est pas une économie *une,* mais une série d'économies, de France provinciales, attentives à des motivations régionales et qui privilégient, de ce fait, la moyenne distance. Ces France-là défendent leurs privilèges, leurs intérêts, leur vie de chaque jour. Et, dans la mesure où l'Etat leur a laissé longtemps la bride sur le cou et la quasi-totalité de la construction et de l'entretien des routes, celles-ci desservent avant tout les circuits locaux. Même les planifications plus larges, tentées par les intendants, ont rarement dépassé le cadre de la vie et des besoins régionaux.

Or l'Etat est condamné à s'occuper de l'essentiel, à savoir l'ensemble national. Il prend conscience de la nécessité de dégager la *grande route* de son cadre local, de la « déterritorialiser », de raccorder les « grands damiers régionaux réalisés par les intendants à l'intérieur des généralités » pour en faire un vaste réseau conçu en étoile – partant de Paris et y faisant retour [191] – et

LES ROUTES DE POSTE EN 1632
Elles ne couvrent pas encore comme au XVIIIᵉ siècle l'ensemble du territoire (Ouest et Est notamment).
(Source : Alfred Fierro-Domenech, *le Pré Carré, géographie historique de la France,* 1986.

ainsi mettre en place, dans la mesure du possible, ce que les économistes d'aujourd'hui appellent un *marché national.* La tâche ne peut qu'être lentement accomplie, d'autant qu'elle se heurte parfois à des résistances locales [192]. Et plus l'œuvre tardera, plus elle se voudra ambitieuse, plus elle sera coûteuse.

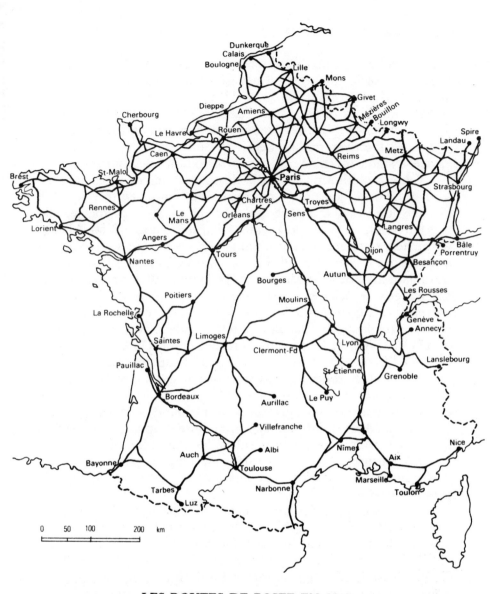

LES ROUTES DE POSTE EN 1797
(Source : D'après Vidal de la Blache, *Tableau de la géographie de la France* et A. Fierro Domenech, *op. cit.*)

Or la monarchie d'Ancien Régime n'avait pas mené à bien l'exploitation fiscale du royaume. Le saviez-vous ? Elle ne peut toucher qu'une partie de la richesse de ses sujets. Les crédits lui manquent. Et la construction des grandes routes ne sera possible que par la réquisition de la main-d'œuvre paysanne, selon le système dit de la *corvée royale*. Celle-ci s'était établie bien avant d'être définie, en 1738, par une instruction du contrôleur général Orry : Colbert en parlait déjà ; de son temps, des intendants l'avaient sinon inventée, du moins introduite d'eux-mêmes.

Cette mobilisation annuelle de main-d'œuvre – pendant 12 à 30 et même 40 journées – représentait un impôt en travail d'une extrême lourdeur. D'autant que, variable, injuste en diable, elle ne s'adressait, en principe, qu'aux villageois situés à 3 ou 4 lieues des ateliers routiers. D'où des tiraillements et une mauvaise volonté générale des « corvoyeurs de bras » ou « de harnais » (c'est-à-dire travaillant avec ou sans bêtes de trait). D'où aussi de vives critiques des milieux « éclairés », de Mirabeau, l'auteur de *L'Ami des hommes*, à l'*Encyclopédie méthodique*. C'est un fait que cette corvée, sans laquelle Trudaine (intendant des Ponts et Chaussées de 1743 à 1769) et l'ingénieur Perronet (1708-1794, qui organisa en 1747 l'Ecole des Ponts et Chaussées) n'auraient pas construit leurs admirables routes, fut parfois un pur gaspillage de forces et même d'argent. La main d'œuvre villageoise était assez inexperte et peu enthousiaste, son ouvrage souvent loin de la perfection. En 1701, l'intendant de Montauban, à la suite de pluies continuelles qui avaient rompu les ponts et enlevé les chaussées, se lamentait : 200 000 journées d'ouvriers avaient été effacées par ces trombes d'eau, sur ces « chemins nouveaux [où] il y avait 40 ans que n'y passait carrosse » [193].

C'est pourquoi, dès avant l'édit de Turgot qui la supprima (février 1776) et après celui qui la rétablit (11 août de la même année), plusieurs intendants substituèrent à la corvée en nature une redevance pécuniaire, permettant le recours à une main-d'œuvre spécialisée. Approuvant cette décision pour le Berry, en 1780, l'assemblée provinciale notait que, pour la construction de 3 lieues de route (12 kilomètres), les journées de corvéables et de voitures pouvaient s'estimer à 624 000 livres d'impôt en nature, tandis que 240 000 livres d'impositions diverses lui permettaient d'en construire le double [194]. En 1775, proposant la suppression de la corvée pour la Bourgogne, un mémoire usait des mêmes arguments. La qualité des routes, le développement de techniques nouvelles y gagneraient infiniment, expliquait-il. Il en coûterait sans doute annuellement 800 000 livres environ, « vérité bien terrible », mais les 98 283 corvéables et les 69 918 chevaux employés sur les routes douze jours par an, ne représentaient-ils pas 1 933 000 livres de travail, aussi bas qu'on estime le prix de celui-ci ? Soit plus du double. Il est urgent, concluait-il d'instituer « le travail des chemins à prix d'argent » [195].

Toutefois le nouvel impôt s'avérera difficile à lever. La suppression de la corvée en 1789 ne résoudra pas le problème. En l'an X (1802), le Conseil Général de Saône-et-Loire ne déplorait-il pas publiquement sa disparition ? « La corvée, la corvée seule, déclarait-il, peut rendre à la République ses routes superbes, si intéressantes pour son commerce et qui firent l'admiration des étrangers. » [196]

Malgré ces difficultés et ces lenteurs, le réseau routier a grandi. L'ensemble des « grands chemins » comptait 302 « maisons de poste », en 1584 ; 623 « relais de poste », en 1632 ; 798, en 1701 ; 1 426 (donc presque le double), en 1789 ; 2 057, en 1850 [197]. Sans doute, en 1827 encore, circulait par les grandes routes au plus le dixième du total des marchandises transportées. Cependant, ce réseau encore imparfait couvrait une partie primordiale des besoins du pays et assurait des liaisons régulières. Une centaine d'années plus tôt, en février 1707, le maréchal de Tessé, arrivé à Grenoble après le désastre de Turin pour y prendre le commandement des troupes françaises du Sud-Est [198], ne s'était-il pas aperçu avec horreur qu'il lui était très difficile de communiquer avec la Cour ? Entre Paris et Lyon le courrier était assez rapide, par l'ordinaire de la poste. Mais de Grenoble à Lyon, il était transporté en char à bœufs [199] ! Or, en 1814, face à une situation bien plus dramatique, alors que Napoléon défend contre les troupes étrangères les voies d'accès en direction de la capitale, les voitures de poste circulent plus ou moins bien, mais circulent à travers la France envahie de l'Est et du Nord. Les malles de Strasbourg, de Lille et de Lyon arrivent parfois avec « de longs retards dus aux détours qu'elles sont obligées de faire » [200], mais elles arrivent (parce que, sans doute, l'espace n'est pas, vu son immensité, contrôlé en entier par l'ennemi) et, régulièrement, elles apportent et propagent des nouvelles, plus ou moins exactes, toujours alarmantes. Le 30 mars, la capitulation sauvait peut-être Paris « non de l'occupation, mais de l'incendie et du pillage ». Lors de l'entrée des Alliés dans la grande ville, le 1er avril, « le public était prévenu que le départ des courriers de la poste aux lettres aurait lieu le jour même, comme à l'ordinaire, et le 7, on espérait que le service aurait entièrement repris son activité à la fin de la semaine ».

Le plus étrange encore dans ce système imparfait, ce sont ses records de vitesse. Des records tels que l'on se demande, chaque fois, s'ils sont exactement rapportés. Je suis sûr, par exemple, que la nouvelle du désastre de Pavie (24 février 1525) arrive à Paris le 7 mars, et que, vers le 20 de ce mois, des fuyards de la bataille, qui n'ont eu que leurs jambes pour se déplacer, sont dans les environs de la capitale, pillant les villages [201]... Je crois difficilement, par contre, que la nouvelle de la Saint-Barthélemy (24 août 1572) soit arrivée trois ou quatre jours plus tard à Madrid – c'est impossible. Toutefois, la nouvelle de la prise de la Bastille (14 juillet 1789) a empli la France entière en quelques jours.

Et voici un petit fait *sûr* que je soumets à la curiosité du lecteur. Alors que les diligences les plus rapides, partant de Paris (voir les cartes pp. 238-239), mettent des jours et des jours à traverser la France, certaines nouvelles volent, comme télégraphiées alors que le télégraphe de Chappe (1793) n'est pas encore en place. Ainsi la sensationnelle nouvelle de l'arrestation de Louis XVI et de la famille royale à Varennes (22 juin 1791) est connue à Quimper, à l'autre bout de la France, deux jours plus tard. Les membres du département du Morbihan écrivent à l'Assemblée Nationale : « Nous reçûmes la nouvelle de l'enlèvement du roi et de la famille royale vendredi 24 de ce mois [à] 7 heures du matin. »[202]

Le volume global de la circulation

Pour conclure sérieusement, le recours s'impose aux calculs rétrospectifs, pour l'essentiel à ceux de Jean-Claude Toutain[203]. Il a fait le décompte de la production qui passe par les réseaux de l'échange, en d'autres termes de sa masse commercialisée, celle qui n'est pas consommée sur place par le producteur. Il a donc déduit du produit global tout ce que le paysan consomme lui-même pour sa propre alimentation et celle de ses animaux domestiques, mais aussi les produits « industriels » (textiles, bâtiment, outils...) qu'il fabrique pour l'usage familial. Et sans doute pourrait-on arguer que, dans la production industrielle proprement dite, notamment la production citadine, une certaine part est aussi

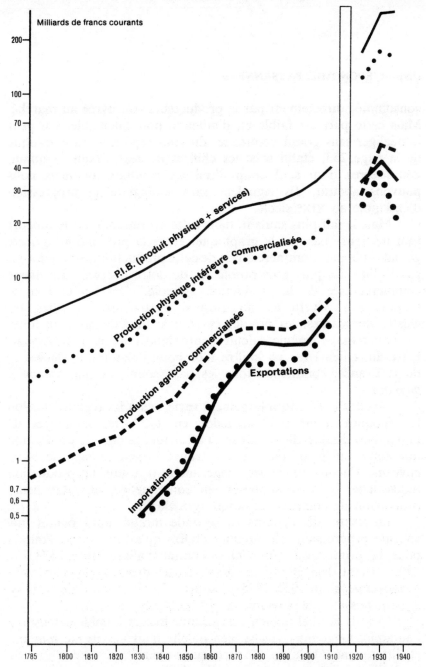

PRODUIT GLOBAL ET PRODUCTION COMMERCIALISEE DE 1785 A 1938.

Graphique établi à partir de moyennes généralement décennales fournies par Jean-Claude Toutain. L'interruption des données sur une dizaine d'année, à partir de 1920, signifie que l'on ne peut comparer les francs courants d'avant 1914, rattachés à un étalon métallique, aux francs courants d'après la première guerre mondiale : ceux-ci sont multipliés par l'inflation.

consommée directement par le producteur, non livrée au marché. Mais cette part est faible et, d'ailleurs, non calculable. On peut la négliger sans grand dommage. En vous reportant au graphique de la page 253, établi avec les chiffres de Jean-Claude Toutain, vous verrez d'un seul coup d'œil les résultats auxquels nous pouvons aboutir. Ils signalent sans ambiguïté la progression d'ensemble au XIXᵉ siècle.

Mais le fait plus saillant, dans cette évolution, c'est le rapport (qui ne figure pas sur le graphique) entre la production *agricole* globale et la part commercialisée de cette production. Ne rejoint-on pas là l'un des plus gros problèmes de notre histoire ? La masse commercialisée de la production agricole, c'est bel et bien le surplus dont vivent les non-ruraux, c'est-à-dire les villes, les classes dirigeantes, les privilégiés, tout le luxe de notre histoire. Ce pourcentage (même calculé approximativement, il ne saurait l'être autrement) est un chiffre d'or pour l'histoire « sincère » de la France, comme de tous les pays soumis à une *économie paysanne.*

Ce chiffre d'or aura largement varié, selon les régions et selon les époques. Pour le Languedoc en 1737, les mémoires de l'intendant de Basville m'ont servi à calculer la part de production non consommée sur place et j'ai trouvé le pourcentage de 14 % environ. Encore ce pourcentage inclut-il toute la production industrielle. Il laisse supposer, en conséquence, une très petite proportion de commercialisation agricole [204].

Le XVIIIᵉ siècle, dans sa seconde moitié, aura connu une énorme progression : le premier chiffre qu'avance J.-C. Toutain pour la production *alimentaire* commercialisée, entre 1781 et 1790, atteint déjà 30 % ; les 50 % s'atteindront vers 1874-1875 ; la moyenne pour 1935-1938 se situe à 75 % et en 1980 à 95 % – est-il possible de dire mieux [205] ?

C'est la fin, bel et bien, des circuits locaux à faible extension ; l'autarcie, longtemps vivace bien qu'elle n'ait jamais été *totale,* a été littéralement balayée. De sorte que, aujourd'hui, dans n'importe quel village, dans n'importe quelle résidence secondaire, vous ne mangerez pas (mis à part quelques œufs, du lait, des fruits achetés chez vos voisins) les produits de la terre où vous êtes : le pain, le vin, la viande, le beurre, etc., que vous consommerez ne seront plus, d'ordinaire, d'origine locale. Lait et raisin sont de plus en plus collectés par les coopératives ; ensuite, où va le produit ? Entre

LE RESEAU DES ROUTES ROYALES, 1820.
(Source : Bernard Lepetit, *Chemins de terre et voies d'eau. Réseaux
de transports, organisation de l'espace,* 1984.)
En trait fort : les routes effectivement construites et carrossables ;
en trait grêle : les routes en partie lacunaires.

1903 et 1914, 39 % de la production alimentaire restait encore sur place... Nous sommes loin du compte aujourd'hui.

Il y a donc eu rupture des liaisons anciennes. Le régional tend à disparaître et le national s'ouvre, quant à lui, de façon béante sur le trop vaste monde. Si l'ouverture des frontières s'accentue encore, de plus en plus je mangerai de la viande argentine, du mouton de Nouvelle-Zélande, des fruits d'Afrique, d'Amérique, d'Australie et les produits industriels viendront pour moi du monde entier... Une révolution silencieuse a bouleversé nos échanges comme ceux des autres économies nationales du monde.

Avant et après les chemins de fer

Le passage à une France s'uniformisant s'est donc fait finalement, et sans que les Français l'aient voulu, parfois même l'aient remarqué. Une économie ancienne, sous le signe encore fragile d'un marché national péniblement atteint, se dissout, comme sucre dans l'eau, au bénéfice d'un marché international qui, peu à peu, nous submerge.

Que nous voilà donc loin de l'Ancien Régime qui, à la veille de s'effondrer, s'interrogeait encore sur les moyens de supprimer les barrières, douanes, octrois, péages qui, aux frontières de nombreuses provinces, au long des fleuves et des routes, à la traversée des villes, fractionnaient irréductiblement la circulation *intérieure* du royaume ! L'Etat, en grandissant, s'était adjoint provinces, villes, pays, seigneuries, mais il avait hérité du même coup d'institutions douanières, de privilèges publics et privés qui s'étaient maintenus contre vents et marées, malgré divers essais de remise en ordre, par Colbert notamment.

Au XVIIIᵉ siècle, pourtant, surtout après 1750, tous les économistes réclament une réforme énergique. On ne le croira pas, s'exclame Forbonnais, mais il est parfaitement exact que, pour « doubler en six ou sept ans la masse de l'argent circulant... et par conséquent... les revenus publics dans la même proportion », il suffirait de « supprimer la douane de Valence, le deux pour cent d'Arles, le liard du Baron, la traite foraine de Languedoc sur les frontières de Provence... de diminuer de moitié les droits sur la soie et les matières premières..., d'anéantir le droit de douane de Lyon pour toutes les denrées qui sortent de France par la Provence... et sur tout ce qui passe de province à province » [206].

A elle seule, la douane de Valence, le droit « le plus destructif du commerce » qui soit en France, « fatigue cinq ou six provinces dont il anéantit les communications » [207]. S'ajoutent aux douanes les péages et octrois, plus dommageables encore par les innombrables interruptions qu'ils signifient que par leur coût financier. Pour ne donner qu'un minuscule exemple, en 1788, un chargement de bois envoyé de Lorraine à Sète payait 34 sortes de droits, en 21 endroits différents [208] !

On comprendra mieux, dans ces conditions, la réflexion de l'ambassadeur de Catherine II à Paris qui constate qu'il n'y a pas, sur les postes françaises, un ouvrage d'ensemble cohérent, « un corps d'ouvrage », mais seulement une « collection factice » de trois volumes qui, à propos des messageries, des diligences et du roulage, énumèrent en fait une masse inouïe de mesures, d'obligations, d'interdictions, aussi vétilleuses les unes que les autres [209]. Mais l'*Encyclopédie méthodique*, à la veille de la Révolution, ne qualifie-t-elle pas de « véritable grimoire » les listes qui spécifient les tarifs de la Traite de Charente, lesquels varient selon les marchandises et les lieux d'enlèvement [210] ?

En 1786, le gouvernement semble résolu à faire place nette à l'intérieur de ses possessions, là où, en principe, l'Etat fait ce qu'il veut. Dupont de Nemours propose de substituer aux douanes intérieures de toutes sortes un seul régime méthodique de six classes de droits d'entrée et quatre de droits de sortie [211]. Le 20 novembre 1786, l'ambassadeur russe Simolin rapporte à son gouvernement ce projet de « translation aux frontières » de toutes les douanes intérieures françaises. « L'administration le croit utile et le désire, explique-t-il, mais d'après un calcul fait, cette mesure causera une diminution de huit à dix millions par an dans les revenus du Roi, perte que l'état actuel des finances a peine à supporter. » [212]

La Révolution fera l'unité administrative du territoire. Elle ne réglera pas pour autant ses difficultés de transport. Ce que l'Ancien Régime, puis 1789, l'Empire, la Restauration et la Monarchie de Juillet n'ont pu réaliser, malgré la poussée drue de l'économie nationale et l'extension d'une révolution industrielle en retard mais réelle, le chemin de fer va l'accomplir, comme de lui-même, au-delà des années 1840. Cette fois, la technique résoudra un problème devenu très difficile.

Quelle est, en effet, la situation vers 1830 ? Une vive montée des trafics fait apparaître comme dérisoires les exploits routiers du demi-siècle précédent. L'économiste Dunoyer décrit sans indulgence les routes françaises pleines d'ornières, dures, cahotantes, où « deux voitures ont quelquefois peine à se croiser » sans verser sur les bas-côtés [213]. Qui plus est elles coûtent trop cher. Un seuil technique, un seuil financier semblent avoir été atteints. « Loin de s'améliorer de façon continue, le système devient de plus en plus inadapté aux nécessités nouvelles. » [214]

Alors va naître le chemin de fer. Mais ne l'imaginez pas construit peu à peu, comme nos autoroutes, selon un modèle de réseau national. Il naît d'initiatives industrielles locales, pour des transports miniers pondéreux. La Compagnie des Houillères de la Loire fut la première à en obtenir l'autorisation des Ponts et Chaussées. Sur le modèle anglais, elle construira des rails de fonte pour des voitures à traction animale qui transporteront jusqu'à Lyon la houille de Saint-Etienne (presque 300 000 tonnes extraites en 1812, mais 600 000 en 1825). La ligne purement minière ouverte en 1823, entre Andrézieux et Saint-Etienne (22 kilomètres), se prolonge en 1826 de Saint-Etienne à Lyon, et, en 1828, d'Andrézieux à Roanne. Rapidement cette jonction moderne entre Rhône et Loire admet voyageurs et marchandises. La vapeur y sera introduite en 1831 et, en 1836, elle transportait 170 000 voyageurs. En 1840, pourtant, n'existaient encore à travers la France que les quelques tronçons minuscules reportés sur la carte ci-contre [215].

Mais l'idée d'un réseau national, d'un chemin de fer qui serait « une révolution non seulement industrielle mais politique », multipliant « singulièrement les rapports des peuples et des cités », est vigoureusement défendue par les Saint-Simoniens [216]. Elle fait rapidement son chemin dans les milieux bancaires et gouvernementaux et, en 1833, l'Etat retire aux Ponts et Chaussées les concessions de chemin de fer. Pourtant, pas plus que nos rois au temps des intendants et des routes royales, il ne veut en prendre la charge financière : il se réserve « d'éclairer la marche des compagnies privées » [217] en dessinant lui-même le réseau. Un réseau en étoile, bien entendu, à partir de Paris : les données du passé routier saisissent la nouveauté ferroviaire dès son départ.

Toutefois, le réseau ferroviaire n'a pas la densité du réseau routier. Y figurer en bonne place, c'est l'enjeu que se disputent les villes, par l'intermédiaire d'hommes politiques, de capitalistes et d'ingénieurs. Ce sont des luttes au couteau, peu honnêtes

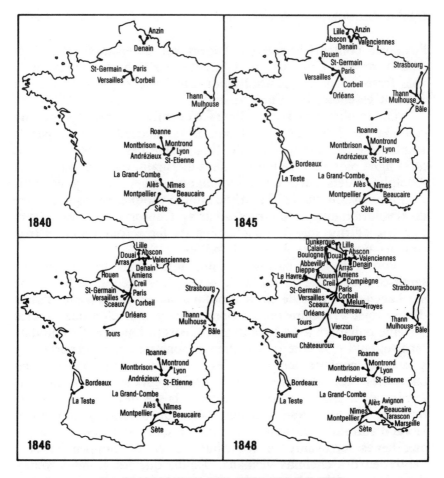

LA NAISSANCE DU CHEMIN DE FER.

Des premières lignes purement locales, liées avant tout aux transports miniers, (à partir de 1823), on est passé, 25 ans plus tard, au projet gouvernemental (en étoile, à partir de Paris.)

(Source : T. Regazzola, J. Lefebvre, *La Domestication du mouvement. Poussées mobilisatrices et surrection de l'Etat*, 1981.)

souvent, une page noire de notre histoire. Par là, un nouveau *deal* s'est mis en place, dont l'avenir dépendra : Brive-la-Gaillarde, sur la ligne directe de Paris à Toulouse, va éclipser Tulle ; Grenoble l'emporte contre Chambéry ; Annecy est désenclavé ; Besançon défavorisé, etc. Une histoire différentielle s'élabore à partir de la voie ferrée et de l'industrialisation dont elle est, il est vrai, un élément essentiel, mais non le seul.

Qu'on n'imagine pas d'ailleurs le chemin de fer soulevant d'un coup la vie française. Au début, il est accueilli autant par le scepticisme des uns que par l'enthousiasme des autres. A propos de la ligne pionnière de Paris à Saint-Germain, construite en 1836, Adolphe Thiers parle de « montagnes russes », de jouet pour l'amusement du public ! La même année Adolphe Blanqui, le frère du révolutionnaire, docte professeur au Conservatoire des Arts et Métiers, affirme que « les chemins de fer seront toujours trop coûteux pour attirer les marchandises » [218].

Pourtant, long parfois à s'implanter dans les mœurs, ne serait-ce qu'à cause de ses tarifs élevés [219], le chemin de fer, greffé sur l'ancien système de circulation, n'a jamais été non plus l'objet d'un « rejet », comme nous dirions aujourd'hui. C'est que l'ancien système collabore avec le nouveau. Georges Duchêne, à une date tardive, en 1869, note que « dans l'industrie des transports, il y a encore concurrence entre les *coucous,* les pataches..., les charrettes, les tombereaux qui prolongent sur terre la voie ferrée. » [220]. Entre ses tracés, celle-ci laisse des régions entières hors de ses atteintes ; voitures, bêtes de somme y continuent la vie d'autrefois. On note même que le souci de relier les villages aux lignes ferroviaires a contribué au vif développement et à l'entretien des chemins vicinaux. Tandis que les grandes routes, doublées par le chemin de fer, tombent progressivement à l'abandon. Elles seront totalement dégradées vers 1900 [221].

Il est vrai que la diligence ne pouvait lutter contre le chemin de fer. En octobre 1856, un rédacteur du *Journal des débats* écrivait à propos de l'inauguration d'une voie ferrée : « C'est quand on s'éloigne un peu des grands centres et quand on retombe sous la domination des diligences, des relais qui se font attendre, des postillons qui dorment, des traits qui cassent et qu'on raccommode avec des ficelles, de la manivelle ou du sabot pour descendre les pentes et des crampes qui prennent les malheureux habitants de ces prisons cellulaires, c'est alors qu'on éprouve à quel point on a été gâté par les chemins de fer. » [222] A partir de 1860, les revendications locales de desserte ferroviaire deviennent telles que, finalement, l'Etat devra se résigner, vers 1880, à couvrir les frais d'un réseau capillaire : 19 000 kilomètres de petites lignes, présumées déficitaires et refusées par l'industrie privée. C'est l'annonce des futures nationalisations.

Les grandes routes auront leur revanche lorsque le train devra vivre, à son tour, avec et contre la concurrence de l'automobile. Laquelle mettra d'ailleurs beaucoup de temps à l'éliminer des petites lignes. Durant la première guerre mondiale, camionnettes et camions, avec derrière eux de fantastiques panaches de poussière, transportaient hommes et matériels. Lors de l'épouvantable bataille de Verdun, au long de la voie Sacrée, de Bar-le-Duc à Verdun, ils ne cessaient de rouler dans les deux sens. Et cependant, restait en service ininterrompu le petit train à voie étroite – le Varinot – qui reliait lui aussi, avec sa locomotive et ses wagons miniatures, Bar-le-Duc à Verdun.

Comme chacun le sait, le progrès allait poursuivre son chemin : surgissaient en effet les routes goudronnées, l'électricité, le télégraphe, le téléphone, les autoroutes et, pour finir, les lignes d'Air Inter utilisées avec délectation par les privilégiés dont je suis. Tout cela ultra-connu.

Mais, pour ceux qui, hier, vécurent ces transformations, quelles surprises, quelle admiration aussi ! Le télégraphe (depuis Claude Chappe) avait été au service, longtemps exclusif, du gouvernement. A la fin des années trente, il s'essayait à utiliser fils et électricité. Et, quelques décennies plus tard, le préfet du Loiret écrivait d'Orléans, le 5 février 1866 : « Le discours prononcé par Sa Majesté l'Empereur à l'ouverture de la session législative, a été l'événement politique du mois de janvier. Livré à l'impression aussitôt après sa réception par le télégraphe, cet important document a été affiché quelques heures après à Orléans... et le soir même, je l'expédiais directement à MM. les Sous-Préfets et à MM. les Maires pour être placardé dans toutes les communes. » [223] Bravo !

Vingt ans plus tard, le 1er février 1887, Edmond Got célèbre acteur de la Comédie Française, notait : « Le téléphone répond de Bruxelles à Paris. La science n'en finira pas d'étendre ses merveilles. » [224] Mais il n'y a pas si longtemps que je me suis émerveillé moi-même que São Paulo, au Brésil, ait été relié à Paris par téléphone automatique. Et je me suis précipité aussitôt pour appeler un vieil ami que j'avais connu en 1936, au temps où le Brésil était encore à plus de 15 jours *de bateau* de l'Europe.

Le passé rétrograde

Pourtant, le passé n'a pas vécu à une seule vitesse qui l'aurait poussé tout entier et d'un seul bloc vers la modernité. Dans la France d'avant 1850, même d'avant 1914, des économies survivent à l'écart de la circulation, et le plus naturellement du monde.

Mille détails en témoignent. Ce sont, vers 1830, ces paysans de Thurins, gros village à l'ouest de Lyon, qui portent leurs veaux à la foire proche de Brignais à dos de mulet, en les liant deux à deux par les pattes de chaque côté du bât. Ce sont, vers 1850, ces villages de montagne du Vaucluse que seuls des sentiers relient au chef-lieu. Ou telle commune du Ventoux, Brantes, qui transporte ses grains à Buis-les-Barronies au prix de « 20 kilomètres à dos de mulet par de mauvais chemins » [225]. C'est, « jusque vers 1850, le paysan [languedocien] de Malarce ou de La Figère [qui] porte à dos ses châtaignes au marché de Vans : quatre ou cinq heures de corvée par de durs sentiers » [226]... Que les progrès des grandes routes, puis du chemin de fer, aient à peine touché une grande partie de la France rurale, résolument à l'écart, il suffit pour s'en convaincre de lire le beau livre d'Eugen Weber [227].

Plus probant encore que ces images d'une France paysanne attardée, un petit livre plein de talent nous présente les vicissitudes, de 1850 à 1940, de la petite ville de Saint-Antonin [228], aujourd'hui chef-lieu de canton dans le département du Tarn-et-Garonne. Bâtie sur le rebord calcaire des Causses qu'entament fortement les gorges de l'Aveyron et de son affluent local, la Bonnette, elle a derrière elle un long passé prospère (un hôtel de ville roman, des maisons gothiques). Bastion protestant jadis, la petite ville rouergate a été frappée au cœur, en 1685, par la révocation de l'Edit de Nantes. La blessure, à trois siècles de distance, ne s'est pas encore guérie. Elle a la réputation, au dire de son maire qui s'en désole, en 1820, d'être « la ville la plus insoumise du département » [229].

En 1850, Saint-Antonin (5 000 habitants) et les villages autour d'elle sont quasi auto-suffisants : 800 personnes seulement vont acheter leur pain chez l'un des sept boulangers, plutôt modestes, de la ville, qui n'utilisent que le blé des campagnes proches, écrasé dans les moulins du bord de l'Aveyron. Les autres habitants, restés de vrais ruraux, s'ils n'ont pas leur propre four, font cuire leur pain chez des fourniers [230]. Bien que l'élevage ait progressé avec l'extension, aux alentours, de prairies artificielles, la consommation de viande reste faible : son prix paraît trop élevé. La ville continue à vivre, au milieu du XIXe siècle, sous le signe d'une faible circulation monétaire. Les journaliers, *brassiers* ou *gagistes,* cultivent des propriétés minuscules et, pour assurer leur existence, travaillent « chez les autres », la plupart du temps « contre paiement en nature... ils sarclaient le maïs de "sept-un" [pour le septième de la récolte], ou moissonnaient pour un boisseau ou vendangeaient pour le marc dont ils faisaient de la piquette... [Bref], tous les produits étaient échangés sur place, contre d'autres produits ou contre du travail ; le meunier prélevait sa part de blé sur les apports de ses clients, le tisserand gardait du chanvre, le forgeron fabriquait une hache contre une journée de travail à sa vigne... » [231]. Le vin, les volailles, les légumes, les fruits se produisaient et se consommaient sur place, spécialement les noix dont se tirait l'huile nécessaire à la consommation des ménages.

De lui-même, le troc s'imposait, au fil des jours, maître pacifique et débonnaire. L'argent, fort rare, servait surtout à la thésaurisation, « à la conservation de la valeur ». A l'inverse de ce qui semble la norme, il ne sortait qu'en période de difficulté, comme l'unique recours : par exemple, quand ceux qui, l'année précédente, avaient cuit leur pain chez eux se trouvaient dans l'obligation, leur récolte étant mauvaise, de l'acheter chez le boulanger. Au total, une autarcie somnolente, nécessaire, inconsciente.

Evidemment, il y avait les brèches du commerce et d'une petite industrie. Les veaux élevés à Saint-Antonin ou dans ses environs faisaient prime sur ses foires (13 foires par an en 1860) [232], on venait de loin pour les acheter, même de Rodez, ou de Montauban ; des cuirs s'exportaient aussi, crus ou travaillés. De même la production de papeteries à l'équipement désuet, ne disposant pas de cylindres modernes à la hollandaise, et celle de quelques filatures et tissages. Mais toutes ces activités, de type artisanal, étaient en déclin, héritage déchu d'un passé plus glorieux d'industrie drapière, de teintureries, de tanneries... Saint-Antonin figure sur les relevés des villes qui, au XIIIe siècle, étaient liées aux foires de Champagne.

Autour de l'agglomération, dans une campagne aux chemins rares, difficiles, aléatoires, au point que, des siècles durant, les « monastères faisaient sonner tous les jours les cloches [comme souvent dans les hauteurs du Massif Central] pour avertir les voyageurs égarés » [233], « des milliers de maisons, de hameaux, de villages et de villes..., en 1820 [encore] sont inaccessibles à toute circulation de charrettes. Un paysage secret, replié sur lui-même, se déploie à des dizaines de kilomètres de la route » de Saint-Antonin, elle-même mal reliée à la grande circulation [234]. Loin de se moderniser, cette campagne, vers le milieu du siècle, s'enfonce dans une polyculture d'autosuffisance, le déclin artisanal du bourg ayant fait disparaître la culture du chanvre, des plantes tinctoriales, dont le pastel, et des végétaux utilisés pour le travail du cuir [235].

Le livre de Claude Harmelle suit pas à pas les conséquences, dans ce milieu, de l'irruption du chemin de fer, précocement, en 1858. En gros, il restera « un corps étranger ». En fait, si la ligne Montauban-Capdenac, via Saint-Antonin, a été la première construite dans la région, c'était pour desservir les centres sidérurgiques et miniers d'Aubin et de Decazeville. Lorsque en 1862 elle est prolongée de Capdenac à Brive et inaugure une liaison directe entre Paris et Toulouse (jusque-là reliée à la capitale par Bordeaux), ce sont de beaux jours pour Saint-Antonin, mais éphémères : dès 1868, le nouveau réseau desservant Toulouse modifie son parcours. Du coup la ligne Montauban-Lexos devient une minuscule ligne locale (voir les cartes ci-contre) et Saint-Antonin perd les trois quarts de son tonnage de transit. « L'esquisse de révolution industrielle » qu'avait connue la petite ville, avec notamment, en 1860, l'introduction de la vapeur dans la papeterie, la filature, etc., s'effondre rapidement. Seuls se maintiennent la tannerie et les métiers travaillant directement pour l'agriculture – charrons, forgerons, bourreliers... [236] L'économie, presque autarcique, continuera à décliner jusqu'à la guerre de 1914. « L'impact du chemin de fer, conclut Claude Harmelle... est plutôt à rebours des espoirs qu'il avait suscités. » [237]

On ne peut même pas dire qu'il aura ouvert la France à la petite ville et tiré la population hors de son cercle étroit. A la veille de la guerre de 1914, le prix d'un billet, « même en troisième classe, même à courte distance, est encore pour la plupart... un luxe exorbitant ». Au point qu'en 1876, « un service de voitures

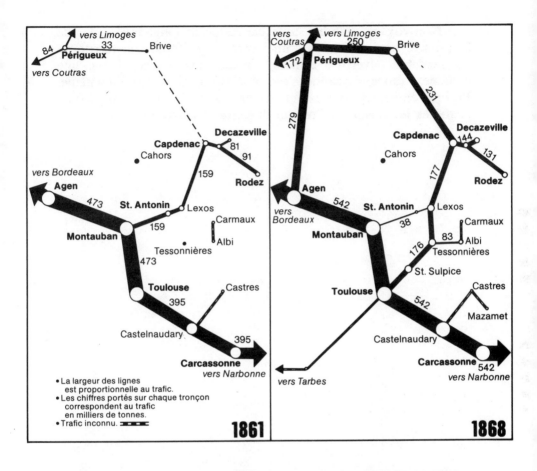

REVOLUTION DES TRANSPORTS ET CHANGEMENT SOCIAL.

En 1861, la ville de Saint-Antonin se trouve sur la ligne qui va relier l'année suivante Toulouse à Paris, par Brive-la-Gaillarde. En 1868, un nouveau tracé l'en écarte.

(Source : C. Harmelle, G. Hélias, *Les Piqués de l'aigle. Saint-Antonin et sa région (1850-1940). Révolution des transports et changement social*, 1932.)

attelées... concurrence avec succès le service du train vers Montauban ». Mais « le quotidien, c'est encore la marche à pied pour l'immense majorité », même lorsqu'il s'agit de se rendre à 30 ou 40 kilomètres du bourg [238] !

265

Non-voyage, stabilité, autarcie resteront longtemps le lot de la France, pour le moins d'une forte majorité de son territoire. La véritable ouverture tardera. Presque jusqu'à nos jours, une certaine France paysanne s'est obstinée à vivre sur elle-même. Presque envers et contre tout. Accusons la circulation imparfaite et toutes les raisons à l'œuvre de cette imperfection.

III

INDUSTRIE ET INDUSTRIALISATION

Avec l'industrie et l'industrialisation, nous voilà face à des problèmes nouveaux, sans aucun doute. Cependant, ils évoquent curieusement ceux que nous avons rencontrés à propos de la circulation.

Tout se passe, en effet, comme s'il y avait eu, au moins, deux industries, la *grande* qui est, par excellence, mutation, aboutissement, miracle, évolution, avenir, production de masse – superstructure – et la *petite*, éparpillée à travers l'ensemble du territoire, longtemps majoritaire, sorte d'épidémie tenace, infrastructure diffuse à laquelle il faut joindre la masse des infiniment petits : les artisans indépendants des villes et des campagnes.

En gros, une puissante dualité. « Au moins jusqu'à la fin du Second Empire, écrit Pierre Cayez, la production industrielle [en France et hors de France] aura cheminé sur deux jambes. »[239] Et François Caron reprend à son compte l'expression de « croissance double » : cette croissance, cette marche doubles se sont poursuivies jusqu'en 1880, voire jusqu'en 1900. Etonnant problème, en vérité !

Economiste célèbre, prix Nobel 1972, John Richard Hicks entend réserver le mot *industrie* à la *grande* – ce qui est son droit. Nous essaierons même de le suivre plus d'une fois. Mais, pour autant, il est impossible d'oublier une dualité longue à se résoudre, à supposer qu'elle puisse se résoudre. J'en doute au spectacle de ce qui se passe encore aujourd'hui sous nos yeux. Division, opposition, coexistence, complémentarité seraient-elles obligatoires ? Voire nécessaires ?

Le mot « industrie »

Industrie (du latin *indo*, dans, et *struere*, bâtir) a longtemps signifié : *habileté à faire quelque chose, invention, savoir-faire* et, par extension, *métier.* Le mot n'aura pris son sens courant qu'au XVIIIᵉ siècle, peut-être dès l'époque de Law [240]. Mais avant de s'imposer, *industrie* a dû supplanter les expressions *arts et métiers* ou *arts et manufactures,* qui auront défendu longtemps leur position : ne sont-elles pas arrivées jusqu'à nous avec les institutions qu'elles désignent encore : Conservatoire des Arts et Métiers créé en 1799, Ecole Centrale des Arts et Manufactures, en 1829 ? Au XIXᵉ siècle, dans chaque département, existait une Chambre consultative des Arts et Manufactures.

Pour tout compliquer, le mot *industrie* a eu tendance, au XIXᵉ siècle, à désigner toute *production,* quels qu'en soient le volume, la forme ou la spécificité. Mathieu de Dombasle (1835) parle, au gré de ses explications, d'*industrie agricole,* d'*industrie viticole,* d'*industrie commerciale,* d'*industrie intérieure* et des rapports nécessaires de ces industries entre elles [241]. Pour Georges Duchêne, l'ami de Proudhon, « toutes les industries se touchent, se pénètrent, s'engrènent par une intime solidarité » [242]. Ne lit-on pas dans une correspondance officielle, en 1853 : « Absorbés par les semis de l'agriculture, les habitants [de Loudéac] ne prêtent qu'une attention secondaire à tout ce qui ne concerne pas cette *branche d'industrie.* » « Si notre situation commerciale et industrielle, disaient trois ans plus tôt les responsables de la chambre de commerce de Morlaix [Finistère], laisse beaucoup à désirer, nous devons cependant reconnaître qu'il y a amélioration et que cette amélioration serait plus sensible si la principale de nos industries, l'agriculture, pouvait réaliser plus facilement à des prix moins désastreux certains de ses produits et notamment les céréales. » [243] En 1857, une correspondance officielle se préoccupe d'accroître, dans le département de l'Hérault, « la prospérité de l'*industrie agricole* comme celle de l'*industrie manufacturière* » [244].

Donc si Jean-Baptiste Say parle, lui aussi, de l'*industrie commerciale,* de l'*industrie manufacturière,* de l'*industrie agricole* [245], c'est qu'il parle comme tout le monde. On sera à peine plus surpris que Jules Méline, le trop célèbre ministre de l'Agriculture (1883-1885) et, par ailleurs, industriel du textile dans les Vosges, puisse *encore* définir l'agriculture comme « la première de nos industries » [246].

Après tout, pourquoi serait-il choquant de qualifier l'agriculture, le transport ou le commerce, d'industries, en somme de *métiers ?* L'atelier de l'artisan relève de l'industrie, la maison paysanne aussi, puisqu'elle assume des fonctions de production, engranger les récoltes, abriter les outils, l'étable, l'écurie, la bergerie, assurer le logement des personnes ; la charrue n'est-elle pas une machine, son attelage un moteur ? Bêche, pioche sont des outils comme ceux de l'artisan. Massimo di Angello va jusqu'à définir l'industrie comme « l'ensemble de toutes les activités tournées vers la production des richesses et des services ». Et cite Jean-Baptiste Say qui disait, un siècle plus tôt : « Tous nos biens physiques sont créés par l'industrie et nous induisent ainsi à regarder l'industrie, envisagée sous un point de vue plus large, c'est-à-dire l'activité humaine considérée dans toutes ses applications utiles, comme l'objet fondamental de la société. » [247]

L'ambiguïté et l'extension du mot ne sont pas particulières à la France puisque David Ricardo (1772-1822) note dans ses *Principes* qu'Adam Smith et, après lui, tous les auteurs anglais, confondent les mots *travail* et *industrie*. [248] Contre quoi Jean-Baptiste Say proteste, le mot *industrie* étant pour lui à réserver aux « travaux productifs » qui font intervenir l'intelligence humaine [249].

On ne s'étonnera pas, dès lors, des perplexités, en 1849, d'un statisticien consciencieux aux prises avec les réalités du département de la Saône-et-Loire [250]. Le questionnaire distribué par l'administration ne lui demande-t-il pas de classer, selon des catégories fixes, le nombre des ouvriers, mais sans que soit précisé « ce que l'on doit entendre par industrie, spécialité d'industrie, industrie de culture et industrie du travail agricole » ?

On ne s'étonnera pas non plus que les historiens parlent, et sans remords, de la révolution *industrielle* des XIᵉ, XIIᵉ, XIIIᵉ siècles. Ou mieux encore, d'industrie paléolithique ou néolithique. Ce qui équivaut à reconnaître que l'homme est quasiment né avec l'industrie, dès qu'il a disposé du travail de ses mains et de ses premiers outils ; le silex éclaté a été outil, *a fortiori* le bâton fouisseur, le marteau, le couteau, les ciseaux, la pelle, la pioche, la houe, la scie... De même, plus tard, les premiers « moteurs humains » : le levier, la manivelle, le tour à pédale, la poulie... De même, les « moteurs animaux ».

Finalement, le mot *industrie* ne s'est dégagé de cette profusion de sens et d'usages – et encore – qu'après ce que nous appelons la Révolution *industrielle,* celle qui s'annonce en Angleterre au XVIIIᵉ siècle et qui n'a cessé, depuis lors, de bousculer nos existences. La révolution industrielle des moulins, du XIᵉ au

XIIIe siècle, n'avait été qu'un essai, appelé à se perpétuer longtemps, il est vrai, mais semblable à lui-même. Celle du XIXe siècle se distingue du simple fait qu'elle en a introduit d'autres qui se prolongent les unes les autres, en se renouvelant. Maria Rafaella Caroselli parle dans un article récent (1978) d'une seconde révolution industrielle à partir des années 1880[251]. Est-ce bien la seconde ? Ne serait-ce pas la troisième ? Et la quatrième n'est-elle pas déjà là qui correspondrait à l'énergie atomique, à partir de 1945 ? Tandis que la cinquième serait le mélange explosif de la robotique, de la bureautique, de l'informatique à partir des années 1970... A moins d'admettre simplement que la révolution industrielle se poursuit imperturbablement autour de nous. Qu'elle ne cesse d'être, comme je le pense avec admiration mais pas toujours avec plaisir, en mouvement.

En tout cas, c'est sous ces impacts que le mot *industrie,* comme porté à l'octave au-dessus de lui-même, a quitté les multiples sens tranquilles que nous lui connaissions pour n'en plus admettre qu'un seul – au superlatif. Parler d'industrie, aujourd'hui, c'est forcément parler de la *grande* industrie.

Inutile de dire que le mot *industriel,* apparu sans doute en 1770, sous la plume de l'abbé Galiani, ne s'installe dans son sens de chef d'entreprise que tard, peut-être pas avant 1823, quand le comte de Saint-Simon parle d'industrialisation et d'industrialisme comme d'un système économique complet[252]. Il faudrait, pour que notre vocabulaire fût tout à fait clair, s'expliquer aussi sur les autres mots clefs : *usine, fabrique, fabricant, ouvriers, salaires, prolétariat...* Ce serait retrouver les mêmes glissements de sens. Les mots, à eux seuls, ne font pas l'histoire. Mais ils en signalent le mouvement.

Pour un langage scientifique

Au lieu de ces mots vivants et qui risquent de nous échapper, mieux vaut sans doute créer un vocabulaire aux termes sans ambiguïté. Un langage scientifique, c'est beaucoup dire, mais il convient de le dire. C'est le service inappréciable que nous a rendu, au moment voulu, le petit livre bien oublié de Hubert Bourgin : *L'Industrie et le marché. Essai sur les lois du développement industriel* (1924). Pour lui, dans tout paysage industriel observable, se distinguent – hier comme aujourd'hui – trois formes, reconnaissables à leur taille et à leur localisation :

1) Des *ateliers* familiaux où travaille un artisan, seul ou avec un ou deux compagnons, généralement avec sa famille ; dans presque tous les cas, ce groupe minuscule ne peut survivre que s'il mobilise chaque jour la totalité de ses énergies. Quant au mot *atelier* (dérivé du vieux mot français *astelle*, morceau de bois), il a désigné tout d'abord le chantier du charpentier. Finalement, il a pris un sens particulier en s'appliquant indistinctement à la forge du village, au tisserand maniant son métier dans sa cave, à la boutique du cordonnier, etc., soit, chaque fois, une unité élémentaire, qu'aucune division supplémentaire du travail ne saurait morceler. Et si, dans une ville, ces ateliers sont liés par des corps de métiers et des confréries, ou situés au long d'une même rue, ils n'en conservent pas moins leurs logements à part et leur autonomie.

2) *Des fabriques disséminées,* chacune étant une série d'unités élémentaires, d'ateliers dispersés, ne se touchant pas les uns les autres, mais dont le travail et la production dépendent d'un « marchand fabricant ». Celui-ci d'une certaine façon en est le trait d'union : il leur avance la matière première, paie, avant l'échéance, une partie des rémunérations, collecte les produits finis ou pas tout à fait finis (et, dans ce cas, procède lui-même à leur « finition ») ; surtout il s'en réserve la vente et la diffusion. Les exemples ici sont innombrables. Le plus classique, celui de l'industrie drapière florentine au XIIe siècle : le lavage, le cardage, le filage, le tissage de la laine s'éparpillent dans la capitale et dans la campagne toscane, à travers une zone de 60 kilomètres de rayon dont Florence est le centre et toutes ces activités aboutissent aux mains des marchands de l'*Arte della lana* [254]. Autour de Laval, la diffusion du travail de la toile, dont j'ai parlé dans un volume précédent [255], est tout aussi exemplaire. Là comme à Florence, le filet de l'entreprise capitaliste se referme à la fois sur les ateliers de la ville et ceux de la campagne.

D'ailleurs, c'est l'énorme poussée des *industries rurales* qui, dans toute l'Europe du XVIIIe siècle, accélère et décuple l'essor de la *fabrique disséminée*. Gêné à l'intérieur des villes, où la main-d'œuvre se défend contre lui et profite de salaires relativement élevés et de la cohésion des corps de métiers, le capitalisme marchand retrouve ses aises dans le travail des campagnes. L'artisan, de son côté, jouit hors de la ville d'une plus grande liberté, entendez une moindre surveillance – et d'une vie plus aisée.

Les historiens allemands ont reconnu les premiers ce processus comme un *système* auquel ils ont donné, il y a fort longtemps, le nom de *Verlagssystem,* le marchand au centre de l'entreprise étant le *Verleger.* Ces mots se traduisent mal en français, comme en italien ou en espagnol. Si bien que l'expression allemande s'est glissée dans le vocabulaire international de l'histoire. Mon Dieu, qu'elle y reste ! Les Anglais disent bien, quant à eux, *output system* que nous aurions également du mal à bien traduire. Vous pourriez dire *travail sur avance,* mais, en même temps, il serait bon de souligner le caractère *domestique* de l'activité de ces salariés. Car l'artisan reste dans sa propre maison, il travaille à domicile. De plus, à la campagne (et même à la ville), « il est artisan et paysan à la fois, participe aux moissons ou aux vendanges, possède souvent un champ, un jardin, une vigne... » Au XVIe siècle, à Florence, l'ouvrier de la laine abandonnait son métier à l'époque des vendanges, et le mineur de Liège ses puits de charbon, en août, à l'appel de la moisson. « Au XIXe siècle, les tisserands à domicile de Picardie et du Cambrésis ramassent les betteraves de mai à septembre, ceux du Maine moissonnent jusque vers 1860. » [256] Mais, il y a une trentaine d'années seulement, il était fréquent, « dans les Vosges, [qu'on soit] "Boussac" [c'est-à-dire ouvrier du textile pour la firme Boussac] le jour, et producteur de lait à l'aube et au couchant » [257].

Un tel système a été omniprésent à travers l'Europe, aussi bien en Bohême qu'en Silésie, ou en Castille autour de Ségovie, ou à travers la France entière. Si on veut l'illustrer par un seul exemple, pas de cas plus parlant que l'industrie de la dentelle, au XVIIe siècle, dans le pays dit de *France,* qui, du sud au nord, s'étend de Paris jusqu'à Senlis et Chantilly, et d'est en ouest de la forêt d'Ermenonville à celles de l'Isle-Adam et de Montmorency. Villages denteliers par excellence : Villiers-le-Bel, Sarcelles, Ecouen, Mesnil-Aubry, Fontenay-en-France... Denteliers et dentellières sont des paysans, ils travaillent dans leurs maisons. Des marchands ambulants, campagnards eux aussi, distribuent la matière première, fils d'or et d'argent, de lin, de soie, rassemblent les produits finis, puis, toujours à cheval, les portent aux marchands commanditaires qui habitent à Paris, rue Saint-Denis. Ces derniers ont souvent fourni les fils et c'est eux qui, ensuite, revendent la dentelle, dans les Pays-Bas, en Allemagne (surtout à Hambourg), en Espagne, dans les « Indes »[258]. Il y a, en somme, *centralisation* marchande et financière, mais pas de *concentration* du travail. A la fin du siècle, quand la centralisation parisienne s'accentue encore, la « Compagnie des Points de France », qui a obtenu des privilèges de l'Etat, fait travailler 20 000 ouvrières, mais dispersées dans 52 localités[259].

3) La dernière forme observable est l'*entreprise compacte*, rassemblée en un point donné, manufacture, fabrique, usine.

Dans cette ultime catégorie, il s'agit précisément de faire place à la *concentration*[260] ouvrière qui va mettre longtemps à imposer ses bouleversements et ses rigueurs. Le résultat final sera le rassemblement, sur un espace étroit, d'ateliers aux métiers différents, soit un changement d'étage et d'ordre de grandeur. Les forges de Gueugnon, dont un des premiers plans d'ensemble se trouve aux Archives Nationales, résument le problème : elles sont, en effet, la réunion de hauts fourneaux, de forges, de martinets (en attendant le marteau-pilon), d'affineries, de fonderies, de tréfileries, de tôleries etc.[261] Ces ateliers juxtaposés s'étofferont encore par la suite, réunis parfois en un seul bâtiment, ou partagés – au Creusot[262] comme à Gueugnon, ou à Hayange[263], ou à Niederbronn[264] – mais toujours associés et proches les uns des autres.

Précautions et réserves

Peut-être faut-il ajouter quelques précisions.

1) Ne croyez pas, et c'est sans doute l'essentiel, que l'on passe *obligatoirement* d'un stade à l'autre : l'atelier, la fabrique disséminée, puis l'établissement compact, selon un développement qui serait rationnel. L'industrie n'est pas un monde en soi, avec sa logique propre, mais une activité au sein de l'immense vie économique qui l'enserre. Il faut que l'économie progresse, que la demande devienne marché régulier, qu'une technique nouvelle soit en place, pour que l'industrie change de vitesse et se modifie. Ainsi les *manufactures* que créa Henri IV, puis plus tard Colbert, ne réussirent pas – l'exception confirmant la règle[265] – parce que le marché n'avait pas, à ces époques-là, l'ampleur sans quoi rien n'est possible en matière de progression industrielle.

2) Pas de succession régulière ; donc la *coexistence* est forcément la règle : grands, moyens et petits de l'industrie doivent vivre ensemble. Et s'il leur arrive de s'exclure – au XIXe siècle les hauts fourneaux au coke détruiront, au loin ou sur place, les hauts fourneaux qui utilisent encore le charbon de bois – petits et grands se prêtent aussi aide et secours. Hier c'était l'évidence. Aujourd'hui, n'est-ce pas la même évidence puisque, autour des firmes puissantes, même des multinationales, travaillent des séries de sous-traitants, de P.M.E. qui dépendent d'elles ? A cela bien des raisons : le poids d'une hiérarchie, les avantages d'un écart des prix de revient, d'une différence des salaires et des rendements.

3) Enfin, sur le plan rétrospectif de l'histoire, la première catégorie de Hubert Bourgin n'a pas été le stade initial. L'artisan n'a pas, d'entrée de jeu, été sédentarisé, enraciné, domicilié dans son atelier. Il a été itinérant, un jour ici, un jour là, sans fin prêt ou contraint à décamper. Nous connaissons, dans l'Inde ou la Chine du XXe siècle, ces artisans ambulants circulant de village en village, de ville en ville [266]. Aussi bien un chroniqueur du temps de François Ier ne nous surprendra pas trop lorsqu'il décrit les activités métallurgiques de la vallée du Gier, « fort fréquentée de certaines races de pauvres étrangers forgerons, lesquels ne demeurent guère en lieu, mais vont et viennent ainsi qu'oiseaux passagers » [267]. Oiseaux passagers, la belle image ! Inexacte cependant, puisque les oiseaux migrateurs passent, puis repassent par les mêmes itinéraires, alors que nos forgerons se déplaçaient au hasard de leur vagabondage.

Et cette mouvance perdure. Au XVIIIe siècle, malgré la montée manufacturière générale, tous les observateurs sont d'accord sur l'instabilité du monde artisanal et ouvrier. « Un corps ambulant et précaire » qui ne tient pas au sol, dit l'un [268] ; « ambulatoire sans contredit », dit un autre [269]. On ne saurait « répondre de la constance de nos artistes [entendez artisans]... comme de l'immobilité de nos champs », constate un troisième [270]. « Partout où l'on veut vexer l'artisan, son bagage est bientôt fait : il emporte ses bras et s'en va. » Ce mot-là est de Jean-Jacques Rousseau [271].

Hier encore, dans nos villages, à côté des marchands ambulants, n'y avait-il pas des artisans ambulants à la chinoise, qui transportaient, vendaient, louaient leur travail à qui voulait les engager ? Le rétameur, l'aiguiseur de couteaux, le ramoneur de cheminées, ou ces ouvriers embauchés le temps d'achever un travail, nourris, couchés par l'employeur tant que durait l'ouvrage : charpentiers, tonneliers, peigneurs de chanvre, maçons, tailleurs de pierres, hommes de peine creusant des fossés à la pioche, tailleurs d'habits, rempailleurs de chaises et j'en passe, bien qu'ayant sous les yeux une liste interminable concernant le département de la Nièvre [272].

Dans la Meuse, les villages débordant de bras au XIXe siècle, des travailleurs migrants ont l'habitude de voyager huit à dix mois par an, « suivant des itinéraires inchangés ». En 1851, une statistique signale des rémouleurs, prêts à partir avec leur meule à affûter, de Rupt-aux-Nonains (où ils sont 40), de Condé-en-Barrois (78), de Brabant-le-Roi, de Rupt-devant-Saint-Mihiel ; des fondeurs d'étain, nombreux eux aussi à Beaulieu-en-Argonne, à Rarécourt, aux Souhesmes ; des cordonniers qui, de Levoncourt ou de Brandeville, vont exercer leur profession en Franche-Comté, à Paris et jusqu'en Belgique ; des vanniers qui, de ferme en ferme, s'offrent à raccommoder les vans à blé [273]... Au Moyen Age, c'étaient les fondeurs de cloches qui, de Lorraine, allaient travailler jusqu'en Espagne et par toute la France. « Il s'en trouvait à Rouen au moment du supplice de Jeanne d'Arc qui témoignèrent au procès de réhabilitation de leur compatriote. » [274]

C'est dans un plus court rayon, entre la région montagneuse du Gard et la vallée, que circulaient vers 1900 ces journaliers polyvalents décrits par André Chamson, « tâcherons... embauchés quelquefois pour une journée, même pour quelques heures », mais ne manquant jamais d'ouvrage. « Ils changeaient ainsi de métier plusieurs fois par semaine, tour à tour maçons, bûcherons, puisatiers.. » [275]

Ces ambulants qui, faute de ce que nous appellerions aujourd'hui un plein emploi, allaient louer de lieu en lieu des services épisodiques, laissent imaginer les racines très lointaines d'un passé « préindustriel ». Installé à demeure, où que ce soit, l'artisanat témoigne d'un certain stade de développement. Telle région française un peu à l'écart des routes actives – ainsi les Alpes du Nord sous l'Ancien Régime, au moins les Hautes-Alpes –, condamnée à une autarcie pesante sinon complète, doit se contenter de l'artisanat élémentaire des villages [276]. Mais cet équilibre qui nous paraît si modeste, c'est déjà une acquisition, un signe d'organisation, aussi bien dans cette région arriérée que dans telle autre. Ne faut-il pas voir les débuts de l'artisanat dans certaines villes, dès les XIe et XIIe siècles, comme un élément décisif de la naissance de l'Europe, la route vers sa modernité ?

Les fabriques disséminées

Malgré son nom, l'industrie disséminée a été une préconcentration, un regroupement – une forme première des exigences du capitalisme industriel et, non moins, l'utilisation, entre villes et campagnes, d'importantes différences de voltage. Quelle tentation de les mettre à profit !

Ces rassemblements (villes plus campagnes), organisés au moins dès le XVe siècle, s'accentuent aux XVIe et XVIIe, surtout au XVIIIe... En ce dernier siècle, autour de Laval, plus de 5 000 personnes participent à la fabrication des toiles. De même à Cholet qui, en 1790, associe à son propre travail 77 paroisses dépendantes. De même à Saint-Quentin qui, « des blanchisseries de Senlis jusqu'aux Pays-Bas », fait travailler 150 000 personnes [277]. De même à Voiron, en Dauphiné, petite ville superactive : dans la zone qui l'entoure se comptent, en 1730, « 4 915 toiliers [de chanvre], cultivateurs ou artisans qui filent et tissent pour les fabricants voironnais », telle la dynastie marchande des Denantes qu'épaulent bientôt de gros négociants grenoblois, comme les Périer [278]. Le travail de la laine, à travers toute la France, la soierie à Lyon, la dentelle en Ile-de-France, sont pour l'essentiel organisés de la même façon.

Exemplaire à sa façon, la ganterie grenobloise, très ancienne dans la ville, en déborde les limites à la fin du XVIIIe siècle. En 1787, elle ne groupe pas moins de 64 maîtres, 300 coupeurs, 80 ouvriers dresseurs, 30 maîtres pareurs et 10 maîtres coloristes aidés de 220 ouvriers, 5 560 couturières ou brodeuses, au total 6 264 personnes. Unité de base, l'atelier n'est souvent qu'« une chambre un peu grande où se tiennent [en compagnie du maître] quelques ouvriers permanents, 10 à 20 pour les grandes maisons, 4 ou 5 le plus souvent ». Tous les autres travaillent à domicile pour le compte des maîtres. A chaque atelier, des firmes fournissent les peaux, tandis que les commissionnaires, agents des marchands, achètent les produits de son travail et en assurent ensuite la vente [279]. Une fois de plus, l'argent – le capital – fait la loi. Dans la mesure où il a le pouvoir de déterminer les prix, il investit et déforme le système ancien des corps de métiers : le maître devient

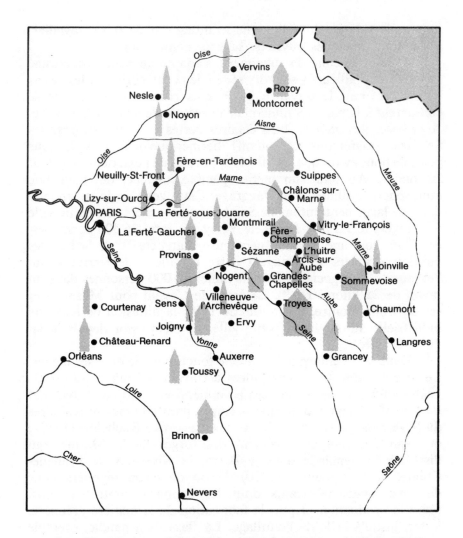

FABRICANTS DE TEXTILES RELEVANT DE L'INSPECTION DE TROYES, EN 1746.

Au total, 1138 « fabricants », possédant de 1 à 4 métiers chacun. Pour deux villes, le chiffre exact des fabricants n'était pas donné dans le rapport que nous avons utilisé. On l'a évalué d'après le nombre des métiers, précisé en l'occurrence (ce n'est pas toujours le cas).

Source : A N F 12 748.

un simple salarié, dont l'unique avantage est de faire travailler, à son tour, quelques ouvriers, salariés comme lui.

A Saint-Etienne, la rubannerie s'adapte au même processus. Les maîtres d'ailleurs y sont divisés en deux catégories : « les moins hardis préfèrent le travail à façon sans risques », les autres se consacrent à la partie commerciale et cessent de pousser la navette. A la base, des *ateliers,* bien éclairés certes et « par de grandes fenêtres, [maintenus cependant] hermétiquement clos le plus possible pour éviter que les saletés apportées de l'extérieur ne gâtent la soie ». Au total, un métier pénible, difficile, où, dans une atmosphère confinée, tout s'aggrave. Cette zone de la rubannerie déborde largement autour de Saint-Etienne – alors une petite ville – à travers le Jary, le Forez, le Velay, au total 26 500 personnes, en 1786, soit une énorme nébuleuse d'ateliers [280]. A Sedan, les ouvriers drapiers se partagent entre la ville et le territoire qui l'entoure : 25 négociants font travailler 10 000 personnes dans un rayon de 25 kilomètres [281]. La carte de Cassini pour Mazamet et ses environs montre, à la veille de 1789, la diffusion de l'activité industrielle autour de la petite ville, en plein essor depuis la fin du XVIIᵉ siècle.

Dans la métallurgie, le système fonctionne de diverses façons. Les maîtres des forges éparpillées à travers la France, au gré de l'eau motrice et des ressources en minerai et en forêts, travaillent largement sur commande : par exemple, pour tel brasseur d'affaires du Nivernais qui reçoit des livraisons massives à Rochefort (1689) ; ou pour l'entrepreneur général des forges de la Marine, qui distribue sa demande dans le Berry, le Nivernais, la Franche-Comté, la Bourgogne... (1720) [282] ; ou de façon régulière pour des marchands fabricants dont les capitaux contrôlent ainsi toute la production, depuis la fabrication de la matière première, le fer, jusqu'à celle de l'outillage. En Basse-Normandie, exemple entre bien d'autres, c'est dans les foires à bestiaux de Domfront, une dizaine par an, que ces marchands passent contrat avec les maîtres des forges du Maine. Le fer qui leur sera livré est destiné à « une multitude d'ouvriers » qui travaillent pour eux à domicile, « mi-paysans, mi-ouvriers, dans la clouterie » [283] principalement (Chanu est la capitale du clou normand), la serrurerie, la quincaillerie.

Partout, donc, de minuscules, d'innombrables unités. Et leur nombre ne fera que croître par la suite. Dans ces conditions, on ne s'étonnera pas outre mesure des chiffres qu'avance le bureau de commerce de Valenciennes, devant Pairès, « représentant du peuple » en mission dans le Nord en 1795. Dans les cinq provinces (Hainaut, Flandre, Artois, Cambrésis, Picardie), la production des toiles de lin procure des ressources à un million et demi de personnes, « cultivateurs, fileuses, artisans, négociants, blanchisseurs et apprêteurs » [284]. Comptons au moins 400 000 personnes actives. C'est à peu près le nombre de bras qu'emploie le travail de la laine en Languedoc.

Je ne dis pas que toute cette main-d'œuvre soit prise dans les réseaux du *Verlagssystem*. Mais celui-ci en détient la plus grande partie et, en raison de son extension, de l'équilibre qu'il implique, il va par la suite avoir la vie dure. Même les célèbres manufactures de toiles peintes fondées, en 1760, par Oberkampf, qui y fit encore de lourds investissements au début du XIXe siècle, relèvent pour une large part de ce vieux système [285]. Et beaucoup plus tard encore se rencontrent des *contrats d'échange,* en plein XIXe siècle, qui scellent l'accord entre un patron qui donne à travailler et récupère les produits finis et une équipe d'ouvriers, conduite par un pseudo-chef d'équipe. Quelque chose comme le *sweating system* que Londres pratique dans la confection, à la même époque – soit, au sens même du mot, l'exploitation de la sueur de misérables travailleurs en chambre. Longtemps, en France, au début du XXe siècle encore, des magasins parisiens auront confié du travail (confection, passementerie, fabrication de boutons, etc.) à des paysans et paysannes de province [286]. Pour l'entrepreneur, les avantages sont évidents : il dispose d'une main-d'œuvre à bon marché tout en évitant son contact direct, ses réclamations ; s'il n'a plus besoin d'elle, il peut l'abandonner sur-le-champ.

Mais quand, sous nos yeux, des entrepreneurs de chez nous commandent des espadrilles, des vêtements ou des appareils radio en Corée du Sud, ou des réveille-matin à Hong Kong ; quand tel industriel français du textile envoie ses modèles dans l'Inde, où ils sont tissés, et qu'il en reçoit les produits finis pour les vendre chez nous et même les exporter, n'est-ce pas un peu la même démarche ? Le prolétariat exploité est lointain, mais le système n'est-il pas identique ? La main-d'œuvre se débauche, se rembauche d'elle-même sans contraintes syndicales, ses salaires sont médiocres. Tout cela est favorable en diable à l'entrepreneur, fait pour séduire un capitalisme industriel d'aujourd'hui qui, sans le savoir, reste ainsi très vieux jeu.

Les manufactures
ou les premières concentrations

Malgré la longue survivance des formes traditionnelles du *Verlagssystem*, la Révolution industrielle qui s'annonce en Angleterre de façon précoce, dès le XVIIIᵉ siècle, va investir la France et bouleverser peu à peu ses équilibres anciens. Il y aura, peu à peu, perfectionnement, concentration des entreprises.

Comme je l'ai déjà indiqué, j'entends par *concentration* le rassemblement en un même lieu des moyens de travail, hommes et machines, la *centralisation* étant, dans l'emploi que je fais du mot, la réunion, au dernier étage, des capitaux et de l'organisation commerciale des entrepreneurs. Ces centralisations au sommet se sont faites plus aisément et plus tôt que les concentrations à la base, mais souvent celles-là ont initié celles-ci, et bien avant les réussites spectaculaires du XIXᵉ siècle. Je suis donc d'accord avec Paul Bairoch lorsqu'il valorise le XVIIIᵉ siècle, qu'il croit juste d'inscrire à son actif bien des progrès et essors que le siècle suivant, souvent, n'a fait que poursuivre [287].

Tout ce mouvement préalable prend forme, ou plutôt devient visible avec la mise en place des *manufactures,* à l'époque de Louis XV et de Louis XVI. Le mot, il est vrai, ne signifie pas grand-chose en soi : il a été, sous l'Ancien Régime, employé à tout propos et hors de propos. Ce sont les historiens qui ont choisi de lui donner un sens précis, nécessaire à leurs explications. Nous désignerons par là les premières concentrations industrielles qui rassemblent une masse de moyens. Ainsi, dans le textile, outre des métiers à tisser, des magasins pour les matières premières et pour les produits finis, des cuves pour la teinture, des lavoirs d'eau claire pour la laine, des roues hydrauliques pour le battage des foulons, des perches pour y étaler et faire sécher les pièces d'étoffes (le bâtiment de la manufacture des Van Robais, à Abbeville, construit tardivement en 1712, est dénommé la maison des Rames) [288]. Sauf la roue hydraulique, parfois un manège de chevaux, les machines sont rares, inexistantes. Les manufactures réunissent surtout des hommes, une main-d'œuvre experte, l'outillage reste traditionnel.

Il y a avantage évidemment à réunir ces moyens et cette main-d'œuvre – laquelle sera surveillée, éduquée le cas échéant par des contremaîtres qui ne portent pas encore ce titre. Des artisans se trouvent de la sorte déplacés de chez eux, séparés de leur moyen propre de production. Et c'est là une cassure d'importance qui s'agrandira, se généralisera par la suite.

Le gouvernement a été souvent, dans ce domaine, un initiateur. Il a accordé à certaines entreprises le titre honorifique de manufacture royale, distribué avec une certaine générosité jusqu'en 1787 et symbolisé par la livrée du gardien de l'établissement aux couleurs du roi – bleu, blanc, rouge. Mais plus que cet honneur comptent les privilèges substantiels qui l'accompagnent : monopoles, tarifs protecteurs, dons, avances et prêts avec ou sans intérêts, droit, d'une importance vitale, d'échapper aux contrôles et aux règlements des corps de métiers (seul « l'inspecteur des manufactures » est autorisé à surveiller leur production), exemptions, pour les ouvriers, du tirage au sort des milices [289]...

Les buts que se fixait le gouvernement par cette politique persévérante n'étaient pas nouveaux. Colbert avait ainsi essayé de mettre de l'ordre dans une industrialisation insuffisante, incohérente. Il voulait développer l'emploi d'une main-d'œuvre trop souvent en chômage. Et surtout, puisque la France n'avait que des ressources dérisoires d'argent ou d'or, il visait le développement d'industries capables d'exporter et de permettre le retour de monnaies et métaux précieux. Vers 1750, le gouvernement essaya ainsi d'installer en Dauphiné une industrie de la soie [290]. Bref une politique qui n'a pas été sans clairvoyance, bien qu'elle n'ait jamais recherché consciemment et qu'elle ait rarement réussi la concentration latente qui s'établira comme d'elle-même, à partir du milieu du XVIIIe siècle. C'est alors seulement que la manufacture trouvera la voie du succès.

Un succès dont les historiens allemands ont contesté l'importance. Ayant en face d'eux un cas analogue à celui de la France (l'épisode manufacturier se retrouve dans l'Europe entière, jusqu'en Pologne et en Russie [291]), ils notent que les manufactures ont, au plus, représenté la centième partie des activités industrielles. Et Werner Sombart a vivement querellé Marx qui aura eu le tort de penser que la manufacture, concentration de main-d'œuvre, a engendré la fabrique ou l'usine, laquelle naîtrait de l'adjonction de machines [292]. Il est vrai que cette règle, en gros, n'a pas joué, que la manufacture n'est pas l'antécédent normal, même si le cas s'est présenté de manufactures devenant fabriques [293]. Mais cette querelle passe peut-être à côté de l'essentiel, à savoir que la manufacture est la preuve que, largement avant la Révolution industrielle, le processus de concentration dont elle dérive et qui, lui, a bien l'avenir pour lui, était déjà en place, devenu nécessaire.

Sans doute, la concentration manufacturière du XVIIIe siècle n'atteint pas la plénitude qui sera plus tard la règle. Les exemples abondent qui, regardés d'un peu près, l'établissent sans erreur : la manufacture glorieuse des Gobelins [294], dressée au bord de la Bièvre ; la fabrique des glaces de Saint-Gobain [295] ; la manufacture des frères Vialate d'Aignan, à Montauban [296] ; la manufacture de draps dite des Gros Chiens, fondée en 1660, avant Colbert, et celle du Dijonval, créée en 1644, toutes deux à Sedan [297] ; ou encore, exemple de longue durée, la manufacture trop souvent citée des Van Robais à Abbeville. Cette dernière, devenue manufacture royale en 1784, avait été fondée, en 1665, par Colbert et par Jesse Van Robais qui amena de Hollande une cinquantaine d'ouvriers. Elle fut portée par la suite à un tel point de perfection « qu'elle égale les plus belles manufactures de drap fin d'Angleterre » [298], écrit d'Aguesseau, de Paris, le 31 mai 1708. Or elle réunissait alors plus de 3 000 ouvriers, mais à la condition de compter ensemble la main-d'œuvre employée dans le grand bâtiment de la maison des Rames, et les fileurs et fileuses qui travaillaient pour elle, dans leurs propres maisons.

Car, d'ordinaire, toute manufacture, en France et hors de France, se doublait d'un *Verlagssystem,* d'une nébuleuse de petits ateliers. En ce qui concerne le textile, il fallait, pour alimenter un métier battant de tisserand, le travail d'au moins une demi-douzaine de fileurs ou fileuses. Au lieu de loger tout le monde, n'était-il pas plus simple et moins onéreux de recourir pour le filage au système qu'employait le marchand-fabricant, le *Verleger* ? En profitant comme lui des avantages d'une main-d'œuvre docile, en majorité rurale, relativement mal payée ?

Nous ne savons pas précisément dans quelle proportion le petit peuple des travailleurs était logé dans le bâtiment central de la manufacture. Il nous manque, la plupart du temps, des renseignements précis sur ses dimensions et ses possibilités d'accueil. Même quand d'anciens logements ouvriers subsistent, comme à

Villeneuvette, ou sur les bords de la Lergue qui traverse Lodève, ces bâtiments, remaniés par la suite, comment étaient-ils utilisés autrefois [299] ? Nous n'avons pas de réponses sûres, encore moins de moyennes valables. Seulement des chiffres éparpillés, bien que significatifs.

A la fin du XVIIIᵉ siècle, Van Robais emploie 1 800 ouvriers groupés, à Abbeville, et 10 000 à domicile [300]. La draperie Charvet n'occupe dans sa manufacture de Vienne que le tiers de ses effectifs [301]. A Orléans, une fabrique de bas au métier (par opposition au bas à la maille, c'est-à-dire à la main) réunissait, en 1789, 800 personnes et plus du double au-dehors [302]. En 1810, telle manufacture de cordelats, à Mazamet, emploie « cent ouvriers à l'intérieur de ses bâtiments [vraisemblablement à la préparation de la laine, à la teinture et aux apprêts] et un millier à l'extérieur [fileurs et tisserands] » [303]. Une organisation qui ne semble guère différente de celle qu'on connaissait un siècle plus tôt, en 1697, à Châteauroux, où il y avait, nous dit-on, « une manufacture de draps des plus considérables du royaume ; elle occupe plus de 10 000 personnes de tous âges, des deux sexes, dans la ville et aux environs » [304]. Mais évidemment le mot ambigu de *manufacture,* ici, ne désigne pas un *bâtiment* centralisateur de la production, il désigne plutôt l'ensemble des activités textiles de la ville et de ses alentours, réparties en un nombre non défini d'unités.

Sans doute, dans l'ensemble, il y a un « lent glissement vers la concentration » ; le nombre des ouvriers par atelier grossit nettement, surtout quand commence la mécanisation. L'industrie cotonnière, qui utilise dès 1765 la filature mécanique (celle-ci se généralisera vers 1800), s'établit d'emblée sur des bases assez larges. Même évolution pour le filage, puis le tissage de la soie (premier métier mécanique à Lyon en 1747) [305]. Le secteur du textile n'en reste pas moins obstinément ancré dans ses traditions. N'assiste-t-on pas, dans l'industrie lainière mais aussi cotonnière, à un curieux renversement ? Le filage, ayant accédé à la noblesse de la machine, abandonne les ateliers ruraux pour s'installer dans les bâtiments d'une manufacture (en bordure de la force motrice d'une rivière). Et alors qu'autrefois les rouets avaient peine à suivre la demande du tisserand, c'est maintenant le tissage, resté essentiellement manuel, qui doit gonfler ses effectifs. On le confie alors largement à des travailleurs extérieurs, nombreux et mal payés, ruraux pour la plupart [306]. Ceci au-delà encore des années 1870, et malgré l'introduction du tissage mécanique actionné par la vapeur, à partir de 1860 [307].

Mais tous les exemples évoqués jusqu'ici concernent les industries textiles. Elles ont la vedette, et à juste titre, vu leur place dominante dans l'économie ancienne, au début encore du XIXe siècle. Toutefois, d'autres concentrations seraient à signaler à côté d'elles, en ce qui concerne par exemple les mines de charbon, la métallurgie, la papeterie, la verrerie, les constructions navales... Des concentrations antérieures parfois à celles du textile et d'un type différent, poussées en avant par un mouvement révolutionnaire. La technique, la machine y jouent un rôle grandissant et, par leur seule présence, elles imposent dans certains secteurs de la production une concentration de type moderne, l'abandon de l'industrie rurale. Ce qui donnerait un autre sens à l'équation de Marx : manufacture plus machine égale usine...

Cet essor multiple doit retenir notre attention : c'est un fleuve qui va s'élargir au-delà de l'Ancien Régime, il intéresse, il intéressera de plus en plus l'industrialisation usinière moderne.

La grande industrie
et les nouvelles sources d'énergie

Avant tout, la grande industrie est le résultat de nouveautés techniques, de la mise en place de sources nouvelles d'énergie, de besoins de consommation qui déterminent son essor et qu'elle-même contribue à accroître.

Aujourd'hui les fusées, lancées loin de la terre, disposent de plusieurs moteurs qui s'allument l'un après l'autre. Cette succession commande leur mouvement. Il en va de même pour l'industrialisation. Il lui a fallu des moteurs utilisés l'un après l'autre, mais évidemment à de longs intervalles. Même aujourd'hui, l'industrialisation ne relève pas de l'instantané.

En fait, tout moteur s'use à s'employer, arrive un jour à sa limite. L'eau des roues de moulins, le vent des éoliennes atteignent dès le XIVe siècle leur limite. Le bois, source primordiale d'énergie, sert à trop d'usages pour ne pas s'épuiser et cela dès l'époque de Sully, où il atteint des prix qui semblent prohibitifs [308]. On ne peut guère étendre le développement d'une force animale qu'il faut nourrir : ou des chevaux, disait Cantillon, ou des hommes [309]. Quant à l'homme, malgré la faiblesse de sa force individuelle, en se multipliant il augmenterait l'énergie à la disposition de l'industrie. Mais le salaire de l'ouvrier correspond obligatoirement au minimum vital qui lui permet de vivre. La population augmente-t-elle, le prix des vivres monte sans tarder et celui des salaires, cette cherté menace les équilibres acquis et ralentit l'essor industriel qui ne peut s'accommoder d'une augmentation des prix de la main-d'œuvre.

Le grand mérite des machines, c'est qu'elles ne mangent pas, qu'elles n'augmentent pas le prix de la main-d'œuvre. Cependant, lorsque la source d'énergie qu'elles utilisent atteint la limite de son rendement, seule l'innovation, puis la mise en service d'une nouvelle énergie peuvent relancer le mouvement. Cette chance n'est jamais immédiate. Découvrir est une chose, l'innovation une autre : aujourd'hui encore, il lui faut, en moyenne, de quatre à cinq ans pour s'introduire utilement dans les processus de production. Les deux nouvelles sources d'énergie qui seront révolutionnaires au XIXᵉ siècle : charbon et vapeur, n'échappent pas à la règle. Elles progresseront lentement.

Tout cela facile à comprendre. D'un système à l'autre, des gênes diverses – financières, techniques, psychologiques... – stoppent l'adaptation. Il faut souvent s'en tenir, faute de mieux, aux vieux moyens du bord. Les industries de filage du coton qui se développent à Paris, au début du Premier Empire, utilisent avant tout des manèges de chevaux, comme l'avaient fait les premières machines anglaises, bien des années auparavant [310]. De même, la métallurgie, en France, jusqu'en 1750 et même au-delà, utilise simultanément la fonte au charbon de bois et la fonte au coke. Et l'énergie hydraulique reste longtemps en concurrence avec la vapeur. Celle-ci se développera d'abord dans le Nord, la région de la Loire et du Haut-Rhin, tandis que le Midi et la Bretagne resteront beaucoup plus longtemps fidèles aux roues de moulins [311]. Mais partout la diffusion des machines à vapeur aura été lente. En 1847 encore, en Normandie, « l'eau fournissait 58 % de la force motrice nécessaire aux usines » et dix ans plus tard, sur les 734 filatures de coton recensées en France, 256 seulement, à peine plus du tiers, fonctionnaient à la vapeur [312].

Grâce à l'étude d'Adrien Printz, le conflit entre tradition et modernisme peut se suivre de près en Lorraine, à Hayange, chez les Wendel, dans la vieille vallée minière de la Fensch [313]. De 1825 à 1870, tandis que la production passe de 3 000 à 134 000 tonnes, tout y est sous le signe d'une régulière transformation. La houille y remplace le charbon de bois. Mais elle n'introduit pas aussitôt avec elle la machine à vapeur. Si les nombreux bâtiments nouveaux restent comme les anciens alignés au long du ruisseau de la Fensch, ce n'est pas seulement en raison d'espaces disponibles ; c'est pour utiliser l'eau retenue par des barrages successifs. La force hydraulique joue encore son rôle. Certes, telle roue à aubes a été condamnée, qui prenait trop de place, tournait avec lenteur et irrégularité. Mais encore en 1860, 500 chevaux hydrauliques restaient en service à Hayange, contre 1 024 chevaux-vapeur. En 1880, la roue du laminoir tournait toujours et s'arrêtait à l'occasion. Les ouvriers avaient alors le temps de gagner le café proche pour une partie de cartes ou de manger des pommes de terre que la femme du concierge faisait cuire dans les cendres chaudes du four à réchauffer les tôles... Quand la roue reprenait son mouvement, les ouvriers regagnaient leurs postes. Pourtant, en 1870, la maison de Wendel figurait en tête des entreprises françaises (11,2 % de la production nationale).

L'intrusion du charbon de terre (on dit aussi au XVIIIᵉ siècle le charbon de pierre ou le charbon fossile) dans la vie industrielle résulte de la crise du bois, crise précoce et qui s'aggrave avec les années. Nos forêts, cependant abondantes, ne résistent pas à une exploitation poussée : le bois sert à la fois au chauffage des maisons, à la cuisine, et, sous forme de charbon, à la fabrication de la fonte, du fer et de l'acier. Il est aussi le matériau indispensable aux sabotiers, à la boissellerie, à la construction des voitures, des charrues, des maisons et non moins des bateaux et des navires. Les hauts fourneaux, les forges et les fonderies ne sont pas les seules « usines à feu » – il faut leur ajouter les verreries, les brasseries, les fours à chaux...

La France, avantagée par ses nombreuses forêts, aura mieux résisté à cette crise latente que l'Angleterre. Si cette dernière utilise tôt, ne serait-ce que pour le chauffage de Londres, le charbon de pierre, et si elle se révèle pionnière pour l'utilisation de la fonte au coke, c'est en partie parce qu'elle y est obligée par l'exhaustion de ses ressources forestières. La France a été mieux partagée, mais cet avantage ne l'a pas dispensée de rechercher avec méthode, frénésie et acharnement, les gîtes de charbon. Une vraie fièvre « charbonnière » a secoué les milieux d'affaires au XVIIIᵉ siècle, comme le montrent, à elles seules, les innombrables demandes en autorisation de fouiller et d'exploiter le sous-sol présentées à l'ancien Conseil du Commerce [314].

Autre avantage du charbon, et qui ne cessera de grandir : à énergie égale, il allait coûter de moins en moins cher que le bois. Un mouvement irrésistible de substitution s'impose donc. Une tonne de houille représente au point de vue calorique 2,5 tonnes de bois ; le charbon, à poids égal et à prix égal, est déjà beaucoup moins cher que son concurrent. A l'époque de la Monarchie de Juillet, il ne vaut plus, à énergie égale, que le tiers du bois et, sous le Second Empire, à peine le sixième. Cette baisse du prix de la nouvelle énergie a été l'une des causes de la révolution industrielle qui, en France, se précipite de 1830 à 1870 [315].

En 1815, la consommation française de charbon s'élevait à un million de tonnes ; à 2 millions en 1827 ; à 7,6 en 1847 ; à 15 en 1860 ; à 40 en 1900, dont un tiers importé de l'étranger. Sur ces 40 millions, 6 sont destinés à la métallurgie ; 4,5 aux chemins de fer ; 2,5 aux mines dont celles de charbon [316] ; il faut compter de 5 à 6 millions de tonnes pour les « 77 000 machines ou chaudières à vapeur, possédant ensemble une puissance de 1 200 000 chevaux [-vapeur]... depuis les simples locomobiles agricoles utilisées durant quelques mois seulement, jusqu'aux générateurs des usines, bouilloires immenses, jour et nuit sous pression ». L'expression peut faire sourire, elle traduit l'admiration du vicomte d'Avenel pour les performances de son temps [317]. Encore les chiffres qu'il donne sont-ils inférieurs à la réalité. En effet, ils ne comptabilisent pas les machines et les chevaux-vapeur des chemins de fer. Si bien qu'Yves Guyot compte pour sa part, en 1895, 85 400 machines à vapeur et un total de 6 121 000 chevaux-vapeur (dont plus des deux tiers pour les chemins de fer) [318]. En conséquence, le charbon s'adjuge un rôle de premier plan. Les « usines hydrauliques » représentent moins d'un million de chevaux-vapeur. La puissante Compagnie des mines d'Anzin, créée par l'acte constitutif du 19 novembre 1757, comptait déjà 4 000 ouvriers en 1791 [319].

La difficulté, j'allais dire le drame, c'est que les mines françaises ne sont pas assez nombreuses et d'une exploitation difficile, onéreuse. Il y a distanciation entre les lieux d'extraction et les lieux de la consommation, et comme le transport coûte cher, le charbon arrive d'Anzin à Paris à 33 francs la tonne – prix fort élevé. En outre, la productivité est déficiente : en 1900, alors que l'ouvrier français tire en moyenne 200 tonnes de charbon par an, l'ouvrier de Silésie en tire 330 [320]. Alors le charbon devient souvent, en France, une mauvaise affaire : sur les 297 concessions exploitées à travers le territoire français, 123, en 1900, sont en perte [321]. *Mutatis mutandis,* la France doit régler, au XIXe siècle et au début du XXe, une facture charbonnière, comme elle a dû, à partir de 1945 et encore aujourd'hui, régler une facture pétrolière. Et comme aujourd'hui, l'industrie française s'en trouve désavantagée. Tel fabricant de tissus de Reims déclarait, en 1834 : « Nous employons la houille que nous tirons de Liège, de Mons et d'Anzin. Notre fabrique en consomme 120 000 hectolitres au prix de 5 F 20. Ce prix est excessif... Cela tient à l'élévation des prix de transport (4 F par hectolitre), tandis qu'à Leeds nos rivaux payent la houille 0 F 55 l'hectolitre, dix fois moins. » En conséquence, le fer vaut 30 francs le quintal à Paris et 15 francs à Cardiff, en Grande-Bretagne [322]. Le handicap est sérieux au moment où, dans l'industrie, la prééminence du textile tend à s'effacer devant le charbon et le fer.

Il faut bien pourtant que la France, quelle que soit la note à payer, se procure le charbon nécessaire à ses industries et au chauffage de ses maisons où il a remplacé le bois. Paris, vers 1890, achète chaque année pour 90 millions de francs de charbon : têtes de moineau, tout-venant, boulets, briquettes, newcastle, anthracite maigre... Les Parisiens, assez âgés aujourd'hui pour avoir connu l'époque antérieure au chauffage central, retrouvent dans leurs souvenirs les vieilles images des « bougnats » auvergnats, marchands de charbon et de bois d'allumage, un sac posé en couverture sur la tête et sur les épaules, un autre sac plein sur le dos, le visage noir de poussière, livrant le combustible aux plus hauts étages des maisons comme jadis les porteurs d'eau apportaient leurs seaux, puisés aux fontaines ou dans le cours de la Seine. Mais ces bougnats d'hier ont-ils, à Paris, partout disparu ?

Les innovations

Dans la marche vers la grande industrie, dans le circuit des applications qui contribuent chacune à faire avancer une industrialisation de plus en plus compliquée à mesure que l'on se rapproche du temps présent, la France a été à la traîne. En 1819, Chaptal écrivait : « Jadis, les découvertes des savants restaient

288

stériles dans leur portefeuille ou dans les mémoires des Académies, sans que le fabricant parût se douter que leur application pût être utile à ses opérations... Aujourd'hui les rapports les plus intenses existent entre eux ; le manufacturier consulte le savant... et appuyés l'un sur l'autre, ils marchent vers la perfection de l'industrie. » [323] C'était entrevoir l'avenir avec lucidité et peut-être pêcher par optimisme en ce qui concerne la France de son temps. Mais le fossé entre science et technique, l'Angleterre l'avait déjà franchi.

Or les inventions et leurs applications sont des biens culturels, qui circulent, se diffusent d'eux-mêmes, comme tous les biens culturels. C'est peine perdue que de vouloir les garder secrètes par-devers soi, comme l'a voulu faire l'Angleterre de la première révolution industrielle. Machines et procédés d'outre-Manche ont quitté l'île assez tôt. Dès la seconde moitié du XVIIIᵉ siècle, des entrepreneurs anglais ou écossais sont venus nombreux s'installer en France, dont Wilkinson qui contribua, avec Ignace de Wendel, à fonder Le Creusot. Ils fabriquent sur place les « mécaniques » anglaises. Des ouvriers britanniques, des contremaîtres les ont suivis ou même précédés, en Normandie, à Lyon, dans le Forez. Cependant, des voyageurs français, entrepreneurs et ingénieurs, multipliaient leurs voyages et pratiquaient ce qu'on appellerait aujourd'hui de l'espionnage industriel [324]. Après 1815, le mouvement interrompu par la Révolution reprit, plus fort que jamais, dans les deux sens. Et tout avait déjà transité vers la France quand, en 1842, l'Angleterre autorisa enfin la sortie des machines de chez elle [325]. Ainsi les ingénieurs français de nos premiers chemins de fer ont tous été à l'école anglaise, même ceux qui n'ont pas mis effectivement les pieds dans l'île.

De telles diffusions, en fait, sont aussi vieilles que le monde inventif. Et comme le monde des hommes a toujours été inventif, les inventions depuis toujours ont couru la planète : pensez au bronze et au fer de la Préhistoire ; à la soie si longtemps convoitée arrivant à Byzance, au temps de Justinien ; à la poudre à canon quittant la Chine ; ou, plus près de nous, à l'art des mineurs ou à l'art de l'imprimerie que les ouvriers allemands portèrent, dès le XVᵉ siècle, à travers l'Europe et bientôt hors d'Europe. Les Anglais ont, eux aussi, pratiqué l'espionnage industriel, au début du XVIIIᵉ siècle, pour imiter les moulins à soie automatiques, invention et secret de Bologne depuis plus d'un siècle [326].

En revanche, c'est une moins vieille chose que le dialogue répété de la science et de la technique – j'aimerais mieux dire de la technologie, en entendant par là une science seconde aux prises avec l'expérience, dont les modestes acteurs ont souvent d'ailleurs, sans le savoir, l'attitude d'esprit qui caractérise le vrai savant. En somme, deux étages d'une même maison. En l'occurrence, une dialectique joue son rôle. Mais si la science et la technologie, aujourd'hui, ne cessent de se renvoyer la balle, c'était plus rare autrefois. Au XVIe siècle, Tartaglia, célèbre mathématicien, est sollicité par les artisans et les maîtres d'œuvre de l'Arsenal de Venise, à l'époque le premier centre d'Occident en ce qui concerne les techniques. Ils lui demandent sous quel angle une bombarde doit tirer pour atteindre avec son projectile sa portée maxima. Le mathématicien établit que cet angle optimum est de 45 degrés [327]. Mais l'historien ne pourrait pas citer beaucoup d'exemples de ce genre avant le XVIIIe siècle. Alors qu'ils sont légion dès les débuts de la grande industrialisation.

Premier exemple qui s'impose : la machine à vapeur, symbole par excellence des progrès du XIXe siècle. N'est-elle pas issue d'une longue entraide entre technique (elle surtout) et science théorique ? Et une fois mise au point sous sa forme première, n'a-t-elle pas, en raison même de son utilisation et des projets d'emploi conçus à son propos, éveillé, provoqué, imposé des problèmes successifs ? « La science, a même écrit dans une phrase célèbre et amusée H. J. Henderson, doit beaucoup plus à la machine à vapeur que la machine à vapeur ne doit à la science. » [328] C'est évident. La première locomotive digne de ce nom : *the Rocket* (la Fusée, 1829) a été inventée par George Stephenson (1781-1848), ouvrier anglais devenu ingénieur après des études de rattrapage [329]. Vive le technicien ! Oui, mais l'originalité de la fusée fut d'utiliser la chaudière à tubulure, due à un ingénieur français, Marc Seguin (1786-1875), neveu de Joseph Montgolfier [330]. Donc, d'une certaine façon, vive la théorie ! Et celle-ci à son tour profita des expériences qu'organisaient les usages de la machine à vapeur : ainsi, vers 1860, naissait la thermodynamique, nouvelle branche prospère de la physique [331]. Les imperfections de la vapeur devenaient en effet des interrogations, des obsessions. N'avait-elle pas l'habitude, dans le cylindre de détente et de compression de la locomotive, de ne plus obéir à la vieille loi de Mariotte et de perdre brusquement de 15 à 50 % de sa puissance ? Jusqu'au jour où, en 1870, un industriel alsacien, Gustave Adolphe Hirn (1815-1890), par ailleurs féru de métaphysique, résout le problème : dans la pratique, il suffit d'éviter la formation et la présence d'eau dans le cylindre [332].

Bien sûr, cette double histoire se poursuivra, avec les perfectionnements qui seront apportés aux locomotives et au matériel des chemins de fer, aux rails et aux traverses qui les lient, aux attelages des wagons, à leurs roues pour aborder les courbes de la voie...

Science-technique, technique-science, sur ce sujet inépuisable témoignent les transformations multiples, en France et hors de France, de la métallurgie. « Le XIXe siècle a été marqué par l'essor des utilisations du fer et de l'acier, qu'il s'agisse d'emplois entièrement nouveaux, comme dans le cas des rails de chemins de fer, ou d'emplois de substitution, comme dans le cas des poutres, des ponts ou encore des charpentes. » [333] Ici, l'utilisateur, le client mènent le jeu, imposent leurs exigences, suscitent la production, poussent à la mise en service des inventions. La substitution du coke au charbon de bois aboutit à la production à bon marché d'acier de qualité : Bessemer, 1856-1859 ; Martin, 1864 ; Thomas et Gilchrist, 1878, ces noms marquent les étapes d'une « révolution métallurgique », de l'avènement d'une « sidérurgie scientifique » imposée avant tout par la nécessité de fabriquer des rails résistant à l'usure et aux chocs. Il y a prime à la qualité des produits, ce dont la firme Wendel aura profité durant le Second Empire [334]. Et peu à peu s'installe une recherche d'alliages nouveaux, qui met en place des laboratoires, des systèmes d'information. Ainsi s'impose une métallurgie scientifique extrêmement diversifiée.

Même dialogue science-technique dans le cas de l'électricité. Mais ici le processus a cheminé à l'inverse de l'ordinaire. Comme dit François Caron, « l'électricité fut une science avant d'être une industrie » [335]. Les avances théoriques dont tout a dépendu ont été réalisées par Ampère (1775-1836), Arago (1786-1853), Faraday (1791-1867), Maxwell (1831-1879)... C'est ensuite que la pratique, l'expérience entrent en scène. Ainsi grâce à Louis-François Bréguet (1804-1883), horloger et physicien ; grâce à Werner von Siemens (1816-1892), officier d'artillerie, ingénieur et entrepreneur, le plus bel exemple étant celui de Zénobe Gramme (1826-1901). Cet inventeur singulier était né près de Liège, dans une famille nombreuse et plus que modeste. Toujours « brouillé avec l'orthographe », il fit de mauvaises études, devint menuisier, gagnant mal sa vie bien que d'une prodigieuse habileté. En 1855, le voilà à Paris, toujours menuisier et toujours miséreux. En 1860, il entre comme ébéniste à la Société l'Alliance, spécialisée dans la fabrication d'appareils électriques. Ceux-ci le fascinent littéralement et, lorsqu'il prend un emploi dans les usines de l'orfèvrerie Christofle, qui pratiquent la galvanoplastie, il se met à rêver d'une machine nouvelle. Personne évidemment ne s'intéresse à ses projets. Et c'est avec l'aide de sa femme qu'en 1869 il « installe les éléments de sa machine sur sa table de cuisine » [336]. Retardé par la guerre, il présentait un peu plus tard à l'Académie des Sciences sa dynamo électrique, cette machine de Gramme, fonctionnant à la manivelle, que l'on voyait encore dans les cabinets de physique de nos études élémentaires, il y a quelques décennies. Au lieu de tourner grâce à un courant, elle pouvait, avec un moteur à vapeur, agissant à l'inverse, produire du courant. Certes, l'inventeur avait repris, sans même le savoir, des idées et projets antérieurs. Et les savants s'insurgent d'ordinaire contre les mérites que les historiens attribuent au menuisier inventeur. Mais les historiens ont sans doute raison. Dans le mouvement des innovations et du progrès industriel, Gramme aura marqué un anneau essentiel.

Après lui, d'ailleurs, tout se précipite. Jusque vers 1870, « la production de l'électricité... servait principalement à satisfaire les besoins fort réduits de la télégraphie » [337], ce « premier symptôme, comme l'écrit Maurice Daumas, d'une industrie moderne » qui apparaît dès les années 1830. Mais c'est bien plus tard que l'électricité entre dans la vie quotidienne. En 1879, Siemens construisait la première locomotive électrique ; en 1883, Deprez réalisait un transport de force sur 14 kilomètres, entre Vizille et Grenoble ; en 1888, le tramway électrique s'installait à Paris [338] ; en 1906, il y avait dans la capitale 671 kilomètres de conduites électriques pour l'éclairage contre, à cette même époque, 250 000 pour le gaz d'éclairage [339]. Dans l'intervalle, l'électrochimie avait bouleversé toute l'industrie chimique lourde. Et une nouvelle source d'énergie s'était mise en place, avec la houille blanche qui, à partir des années 1890, concurrençait le charbon et la machine à vapeur pour la production de l'électricité.

Mais qui ne sait que, depuis un siècle, l'industrie a bouleversé de fond en comble les techniques et les mœurs ? J'ai gardé le souvenir, dans le village de la Meuse où je revenais chaque année jusqu'en 1924, de l'éclairage de notre grosse lampe à pétrole suspendue par une crémaillère au-dessus de la table à manger, toute en porcelaine blanche comme son abat-jour de même matière translucide. Je me rappelle aussi la lampe à gaz, coiffée d'un fragile manchon Auer, avec laquelle j'ai fait mes premières études, à Paris, jusqu'en 1920.

Deux ou trois réminiscences encore : je garde le souvenir extravagant de ma perplexité, vers 1910, alors que ma mère essayait, sans y réussir, de me définir ce qu'était le cinéma. Je vois, en 1913, en compagnie de mon merveilleux professeur de latin au lycée Voltaire, Alexandre Merlot, mon premier avion au-dessus de Paris. Vers cette même époque, je m'approche, presque terrorisé, du premier appareil de téléphone de ma vie. Enfin, à Tréveray (Meuse), en septembre 1913, mes parents me racontent, l'un puis l'autre, leur sortie nocturne à bord de l'automobile de l'un de nos voisins qui tient le magasin de nouveautés du bourg.

Après le comment, le pourquoi

La grille de Hubert Bourgin que nous avons utilisée, même rectifiée et assortie d'exemples, aide seulement à classer, à décrire. Serait-il possible d'aborder le pourquoi des ordres qu'elle constate, de dégager le sens d'une évolution et des comportements qui l'ont accompagnée ? Sur le vaste parcours qu'offre l'histoire ininterrompue des industries françaises, le problème est de savoir si des règles se discernent, appelées à se répéter, à produire, le cas échéant, des conséquences à peu près analogues – Georges Gurvitch eût dit des règles *tendancielles,* pour éviter d'employer le mot *lois* qui lui paraissait, à juste titre, mal convenir aux « sciences » de l'homme.

La première règle c'est sans doute ce que l'on peut appeler la « seconde providence ». La formule, inhabituelle, se lit dans un livre tardif : « toujours active, écrit Antoine Caillot [340], [l'industrie est] comme une seconde providence ». Pour les pauvres, s'entend. L'idée n'est pas neuve. Ne se rencontre-t-elle pas dans le *Dictionnaire de commerce* de Savary des Bruslons (1760) ? « L'on a toujours vu les prodiges de l'industrie éclore du sein de la nécessité », y lit-on [341]. L'intendant du Languedoc en 1730, Basville, plutôt que la Providence, salue l'ingéniosité humaine, « comme si la nature récompensait, écrit-il, par l'industrie et ... par les talents propres au commerce, la perte que souffrent les habitants dont les terres sont stériles et ingrates » [342].

C'est le cas bien connu du Gévaudan, haut pays pauvre où des hivers diaboliques obligent les paysans à vivre cloîtrés dans leurs maisons. Il n'est même pas besoin de l'incitation d'un *Verleger* pour que tous s'acharnent à filer et à tisser des draps grossiers, mais de bonne vente, avec la laine de leurs moutons. « On compte dans le Gévaudan environ 5 000 métiers de fabricants », dit un mémoire de 1740 [343]. Mais la moitié des tisserands ont interrompu leur travail en cette saison « qui est convenable à la culture des terres ». Paysans l'été, ils retourneront à leurs métiers lorsqu'ils seront « chassés dans leurs maisons par les glaces et les neiges qui, pendant plus de six mois, noient les terres et les hameaux ». La vente de leurs draps dans les foires du bas pays équilibre la vie difficile de ces montagnards.

De même dans les Cévennes proches. Ou dans les pays de l'Ariège, ceux en particulier de l'évêché de Mirepoix, pauvre pays s'il en fut et où l'on ne trouve de gens à l'aise que dans les ateliers. Autour de Mazamet, le terroir étant pour la plus grande partie « entièrement ingrat » rejette les habitants vers les activités du textile [344]. Un mémoire de 1733, à propos du Languedoc en général, va jusqu'à avancer que les possesseurs de terres fertiles, « occupés à la culture sur laquelle ils fondent leurs espérances », joignent difficilement les deux bouts, tandis que sur les mauvaises terres les paysans peu « satisfaits des dons de la nature... s'appliquent aux fabriques », qui donnent « aux plus pauvres les moyens de subsister et de payer leurs charges » [345]. Sans doute. Mais l'avantage de l'industrie rurale est qu'elle s'*ajoute* au produit de la terre, si maigre soit-il ; elle est la *seconde* providence. Elle n'exclut jamais le travail tout au moins d'un lopin de terre, d'un jardin, l'entretien de quelques animaux domestiques.

Dans les villes, les règles changent. L'artisanat y est depuis toujours chez lui, né spontanément des besoins de toute agglomération urbaine et du territoire qu'elle domine. Mais y est-il toujours seconde providence, sauvegarde contre la misère ? Il faudrait s'entendre sur la misère, sur ses caractères et ses raisons d'être. Les villes, certes, n'y échappent pas.

A Lille, par exemple, une population trop nombreuse accélère la poussée et la diversification industrielles. Alors que la moyenne française est de 51 habitants au kilomètre carré, la densité du département du Nord dépasse largement le chiffre fatidique de 100 ; elle est de 255 dans l'arrondissement de Lille ! Aussi bien population oblige : toutes les industries prospèrent, s'efforcent de percer les obstacles du marché intérieur français et répondent aux complaisances du marché extérieur. Presque depuis toujours, il y a surpopulation, entassement d'un prolétariat dans les caves et les cours de la ville. C'est un cas extrême, une précocité. La ville est travaillée, comme épuisée par l'activité des métiers qui déborde largement sur le plat pays [346]. Ces considérations ne sont pas inactuelles puisque les même causes produisent souvent les mêmes effets. Ainsi, dans l'éclairage d'aujourd'hui, Singapour, Hong Kong, la Corée du Sud connaissent un essor marchand et industriel spectaculaire, mais en raison de salaires bas, de journées de travail démesurées. Tout cela en fonction d'un puissant appel extérieur, car, cette fois, le processus, pour ne pas dire le drame, se noue à l'échelle du monde. Mais, là encore, faut-il parler d'une providence seconde ?

Disons plutôt que l'industrie est sans fin une porte de sortie. Si besoin est, il reste toujours possible de la pousser. Elle est la solution qui finit toujours par s'imposer, même lorsqu'elle est amère. Si bien qu'en dépit des pannes, des cassures qu'elle connaît, elle se rétablit toujours, progresse toujours. Elle est un fleuve qui rompt, surmonte les obstacles, dont le débit à long terme se gonfle naturellement. Même la guerre de Cent Ans et ses crises sous-jacentes n'interrompent pas son cours. L'industrie faiblit dans telle ville, dans telle région, elle reprend son souffle dans une autre ville, dans une autre région. Il y a comme une loi des compensations. La longue guerre de Succession d'Espagne (1701-1713-1714) s'est souvent présentée devant nos yeux. Engendra-t-elle, au cours de ses dernières années, les désastres et les marasmes dont il est souvent parlé ? Un enquêteur se trouve à Reims (6 avril 1708) ; il écrit au contrôleur général : « Je puis dès à présent vous affirmer, Monseigneur, que par un bonheur extraordinaire, le négoce de cette ville n'a point ou très peu souffert de la présente guerre et qu'il n'y a pas un seul ouvrier qui manque d'ouvrage. » [347] Je ne voudrais pas généraliser pareil « sondage » : le mot « bonheur extraordinaire » l'interdirait à lui seul. Et je ne nie pas que la France artisanale va souffrir, surtout avec les années qui vont suivre, le climat s'en mêlant lors du terrible hiver de 1709. Mais enfin, et c'est l'essentiel, le fleuve reste en place. Tout irait mieux, évidemment, si la paix était là, tout d'ailleurs ira mieux dès qu'elle arrivera, en 1713-1714.

Mais la France révolutionnaire et impériale témoignera mieux encore. Des historiens s'obstinent à parler de catastrophes. Je ne doute pas de leur sincérité. Mais ont-ils raison ? C'est vrai, il y a chute alors du commerce extérieur (exportations et importations, 1 milliard de livres en 1789 ; 550 millions en 1795 ; 622 en 1815). Mais le commerce extérieur n'est qu'une partie du commerce en général et qui, à cette époque, n'avait pas « pour l'ensemble de la production industrielle [de la France], l'importance qui lui est échue à partir du Second Empire (1852) ». Mieux encore, l'indice de la production industrielle « de la période napoléonienne [a été] supérieur à l'indice de la fin de l'Ancien Régime » [348]. Je crois donc, avec Serge Chassagne [349], qu'il y a eu continuité, maintien des structures et des volumes de l'industrie entre la France d'Ancien Régime et la France thermidorienne. Et même, au-delà de cette dernière, malgré les énormes pertes vives des guerres impériales. Ce que la France a manqué, c'est la Révolution industrielle. Mais est-ce le même problème ? La Révolution industrielle est le débouché d'une croissance de longue durée que seule l'Angleterre avait menée à bien, aux XVIIe et XVIIIe siècles. En ce qui concerne la France, les jeux étaient faits dès avant 1789 [350].

La thèse que j'esquisse est-elle valable, par contre, au XIXe et au XXe siècle, face, cette fois, à des obstacles terribles ? Ceux-ci ont-ils été franchis ? Si douloureuse qu'ait été, pour l'orgueil national, la guerre de 1870, elle n'a certes pas ruiné l'économie française. C'est un point d'acquis. Mais en va-t-il de même avec la première et la seconde guerre mondiales, épreuves colossales ? Jean Bouvier me rend le service de répondre à ma place : « Les deux guerres mondiales du XXe siècle n'ont perturbé qu'à court terme la croissance industrielle [de la France]. Elles ne l'ont pas brisée. Elles ont entraîné d'ailleurs, par deux fois, des croissances fort rapides de récupération, pour faire place, dans le troisième quart du XXe siècle, au jamais vu des quantités produites (et consommées) : de 1944 à 1977 (croissance de récupération comprise), la production industrielle a crû de 12,8 fois. » [351] Donc continuité, survie, récupération. Il en a été de même pour les crises économiques, malgré leur impact : la France aura, industriellement parlant, dépassé le cap dangereux de la crise de 1929, moins facilement, il est vrai, que celui de la crise de 1857 ou de la crise de 1810, qui, à dire d'historien, aurait été plus néfaste, pour l'Empire, que la guerre d'Espagne. Mais elle les a franchis, et finalement, la crise des années 1970 qui déroule devant nous ses anneaux et ses eaux maussades se traverse, elle aussi, au fil des années.

Cet élan, cette ruée silencieuse, prompte à entrer en jeu face à tous les défis, face à l'absurdité des gouvernements ou aux dépressions internationales, c'est en définitive la perspective dominante d'une histoire de l'industrie que l'on nous présente trop souvent par morceaux ou par épisodes, sans soupçonner que morceaux et épisodes forment une suite, une continuité, une reprise, un progrès, un gonflement. A nous de reprendre nos explications puisque, forcément, processus et liaisons se répètent, s'interpénètrent, se commandent, coexistent. Il ne peut y avoir industrie que s'il existe un surplus de la production agricole ; et l'industrie ce sont des hommes, il faut qu'une population rurale en surplus s'engage dans ses engrenages ; et l'industrie ne tourne qu'en vendant ses produits : Lodève qui fabrique des draps pour la troupe fait fortune pendant la Révolution et l'Empire [352] ; Mazamet vend ses cordelats au Canada ; Laval ses toiles en Amérique espagnole, et ainsi de suite. Le commerce est donc le maître du jeu. Quant à lui, comme l'industrie, il dépend du crédit, de la banque, autant dire du capitalisme : ne dira-t-on pas, maintes et maintes fois, que si l'industrie ne va pas plus vite de l'avant, c'est que la banque ne vient pas suffisamment et au moment voulu à son aide ? Enfin l'Etat dit son mot, à bon escient ou à contretemps, mais ne cesse d'intervenir. Le vaste courant qui porte l'industrie est comme l'eau du fleuve qui pousse et porte le bateau. Au vrai, une poussée générale, une ardeur, une nécessité de vivre.

Fluctuations
répétitives

Affirmer que la vie économique entraîne dans ses mouvements, implique par sa respiration même une activité industrielle continue, et que cette continuité est un trait essentiel, n'est-ce pas en contradiction avec ce que l'on entrevoit des rythmes propres de l'industrie ? Que de cassures, en effet, alternant avec les départs triomphants, que de pauses, de replis ! Considérées individuellement, les entreprises industrielles semblent obéir à la règle du discontinu, de la vie courte. On parle souvent des villages désertés. Il faudrait parler aussi des manufactures, des usines désertées !

Maurice Daumas, dans son enquête d'« archéologie industrielle », fait l'inventaire à travers la France des vestiges de nos usines défuntes, bâtiments abandonnés à la ruine ou réaffectés au cours du temps à d'autres activités. Et il oppose la « pérennité » des constructions à la « fugacité » des entreprises qu'elles ont abritées [353]. A sa suite, nous retrouvons dans leur site les grandes manufactures.

En Languedoc, à Lodève, de vastes bâtiments en arc de cercle dominent encore les rives de la Lergue, la petite rivière qui traverse la ville [354]. Non loin, la curieuse manufacture de Villeneuvette, installée comme tant d'autres en bordure de la Montagne Noire qui jette vers elle ses eaux rapides, indispensables au lavage de la laine, au foulage des draps, aux roues des moulins, a battu un record de longévité. Fondée en 1677, elle n'a complètement cessé ses activités qu'en 1954, au terme d'un long déclin. Cette survivance permet au visiteur d'aujourd'hui de « retrouver le décor presque intact » [355] de l'organisation industrielle du XVIIIᵉ siècle, en passant de la maison du maître aux immenses salles voûtées des entrepôts, aux bâtiments proprement industriels réservés aux machines, aux maisons des ouvriers, alignées sur plusieurs rues, à la fois logements familiaux et ateliers de tissage, aux adductions d'eau par de vastes travaux hydrauliques. Une douzaine de villages autour de cette forteresse capitaliste collaborent avec elle [356]. A Abbeville, à Sedan, à Louviers, de belles constructions aux allures de châteaux, aujourd'hui déchues, témoignent elles aussi de la fragilité des grandes entreprises du textile : elles naissent, elles vivent, elles meurent. A la recherche des anciens hauts fourneaux, des forges, raffineries et autres éléments d'archéologie et d'industrie métallurgiques, notre guide nous fait traverser toute la France, du Périgord à la Haute-Marne, au Châtillonais, à la Côte-d'Or ou à la Franche-Comté, des Landes à la Bretagne, s'étonnant au passage que le seul haut fourneau classé comme monument historique soit celui de Cons-la-Granville, sur la Chiers, en Meurthe-et-Moselle, construit tardivement en 1865, éteint une quinzaine d'années plus tard [357].

Mais mon intention n'était pas de m'étendre sur cette multiple documentation, rarement utilisée, mon intention était simplement de mettre en relief la fragilité, la brièveté de l'activité, plus encore de la prospérité des industries. Et, par là, de rejoindre la thèse de Walter Hoffmann, formulée à propos de l'Angleterre après la Révolution industrielle [358], mais qui peut s'étendre sans dommage à la France des XVIIIe et XIXe siècles. En fait, formulée dans sa généralité, elle dépasse ces limites chronologiques déjà larges.

Plus que d'une thèse, il s'agit d'une règle ; pour une fois j'oserai dire, sans remords, une loi. Pour Walter Hoffmann, *toute* industrie, quels que soient son lieu et son objet (j'ajouterai son époque), décrit de sa naissance à son arrêt une courbe en gros parabolique, soit une montée relativement rapide, un plafond mesuré dans le temps et une descente qui peut s'accomplir à la verticale. Laissons de côté les exemples qu'il fournit et qui ont valeur de preuves. Dans un autre ouvrage, j'ai utilisé cette loi de Hoffmann pour quelques exemples quantifiables, malheureusement rares, du XVIe siècle [359]. Une évidence s'impose, la vie industrielle a ses jours comptés, même si elle démarre brillamment, même si, à l'apogée, elle apparaît impressionnante de santé. Toute activité industrielle obéira à la courbe de ce destin, plus ou moins rapidement, au gré des accidents et malgré les faveurs rencontrées en cours de route.

Bref, alors que toute communauté villageoise a des centaines d'années derrière et devant elle, une implantation industrielle n'est jamais assurée – les exceptions éventuelles confirmant la règle – d'avoir plus d'un siècle de prospérité devant elle. Concluons à la brièveté, relative évidemment, de l'industrie. Comme elle relève d'une histoire volontariste au premier chef – à chaque instant nous avons affaire à des entrepreneurs qui courent leur chance – elle témoigne à sa façon que l'homme ne peut saisir au mieux que le temps court ; le temps long et surtout très long lui échappe.

Malgré la contradiction apparente, ces constatations ne m'interdisent pas de revenir à l'affirmation initiale qui me tient à cœur, à savoir la continuité progressive de l'activité industrielle, globalement considérée dans le cadre de telle ou telle économie nationale. Le courant industriel ne s'interrompt pas, il tend de lui-même à l'expansion. Si les échecs et les retombées sont une règle, les départs vigoureux en sont une autre. L'ensemble est une addition, peut-on dire, de plus et de moins. Je soutiens qu'à la moindre faveur extérieure – une mesure gouvernementale heureuse, un marché qui s'ouvre, une conjoncture bénéfique à la hausse, une concurrence qui s'efface – l'ensemble progresse. Ma thèse est sous le signe de l'optimisme. Et sur ce point j'imagine sans trop d'artifice

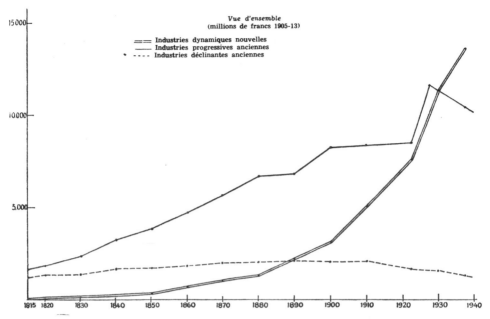

Vue d'ensemble
(millions de francs 1905-13)

=== Industries dynamiques nouvelles
——— Industries progressives anciennes
• ---- Industries déclinantes anciennes

INDUSTRIES DYNAMIQUES, PROGRESSIVES ET DECLINANTES.
(Source : T.J. Markovitch, *L'Industrie française de 1789 à 1964, Cahiers de l'I.S.E.A.,* 1966.)

que T.J. Markovitch qui est de loin le meilleur connaisseur de l'histoire industrielle de la France, du XVIIIᵉ siècle à nos jours, m'apporte son appui. Il a divisé la masse des industries françaises en trois sections : les nouvelles dont la poussée bouscule, entraîne tout ; les déclinantes qui tiennent encore leur rôle ; et les stagnantes qui sont à bout de course [360]. Ce schéma retient en somme l'explication de W. Hoffmann et le croquis que j'emprunte à l'ouvrage de Markovitch est, à ce propos, suffisamment parlant : le mouvement industriel est sous la dépendance de la novation et, au terme de ces explications rapides, nous retrouvons les positions d'économistes tels que Mensch, qu'André Piatier et sans aucun doute beaucoup d'autres : la novation, secret de jouvence de l'industrie, récompense de la technique intelligente et nécessaire.

Resterait à expliquer les décadences elles-mêmes, le besoin récurrent de la cure de jouvence, les raisons de ces fluctuations régulières qui, finalement, dessinent le destin de l'industrie. Evidemment, hier, à l'époque d'un historien aussi scrupuleux et informé que Henri Sée, le temps de l'observation s'empruntait à la politique : que se passait-il sous la Restauration ? Sous la Monarchie de Juillet, sous le Second Empire, sous la Troisième République [361] ? Puis nous avons réfléchi à partir des phases économiques distinguées par François Simiand : descente de 1817 à 1852, montée de 1852 à 1876, descente de 1876 à 1896, puis montée (escaladant la première guerre mondiale) de 1896 à 1929... Or il semble, c'est bien embarrassant, que l'industrie se développppe parfois plus vite en période B de descente, qu'en période A de montée [362]. Le problème est-il à rejeter une fois pour toutes, comme un faux problème, voire un problème insoluble ? Ou bien pourrait-il se reprendre sous l'angle de la crise ? Ne peut-on pas penser que la croissance, qui atténue les conflits et les concurrences, qui gonfle les profits et la demande, laisse de la place pour tout le monde, y compris les canards boiteux. Bref que la croissance peut aussi être conservatrice. Tandis que la crise qui inaugure les descentes séculaires, diminuant les profits, augmentant la concurrence nationale et internationale, renforce les forts et infériorise les faibles [363]. Et peut-être ce coup de balai favorise-t-il aussi l'innovation, la recherche de voies nouvelles, de portes de sortie ? Mais nous nous retrouvons devant un autre problème : expliquer la crise elle-même. Problème moins soluble encore que le précédent.

Un bilan ou la survie de la petite entreprise

Les historiens en sont d'accord aujourd'hui : la France d'Ancien Régime, vu son étendue, ses richesses latentes, sa population qui la plaçait en tête – la Russie mise à part – de la puissance démographique en Europe, était le premier pays industriel de cette même Europe. Mais cette prééminence était fondée sur des moyens, des processus anciens, sur de petites unités de production. La concentration du capital s'est bien accompli dans un certain nombre de grandes villes (Lyon, Lille, ...) ou de ports tels que Marseille ou Bordeaux, mais ces centres actifs préfèrent pour leurs capitaux d'autres emplois que les aléas des entreprises industrielles – vérité bien connue des entrepreneurs. La grande concentration de capital apte à se laisser séduire par les arts et manufactures, c'est Paris, lui aussi plus tourné vers le commerce et les trafics que vers le textile ou le sidérurgique, plus vers les importations de laine espagnole, ou la revente des draps de Sedan et d'Elbeuf, que vers les industries drapières pour lesquelles, cependant, marchands et drapiers de la capitale ont manifesté, au XVIIᵉ siècle, plus qu'un intérêt théorique. Bref, la France, en 1789, quel que soit le tonus de sa vie économique, dispose d'une industrie restée à la mode ancienne – certaines exceptions dans les secteurs du coton, des mines, de la métallurgie confirmant la règle. La Révolution industrielle qui, en gros, s'importe chez nous d'Angleterre, va peiner à rompre les cadres anciens ; il faudra qu'elle coexiste avec eux.

Cet ancien régime industriel qui se prolonge à travers tout le XIXᵉ siècle et même jusqu'en 1914, parfois même au-delà, c'est ce que l'on peut appeler une industrie seconde, ou, comme dit T.J. Markovitch, « un artisanat au sens large du terme », par opposition à l'industrie proprement dite – la grande industrie pour qui joue la concentration des moyens et de la main-d'œuvre. Les quatre grandes enquêtes de la Monarchie de Juillet et du Second Empire, 1840/1845, 1848, 1860, 1861/1865, ont été résumées par T.J. Markovitch dans le tableau ci-dessous (chiffres en millions de francs) :

	Produit industriel total	Industrie proprement dite		Artisanat au sens large du terme	
	(moyennes annuelles)				
1835-1844	6385	1612	25,2 %	4773	74,8 %
1855-1864	9090	3406	37,5 %	5684	62,5 %

Selon ces enquêtes, donc, « en vingt ans, entre 1840 et 1860, le produit industriel total a augmenté de 42,36 % : l'industrie proprement dite... de 111,29 %, l'artisanat au sens large du terme de 19,08 % seulement. Les changements de structure ont donc été très importants. La part de l'industrie proprement dite est passée de 25,2 à 37,5 % [364]. Ce glissement de structure apparaît encore plus nettement » lorsqu'on compare la part respective des profits et des salaires dans le cadre des industries proprement dites : les premiers augmentent de 56 à 60,4 % tandis que les seconds diminuent de 44 à 39,6 %. « Cette diminution relative de la part des salaires dans le cadre des industries en voie d'expansion ("industries dynamiques") est significative de la révolution industrielle du XIXᵉ siècle. » Elle s'accompagne cependant d'une augmentation du prix des matières premières. Faut-il y voir, comme notre guide, une raison du colonialisme, de l'impérialisme des grands Etats [365] ?

En tout cas, même s'il diminue, le poids de la petite industrie reste largement majoritaire (62,5 % en 1860) face à la grande. Encore le chiffre est-il au-dessous de la réalité, le critère, très discutable, choisi par les enquêteurs pour différencier grande et petite industrie étant l'usage, ou non, de machines. De sorte que, dans l'enquête statistique de 1866, un couturier disposant d'une machine à coudre Singer (outil relativement nouveau) et de deux collaborateurs, s'inscrit dans la grande industrie ! T. J. Markovitch préfère – et il a raison – distinguer industrie et artisanat « suivant que le patron dirige sans effectivement *travailler,* ou, au contraire, qu'il exécute simultanément le travail de direction et le travail d'exécution ». Il inclut ainsi dans l'artisanat les ateliers de médiocre dimension, l'industrie rurale vivace comme le chiendent et l'industrie domestique qui travaille avant tout pour la consommation de la maison. Les calculs refaits selon ce nouveau critère, la part de l'industrie proprement dite, vers 1860, ne serait pas de 37,5 %, mais de 19,8 %, c'est-à-dire le cinquième seulement de la totalité de la production industrielle [366]. Cette grande industrie, très minoritaire, reste ainsi engluée dans une industrie traditionnelle sous-jacente et enveloppante, comme des îles au milieu de la mer. D'autant que l'artisanat continue à défendre son droit de vivre et même de proliférer : la progression industrielle est en effet duelle, vive pour la grande industrie, mais réelle pour la petite.

Le calcul corrigé par T. J. Markovitch ne fait que retrouver les constatations tranquilles des historiens qui furent nos maîtres et qui ont rédigé la copieuse mais obsolète *Histoire de la France contemporaine,* sous la direction d'Ernest Lavisse : Sébastien Charlety et Charles Seignobos. Avec ce dernier, nous sommes sous la Troisième République, au voisinage de 1900, donc à une bonne distance déjà du Second Empire, un chemin important a été parcouru. Tous les enregistrements disent les énormes progrès de la France industrielle. « Le nombre moyen d'ouvriers par établissement n'était encore évalué, en 1866, dans les industries les plus concentrées, qu'à 84 dans la métallurgie ; 21 dans les mines et carrières ; 17,4 dans les industries chimiques ; il est monté en 1906 à 711 dans la métallurgie du fer, 449 dans les mines, 96 dans la verrerie... On ne compte plus dans les petits établissements occupant de 1 à 10 personnes, en 1896 que 36 % des ouvriers, en 1906 que 32 %. » [367] Un tiers pour la petite, deux tiers pour la grande, le sablier s'est renversé, mais la proportion reste importante.

Penserons-nous que cette présence obstinée des petits gêne les grands ? Ou que les grands ont besoin des petits, que la coexistence comporte des liens ? En tout cas, la grande industrie ne progresse pas aussi vite qu'elle aurait pu. A cause d'elle-même : les novations – l'automobile, l'aviation – débutent en explosant, mais, si je ne me trompe, la suite ne vient pas. Plus encore la banque n'intervient pas avec l'ampleur désirable. Elle hésite à s'engager dans le long terme qu'implique l'industrie. Comme les grands ports de l'Ancien Régime, elle a la tentation de jouer à l'échelle du monde plutôt qu'à l'échelle de la France. Les industries ont dû s'aider par elles-mêmes, s'accorder réciproquement des délais pour les règlements d'achat et de vente. Je reviendrai sur ces problèmes qui ont tant pesé sur le destin récent de notre pays. Le capitalisme serait-il coupable ? Comme il n'a pas bonne réputation, il n'échappe pas à l'inculpation.

Hervé Le Bras propose une autre explication, assez séduisante. Il remarque d'abord, et c'est important, qu'une fois de plus, la ligne Genève-Saint-Malo sépare deux France, l'une qui s'est fortement industrialisée au nord, l'autre qui s'y refuse au sud, où une organisation familiale toute-puissante a fait longtemps barrage. Deux pays sont restés face à face, l'un privilégiant les formes lourdes de production, l'autre les formes légères ; l'un constitué d'agglomérations, l'autre d'habitations disséminées ; l'un couvert de petites propriétés, l'autre de grosses exploitations employant des ouvriers agricoles . » [368] Se refusant à l'industrie sous sa forme moderne de concentrations ouvrières, le Midi a vu disparaître, tuée par la concurrence usinière, la multitude de ses manufactures et ateliers traditionnels, hérités du XVIIIe siècle. Il a pris alors un énorme retard par rapport à la France riche, de plus en plus riche, du nord de la Loire (voir carte ci-contre). Dès 1827, le baron Dupin

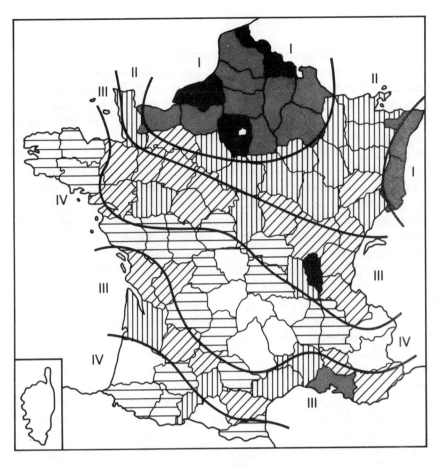

EN 1830, « LES DENIVELLATIONS DE L'ESPACE
ECONOMIQUE EN FRANCE ».
Cette carte établie à partir de 33 variables touchant tous les aspects
de l'économie (agriculture, transports, industrie, revenus, patrimoines, etc.)
montre la disparité du développement régional dans la France de 1830 ; du
noir au blanc et de I à IV, on passe de la richesse à la pauvreté.
(Source : B. Lepetit, article à paraître *in : Annales ESC* n° 6, 1986.)

s'écriait : « Compatriotes du Midi, c'est à vous que je dédie la
description de la France du Nord [son ouvrage, *Forces productives
et commerciales de la France*]... Vous serez frappés d'étonnement
lorsque vous verrez quelles différences de population, de richesse

305

territoriale, manufacturière et commerciale présentent les deux grandes divisions de la France que nos ancêtres distinguaient en pays de langue d'oïl et pays de langue d'oc. » Et il les exhortait à « des études graves et fructueuses, nécessaires à vos départements... parce que vous éprouvez aujourd'hui des privations physiques et morales, qui rendent vos besoins individuels plus pressants et nombreux » [369].

Le Sud ne se laissera pas séduire par cet appel à l'industrie : ses populations, les dernières à rester paysannes, n'iront pas grossir les populations ouvrières du Nord (lesquelles seront largement composées d'immigrés). Et lorsque, finalement, très tard, ses campagnes se videront de leurs hommes, ce sera au profit du tertiaire, des services, des professions libérales, du fonctionnariat, pas ou peu de l'industrie. En somme, notre Midi aurait été, resterait aujourd'hui *culturellement* hostile à la condition ouvrière.

Dans ces conditions, au cours du XIXe siècle, le Nord, seul maître de la production industrielle française, aurait dû puissamment la développer. Or, comparée à celle du reste de l'Europe, sa croissance a été relativement faible (au moins jusqu'à des temps récents, jusqu'au lendemain de la dernière guerre). L'explication de Hervé Le Bras est politique. L'Etat, au siècle dernier, s'est inquiété des disparités Nord-Sud au point que « l'impératif industriel s'est effacé derrière l'impératif politique de l'unité ». L'investissement gouvernemental – c'est-à-dire la richesse du Nord – s'est porté sur le développement du Midi, grâce à une politique d'éducation homogène (lois Ferry), de communications ferroviaires, de quadrillage administratif, grâce aussi à un « immense effort de construction publique et privée qui a souvent été considéré par les économistes comme un détournement de l'investissement productif ». Ce serait l'explication principale d'une France « en queue de peloton pour son taux de croissance industrielle entre 1860 et 1914 ». « En tempérant le déchaînement des inégalités qui accompagnent le premier âge industriel, la France [aurait] limité sa croissance industrielle, mais réussi son unité politique. » [370]

IV

LE COMMERCE : UNE AVANCE CONSTANTE A L'ALLUMAGE

Si l'on s'en tenait à l'ampleur des études qui lui ont été et lui sont consacrées, le commerce serait en France, ailleurs aussi, la plus large de toutes les activités économiques. En fait, l'illusion ne résisterait pas aux chiffres dont nous disposons. En 1837, le baron Dupin calculait ce que nous appellerions le P.N.B. de la France de Louis-Philippe : l'agriculture, 6 milliards de francs ; l'industrie, 3 ; le commerce, 1,5 [371]. De tels chiffres remettent les choses en place. Toutefois, dans le progrès incessant qui soulève notre pays au XIXᵉ siècle, la part du commerce grandit plus vite que celle des deux secteurs qui le surclassent. Et même il n'y aurait pas de vitesse supérieure à la sienne, si la banque n'existait pas. Mais la banque, après tout, n'est-ce pas le commerce de l'argent ? Vers 1870, Léonce de Lavergne constate que la « prospérité publique [en France] s'est accrue depuis 1815... parfois avec de rapides et magnifiques élans. Le commerce extérieur a quintuplé, l'industrie a quadruplé ses produits et l'agriculture, moins agile par sa masse, a presque doublé les siens » [372]. Mais ce rythme de développement, plus rapide dans l'industrie que dans les activités rurales et dans le commerce que dans l'industrie, n'a rien de nouveau. Selon Pierre Chaunu, des dernières années du XVIIᵉ siècle jusqu'à 1800, le revenu de l'agriculture européenne aurait été multiplié par 1,5, celui de l'industrie par 3, celui du commerce au moins par 10, peut-être par 20 – une véritable explosion commerciale [373].

A cela sans doute bien des raisons. On pense à la loi de William Petty (1623-1687), le premier des « arithméticiens » anglais, à savoir que « l'on gagne plus par l'industrie que par l'agriculture et plus par le commerce que par l'industrie » [374]. Le profit joue évidemment son rôle. Et la division du travail n'est pas non plus aussi neutre que certains le laissent à penser : elle crée, distingue des niveaux, valorise ceux-ci, déprécie ceux-là. Peut-être même naît-elle, en vérité, du fait de la disparité des vitesses en présence. Et peut-être aussi y a-t-il une hiérarchie, une pesanteur du nombre : le monde paysan dépasse de loin le peuple des métiers et celui-ci est plus nombreux que l'ensemble des marchands et des gens à leur service ; cette dernière catégorie, à son tour, surpasse le monde relativement étroit des banquiers. Le progrès économique agirait en raison inverse des masses d'hommes qu'il met en cause.

En tout cas, le commerce va plus vite, il précède, il entraîne, il domine. Je l'ai dit longuement à propos du *Verlagssystem*. Je le redirai à la fin de ce long chapitre, quand je parlerai du capitalisme commercial ou, comme j'aime mieux dire, du capitalisme marchand. Je voudrais seulement, au passage, indiquer que l'industrie – elle d'abord, mais non pas elle toute seule – est sous l'impact commercial. Si elle est fille, dans ses avancées, des novations techniques qui sont autant de ruptures, de cassures et d'élans révolutionnaires, elle est non moins sous la dépendance des novations marchandes. Les exemples surabondent, qui sont autant de preuves indéniables.

Soit le cas de l'industrie du drap fin : elle s'installe, en France, au XVIIe siècle, parce que, avant même qu'elle ne débute, le drap fin a remplacé la soie dans l'ameublement, plus encore dans les vêtements de luxe. Le marché préexiste auquel les draps étrangers donnent satisfaction. C'est la récupération de ce marché, grâce aux merciers de Paris, qui rend possible le démarrage des manufactures de Sedan, d'Elbeuf, de Louviers... Autre exemple, autre preuve : les draps du Languedoc répondent au XVIIe siècle (et jusqu'à la Révolution) à l'ouverture du marché lointain du Levant, la liaison avec Smyrne et Constantinople s'établissant non par Sète (la création de Colbert en 1666), mais par le puissant relais de Marseille. Alors pas de surprise si, au fil des documents de la manufacture de Villeneuvette-en-Languedoc, surgissent les navires de Marseille et de Provence dont les noms de saints protecteurs s'égrènent comme des litanies : le *Saint Joseph* et le *Dauphin Couronné*, l'*Enfant Jésus*, le *Notre-Dame de Garons*, le *Notre-Dame de Bon Rencontre*, le *Notre-Dame de Grâce*, le *Saint Louis et Ville d'Alep*... J'ai déjà cité d'autres exemples : les toiles de Laval au XVIIIe siècle réclamées par l'Amérique espagnole ; les cordelats de Mazamet qui font fortune au Canada...

L'agriculture elle-même a besoin des faveurs de la marchandise. Que les échanges se précipitent dans la France du XVIIIe siècle, du coup, les diverses provinces se désenclavent et peuvent tendre vers des spécialisations avantageuses : la Haute-Provence est envahie par la vigne, d'autres provinces commencent à se dégager des contraintes céréalières pour miser sur l'élevage... Dès Catherine II, les autorités russes essaient de forcer les portes de l'Occident pour l'exportation de blé, de lin, de bois... A Marseille, l'activité d'un consul russe, Peschier [375] – au vrai un des négociants de la colonie suisse de la ville –, finit par amorcer l'exportation du blé ukrainien par les ports, entièrement à équiper, de la mer Noire, et s'il ne déclenche pas à lui seul l'énorme poussée du blé russe – en soi une novation – il y a travaillé... Le commerce est créateur, le commerce est magicien.

Les effectifs du commerce

Même dans un pays comme le nôtre où le développement commercial n'évoque les records ni des villes italiennes, ni de la Hollande, ni bientôt de l'Angleterre, ne pensons pas que ses activités soient trop discrètes. Ses acteurs sont nombreux, car il y a marchands et marchands : les grands (dits parfois marchands « grossiers », en gros, et, peu à peu, négociants) et tous les autres. Pour Turgot, le monde du commerce – et il a raison – va « depuis la revendeuse qui étale ses herbes au marché jusqu'à l'armateur de Nantes ou de Cadix ». Un document rouennais dit autrement : « Depuis le plus petit ouvrier jusqu'au plus fort marchand. » [376]

Le *secteur* commercial implique donc des centaines de métiers et de rôles. Au total toute une population. Au XIVe siècle, à Avignon et dans le Comtat Venaissin, de 2 à 5 % d'une société assurément privilégiée. En 1800, pour une France qui s'approche des 30 millions d'habitants, peut-être au total 1 500 000 personnes. Et, vers 1825, si le baron Dupin ne se trompe pas dans ses calculs, peut-être 10 % de notre population. Pourtant, en 1856, Jean-Claude Toutain compte seulement 1 900 000 personnes occupées dans les diverses branches commerciales. Il est vrai que sa statistique ne peut tenir compte que du commerce *établi* [377].

Au sommet, donc, quelques négociants, habitués aux séances de la Bourse. Au-dessous d'eux, des marchands moyens, plus nombreux, et les aides et services qui les entourent. Puis de petits marchands, *marchands de basse étoffe, marchands de moindre plumage* [378] ; enfin d'innombrables artisans boutiquiers, sans compter les modestes fournisseurs des marchés urbains.

Ainsi ces marchands de légumes ou de beurre ou de volailles, qui partent de la banlieue de Paris avant que le jour ne se lève, et, à moitié endormis, conduisent leurs cabriolets jusqu'à la grande ville. De même à Lyon, où en 1643, l'année où meurt Louis XIII, un voyageur raconte que « l'on [y] colporte tout ce qui est à vendre : les beignets, le fruit, les fagots, le charbon [de bois], les raisins de caisse, le céleri, le poisson, les pois cuits, les oranges, etc. La salade et les légumes verts sont promenés sur une charrette et criés. Pommes et poires sont vendues cuites. On vend les cerises à la balance à tant la livre... » [379]. A Caen, « le négoce [des] produits journaliers était aux mains d'une multitude de petits détaillants sans boutique (à l'exception des croquetiers-beurriers-potiers, corporation de très pauvres gens) ; ils s'installaient en tout temps au coin des rues et des places... Ces gens ne possédaient pas d'attelage et portaient tout leur fonds en deux ou trois paniers ; ...ils venaient à pied chaque matin des villages de ceinture » [380]. Est-ce le plan zéro des échanges ? On en doutera pour plus d'une raison. J'imagine que le plan zéro est une zone de trocs élémentaires, de services échangés : grain contre farine ; lait contre beurre ou fromage ou lard, et ainsi de suite. Nous en avons vu des exemples dans la petite ville de Saint-Antonin.

Faut-il placer au-dessus de ce niveau les marchands itinérants – les forains qui peuvent rouler voiture – ou les colporteurs ? Oui assurément pour les premiers, presque non pour les seconds.

En tout cas, il est hors de doute que la population à vocation marchande ne cesse de grossir, ce qui est logique avec l'augmentation de la population, des surplus agricoles, de la production industrielle et de l'activité des transports.

Sur cette augmentation *constante,* les témoignages abondent. Dès 1515, alors que s'achève le règne de Louis XII, Claude de Seyssel, évêque de Marseille, plus tard archevêque de Turin, écrivait : « Toutes gens se meslent de marchandise et pour un marchand que l'on trouvoit au temps du roi Louis XI [1461-1483] l'on en trouve en ce règne [celui de Louis XII, 1498-1515] plus de cinquante et ainsi en a par les petites villes plus grand nombre qu'il n'en souloit avoir par les grosses et principales cités. » [381] Témoignage valable, mais isolé. Au XVIIᵉ siècle, tout est plus clair : une épidémie gagne toutes les villes d'Europe, elles sont littéralement envahies par les boutiques. Regroupées selon leur spécialité, suivant des règles anciennes, les voilà qui s'alignent en double file, envahissant des rues entières. Telle la rue de la Ferronnerie que deux voyageurs hollandais découvrent à Paris, en décembre 1656, « à costé des charniers de saint Innocent [bien entendu *des* Saints-Innocents]... remarquable, disent-ils, en ce que presque tous les marchands de fer, de léton, de cuivre et de fer blanc y ont leurs boutiques » [382]...

Au XVIIIe siècle, l'expansion s'amplifie. En 1716, Pottier de la Hestroye, signale que « le commerce en détail ne se fait pas seulement par des marchands particuliers mais par des artisans mêmes, qui tiennent souvent boutiques, par eux ou leurs femmes, de marchandises qu'ils fabriquent. Ces marchands *en détail,* ajoute-t-il, doivent composer une des plus grandes parties du peuple » [383]. Ils ne vendent pas seulement leurs produits, mais les produits des autres.

Nouvelle progression au XIXe siècle, dès le retour à la paix qui suit la chute de Napoléon. A Limoges, en 1817, un témoin grincheux s'en offusque : « Une grande partie de nos concitoyens se sont adonnés au commerce, comme fournissant des bénéfices sans beaucoup de peine. Les commis, les domestiques, les journaliers ont ouvert boutique. Il y a aujourd'hui à Limoges [pour une dizaine de mille d'habitants] 25 drapiers, 76 épiciers, 97 merciers, 41 fabricants, 14 orfèvres, 18 quincaillers, 5 bureaux de voitures publiques, 23 cafés et 85 cabarets. » [384]

Des sondages analogues nous donnent quelques chiffres discutables trop souvent, par exemple pour Grenoble en 1725 [385] ou pour la Savoie vers 1789 [386]. Nous connaissons ainsi le pourcentage des chefs de famille vivant du commerce « sédentaire » dans un certain nombre de villes : Cluses, 12,5 % ; Thonon, 8,5 % ; Evian, 7 % ; Aix-les-Bains, 6,1 % ; Bonneville, 3,5 % ; Annecy, 15 % ; Chambéry, entre les 15 % d'Annecy et les 12 % de Grenoble. Mais qu'en conclure ? Que le commerce sédentaire est plus étoffé dans les villes importantes que dans les bourgs (plus ouverts souvent que les villes au commerce relayé par les foires) ? On s'en doutait. Mais on ne saurait calculer un pourcentage d'ensemble, villes, bourgs et villages, ni surtout à quelle allure se fait l'augmentation indéniable du secteur commercial.

Si, au début des explications que réclame l'histoire du commerce dans notre pays, j'insiste sur ces détails qui, à la réflexion, vont de soi, c'est qu'ils sont facilement oubliés par les statisticiens que fascine le spectacle du grand commerce international. Or cette superstructure, très importante sans doute, n'est qu'une portion *assez faible* de la réalité marchande. Le commerce intérieur est autrement volumineux, en poids et en valeur, que le grand négoce tourné avant tout vers le dehors.

Sur cette disproportion à l'échelle nationale, Maurice Block, un de nos premiers statisticiens, insistait en 1875 : « Le commerce intérieur, expliquait-il, dont on ne se forme pas généralement une idée très exacte, embrasse dans sa vaste sphère l'ensemble des transactions de toute nature qui interviennent entre les individus d'une même nation. Ces opérations dépassent de beaucoup celles du commerce extérieur, et l'on reste bien au-dessous de la vérité en disant qu'elles sont au moins décuples, peut-être vingtuples des secondes. On peut, au reste, se rendre facilement compte de la différence qui doit exister entre les deux commerces, en faisant remarquer que le commerce extérieur ne sert qu'à compléter les approvisionnements du pays, ou à écouler le superflu de la production. Que l'on songe, d'ailleurs, à l'énorme mouvement d'affaires qui a lieu, chaque année, entre les 36 millions d'habitants de la France ; que l'on considère qu'il n'est pas, pour ainsi dire, d'objet qui, avant d'arriver à la consommation, ne passe par trois ou quatre intermédiaires, et ne donne ainsi lieu à plusieurs opérations commerciales ; que l'on ajoute à ces achats et à ces ventes effectives, les opérations des banques et des institutions de crédit, qui sont les auxiliaires nécessaires du commerce, et l'on reconnaîtra qu'il n'y a rien d'excessif à attribuer une valeur d'au moins 35 ou 40 milliards au mouvement du commerce intérieur, soit plus d'un millier de francs en moyenne par tête. » [387]

Bien d'autres indices montrent cette puissance de la marchandise intérieure. Son rôle dans l'exportation. Son rôle pour la saisie des matières indispensables à l'industrie et à la vie de la nation. Non moins, à la date où se place Maurice Block, la montée des dimensions et des bénéfices des commerces du dedans. Même au temps de Voltaire, la précieuse boutique du Petit Dunkerque n'était pas négligeable. Mais, depuis le milieu du XIXᵉ siècle, l'heure est venue des grands magasins : Félix Potin, 1850 ; [388] Bon Marché, 1852 ; Louvre, 1855 ; Samaritaine, 1869... Certains commerçants « sédentaires » des grandes villes peuvent gagner alors autant que des négociants.

Mais revenons au chiffre de 35 à 40 milliards de commerce intérieur, avancés, dit l'auteur lui-même, sans aucun moyen de vérification possible. Aussi aventuré et discutable qu'il soit, il appelle peut-être des commentaires utiles. Notez tout d'abord qu'il tient compte, selon l'esprit de Turgot, des « transactions de toute nature », du colportage aux marchés, aux foires, aux boutiques. D'autre part, les mêmes marchandises changent dix fois pour une de mains, elles sont donc comptabilisées plusieurs fois, à la vente, à l'achat, à la revente, sans compter les opérations de crédit, les lettres de change et les billets à ordre, englobés eux aussi dans ce « mouvement du commerce intérieur ». Rien d'étonnant si l'on atteint un chiffre supérieur au total du produit physique de la France, qui est alors d'environ 25 milliards. Quant au commerce extérieur, importations et exportations, il se chiffre, en 1872, à 7,83 milliards seulement (non compris les réexportations, un peu moins du quart de ce total) [389].

8 milliards contre 35 : voilà des proportions qui rejoignent après tout les estimations de certains historiens anglais [390] pour qui le commerce intérieur de leur pays aurait été de quatre à cinq fois plus ample que l'extérieur. De là à en faire l'acteur principal du lancement de la Révolution industrielle, il n'y avait qu'un pas qu'ils ont franchi. Defoe ne vantait-il pas avant eux, pour l'Angleterre du XVIIIe siècle, le rôle multiplicateur d'une division des opérations commerciales entre de nombreux intermédiaires, dont les petits gains, formant finalement une grande masse, grossissent le marché national ?

Une multitude de très petits gains, c'est donc la caractéristique du commerce intérieur. Mais l'extérieur ? L'abbé Galiani a bien noté la différence entre les bénéfices médiocres et quotidiens de l'énorme commerce national du blé (partagé entre d'innombrables acteurs) et celui du négociant, qui ne se mêle de pareil trafic qu'en cas de pénurie, en spéculant sur les différences de prix internationaux. Ce bénéfice-là, sur de petites quantités certes, mais dans la main d'un seul importateur, peut être énorme : 300 % pour la firme des Ximenes, en 1591 [391].

Et c'est là qu'il faut placer la comparaison entre commerce du dedans et du dehors. Un article de Michel Morineau en donne une magnifique démonstration [392]. On sait qu'au XVIIIe siècle, d'après les états de la balance du commerce, « le trafic de la France avec ses colonies d'Amérique lui était largement défavorable, sauf de temps en temps, en période de guerre » [393]. Par exemple, en 1750, plus de 62 millions d'importations contre moins de 27 à l'exportation [394]. Or nul n'ignore que ce négoce, qui triplera, quadruplera au cours du XVIIIe siècle, est le nœud de la fortune grandissante de nos ports atlantiques. Ce paradoxe s'éclaire à la lumière d'un mémoire de 1729 sur la comptabilité très précise du voyage à Saint-Domingue, aller et retour, d'un navire armé à Bordeaux. La valeur des marchandises au départ est de 37 149 livres, le retour de 92 895, soit, selon les comptages de la balance du commerce, un déficit de 55 746 livres. Mais l'opération du négociant n'a rien de déficitaire. La cargaison d'aller (vin, eau-de-vie, farine, viande salée, beurre, chandelles, verrerie) doublera de prix et même davantage en se vendant, à Léogane, 81 678 livres. Le retour (indigo, sucre et cuirs tannés), acheté 78 603 livres, se revend à Bordeaux 92 895 livres. En tenant compte de toutes les dépenses du voyage, y compris l'amortissement du bateau, le bénéfice est de 35,6 %. Pourcentage qui doit valoir à peu près pour l'ensemble du commerce des Antilles, et qui est considérable pour des échanges *réguliers,* nullement spéculatifs. Vauban estimait le bénéfice marchand en moyenne à 10 % environ.

J'en arrive ainsi au problème qui me préoccupe. Non pas de chiffrer une comparaison entre commerce intérieur et extérieur – ce qui est hors de mes possibilités. Non pas de suivre ou de contredire les historiens anglais qui peuvent avoir raison quant au rôle moteur du commerce intérieur de leur pays dans la Révolution industrielle (auquel cas j'en arriverais à dire que le progrès du marché intérieur français a pu être la force essentielle de notre industrialisation). Ce qui me préoccupe c'est que, paradoxalement, dans l'élaboration du capitalisme qui anime, modèle, accapare cette progression et s'en nourrit, le commerce extérieur, tellement inférieur par sa masse, soit prioritaire, déterminant. Voilà qui demande une, voire des réponses. Et qui nous oblige à mettre les négociants en vedette.

Les négociants
et le commerce au loin

Les négociants se distinguent à coup sûr des autres marchands : ceux-ci tiennent boutique, le chaland pousse leur porte et formule sa demande ; les seconds possèdent des magasins où les marchandises s'entassent et ne sortaient autrefois que « sous la toile et la corde », et par grosses quantités. Au temps de Richelieu et de Louis XIII, Maillefer, marchand de Reims, se remémore ses apprentissages, tout d'abord chez « un marchand qui vendait en détails », puis successivement chez deux marchands « en magazin ». Ce fut chez le dernier « qui faisait le négoce d'Italie... que je vis les ouvertures de fort belles affaires et que je recogneue que le commerce en gros avait des chesnes et quelque chose de noble et d'atrayant qui ne se trouvoit pas dans le détail quy est sujet et attachant et dans lequel faut effectivement faire des defférences que le gros n'oblige pas » [395].

Mais, pour être négociant, il faut non seulement être riche, mais l'être aussi par sa famille, et éventuellement pouvoir compter sur elle. Quelle tentation, quel danger, quel recours ! l'argent se risque si vite et s'obstine à rentrer si lentement ! Tout bilan comporte des dettes *actives* mais aussi des dettes *irrécupérables.* A ce jeu toutes les « maisons » sont vulnérables. Aussi bien, à chaque instant, pour se lancer, emprunter, traverser une phase difficile, éviter le déshonneur de la faillite, la famille est là, protection indispensable. Ou bien d'autres marchands, grâce aux sociétés en commandite, plus tard aux sociétés par actions [396]. Comme s'il était impossible d'être isolé dans sa richesse.

Autre condition : n'est négociant, marchand de haut vol, que celui qui pratique le commerce au loin, dont les affaires sortent du royaume et vont vers les pays lointains. Commerce au loin, commerce par mer. La littérature ne s'y trompe pas : « Qu'il soit l'usurier du Marchand de Venise ou l'armateur de Monte Cristo, le banquier [le négociant], aux yeux de Balzac et d'Alexandre Dumas, attend toujours un bateau : son sort est lié à l'arrivée à bon port de la cargaison, messagère de la richesse. » [397] De riches cargaisons, de riches marchandises, ainsi le poivre, les épices, les drogues, qui firent des siècles durant la fortune insolite du Levant. Ainsi encore le précieux safran ; ainsi le sucre ; ainsi les tissus de luxe. « Une livre de safran coûtait [vers 1500] autant qu'un cheval. Une livre de sucre [venant alors de Chypre] autant que trois cochons de lait. » [398] Au XIIIe siècle, « 30 mètres de draps de Flandre vendus à Marseille [atteignaient] de deux à quatre fois le prix d'une esclave sarrasine » [399]. Voilà qui « nous laisse quelque peu perplexes sur les mentalités du temps, sur le prix de la vie humaine, et aussi sur l'extraordinaire valeur de telle pièce de draperie des Pays-Bas et sur le profit considérable qu'en pouvaient tirer *producteurs et négociants* » [400]. *Mutatis mutandis*, le « commerce des îles » au XVIIIe siècle, les échanges avec le continent américain, avec l'Extrême-Orient obéissent à des règles analogues.

Et puis il y a les coups de chance, les occasions qu'il faut savoir saisir. Que dire des Malouins qui, à la fin du XVIIe et au début du XVIIIe siècle, réussissent un temps à saisir à sa source le métal blanc – monnaie ou lingots – du Chili et du Pérou, au terme de leur interminable voyage à la mer du Sud ? Leurs profits atteignent jusqu'à 800 % [401]. Ou bien, vers 1784, de ces marchands qui parviennent à faire entrer dans les ports russes, de temps à autre, un gros navire chargé de marchandises de grand luxe ? Chaque fois, c'est introduire une charge explosive et tirer des Russes « des millions de roubles ». Le gouvernement du tsar, soucieux de protéger ses manufactures de création récente, s'évertuait à « interdire l'entrée de [ces] galanteries qui tomboient dans le luxe » [402], mais le risque valait apparemment la peine d'être couru.

Trafic périlleux aussi, l'armement négrier au XVIIIe siècle ; ses profits sont à la hauteur du risque : 300 % en 1782, dans des circonstances exceptionnelles, il est vrai, pendant la guerre d'Indépendance des Etats-Unis. Mais les bénéfices courants, au cours du siècle, sont de 50, 63, 80 % [403]. Sans doute est-ce « un commerce chanceux et scabreux » comme disait l'armateur nantais Deguer en 1763 et qui peut se solder par des déficits, ne serait-ce qu'à cause des nombreux captifs qui meurent pendant la traversée [404]. Mais comme il est pratiqué en même temps que le commerce des denrées coloniales qui, lui, est sûr, c'est un risque régulièrement assumé. Tous les ports de l'Atlantique, de Dunkerque à Bayonne, y ont largement pris part [405].

Il y a longtemps que les historiens allemands ont mis en lumière la primauté dans les échanges du *Fernhandel* (le commerce au loin) et des *Fernhändler* (les marchands au loin). Vérité ultra-connue : les contemporains savent que les profits sont d'ordinaire plus considérables « quand les négoces et trafiques se font aux pays éloignez et par le moyen de la navigation » [406]. Le père Mathias de Saint-Jean, le curieux et précoce adversaire des Hollandais, affirmait (1646) « que le commerce des marchandises étrangères est toujours le meilleur et le plus grand profit » [407].

Au XVIIIᵉ siècle, on lui reconnaît un autre avantage, rendre la bourgeoisie commerçante « indépendante du Roi » [408]. Libre en somme. Tandis que le commerce extérieur reste sous l'œil sourcilleux des autorités locales qui veulent ou croient tout décider, le commerce étranger franchit les frontières : le port une fois quitté, le capitaine (et donc le marchand) est maître à bord. On laisse le roi de France derrière soi. Le Conseil du commerce ne s'y trompe pas. « La partie la plus considérable du commerce et qui demande plus d'attention, explique-t-il, est celle qui se fait au dehors. Celuy du dedans est sous les yeux du gouvernement et l'on peut d'un jour à l'autre donner les ordres convenables pour le rectifier... ».

Nous voilà à nouveau avec la comparaison commerce extérieur, commerce intérieur. Pour le Conseil, pas d'hésitation : le dehors l'emporte sur le dedans. De même pour Maurepas, secrétaire d'Etat à la Marine, qui écrit dans son rapport à Louis XV du 3 octobre 1730 : « Le commerce extérieur fait venir l'or et l'argent dans votre roïaume et donne le mouvement au commerce intérieur qui ne peut bien aller qu'autant que ce premier se fait à l'avantage de vos sujets. » [409] Quant à le surveiller efficacement, c'est une autre affaire. Le Conseil du commerce, dans le document cité plus haut, note qu'il « n'a point entendu parler depuis près d'un an de ce qui se fait aux Echelles du Levant. Il en est de même des ports de l'Espagne. Nous ignorons sur quel pied le commerce y est présentement » [410].

Cette liberté expliquerait-elle que parfois les trafics du dehors s'établissent plus facilement que ceux du dedans, comme le constate l'économiste anglais K. Berill dans les pays sous-développés du XXᵉ siècle [411] ? « Le commerce international, dit-il, y est souvent moins coûteux et plus facile à exercer que le commerce intérieur ; la spécialisation entre pays souvent bien plus aisée que celle entre les régions d'un même pays. » On se demandera alors si, historiquement, étant plus facile à mettre en place, le commerce extérieur a pu précéder celui du dedans et, pour le moins *à ses débuts,* en excéder le volume, contrairement au schéma que je viens de présenter. C'est ce qu'affirme sans ambages un historien, Marcello Carmagnani, dans le cas du Chili encore au début de sa croissance, entre 1680 et 1820 : « Les valeurs du commerce extérieur, écrit-il, y sont beaucoup plus élevées que celles des autres secteurs » [412], celles du commerce intérieur. En est-il de même pour les autres régions d'Amérique en route vers leur européanité ? Et dans ce cas, la vieille Europe aurait-elle pu, au tout début de son économie, ne pas avoir respecté les règles que nous apercevons pour *toute économie arrivée à une certaine maturité ?*

Mais cette hypothèse nous mène loin du problème primordial, à savoir pourquoi et dans quelle mesure le commerce au loin a été générateur de gros profits, d'accumulations au-dessus de la norme, d'où est sorti en droite ligne le capitalisme. Démonstration nécessaire car, durant ces vingt ou trente dernières années, les historiens, surtout en France, ont préféré les réalités collectives aux prouesses des élites. Le poivre, les épices et les aventures d'outre-mer ont connu, à ce jeu, une certaine disgrâce [413].

Voilà qui risque de fausser les perspectives, comme le prouve une controverse, à la soutenance de la grande thèse de Vitorino Magalhães Godinho, à la Sorbonne. Ce fut l'occasion pour Ernest Labrousse de poser la question : au Portugal, où le roi est le marchand par excellence du poivre et des épices, ce commerce de luxe l'emporte-t-il, ou non, en volume et en valeur, sur le commerce du blé dans l'étroit royaume ? Non, de toute évidence. Mais cette réponse négative ne tranche rien. En effet, le commerce du blé, sauf exception [414], se fait par des milliers de mains, nous l'avons dit. Si bénéfices il y a, ils se dispersent par sommes menues, se perdent dans les abîmes de la vie quotidienne. Au contraire, tout commerce lointain sur des marchandises précieuses aboutit, en Europe, à un partage des profits entre quelques marchands seulement, qu'ils soient à Venise, à Gênes, à Marseille, ou, plus tard, à Amsterdam. Ce qu'a bien vu Paul Adam [415]. « En face d'un commerce atomisé en amont, c'est-à-dire en Orient, aussi bien qu'en *aval,* c'est-à-dire en Europe occidentale, les cités de Méditerranée [au temps de la prospérité de la mer Intérieure] disposent d'un "goulot d'étranglement". Un petit nombre de marchands y contrôlent le commerce, le réunissent dans leurs mains. » C'est la *supériorité de position,* une condition *sine qua non* pour que le faisceau des lignes de commerce se réduise à une confluence et, au-delà, diverge à nouveau. Prenez le cas banal des marchands d'étamines du Mans, au début du XVIIIe siècle. A cette époque, ils n'ont pas encore établi de rapports directs avec les marchés étrangers où aboutit une grosse partie de ces belles étoffes de laine légère. Ils les vendent en quantité dans les grandes foires de Paris, Rouen, Lyon, Bordeaux, Limoges, Tours..., par l'intermédiaire de « marchands forains ». Ils ne s'y rendent pas en personne, pas même à la foire proche de Guibray, près de Caen. Ne dominent-ils pas la situation ? En se réservant la teinture et la finition des étoffes, ils sont en mesure de rassembler dans leurs mains toute la marchandise au sortir de la production, ce qui leur donne la possibilité de fixer les prix vers l'amont et de solides arguments pour les fixer vers l'aval. On dit à cette époque, vers 1710, « la liberté de mettre le prix à sa marchandise est l'âme du commerce » [416]. Cette liberté sera plus grande encore pour les quelques négociants manceaux qui, à partir de 1720, installeront des correspondants à demeure en Italie, en Espagne, au Portugal, à portée des marchés coloniaux d'Amérique. Vers 1740, ils ne sont qu'une douzaine à monopoliser ce trafic international [417].

Le petit nombre des gagnants

Le commerçant ne réussit pas, ai-je besoin de le dire, tous les coups qu'il tente. Mais il a le privilège d'appartenir à un groupe étroit. Le jeu n'est pas vraiment ouvert à tous les risqueurs. S'ils s'y aventurent – comme il leur arrive par beau temps économique – dès que la conjoncture se brouille, ils ont des chances d'être emportés par la première petite tempête. Le négociant est celui qui résiste au mauvais temps.

D'ordinaire, répétons-le, les négociants, à Venise ou à Lisbonne, à Cadix ou à Amsterdam ou à Londres, sont relativement peu nombreux et ils se connaissent tous sur une même place. En France, encore au début du XVIIIᵉ siècle, ils sont même *anormalement* peu nombreux. A Cadix où aboutit le métal blanc d'Amérique, et où, grâce à une contrebande de tous les jours, se maintient la place marchande la plus importante et la plus sophistiquée d'Europe, il n'y a, en 1703 [418], que 26 marchands français, tous commissionnaires, ne travaillant pas pour leur propre compte. Parmi eux, aucun négociant, pas un seul super-marchand.

En 1704, une année plus tard, Pottier de la Hestroye, qui sera plus tard le contradicteur de la *Dîme royale* de Vauban, porte un jugement pessimiste sur la France entière. « Il y a peu de marchands [en France], écrit-il, qui fassent le commerce pour eux mesmes. »[419] Ou parce qu'ils ne sont pas assez hardis, ou parce qu'ils ne sont pas assez riches pour l'entreprendre, la plupart se sont « bornés à estre les commissionnaires des Anglais et des Hollandais, particulièrement de ces derniers, ce qui, loin d'enrichir la France, n'a servi qu'à l'appauvrir... [Car] ce ne sont point des commissionnaires des estrangers qu'il nous faut en France, qui attachés au vil profit d'une commission, sont uniquement appliqués à celui des estrangers et s'embarrassent peu de celuy de l'Etat..., il nous faut de véritables marchands qui négocient pour leur propre compte. »[420] Cette infériorité qui ne date pas des premières années du XVIIIe siècle est un lourd héritage. Dans la division internationale du travail, la France, mal placée, n'occupe pas la position dominante et, forcément, en paie les conséquences. Jusqu'à l'époque de Mazarin, les marchands italiens ont fait la loi dans le royaume, soit à Lyon, soit à Paris. Ensuite, les Hollandais ont saisi la France par sa façade la plus vivante, sur la mer du Nord, la Manche et l'Atlantique, de Dunkerque à Bayonne. Colbert ne s'en débarrassera pas. Et c'est en les voyant à l'œuvre que Jacques Savary, l'auteur du *Parfait Négociant* (1675), s'exclame que les marchands français devraient bien « considérer que la grandeur de l'Etat et de leur fortune, et le moyen de s'enrichir, est de faire le commerce par les voiages de long cours »[421]. Preuve que ce commerce-là n'est pas encore largement pratiqué.

Il n'y aura d'amélioration sensible qu'à l'époque du Système de Law, s'il faut en croire Jacques Marie Montaran (1701-1782), maître des Requêtes et intendant du commerce à partir de 1744, à qui ses fonctions confèrent une certaine autorité en la matière. En 1753, il aura fait une étrange déclaration : « La paix a fait fructifier ces anciens germes... Jusqu'à l'époque de 1720, on n'avait vu que des marchands en France ; le commerce devenu plus actif a fait des négociants. »[422] Serait-ce grâce aux pratiques étrangères que découvrent aux Français leurs captures de vaisseaux marchands ennemis, durant la longue guerre de Succession d'Espagne ? Ou grâce aux secousses du système de Law ? Ou à l'amorce du commerce des îles d'Amérique qui va faire de Bordeaux, cité jusque-là un peu endormie, une ville marchande de premier ordre ? Ou bien Montaran se leurre-t-il, et, sans le savoir, nous trompe-t-il ?

LES SUPERSTRUCTURES DE L'ÉCONOMIE

L'essor urbain au XVIIIᵉ siècle. Construction de l'hôtel de Salm. Anonyme. Paris, Carnavalet.
(Cliché Lauros-Giraudon.)

La qualité et l'entretien des chemins, souvent pour raisons militaires, sont une des conditions de la bonne "circulation". Détail d'un panneau de Le Conte : *1646 : Dunkerque et Furnes.* Chantilly, Musée Condé. (Cliché Lauros-Giraudon.)

Image du commerce de luxe. Par Bosio, *Galerie de bois au Palais-Royal,* 1798. Paris, Musée Marmottan.
(Cliché Lauros-Giraudon.)

L'activité des villes : le port de Dieppe,
vers 1860. (Cliché Bulloz) ; et les convois
de wagons du chemin de fer
de Saint-Etienne à Lyon au milieu
du XIXe siècle. Bibliothèque Nationale.
(Clichés Giraudon.)

L'Usine de gaz de Courcelles, par Delahaye, 1884. Paris, Musée du Petit-Palais. (Cliché Lauros-Giraudon.)

Etude pour les constructeurs, de F. Léger, 1950, Paris, Galerie Louise Leiris. (Cliché Giraudon.)

Car il y a tout de même eu en France, avant 1720, des négociants, par exemple les armateurs de Saint-Malo. Et de richissimes hommes d'affaires, tels Samuel Bernard ou Antoine Crozat, marquis du Châtel (je reviendrai sur leur rôle). On aperçoit aussi, à Paris d'importants marchands grossistes, par exemple à travers le conflit qui oppose les merciers et les drapiers, à la fin du XVIIᵉ siècle. Les merciers, qui ont le privilège de pouvoir toucher à tous les négoces à condition de ne pas fabriquer eux-mêmes, sont peut-être à cette époque 2 000. Les plus puissants d'entre eux font du commerce d'exportation. Les drapiers, marchands de draps spécialisés, sont une quarantaine seulement. Or, un petit groupe, une élite de marchands merciers, s'est lancé dans le financement des industries nouvelles de drap fin, en plein développement, et il profite de cette situation acquise et de ses solides positions commerciales pour dominer à la fois le gros marché parisien – le premier marché de France – et les réexpéditions vers l'étranger. Les plaintes des marchands drapiers seront prises apparemment en considération. En 1687, un arrêt du Conseil d'Etat confirmait leur privilège : à eux le droit exclusif de vendre des draps à Paris. Mais la possibilité était ouverte aux marchands merciers qui le désireraient de « rejoindre sans charges le corps de la draperie. C'est ainsi qu'en octobre 1687, soixante-dix merciers choisirent cette option, parmi lesquels Jacques Cadeau, Rieulle de Lamothe, Denis Rousseau, François Celière, François Mignot, Gilbert Paignon ». Rien n'avait changé, en vérité. « Pendant une cinquantaine d'années au moins, l'essentiel de l'industrie du drap fin en France fut contrôlée par un petit groupe de négociants parisiens, tous installés en un quadrilatère étroit entre les Halles et le Châtelet. » [423]

A la même époque, autour de la rue Saint-Denis, ce sont aussi de vrais négociants que ces marchands dont nous avons parlé, qui, de la capitale, organisent en Ile-de-France la fabrication de précieuses dentelles de soie et d'or, destinées pour la plus large part au marché extérieur, de Hambourg et Varsovie à Vienne et Nuremberg, de Copenhague et Stockholm jusqu'à Madrid et Lisbonne, de Séville jusqu'à l'Amérique espagnole...

Donc ne croyons pas les yeux fermés ou Pottier de la Hestroye, ou Jacques Marie Montaran : la France, bien que moins travaillée par la concentration capitaliste que ses grands voisins, n'a pas échappé à la centralisation du capital, sans quoi le jeu de ces négociants n'eût pas été possible. Il est vrai qu'ils sont assez mal connus à Paris où ils restent dans les ombres d'une histoire encore mal prospectée. Mais, dans les ports qui s'activent au XVIIIe siècle, un négoce d'une croissante envergure se reconnaît sans difficulté.

Le témoignage des grands commerces

Il suffira pour s'en convaincre d'une analyse de trois grands commerces, choisis à titre d'exemples.

Je me placerai d'abord à Marseille pour montrer quel a été, pour la France, le classique commerce du Levant ; puis à Saint-Malo, entre 1702 et 1723 pour mettre en lumière ses liaisons avec l'Amérique espagnole ; et je terminerai par un voyage de reconnaissance à Bordeaux pour avoir une idée de ce que fut le brillantissime commerce des îles, un peu plus qu'un feu de paille, mais tout de même un épisode.

Je mettrai ainsi en cause, sur de grands exemples, des processus analogues : des cycles qui commencent, s'épanouissent, retombent. A jurer que la loi de William Hoffmann, valable pour les flux et reflux industriels, s'appliquerait aussi aux cycles commerciaux. Sont-ils plus persistants ou plus éphémères ? L'histoire d'actions volontaires risque de nous rejeter dans le temps court. Mais c'est avant tout le rôle des capitalistes qui nous préoccupera...

Le commerce du Levant correspond à un très vieux faisceau d'échanges. Il a existé depuis toujours à travers les pays qui vont de la Syrie au golfe Persique et à l'Iran, ou par-dessus le bloc étroit du Mont Sinaï, joignant d'un côté les économies et civilisations d'Occident, de l'autre les lointaines civilisations et économies d'Extrême-Orient. Sont aussi mises à contribution les commodités de transit de la mer Noire (l'ancien Pont-Euxin), de la mer Rouge et du vaste océan Indien. Rome aura ainsi découvert, à travers le Levant, le poivre, les épices, la soie, les drogues... Sans aucun doute, les premiers siècles du Moyen Age ont vu régresser les échanges méditerranéens. Ce ralentissement, sans devenir total, s'accentue avec les conquêtes islamiques : sur la mer quasi abandonnée, navires chrétiens et musulmans ne naviguent plus guère.

Mais l'Europe se ranime au XIe siècle. Avec les croisades, les villes italiennes forcent les portes du Levant : le poivre, les épices, la soie, les drogues reprennent le chemin du Ponant. L'Europe répète Rome, en amplifiant son exemple. Car plus que Rome, elle aura eu la passion du poivre et des épices.

Marseille participe très tôt au commerce de ces précieuses denrées, comme Montpellier, ou Narbonne... Longtemps cependant le poivre y restera rare [424], « à peu près comme l'or et l'argent, puisqu'il constitue une monnaie d'échange et que nombre de taxes [y] sont payées en poivre ». En fait Marseille n'est qu'un pauvre invité à ces réjouissances. Le commerce du Levant, que se disputent à présent les cités d'Italie, a été, par elles, dérobé aux concurrents de moindre poids. Elles ne leur céderont que bousculées, contraintes, ainsi au XVe siècle devant la violence des Catalans.

Quant à Marseille, qui ne relèvera du roi de France qu'en 1482, ce n'est pas tant la France qui l'intronisera dans le concert des villes privilégiées, c'est bel et bien le Turc. Celui-ci, nouveau venu sur la scène du Levant, a bousculé le jeu ancien et procédé, sans le savoir ou le vouloir, à un *new deal.* Son premier triomphe, la conquête de Constantinople, en 1453, et plus encore l'occupation rapide de la Syrie (1515) et de l'Egypte (1516) ont tout changé. L'Empire ottoman tient les portes du Levant. Les fermer, impossible : c'eût été pour lui renoncer à des revenus importants. Mais il a traité cavalièrement les anciens maîtres et accueilli leurs rivaux. En 1530, se fondait sans doute le premier établissement marseillais à Istanbul. Et François Ier allait s'allier au Sultan, en 1535, pour le plus grand scandale de la Chrétienté.

Restait un obstacle et de taille : Venise et ses colonies de marchands, à Istanbul, à Alep, à Alexandrie. Seul le déclin lent de la Seigneurie de Saint-Marc, en raison de ses conflits avec les Turcs, a finalement facilité la montée de Marseille. Deux ans seulement après l'éclatante victoire de Lépante, où elle avait pris une telle part, Venise capitulait devant le Grand Seigneur, à la paix de 1573. Marseille qui, durant le conflit (1569-1573), avait déjà marqué de réels succès, triompha immédiatement : à partir de 1573, au nom de la ville et du roi de France, des consulats étaient créés qui, peu à peu, s'installèrent dans les différentes « échelles ». Les premières capitulations furent signées en 1597, avec le sultan Mahomet III ; l'ambassadeur du Très Chrétien, le comte de Brèves, signait les secondes, en 1604 ; le marquis de Nointel les troisièmes, qui consolidèrent la position marseillaise en 1673, cette fois sous le sultanat de Mahomet IV [425].

Les Marseillais arrivaient au bon moment, le moment précisément où le Levant voyait peu à peu revenir à lui épices et poivre. Surpris, en effet, par les découvertes portugaises – le cap de Bonne-Espérance a été tourné par Vasco de Gama, en 1498 – une grosse partie du poivre et des épices asiatiques s'était reportée vers l'Atlantique, au bénéfice de Lisbonne et, presque aussitôt, d'Anvers. Le prestigieux commerce se rétablit pourtant en Méditerranée à partir des années 1570, par suite de l'arrivée de l'argent espagnol qui circule alors massivement par les routes de Méditerranée, vers Gênes [426]. Les échanges reprennent à peu près sur les bases anciennes : l'Asie offre des productions végétales, épices, poivre, produits tinctoriaux, soude, drogues, balles de soie, coton en laine... Elle livre aussi – exception confirmant la règle – des toiles de coton, analogues à celles de l'Inde, fabriquées surtout autour d'Alep. L'Europe offre en échange des textiles de qualité et des pièces d'argent que l'Orient refond pour frapper ses propres monnaies. Donc *nature* d'un côté, *industrie* de l'autre... Avec la fortune de Marseille grandiront jusqu'au XVIIIe siècle les manufactures de draps du Languedoc.

Il est vrai que cette reprise du commerce du Levant en Méditerranée attire les Anglais, à partir de 1579, les Hollandais à partir de 1612 – les uns et les autres concurrents actifs, belliqueux, pirates à l'occasion. Toutefois, dans le Levant, il y a place pour tous les marchands d'Occident.

A Marseille, des capitaux extérieurs à la ville s'investissent, venus de Montpellier, de Lyon, de Gênes, même de Paris. Le port se remplit de navires, de marchandises, lesquelles se redistribuent à la fois vers les villes de Méditerranée et, en remontant la vallée du Rhône, jusqu'à Lyon. Rien d'étonnant à ce que l'importation des produits du Levant se concentre, dès 1563 et sans doute plus tôt, entre les mains « d'une douzaine de gros marchands... [En 1578] les plus connus, Ascanio Roncalhe, Pierre Albertas, Martin et Jean Covet totalisent, à eux seuls un roulement de 50 000 écus. Ils utilisent pour Tripoli [de Syrie] 3 galions et 2 barques ; pour Alexandrie [d'Egypte] 2 galions et 6 barques, pour [l'île de] Chio une barque, au total 14 embarcations » [427]. Cette prospérité se poursuit, au XVIIe siècle, jusqu'au voisinage des années 1650. En 1614, sur 585 départs de navires à partir de Marseille, 67 sont à destination du Levant, « dont 48 vaisseaux, 2 polacres, 2 galions, 15 barques ». Alexandrie en reçoit 26, la Syrie 26 également, les pays « grecs » (Chio, Constantinople, Smyrne, Zante) 15... En 1618, 23 départs pour la Syrie, 7 pour l'Egypte, 10 pour les pays grecs...

D'une année sur l'autre, malgré les variations qui surgissent, la liaison se maintient *prioritaire*. Des centaines de navires sortent de Marseille et y reviennent chaque année, des dizaines seulement font route vers l'est, souvent à vide, avec quelques sacs de pièces espagnoles de huit réaux, mais ils s'en reviennent avec des cargaisons riches, qui maintiennent le Levant en tête des affaires et des bénéfices. Une fois de plus, l'essentiel du trafic aboutit à quelques maisons de négociants plus importantes que les autres [428].

Vers 1650, un peu plus tôt, un peu plus tard, le commerce du Levant va changer. Ni le poivre ni les autres épices n'en ont disparu – Jacques Savary les signale encore au Caire, en 1712 [429], mais c'est une présence dès lors discrète. Presque rien, bientôt, à côté du café qui, en Egypte, transite vers la Méditerranée, de la soie, de la laine, des cuirs et surtout du coton, brut ou filé. Le passage du cap de Bonne-Espérance, au compte de Vasco de Gama, avait été renouvelé en effet, un siècle plus tard, à partir de 1595, par les Hollandais qui monopolisèrent bientôt, dans l'Insulinde, le commerce des épices *fines*.

L'Atlantique, une nouvelle fois, et avec une vigueur accrue, court-circuitait le Levant et la mer Intérieure. Plus grave encore, l'Europe renonçait, plus ou moins vite selon les pays, mais renonçait au goût violent, qui l'avait travaillée plus d'un demi-millénaire durant, pour la consommation des épices. Est-ce, comme le pensait Franco Borlandi, parce que l'homme d'Occident, mangeur de viandes qui se conservaient mal, avait voulu, en les assaisonnant fortement, masquer leur mauvais goût éventuel ? En tout cas, un cycle d'échanges très ancien se termine, pour le moins s'épuise.

Cependant, un autre cycle commence. L'Empire turc, ouvert de plus en plus au commerce des Chrétiens, est, de plus en plus, pénétré, comme colonisé par eux. La déchéance de « l'homme malade » commence, alors que sur les champs de bataille ses armées, sinon ses flottes, font encore belle figure. Le sort de l'Empire turc, dévoré vivant, n'est pas sans évoquer le dépeçage à belles dents de l'Empire byzantin par Venise, jadis, au temps des croisades. Signe des temps, les épices, le sucre et le café des îles, après 1750, circulent de plus en plus largement de l'Atlantique vers le Levant [430]. Le mouvement de jadis s'est inversé.

Marseille a participé à cette curée : chaque année, elle expédie dans l'Empire turc de grosses quantités de piastres, énorme *forcing*, et des draps. Même quand elle sera devenue, au XVIIIe siècle, un port « mondial », lié à l'Inde, à la Chine, à l'Afrique Noire, à l'Amérique, le commerce du Levant restera au premier rang de ses profits. Chemin faisant, la ville aura multiplié ses points d'exploitation. Elle s'installe à Cavalla en bordure de la côte thrace ; à Salonique, qui, au XVIIIe siècle, est en plein essor ; dans l'Archipel, sur les côtes d'Albanie, à Chypre, à La Canée dans l'île de Candie, à Modon en Morée ; à Smyrne enfin, vieille et vivante escale, où s'est transféré le centre du commerce du Levant qui, ainsi, s'est déplacé vers le nord, peut-être pour se rapprocher du cœur de l'Empire ? Marseille s'est emparé aussi de ce qu'on appelle *la caravane*, c'est-à-dire le cabotage des côtes turques de Méditerranée qui lui revient en entier lorsque Venise en est écartée par ses guerres fréquentes avec le Grand Seigneur. Ce cabotage aidant, Marseille jettera, en Orient, jusqu'à une centaine de voiliers. Elle accomplira ce que les navires hollandais réussissaient, au XVIIe siècle, dans d'autres conditions évidemment, sur nos côtes de la Manche et de l'Atlantique, une sorte de blocus maritime. Les marchands français ont même établi des liaisons, par lettres de change, entre les échelles et Constantinople, les pachas eux-mêmes y ont recours pour envoyer le surplus de leurs caisses au « miri », le trésor du sultan. Ils évitent ainsi les aléas, pour l'argent, des routes de terre et de mer, mais le service de ces lettres n'est évidemment pas gratuit. Imaginez une compagnie anglaise établissant, hier, les lignes téléphoniques d'un pays de l'Amérique latine, l'exploitation des lignes lui restant acquise.

Toutefois, les marchands, ou mieux les négociants marseillais ne gagnent plus personnellement les échelles, comme ils le faisaient jadis. Des « commissionnaires » les représentent sur place qui travaillent à la commission – celle-ci atteignant jusqu'à 60%, ce qui est exorbitant et « fait un bénéfice assez considérable qui leur donne le moyen de subsister et de faire même des épargnes, dont après avoir demeuré quelque temps dans le Levant, ils vont jouir en France... [Ce qui] a été le fondement de plusieurs bonnes maisons à Marseille » [431].

Si Marseille ne réussit plus, à la fin du XVIIIe siècle, à placer dans les souks autant de balles de draps languedociens, c'est que le pays turc s'épuise, s'appauvrit. Tant pis pour un Languedoc brusquement jeté dans une crise sévère. Quant à Marseille, la ville se tire d'affaire en expédiant davantage de monnaies d'argent, de préférence des thalers à l'effigie de Marie-Thérèse, frappés à l'Hôtel des Monnaies de Milan.

L'exemple de Saint-Malo est un bon choix pour comprendre le commerce français en direction de l'Amérique espagnole sans intermédiaire, on disait « à longueur de pique » : de 1698 à 1724, ses navires ont fréquenté de façon plus ou moins illicite les ports de la Nouvelle Espagne – spécialement la Vera Cruz – et surtout les ports et les baies du Chili et du Pérou, sur la lointaine mer du Sud. Même étendu entre ces dates extrêmes [432], ce « feu d'artifice » n'aura, au plus, duré qu'un quart de siècle. En vérité, il ne s'est agi que d'un épisode.

Le vrai problème, derrière cette aventure, c'est le cycle général du métal blanc du Nouveau Monde qui, par l'Atlantique, arrive en Espagne à partir de 1503, soit une dizaine d'années après le premier voyage de Colomb à Séville : l'argent, importé, a été aussitôt saisi par les avides économies européennes et même asiatiques ; une part notable des métaux précieux, en effet, gagne régulièrement l'Inde et la Chine. Le Pacifique lui-même a été traversé d'est en ouest à la fin du XVIIe siècle, l'argent de la Nouvelle Espagne et du Pérou étant dirigé vers la Chine par le relais des Philippines, découvertes par les Espagnols, en 1543, et où Manille avait été fondée en 1571.

A l'occasion de ce vaste processus, une règle presque sans exception a joué. Pas plus que les émirs du Golfe (dont parle si souvent la presse d'aujourd'hui) ne conservent leur pétrole, mais l'échangent, les Espagnols, hier, n'ont pu se réserver à eux seuls le métal d'Amérique. L'argent, devenu marchandise, s'est échangé contre d'autres marchandises nécessaires : le blé, le bois, les madriers, les textiles (toiles et draps), la quincaillerie... Cadix, tête de pont des trafics américains au XVIIe siècle, a été remplie par une prodigieuse « quantité de marchandises de toute sorte de fabrique, de France, Angleterre, Flandres, Hollande, Hambourg et Italie... » [433]. Toute l'Europe s'y presse pour proposer ses produits, dans la mesure où l'Europe est condamnée, pour son équilibre, à assurer coûte que coûte son ravitaillement en métal blanc. Ont joué donc dans cette redistribution les obligations de

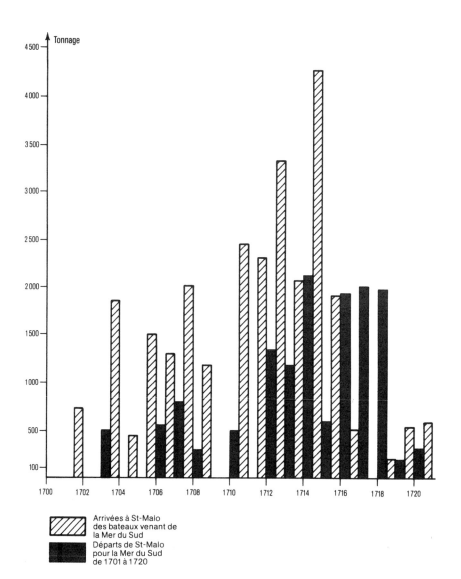

Arrivées à St-Malo
des bateaux venant de
la Mer du Sud

Départs de St-Malo
pour la Mer du Sud
de 1701 à 1720

LE CYCLE COURT DU TRAFIC DE SAINT-MALO
AVEC LA MER DU SUD.

I. Arrivées à Saint-Malo des bateaux venant de la mer du Sud.

II. Départs de Saint-Malo pour la mer du Sud de 1701 à 1720.

Ce qui compte, ce sont les départs – puisque tous les bateaux sont rentrés en France mais ont été désarmés, parfois, au retour dans d'autres ports. Par exemple, le gros arrivage de 1709 ne figure pas sur la carte, le déchargement ayant eu lieu à Auray.

(Source : Jean Delumeau et coll., *Le Mouvement du port de Saint-Malo, 1681-1720*, 1966.)

la balance commerciale, et aussi les exigences de l'empire que l'Espagne doit défendre hors de chez elle, sur la scène étroite des Pays-Bas. Ceux-ci, révoltés contre le Roi Catholique, ont entraîné l'envoi, avec le duc d'Albe (août 1567), de troupes d'intervention – des troupes qui y camperont jusqu'en 1714. Soit plus de deux siècles de coûteuses dépenses militaires.

Enfin, dès les débuts de la *Carrera* [434], la fraude s'est manifestée, inlassable, au long des interminables littoraux de l'Amérique espagnole et, particulièrement, dans la mer aux multiples carrefours des Caraïbes. Elle sévit aussi, hypocrite et efficace, au point d'arrivée, à Séville, premier port obligé des retours d'Amérique, plus encore à Cadix qui l'a remplacée dans ce rôle au XVIIᵉ siècle. A Séville, dans le port fluvial du Guadalquivir, en aval du pont de Triana, le contrôle pouvait être relativement efficace. Dans la vaste baie ouverte de Cadix, la contrebande s'est installée chez elle.

Saint-Malo a participé très tôt à ces détournements de l'argent américain. D'autant plus naturellement que ses marins étaient depuis longtemps bien introduits dans la péninsule Ibérique. Au XVᵉ siècle, n'ont-ils pas été dénommés les « rouliers des mers » commerçant et piratant sur toute la côte de l'Atlantique, du nord au sud et jusqu'à Madère [435] ? Au XVIᵉ siècle, les « barques » de Bretagne apportent à Lisbonne du blé qui se paie en pièces d'or, à Séville du blé encore, qui se vend contre monnaie d'argent. En 1570, les Malouins gagnent la Méditerranée, fréquentent Civita Vecchia pour y charger l'alun pontifical des mines de Tolfa. Plus tard, quand la demande américaine se développe, ils apportent à Séville, puis à Cadix, d'énormes quantités de toiles bretonnes réexpédiées ensuite vers le Nouveau Monde. C'est à la même époque que Saint-Malo, spécialisé depuis un bon demi-siècle dans les pêcheries de Terre Neuve, se lance dans le transport des morues séchées ou salées vers l'Espagne, Marseille, Gênes. En échange, ses navires remportent vers le nord des monnaies ou des lingots d'argent [436]. Enfin, les portes de l'Espagne ont été plus que largement ouvertes au commerce français – et par suite aux Malouins – par le traité des Pyrénées (1659), la victoire politique de Mazarin se doublant d'une victoire économique.

Le jeu des Malouins, fondé sur un triple circuit : toiles, morues, argent, a pris alors une intensité nouvelle dans la Péninsule. La correspondance des consuls français de Cadix donne sur leurs allées et venues des renseignements surabondants. Ainsi, le 1er avril 1702 [437], arrivent au matin quatre frégates de Saint-Malo, venant de Morlaix et qui, de Brest à Cadix, ont accompli le trajet en huit jours « sans avoir rencontré d'ennemis » [438] – chargées « de thoilles qu'on estime à cinq cent mille piastres ce quy a réjoui nos marchands [439] car ils craignoient quelque méchante rencontre ». La guerre, en effet, avait à nouveau éclaté en Europe, l'année précédente. Notez que 500 000 piastres sont l'équivalent, pour le moins, d'un million cinq cent mille livres. Un tel chiffre donne une des dimensions de la prospérité atteinte par Saint-Malo. Cette même année 1702 – le 15 octobre : « Il arriva hier au soir un navire de Saint-Malo venant de Chapeau Rouge [un des grands bancs de Terre Neuve] avec la moitié de sa charge de morues. » [440]

Vingt ans plus tôt, en 1682 [441], un rapport consulaire de routine dressait le bilan, pour l'année écoulée, des exportations d'argent en direction de l'Europe : à Gênes et Livourne – surtout Gênes – 4 500 000 écus ; à la Hollande, 3 500 000 ; à l'Angleterre, 2 500 000 ; à Saint-Malo, Le Havre, Dunkerque et Marseille, 2 500 000. Saint-Malo reçoit, sans doute, 2 millions à lui seul par 12 de ses navires marchands. Petit détail, « plusieurs de nos marchands [français] ont remis bonne partie d'argent pour l'Angleterre et [la] Hollande disant que l'argent y rend quelque chose davantage qu'en France ».

On remplirait des pages et des pages avec de tels témoignages. Nous en retiendrons un dernier à propos d'un incident dramatique, mal expliqué, énigmatique, qui laisse entrevoir la fraude mêlée à certains de ces trafics. Nous sommes en 1672. La guerre de Hollande s'est engagée en mars ; et l'armée française a envahi les Provinces Unies en mai – mais l'Espagne n'a pas encore pris parti contre nous. Or le 16 octobre, un vaisseau espagnol de 50 canons, obéissant aux ordres du duc de Veraguas, amiral de la flotte espagnole, s'approche, bord contre bord, du *Saint-Jacques,* vaisseau malouin ancré dans la baie de Cadix, qui dispose de 40 pièces et 150 hommes ; il le somme de se soumettre à une visite des autorités espagnoles ; refus des Français ; seconde sommation, nouveau refus : le vaisseau espagnol tire sa bordée, à bout portant. Le Malouin riposte mais sa chambre à poudre prend feu et le navire explose. Résultat : une centaine de morts dont le capitaine. Ce vaisseau fraudait-il, comme c'est probable ? Mais qui ne fraude pas à Cadix ? Toutefois, « le *Saint-Jacques,* selon le consul français, transportait 300 000 écus en barres et beaucoup de marchandises des Indes. » [442]

L'incident n'aura cependant – d'après les documents que j'ai lus – aucune conséquence directe sur le trafic des navires français à Cadix, même quand l'Espagne entrera dans le conflit. Il est vrai que la guerre, alors, n'interrompait jamais du tout au tout, sauf exception, les relations marchandes. Dix ans plus tard, en 1682, partait de Cadix un navire de Saint-Malo, chargé de « plus de deux cent mil escus en argent pour le compte des Français », sous l'escorte de deux flûtes françaises, le *Portefaix* et le *Tardif.* En 1689, les vaisseaux français enlevaient de Cadix 1 884 000 écus pour la France et 205 000 pour Gênes [443]. Bref, les liaisons de Saint-Malo avec Cadix se maintiendront, même durant les difficiles années de la guerre d'Espagne, malgré le blocus du port espagnol par les Hollandais et les Anglais. Ces blocus n'eurent qu'un temps. Sans défaillir, l'argent d'Amérique parvint à Cadix et se diffusa ensuite à travers l'Europe, comme si de rien n'était...

C'est dans ce contexte international, brièvement rappelé, qu'il faut situer, pour le bien comprendre, l'épisode tonitruant de l'aventure malouine dans la mer du Sud. Encore ses débuts ne sont-ils pas tout à fait clairs. Tout a commencé, ou semble avoir commencé en 1695. La guerre sévissait toujours entre la France et l'Espagne (la paix ne sera signée à Ryswick qu'en 1697). Alors, sous la direction de M. de Gennes « qui passait pour un homme entreprenant », une escadre composée de navires fournis par le roi avait quitté La Rochelle, le 3 juin. Destination : le détroit de Magellan et, au-delà, la mer du Sud, le Pacifique. Mais le convoi ne put franchir le détroit. Des vents atroces ayant eu le dernier mot contre elle, l'escadre regagna l'Atlantique, mouilla à São Salvador, au Brésil, et s'arrêta longtemps dans l'île française de Cayenne : elle ne rentra à La Rochelle que le 21 avril 1697. Ne dites pas, en conclusion, un coup, un voyage pour rien. J'y vois au contraire l'origine du projet d'atteindre le Pacifique par le détroit de Magellan.

En fait, cette expédition manquée avait été inspirée par des flibustiers revenus en France et qui, dix années durant au moins, impunément, avaient razzié les côtes et les médiocres navires marchands de la mer du Sud. La flibusterie aurait donc joué un rôle initiateur. Il n'est même pas défendu de penser que les Malouins aient tiré de ces expériences-là des renseignements sur les moyens d'atteindre le Pacifique et d'y conduire des opérations fructueuses [445]. C'est en tout cas ainsi que j'interprète certains détails et aveux de la correspondance de Jourdan, homme d'affaires parisien, et de Noël Danycan, armateur malouin, avec Pontchartrain, le secrétaire d'Etat à la Marine, lequel les protège et les pousse à aller de l'avant. N'écrivent-ils pas à ce dernier, le 4 mars 1698, au début même de l'action qui va s'engager, que « sur le fondement du commerce que les François, les Anglois et les Hollandois font en fraude sur les costes du Mexique et de la Coste de Cartagenne [ils] ont résolu d'aller tenter un pareil commerce sur les costes espagnoles de la mer du Sud » [446]. Sur ces côtes bordées d'immenses déserts et pas encore tenues vraiment par des Européens, sans doute serait-il plus facile de tourner l'interdiction établie par les Espagnols de commercer avec leurs colonies américaines ?

Quelques semaines plus tard, le 20 mai 1698, Jourdan et Danycan annoncent à Pontchartrain qu'ils ont formé une compagnie pour « envoyé 4 vessau de force dans la mer du Sud par le détroit de Magellan pour s'emparer dudit passage et fere des établissements dans la cotte du Chilly, mesmes jusques à Califourny, nestant occupés par aucune puissance de l'Europe » [448]. Cette première compagnie se sera transformée très vite en une seconde, le 17 novembre de la même année, Jourdan prenant à son compte 13 sols [450] des 20 entre quoi le capital de la société se divisait, cinq autres participants ont, chacun, un sol et Bégon, le septième partenaire, deux [451]. Peu importe d'ailleurs ces détails ! L'important, c'est que Jourdan annonçait à Pontchartrain, six mois plus tard, le 19 décembre 1698, que « le coup de partance » avait été tiré à La Rochelle et que les quatre vaisseaux armés pour la mer du Sud devaient « mettre à la voile à la pointe du jour » le lendemain [452].

L'opération, dont marins et armateurs malouins allaient être les acteurs n'entrait pas dans le cadre de la « guerre de course », de cette piraterie qui, codifiée par les Etats, était devenue au XVIIe siècle légale en quelque sorte, *en temps de guerre*, et que Saint-Malo pratiquait régulièrement [453]. Cette fois (la paix venait d'être signée avec l'Espagne en 1697), il s'agissait bel et bien de flibusterie, encore que, par tous les moyens, on ait cherché à dissimuler ce caractère. C'est sans doute dans ce sens qu'il faut interpréter la création à Saint-Malo, en cette même année 1698, d'une Compagnie de Chine dont ses fondateurs déclaraient que les deux commerces – Chine et mer du Sud – étaient inséparables. La Chine devenait le but officiel des expéditions prévues.

Mais, le 1er novembre 1700, Charles II, roi d'Espagne, meurt et son successeur désigné est le petit-fils de Louis XIV, le duc d'Anjou, devenu Philippe V. Il y a eu alors, jusqu'en 1713, union des deux couronnes. Et l'idée germa très vite, chez les Malouins, qu'il serait peut-être possible de gagner la mer du Sud avec l'accord, la bénévolence ou même la collaboration du Roi Catholique. C'est bel et bien la proposition faite par Jourdan, le 30 juillet 1702, d'un projet insolite, en vérité – daté de Versailles, donc probablement élaboré à l'ombre du gouvernement de Louis XIV –, projet conçu, disait Jourdan, « tant pour moy que pour le Sr Danican de Saint-Malo qui m'en a donné l'ordre ». Certes la proposition n'aura eu, à ma connaissance, aucune suite. Elle n'en est pas moins révélatrice. Tous les ans, deux vaisseaux et une frégate de 30 à 40 canons – navires français mais sous pavillon et commission du roi d'Espagne – iraient jusqu'au Pérou et, de là, aux Philippines et à la Chine. L'armement se ferait à La Corogne ou à Cadix, le retour dans un port espagnol, les droits dus au roi seraient payés comme de juste. Le but mis en avant (y croyez-vous ?) : débarrasser la mer du Sud des interlopes, des Hollandais et des Anglais, et interrompre aussi le commerce de la Chine vers la Nouvelle Espagne et le Pérou qui coûte au Roi Catholique trois millions d'écus par an [454]... Naïveté ou rouerie ?

Probablement rouerie : la Compagnie de Chine mise en place à Saint-Malo devait en effet servir de paravent pour les expéditions en direction des côtes du Pacifique. J'en crois un mot de Jourdan dans une de ses lettres à Pontchartrain : « En vérité la Chine et le Sud sont si indivisibles que c'est gâter l'un et l'autre que de les désunir. » [455] Donc il s'agissait bel et bien de rapprocher l'or de Chine de l'argent du Potosi – opération en soi très fructueuse [456] – en touchant le Pacifique Sud à l'aller ou au retour, pour gagner la Chine ou en revenir. Or c'est précisément ce commerce Chine-Pérou, détestable pour les intérêts de l'Espagne, que le projet de 1702 proposait d'empêcher.

Autre paravent commode : la Compagnie des Indes. Celle-ci, pratiquement en faillite, permit à la Compagnie de Chine de faire son commerce lointain en lui payant, en dédommagement d'une renonciation partielle à son monopole, le droit de trafiquer à

Canton. L'opération ne sera pas fructueuse aussitôt. Mais les choses s'améliorèrent pour Saint-Malo avec les accords de sous-traitance qui suivirent, de 1706 à 1714. Les deux derniers, en 1712 et 1714, constituaient une quasi-cession du monopole de la Compagnie des Indes. Et en 1715, avec l'appui d'Antoine Crozat, l'un des grands financiers de l'époque, une compagnie se constituait qui prit le titre de Compagnie des Indes orientales de Saint-Malo. De 1708 à 1713, les Malouins expédièrent quinze navires dans l'océan Indien – soit un bel exploit en temps de guerre.

En outre, avec la reprise des hostilités en 1702, les Malouins, comme d'habitude, avaient armé aussitôt pour la guerre de course. En 1695, la petite flotte de Duguay-Trouin, fils d'un riche armateur malouin (passé dans la marine royale en 1693), s'emparait de trois vaisseaux de la Compagnie hollandaise des Indes. « Mes armateurs, déclarait le vainqueur, gagnèrent vingt pour un. » [457] En octobre 1711, il forçait l'entrée de la rade de Rio de Janeiro et soumettait la ville à rançon.

Reste à regarder, d'un peu près, le bilan des voyages à la mer du Sud, voyages très longs, très pénibles : « Vingt à vingt-six mois vers 1701-1709, trois années au moins après 1710. » [458] Il fallait réussir de nombreuses et nécessaires escales pour l'aiguade et les vivres frais, dans l'Atlantique comme dans le Pacifique. Au terme du voyage, en revanche, les choses étaient aisées. Sur la côte du Chili, à Concepciòn et à Arica, de petites colonies françaises s'étaient installées, servant de relais pour le ravitaillement et les échanges. Enfin, les produits manufacturés, surtout des étoffes, s'échangeaient sans difficulté, même au Callao, le port de Lima, où le navire s'arrêtait sous prétexte de se ravitailler en eau et en vivres – le tout avec la complicité des autorités espagnoles en place. L'échange se concluait contre de l'argent métal, accepté sous toutes ses formes, monnaies ou lingots. Les Malouins disposèrent là d'un quasi-monopole. « Sur 133 navires français expédiés sur la côte occidentale de l'Amérique, de 1698 à 1724, à des fins commerciales, 86 – les deux tiers – furent armés par des négociants malouins ou des sociétés d'armement », qu'ils dirigeaient [459].

Admirons qu'aucun des navires participant à l'aventure n'ait fait naufrage, ce qui revient à faire, une fois de plus, l'éloge de la navigation malouine, moins risquée, il est vrai, dès que les itinéraires délaissèrent les dangereux couloirs du détroit de Magellan pour contourner finalement l'Amérique par sa pointe extrême, le cap Horn. Les Malouins furent-ils les premiers cap-horniers ? Ou les Hollandais, comme c'est probable ? Peu importe. En tout cas, les liaisons en furent facilitées au point que de très petits bateaux d'une centaine de tonneaux accomplissaient le voyage, à côté de navires qui jaugeaient jusqu'à 700 tonneaux et de frégates qui en déplaçaient de 250 à 400.

Exploit des navires. Exploit des équipages. Réussite aussi des entreprises marchandes. Seule la première expédition, celle de 1698, avait été déficitaire. Ensuite, les bénéfices s'établirent souvent au voisinage de 200 %. Et – chance inouïe – les retours apportaient à l'économie française et aux finances publiques le métal blanc indispensable aux échanges et à la conduite des dispendieuses opérations militaires. En 1709, un convoi de sept navires malouins, escortés par un navire du roi commandé par Chabert, apportait à Auray, en Bretagne du Sud, officiellement 16 millions de livres en argent, probablement 30, car la dissimulation et la fraude ont eu leur part. Cet arrivage a-t-il sauvé les finances de Louis XIV en cette terrible année 1709 ? C'est possible [460].

L'étonnant – mais est-ce étonnant après tout ? – c'est que la fortune de Saint-Malo, fortune très ancienne, n'ait guère dépassé la fin de la guerre (1713), bien qu'il y ait eu encore des expéditions à la mer du Sud jusqu'en 1724 [461], voyages ultimes dont nous suivons plutôt mal le détail. En 1713, les « avis portent qu'il y avoit encore près de 30 navires à la coste [du Pérou], presque tous français » [462]. Mais pouvait-on, vu la lenteur des voyages et l'attrait du profit, se dégager de la mer du Sud du jour au lendemain ?

En tout cas, un peu plus tôt, un peu plus tard, la régression a touché Saint-Malo. Pour des raisons multiples : le retour à la paix et la fin de la guerre de course ; le glissement de la prospérité maritime vers l'Atlantique et la triade des ports favorisés au XVIIIe siècle par le commerce des Antilles : Nantes, La Rochelle, Bordeaux ; le redressement de l'Espagne des Bourbons qui essaie de rétablir l'ordre, non sans succès, sur les côtes du Chili et du Pérou, ne serait-ce qu'à la suite de l'expédition de la flotte de Martinet en 1716. Le gouvernement français sollicité par l'Espagne y prête d'ailleurs la main. En fait, un choix lui est proposé : ou le commerce interlope, ou le commerce officiel par Cadix ; or de ce dernier, toujours fructueux, dépend l'équilibre économique global de la France.

En outre, la mer du Sud avait exigé d'énormes mises hors, des dépenses qui atteignaient un million, puis deux par gros navire. Elles dépassaient les moyens de la place. On vit alors se produire (et non moins pour la course et pour les Indes) l'insertion de capitaux venus de Paris, de Rouen, de Nantes, de Marseille et d'ailleurs. Si bien que les fastueux marchands armateurs de Saint-Malo – les Magon (de la Lande et de la Chipaudière), Le Fer de Beauvais, Guillaume Eon, Baillon, Locquet de Granville, de La Haye, Gaubert, Danycan, tous à nos yeux négociants authentiques et richissimes – ne sont tout de même pas à la hauteur des grands financiers et banquiers de la fin du règne de Louis XIV, un Samuel Bernard, un Antoine Crozat, qui l'un et l'autre sont d'ailleurs en rapport avec les entreprises malouines. Alors, est-ce forcer les termes du problème que de penser qu'il y a eu là, d'une façon ou d'une autre, une infériorité de Saint-Malo, une blessure dissimulée à l'époque de sa prospérité, mais destinée à réapparaître avec les basses eaux ? En fait, c'est tout le grand capital de la France qui s'est mobilisé pour la course, la mer du Sud, les voyages vers l'Inde et vers la Chine, et a suivi alors les impulsions de Pontchartrain, l'un des maîtres secrets de la France lié à des amitiés et préférences malouines. Mais à la mort de Louis XIV Pontchartrain a été éliminé avec brutalité. La Compagnie des Indes échappe bientôt aux Malouins et, reconstituée par Law en 1719, comme l'on sait, elle échappera aux désastres fabuleux du Système.

Ainsi Saint-Malo perd, au-delà de 1713 ou 1719, les complicités du capital et du gouvernement du royaume. La ville est ramenée à sa signification ancienne. Certes, elle continuera à s'occuper, sur le Chapeau Rouge et sur les autres bancs de Terre Neuve, de la pêche des morues qu'elle redistribuera jusqu'en Espagne et en Méditerranée, elle maintiendra ses liaisons avec l'Angleterre proche et avec la Hollande, elle restera présente à Cadix avec le poisson séché, les toiles de Bretagne, parfois le blé, et des retours d'argent se feront sur ses bateaux réputés sûrs[463]. Mais Saint-Malo est rentré dans le rang. La preuve en est que ses éléments les plus dynamiques vont chercher fortune ailleurs, dans d'autres ports français, comme Nantes, ou à Cadix ou dans l'océan Indien. Autre signe qui n'est pas sans importance, la ville ne possède pas de place de change[464]. Et, malgré son insistance, elle n'obtiendra pas le port franc qui l'eût sauvée peut-être de son retour à la modicité.

Mais le vrai problème, est-ce, en ce premier quart du XVIIIᵉ siècle, le sort de Saint-Malo ?

L'histoire passionnante de la ville, en ces années serrées, me semble attirer à elle l'histoire entière du royaume. Dès avant le début de la guerre de Succession d'Espagne, la France avait choisi le métal blanc de Cadix. Elle le choisira à nouveau en préférant Cadix et ses tranquillités aux aventuriers de la mer du Sud. L'a-t-elle fait sans hésitation ? Au même moment, l'Angleterre par le traité de Méthuen (1701) privilégiait Lisbonne, l'or du Brésil et les Bragances. N'est-ce pas à cause du Portugal que l'Angleterre, presque sans s'en apercevoir, va bientôt se rallier à l'étalon-or ? Que, ensuite, les puissances capitalistes – la Hollande, Gênes, sans doute Venise – choisissent l'or. La France reste accrochée à l'argent, au métal blanc. Aux mirages de l'Espagne. Napoléon s'y laissera prendre à son tour.

Voici Bordeaux, au XVIIIᵉ siècle, pour un dernier sondage. Au travers des fortunes de la ville, ce qui est visé c'est le puissant commerce des Antilles – les îles productrices de sucre, de café, de coton, de tabac, d'indigo... Un commerce de luxe, un feu de paille qui cependant aura duré un siècle, c'est vrai, mais parce que la paille n'a cessé de lui être apportée.

Bordeaux, au premier chef l'importateur et revendeur des productions des îles, n'est pas seul à trafiquer avec les Antilles. Il y a aussi Rouen, qui fournit les objets fabriqués dont la liste est interminable ; Nantes, la vraie capitale de la traite négrière ; enfin Dunkerque et Marseille.

En outre, les îles ne sont pas toute l'Amérique française, il y a à l'arrière-plan le Canada, la Louisiane, d'énormes territoires mais qui démarrent lentement. La Rochelle est le port par excellence du Canada.

Mais à dessein, je rétrécis le champ à observer.

Première précaution : présenter les îles françaises. Voilà qui n'est pas simple, car ces îles sont dans un ensemble de terres et de vastes superficies d'eau. Elles y sont perdues. Les Espagnols s'y sont installés lentement après le premier débarquement de Christophe Colomb en terre américaine, le 12 octobre 1492, dans l'île de Guadahani (archipel des Bahamas) à laquelle il donna le nom de San Salvador. Ils occuperont par la suite Saint-Domingue (1496), Porto Rico (1508), la Jamaïque (1509),

Cuba (1511). Cette dernière île, la plus grande de toutes, sera le point de départ de Cortez pour atteindre le Mexique, et La Havane s'y élévera, point de jonction des deux flottes de la Carrera de Indias. Les exactions des nouveaux venus, les maladies qu'ils apportent d'Europe déciment les populations indigènes. Les bovins qu'ils ont transportés dans leur bagage se propagent d'eux-mêmes dans les îles et y retournent à l'état sauvage.

Mais les Espagnols ne restent pas longtemps seuls. La présence de troupeaux sauvages, proie facile, a permis à des aventuriers, surtout français, de se glisser dans les îles – les boucaniers (du nom de boucan, gril de bois qui leur sert à fumer la viande des bêtes abattues). Vers 1630, Hollandais et Anglais se font plus nombreux, ils détruisent les troupeaux, transforment ainsi les boucaniers en pirates qui s'allient aux flibustiers de l'île de la Tortue. Disparaissent-ils devant les forces des nations concurrentes pendant la guerre de Succession d'Espagne ? C'est possible. Ou bien les profits de la piraterie s'amenuisent-ils ? En tout cas, les flibustiers gagnent la mer du Sud, durant les vingt dernières années du XVIIᵉ siècle. Entre-temps, Anglais, Français, Hollandais se sont installés dans les mondes insulaires, ont occupé les terres, développé une agriculture... Les Anglais sont à la Jamaïque dont ils chassent les Espagnols en 1655. Les Hollandais sont à Curaçao en 1634. Les Français à la Martinique et à la Guadeloupe en 1635 et, en 1659, dans la partie occidentale de l'île espagnole de Saint-Domingue, dont la propriété leur sera reconnue seulement par la paix de Ryswick (1697). C'est la plus vaste de nos possessions (30 000 kilomètres carrés) [466] où, pour la grande jalousie des Anglais, va se situer la plus solide réussite économique de la mer des Caraïbes. Entre autres raisons, parce que Saint-Domingue a eu longtemps à sa disposition des terres encore vierges, ne nécessitant aucun engrais.

Mais enfin, jusqu'à la fin du XVIIᵉ siècle et même plus tard, ne grossissons pas outre mesure le rôle de ces territoires d'outre-mer. Le changement se produit au XVIIIᵉ siècle, avec la culture de la canne à sucre et l'industrie sucrière.

Originaire de la plaine indo-gangétique, la canne à sucre s'est déplacée lentement à travers les pays tropicaux et semi-tropicaux. Elle a gagné la Chine vers l'est et, vers l'ouest, « la zone torride » de la Méditerranée, comme dit Savary [467], entendez la plus chaude, l'Egypte vers le Xᵉ siècle, puis les plaines littorales de Chypre – l'île au XVe siècle possède même ses « rois du sucre », la noble famille vénitienne des Cornaro, gros propriétaires de plantations. En ce XVe siècle novateur, la canne s'installe en Sicile, à Valence, au Maroc dans la vallée du Sous ; ensuite dans les îles de l'Atlantique, Madère, les Canaries, les îles du Cap Vert qui sont des pré-Amériques. Enfin, au voisinage des années 1550, le littoral du Brésil, de Santos au sud jusqu'à Recife au nord, se peuple de plantations de canne, d'*engenhos de assucar* (de moulins à sucre) pour écraser la canne et préparer la mélasse, de *senhores de engenhos,* de seigneurs, presque au sens féodal du mot, et d'esclaves noirs.

Au centre de l'exploitation se dresse la *casa grande,* la maison grande, celle du maître, et au voisinage les *senzalas,* les cases des esclaves. Tout paysage sucrier au XVIIe et au XVIIIe siècles reproduira cet assemblage : la maison du maître (à la Jamaïque, *the great house*), les logements des esclaves et les installations industrielles nécessaires. Quand les Hollandais se saisirent du Nordeste brésilien dans la zone de Recife (l'Etat de Pernambouc), c'est le sucre qu'ils saisirent et exploitèrent de 1630 à 1654. Quand ils furent chassés de leur colonie, il s'ensuivit une migration de propriétaires et de techniciens du sucre, principalement des *nouveaux chrétiens,* qui allèrent chercher fortune ailleurs. Alice Piffer Canabrava a démontré, il y a longtemps, que la fortune sucrière des Antilles a été le résultat de ce transfert d'hommes et de techniques [467]... C'est alors, plus ou moins tôt, plus ou moins largement que s'est éveillée la fortune marchande des Antilles, avec le sucre tout d'abord, mais en même temps le *rocou,* le coton, le cacao, le gingembre, le tabac, plus tard le café. La Martinique et la Guadeloupe prennent leur essor vers les années 1654, Saint-Domingue plus tard, vers 1680, mais elle prend vite la tête de la production et des échanges.

Les Antilles françaises auront peu varié dans leur espace. En 1763, au traité de Paris, la France avait dû céder les très petites îles qu'elle possédait, Saint-Christophe, Antigua, Montserrat, la Dominique, Saint-Vincent, la Barbade, Tobago, la Grenade, les Grenadilles. A Versailles, en 1783, elle récupéra Tobago et l'îlot de Saint-Barthélemy : au total, des pertes et des reprises dérisoires. Donc stabilité de l'espace et de l'économie : les produits expédiés vers la France restent les mêmes, le sucre pour plus de la moitié. Ce commerce des Antilles, aux mains des Hollandais en ses débuts, a été ressaisi par les Français au temps de Colbert, avec la constitution, en 1664, de la Compagnie des Indes occidentales [468]. Mais le privilège en était abandonné deux ans plus tard. Depuis lors « tous les bâtimens françois y [dans nos îles] ont été également bien venus » [469].

De France vers les Antilles, les exportations restent aussi les mêmes. Il faut nourrir ces îles envahies par les cultures d'exportation : d'où des cargaisons monotones de farine, de tonneaux de bœuf salé, de porc salé, de hareng, de morue, de vin, d'huile... Plus les produits manufacturés, surtout à partir de Rouen : aiguilles, épingles, souliers, chapeaux de castor, bas de soie et de laine, toiles, couvertures, verrerie, chaudières et chaudrons de cuivre pour la fabrication du sucre... Bordeaux, qui a des communications faciles avec les pays d'Aquitaine, fournit les tonneaux de farine (écrasée par les moulins de la Garonne), le vin et des produits industriels variés, étant donné ses relations aisées avec presque toutes les provinces qui les fabriquent... Le ravitaillement comprend aussi les esclaves de la côte de Guinée : les bateaux négriers, sortant surtout de Nantes, pratiquent les classiques voyages triangulaires (Nantes, la Guinée, les îles, retour à Nantes). Pour le commerce de troc de la côte africaine, ils chargent des cargaisons particulières (eau-de-vie, toiles de coton, fusils de traite), qui s'échangent contre des esclaves. Aux îles, le navire négrier est réaménagé à l'intérieur pour le rendre apte à transporter vers la France les caisses de sucre ou les sacs de café... Cependant, les îles se peuplent de plus en plus de Noirs, ils sont à la veille de la Révolution 500 000 à Saint-Domingue. D'où une série d'incidents, de révoltes, de coups de main, de fuites d'esclaves, puis la grande explosion en 1791.

Que le trafic entre les îles et la France soit (pour l'époque s'entend) considérable, il suffit pour s'en convaincre de noter que, lors de la grande prospérité qui a suivi la guerre de Sept Ans (1757-1763), les navires français étaient plus d'un millier qui oscillaient chaque année entre la France et la mer des Antilles. Sur la côte de la Martinique, on pouvait voir jusqu'à 80 navires déchargeant ou embarquant des marchandises. En 1778, la valeur des échanges atteint 210 millions de livres tournois, soit le tiers du commerce extérieur global de la France [470].

L'exclusif, qui réserve à la métropole le trafic des colonies, jouant son rôle malgré les fraudes locales, les marchands et les

340

autorités de notre pays règnent sur cette liaison qui est leur propriété, défendue jalousement, sauvegardée, et qui traverse tant bien que mal les péripéties des guerres. Sur le plan strict de la balance du commerce, les échanges sont régulièrement déficitaires, mais nous avons vu [471] ce que couvre pareil déficit : un vaste système, un trafic contrôlé grâce auquel les marchandises expédiées de Bordeaux doublent régulièrement de prix en traversant l'Atlantique. Les dates des voyages, le volume des cargaisons sont d'ailleurs calculés de façon à ce que les denrées européennes restent assez rares dans les îles pour se maintenir à haut prix et que les sucres à enlever soient achetés assez près de la récolte pour être encore à bon compte [472]. Au retour, dans les exemples donnés par Michel Morineau, la valeur de la cargaison augmente elle aussi de 20 %. C'est pourtant la partie la plus aléatoire de l'opération : elle dépend du cours des denrées coloniales en Europe où joue la concurrence hollandaise et anglaise. Or Bordeaux réexporte la plus grosse partie de ses importations : par exemple, vers 1785, 87 % en ce qui concerne les sucres, 95 % le café, 76 % l'indigo [473].

Le commerce des Antilles s'articule donc dans « un ensemble complexe d'échanges », d'autant que les vins et farines viennent de l'arrière-pays girondin, que le bœuf salé est souvent acheté directement en Irlande, et que les négociants bordelais ne dédaignent pas à l'occasion de jouer sur la monnaie elle-même, traitée comme une simple marchandise : en 1729, un « état de la cargaison des 123 vaisseaux expédiés de Bordeaux pour l'Amérique » précise que la vérité voudrait qu'on y ajoute « l'état des piastres courtes que les négociants envoient en Amérique depuis 2 ou 3 ans, qui donnent un profit certain de 50 % », commerce tenu secret puisque « expressément défendu » [474].

Bref, les bénéfices du commerce des Antilles sont substantiels. Et essentiels dans la montée en flèche de Bordeaux au XVIIIe siècle. La ville qui, vers 1700, comptait 45 000 habitants, en compte 60 000 en 1747, plus de 110 000 à la veille de la Révolution. C'est un accroissement beaucoup plus fort et rapide que celui de Lyon, Marseille, Paris, ou de toute autre ville française [475]. En fait, le commerce transatlantique a été, à Bordeaux, une révolution tardive. Longtemps ville du vin, riche par le vin, habituée à voir les flottes et les négociants étrangers se charger de le transporter et de le vendre à travers l'Europe, Bordeaux n'était pas une ville d'armement, encore moins une ville de marins. La chute brutale, pendant la guerre de Succession d'Espagne, de ses exportations traditionnelles, l'ouverture de l'Angleterre aux produits portugais (dont le porto) l'ont frappée durement. Cette crise, les mesures gouvernementales – en particulier les lettres patentes de 1717 qui désignaient Bordeaux et douze autres ports comme seuls points de départ autorisés du commerce avec les « Isles françaises de l'Amérique » –, enfin l'intervention d'hommes nouveaux, vont ouvrir la ville, à partir de 1720, à la vie maritime et à l'armement des navires [476].

Ces hommes nouveaux, les uns des bourgeois bordelais, les autres des négociants étrangers immigrés, s'enrichissent avec rapidité. C'est le cas des Schyler, originaires de Hambourg ; c'est le cas de la brillante dynastie juive des Gradis, une famille portugaise ; des Bonaffé, Languedociens d'origine et qui font fortune dans l'armement et la commission ; des Journu, marchands droguistes, qui s'appuient sur la dispersion, en des ports marchands essentiels, d'une famille particulièrement nombreuse [477]. Mais ces négociants resteront en très petit nombre, une faible partie certainement des 800 « marchands et négociants » qui représentent *tout le commerce* de la ville, vers 1790, soit 11 % de la population [478]. A Rouen, en 1779, l'Almanach des marchands, qui fait la distinction, ne dénombre que 61 marchands armateurs et exportateurs, les « capitalistes de l'époque », maîtres de la ville [479].

Que le commerce transatlantique de nos ports, au XVIIIᵉ siècle, soit un système, c'est évident : dans les îles règne un régime esclavagiste, pire sans doute que celui de l'Antiquité, mais éminemment productif, d'autant plus qu'il aboutit, de l'autre côté de l'océan, à un régime capitaliste en pleine vigueur. La différence de voltage est un des éléments du succès. Evidemment, inséré dans un espace en principe [480] clos, un tel système, a ses fragilités, ses dangers. La guerre d'abord : il la traverse, tant bien que mal. D'ailleurs les planteurs de la Jamaïque anglaise ont tout fait pour que leur pays n'annexe pas les îles françaises, leurs concurrentes directes. Autre risque, le recrutement des Noirs, en Afrique, aurait pu se tarir, mais il n'en fut rien. Et les transports transatlantiques auraient pu, le prix des frets s'exagérant, devenir prohibitifs. Il n'en fut rien non plus.

Finalement, c'est le succès du système qui amènera sa ruine : trop d'esclaves noirs. Le 28 mars 1790, la Constituante leur accordait la liberté et les droits politiques. En 1791, ils se soulevaient à Saint-Domingue, avec Toussaint Louverture. Il fut impossible, par la suite, de rétablir dans l'île l'ordre colonial au bénéfice des Blancs. D'autant que le sucre se produisant ailleurs (et même à la Martinique et à la Guadeloupe), il ne manque pas à l'Europe où le sucre de betterave va d'ailleurs faire son apparition. En outre le commerce des îles, commerce de luxe, archaïque du fait de son retour à l'esclavage antique, se heurte aux changements des mentalités européennes. Et le commerce international change qui privilégie, avec le XIXᵉ siècle, les matières premières pondéreuses : le charbon, le fer, le blé...

Problèmes posés, non résolus

Comme ailleurs, le commerce en France traverse des séries de cycles successifs, longs, au moins pour Marseille de 1569 à 1650 ; presque longs pour Bordeaux et le commerce des îles de 1720 à 1791 ; relativement courts de 1698 à 1724, pour l'aventure malouine dans la mer du Sud, aussi largement qu'on l'étende dans le temps. Si l'histoire du commerce se dégage un jour du descriptif, elle parviendra peut-être à expliquer ses processus dans ce qu'ils ont de régulier ou de répétitif. Les trois exemples que nous avons choisis ne proposent guère d'explications, sinon celles qui se devinent d'elles-mêmes, à l'avance : toutes ces liaisons dépendent des incidences multiples du vaste monde. Aujourd'hui elles se rompent et se relaient plus vite qu'autrefois. Ce n'en était pas moins, hier, des records et des exceptions que des cycles proches du siècle, comme ceux de Marseille et de Bordeaux. Des exceptions qu'il faudrait expliquer, ne serait-ce que par des besoins collectifs affirmés, violents et qui durent, comme la passion médiévale pour les diverses épices, comme plus tard l'engouement pour l'alcool, le café, le tabac, comme aujourd'hui le goût maladif pour les monstrueuses drogues douces et dures... Ont joué aussi la solidité des filières en place. Pas de commerce sans filières, sans correspondances, sans courses de relais.

La balance commerciale pose autrement un problème au fond analogue. Toute balance positive traduit en effet un effort de production, la mobilisation d'un surplus de travail. Si, au XIXᵉ siècle, notre balance devient négative, c'est que l'exportation de nos capitaux nous permettait un tel luxe – car c'est un luxe. Par contre, dans le temps présent, le déficit extérieur qui nous préoccupe tant est plutôt une faiblesse, en tout cas un luxe dangereux puisque demandé à l'endettement, lequel engage notre avenir. Mais normalement, exportations et importations tendent en gros à s'équilibrer. Par rapport au revenu national, l'excédent ou le déficit représente d'ordinaire des pourcentages médiocres. Donc c'est bien le problème des problèmes que de savoir comment ce phénomène, somme toute mineur, peut à lui seul, aujourd'hui comme hier, faire pivoter la masse entière d'une économie nationale.

En vérité, j'ignore la solution. Tout serait clair cependant, me semble-t-il, s'il était possible, allant de la base vers le plan le plus élevé, de démontrer ce que je pressens. A savoir :

– que l'économie à la base s'équilibre d'elle-même dans un certain nombre de circuits locaux, relativement peu changeants, que ces mouvements à courte distance tournent seuls, qu'ils y épuisent leurs forces vives ;

– que l'économie extérieure n'atteint guère ce plan élémentaire, qu'elle limite les impacts que ses propres mécanismes lui imposent ; ainsi limité, le mouvement extérieur se trouve en fait renforcé ;

– que cette économie extérieure dépend à son tour d'une économie internationale, qui la restreint ou la renforce, qui la dirige.

Cela dit, n'imaginons pas toute l'économie d'une nation capable de répondre, dans toute son épaisseur, à l'incitation du commerce extérieur. Une partie seulement est mise en mouvement, comme ces moulins à vent dont seule la moitié supérieure, étant mobile, s'aligne en tournant dans le fil du vent. Dans ces conditions, en simplifiant outrageusement, supposez une droite passant par Paris, mobile autour de la capitale, divisant notre pays en deux zones. Si cet axe court d'est en ouest comme un parallèle, vous avez la situation de la France partagée en deux au XVe siècle : le sud valorisé par la proximité de la Méditerranée, le nord en retard. A partir du XVIe siècle, l'axe tend à s'orienter selon le méridien de Paris. L'ouest s'ouvre sur l'Atlantique, profite de la naissance des trafics de l'océan : à lui, le métal blanc ; à l'est, par exemple en Bourgogne, les monnaies de cuivre. Au XVIIe siècle, l'axe reprend la position du parallèle, au profit cette fois du nord.

L'attraction de la Hollande est manifeste : Amsterdam décide, domine, non le Roi Soleil... Plus tard, c'est Londres, jusqu'à la veille encore de la seconde guerre mondiale. Et aujourd'hui ? La France creusée de soi-disant déserts est à l'ouest, tandis qu'à l'est, l'attraction de l'économie allemande se fait dominante.

Ce schéma est présenté comme une problématique à vérifier dans ses détails, ne serait-ce qu'en retraçant avec précision les lignes des trafics majeurs : toute une géométrie, toute une géographie à reconstituer. Sans perdre de vue que la mobilité se situe toujours à une certaine hauteur de l'économie, face à une relative inertie de la base.

Ce que nous apercevons du commerce français, sans nous apporter des preuves qui se dérobent, met en évidence ces plans supérieurs, plus alertes, plus aisés à mettre en mouvement et à développer, à la confluence de ce que je considère, dans notre passé, comme le capitalisme essentiel.

IV

AU SOMMET DES HIERARCHIES : LE CAPITALISME

D'avoir introduit le mot *capitalisme* dans les dernières explications de ce long chapitre en complique le dessein, j'en conviens. Mais comment parfaire autrement notre enquête ? Les mots *capital, capitaliste* (et *capitalisme,* qui les élargit) occupent des positions clefs dans le champ de toute observation économique. Alors peut-on les exclure sans dommage ?

Le capital, selon la plus courante de ses définitions, est du travail antérieur accumulé et réintroduit dans le processus de la production. En ce sens, il est présent dans tous les secteurs de la vie et, obligatoirement, à toutes les époques. Pour Charles Gide, l'économiste, oncle du grand écrivain, « le capital... est aussi ancien que la première hache de pierre » [481], on pourrait tout aussi bien dire aussi ancien que le bâton à fouir, « l'instrument agricole le plus primitif » [482], ou *a fortiori* que la pioche ou la charrue [483].

Le capitalisme, s'il met en jeu les capitalistes mais n'est « rien d'autre que la mobilisation des capitaux », définition évidemment expéditive [484], a droit, lui aussi, à un certificat d'extrême longévité. Je ne m'offusque donc pas, à la différence de quelques critiques, que Marcel Laffont Montels ait intitulé son livre : *Les Etapes du capitalisme de Hamourabi à Rockefeller* (1938), ou que Théodore Mommsen, l'excellent historien, ait parlé, pour le plus grand scandale de Marx, de capital et de capitalistes à propos de la Babylonie antique.

Mais *capitalistes* et *capitalisme,* à la différence de *capital,* ne jouissent pas, dans une économie ou une société donnée, du privilège de l'ubiquité. Ils sont en fait circonscrits aux zones les plus hautes, les plus sophistiquées de la vie économique. Ils y trouvent leur logement habituel. Certes le capitalisme ne cesse de déborder en direction des couches inférieures, par nécessité, mais il reste avant tout un phénomène de superstructure, au haut des hiérarchies. Se placer à ses côtés reviendra à gagner un observatoire surplombant. C'est pourquoi j'aime à dire que le capitalisme relève du superlatif.

Capitaux, capitalistes et capitalismes

On doit à Jacques Laffitte une distinction un peu trop poussée et tardive, mais elle permet de poser, d'entrée de jeu, ce que peut être la diversification qui, depuis toujours, s'instaure entre capitaux, entre capitalistes et, par conséquent, entre capitalismes. « Les capitaux, dit Jacques Laffitte, n'appartiennent pas *toujours* (italiques de moi) à ceux qui les emploient. Au contraire ceux qui les possèdent et que vulgairement on appelle riches [Turgot, bien avant Laffitte, et beaucoup de ses contemporains disaient *capitalistes*] tendent à ne pas les employer eux-mêmes et à les prêter à ceux qui sont forcés au travail, à condition d'avoir une part du produit, au moyen de laquelle ils puissent vivre dans le repos. » [485]

La ligne de séparation est une grande frontière de la vie économique, même sa frontière majeure, mais sans la netteté que l'on aurait tort de lui prêter : je puis en effet, en même temps, financer comme l'on dit ma propre entreprise, être capitaliste au repos et rester engagé dans une entreprise quelconque. Mais si l'on admet la distinction de Jacques Laffitte, il ne faudra pas dire seulement, à la suite de son illustre contemporain David Ricardo (1772-1823), que la fonction distinctive du banquier commence « dès qu'il emploie l'argent des autres ». Cette heureuse formule s'applique aussi bien au marchand, au négociant et bientôt à l'entrepreneur industriel : eux aussi « emploient l'argent des autres ».

Ainsi, si je ne me trompe, l'économie la plus haute se divise en deux zones, celle où les capitaux s'accumulent, s'endorment et, se thésaurisant, deviendraient même stériles, et la zone où ils s'engouffrent dans les processus de la production, comme l'eau bien conduite s'en va vers la roue du moulin qu'elle anime. C'est en fonction de ces deux zones que l'on comprend sans mal que les capitaux saisis dans la production soient considérés comme les « vrais » capitaux, ceux qui répondent à leur fonction, tandis que les autres, les faux capitaux, constitueraient ce scandale : avoir été retirés de la production ou du bien public. Joseph Chappey a parlé de « monnaie morte », y aurait-il des capitaux morts [486] ?

Je crois pareille vue éminemment fausse. Je ne m'aventurerai pas à justifier l'accumulation des capitaux, leur mise en réserve.

Mais, toute considération morale mise à part, je crois que le capitalisme actif n'est possible que grâce au réservoir du capitalisme des détenteurs d'argent. Celui-ci est la condition de celui-là, le château d'eau d'où s'échappent sans fin, plus ou moins abondants, les cours d'eau et les sources. Je doute même qu'il y ait des capitaux morts, inertes : une sorte de pesanteur pousse l'eau et l'argent hors de leurs logements.

Un incident médiocre, pas même un fait divers, me revient à l'esprit à ce propos. Il est raconté dans les *Mémoires de Monsieur de Gourville* [487]. La scène se passe au début du long règne de Louis XIV, en 1663. Notre mémorialiste s'en est retourné à Bruxelles « où je me trouvais, précise-t-il, plus agréablement qu'ailleurs. Monsieur le Marquis de Sillery eut la bonté de me venir voir et m'ayant dit qu'il seroit bien aise d'aller à Anvers, je l'y accompagnai. Je le menai voir comme une personne rare M. de Palavicine [488], un des hommes au monde le plus riche et qui n'en étoit pas persuadé. Je lui dis [à M. de Palavicine] qu'il falloit qu'il se mît dans la dépense,... qu'il nous donnât quelques repas et qu'il devoit au moins un carrosse et six chevaux pour nous promener. Il entreprit de faire connaître à M. de Sillery qu'il n'était pas si riche qu'on le croyait et, en nous montrant un cabinet à côté de sa chambre, il nous fit entendre qu'il y avoit là pour cent mille écus de barres d'argent qui ne lui rendaient pas un sol... et qu'il avoit cent mille livres à la Banque de Venise qui ne lui donnoient pas trois pour cent, qu'il avoit à Gênes, d'où il était, quatre cent mille livres dont il ne tiroit guères plus d'intérêt et il finissoit toujours en disant que cela ne lui rendoit pas grand-chose. M. le Marquis de Sillery, après que nous fûmes sortis, m'avoua qu'il avoit peine à croire... ce qu'il avoit vu, il m'a dit quelquefois depuis qu'étant revenu à Paris, il étoit fâché de n'avoir pas donné cette scène à Molière pour la mettre dans sa comédie de l'Avare ». C'eût été possible puique *L'Avare* ne devait être joué qu'en 1668.

Mais ce n'est pas pour parler d'avarice que j'ai retenu l'incident et qu'à cet effet, je suis même sorti du royaume. Il était intéressant, sans doute, de voir un capitaliste ayant poussé à l'extrême une inactivité prudente et comme résignée. Intéressant aussi de s'apercevoir, au passage, que l'héritier de la famille glorieuse des Pallavicini, richissime à Gênes dès avant le XVe siècle, est encore un homme richissime : ainsi, contrairement à ce qu'ont pensé Henri Pirenne et le vicomte d'Avenel, toute fortune, toute occupation capitaliste ne s'évanouit pas, *ipso facto,* comme au nom d'une règle d'équité, au bout de deux ou trois générations, pour céder la place à des fortunes montantes. Dont acte. Mais surtout cet exemple ne prouve-t-il pas que le capitalisme endormi, enterré, ne l'est souvent qu'en apparence ? Pas seulement parce que les barres d'argent sont pour leur propriétaire une réserve, une garantie, qu'un jour ou l'autre il en vendra une ou plusieurs sur la place d'Anvers, mais parce que ses dépôts à Venise et à Gênes, sans qu'il le sache même, sont pris dans le mouvement d'affaires de ces banques sérieuses, à qui chacun fait confiance. Ils travaillent.

Ainsi, comme en raison de son poids, de la nécessité de le placer, l'argent immobile tend à circuler et à « revivre ». Il y a aussi les héritages et leurs surprises, l'argent qu'un prodigue jettera par les fenêtres ; il y a les dots, les obligations morales vis-à-vis de la famille, on ne saurait les négliger toutes ; il y a la tentation de prêter un peu de son capital par l'intermédiaire rassurant du notaire, voire du banquier, ou de le confier aux « partisans », collecteurs d'impôts et ravitailleurs du prince en crédits.

Bref il y a forcément une articulation entre capitaux vivants et capitaux plus ou moins immobilisés, passage de ceux-ci à ceux-là. Et le processus est d'autant plus décisif, dans l'économie d'hier comme dans celle d'aujourd'hui, que – la liste des contribuables soumis depuis 1981 à l'impôt sur les grandes fortunes le démontrerait probablement – les plus riches en France ne sont pas sans doute des capitalistes actifs.

Les pesanteurs
du capital dormant

Pour une économie entière, cet argent à l'abri est une garantie, une réserve, des sécurités. Encore faut-il que l'éponge gonflée d'eau ne cesse de la restituer. Joue-t-elle utilement son rôle en France ?

Très insuffisamment, c'est certain, mais oui, d'une certaine manière, car le crédit, sous l'Ancien Régime et même au-delà, au vrai jusque vers 1850, n'est pas vraiment organisé. A Paris, il y a bien une centaine de banquiers – plus ou moins importants – mais Paris est Paris et nous sommes en 1789. A la même époque, Rouen, ville pilote, place importante, ne compte que quatre banquiers [489]. Force est donc pour les « avances » de s'adresser aux « hommes à portefeuille », de quémander, trop souvent d'attendre pour obtenir.

A Laval, un marchand fabricant de toiles, Jean-François Freal, aura, de 1746 à 1770, en 55 opérations, emprunté 282 093 livres à 5 % (soit 13 625 livres d'intérêt), à des nobles, à des ecclésiastiques, à des bourgeois, à des notaires, même à des artisans, et sur simples billets [490]. Tout cela non sans mal, ou discussions. Je l'imagine du moins d'après une documentation fortuite de la même époque qui nous renseigne, jour après jour, sur les difficultés étonnantes, insolubles à vrai dire, d'un marchand important de Rouen, Robert Dugard, en quête de capitaux. Il vient de fonder, en 1749, à Darnetal, dans la banlieue de sa ville, une manufacture de toiles et une teinturerie. Il a besoin d'un supplément d'argent pour la lancer. A Paris, son associé, Louis Jouvet le Jeune, joue les démarcheurs, part et repart à la quête de prêteurs qui se dérobent. « Encore un coup, écrit le malheureux à Dugard qui s'impatiente, il faut le temps à tout et surtout à cette ouvrage où l'on ne saurait avoir trop de circonspection... un autre moins timide ou avec plus d'esprit que moy pourroit faire son affaire dès la première fois, mais je crains de me fermer les portes et quand elles le sont une fois, il faut passer debout » (passer debout, c'est-à-dire ne pas s'arrêter à la halte). L'affaire se soldera par un échec [491].

Je pourrais donner des exemples analogues, au XIXe siècle, à Dijon, ou en Armagnac. Mais à quoi bon se répéter ? D'ailleurs, ce qui nous intéresse, c'est que ce crédit, anormalement difficile si on compare la situation française à celle de l'Angleterre par exemple, coexiste avec des capitaux dormants considérables. On ne prend la mesure de ce secteur second du capitalisme, de ces réserves d'argent que lorsque, les circonstances aidant, ils donnent lieu à des résurgences, sinon à des sources artésiennes. Qu'une région soit victime de calamités naturelles, l'argent sort de ses cachettes, pallie les grosses difficultés, aide à franchir la conjoncture mauvaise. Non sans surprendre parfois les témoins.

Ainsi, en 1708, la guerre de Succession d'Espagne dure depuis sept ans, les caisses de l'Etat sont épuisées, pour le moins difficiles à remplir, il lui faut emprunter du comptant. Ce n'est pas l'argent qui manque. La difficulté est que le Trésor a émis des billets à partir de 1701 et les a multipliés sans trop le dire. C'est ce qu'explique un informateur du contrôleur général des finances, dans une lettre de Rennes, le 6 mars de cette année-là : « Un des plus considérables bourgeois de cette ville... fort entendu dans le commerce qu'il exerce actuellement et depuis longtemps, tant sur mer que sur terre, avec les plus fameux négociants de la province... m'assura qu'il scavoit certainement qu'il y avoit plus de trente millions de piastres cachées et plus de soixante millions en or et en argent qui ne verroient point le jour que les billets de monnoye... ne fussent entièrement éteints et que les espèces ne fussent dans une modération convenable et que le commerce ne fût rétabli en partie... » [495] Ainsi des trésors sont enfouis dans la pauvre Bretagne. Peut-être en cette année 1708, parce que, grâce à ses marchands, à ses autorités provinciales et à son Hôtel des Monnaies, Rennes est en arrière de la fortune éblouissante des Malouins qui viennent de capter le métal blanc des mines du Chili et du Pérou. Elle en tire des profits, gonfle ses réserves. Mais elle ne les offrira que prudemment.

Vingt ans plus tard, nous sommes toujours en Bretagne, mais à Nantes, exactement le 20 mars 1726. « Nous n'avons connu, dit une nouvelle, les forces et ressources de notre ville qu'à l'occasion du project [496] faict par nos marchands ou d'entrer pour leur propre compte dans les affaires du Roy [la Compagnie des Indes] ou de s'associer pour cela avec ceux de Saint-Malo qui sont fort puissants. On prend ce dernier party pour ne pas se traverser les uns les autres et tout sera sous le nom de Compagnie de Saint-Malo. Il se trouve que les souscriptions de nos marchands montent à dix huict millions quand nous croyions qu'ils ne pourroyent faire tous ensemble que quatre millions. On appreste neuf navires pour pouvoir faire voyle dès que la liberté de la navigation sera rétablie... Nous espérons que les grandes sommes qu'on offre à la Cour pour retirer le privilège exclusif de la Comp^e des Indes qui ruine le Royaume, l'engageront à rendre le commerce libre partout. » [497] Notons au passage que la thésaurisation est ici le fait de marchands.

Cela dit, ce texte n'a guère besoin de commentaire. Il dit bien ce que nous voulons mettre en lumière, à savoir que la France est comme la Chine ou l'Inde, toutes proportions gardées, une nécropole de métaux précieux. Elle les capte. Elle les transforme trop facilement en épargne accumulée. Et ce défaut, ou cette qualité, se perpétueront bien au-delà de l'Ancien Régime. Au XIXe siècle, la masse monétaire française équilibre la masse monétaire de l'Europe entière. Lors de la crise internationale courte mais violente de 1857, partie des Etats-Unis où les banques sautent les unes après les autres tandis que 5 000 firmes font faillite, l'Angleterre est prise dans la tourmente, puis, par une réaction en chaîne, presque toute l'Europe, l'Allemagne, le Danemark, l'Italie du Nord, Vienne, Varsovie... La France y échappe en partie, c'est que ses banques, malgré l'essor des premières années du Second Empire, ne sont pas une cible trop largement exposée : les dépôts s'élèvent seulement à 120 millions, « alors que les capitaux thésaurisés étaient évalués à 3 milliards. Le bas de laine [bien rempli] épargne à la France le désastre. Mais il sera un frein à la croissance des entreprises et il l'est encore » [498].

Franchissons encore un demi-siècle : Alfred Neymarck, économiste et statisticien [499], s'extasie vers 1905 sur cette richesse latente et proverbiale de la France. « Mais enfin, dit-il, comment se fait-il que la France soit le plus grand réservoir de capitaux qu'il y ait au monde ! » En 1929, la crise bien plus sérieuse qu'en 1857 frappe la France avec un certain retard. Est-ce parce qu'elle vit en partie sur les réserves de son épargne ? En 1945, Schicke, banquier passionné d'histoire, s'emploie à rassurer les Français en calculant l'énorme volume de l'or qu'ils possèdent encore [500]...

Cette passion, cette puissance de l'épargne, trait continu de notre histoire, n'est pas seulement le fait des gens riches ou aisés. Il y a aussi l'épargne multiple des pauvres, et des moins pauvres, fruit d'un effort souvent désespéré pour garantir, « sécuriser » des existences toujours menacées. L'argent n'arrive qu'au compte-gouttes dans leurs mains, mais l'impôt royal a ouvert de force l'économie villageoise, il a imposé aux paysans ce que Pierre Goubert appelle « la dure quête des espèces sonnantes » [501]. Si bien que la façon de se prémunir contre les mauvais jours, c'est la pièce d'or ou la pièce d'argent mise chichement en réserve. En 1786, des inondations ruineuses dans « une province riche » ayant obligé tous les paysans « à vider leurs cachettes, on fut étonné de voir circuler tout à coup une quantité remarquable de louis d'or de la refonte de 1726, absolument neufs : ils sortaient de terre » [502]. Cette thésaurisation populaire, paysanne, ne cessera de grandir au XIXe siècle. Et, paradoxe supplémentaire, ce sont les pays pauvres, comme le dit en 1815 un bon observateur [503] à propos du Morvan, qui sont « riches en argent beaucoup plus que... les pays à grande culture... car, en dépit de toutes les maximes des économistes modernes, c'est toujours dans les lieux où l'on dispose le moins d'argent qu'il en reste davantage ».

Il est sûr que l'économie acharnée des petites gens, vu leur grand nombre, immobilise à elle seule la plus grosse partie de la circulation monétaire. Pour Herbert Lüthy, l'historien de la banque protestante, la France de Louis XIV, « pays sans banque, et pays d'avilissements fréquents des monnaies, ... est aussi un pays de trésors cachés où le métal précieux semble s'absorber dans le sol » [504].

Bien entendu, toute l'épargne française n'est pas réduite au sort de capital dormant et thésaurisé. Mais Turgot, rapportant une opinion de Vincent de Gournay (1712-1759) qui fut son maître, met le doigt sur la plaie quand il dit redouter que les hommes riches refusent les risques des affaires pour s'abandonner à la tranquillité des avances, assorties d'une certaine garantie d'intérêt. Il y aurait donc à chaque moment, à chaque conjoncture, un taux de l'intérêt dont l'attrait plus ou moins vif déciderait du mouvement des capitaux. C'est bien le rôle qu'a joué la « rente » en France, dès le XVIe siècle – la rente, sorte de prêt perpétuel, enregistré devant notaire, transmissible aux héritiers. Ou le prêt à la grosse aventure, qui est une façon pour les négociants, généralement associés entre pairs pour leurs armements maritimes, de collecter en dehors de leur clan l'argent qui leur manque, pour telle ou telle expédition [505].

Ou encore les assurances maritimes. Ou même simplement les prêts à court terme pratiqués par l'intermédiaire d'un banquier, d'un notaire, en leur faisant confiance pour le choix d'emprunteurs de bonne foi. C'est ce que fait, vers 1820-1830 (à une époque où l'argent s'offre à bas prix, 4 ou 5 %), un ancien colon de l'île de Saint-Thomas, retiré sur ses terres en Armagnac et producteur d'eau-de-vie [506].

Mais, au-delà de ces placements simples et reconnus, il n'est pas toujours facile de suivre les canaux où peut s'engager le capital dormant, ou soi-disant dormant. Ainsi la noblesse est censée vivre de ses revenus fonciers. Le capital actif lui est en quelque sorte interdit et l'ancienne noblesse s'est souvent, parfois durement, appauvrie au XVIe siècle. Je reviendrai sur le problème dans la seconde partie de cet ouvrage, à propos de la société. Mais, pour le poser ici en quelques lignes, que penserez-vous de ces deux nouvelles « mondaines », que l'ambassadeur russe à Versailles transmet, en novembre 1785, à son gouvernement [507] ? La première, le décès du duc d'Orléans – le père de Philippe Egalité – qui laisse à son héritier un revenu de 4 800 000 livres, « sans aucunes dettes » ; la seconde, le mariage avec le baron de Staël de la fille de Necker. Le banquier genevois dispose, nous dit-on à ce propos, d'un revenu annuel de 100 000 livres... Le rapprochement de ces deux chiffres laisse rêveur. La vieille accumulation (en principe terres, plus grâces et pensions du roi) l'emporte et de loin sur un capitalisme financier, mis en sommeil il est vrai puisque la fortune de Necker, du jour où il accède au gouvernement, n'est plus qu'à moitié, et encore, investie dans sa banque. Quant à la fortune du duc d'Orléans, elle n'est certainement pas passive et inerte. N'est-elle pas gérée par des hommes de confiance et engagée par eux dans une série d'affaires, canaux, lotissements de terrains [508]... C'est un beau sujet d'enquête.

C'en serait un aussi qu'une étude d'ensemble (bien difficile à travers la source immense des actes notariés) des sociétés en commandite. Elles ont financé l'essentiel de l'investissement industriel du XVIIIe siècle et les principaux actionnaires sont d'abord de gros marchands, des financiers, des banquiers parisiens, très fortunés mais peu nombreux. Puis, vers le milieu du siècle, les nobles entrent en force dans les mines (Anzin entre autres), à Saint-Gobain, dans les forges de Cosne, etc. [509] La noblesse est passée au capitalisme actif.

Il n'en reste pas moins que le crédit restera incertain, l'investissement industriel à court de financement, au XVIIIe siècle et même au XIXe. Le grand événement en la matière, ce sera, après 1850, le premier pompage efficace des réserves de l'épargne, grâce à la création en province de succursales des banques, bientôt multipliées. D'où une accélération décisive de la circulation de l'argent, aussi importante, nous dit un historien [510], que la mise en service des chemins de fer. Qui ne serait d'accord avec une telle affirmation ? La surabondance des espèces métalliques faisait de la France le plus riche Etat d'Europe, au sens où l'eussent dit Colbert et Cantillon pour qui richesse égalait métal. Mais économiquement, je ne l'ai que trop répété, la France était loin de cette première place. Et elle n'était même pas à l'abri de pannes de numéraire : la « disette » de monnaie, comme on disait, était fréquente à travers le pays.

De ce paradoxe, accusons d'abord le poids du capital dormant. Plus lucide que les mercantilistes, Boisguillebert dira : « Le corps de la France souffre lorsque l'argent n'est pas dans un mouvement continuel. » [511] A quoi servirait le sang devenu immobile ! Mais l'absence de mouvement ne se mesure pas seulement au rapport entre argent mort et argent vivant, argent immobile et argent véloce. Il se mesure aussi au rapport entre la masse des espèces métalliques et celle du papier, cette « pseudo-monnaie » tellement plus agile. Or la France a été un des derniers pays d'Europe à préférer le papier au métal. Avant 1750, les paiements se faisaient chez elle sur la base de 93 % en monnaie, 7 % en billets de banque [512]. Vers 1856, la proportion des billets passait miraculeusement de 7 à 20 %. Mais à cette même date, elle était en Angleterre de 65 % [513] ! Ainsi l'histoire de l'accumulation du capital, chez nous, c'est d'abord l'histoire de nos espèces métalliques.

Les monnaies métalliques :
stocks et flux

Les économistes du début du XIXe siècle se sont donné, chez nous, un mal de chien pour expliquer à leurs lecteurs que l'argent, les espèces métalliques, ne représentaient pas, à eux seuls, l'ensemble des biens dits capitaux. Vérité évidente ! Mais Jean-Baptiste Say (1767-1832), le professeur par excellence, l'auteur de ce qui sera la vulgate pour les économistes des générations à venir, croit nécessaire de nous mettre longuement en garde, en 1828 : « Malgré tant de formes diverses affectées par les capitaux..., écrit-il, d'où vient cette habitude enracinée de ne considérer comme un capital qu'une somme d'écus et comme les capitaux d'un pays que les écus qui s'y trouvent ? » [514] « Les capitaux de la France, reprend-il un peu plus loin, se composent de bien d'autres valeurs encore que de celles de son numéraire. » [515] Impossible, répétons-le, de ne pas lui donner raison. Mais faut-il pour autant « minorer » le rôle de l'argent liquide ? Bien capital le plus commode, expéditif, décisif, véritable Protée, forcément il tient les premiers rôles, et de loin. En outre, n'est-il pas un conservatoire idéal de la valeur ? Pour le négociant ou le marchand, le schéma de Marx est exact : partir de l'argent, traverser la marchandise, puis revenir à l'argent. Mais rien peut-être ne déforme autant l'observation que la banalité du spectacle quotidien : voir la même chose chaque jour, c'est presque ne plus la voir. Dans la France de Jean-Baptiste Say, la monétarisation, sans avoir encore tout pénétré, est un processus acquis, normal. Il est donc assez naturel que les observateurs des périodes antérieures soient plus aptes à s'étonner de l'originalité, du rôle, de la puissance de la monnaie. Eon, qui écrit en 1647, s'émerveille : « Considérons maintenant, je vous prie, écrit-il, que ce seroit de nous si nous en estions là réduits qu'on nous ostast tout à faict l'usage de la monnoye par un descry général, qu'il nous fallust mener un bœuf ou une vache à la boutique d'un marchant pour en avoir des estoffes. Mais quelle pitié seroit-ce quand il nous conviendroit aller par pays et faire un long voyage de deux ou trois cens lieues sans denier ny maille. » [516] Un beau texte, n'est-il pas vrai ? pour nous dire que la monnaie, c'est la possibilité d'échapper au troc.

Turgot lui-même, un siècle plus tard, vers 1770, n'use pas du langage qui sera celui de Jean-Baptiste Say. Il distingue bien les capitaux en nature (maisons, marchandises) ou en valeurs, en « amas d'argent ». Mais il souligne que l'argent (entendez la monnaie) « représente toute valeur accumulée ou *capital* [italiques de moi] et que la circulation de l'argent... utile et féconde... anime tous les travaux de la société » [517]. Turgot, plus que Jean-Baptiste Say, satisfera l'historien pour qui, à l'origine, la monnaie comme dit Pierre Chaunu [518] a été « l'accélérateur par excellence de la communication », je dirais plutôt de la circulation ou mieux de la multiplication des activités économiques. Elle est aussi la force de frappe de l'Etat moderne dans sa lutte contre les autres Etats, elle est même son « indispensable fondement » [519]. Le soutien enfin, la référence de la *valeur,* ce mot vague et dérangeant pour toute théorie économique. « Toutes les valeurs, dit en 1779 un Hollandais, Van der Meulen, et même certaines affaires, ont un rapport direct avec la mesure universelle, c'est-à-dire avec l'argent, et non pas avec le papier ou le crédit qui ne sert qu'à l'avilir. » [520]

Certes, la monnaie trébuchante et sonnante qui, dans l'histoire de notre pays, fait trop de bruit, n'était pas, à elle seule, la totalité de la vie économique. Mais, la traversant, la suscitant, étant aussi suscitée par elle, elle a imposé à cette vie économique des contraintes, elle lui a offert aussi des possibilités de manœuvre que je voudrais mettre en lumière. C'est un fait que le capitalisme actif manie cette monnaie et tend même à s'identifier avec cet outil indispensable. Il en résulte pour lui un certain nombre de caractères, P. Soulet va jusqu'à parler, pour l'époque de Turgot, d'un capitalisme « réel et monétaire » [521].

La masse monétaire en question, ne l'oublions pas, est dès le XVIe siècle relativement importante.

En 1500, circulaient, en France, peut-être 30 millions de livres tournois ; peut-être 80 en 1600 [522]. Au temps de Colbert, entre 1661 et 1683, le stock monétaire a pu atteindre quelque 200 millions. Un rapport, sans doute de l'année 1706 [523], l'estime à 250 millions de livres « en argent comptant », à quoi s'ajoutent cinquante millions « en billets de monnoye », dont 12 que le gouvernement envisagerait de rembourser, au total 300 millions d'espèces. Mais ces 300 millions ne sont probablement qu'une partie de la masse monétaire, celle qui effectivement circule. La masse de « monnaie morte » serait plus ou moins égale à la masse circulante, si l'on en croit Jean-Baptiste Say pour qui la France partageait sa monnaie en deux parties égales : 50 % à la circulation, 50 % à l'immobilité ; ou François Mollien (1758-1850), ministre du Trésor de Napoléon, qui, en 1810, estimait que « l'emploi actif » concernait au plus les deux tiers du stock. Faut-il alors penser que, lorsque Pottier de la Hestroye, dans sa critique de *La Dîme* de Vauban, affirme que la France, en 1704, disposait d'une circulation de 460 millions de livres (sans compter « ce que que les particuliers ont retenu chez eux sans les faire réformer » [525]), ce chiffre, presque double de celui du rapport de 1706, correspond cette fois à la totalité du stock – le mouvant plus l'immobile ?

Beaucoup plus tard, en 1786, Necker estime la circulation française à 2 milliards 200 millions de livres tournois [526]. Arnould, vers la même époque, à 1 900 000. Pour une estimation grossière, disons 2 milliards. En 1809, le stock de l'Europe étant estimé à 9 milliards [527], la circulation française se situerait probablement entre 4 et 5 – soit en gros la moitié de la circulation métallique européenne... La progression, en tout cas, avait été forte. Les mercantilistes du XVIIIe siècle auraient été aux anges. Goudar, l'un des derniers de la secte (1756), n'était-il pas catégorique : « Je dis que... plus il y a de numéraire dans un Etat, plus cet Etat est riche et opulent. » [528]

Or cette surabondance est indéniable mais la richesse n'est sans doute pas au rendez-vous. Sans fin, nous l'avons vu, surgissent des pannes, des pénuries de numéraire. A Orléans, en février 1691, la monnaie des frappes nouvelles n'est pas arrivée, impossible d'en avoir, il s'ensuit « une cessation du commerce que vous ne sauriez croire » [529]. En novembre 1693, à Tours : « La rareté d'argent paroist si sensible en cette province... qu'il n'y avoit pas hier assez d'espèces à la monnoye pour occuper les ouvriers, personne presque ne vient au change, on attribue ce vuide aux voitures que les fermiers généraux et particuliers, et les traitants des droits du Roy font faire à Paris de tout ce qui vient à leurs recettes sans en rien consommer... » [530] Mais à Paris même, le 13 mai 1715, la tension est forte. Le contrôleur général Desmarets reçoit une lettre plus qu'inquiète : « Votre Grandeur, lui dit-on, est informée du dérangement causé par le deffaut de circulation de l'argent, principalement à Paris, où la plupart des négociants sont hors d'état de pouvoir satisfaire avec honneur à leurs dettes, quoiqu'ils ayent bonne volonté et beaucoup d'effets de papier... » Chaque année, au hasard de la conjoncture, le numéraire abonde ici, fait défaut là. Encore en 1838, Autun, ville de propriétaires fonciers aisés, mais sans grand commerce, regorge d'argent, tandis qu'il fait défaut dans la ville presque voisine de Dijon [531]. La distance et les frais de transport jouant leur rôle dans de telles disparités, il y aura en France, jusqu'en 1848, une sorte de change intérieur, la livre ou le franc à Paris ne vaudra pas ce qu'ils valent à Lyon ou ailleurs [532].

Le métal en soi a ses responsabilités en l'occurrence. Car si la France ayant plus d'espèces qu'aucune autre nation d'Europe, n'en a tout de même pas à sa suffisance, ce n'est pas seulement, comme dit Ange Goudar (1756), qu'elles ont « le vice » de se transformer en objets d'or, d'argent, en vaisselle d'or, en vaisselle plate. C'est aussi et surtout que la lourde monnaie ne circule pas aisément. Deux cent mille écus pèsent une tonne ; de Lyon à Paris le transport par voiture demande au moins dix jours [533]. Finalement, aussi importante qu'elle soit, la masse monétaire joue un rôle limité. Les dimensions du royaume, 400 000 kilomètres carrés, réduisent d'elles-mêmes, bon gré mal gré, la vitesse de circulation.

En fin de compte, la monétarisation de la France reste terriblement incomplète : en exagérant à peine elle irrigue surtout une économie haute. Au début du XVIIIe siècle, en Picardie et en Artois qui ne sont pas des provinces misérables, loin de là, « la redevance [paysanne] en espèces est encore rare..., le numéraire manque, le métal circule peu et n'est pas indispensable, les échanges directs étant encore très en usage. La redevance en nature est donc imposée par les circonstances... En 1720, le débit des grains est encore si peu favorable dans la généralité de Soissons, que les terres sont affermées en grains tant il serait difficile d'être payé en argent » [534].

Bien sûr, au XVIIIe siècle, la situation change, la monétarisation progresse, mais elle ne gagne pas, il s'en faut, tous les postes de l'échange. Il restera en France, bien au-delà de 1789, des régions pratiquement en dehors de la monnaie. La Corse, exemple aberrant, il est vrai, jusqu'en 1914 [535].

Cette circulation privilégie avant tout les marchands et l'Etat. Celui-ci a imposé le paiement en argent des impôts. Comme le contribuable paie souvent en monnaie de cuivre, il faut changer ces sommes en monnaies d'argent ou d'or. Des monnaies que les douanes et le prélèvement qu'elles opèrent sur les bénéfices du commerce extérieur fournissent régulièrement. Au temps de Colbert, cette ponction de l'Etat, sur une circulation peut-être de 200 millions de livres, est de l'ordre de 80 millions, une énorme somme qu'il prélève puis, par ses dépenses, remet en circulation, pour la percevoir à nouveau ; le processus est à répétition. Mais, j'y reviendrai longuement dans le chapitre sur l'Etat, il ne débouche pas sur une saine redistribution à travers le royaume. L'argent du roi sert presque uniquement aux dépenses de la Cour, à celles de l'armée et de la guerre, au service de la dette. Il n'y a pas de retour vers la province, pas de réinvestissement dans les économies locales.

Quant aux classes pauvres, la circulation monétaire passe largement au-dessus de leurs têtes. Nous voilà obligés de changer nos habituels jugements. Non, « les tripotages monétaires de Philippe le Bel n'eurent pas d'influence appréciable sur la fortune publique, ni sur le prix des choses... [parmi] les masses populaires... les petits ne s'en ressentirent pas » [536]. De même hier, nous avons été trop attentifs aux rumeurs et grands spectacles de la rue Quincampoix ; et nous nous apercevons aujourd'hui que le Système de Law n'a pas été, dans les profondeurs de la vie française, la tempête qu'on a dit.

Ainsi l'histoire des monnaies – en France comme en Europe – est une histoire à étages : ce qui se passe en haut ne se passe pas forcément au rez-de-chaussée.

La monnaie du prince

Au prince il a fallu conquérir la monnaie comme il a conquis les provinces qui ont agrandi son royaume ; il en a surveillé les frappes, fixé la valeur, contrôlé la diffusion. La monnaie du roi a fait le roi.

Mais toute monnaie est une réalité fuyante, l'anguille qui échappe à la main du pêcheur. Il faut courir après elle, multiplier défenses et recommandations ; de 1295 à 1328, il y a eu en France 15 édits concernant les pièces d'or, 27 les pièces d'argent ; le prix du marc [537] d'or a alors fluctué de 75 %, celui du marc d'argent de 100 %.

Autre préoccupation, quoi qu'on fasse, les pièces sortent du royaume, et les pièces étrangères y pénètrent, prohibées ou non. Certaines seulement de ces étrangères sont les bienvenues. Sully, en 1601 [538] est partisan de la prohibition des monnaies étrangères, « à l'exception [toutefois] de la monnaie d'Espagne [pièces d'argent et d'or] dont la privation subite aurait produit un trop grand vuide dans le négoce ». Mais, qu'on le veuille ou non, le mélange des monnaies étrangères et autochtones est la règle à travers l'Europe. En 1614, circulent dans les Pays-Bas – il est vrai le centre du monde – 400 types de monnaies ; en France 82 [539] et peut-être davantage puisque, dans l'édit de 1577, il est parlé de 180 types de pièces « appartenant à une vingtaine d'espèces de souveraineté » [540]. Dès 1526 au moins, les monnaies d'Espagne avaient circulé dans le Poitou [541]... Et en 1611, on prétendait que « les pays de Picardie, Champagne, Bourgogne, étaient plus remplis [de monnaies étrangères] que de monnaies françaises » [542].

L'étranger, quant à lui, était soucieux de retirer de France les bonnes monnaies et d'y faire pénétrer ses mauvaises pièces, surtout celles de cuivre avec, au plus, une faible couche d'argent. Véritables assignats métalliques, ces pièces « noires » n'avaient pas de valeur intrinsèque, les vendre était tout bénéfice pour le Prince, chez lui, et non moins chez le voisin. Face à de telles invasions, la sagesse était d'y mettre le holà. Venise, au XVIᵉ siècle, y aura réussi à plusieurs reprises. De même le Portugal. Mais Venise et le Portugal sont très attentifs aux nécessités du négoce et opèrent sur des territoires qui ne sont pas démesurés comme le royaume de France. Pour celui-ci, presque rien à faire. Se fâcher oui, contre les escalins [543] qui envahissent à la fin du XVIIᵉ siècle nos provinces du Nord, ou contre les sous de Lorraine qui profitent du tracé compliqué de la frontière entre le Duché et la France, pour s'introduire en fraude. Oui, se fâcher, menacer, et si un délinquant est saisi, le punir pour ceux que l'on ne réussit pas à arrêter. Vers 1780, selon Mollien [544], les Anglais fabriquaient et débarquaient chez nous des monnaies de billon « français » au-dessous même du titre légal. Tant qu'à gagner, pourquoi ne pas forcer la mesure ?

Bref, si la monnaie, en France, est bien la chose du Prince, elle s'affronte aux autres monnaies, est contrainte de respecter certains équilibres. « Lorsque le Cardinal de Richelieu régla les monnoyes de France en 1640 et 1641, il ayma mieux faire des espèces de mesme titre et de mesme prix que celles qui estoient les plus communes chez nos voisins, que de suivre le titre et le poids des espèces qui avoient esté en usage en France précédemment. Il ayma mieux, pour ainsi dire, bouleverser le système des monnoyes jusque-là pratiqué dans le Royaume que de manquer à introduire chez nous les mesmes espèces qui avoient cours chez nos voisins. Au lieu de quarts d'écus, il fit faire des écus d'argent tels que nous les avons aujourd'hui [vers 1706] du mesme poids et du mesme titre que les pièces de huit [545] d'Espagne. La pistole [546] d'Espagne estoit alors la monnoye d'or la plus commune chez nos voisins. Au lieu d'écus d'or, l'espèce précédente du Royaume de France, il fit fabriquer des louis d'or de mesme poids et de mesme titre que les pistoles d'Espagne... » [547] De même la « guinée » anglaise, frappée à partir de 1661, s'aligne sur le modèle de la pistole [548].

Autre souci : ajuster les monnaies d'or et d'argent, tout dépendant de leurs titres respectifs et du rapport officiel ou marchand entre l'or et le métal blanc – la *ratio* or-argent. On aura cru longtemps qu'un rapport « naturel » existait entre or et argent, de 1 à 12 : à poids égal, l'or vaudrait 12 fois l'argent. En fait, ce rapport est variable, il va tantôt dans un sens, tantôt dans l'autre. En conséquence, il y a des périodes où le métal blanc fait en quelque sorte prime sur l'or, d'autres où c'est le métal jaune qui à la vedette. Ainsi, avec les années 1560, l'argent cède la prééminence à l'or et les Génois, qui ont pressenti ce renversement dès 1558, jouent l'or avant les autres et en tirent de sérieux bénéfices.

Mais les gouvernements peuvent aussi jouer à leur manière sur le rapport or-argent pour diriger les mouvements des monnaies : en 1726, en stabilisant la livre tournois, le gouvernement de Louis XV a sous-évalué l'or (1 pour 14,5), en conséquence l'or s'en va à l'étranger, vers la Hollande, l'Angleterre et Gênes, et le métal blanc pénètre chez nous où il se valorise. En 1785, Calonne réajuste les prix relatifs des deux métaux : à poids égal, cette fois, l'or vaut 15,5 fois plus que l'argent, la *ratio* a été augmentée d'un point : résultat, l'argent sous-évalué, donc à bon marché, sort du royaume ; l'or y entre. C'est une façon pour un pays de choisir une sorte d'étalon monétaire avant la lettre, or ou argent.

Les jeux internes de la monnaie

Nos monnaies constituent un système analogue à tous les systèmes en usage dans l'Europe moderne. Il implique des règles, un jeu intérieur. Tout d'abord il relève, non d'un bimétallisme (or et argent), mais d'un trimétallisme : or, argent et cuivre. Le cuivre entre comme alliage nécessaire dans les pièces d'or et d'argent auxquelles il confère un surcroît de résistance, et il constitue, ce qui est plus important, la matière des petites pièces divisionnaires. Parfois un peu d'argent est mêlé à ces menues monnaies, mais si peu que le cuivre réapparaît et que toutes les petites pièces finissent par noircir : elles sont la « monnaie noire », celle des pauvres, monnaie purement fiduciaire, dont le cours légal est fixé arbitrairement, sans relation avec sa valeur métallique.

La monnaie divisionnaire impose son usage du fait de la modicité des salaires et des achats des classes pauvres. Elle est destinée aux artisans, aux gagne-petit, pour leurs achats quotidiens. Ces petites pièces ne font d'ailleurs que « passer de leur main à leur bouche » car les salaires ne dépassent guère le minimum vital. Elles circulent donc bien plus vite que les monnaies d'argent – qui sont l'outil par excellence des échanges marchands, et, *a fortiori,* plus vite que l'or, au service du négoce à longue distance.

Pareil système monétaire ne paraît pas difficile à saisir, mais il faut résoudre quelques difficultés :

1) La spécificité de la livre tournois – monnaie de compte, monnaie fictive, « imaginaire ». Elle vaut 20 sols, le sol 12 deniers. Mais ni la livre ni ses divisions – sol, denier – ne sont des pièces réelles que vous pouvez faire sauter dans le creux de votre main.

Elles servent à comptabiliser, à réduire à une même *unité de compte* les diverses monnaies métalliques.

Cette livre tournois est à la fois un héritage et un choix. Un héritage recueilli par les divers pays issus de la dislocation de l'Empire de Charlemagne. A l'époque du grand empereur, après sa réforme de 781, la livre, monnaie de compte, correspond exactement à une livre-poids d'argent, dans laquelle on taille 240 deniers, pièces commodes à manier. Elle est donc elle-même monnaie réelle, bien que non matérialisée. Mais sous les successeurs de Charlemagne, dans la majeure partie de l'Europe, le denier commence à varier, à diminuer constamment de poids. La livre cesse alors d'être monnaie réelle. Comptabilités et contrats continuent bien à être rédigés en livres, mais qui correspondent à un nombre changeant de deniers, au gré des variations de la valeur des espèces métalliques. Par exemple, en France, 260 deniers en 1290, 300 en 1295, 400 en 1301... Confusion supplémentaire, sur le territoire français, avant le triomphe capétien, nous sommes en présence de plusieurs livres de compte de valeur différente, livre du Roussillon, du Languedoc, de Provence, du Dauphiné, de Bourgogne, de Lorraine, plus la livre parisis (Paris) et la livre tournois (Tours). Ainsi, « de 1200 à 1300, le Languedoc se sert de la livre raimondine (monnaie des comtes de Toulouse), six fois plus faible que la [livre tournois] : en 1207, 9 livres raimondines ne valent que 30 sous tournois » [549]. Pour être choisie comme monnaie du roi, la livre tournois qui, vers la même époque, vaut les quatre cinquièmes de la livre parisis [550], a donc eu à éliminer des rivales. Logiquement, la livre parisis aurait dû l'emporter : elle ne sera d'ailleurs définitivement supprimée qu'en 1667. Si la livre de Tours lui a été préférée, c'est avant tout parce qu'elle ouvrait aux Capétiens les possessions des Plantagenets. Devenue monnaie royale, elle s'imposera rapidement comme monnaie de compte, même « en des provinces dont les suzerains sont très jaloux de leurs prérogatives » [551].

La livre tournois est donc comme une échelle de mesure. Face à elle, les monnaies réelles occupent telle ou telle position, telle ou telle cote. Cette cote variera. Dévaluer était autrefois une opération assez simple. Il suffisait de hausser la valeur des espèces, ce qui revient à dévaluer la livre qui les mesure. Autre procédé, refondre les monnaies, les nouvelles gardant la même valeur que les anciennes, malgré leur titre inférieur. Si bien que le président Pasquier pouvait dire, en 1621, que ne lui plaisait guère le proverbe : « Il est décrié comme une vieille monnoye pour un homme qui est en mauvaise réputation... car comme nos affaires vont par la France, la vieille monnoye est meilleure que la nouvelle laquelle depuis une centaine d'ans va toujours en s'affoiblissant. » [552]

Si la correspondance entre la livre et telle monnaie réelle d'or ou d'argent s'était arrêtée à un point fixe, la livre aurait été consolidée. C'est ce qui arrive en 1577, le faible gouvernement de Henri III, sur le conseil et la pression des marchands de Lyon, décide que l'écu d'or en or, pièce standard, vaudra une fois pour toutes trois livres ou soixante sols : la livre se retrouvait monnaie réelle, rattachée à l'or. Mais l'opération à peine esquissée échouait, l'écu d'or en or dépassait sa cote, atteignait bientôt 63, 64, voire 70 sous [553].

2) J'ai dit un peu vite que la livre tournois dans le système ancien ne se matérialisait pas. C'est inexact, dans deux cas différents, l'un et l'autre sans grande conséquence. Si l'on émet des billets, ils sont libellés en livres. C'est le cas sous Louis XIV. Mais le billet se dévalue vite, donc pas de consolidation. L'autre matérialisation vient des monnaies divisionnaires : elles représentent un certain nombre de sols ou de deniers – donc des divisions de la livre de compte, non des sous-multiples des pièces réelles d'or ou d'argent. Mais ce sont, je l'ai dit, des monnaies fiduciaires – autant dire du papier.

3) Il y a donc eu, au moins, trois manières de dévaluer la livre tournois :

a) en haussant la valeur légale des monnaies d'or ou d'argent ;

b) en procédant à une refonte des monnaies, leur valeur nominale étant maintenue alors que leur titre est diminué ;

c) en diminuant le prix officiel de la monnaie divisionnaire : la pièce de trois deniers, par exemple, n'en vaudra plus que deux (1668).

La dévaluation de la livre tournois s'est poursuivie avec constance. Les résultats sont devant nous dans ce graphique de Frank C. Spooner qui n'enregistre le processus qu'à partir de 1450.. Si l'on donne à la valeur de la livre tournois en 1258 l'indice 100, cette valeur n'était plus que de 53 en 1360, de 36 en 1465, de 11 en 1561... L'inflation n'aura jamais fait halte.

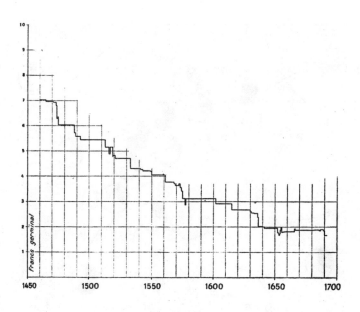

COURS DE LA LIVRE TOURNOIS,
EXPRIME EN FRANCS GERMINAL
A BASE D'OR ET D'ARGENT.
La livre tournois, en deux siècles et demi, a perdu les trois quarts de
sa valeur, continuant un mouvement ininterrompu depuis le XIIIᵉ siècle.
(Source : F.C. Spooner, *L'Economie mondiale et les frappes monétaires
en France, 1493-1680*, 1956.)

Il n'y aura de stabilisation de la livre qu'en 1726, cette fois
elle a été rattachée à l'argent (54 livres sont taillées par marc de
métal). Réforme que Calonne consolide en 1785 par la modification
du rapport or-argent dont j'ai parlé (la *ratio* passe de 14,5 [554] à
15,5 pour un). Après les tempêtes monétaires de la Révolution,
la création du franc germinal, exactement le 7 avril 1803, prend
la suite de ces mesures de l'Ancien Régime. La stabilisation qu'elle
réinstalle durera cette fois plus d'un siècle, jusqu'à la loi du 25 juin
1928 qui créa le franc Poincaré, dit aussi le *franc de quatre sous :*
il valait en effet cinq fois moins que le franc germinal. Mais cette
fois il était rattaché à l'or – non plus à l'argent – et ainsi se trouvait
installé, en France, le monométallisme au bénéfice du métal jaune.
On sait que cette tentative pour sauver, avec l'étalon-or, la
fixité du franc, a été la dernière. Bientôt l'inflation allait reprendre
gaillardement ses droits et, après 1945, elle eut les brides sur
le cou.

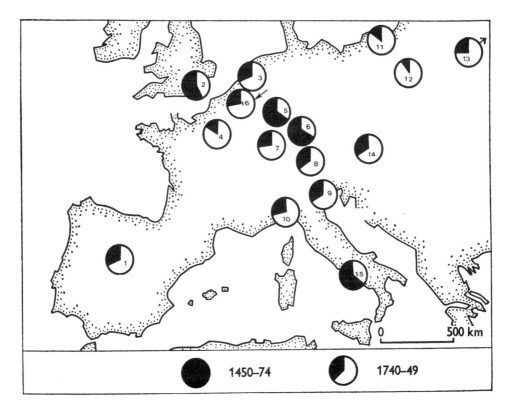

LA DEVALUATION MONETAIRE EST UN PHENOMENE
GENERAL A TRAVERS L'EUROPE
(Source : *Cambridge Economic History of Europe,* t. IV, 1967.)

1. Nouvelle-Castille ; 2. Angleterre ; 3. Hollande ; 4. France ; 5. Francfort ; 6. Wurzbourg ; 7. Alsace ; 8. Augsbourg ; 9. Venise ; 10. Gênes ;
11. Deutzig ; 12. Pologne ; 13. Moscou ; 14. Autriche ; 15. Naples ;
16. Pays-Bas des Habsbourg.

Mais disons-le avec force, cette inflation qui va s'adjuger un
demi-siècle de notre histoire récente ne se compare pas à celle qui
fut, des siècles durant, le lot de l'ancienne France. Et c'est à cette
inflation d'autrefois que je voudrais faire retour.

Pour comprendre la différence entre l'une et l'autre, il faut,
un instant, revenir à quelques définitions nécessaires. J'ai employé,
jusqu'ici, le mot de *monétarisation* dans le sens général d'extension
de l'économie monétaire. Il convient d'être plus précis, l'extension
de la monnaie, c'est au vrai l'extension des services qu'elle doit
rendre à la vie des échanges :

– lui fournir une référence, une échelle, de préférence fixe, c'est l'étalon-or ou l'étalon-argent, ou l'étalon double or et argent, comme en 1726, en 1785 ou en 1803 ;

– en permettre le jeu normal, en gros ce que l'on appelle l'économie de marché ;

– lui fournir un conservatoire de la valeur ;

– enfin permettre la mise en place du crédit, qui est, en gros, une seconde monnaie.

Or le système monétaire ancien donne une satisfaction plus ou moins complète dans ces quatre directions.

Il permet le crédit, les pseudo-monnaies que sont lettre de change et billet : longtemps la lettre de change se paiera obligatoirement en or ; l'écu de marc des foires de Lyon a été une sorte de dollar de nos temps modernes [555].

Ledit système offre de lui-même la conservation de la valeur – l'épargne – car dans le flux des échanges et des paiements, la pièce de monnaie passe et repasse dans mes mains. Si je la saisis et l'enferme dans mon coffre, elle vaudra, en raison de son métal fin, le jour où je la ressortirai. Aujourd'hui, pour se garantir contre l'inflation, il y a les espèces d'or anciennes, le napoléon, ou les lingots d'or, mais ce sont des marchandises ; il y a aussi la terre, l'immeuble, la pierre comme l'on dit, les tableaux, les œuvres d'art... Tous ces refuges existaient aussi avant 1789, et même les métaux précieux sous forme d'orfèvrerie. « Nous avons actuellement [1756], dit Ange Goudar, en France, au-delà de treize cents millions de meubles d'or et d'argent en bijoux et vaisselle plate. » [556] Je ne garantis pas le chiffre, mais la mise en réserve certainement. Plus précis, le baron Dupin, qui a été un de nos premiers statisticiens [557], indique, d'après les enregistrements officiels que, de 1818 à 1825, « le croira-t-on... les familles françaises [ont] augmenté... leur vaisselle, leurs bijoux d'argent et d'or pour vingt millions de francs par an ». Mais l'essentiel, c'est qu'aussi bien avant 1914 qu'avant 1789, le système monétaire en place soit autoconservateur, il offre sans transformation ses pièces d'or et d'argent à qui veut épargner. Il est vrai que lorsque la politique serrée et efficace de la Banque de France aura rassuré les Français sur la valeur du billet, le bas de laine français se remplira aussi bien de billets que de pièces... Mais les pièces ont joué leur rôle sur des siècles et des siècles de durée. La Société d'histoire du Périgord [558] rapporte qu'« en 1420, à Limoges, les pièces frappées en 817, c'est-à-dire six siècles auparavant, à l'effigie de Louis le Débonnaire, sont encore très communes. On en voit d'autres, à la même date, aux noms de Charlemagne, d'Eudes, de Pépin d'Aquitaine, ayant vu le jour, par conséquent, entre 752 et 890. On a beau savoir que la fabrication des pièces à l'effigie de ces rois continua longtemps après leur mort, le fait ne laisse pas d'être curieux ». Curieux aussi ces détails, moins significatifs, mais nullement négligeables : « En 1892, les paysans bas-normands, sur un champ de foire, ne formulent le prix de leurs bestiaux qu'en pistoles et demi-pistoles [elles avaient cours au temps de Louis XIV] ; les paysans bretons le formulent souvent en réaux, dernier vestige des rapports commerciaux avec l'Espagne. » [559]

Toutes ces monnaies métalliques, anciennes et nouvelles, servent aussi convenablement les échanges. Elles sont lourdes à transporter, mais, toutes mêlées, elles courent la France et l'Europe. Chaque fois que nous sommes en présence d'un paiement détaillé, la surprise ne peut être évitée. En 1670, le receveur du grenier à sel de La Ferté-Bernard (dans l'actuelle Sarthe) fait voiturer à Laval un sac renfermant 7 173 livres 2 sols. Pour constituer cette somme, il lui a fallu 86 louis d'or à 12 livres pièce, 86 louis d'or à 110 sols, 12 pistoles d'Espagne à 4 livres 5 sols 10 deniers, 8 écus d'or à 5 livres 13 sols 9 deniers, plus des louis d'argent faisant 1000 livres, des douzains pour 450 livres [560]... On comprend sans difficulté le rôle et l'absolue nécessité d'une monnaie de compte ! Mais on comprend aussi l'agacement de Sébastien Mercier, vers 1788, devant le spectacle de la rue Vivienne. Les 10 et 20 de chaque mois, se font tant de paiements au comptant dans cette rue des affaires, qu'elle se trouve envahie par des caissiers courbés sous le poids de leurs sacoches. Quelle merveilleuse occasion de *hold up,* penserait un témoin d'aujourd'hui ! Evidemment, le numéraire n'est pas d'un maniement facile. Mais marchands et négociants évitent une partie de ces difficultés avec leurs billets et leurs lettres de change et les miraculeuses compensations des foires ou des banques de dépôt [561].

Bref, le système monétaire ancien, consolidé ou non, et qui durera, en fait, sous-jacent, primordial dans l'économie française jusqu'en 1914, n'a duré que parce qu'il était viable, compatible avec les rythmes et les exigences de notre économie. Je pense donc, *a priori,* qu'il n'a pas été catastrophique, même avant la stabilisation de 1726.

Mais que dire – toutes ces précautions prises – de l'inflation de longue durée qu'a permise, provoquée et en partie entretenue le système ? Faut-il la considérer, cette inflation, cette dégradation continue de la livre tournois, comme la source pernicieuse de tous nos malheurs ? Ou y voir un signe plutôt qu'une cause ? Si vous vous reportez à la carte p. 366, vous constaterez que l'inflation a été un mal pan-européen, la règle que confirment les exceptions : les monnaies stables ne le sont que grâce au tonus des économies sous-jacentes. C'est ce qui se passe à Florence, à Gênes, à Venise, puis à Amsterdam, enfin, de façon éclatante, à Londres. En France, la monnaie stabilisée est le fruit, après 1726, de la bonne santé de notre XVIIIᵉ siècle, comme la fin du franc germinal, en 1929, répond à l'épuisement de la France qui souffre encore des suites d'une guerre, d'une victoire qu'elle a payée d'un prix exorbitant. D'ailleurs même les « Trente Glorieuses » n'ont pas permis un retour à l'étalon-or. En vérité, l'inflation n'est-elle pas un moyen de favoriser la croissance, un choix plus ou moins réfléchi ? R. Sédillot dit de façon brillante : « Depuis que la Gaule est devenue la France, la monnaie paye le plus souvent les guerres, mais c'est ainsi que se fait un pays. » [562]

La monnaie paie aussi beaucoup d'autres choses, prend en compte beaucoup de choses. Peut-être a-t-on prêté trop de lucidité à Antoine Barnave (1761-1793), l'homme célèbre de la Gironde. Et pourtant sa pensée ne va-t-elle pas, prise à la lettre, fort loin ? Pour lui, les régimes politiques tiennent, avant tout, au mode d'utilisation de la richesse des pays concernés. Lequel est lui-même étroitement lié à toutes les conséquences qu'entraîne leur situation, ou d'« Etat intérieur », ou d'« Etat maritime ». Traian Stoianovich a-t-il tort d'en conclure que la monnaie française, au début de la Révolution, serait encore la monnaie d'un pays, quant à l'essentiel, agricole, donc une monnaie de la terre, avec ses gouffres, ses lenteurs, ses obstacles, ses marécages, ses trous d'eau. Tandis que la monnaie anglaise se trouvait liée au commerce, au *Sea Power,* et de ce fait souple, agile, capable de s'accélérer et d'animer une économie bien plus moderne que la française, apte, dirons-nous, à promouvoir un capitalisme moderne [568].

Car c'est bien la question du capitalisme – de l'avenir – qui se pose. Et une fois de plus, hélas, nous voilà en face d'une confrontation de la France et de l'Angleterre. Pourquoi cette dernière réussit-elle, dès le règne d'Elizabeth, alors qu'elle n'est pas, tant s'en faut, la puissance qui domine l'Europe, à stabiliser la livre sterling ? La seule explication qui semble ouvrir un chemin, c'est sans doute que la monétarisation en Angleterre a été plus profonde, plus précoce qu'en France. Pour Phels-Brown et Hopkins, la proportion des salaires en argent (non plus en nature) atteignait déjà un tiers de la population anglaise dans la première moitié du XVIᵉ siècle [564]. En France, bien que le menu peuple à Paris soit payé en mauvaise monnaie [565], de même que les petits producteurs de pastel, au XVIᵉ siècle, autour de Toulouse, j'ai l'impression que notre situation, en ce qui concerne le salariat, n'est pas aussi avancée. Mais pourquoi cette avance de l'Angleterre ? N'a-t-elle pas dû lutter, au départ, contre des infériorités lourdes ? Paul Adam mettait l'accent sur la lutte contre la France, la nécessité du cours forcé des billets de la Banque d'Angleterre (1797), la mise en place d'une industrie condamnée à une production de masse : ces épreuves ont forcé la marche en avant de l'industrialisation. Oui, mais les dimensions restreintes du territoire britannique avaient déjà permis, beaucoup plus tôt que chez nous, les relations serrées d'un marché véritablement national.

Le change vertical

Le système monétaire étant ce qu'il est, pourquoi le capitalisme ne s'en accommoderait-il pas, n'en profiterait-il pas, au passage ? Certes son avenir se situe dans l'usage, la domination, la diffusion de la monnaie de papier, de la pseudo-monnaie. Mais pour autant, dans la mesure où le capitalisme est un processus malléable, transformable, adaptable, il se coule comme cire chaude dans n'importe quel moule. Et c'est bien ce qui se passe : le capitalisme joue à la fois le métal et le papier.

La valeur d'achat réelle, la valeur commerciale d'une pièce de monnaie ne coïncide pas forcément avec sa valeur légale. Vous obtiendrez toujours plus sur le marché avec un écu d'argent qu'avec son équivalent en monnaie de cuivre, qui n'a aucune valeur intrinsèque, qui peut aussi être amputée du jour au lendemain d'une partie de sa valeur légale – c'est un des mécanismes de dévaluation de la livre, nous l'avons dit. En août 1738, le marquis d'Argenson notait : « Il a paru ce matin une diminution sur les pièces de deux sols, laquelle [diminution] est de deux liards ; c'est du quart du total [25 %], ce qui est fort. » [566] Il y a ainsi, bien et constamment en place, ce que José Gentil da Silva appelle, d'une formule heureuse bien qu'elle risque de prêter à confusion, un *change vertical*, un rapport d'échange variable entre hautes et basses monnaies, toujours favorable aux premières [567].

Pour les marchands et les gens aisés, même pour l'Etat [568], l'habitude, la sagesse était donc de payer d'abord avec la monnaie noire qu'ils se trouvaient avoir reçue eux-mêmes, d'un fermier, d'un tenancier, de petits contribuables, ou simplement du fait de l'usage ancien qui obligeait tout créancier à accepter le paiement en monnaie de cuivre d'une partie de son dû. Cette obligation, supprimée par Necker en 1780, avait été rétablie pendant la Révolution et la réforme du franc germinal, en 1803, l'avait maintenue pour le quarantième du montant des créances. Lorsque Mollien, qui l'abrogea définitivement en 1810 en tant que ministre du Trésor public, explique que, si l'on recevait, pour « un paiement de 100 francs, 98 francs en monnaie d'argent et 2 francs dans une monnaie dont la valeur réelle n'était guère que de 1 franc » [569], on subissait de ce seul fait une perte de 1 %, on comprend pourquoi « les gens avisés triaient les bonnes espèces, les mauvaises [restant] entre les mains des gens du peuple ». [570] Les banquiers lyonnais, au XVIe siècle, avaient pour politique permanente de réussir un véritable « monopole des écus » d'or. Des démarcheurs les collectaient pour eux à Lyon même, en relançant les voyageurs jusque dans les auberges de la ville [571]. Ce sont de bonnes pièces aussi que recevra ce simple prêteur auprès duquel son débiteur, un métayer, semble s'excuser d'un léger retard de remboursement, dans une lettre de 1645. Il ne dispose guère que de deniers et « appréhende de [lui] faire mauvais paiement ». Mais dans quelques jours, promet-il, en revenant de « la foire de Saint-Berthommieu, ...j'aurai de la belle argent et je vous l'apporterai » [572].

A ce jeu, si les monnaies noires, rejetées sans fin vers l'économie inférieure, ont une vitesse de circulation sans égale, comme je l'ai déjà dit, les bonnes pièces piégées par les riches font plus ou moins longtemps du sur place ; leur destin est de se ranger dans des coffres jusqu'à leur emploi judicieux, dans quelques semaines, quelques mois ou quelques années...

Cette remontée vers le haut de la monnaie noble aura été une pulsion pérenne. Et, pour Gentil da Silva, une forme d'expropriation où il voit « le point de départ », la source même du capitalisme moderne, en France et hors de France [573].

S'y ajoute le jeu plus subtil sur l'or et l'argent. Pour les grands marchands, les mieux informés évidemment, peu importent les monnaies en circulation. A la limite, peu importe même qu'il y ait ou non une stabilisation de la livre aussi bénéfique que celle de 1726. Ils sont personnellement au-dessus de ces difficultés. Ils savent, c'est tout de même assez simple, saisir au passage les bonnes pièces, ou les moins mauvaises. Gascon nous l'a expliqué à propos de la quête des écus d'or dans les milieux de la banque lyonnaise. Carrière, l'historien de Marseille, nous l'a dit dix fois pour une en se plaçant aux côtés des négociants marseillais du XVIIIᵉ siècle, collecteurs de piastres d'argent favorables à leur commerce du Levant. Les Malouins, au début du XVIIIᵉ siècle, jouent sur l'argent d'Amérique. De 1720 à 1750, les Magon, gros négociants de Saint-Malo, spéculent sur l'or chinois : changer de l'argent en Chine contre de l'or, c'est s'assurer de gros bénéfices, le métal blanc y étant fortement surestimé. A la fin du siècle, Jean Joseph de Laborde, banquier de la Cour, qui devait mourir sur l'échafaud en 1794, jouera quant à lui (mais comme beaucoup d'autres) sur le métal blanc de la Nouvelle Espagne et sur l'or du Portugal, c'est-à-dire du Brésil.

Des jeux élémentaires, j'en suis d'accord, encore faut-il être en position de les pratiquer, je veux dire se situer en position haute, en position de force. L'explication de José Gentil da Silva reste essentielle. Mais le « change vertical » n'est qu'une des formes du pompage de l'épargne, ce surplus engrangé par la force de travail sans lequel le capitalisme ne saurait exister. Après tout, n'est-ce pas une sorte de change vertical, entre bas et haut, que le jeu des banques au temps du Second Empire et sous la Troisième République, avec la diffusion dans le public des titres de sociétés anonymes ? L'argent du public afflue et le conseil d'administration de l'entreprise en dispose à sa guise. C'est ce que dénonce, en 1869, Georges Duchêne et, en 1911 et 1912, Lysis, l'ennemi des razzias bancaires à travers le public des petits épargnants [574]. Le principe reste le même.

La lente émergence du papier

Le papier ne va pas tout changer, ni tout aggraver ni tout précipiter. Il est à l'œuvre en effet depuis longtemps. Il est substitution, ersatz du numéraire, mais de pénétration lente, bien que si simple : quelques lignes d'écriture, une ou deux signatures et le tour est joué. Pour ceux qui n'y comprennent rien – et ils sont légion – , le papier est scandale, manœuvre diabolique. Il est, pour les autres, astuce, moyen direct, miracle. A coup sûr, il est la modernité en place ou se faisant, au sommet subtil des échanges. Mais cette modernité déboule mal dans la vie ordinaire ; seuls les hommes d'affaires et les observateurs attentifs l'aperçoivent. Ainsi le modeste Jean Buvat, rédacteur du *Journal de la Régence* [575] qui suit les péripéties du Système de Law – quelle leçon à vrai dire ! En avril 1720, il s'explique : « Par le crédit en général, on entend la promesse écrite ou non écrite, d'une ou de plusieurs personnes, laquelle [promesse] tient lieu de monnoye... C'est ainsi que dans tout l'univers, le gros du commerce se fait, chaque jour, par le seul usage du papier. Les négociants n'envoyent point exprès des courriers ou des vaisseaux pour porter des espèces dans tous les endroits où ils ont du crédit. Leurs billets suffisent non seulement pour se faire prêter toutes les sommes dont ils ont besoin, mais encore pour faire charger des vaisseaux de toutes les denrées du Royaume... L'usage du papier qu'on veut donc établir en France [avec ce qui allait s'appeler le Système de Law] ne fait que confirmer par le crédit public, ce que les Banquiers particuliers faisoient tous les jours par leur crédit privé. » Tout cela n'est pas si mal dit.

Mais les billets à ordre, les actions des compagnies, les emprunts des villes ne jettent pas sur le marché des masses de papier. L'Etat entre plus carrément dans le jeu. Il a répandu très tôt des titres de fonds publics : dès 1522, les rentes sur l'Hôtel de Ville de Paris qui garantit le paiement de ce que nous appellerions les coupons. Ces fonds publics sont-ils, comme nous le penserions aujourd'hui sans hésitation, des espèces monétaires ? Isaac de Pinto [576] (1771) est de cet avis-là, mais il hésite et s'explique avec lenteur : « Quoique l'analogie soit très grande à certains égards [avec la monnaie] les fonds publics ne représentent pas exactement les espèces, mais ils en augmentent le numéraire par leur seule création ; ils deviennent des bien-fonds tout comme une terre et une maison ; ils portent intérêt sans exiger ni réparation ni culture ; leur plus grand avantage, c'est de faire circuler l'argent et ce qui le représente avec plus de rapidité, et c'est par là qu'on peut les envisager partiellement en un certain sens comme de l'argent comptant, ils en font souvent les fonctions. On peut sur la place de Londres convertir en 24 heures cent mille livres sterling d'annuités en espèces courantes. »

Mais cette transformation n'est possible que par le biais d'une Bourse active et celle de Paris n'existera pas vraiment avant l'édit de Fontainebleau de 1724. Jusque-là les rentes de la ville, « loin qu'elles entrent dans le commerce », se négocient difficilement, lentement, par un acte notarié et qui n'est pas gratuit. Toutefois, sous le règne de Louis XVI, les pratiques boursières se développent et, la spéculation s'en mêlant, les jeux à la hausse et à la baisse deviennent très vifs, comme à Amsterdam, ce qui n'est pas peu dire, ou à Londres. Plus d'un observateur et le gouvernement lui-même s'en inquiètent. En 1789, chaque jour, une page du *Journal de Paris* et des *Affiches* donne la cote des valeurs en Bourse – actions de la Compagnie des Indes, billets des Emprunts royaux, de la Caisse d'Escompte, des Emprunts de la Ville de Paris... Ce papier divers représenterait, au début de la Révolution, 8 milliards de livres, ce qui n'est certes pas négligeable, pas moins du double du P.N.B., le quadruple des pièces sonnantes et trébuchantes en circulation [577].

Sur ce total, les 3 milliards de la dette royale qui vont conduire l'Ancien Régime à sa perte. Or les historiens de l'économie comprennent mal une telle issue : la règle actuelle, en effet, c'est que toute dette nationale reste sans danger imminent tant qu'elle ne dépasse pas le double du P.N.B. Selon ces règles, la monarchie n'aurait-elle pas dû s'en sortir, n'ayant, après tout, qu'une dette de l'ordre de 3 milliards ? Mais une règle d'aujourd'hui vaut-elle comme règle d'hier ? On a beaucoup vilipendé Calonne [578], esprit brillant, économiste hardi, moderne, « keynésien », le mot a même été lâché à son propos, qui cependant aurait bien mal conduit la barque française. De son temps, était-il possible de la bien conduire ?

Mais l'histoire du papier, n'est-ce pas avant tout celle du billet de banque ? Lequel ne portera d'ailleurs son nom que tardivement, quand il sortira des presses de la Banque de France fondée en 1800. Avant cette date et ce baptême tardifs, il est un *billet* sans plus, qui reste longtemps en marge des échanges quotidiens. Il est par excellence un expédient, et un expédient de mauvais aloi, des gouvernements qui, en panne de trésorerie, ont recours à lui. C'est ce que fait le gouvernement de Louis XIV au-delà de 1701 : ses billets se dévalorisent à une vitesse surprenante, ils tombent dans le vide, dans les portefeuilles des hommes d'affaires qui ne savent comment s'en débarrasser, ou dans les mains trop habiles de tous les usuriers et fraudeurs du royaume. La correspondance du marquis d'Argenson, lieutenant de police de Paris, signale de nombreuses fourberies et duperies qui prouvent la naïveté et l'embarras des possesseurs ordinaires de billets. Désireux de les changer en pièces sonnantes, à des taux invraisemblables, ils font confiance à des intermédiaires qui oublient le plus simplement du monde de les rembourser. Vérité à Paris, vérité à Lyon. C'était la première tentative d'une réelle ampleur pour introduire en France les billets de monnaie. Elle tourne mal. Alors amusons-nous au passage à lire dans un mémoire, sans doute de 1706 : « Il faut apprivoiser les billets en France comme une plante fragile. »

L'expérience suivante, celle de Law, se fera au début de façon tranquille, efficace, dans le cadre d'une réforme générale des impôts et de leur perception. Puis la machine s'emballe, se détraque et c'est le désastre. Dans ce désastre la dette de Louis XIV s'est dissoute, on a envie de crier bravo. Mais le souvenir exécrable des billets de Law, c'est une ombre mortelle, inhibitrice, jetée sur les institutions bancaires. Il a inspiré ces quelques vers vengeurs :

> Un écu est un écu
> Un billet de banque un billet de banque
> Un écu est un écu
> Un billet de banque un torche-cu [579]

Je ne crois pas qu'il faille dire, en l'occurrence, selon le dicton, qu'en France tout finit par des chansons ou des épigrammes, et qu'ensuite on n'en parle plus. Car « l'électro-choc de l'inflation de 1718-1720 » a joué son rôle prolongé dans le retard bancaire français [580]. La création de la Caisse d'Escompte, en 1776, se fera en toute discrétion. Le mot de banque a été évité et les gros billets de la Caisse intéressent le « haut » commerce et la spéculation, pas tellement le public. Mais pouvait-on imaginer que, sous la Révolution, la France allait voir mieux encore que le Système de Law avec les assignats et les mandats territoriaux ? Etabli par l'Assemblée Constituante, non sans de vives résistances internes en avril 1790, l'assignat devint quelques mois plus tard un véritable

	Masse monétaire				
	Total (MdF) K	Pièces métal- liques (%) L	Billets (%) M	Dépôts (%) N	Total (%) O
1820-1824	2,30	80,1	8,5	11,4	100,0
1825-1829	2,56	80,6	7,9	11,5	100,0
1830-1834	2,86	81,0	8,1	10,9	100,0
1835-1839	3,27	81,4	7,6	11,0	100,0
1840-1844	3,49	80,7	8,6	10,7	100,0
1845-1849	3,83	79,7	9,8	10,5	100,0
1850-1854	4,58	77,2	12,6	10,2	100,0
1855-1859	5,49	77,6	12,4	10,0	100,0
1860-1864	6,24	76,2	12,3	11,5	100,0
1865-1869	7,23	70,8	14,8	14,4	100,0
1870-1874	7,30	53,0	32,6	14,4	100,0
1875-1879	8,02	53,1	28,8	18,1	100,0
1880-1884	9,02	52,7	29,0	18,3	100,0
1885-1889	9,24	49,1	28,7	22,2	100,0
1890-1894	9,48	41,2	32,1	26,7	100,0

POURCENTAGE DES BILLETS ET DES PIECES METALLIQUES DANS LA MASSE MONETAIRE, DE 1820 A 1895.
(Source : F. Braudel, E. Labrousse, *Histoire économique et sociale de la France*, III 1, 1976.)

billet de banque au porteur, quand l'Assemblée en décida le cours forcé. Très vite, sur les marchés et dans les foires, on ne put plus acheter du grain ou du bétail que contre espèce. La dévaluation du papier fut fantastique. Le 15 nivôse an IV, à Chambéry, on donnait 43 à 44 livres d'espèces pour 10 000 livres en assignats. Tel vieil homme, en 1838, retrouve un souvenir de 1797 : « Un revenu de 30 000 livres aurait suffi à peine pour acheter une paire de bottes. » [581] Quelque chose, en somme, de comparable, toutes proportions gardées cependant, à ce que l'Allemagne désemparée de Weimar connaîtra en 1923.

Le billet de banque, comme je l'ai dit, ne commence vraiment son intrusion dans la vie française qu'avec la fondation de la

Banque de France qui a reçu, en 1800, le privilège pour quinze ans de l'émission de billets, dans la seule région parisienne. En province, des banques locales émettront des billets qui ne circuleront que dans les départements relevant de la banque émettrice. Mais comme le billet de Paris est accepté dans les départements, et non les billets de ceux-ci à Paris, des changes s'établissent selon les flux qui vont vers la capitale et s'en échappent. En fait, l'activité essentielle de la Banque est constituée par l'escompte. C'est l'occasion de mettre des billets en circulation dans les milieux d'affaires, des billets toujours échangeables contre de l'argent comptant. Mais, comme il s'agit seulement de très grosses coupures de 500 francs et plus, la Banque est quasi au service exclusif du grand commerce, où sa prudence gagne évidemment à tous les coups [582].

Curieusement, il faudra attendre la révolution de février 1848, qui surprend gouverneur, sous-gouverneurs et régents, pour que la situation se débloque en quelque sorte. En effet, les banques régionales sont alors annexées par la Banque de France, dont l'espace désormais s'étend à tout le territoire national. Des coupures de billets de 50 francs rapprochent la Banque du petit commerce, sinon du public toujours circonspect. Le cours forcé, qui reste en place de 1848 à 1852 et qui ne rencontre aucune opposition massive, favorise l'extension des billets de banque.

Si l'on se reporte au tableau de la page 376, on verra cependant que sa progression est lente. Le crédit s'éparpille encore entre les prêteurs locaux et plus encore les notaires. Il n'y aura de développement accéléré qu'à partir de 1860, quand les banques à succursales introduiront dans le jeu bancaire une part de plus en plus grande de l'épargne française. Bien que les espèces métalliques aient gardé une place anormalement importante dans la circulation monétaire à la veille encore de la première guerre mondiale [583], le billet de banque, gouverné par la sagesse de la Banque de France, s'est apprivoisé, est devenu un élément quotidien du crédit et des échanges. C'est lui, en tout cas, qui a mis peu à peu à l'écart la lettre de change, dont il nous faut, maintenant, longuement parler.

Le rôle de la lettre de change

Les explications précédentes ont déblayé le terrain. J'entends par là qu'ont été éliminés d'importants acteurs – la livre tournois, le billet de banque – et que nous pouvons en aborder un autre, plus important encore, la lettre de change qui, par sa précocité, pose de nombreux problèmes et éclaire tout le passé de l'économie européenne, du XIIᵉ au XIXᵉ siècle. Des problèmes qui se multiplient en quelque sorte à mesure que la recherche historique progresse. L'un d'eux est-il résolu, un nouveau se présente ; et ainsi de suite. On aurait cru qu'après André-E. Sayous, Raymond de Roover et Giulio Mandich, tout avait été dit, à ce sujet, et bien dit. Or un nouveau livre, encore inédit, de jeunes économistes – *Monnaie privée et pouvoir des princes* – soulève quelques problèmes et présente des solutions brillantes, en laissant l'impression en fin de lecture que d'autres problèmes vont se dégager d'eux-mêmes, puisqu'il s'arrête à la fin du XVIᵉ siècle.

La lettre de change est « un papier volant », du format d'un de nos billets de banque actuels. Si vous vous reportez aux manuels marchands, ils vous apprendront de quelle façon la rédiger, selon un mode, presque sacro-saint, qui ne variera pas au cours des siècles. Les mêmes précautions, les mêmes formules, les mêmes invocations sont pieusement reproduites. Lire aujourd'hui une de ces lettres, c'est en lire des milliers d'autres – car c'est par milliers qu'elles sont conservées dans nos dépôts d'archives.

Une lettre de change c'est en principe l'envoi, d'une place sur une autre place, ou sur une foire, d'une somme d'argent à verser dans une autre monnaie : si la lettre part de Lyon pour Medina del Campo, elle sera libellée en écus de marc, monnaie de change lyonnaise, à changer contre des maravedis, la monnaie de compte de la place castillane, au cours qui sera celui de Medina ; si elle est tirée sur Anvers, elle sera calculée à l'arrivée en livres de gros... Il n'est pas difficile de comprendre que quatre personnes participent à l'opération. Quatre personnes qui, dans le jargon des marchands, portent des noms génériques, variables d'ailleurs. Mais plus que ces appellations, le mécanisme de la lettre et l'obligation d'y participer à quatre font problème. Je voudrais m'en expliquer avec un exemple peut-être trop simple.

En 1945, transférer de l'argent de France en Italie était difficile, je ne dis pas impossible. En effet, il existait à Paris une agence assez bien connue, vous lui remettiez telle somme en francs et son compère à Venise, Gênes, ou Rome, en payait l'équivalent en lires à qui vous aviez désigné. Il y a donc dans l'exemple que je retiens deux intermédiaires, l'un à Paris, l'autre à Venise – et qui ont forcément entière confiance l'un dans l'autre. Plus le Français qui a versé les francs. On lui a donné en échange un papier – un reçu – qu'il envoie à Venise où la personne de son choix en touchera l'équivalent en lires, déduction faite des frais de l'opération. Vous avez donc les quatre acteurs. Et si je suis le voyageur qui, à Venise, reçoit les livres versées par moi-même à Paris, j'aurai joué un double rôle et je compterai pour deux : le quatuor est toujours là.

En fait, ce qui ressort de cet exemple gratuit c'est qu'il y a une *filière* – celle des deux compères – et aux extrémités, deux clients qui ne disposent pas, quant à eux, d'une filière qui leur appartiendrait. Enfin le *reçu* obtenu à Paris – un papier volant ou non, rédigé à la va-vite – c'est l'équivalent abâtardi de la sacro-sainte lettre de change.

Ajoutons maintenant quelques remarques supplémentaires :

1) Il est bien évident, dans notre exemple Paris-Venise (1945), que le transfert peut se faire aussi bien de Paris à Venise que de Venise à Paris : sur une place donnée la lettre qui s'en va vers une autre place est une *traite*, une lettre qui lui revient, une *remise* ; C'est ce que dit J. Trenchant dans son *Arithmétique* (1561) : changer, dit-il, c'est « prendre argent en une ville pour rendre sa valeur dans une autre, ou, au contraire bailler en un lieu pour reprendre sa valeur en un autre »[584].

2) Le plus souvent les places ou les foires qui échangent ne sont pas dans un même Etat, dans un même système monétaire. Mais il y a aussi des lettres dites abusivement de « change », qui circulent à l'intérieur d'un même Etat, ainsi dès le XVIᵉ siècle, de Lyon sur Paris, Rouen, Tours, Nantes, Bordeaux, La Rochelle, Marseille... Dans un cas comme dans l'autre, la différence de lieu, entre place d'envoi et place de réception de la lettre, se solde par une différence de la valeur échangée. Le transfert se paie donc par un pourcentage que nous appellerions intérêt, mais qui peut varier en fonction des cours. Il y a donc incertitude, « risque » et c'est pourquoi l'Eglise, qui interdit tout prêt à intérêt comme usure, accepte la lettre de change, la lave en quelque sorte du péché d'usure. Cette concession a ouvert les portes au capitalisme, c'est certain, mais l'Eglise, dont les revenus étaient dispersés à travers l'Europe, n'avait-elle pas les mêmes problèmes que les

marchands ? Notons cependant qu'elle n'autorise la lettre que s'il y a *effectivement* transfert de fonds, d'une place sur une autre.

3) Quant aux quatre partenaires de la lettre de change, ils seront obligatoirement ou des banques, ou des négociants, ou des marchands, ou des changeurs. La lettre de change n'est pas permise au premier venu sachant écrire. Elle appartient à des groupes étroits de spécialistes. Condillac sait que « dans les places mêmes de commerce, le plus grand éloge qu'on croie pouvoir faire d'un marchand, c'est de dire : il entend le change » [585]. La difficulté d'« entente » tient évidemment aux jeux monétaires qui se cachent derrière les lettres. Quant à leur rédaction, elle est fort simple. Il suffit de reproduire, avec les indications nécessaires (lieux, personnes et somme d'argent libellée dans la monnaie qui convient), une formule qui, dans ses invocations et ses précautions, est toujours la même. Il est bien entendu que la lettre est *olographe,* rédigée de votre main et que des échantillons de votre écriture, précaution supplémentaire, sont entre les mains de votre correspondant.

4) La lettre à la longue a changé de caractère, tout en étendant ses fonctions. Dès le XVIᵉ siècle, les marchands essaient d'en faire une valeur négociable, mais l'endossement sera long à s'acclimater. Très tôt, en revanche, par une entorse d'ailleurs condamnée par les autorités ecclésiastiques, la lettre envoyée sur une place peut revenir à son propriétaire après avoir été renvoyée sur une ou plusieurs autres, cela par un accord préalable – le pacte de *ricorsa.* Cette pratique s'implante en Italie au XVIᵉ siècle, mais n'est pas inconnue à Lyon où l'on parle, à la même époque, de *rechange* ou de *rescontre.* Giulio Mandich a signalé une lettre de change qui aurait ainsi voyagé six années durant ! J'ai, pour mon compte, trouvé une lettre de Philippe II aux Fugger, émise en 1590, et qui semble avoir été réglée en 1596 seulement. Dans les deux cas, il s'agit d'une forme de prêt à intérêt qui ne dit pas encore son nom. Le rechange permet même parfois des opérations fictives, sinon frauduleuses, ce que nous appelons en français de la *cavalerie.* Mais qu'il soit instrument de crédit ou de pure spéculation, le rechange demande l'habileté d'un expert en *arbitrages*, en choix d'itinéraires, celui-ci plus avantageux que celui-là ou que tel autre. Jacques Laffitte, employé à la banque Perregaux et succédant à son patron, décédé en 1808, prétendait être maître dans ces opérations auxquelles son vieux patron ne connaissait rien [586].

Le dernier avatar à signaler, alors que la lettre a perdu presque toute son importance face au billet de banque (et plus encore face au chèque dont l'usage, venu d'Angleterre, s'introduit en France, à partir de 1865), est sans doute la loi du 7 juin 1884 [587] qui autorisa « la création de la lettre de change sur la place du paiement, entérinant une situation de fait». L'exigence de la sacro-sainte différence des lieux avait disparu.

La lettre de change a-t-elle créé l'inter-Europe?

Cette histoire « interne » de la lettre de change a été au cœur des recherches menées par les historiens. Mais une fois de plus c'est l'exogène qui nous intéresse, le rôle de la lettre vis-à-vis du capitalisme en voie de formation et vis-à-vis de l'économie européenne, en voie de formation elle aussi, dans sa précoce cohérence.

Le mieux, pour passer du dedans au dehors, est sans doute de partir d'un exemple. Je sors ici de l'hexagone pour retracer un exemple castillan que je connais de bout en bout. Simon Ruiz, marchand à Medina del Campo – dont toute la correspondance a été conservée – a pratiqué tous les métiers, mais à la fin de sa vie, au-delà des années 1590, il se borne à spéculer sur le maniement des lettres de change de Medina del Campo à Florence (les traites) et de Florence à Medina (les remises). C'est sur ces allers et retours qu'il fait valoir son capital. Il ne s'agit donc plus du tout du simple transfert de fonds qui avait été à l'origine de la lettre de change.

Simon Ruiz vient d'acheter à un marchand de laine de sa ville, Medina del Campo, une lettre de change sur Florence, où ledit marchand, par cette lettre, mobilise à son profit le prix de ses balles de laine, expédiées à Livourne et de là, à Florence, par bateau, à partir ordinairement d'Alicante – balles dont on lui doit le paiement. Il vend sa lettre à Simon Ruiz pour toucher aussitôt le montant de sa vente, qu'il recevrait autrement beaucoup plus tard, le temps du transport, plus trois mois pour le transfert d'une lettre de change de Florence. Il touche ainsi son dû en avance – il y a eu *escompte*. Quant à Simon Ruiz, il expédie la lettre à son compatriote, marchand installé à Florence, Baltazar Suarez, dont le crédit est excellent et en qui il a une absolue confiance. Baltazar reçoit la lettre, en perçoit le montant et en rachète sur la place

une autre, tirée sur Medina del Campo, payable à Simon Ruiz.
Six mois après le premier envoi, celui-ci recouvre donc son capital,
plus en général 5 % de profit. L'opération se pratiquant deux fois
par an, le revenu est de 10 % [588].

D'où dérive ce profit puisque le transfert ne donne lieu ni à
commission ni à intérêt? De plusieurs sources et qui ont varié dans
le temps, en même temps que la lettre de change elle-même.

Selon les auteurs de *Monnaie privée et pouvoir des princes,*
jusqu'à la fin du XVIᵉ siècle, l'utilisateur des lettres ne pouvait *que
gagner* un profit minimum, automatique. La démonstration est
convaincante. Elle explique en particulier pourquoi les places qui
cotent leur propre monnaie de compte (le « certain ») en monnaie
étrangère (l'« incertain ») – par exemple, à Lyon, l'écu de marc
contre l'écu génois – offrent toujours un taux de change supérieur
à celui des places qui cotent l'incertain, la monnaie étrangère,
contre leur propre monnaie (à Gênes, par exemple, l'écu de marc
en écus génois, mais, c'est bien le nœud du problème, à un autre
taux qu'à Lyon). L'explication (qui met en cause tout le système
du cours, dans chaque Etat, des monnaies réelles et du rapport
entre leur valeur légale, officielle, et leur valeur intrinsèque) occupe
presque la moitié de l'ouvrage. J'y renvoie le lecteur. Plus que le
mécanisme de ce bénéfice automatique, d'ailleurs, importe le fait
qu'il repose sur une organisation hiérarchisée des places européennes, autour d'une foire centrale (celle de Lyon, puis la foire
génoise de Besançon) qui joue le chef d'orchestre. A chaque place
de change un rôle a été assigné : elle cotera ou le certain ou
l'incertain et des itinéraires de profit se dessinent ainsi d'eux-
mêmes. Le résultat est que « les marchands banquiers [au
XVIᵉ siècle] sont assurés de retirer d'un aller-retour entre deux pays
un gain de change » minimum, quelles que soient les circonstances
économiques du moment. Dans l'exemple donné, entre Lyon qui
cote le certain et Gênes l'incertain, le bénéfice sera de 1,8 % à
chaque opération, soit 7,3 % par an [589].

Cette organisation ne fonctionne que dans la mesure où la
lettre de change est alors – et depuis longtemps d'ailleurs – la chasse
gardée, le monopole d'un très petit groupe, la « caste » privilégiée
des banquiers italiens. « Organisés en un véritable réseau qui
couvre à peu près l'Europe de la Chrétienté latine », ils opèrent
en toute indépendance, tant vis-à-vis des marchands dont ils
utilisent les besoins, que du pouvoir des princes. Ce système se

désorganisera rapidement, après les réformes monétaires de 1577. Mais pendant des décennies, il avait fait des lettres de change un moyen permanent d'enrichissement, lequel s'ajoutait au change vertical de Gentil da Silva.

Qui s'ajoutait aussi aux autres profits de la lettre de change, plus aléatoires ceux-là, mais qui ne feront que se développer aux XVIIᵉ et XVIIIᵉ siècles. N'oublions pas, écrit Galiani (1770), parmi les privilèges des nations commerçantes, « les profits du change ; il tourne presque toujours à leur avantage... Ainsi le commerçant paraît vendre sans bénéfice, tandis que le change seul lui en donne un assez raisonnable » [590]. Selon le *Parfait Négociant* de Savary, vers 1710, ce bénéfice est « quelquefois de deux, trois, quatre ou de dix et quinze pour cent, suivant que l'aloi des espèces est différent, ou que l'argent est plus ou moins abondant, ou que les lettres sont plus ou moins rares sur les places » [591].

Car bien entendu les lettres de change ne font que refléter les mouvements monétaires entre pays, ceux qu'entraînent les balances commerciales ou les demandes de crédit. Ainsi Simon Ruiz se trouve tout d'un coup déçu par son trafic de lettres de change. Une surabondance d'argent s'étant produite à Florence, son correspondant ne trouve à acheter de lettre pour Medina qu'à haut prix. « Le change est tel, écrit-il, que celui qui a l'argent doit le donner au prix que veut le preneur. » Seule solution pour préserver le bénéfice de Simon Ruiz : remettre par Anvers ou Besançon [592]. En revanche, si les espèces sont rares sur une place, et que, marchand, j'ai besoin de fonds, je tire une lettre de change, je la vends, je rembourserai six mois ou un an plus tard. Dans l'intervalle, le marchand banquier en possession de la lettre – qu'il m'a payée – la fera circuler d'une place sur une autre place de son choix avant de la ramener entre ses mains, grossie des profits qu'elle a pour lui accumulés. Ces voyages, c'est la *ricorsa* dont j'ai déjà parlé. La lettre de change permet ainsi de consentir des prêts à des négociants, à des seigneurs, à des princes.

La lettre est aussi, grâce avant tout aux foires de change (mais aussi à des banques de dépôt comme celle de Venise), l'outil de la compensation, le *riscontro* des Italiens, plus tard le *clearing* des Anglais. L'Académie française (1985) souhaite que le mot *clearing*, plus que jamais utilisé aujourd'hui par les économistes, soit remplacé par *compensation,* mais ne suggère pas le retour à l'ancien mot *rescontre,* devenu très tôt chez nous obsolète. Il ne se trouve pas dans le Littré et le *Dictionnaire* de Savary emploie seulement le verbe *rescontrer.*

La compensation, c'est le rôle majeur des foires. A Lyon, au temps où elle était la foire centrale, jusqu'en 1539, voire 1579, une énorme confluence de lettres de change se présentait aux échéances des quatre paiements de l'année. En fait ces lettres se compensent : un avoir neutralise une dette... Claude de Rubys, l'historien de Lyon (1533-1618) admire qu'en une matinée, un million de dettes s'annule sans qu'intervienne un sou de comptant. La compensation joue d'autant mieux que, si des dettes subsistent, elles peuvent être reportées à la foire suivante – c'est le « dépôt » (instrument de crédit qui rapporte à l'ordinaire 2,5 % de foire en foire, soit 10 % l'an). Quand Lyon, au XVIIe siècle, aura perdu sa prééminence internationale, le dépôt y fonctionnera toujours, qui attire l'argent « qui s'ennuie ». C'est l'une des ressources régulières que les prêteurs lyonnais se réserveront avec persévérance. Une source tranquille de revenus.

Le problème clef qu'annonçait le titre de ce paragraphe peut dès lors être abordé avec quelque chance d'en dégager la signification. Peu importe, en ce débat obscur, que l'on ne sache pas quand, ni par suite de quel processus, la lettre de change a fait son apparition en Occident. Peut-être au XIIe siècle. Sans doute en Italie. Peut-être dans le cadre des activités génoises, pour les transferts d'argent à travers la Méditerranée, ou plutôt pour les nécessités du commerce intra-européen en direction des foires de Champagne. Ou simple invention des Juifs essayant de récupérer au loin des biens abandonnés à la suite de leurs exils – hypothèse elle aussi vraisemblable. Mais ne serait-elle pas alors une imitation de la lettre de change qui circule assez tôt entre marchands d'Islam, ainsi de la Tunisie (Ifriqya) jusqu'à l'Inde ? La lettre se serait transmise comme un bien culturel ordinaire, comme le papier, le cotonnier, la canne à sucre, la poudre à canon. J'ai pris, à plusieurs reprises, la responsabilité de cette dernière explication que les spécialistes de l'histoire de l'Islam, y compris Ashtor, repoussent sans hésiter, quoique sans preuve décisive. Mais peu importe, seul nous intéresse l'avenir de la lettre de change.

Il est hors de doute que, grâce à elle, les négociants, les banquiers ont créé une monnaie, une pseudo-monnaie qui échappe au pouvoir du Prince, qui traverse les limites des espaces politiques et monétaires entre quoi l'Europe se partage et qui crée, au-dessus des diversités des monnaies métalliques, un espace marchand unique où ils agissent à leur guise, sans que l'Eglise, qui leur a mené une longue querelle au sujet de l'usure, ne puisse quoi que ce soit contre eux. Quant au Prince, il peut interdire les exportations de l'argent comptant, la lettre de change lui brûle la politesse. Finalement celle-ci aura créé ce que les auteurs de *Monnaie privée et pouvoir des princes* appellent l'inter-Europe et qui, à mes yeux, a toutes les caractéristiques d'une économie-monde bâtie très tôt – dès les foires de Champagne – sur l'étroit continent européen. Voilà qui me semble juste, à condition d'assortir l'affirmation d'un certain nombre de précisions, voire de réserves.

Tout d'abord, il y a eu une chrétienté avant le XIIe siècle, qui, forcément, a entretenu des relations générales à travers son espace. Et ces relations ont mis en mouvement les déplacements et transferts des monnaies métalliques, car si encombrantes soient-elles, si surveillées soient-elles, elles se déplacent. La preuve, c'est le nombre de pièces étrangères à un espace donné que les documents nous signalent. La lettre de change ne fait que doubler les circuits des espèces, elle ne les supprime pas.

Donc le métal, lui aussi, a créé, si imparfaite soit-elle, une inter-Europe, cet exploit ayant suivi et accompagné un échange de marchandises et d'hommes.

L'avantage de la lettre de change est d'avoir quelque chose d'aérien, si l'image nous est permise. Elle court au dernier étage, celui d'une centralisation nécessaire, car le système, appuyé sur les foires aux cadences trimestrielles (plus que sur les places où le rythme des « usances » est plus rapide), exige un centre capable d'organiser les compensations, de ramener à l'ordre une circulation qui se gonfle outre mesure d'échanges mille fois répétés. « Le commerce, disait encore en 1810 François Mollien [593], chaque année, met en mouvement vingt fois, plus peut-être, de richesse réelle qu'il n'y a d'or et d'argent en Europe, depuis qu'il a imaginé cette belle monnaie universelle qu'on nomme traites et remises. » Dans ces conditions s'impose une nécessité de dégonflage, de simplification. Et l'ordre de la compensation s'installe presque de lui-même.

Croyez-vous, en effet, que celle-ci soit miracle ? Ce que négociant j'achète et ce que je vends tendent, n'est-il pas vrai, à s'équilibrer et cet équilibre apparaît au grand jour, à condition d'avoir l'occasion d'une confrontation générale. C'est le phénomène qui joue massivement pour Lyon – foire *centrale* sans contestation possible – durant la période de l'écu de marc, lequel créé en 1533 ne sera abandonné qu'en 1575 au bénéfice de l'écu soleil. La décadence de Lyon comme foire de marchandises aura sans doute commencé dès 1562, mais le change y prospérera encore jusqu'en 1575 [594]. C'est là un retard significatif, puisque les foires de Champagne avaient cessé, elles aussi, d'accueillir les marchandises vers 1300, et continué à jouer leur rôle, pour les changes, jusqu'en 1335.

Mais, Lyon s'effaçant, il fallait un autre centre. A partir de 1579, la foire dite de Besançon s'est installée à Plaisance, sous le contrôle strict des Génois, comme Lyon avait été auparavant sous le contrôle des Toscans. La fortune de Gênes est la conséquence naturelle d'une série de conjonctures favorables qui permettent à ses marchands banquiers de se saisir de l'énorme masse de l'argent *politique* du Roi Catholique (qui circule à travers l'Europe et particulièrement dans les Pays-Bas révoltés), de se substituer, auprès de lui, dès 1557, aux marchands de haute Allemagne – les Fugger, les Welser et les autres – puis de s'emparer du rôle de la place d'Anvers. La guerre a interrompu, en effet, la liaison Espagne-mer du Nord en 1569 : l'Atlantique se trouve hors circuit et l'espace méditerranéen en profite. Les galères espagnoles au service du Roi Catholique transportent lingots et caisses de réaux non plus à Anvers, mais à Gênes qui revend ce métal blanc à Florence et à Venise, gros preneurs pour leur commerce du Levant. Tandis que, par lettres de change, elle fournit de l'or sur la place d'Anvers pour le paiement des troupes au service du Roi Catholique.

Ainsi s'est fondée la grandeur génoise, le « Siècle des Génois », de 1558 à 1627, pas tout à fait trois quarts de siècle. Tant qu'il durera, l'Europe marchande tournera autour de la ville de Saint Georges et des foires qu'elle a créées à Plaisance, à une quarantaine de kilomètres de Milan.

Faut-il croire, avec nos guides auxquels j'ai beaucoup emprunté, qu'il y a eu alors, avec les Génois, « perversion du change » qui ne serait plus lié aux circuits de la marchandise sous-jacente, mais se trouverait dépendre désormais des seuls déplacements de l'argent *politique* de l'Espagne ? En raison de cette perversion, Plaisance, pour ne pas dire Gênes, aurait perdu relativement vite son étonnante prééminence [595].

Ces explications inédites devraient me séduire, mais je renâcle : les choses ont eu une autre allure. La lettre de change, drapeau planté au haut de l'économie, s'appuie sur le comptant – or et argent – et sur la marchandise. Or Gênes regorge de métal blanc, mais n'est pas à suffisance une confluence d'échanges marchands : sa flotte est modeste, malgré les cargos ragusains à son service ; surtout, la grande route *marchande* – bois, blé, toiles, tissus divers, quincaillerie – est celle que parcourent les flûtes hollandaises ; enfin le métal blanc finira par reprendre la route de l'Atlantique entre Espagne et mer du Nord. A partir de 1630, ce sont les Anglais qui le transportent pour le service du roi d'Espagne – votre surprise n'y changera rien – et, à partir de 1648, les Hollandais ! Les affaires sont les affaires. Mieux encore, les marchands financiers marranes, les Juifs convertis (ou bien ou mal) entrent au service de l'Espagne, par la grâce du comte-duc Olivares. L'Espagne est peu à peu prise dans leur réseau, comme la France le sera plus tard par la banque protestante. C'est pour ces raisons – et non à cause d'un emploi vicieux de la lettre de change – que je vois l'effacement du Siècle des Génois qui, d'ailleurs, ne met pas fin à la richesse fabuleuse de la ville.

De ce schéma, des constatations se dégagent, qui nous obligent à reprendre nos explications relatives à l'économie-monde en général et, plus encore, à celle qui se construit sur l'Europe et dans laquelle la France ne cesse de s'insérer, le voulant ou non. Une économie, nous l'avons dit, c'est une zone économique autonome, limitée à une partie de la planète. Avec un point cardinal qui, en Europe, a été successivement Venise, Anvers, Gênes, Amsterdam, Londres. Mais si l'on tient compte du rôle éminent de la foire centrale, il y aurait dans l'économie-monde qui s'installe en Europe deux point forts, une ville dominante, plus une foire. Du coup, le concept d'économie-monde se complique. Au temps des foires de Champagne, Gênes est déjà la « dominante » qui impose ses changeurs. Quand les foires de Champagne déclinent, Venise prend la première place en s'associant aux foires et à la bourse de Bruges. Anvers ne domine ensuite qu'à travers Lyon, qu'elle partage avec Florence, celle-ci tirant les fils essentiels. Gênes, dans sa seconde réussite, s'annexe une foire centrale, à peu de distance d'elle-même, à Plaisance. Mais, quand le centre de

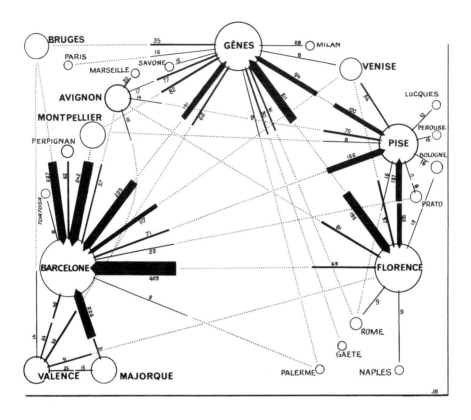

LES CIRCUITS DES LETTRES DE CHANGE, 1385-1410.

Les lignes fléchées représentent les mouvements et les quantités de lettres de change, d'une place à une autre. Lorsqu'il y a aller et retour, les chiffres sont placés du côté de la place qui reçoit. Exemple : Majorque envoie 226 lettres à Barcelone et 25 à Valence ; elle en reçoit 31 de Barcelone et 15 de Valence.

(Schéma de Jacques Bertin.)

Ce premier diagramme résume une source exceptionnelle : le relevé intégral, par Elena Cecchi, des lettres de change que fait circuler Francesco di Marco Datini, marchand de Prato. A partir de trois pôles essentiels : Florence, Gênes et Barcelone (dont on connaît l'importance au XIVe siècle), ces lettres dessinent l'espace financier et commercial du trafic international de l'époque : l'Italie, les côtes de la Méditerranée, française et espagnole, avec une antenne vers Bruges et les pays du Nord.

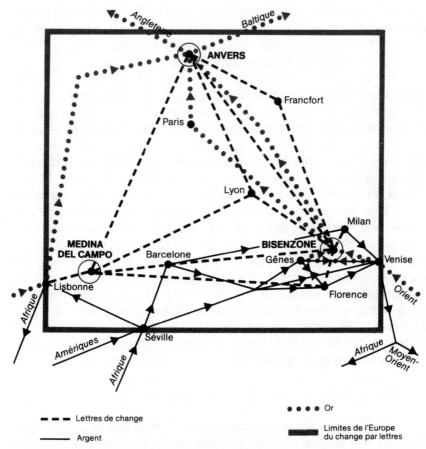

**LE TRIANGLE DES LETTRES DE CHANGE
ET LE MOUVEMENT MONDIAL DES ESPÈCES.**
(Source : *Monnaie privée et pouvoir du prince, op. cit.*)

Le second diagramme représente, deux siècles plus tard, le réseau des lettres de change et des mouvements monétaires (argent américain, or de l'Orient) commandé par les banquiers gênois. Autour de trois pôles essentiels : Plaisance (foires de Bisenzone), Anvers et Medina del Campo, l'inter-Europe s'est fortement agrandie vers l'est et le nord.

389

l'Europe se stabilise à Amsterdam, puis à Londres, la dualité centre dominant-foire centrale s'efface. Amsterdam est tout, foire et bourse. Londres sera tout, avec sa seule bourse, créée en 1571, puis sa Chambre de Compensation créée en 1780.

En avons-nous terminé avec la lettre de change et ses problèmes en chaîne ? Non sans doute. Le lecteur se reportera, s'il veut s'en convaincre, aux deux schémas des pages précédentes. Le premier utilise les renseignements tirés des richissimes archives de Francesco di Marco Datini, entre la fin du XIVe et les débuts du XVe siècle. Les points d'arrivée et les points de départ des lettres de change qu'il envoie ou qu'il reçoit – Naples, Rome, Florence, Milan, Gênes, Venise, Barcelone, Montpellier, Avignon, Bruges – signalent assez bien les points d'appui de l'économie alors dominante, de l'Italie à la mer du Nord : c'est, par excellence, l'axe du capitalisme lors de sa première modernité. Le second croquis est celui du réseau des lettres de change et des mouvements monétaires, tels qu'ils se dessinent à partir des foires génoises de Plaisance, dite de Bisenzone, au tournant des XVIe et XVIIe siècles. Il couvre alors toute la France et une bonne partie de l'Europe du Nord et de l'Est, la foire de Francfort servant de relais en direction de Vienne et Cracovie. Deux siècles après Francesco Datini, l'inter-Europe – l'économie-monde européenne – a beaucoup grandi.

Finance et banque : les débuts d'un système

Quand vous allumez votre lampe, la nuit venue, et que vous laissez votre fenêtre ouverte, les insectes, les malheureux papillons de nuit vont vers votre lumière. Capitalistes et gens d'argent se précipitent jour et nuit vers l'énorme lumière toujours allumée de l'Etat. Ils ne s'y brûlent pas toujours. L'Etat est, dans tous les pays du monde, aussi bien dans la Chine des Ming ou l'Inde du Grand Moghol qu'en Europe, la première affaire en place, l'opération de drainage d'argent numéro un. Je ne dirai pas que vivre, c'est payer ses impôts et ses redevances, mais qu'il serait difficile de vivre sans faire son devoir d'éternel contribuable ; n'y a-t-il pas des siècles que cela dure ? En France, au moins depuis Philippe Auguste, le vrai créateur de l'Etat capétien. Il nous a fait participer à cette œuvre utile dès ses premiers instants.

Evidemment, il y a pour se libérer la fraude et la ruse, même la misère. Lucien Febvre avait l'habitude de dire que, de nos villages français, les plus sales étaient les villages seigneuriaux, où l'on se faisait plus misérable que l'on n'était, pour que le seigneur lui-même s'y trompât. Mais trompe-t-on plus facilement qui vous exploite et vit près de vous que le lointain roi de France ? « Le plus riche d'un village, écrivait en 1709 le grand bailli de l'Ile-de-France, n'oserait à présent tuer un cochon que nuitamment et à l'insu de tout le monde, car si cela se faisait en public, on lui augmenterait son imposition. » [596] Plus sûrement encore, le contribuable se gardait de toute hâte dans le règlement de ses redevances, craignant qu'on y puisse voir une marque d'aisance et une raison d'augmenter ses charges. Mieux valait attendre les poursuites longues et coûteuses dont son retard à payer était suivi.

C'est le plus gros enjeu, dans la France d'Ancien Régime comme dans les France qui l'ont suivie, que cette masse d'argent, de crédits, de recettes et de dépenses qu'infatigablement anime l'Etat. Dès ses origines, au moins 5 %, peut-être 10 % du Produit national brut, en France comme dans les autres Etats d'Europe. Evidemment, au fil du temps, les pourcentages ont changé. Aujourd'hui 50 %, un peu plus, un peu moins, soit un prélèvement énorme qui bouleverse l'économie dans toute son épaisseur et fait basculer la société vers un ordre qui lui convient plus ou moins, contre lequel, en tout cas, elle grogne.

A côté de cette richesse potentielle, écrasante de l'Etat, la fortune des Médicis, ou des Fugger, ou des Welser, ou des Rothschild est dérisoire. En 1840, la fortune des Rothschild, en France, est estimée à 123 millions de francs, soit 2 % du stock monétaire de la France d'alors.

Mais quel étrange trésor que celui de l'Etat, quelle étrange accumulation, variable, fluctuante ! Un réservoir qui tantôt se remplit, tantôt s'assèche, puis l'eau revient qui sera ensuite vidée, et remplacée. L'Etat spolie, razzie, mais aussi restitue, distribue. Même s'il se gonfle à l'occasion : il y a eu le trésor de Sully entassé à l'Arsenal ; il y a la réserve d'or de la Banque de France... Cet argent qui circule dans un sens, puis dans un sens contraire, qui s'accumule et se disperse, c'est au total un vaste jeu. Quel capitaliste n'éprouverait le désir d'ouvrir la main pour y participer ? Dans le secteur privé, pour le change, pour le négoce, pour le vaste commerce intérieur à l'Europe, il faut attendre, risquer, calculer juste. Tout serait-il plus facile quand il s'agit de servir l'Etat, sans s'oublier soi-même ?

En tout cas, transformer en revenus privés les revenus de l'Etat a été une activité de tous les temps. Sourions des propos de tel journaliste qui découvre, à propos du Maroc, que les colonies étaient une façon de changer l'argent public en argent privé, ou de tels économistes sérieux qui dénoncent la collusion actuelle du capitalisme et de l'Etat. Mais depuis toujours n'en est-il pas ainsi ? Imaginez-vous l'Etat, n'importe quel Etat, se passant du service des marchands, des financiers et banquiers ? Désapprouvez-vous Louis XIV se prostituant, selon le mot de Saint-Simon [597], en recevant, à Marly, Samuel Bernard, le roi des marchands de France et d'Europe, ou l'impératrice Eugénie faisant admettre James Rothschild à la Cour de Napoléon III ? Ce sont là des gestes intéressés et raisonnables. Avec la guerre de Succession d'Espagne, le rendement des impôts indirects a baissé : le bail de la Ferme Générale tombe, en 1703, à 42 millions de livres ; il en rapportait vingt de plus en 1683 ; le recul est tel que les fermiers refusent de renouveler leur contrat, les fermes seront alors exploitées en régie, mais elles ne donnent plus, en 1709 que 31 millions [598]. Vous voyez bien qu'Etat et capitalisme sont obligés d'aller de pair.

Le plus intéressant, peut-être, c'est que, du fait de l'Etat, il y ait un partage, comme une faille géologique qui coupe en deux le sol particulier de notre histoire économique : d'un côté, pour parler le langage actuel, un secteur public, de l'autre un secteur privé. Si tout était simple – mais ce n'est pas le cas –, on pourrait affirmer que la *finance* opérait du côté de l'Etat, qu'elle était ou peu s'en faut le secteur public, tandis que la *banque* s'employait dans les affaires qui ne relevaient pas du Prince et qu'elle a bientôt dominées. Si tout était simple, banquiers et financiers se distingueraient une fois pour toutes, comme deux espèces, deux races différentes. Bien entendu, il n'en est rien. Au XVe siècle, d'ailleurs, le terme de financier s'appliquait indifféremment aux officiers du roi, responsables des deniers publics, ou aux gens d'affaires de statut privé [599]. C'est plus tard que les deux mots s'écartent avec netteté : est financier, dira l'*Encyclopédie* au XVIIIe siècle, « toute personne connue pour être intéressée dans les fermes, les régies, entreprises ou affaires qui concernent les revenus du roi » [600]. Au XIXe siècle, à nouveau, les deux mots tendent à se confondre. Sans doute parce que la Révolution a rendu à l'Etat la régie des impôts directs (ce qui n'était qu'à moitié le cas avant 1789) et la perception des impôts indirects, en supprimant la monstrueuse excroissance de la Ferme Générale. Dès lors l'Etat est théoriquement, juridiquement maître en sa maison.

Cela dit, dans les lignes qui suivent, je m'en tiendrai en principe au partage entre secteur privé et secteur public, entre finance et banque, suffisamment net à travers les siècles d'Ancien Régime.

Etant entendu cependant :

1) Que cette ligne de partage n'est pas un mur de clôture parfait.

2) Que la limite est souvent franchie, les banquiers allant à droite (si l'on peut dire) chez les financiers et ceux-ci, à gauche, si l'on peut dire, chez les banquiers.

3) Je me place, pour mieux observer, du côté de l'Etat non pas fiscal, tel qu'il se constitue dès Philippe Auguste avec la mise en place de l'impôt, mais de l'Etat *financier,* selon la formule heureuse de Pierre Chaunu, de l'Etat qui ne peut plus vivre sans l'aide de ses ravitailleurs en argent comptant, fussent-ils d'un côté ou de l'autre de notre ligne de démarcation. A eux de fournir cet « argent [qui] est le premier sang des veines de l'Etat », selon la formule d'un intendant général [601]... Comment, en l'occurrence, l'Etat est-il servi, grugé aussi ? Comment réagit-il ?

A cette dernière question, répondons qu'il se comporte, tour à tour, avec trop de mansuétude – nécessité commande – et avec trop de brutalité : il estime avoir le droit ou le devoir, par des exécutions brutales, celles des commissions de justice, de faire rendre gorge à ses serviteurs. Il frappe ainsi Jacques Cœur, Semblançay, Fouquet... J'imagine même qu'il aurait pu frapper John Law, s'il n'avait pas quitté la France. Enfin, en 1793, la Convention exécute les fermiers généraux, dont Lavoisier. Faut-il inscrire cette tragédie parmi les continuités entre Révolution et Ancien Régime ? Continuité pour continuité, j'aime mieux le geste inattendu de Napoléon Iᵉʳ faisant appel pour la perception des impôts indirects aux survivants des services de la Ferme Générale. En ces domaines, ils avaient assurément une belle expérience !

Jacques Cœur (vers 1395-1456), l'argentier de Charles VII, rétablit, en 1436, une monnaie cohérente dans le royaume, il avance au roi les 2 millions de livres qui lui permettent de reconquérir la Normandie. De toute évidence, il se situe de part et d'autre de notre limite entre le public et le privé : il est financier au service du roi, mais banquier, négociant pour son compte personnel, présent dans un nombre important d'exploitations minières, nanti de correspondants sur les grandes places d'Europe, à Bruges, à Marseille, à Montpellier, à Gênes, à Venise. Il entretient des galères marchandes, des *galées,* à Aigues-Mortes, sept au moins, et participe avec succès au commerce du Levant. Soit un étonnant personnage « brillant émule des hommes d'affaires italiens de son temps » [602], après tout grand serviteur du roi. Mais il s'apercevra à ses dépens des dangers qu'il y a à camper sur les terres du Prince, surtout d'être trop riche, trop influent, et jalousé bien sûr. Accusé de façon absurde d'avoir empoisonné Agnès Sorel, la Dame de Beauté, favorite de Charles VII, il est jeté en prison en 1451 et son procès s'instruit. Heureusement il s'évade et va mourir, au service de la papauté, dans l'île de Chypre, en 1456. Un beau roman et, en ce qui concerne notre propos, un exemple significatif.

C'est la même expérience que fait de façon plus tragique Jacques de Beaune, baron de Semblançay (1445-1527), membre d'une famille de marchands-banquiers établie en Touraine où les séjours fréquents de nos rois avaient développé une série de fortunes locales. Il sera au service de Charles VIII et de Louis XII, tout en ayant, au départ, sa maison de banque. En 1518, il devient surintendant des Finances de François Ier. Louise de Savoie, la mère du roi, utilise ses services, puis se retourne contre lui, ce dont elle était merveilleusement capable à l'égard de qui la gênait. Elle va jusqu'à l'accuser, injustement semble-t-il, d'avoir détourné les soldes de l'armée opérant dans le Milanais. Notez qu'une enquête le disculpe. Mais il a le tort de refuser des fonds et de s'élever, en 1525, contre l'expédition nouvelle qui conduira à la reconquête du Milanais et au désastre sanglant de Pavie, 24 février 1525. François Ier fait prisonnier sur le champ de bataille, Louise de Savoie, régente, gouverne à sa place. Elle intente, avec quelques complicités, le procès du surintendant : Semblançay est condamné à mort et pendu au gibet de Montfaucon.

Tout se répète à propos de Nicolas Fouquet, seul titulaire, à partir de 1659, du poste de surintendant qu'il partageait jusque-là avec Servien. Il tombe en disgrâce, est arrêté le 5 septembre 1661, condamné par miracle à la prison perpétuelle. Il s'éteindra, après un mortel emprisonnement de presque vingt ans (1680), dans la forteresse de Pignerol. Même sa mort reste mystérieuse. Savait-il trop de choses [603] ?

Les historiens d'aujourd'hui préfèrent le vaincu à ses vainqueurs, au triste Colbert, au triste Louis XIV.

L'affaire Fouquet est le dernier de ces épisodes tragiques. Mais que serait-il advenu de John Law, après la fin désastreuse de son « système », si le Régent n'avait facilité sa fuite à Venise ? Comme Fouquet, n'en savait-il pas trop ? Et peut-être Necker, après son renvoi le 11 juillet 1789, aurait-il eu droit, lui aussi, à un procès en bonne et due forme si le coup de force royal n'avait échoué.

Pour en revenir à la distinction entre banque et finance, notons que Fouquet, contrairement à Jacques Cœur et à Semblançay, a été un financier à part entière. Mais n'était-ce pas dans l'air du temps ?

C'est un fait, me semble-t-il, que le règne des financiers – des *traitants,* des *partisans,* comme on disait aussi – a commencé avec la grande cassure qui marque la seconde moitié du XVIᵉ siècle. Il y a eu alors élimination, lente à s'accomplir, mais élimination des banquiers étrangers. Désormais le roi essaiera de ne recourir qu'aux services de ses propres sujets, aux *regnicoles.* Mais il a toujours autant besoin d'avances financières, d'emprunts. Et, d'autre part, la monarchie française s'avère incapable de percevoir par elle-même les revenus de ses impôts directs et de ses impôts indirects. Le personnel lui manque. Elle n'a pas assez de fonctionnaires, dirions-nous. Ainsi va s'organiser un système particulier, qui fera du collecteur de l'impôt le bailleur de fonds de l'Etat.

Dans le domaine des impôts indirects, la solution française est celle qu'avait adoptée la république de Venise où les impôts étaient affermés aux enchères, au plus offrant. Ces fermiers de l'impôt étaient généralement de petites gens, mais derrière eux des nobles se portaient garants, c'est-à-dire qu'ils participaient en sous-main à l'opération, avançaient des fonds, touchaient leur part des bénéfices. C'est exactement (bien qu'il n'y ait pas eu imitation formelle de Venise) ce que font pour le roi les traitants à si mauvaise réputation. Une réputation qui dépasse, certes, les bornes de la médisance, car ces financiers ne sont ni des hommes de rien ni des malhonnêtes fieffés. S'ils avancent d'énormes sommes au roi, c'est aussi qu'ils sont appuyés, comme à Venise, par une foule de prêteurs qui leur confient leurs capitaux pour les faire fructifier. Ils sont avant tout des intermédiaires. Ce système durera vaille que vaille jusqu'à la Révolution, ayant vraiment pris toute son extension avec la mise en place de la Ferme Générale, en 1669, au temps de Colbert.

Quant aux impôts directs, c'est à des officiers de finance ayant acheté leurs charges : receveurs généraux, généraux des monnaies, sous-receveurs... qu'en sont confiées les opérations ultimes. D'eux aussi on fait sans fin des bailleurs de fonds, des pseudo-financiers.

Par là la monarchie, comme on l'a dit souvent, a bradé son pouvoir. Mais pouvait-elle agir autrement ? Oui, sans doute, si, comme le fit dès 1688 l'Angleterre, toujours en avance sur le continent, elle avait été capable d'établir un système de régie moderne. Ce n'était pas le cas, nous l'avons dit. La France a donc dû se contenter de ce double système, archaïque c'est certain. Deux ouvrages récents, de Françoise Bayard et de Daniel Dessert, se rencontrent pourtant pour conclure qu'après tout, sa « vitalité remarquable », sa souplesse, « extrême », dit l'une, « extraordinaire », dit l'autre, ont permis à la politique française de traverser « malgré alertes et banqueroutes », toutes les épreuves du règne de Louis XIV [604]. Le roi grugé, qui perd au passage une bonne partie de l'impôt levé sur ses sujets, serait aussi un roi bien servi. Essentiellement parce que les bailleurs de fonds qui se dissimulent derrière le financier, souvent plus riches que lui, appartiennent aux classes les plus élevées, socialement et économiquement, à « l'aristocratie d'épée, de robe ou d'Eglise » [605], y compris grands et ministres. L'opération offre des bénéfices substantiels et en principe sans risque, puisque gagés sur les revenus du roi ; l'anonymat des prêteurs est respecté avec une discrétion sourcilleuse [606] (étant donné la réputation douteuse de la finance, ils ne voudraient pas y être associés publiquement) ; les financiers ont donc relativement peu de peine à satisfaire les exigences du pouvoir. Ils disposent d'abondants capitaux qui s'offrent à eux pour partager le pactole. Bref le système aurait eu l'avantage de faire sortir des coffres les capitaux dormants.

Reste que les dettes du roi augmentent, de même que le prélèvement fiscal sur la masse de ses malheureux sujets imposables. Les deux auteurs concluent, à bon droit, que la France qui a supporté ce lourd fardeau était forcément plus riche qu'on ne le croit d'ordinaire, que sa balance commerciale était sans doute aussi plus fortement positive qu'on ne le dit, puisque les énormes sommes recueillies par les soins des financiers étaient toujours en argent comptant, en espèces monétaires.

Ces constatations tranquilles ouvrent la porte à une réhabilitation des vieilles finances royales. Il faut refermer le livre de Félix Gaiffe – *L'Envers du Grand Siècle* – qui, hier, avait fait trop de bruit. Et ne pas prendre à la lettre les insinuations caricaturales du théâtre, qui s'est montré féroce à l'égard des financiers, les prétendant issus des basses classes de la société, ce qui est inexact ; gaspilleurs, malhonnêtes, c'est possible ; bloués par les femmes de la haute aristocratie qu'ils entretiennent. En dépit du *Turcaret* de Le Sage, le traitant est autre chose qu'un simple usurier à la petite semaine, « vendant de l'argent au prix de l'or », accrochant les naïfs...

En tout cas, le système en question n'a guère été un choix. N'a-t-il pas été commandé par les circonstances ? Il ne se comprend vraiment, je crois, que si l'on remonte en deçà du XVIIe siècle, au moins jusqu'au règne de Henri II. Une époque de tristesse et de tristes hommes, ce qui n'empêche ni l'économie ni la guerre d'aller leur train. Comme la guerre court à toute vitesse, le gouvernement dépense largement. Pour ce faire, il emprunte sur la richissime place de Lyon et pas seulement, comme à l'ordinaire, aux négociants et banquiers italiens, maîtres depuis longtemps de la banque internationale. Déjà en 1542-1543 (François Ier régnait encore), le cardinal de Tournon (1489-1562), archevêque de Lyon, avait réussi à rapprocher utilement les finances publiques des capitaux privés de la place française. Il reprenait la même opération, mais en bien plus grand, à la veille du dernier conflit des guerres d'Italie, en 1555. C'est ce qu'on a appelé le *grand party* : les banquiers avançaient au roi 2 600 000 écus, pour 41 foires successives, l'intérêt étant compté pour chacune d'elles à 4 %, plus 1 % d'amortissement. Comme il y a quatre foires par an, l'emprunt roule donc à 20 %, pour une période de dix ans. En dehors des banquiers – c'est la novation –, le receveur de Lyon acceptait n'importe quel versement privé, contre remise d'obligations. On vit se presser une foule de micro-souscripteurs. « Chacun y courait pour [y] mettre son argent... jusqu'aux serviteurs qui y apportaient leurs économies. Les femmes vendaient leurs bijoux. Les veuves aliénaient leurs rentes... » Des étrangers souscrirent aussi, « non seulement les Cantons Suisses, les princes allemands ou autres, mais les pachas et marchands turcs sous le nom de leurs facteurs »[607].

Cet emprunt qui associe public et banquiers (des banquiers qui, comme toujours, ne prêtent que l'argent des autres) est ainsi très « moderne », presque analogue, point pour point, à ce qui se passera aux XVIIe et XVIIIe siècles, pour les emprunts hollandais [608]. Ou, beaucoup plus tard, au-delà de 1840, avec les Rothschild, grands metteurs en place des emprunts du gouvernement français. Bref le *grand party* échappe à la routine des solutions financières. Rien de comparable entre son lancement frénétique et les émissions sages des rentes sur l'Hôtel de Ville, au temps même de Fouquet, à des taux pourtant fabuleusement élevés.

Sur ce survient la défaite française à Saint-Quentin (10 août 1557), coup terrible, le mot de la fin avant la paix du Cateau-Cambrésis et la mort tragique et inopinée de Henri II (10 juillet 1559).

La dette laissée par le roi est énorme. Le papier du grand parti est tombé progressivement à 80, à 70, à 50, à 40 pour cent [609]. Il s'en est suivi un recul, une déroute pour les finances françaises. Presque une rupture avec les hommes d'affaires, plus exactement avec un certain capitalisme déjà moderne. J'ai cru longtemps, avec Frank Spooner, que le centre de gravité économique de la France était passé alors de Lyon à Paris – passage que notre collègue anglais comparait au glissement d'Anvers à Amsterdam. Je ne crois plus à un pareil déplacement, Paris attendra le XVIIIe siècle finissant pour ravir sa primauté à Lyon. Mais, au-delà de 1559, il y a bien eu déplacement vers Paris des firmes italiennes – ainsi les Capponi, ainsi le personnage haut en couleur de Sébastien Zamet [610]... Ils ne font alors que se rapprocher des faveurs de la monarchie française.

La semonce de 1559 a été d'autant plus grave que la crise s'est étendue à l'Europe entière, qu'elle a sévi autant à Anvers qu'à Venise, en Espagne, à Cracovie ou à Lyon, « la foire centrale ». Que, d'autre part, ces chocs et destructions interviennent en même temps que se met en place, peu favorable à la France, désastreux pour Lyon, le Siècle des Génois, lequel signifie aussi un revirement de l'économie européenne vers la Méditerranée, un retour à un ordre ancien. Henri Hauser, Roland Mousnier, Hartlaub partagent sur ce point ma façon de voir. Henri Hauser allait jusqu'à dire [611] que « la crise de 1557... entrava probablement l'évolution du capitalisme international ».

Finance et banque, une occasion perdue

Le système financier en place depuis la seconde moitié du XVIᵉ siècle reste en usage au long du règne de Louis XIV. Les guerres fréquentes le mettent à l'épreuve mais, faute d'une autre solution à portée de main, le maintiennent et le renforcent. Le Trésor, mis en face d'échéances, de paiements urgents, s'adresse à ses officiers de finances, aux traitants, aux fermiers généraux et aux responsables d'innombrables *fermes,* créées à la tête du client et parfois de façon incongrue, tant le gouvernement vit dans l'affolement des paiements à effectuer, d'un jour à l'autre. A ce jeu, il est vrai, traitants et officiers de finances ne créent pas, en principe, des dettes concrètes au gouvernement, puisque les uns et les autres se paient sur les revenus publics à venir, sur l'argent des contribuables.

Toutefois les ressources de ceux-ci ont des limites. Cette France des contribuables, c'est essentiellement la France paysanne qui vit, largement encore, en marge de la monétarisation et dont l'aisance ou la gêne dépendent des récoltes : trop abondantes, elles détériorent les prix ; insuffisantes, elles déclenchent la disette, voire, à se répéter, la famine. Le système ne va donc pas sans sursauts, sans difficultés. La guerre de la Ligue d'Augsbourg (1686-1697) l'a soumis à rude épreuve ; les traitants, les officiers de finances, quand elle s'achève, ont épuisé toutes leurs ressources disponibles. La reprise précoce de la guerre en 1701, avec la mort de Charles II et l'ouverture de la Succession d'Espagne, les surprend en plein désarroi. Force leur est de se tourner vers les banquiers et c'est alors que la banque dite protestante, qui avait déjà joué un rôle avant 1697, fait son entrée en force dans l'histoire de la monarchie française.

Il s'est passé, pour cette banque internationale, « inter-européenne », ce qui s'était passé pour les nouveaux chrétiens de la péninsule Ibérique : chassés de chez eux, ceux-ci avaient couru le monde, y établissant des liaisons, gardant entre eux des connivences. Or la banque est impensable sans de telles ouvertures sur le monde. J'ai montré les nouveaux chrétiens se saisissant, à partir de la Hollande, de l'argent politique du Roi Catholique – en vérité un succès qui semble relever de l'histoire-fiction : ces nouveaux venus en terre étrangère, ces ennemis de l'Espagne, ne lui imposent-ils pas leurs nécessaires et presque loyaux services alors que les autorités de la Castille multiplient contre eux les accusations, même les plus gratuites, et pas seulement sur le plan religieux ? La banque protestante aura un rôle plus vaste assurément que celui des nouveaux chrétiens au temps de Philippe IV d'Espagne. Cependant, mot pour mot, son origine est semblable.

Certes il y avait, avant la révocation de l'Edit de Nantes, un certain nombre de banquiers protestants : les réformés n'ayant pas accès aux carrières qu'offre l'Etat, c'est l'industrie, le commerce, la finance qui les accueillaient. Mais ces banquiers ne furent pas parmi les protestants irréductibles, loin de là, et, aidés à Paris par les autorités monarchiques elles-mêmes, à peine menacés, ils se convertirent, du bout des lèvres sans doute, mais sans esclandre. Nombreux cependant furent ceux, capitalistes, marchands, qui prirent le chemin de l'exil et s'installèrent à Genève, à Bâle, à Francfort, à Amsterdam et à Londres, se dotant ainsi, sans toujours l'avoir cherché, des relais sans quoi aucune activité bancaire fructueuse ne peut se mettre en place. Sans paradoxe, la révocation de l'Edit de Nantes aura créé, pour le moins revigoré la banque protestante, en lui offrant un rôle qui a facilité, ni plus ni moins, le retour à peine clandestin de ses hommes d'affaires à Lyon, puis à Paris, cette fois sans qu'ils aient besoin de faire oublier leur protestantisme. Ne voyons pas là le signe miraculeux du juste retour des choses et de la revanche morale. Ayant fait voyage vers les Amériques, à partir de 1935, à bord de navires remplis de pitoyables réfugiés allemands chassés par le nazisme, j'ai pensé, plus tard, que certains ont dû à cet exil bien des avantages – entre autres dans le domaine ultra-précieux de la banque et des affaires.

Durant la guerre de la Ligue d'Augsbourg, par la force des choses, la banque protestante était déjà entrée au service de Louis XIV. Alors que l'Europe est dressée contre lui, Genève est le seul « couloir » qui permette à la France de négocier avec le reste de l'Europe et d'utiliser les crédits d'Amsterdam (la Hollande est notre ennemi mais n'a pas pour autant rompu ses relations commerciales avec nous). Par Genève arrivent notamment à la France les indispensables matières d'or et d'argent sans quoi nos hôtels des monnaies ne pourraient continuer leurs frappes, et ne faut-il pas des pièces et des pièces de monnaie pour payer nos armées ? A ce jeu, littéralement forcené, Genève, qui n'est encore qu'une petite ville, se transforme, l'industrie qui largement la faisait vivre y régresse (celle notamment de la soie) et les corps de métiers protestent à hauts cris contre le passage des grandes familles de leur ville de l'industrie et du commerce à la banque.

Ainsi Genève s'est rapprochée des finances de la France. Sa pénétration s'accentue avec la longue guerre de Succession d'Espagne, le drame gigantesque des dernières années de Louis XIV. Cette fois, la France lutte aux côtés de l'Espagne dont le duc d'Anjou est devenu roi, sous le nom de Philippe V. Le reste de l'Europe est une fois de plus contre le Roi Soleil. Comme la France liée à l'Espagne n'est plus à la recherche du métal précieux, mais que son système financier est dans un grand malaise, ce sont les banquiers protestants, à partir de Genève, qui sont appelés au secours des finances de la monarchie. Au centre de ces opérations, Samuel Bernard, un de ces banquiers « religionnaires » demeurés en France et ayant abjuré en décembre 1685 sous la pression du pouvoir. Il a fait curieusement ou plutôt mystérieusement fortune, au lendemain de la révocation de l'Edit de Nantes. Sans doute était-il devenu le banquier des protestants émigrés, ayant à sa disposition leurs capitaux en attente de passer à l'étranger. En tout cas, il se vantait de n'avoir jamais emprunté en France [612]. Cette fortune obscurément construite lui permet d'aspirer et d'atteindre aux premiers rôles. Avec lui, se marque « le *premier triomphe* de la banque – par surcroît cosmopolite et huguenote – sur les financiers vieux style relégués dans le rôle plus modeste de collecteurs de fonds » [613].

A l'ancien système – qui s'y résigne de mauvaise grâce – revient en effet le rôle d'assurer le remboursement des emprunts grâce aux revenus collectés pour le roi. La banque – ou pour mieux dire Samuel Bernard – avance l'argent nécessaire aux paiements immédiats, grâce à des émissions de lettres de change qui sont indispensables tant que la guerre se passe, pour l'essentiel, hors de nos frontières, en Allemagne, en Italie, en Espagne. Il pratique en quelque sorte « l'escompte des effets publics et semi-publics » [614] et il y a là, diraient les auteurs de *Monnaie privée et pouvoir du prince,* une nouvelle perversion de la lettre de change – qui d'ailleurs n'est pas entièrement nouvelle – mais n'est-ce pas au prix de perversions successives que la lettre de change a renouvelé ses rôles ? Elle sert, cette fois, à constituer les provisions du Trésor royal, puis à les transférer. Reste à se faire rembourser. Et c'est là le drame, le précipice ouvert.

Il a fallu la folie, l'inexpérience, le goût effréné du profit (des taux d'escompte allant jusqu'à 36 %), l'impression d'être sur une bonne affaire à ne pas lâcher, pour que les banquiers de Genève (ainsi les frères Hogguer, après Huguetan, première victime jetée dans une banqueroute irrémédiable) se trouvent finalement dans des difficultés inextricables d'où seule leur famille, non sans peine, les sortira. Samuel Bernard, plus expérimenté, avec des fonds accumulés notamment chez André Pels (négociant, armateur, banquier, l'un des plus gros hommes d'affaires de la Hollande [615]) et surtout plus rapproché, à Paris, des tout-puissants contrôleurs généraux des Finances, résiste, navigue, avance, monopolise ou peu s'en faut les lettres de change. Mais l'heure de vérité sonne aussi pour lui, en 1708. Alors, il doit régler, sur Lyon, la bagatelle de 14 millions en espèces, somme énorme et qu'il n'a pas en caisse. Il ne dispose en effet que de 18 millions de billets, émis en 1705, et qui ont perdu plus de 80 % de leur valeur. Il est vrai que Samuel Bernard, en 1704, avait été de ceux qui avaient conseillé le recours aux billets et qu'il n'a pas cru, au début, qu'ils se dévalueraient aussi vite. Mais les faits sont là. Si le crédit de Samuel Bernard reste solide sur les places étrangères et notamment à Amsterdam, il n'en est pas de même sur la place de Lyon, qui, en fait, lui échappe, où il est mal assis et détesté autant que craint. Lyon c'est le vieux jeu.

Certes le gouvernement a nanti Samuel Bernard d'une série d'assignations et de rescriptions « sur la Ferme Générale, sur les fermes du Tabac et des Postes, sur le traité des Greffes, sur celui des secrétaires du roi, des Boues et Lanternes, des Boucheries de Paris, sur les Saisies nobiliaires, sur les receveurs généraux » [616] (bref sur des sources de revenus anciens et nouveaux, les nouveaux que l'on imagine au jour le jour) et sur le Trésor qui ne voit affluer qu'une faible partie des revenus du roi. Plus tard sur la Caisse de l'Extraordinaire... Mais ce sont là des promesses. Or le temps c'est de l'argent et tout retard est catastrophe. A Lyon, plusieurs banquiers ont avancé de l'argent et Samuel Bernard, avec leur accord, a tiré sur eux des lettres, l'habituelle cavalerie. Mais tous attendent le retour des chevaux. Et, las d'attendre, perfides aussi, deux de ses créanciers, Lullin et Constant, vendent à 70 % de leur valeur les billets du roi qui leur avaient été donnés en garantie. Les billets en reçoivent un coup plus que sérieux.

Il serait fastidieux d'entrer dans le détail de ce qui n'a pas été et a été tout de même la faillite de Samuel Bernard. Il ne fut sauvé *in extremis* que par l'arrêt de surséance que signa enfin, le 22 septembre 1709, le nouveau contrôleur des Finances, Nicolas Desmarets, lequel restera à son poste jusqu'à la mort de Louis XIV (1715) et pour la lucidité, l'intelligence et l'énergie duquel on ne peut avoir qu'estime. Mais il est l'homme de la Ferme Générale, l'homme de l'Ancien Régime ; est-ce par principe ou par nécessité ? C'est bien lui qui, en septembre 1709, sauve Samuel Bernard, mais le moratoire qu'il lui fait accorder, le Trésor public n'en avait-il pas lui-même besoin pour s'acquitter de ses propres paiements ? Est-il possible de juger les deux hommes – je veux dire d'expliquer leur jeu ? Pour Samuel Bernard, on note son ambition sans bornes, son désir d'être le seul banquier au service du roi et de confisquer, à son seul profit, le pactole des finances royales. Desmarets, à la différence de son prédécesseur Chamillart, est un bon et lucide connaisseur des questions financières, mais quand il succède (1708) à celui qui a été longtemps son patron, il trouve une situation pratiquement sans issue. Impossible de se passer des banquiers et de Samuel Bernard.

Chamillart l'avait tenté, en cette année même où il allait abandonner le contrôle. Les armées françaises, sauf en Espagne, avaient été rejetées de nos frontières. Du coup, les paiements hors de France, par les relais de Milan et d'Amsterdam, devenaient inutiles. Chamillart donna l'ordre de « ramasser directement le numéraire disponible chez les trésoriers des provinces pour le faire transporter aux armées sans intermédiaires et sans traites et remises sur l'étranger » [617]. Malheureusement la solution n'en était pas une. Les armées demandaient à être secourues *régulièrement* et les transports de monnaie, difficiles à organiser et irréguliers par nature, ne pouvaient bien se répartir dans le temps pour le paiement à date fixe des soldes et des dépenses des armées. Le recours à Samuel Bernard, aux transferts rapides par lettres de change, s'imposa à nouveau. Si bien que, avec ou sans gaieté de cœur, Desmarets, en 1709, laisse se poursuivre l'intervention aventureuse de Samuel Bernard. Sa lenteur à accorder le moratoire laisse ouvertes toutes les hypothèses sur le secret – si secret il y a – de sa conduite. Aime-t-il, déteste-t-il le banquier un peu trop insolent ?

Peut-être s'éloigne-t-il un peu plus de lui avec le projet qui échoue, hélas, de la création d'une Banque royale. Samuel Bernard y avait poussé de toute ses forces. C'eût été une liaison entre l'Etat monarchique et le crédit privé. Car la banque ne serait pas passée sous le contrôle gouvernemental. Elle aurait repris en compte la dette du roi – soit des centaines de millions de billets qu'elle aurait absorbés pour en remettre en circulation de nouveaux, valant mieux que les anciens. C'est ce qu'a fait, mais au petit pied, sous la pression des nécessités quotidiennes, la Caisse des receveurs généraux, dite Caisse Legendre, créée par Desmarets.

Que serait devenue cette banque dont la France et la monarchie avaient tellement besoin ? Sûrement une banque de dépôt de circulation et d'émission, selon le modèle que nul n'ignorait de la Banque d'Angleterre, créée en 1688. Oui, mais Samuel Bernard et les banquiers en auraient été les maîtres. Ce sont les hommes de la finance, de la Ferme Générale, les receveurs généraux qui ont écarté le projet. Sans doute aussi (mais je les comprends mal) les négociants. Enfin Desmarets, hostile à sa création ? Ainsi s'opéra un retour au système ancien, à la vieille France des financiers. La Caisse Legendre est une fausse banque, j'oserais dire une contre-banque. Le temps n'est pas encore venu, pour les banquiers, de s'introduire dans l'épaisseur des finances royales. D'ailleurs, avec leurs lettres de change, leurs dépôts, leurs participations à de grandes affaires – la Louisiane d'Antoine Crozat, les expéditions malouines, la guerre de course, les assurances maritimes, les achats de blé à l'étranger –, ils restent dans le vif du commerce au loin et du commerce intra-européen. Ils continuent à être des hommes d'affaires polyvalents, analogues à leurs prédécesseurs et d'ailleurs à ceux qui vont les suivre. Mais une occasion a été perdue.

La finance et la banque (suite et fin)

Ainsi, Desmarets le voulant, au moins le permettant, le vieux système des « publicains » a continué sur sa lancée. Il a repris du poil de la bête et une fois de plus, malgré ses pesanteurs et ses vices, il a permis à la monarchie de vivre, de survivre miraculeusement jusqu'à la fin de l'interminable guerre de Succession d'Espagne. Je n'irai pas jusqu'à dire que le système aboutit logiquement à la Chambre de justice de mars 1716 chargée de rechercher « les malversations et abus... faits au détriment et à l'occasion de nos finances », mais c'est bien la réaction habituelle de la monarchie, depuis toujours injuste et brutale. Desmarets avait été mis à la porte dès la mort de Louis XIV et, avec lui, sombra définitivement la Caisse Legendre. 8 000 financiers furent alors soumis à enquête, 4 410 condamnés à des restitutions et amendes, certains à la prison [618].

Assurément, ledit système n'est pas responsable de l'autre système plus célèbre, celui de Law (1716-1723), succession d'événements notoires et retentissants qui marquent finalement l'impossibilité encore, pour l'économie française, d'accueillir les processus du capitalisme moderne. Alors que le scandale de la Mer du Sud, le *South Sea Bubble*, analogue à la culbute de Law, désole l'Angleterre, mais que l'économie anglaise absorbe la tempête, retrouve son équilibre, le gouvernement ayant soutenu la Compagnie défaillante – en France, au contraire, tout disparaît d'un coup, tout est liquidé de l'expérience de Law [619].

Je ne crois pas aux explications partielles présentées à ce sujet par les historiens. Thiers prétend que Law a eu le tort de recourir au « capital fictif », à la « valeur douteuse » des actions, bref de toucher aux espèces métalliques qui sont, à cette époque et pour longtemps, le plancher de la vie économique de la France [620]. Jacob van Klaveren, le plus subtil des observateurs, raccroche tout à l'échec de la Louisiane, au voyage raté de la mer du Sud et aussi à l'action perverse des grands seigneurs, le prince de Conti et le prince de Condé ; la spéculation effrénée de la rue Quincampoix, cette bourse installée en plein air, n'est pas portée au premier plan. Law dira pour sa part après coup – mais faut-il le croire ? – que la peste de Marseille, qui a paralysé en 1720-1721 le quart de la France, a condamné son expérience.

Toutes ces explications ont leur part de vérité, mais il faut en faire l'addition et mettre en évidence la responsabilité, en profondeur, de l'économie française attardée dans ses habitudes. Il y a eu rejet de la greffe. Law a pu s'enfuir, grâce au Régent qui, selon les rumeurs, a eu sa part sonnante et trébuchante de la manne. Le représentant toscan à Paris, le 30 septembre 1720, écrivait sans hésiter : « *Il Reggente ne deve certo avere accumulato al meno per trecento miglioni...* » [621] Que le Régent ait eu ses responsabilités et ses profits, qui en douterait, mais quels profits, quelles responsabilités ? Est-ce de sa faute si, l'orage passé, retour est fait aux anciennes pratiques ? (le *Visa* a été une nouvelle Cour de justice, la dernière). Si, après la débâcle, il lui faut dédommager les financiers en leur abandonnant la liquidation de l'héritage de Law ? C'était retourner à l'ancien système, tellement vilipendé en 1715, aux affreux frères Paris, soit, mais quoi faire d'autre ? C'était la seule carte jouable.

Maintenant faut-il, comme le veulent trop d'historiens, grossir le retentissement du système de Law ? A croire certains d'entre eux, il aurait réanimé notre économie, amené quelques pièces d'or dans les bas de laine de nos paysans. En tout cas, ses leçons auront contribué à discréditer, une fois pour toutes, le papier dans l'opinion des Français. Mais au total a-t-il été autre chose qu'un orage en plein ciel ? Earl J. Hamilton a démontré, dans des articles précis, que le système n'avait pas amené la fantastique montée des prix ni les ruines retentissantes dont on a parlé. A Paris, les prix multipliés par deux un instant sont rapidement retombés à la normale. Mais ces articles n'ont pas été lus, ou retenus par l'historiographie. Jean-Paul Soissons, d'après l'activité d'études de notaires à Paris et à Versailles, constate lui aussi la tranquillité de leurs affaires, alors qu'on s'attendrait à un grand bouleversement [622]. Comme les orages, les événements tonitruants font parfois plus de bruit que de mal.

Le système ancien s'est rétabli de lui-même et, à peu de chose près, l'endettement du roi s'est retrouvé au niveau de 1718. Le cardinal Fleury (1726-1743) dont le gouvernement a été bénéfique malgré ce qu'en dira et répétera le marquis d'Argenson dans son *Journal,* a fait retour en arrière en rétablissant la Ferme Générale (1726) qui, à partir de 1703, comme je l'ai indiqué, avait été remplacée par des régies directes.

Je crois inutile, pour le propos qui est le nôtre, de suivre dès lors par le détail l'histoire monotone de la finance au service de la monarchie. Tout recommence avec les jeux habituels, les bonnes intentions et l'implacable mouvement des vieux rouages et des puissantes injustices. Les choses ne se brouillent entre la finance et le gouvernement qu'*in extremis,* à partir de 1770 et de l'énergique réaction du triumvirat. Louis XV a sans doute rétabli alors la monarchie, pour deux décennies ; l'abbé Terray, promu au Contrôle Général, a tout bousculé ; mais il n'a pas tout rénové.

En fait, le changement essentiel, comme si souvent, est venu d'ailleurs, du plus profond de la vie économique de la France. Un étonnant essor travaille, en effet, le vieux royaume comme la sève d'un printemps nouveau. C'est cet essor, selon la remarque de

Jean Bouvier [623], qui soulève le crédit, lui donne force et vigueur, en étend le volume et l'action. La banque protestante et cosmopolite qui n'avait jamais abandonné le royaume – le pouvait-elle au demeurant ? – y revient à nouveau, en force plus que jamais. La maison Thélusson (connue ensuite sous des raisons sociales successives, notamment Thélusson-Necker de 1757 à 1768) s'est installée à Paris dès le début du XVIIIᵉ siècle et possède en 1715 (avec le retour à l'ordre) des filiales à Gênes, à Londres, à Amsterdam et à Genève ; Vernet s'installe en 1742 ; Perrégaux, en 1781 ; Bidermann et Clavière en 1782 ; Hottinguer en 1785.

Le nom prestigieux de Necker domine la période. Necker, qui, devenu, sans en avoir le titre, maître du Contrôle Général en 1777, est contraint de donner sa démission (19 mai 1781) ; mais la détérioration des finances de la monarchie provoque son retour, en août 1788. Il est à nouveau disgracié le 11 juillet 1789. Deux jours plus tard Paris se soulève. Qu'un banquier soit à ce point populaire, que les banquiers agissent, en 1789, en faveur de la Révolution, voilà qui est bien digne de remarque. Mais je ne m'y attarderai pas.

De 1789 à 1848

Je voudrais, en pressant le pas, mettre en cause l'*ensemble* de la longue période qui va de 1789 à 1848, d'une Révolution longue et véhémente à une révolution non moins profonde mais qui, comme on le sait, n'aura pas eu le temps de s'accomplir. Contrairement aux habitudes, je joins à dessein la Révolution française, l'Empire, la Restauration et la monarchie de Juillet, car ces périodes se relaient et forment une suite significative : la finance cède alors le pas et la banque, tout en restant la banque, occupe le terrain évacué par sa rivale, c'est-à-dire qu'elle se rapproche de l'Etat, entre à son service. Mais elle continue à lui rester essentiellement extérieure, c'est à ce prix qu'elle maintient sa liberté de manœuvre.

En fait, l'œuvre révolutionnaire a commandé la suite des événements, plus qu'on ne le dit d'ordinaire. Tout d'abord elle a déblayé le terrain. Ensuite, elle sauvegarde, elle construit. Enfin, elle est une épreuve sélective pour les maisons de banque qui, malgré tout, demeurent actives ou à demi actives.

Le coup de balai, ce fut sinon le mérite, du moins le rôle de la Révolution : en supprimant les impôts indirects (quitte à les rétablir dans la pratique), en percevant mal ou pas du tout les impôts directs, les responsables de l'Etat ont tout jeté à terre . Ils se sont condamnés du coup à utiliser très vite la planche à billets des assignats et des mandats territoriaux.

Le rétablissement d'un ordre devenu urgent a été la première tâche du Consulat, à la fin de l'année 1799. C'est alors qu'une administration a été mise en place : au sommet un ministère des Finances (qui centralise les recettes), un ministère du Trésor qui organise les dépenses. « La France actuelle est trop grande, disait Bonaparte, pour qu'un ministère des Finances suffise à tout ! J'ai d'ailleurs besoin d'une garantie de l'administration des finances : je ne la trouverais pas dans un seul ministre. » [624] C'est la première phrase – la France est trop grande... – qui bien évidemment m'enchante. A cette dualité allait aboutir une ample organisation bureaucratique de percepteurs, d'inspecteurs, de receveurs, nommés par l'Etat, et qui devaient, chacun pour son compte, lui fournir un important cautionnement. Toutefois, dans cette remise en ordre, beaucoup de choses, beaucoup d'hommes de l'Ancien Régime sont remis en place. Aux receveurs généraux, des délais sont accordés pour verser le montant de leurs recettes à l'autorité centrale et la possibilité leur est laissée (qui évoque, un instant, les anciens receveurs généraux) de placer à leur gré l'argent qui est dans leurs caisses, en attendant son transfert. Quelle tentation pour le Trésor de se tourner vers eux pour des avances ! Cette construction n'en faisait pas moins place nette : le système, le règne des publicains n'existaient plus.

Détruire mais conserver, innover, garantir. Le Consulat, en créant la Banque de France en 1800, a voulu protéger les banques et le commerce qui en avaient le plus grand besoin. Il s'agissait, en fait, de la transformation de la Caisse des comptes courants, instituée en commandite par un groupe de banquiers et qui avait plutôt mal assumé son rôle (24 pluviôse an VIII – 13 février 1800). La nouvelle banque obtenait, trois ans plus tard, le privilège exclusif d'émettre des billets, au vrai de grosses coupures, si bien qu'à ses débuts, et même par la suite, elle resta au service des grandes affaires plus encore qu'au service de l'Etat. « On l'avait comprise, note Bertrand Gille, comme une sorte de coopérative mutuelle [au service des riches]. Le prix de ses actions – 5 000 francs – écarta, en fait, tout le petit commerce. » Elle appartenait aux banquiers qui furent, en majorité, ses premiers « régents » : Perrier, Robillard, Perrégaux, Mallet, Lecoulteux, Récamier, Germain... Parmi eux, quelques négociants cependant et un notaire. Etait-il scandaleux, pour les héritiers de la Révolution, d'abandonner cette banque plus qu'à moitié au secteur privé ? Au vrai, le vieux secteur financier ayant été mis hors service, aucune autre solution n'eût été viable. N'empêche que ce fut, pour ces privilégiés de la première heure, une affaire d'or. Le 20 février 1800, le nouvel établissement ouvrait ses guichets [625].

L'intervention de la Banque de France aplanit, sous le Consulat et l'Empire, bien des difficultés rencontrées par le commerce et les banques parisiennes ou même provinciales. Elle jouait un triple rôle : banque de dépôt, d'escompte, d'émission. Prudente dès le début, la circonspection resta la règle immuable de sa conduite. Pas d'escompte à moins de trois signatures, pas d'escompte au-delà de trois mois. Elle aida cependant, le cas échéant, de bonnes maisons en difficulté et aussi le gouvernement, à court d'avances, qu'elle ne laissa cependant pas s'installer chez elle en maître. Au total un établissement haut perché. Et même si haut perché que les crises de 1803, 1806, 1810 surtout, n'arrivent pas jusqu'à elle. On ne peut en dire autant, par contre, des banquiers parisiens.

J'ai affirmé de façon générale que le secteur bancaire, en période d'expansion, va plus vite que le commerce, en expansion lui aussi, l'industrie et l'agriculture suivant à distance respectueuse. Mais, en cas de régression et de stagnation, l'agriculture continue son lent mouvement en avant, l'industrie progresse encore, tandis que le commerce régresse à vive allure et il emporte dans sa retraite le crédit, je veux dire les banques. C'est à peu près ce qui s'est passé de 1789 à 1815. Pourtant les principales maisons de banques parisiennes – parmi elles, citons celle de Perrégaux le mystérieux « banquier du Comité de Salut Public » – avaient traversé sans trop d'encombre la difficile période révolutionnaire [626]. En ces temps hostiles la sagesse avait été évidemment de restreindre ses activités, de naviguer au plus près : « Les Mallet suivirent exactement cette politique : leur capital était de 800 000 livres en 1788, de 525 000 en 1792, de 240 000 en 1794, et nul pendant la belle période des assignats... » [627] Ils avaient largement investi en bien-fonds et en terres. Les Périer achetèrent, eux-aussi, de grands domaines, des participations dans les mines d'Anzin. L'avènement d'un pouvoir fort, avec Bonaparte, redonna un instant espoir et vie aux activités bancaires. Mais la rupture de la paix, la crise et les faillites qui s'ensuivirent, en 1803, puis en 1806 et 1810, portèrent des coups, très durs cette fois, à la banque parisienne. Elle ne s'en releva pas jusqu'à la Restauration [628].

Le Consulat et l'Empire eurent donc quelque chose d'étriqué sur le plan du crédit. Le langage à la mode parlerait de style *rétro*. Et c'est assez juste. Gabriel Ouvrard, le grand homme d'affaires, face à Napoléon, n'était-il pas encore un marchand-banquier ? Il spéculait sur les biens nationaux, les denrées coloniales, les fournitures aux armées, des achats massifs de blé en Hollande et en Angleterre lors des disettes de 1801 ; il ravitaillait l'Espagne menacée par la famine, en 1804, et se faisait payer en piastres au Mexique, en Nouvelle Espagne, le métal blanc étant rapatrié en Europe par vaisseaux anglais. Ouvrard était génial [629], mais n'est-ce pas un homme d'autrefois : fastueux, risqueur, prévaricateur le cas échéant, et sans la moindre honte ?

La France de 1815 est un pays lourdement frappé. Même s'il charge un peu trop la balance, le bilan que dresse le baron Dupin [630] n'est pas vraiment inexact : 2 millions de mobilisés, un million de morts, 700 000 vétérans à recaser, deux invasions, soit au moins 1 milliard et 500 000 millions de destructions, une dépense équivalente avec l'occupation étrangère jusqu'à la libération du territoire en 1817... Mais la vie reprend et progressent l'agriculture, l'industrie, le commerce... La paix une fois de plus est le puissant remède. Tout bouge et certains secteurs de pointe annoncent, imposent le changement : les opérations de finances, les sociétés commerciales, les industries nouvelles de la métallurgie et de la chimie, les sociétés lyonnaises de gaz d'éclairage, les canaux, les bateaux à vapeur, les chemins de fer... « Nous voyons tous les jours disparaître, note Adolphe Blanqui, l'économiste, les petits ateliers, le travail éparpillé, les métiers domestiques. L'industrie s'organise en usines immenses qui ressemblent à des casernes ou à des couvents, pourvues d'un matériel imposant, servi par des moteurs d'une puissance infinie. » [631] Le style est emphatique, mais les contemporains n'ont-ils pas le droit de s'extasier devant ce que leur offre leur temps, indéniablement engagé sur une voie nouvelle ? Le progrès est là, omniprésent, surtout avec les chemins de fer qu'organise la loi de 1842.

Et comme pour ces énormes tâches il faut de l'argent, encore de l'argent, du crédit, encore du crédit, la société anonyme, juridiquement créée en 1807, fait enfin son apparition : de 1825 à 1837, 1 039 sociétés sont encore constituées en commandite (ensemble 1,2 milliard de capital), contre 157 (393 millions) de sociétés anonymes. Ce n'est qu'un début ; il faut un commencement à tout. La société anonyme, dans les grandes affaires, va donner tout le pouvoir à un étroit conseil d'administration ; les petits actionnaires sont moutons tondus au gré de ces privilégiés et c'est, bien sûr, une exploitation de la base par le dernier étage, mais est-ce nouveau ? La force des vieilles règles de la société, leur permanence, c'est qu'elles se remodèlent, s'adaptent sans fin aux circonstances nouvelles qui surgissent devant elles. Une fois de plus, rien n'est vraiment nouveau dans les changements visibles au haut de l'économie. Les sociétés anonymes, conséquence prévue du Code du commerce de 1807, existent potentiellement avant de se diffuser. De même la montée de la banque est un mouvement amorcé depuis longtemps. Après l'éclipse ou les difficultés de la Révolution et de l'Empire, son renouveau rapide entraîne beaucoup moins de créations nouvelles (d'ailleurs pour la plupart éphémères) que le retour sur la scène de vieilles maisons, dont un bon tiers actives déjà sous l'Ancien Régime [632]. Si la révolution de 1830, avec la monarchie de Juillet, place des banquiers, Casimir Périer et Jacques Laffitte, parmi les nouveaux ministres, c'est que la haute banque a rapidement réaffermi ses positions. Elle les affermira encore par la suite avec la brusque extension de son champ opérationnel, sous le Second Empire et la Troisième République.

L'expression *haute banque* restera courante jusqu'en 1914 et probablement au-delà. Elle désigne les grandes banques parisiennes bien assises, actives dans la France entière et, plus encore, mêlées à la finance *internationale*. Les propriétaires de ces banques, anciennes pour la plupart, pèsent d'un poids très lourd dans la vie économique, sociale et politique du pays : Jacques Laffitte, successeur de Perrégaux, Hottinguer (venu de Zurich), Hentsh, Périer, Delessert, Fould, James de Rothschild... Au total de vingt à vingt-cinq maisons dont un bon nombre d'origine étrangère. Mais n'était-ce pas la règle ancienne, la condition *sine qua non,* dans tous les cas qui nous sont connus ? La liaison avec l'étranger est indispensable aux grandes affaires. Les cinq fils de Meyer Anselm Rothschild se sont installés en 1820, Anselm à Francfort, leur ville natale, Salomon à Vienne, Nathan à Londres, Karl à Naples, James à Paris : ils surveillent, ils jouent l'Europe qui a assuré leur montée sensationnelle. Et, selon la règle elle aussi ancienne, ils pratiquent toutes les affaires à la fois – les dépôts, l'escompte, le change, les emprunts d'Etat et la commission à grande échelle, en liaison avec le négoce. James, à Paris, « pour alimenter ses vastes opérations financières, a des docks au Havre, des navires en mer, il est peu à peu le seul importateur de thé en France, grand acheteur de laines, de céréales et de soies » [633]. Casimir Périer, qui sera un instant Premier ministre de Louis-Philippe et que le choléra emportera en 1832, au seuil d'une grande carrière politique, « embrasse tout, armement maritime, banque, spéculation sur propriétés, créances publiques et particulières, fonderies de métaux, verreries, raffineries de sucre, fabriques de savon, mouture : le tout à grande échelle ». Bref, ces banquiers restent plus qu'à moitié associés au négoce et à l'industrie.

Cependant, plus que les autres, James de Rothschild, qui est dans les meilleurs termes avec le roi Louis-Philippe, est engagé dans les finances de l'Etat. Peu à peu il s'adjuge le quasi-monopole des emprunts gouvernementaux. L'opération se déroule selon de vieilles habitudes, celles qui avaient cours à Amsterdam dès le XVIIIᵉ siècle. Le rôle du banquier, en l'occurrence, est d'avancer au gouvernement le montant de l'emprunt avant qu'il ne soit lancé, de lui acheter les titres, en somme, évidemment au-dessous du pair. Celui qui se contentera du pourcentage le plus faible enlèvera l'affaire. Après avoir placé les titres au pair dans le public, un autre jeu sera à sa disposition : faire monter leur cote en Bourse pour vendre à haut prix ceux qu'il a gardés par-devers lui, en réserve. Encore une fois, de vieilles pratiques, qui « assurent à peu de frais et de risques des gains énormes » [634]. Le banquier, désormais, s'est rapproché de l'Etat, les mots *finances, financiers*, perdent de leur sens distinctif.

Mais l'Etat est-il aussi inerte, aussi inconsistant qu'il y paraît ? En tout cas, les règles du jeu vont changer après les journées de février 1848 que le monde des affaires n'avait pas prévues. La Seconde République fut une époque houleuse, difficile, hostile à la « finance cosmopolite ». La banque Hope déménagea, ni plus ni moins, pour se retirer en Angleterre. Quant à James de Rothschild, qui venait de soumissionner, en août 1847, un gros emprunt de 250 millions, il se trouva contraint, aux prises avec les pires difficultés, d'en interrompre l'émission [635]. Avec le Second Empire, les milieux d'affaires et de banque allaient retrouver un second souffle, mais Rothschild, desservi par Fould, n'avait plus le même accès au pouvoir que du temps de Louis-Philippe. Si bien qu'en 1854, Bineau, ministre des Finances, cherchant à placer l'emprunt de 250 millions qu'exigeait la guerre de Crimée, renonça à l'intermédiaire de Rothschild et se laissa persuader par deux autres financiers, Dassier et Mirès, de lancer l'emprunt *directement,* par souscription nationale. Le succès fut total, l'émission couverte en quelques jours et « Napoléon III accueillit avec satisfaction "le suffrage universel des capitaux". Le coup était dur pour la haute banque dont le quasi-monopole fut alors aboli » [636]. L'Etat venait de reprendre en main ses emprunts – ce qui, remarquons-le, avait été le cas assez souvent sous l'Ancien Régime. Et n'empêcha pas d'ailleurs le recours, une fois encore, à la haute banque, Alphonse de Rothschild en tête, pour l'émission de l'emprunt destiné, après la défaite de 1870, à payer les 5 milliards exigés par le vainqueur [637].

En tout cas, les compensations n'ont pas manqué à l'aristocratie de la finance. Car, au lendemain de la crise très accusée de 1846-1848, la France et en même temps qu'elle l'Europe débouchent sur une période d'euphorie soutenue. Une marée montante soulève toute l'économie européenne. Est-ce en raison de la découverte des mines d'or de Californie et d'Australie (1848 et 1851) qui la submerge d'une quantité énorme d'or, « en vingt ans, presque autant qu'on en avait extrait depuis le XVIe siècle » [638] ? Pour sa part, la France reçoit en dix ans 3 milliards 380 millions de métal or et perd en revanche 1 100 millions d'argent, celui-ci ayant gagné en masse l'Extrême-Orient, en contrepartie de notre commerce d'outre-mer. Au point qu'en 1861, 80 départements manquèrent de pièces de 5 francs et de pièces divisionnaires [639]. Les mines d'or et les chemins de fer, assurait-on en 1865, « voilà les deux secrets de la prospérité industrielle et commerciale de l'Europe ».

Or les chemins de fer, objet de faveurs gouvernementales à partir de 1842, ont été précisément un des secteurs d'activité favoris de la haute banque. Elle se chargea de collecter les milliards nécessaires à leur construction, en obligations garanties par l'Etat. Elle n'y perdit rien, ni elle ni ses concurrents. Et l'énorme bouleversement qui s'ensuivit contribua à la tirer hors des multiples affaires du négoce, tandis que s'affirmait sa liaison déjà étroite, depuis 1820, avec l'industrie, les mines, la métallurgie et le secteur quasi neuf des assurances.

Toutefois, la crise de 1846-1848 avait démontré l'insuffisance du crédit en France et un déséquilibre grave. En gros, l'essentiel de l'activité bancaire et de l'escompte, en 1840 encore, se trouve servir la place de Paris et le grand négoce travaillant avec l'étranger. Au contraire, la province, les places du commerce national et les centres ruraux sont très mal lotis [640]. Les notables parisiens freinent délibérément l'extension en province de leurs propres établissements de crédit et d'escompte, craignant un emballement de la production dont le résultat serait de « charger les marchés d'une masse de produits et de faire concurrence et peut-être ruiner des hommes établis depuis quarante ou cinquante ans » (ces réflexions sont de 1840) [641]. A plus forte raison s'opposent-ils – efficacement puisqu'elle dépend d'une autorisation préalable du Conseil d'Etat – à la création de circuits provinciaux indépendants. Pendant la première moitié du siècle, l'industrialisation, sauf dans les secteurs auxquelles s'intéressa directement la banque parisienne, s'était donc faite avec les moyens du bord, les entreprises et leurs gros clients s'aidant réciproquement, ne serait-ce qu'en se consentant des délais de paiement ou des prêts à court terme. Par exemple, en 1827, le textile alsacien est financé par des importateurs de coton du Havre et des négociants de Paris, de Lyon, de Bâle ; les 400 fabricants lyonnais, en 1844, utilisent les crédits de 70 marchands de soie locaux et de 180 commissionnaires, français et étrangers. Mais fondé sur des circuits marchands, ce crédit à court terme est fragile. Les faillites en chaîne sont possibles : c'est ce qui arrive en 1846-1848 [642]. La panne prolongée de l'économie appelait des mesures d'urgence.

C'est dans ces conditions que le 8 mars 1848, quelques jours après la prise du pouvoir, le gouvernement provisoire, se passant de l'autorisation préalable du Conseil d'Etat, créa à Paris un Comptoir National d'Escompte, avec des sous-comptoirs dans toutes les grandes villes de France, copiés sur le modèle de la capitale [643]. Désormais le verrou parisien était tombé et, dans la vigoureuse expansion bancaire et industrielle qui suit le coup d'Etat de Napoléon III, quelque chose qui ressemble à nos Trente Glorieuses d'après 1945, on assiste à une sorte de fièvre créatrice, de « désordre concurrentiel entre types de banques et entre hommes de banque » [644]. Parmi les institutions qui survivront jusqu'à nous, citons le Crédit Foncier, fondé en 1852 (comme le Crédit Mobilier) ; le Crédit Industriel et Commercial, en 1859 ; le Crédit Lyonnais, en 1863 ; la Société Générale, en 1864... Les historiens de dire qu'au-delà de 1848, ou plutôt de 1852, un système bancaire d'une nouvelle formule, d'une nouvelle génération se met en place, faisant de la banque à la façon des Rothschild une réalité dépassée. Est-ce tout à fait exact [645] ?

Sans doute les « maisons » de la haute banque, qui restent malgré tout des affaires familiales individuelles, ne sont-elles pas à l'échelle des banques d'affaires et des banques à succursales qui, finalement, tels le Crédit Lyonnais et la Société Générale, jetteront leurs bras sur l'ensemble du pays et de l'épargne française. Mais d'une part, à y regarder de près vers 1860, Lévy-Leboyer conclut que les nouvelles sociétés de crédit n'ont guère modifié les méthodes des maisons de banque privées, ni en matière de répartition des crédits, ni en matière de politique de financement [646]. La différence est dans la décentralisation, elle est très bénéfique, et dans le volume général de l'économie. Mais faut-il « confondre le développement de l'économie et l'action des banques » ? Attribuer à celles-ci le crédit de la montée du Second Empire, puis la responsabilité du ralentissement de la croissance, après 1860 [647] ?

D'autre part, il me semble que les banques d'affaires ou de dépôt sont, comme les bourses, comme les foires de jadis et les marchés d'autrefois, des instruments, des moyens, dont le rôle fluctue avec l'économie. Etablir des comparaisons entre ces mastodontes et les grands capitalistes, du type de ceux qu'on a vus en Europe et que l'on reverra aux Etats-Unis, n'est-ce pas une erreur de jugement ? Je veux dire que ces derniers restent peut-être les acteurs principaux. C'est un fait que la haute banque n'est pas restée en marge du renouvellement bancaire : de même qu'on retrouve ses membres dans les conseils de la Banque de France très régulièrement, de 1800 à 1890, de même ils participent à la création des établissements du Second Empire : 20 % du capital du Crédit Foncier, 50,5 % du Crédit Mobilier (et 8 sièges sur 12 au conseil), 23 % de la Société Générale, etc. [648] Alors si nos grandes banques de crédit, dans la seconde moitié du XIXe siècle, se jettent sur les emprunts et les affaires du monde extérieur, si la Société Générale semble se comporter comme un capitaliste entreprenant des années antérieures, s'engageant dans des affaires lointaines, risquées, ainsi en Amérique latine, en Bolivie, au Pérou, dans ces gouffres ouverts où l'argent d'Europe va se perdre avec régularité – est-ce de leur propre mouvement, alors qu'elles ont des racines nationales évidentes ? Ou bien est-ce parce que la haute banque reste active à côté d'elles, agit sur elles par les conseils d'administration, gagne un niveau supérieur et s'y maintient ?

Ce sont les réflexions que peut inspirer un article brillant de Jean Bouvier qui analyse à la fois les taux de profit et la politique des banques françaises après 1850 [649]. A l'exception de la Banque de France et du Crédit Foncier, celles-ci sont restées « des entreprises largement polyvalentes » et risqueuses, jusqu'à la première guerre mondiale. La montée générale de leurs profits (coupée par deux périodes de stagnation, de 1872 à 1882 et de 1893 à 1901) s'est faite par une réorientation de leur politique : la baisse notable des taux d'intérêt, donc de la productivité du capital, après 1873, a été compensée par un élargissement des crédits offerts à l'économie française et le moindre profit sur le marché national par de vastes opérations plus prometteuses, lancées sur le *marché extérieur*. Or, inspirateurs de cette politique, « les groupes financiers qui sont les maîtres des grandes opérations sur la place de Paris – lancement d'emprunts étrangers surtout – comprennent toujours, jusqu'en 1914, solidairement unis, banquiers privés de la haute banque, banques de dépôts et banques d'affaires ». La haute banque n'a-t-elle cessé de donner le ton à l'ensemble bancaire français que depuis les derniers conflits mondiaux ?

Peut-être reprendrai-je ces problèmes dans la suite de cet ouvrage, à propos de la société, comme il le faudrait. Car cette superstructure lourde est un phénomène autrement décisif dans l'histoire de notre pays que les crises politiques et les alertes extérieures dont est surchargé le récit de l'histoire.

L'importance du petit nombre

Aux derniers étages de la vie économique se rencontrent le pouvoir, la décision, le privilège efficace, qu'il soit logique ou non, qu'il réponde ou non à une morale qui nous conviendrait aujourd'hui. Aveugle, au plus à demi consciente (et encore), c'est la centralisation qui a distribué ces avantages au bénéfice de groupes régulièrement étroits. Ils peuvent changer, moins qu'on ne le dit, mais les remplaçants sont aussi maigres que les remplacés.

A Lyon, au sommet de sa prospérité, autour de 1550, les changes, les paiements des foires, c'est 80 familles de marchands italiens. Quand Plaisance est devenue, vers 1590, la nouvelle *foire centrale* qui domine les mouvements de l'argent européen, tout y aura dépendu d'une soixantaine de *banchieri*. Daniel Dessert, dans son livre récent, recense les « traitants », « partisans » ou financiers qui apportent leur concours à Louis XIV pour percevoir les impôts de ses sujets et lui avancent l'argent dont ils se rembourseront ensuite sur le contribuable. Ces personnages essentiels sont très peu nombreux : de 1668 à 1715, en les comptant tous, on arrive au total de 693 signataires de contrats avec le roi. Si l'on retient seulement ceux qui ont signé au moins 6 contrats jusqu'à 50 et davantage, on ne met en cause que 242 personnes [650]. Ces « financiers » sont originaires, en majorité, « de la moitié septentrionale du pays, au nord d'une ligne joignant Nantes à Genève », notre éternelle charnière [651]. Et tous s'installent à Paris qui est « le centre des affaires de finances » [652]. Bientôt, autour de la place Vendôme, ils font construire de somptueux hôtels. Si bien que la centralisation s'effectue selon deux règles : un petit nombre de personnes, une unité de lieu.

Dans ce monde étroit des traitants, la Ferme Générale a représenté le bastion essentiel, quelque chose comme la réussite majeure. Depuis le bail Falconnet de 1680, elle a été chargée, contre avances, de percevoir les gabelles, aides, traites et entrées... Soit la très grosse masse des impôts indirects. En la regardant de près, un historien signale que « les distinctions régionales [les Languedociens au XVIIIᵉ siècle viennent d'y entrer avec brio] ont... ici assez peu d'importance en raison des alliances qui unissaient entre eux les fermiers généraux, alliances si nombreuses qu'il n'est pas exclu qu'une confrontation systématique des généalogies n'aboutisse à les réunir tous dans deux ou trois, voire dans une seule et même famille » [653]. Mais ce groupe très étroit de personnes très riches, par qui s'esquisse un « super-capitalisme », dispose au-dessous de lui, à travers le royaume, d'une armée de gens à son service. « Les Fermes, écrit Goudar en 1756, ont retiré de la campagne au-delà de cinquante mille citoyens, dont la plus grande partie, au lieu d'être des employés, seroit aujourd'hui des laboureurs. Les fermiers n'occupent que vingt-cinq mille employés à qui ils donnent paye ; mais [...] le nombre de citoyens, relatif aux Fermes, est plus considérable. » [654] Il faut tenir compte, en effet, des sous-fermiers, ceux à qui la Ferme sous-traite la perception de certaines redevances, se conduisant à leur endroit comme le gouvernement monarchique vis-à-vis d'eux-mêmes et qui, si l'on en croit les employeurs, étaient les gens détestés avant tous les autres. C'est surtout contre eux, en tout cas, sous-traitants ou sous-fermiers, que s'exerce la violence populaire [655].

Bref, le significatif, dans ce cas que nous pouvons examiner à loisir, c'est l'énorme masse de l'iceberg dont on ne voit comme d'habitude que le socle émergé. Pas de groupe puissant sans serviteurs ou dépendants ou esclaves sous-jacents.

J'ai, quelques pages plus haut, montré comment un commerce aussi prestigieux que celui du Levant se rassemblait entre quelques mains. Dans le Marseille qui, au XVIIIe siècle, éclate de vigueur et pousse ses navires jusqu'en Atlantique, en accord avec les Malouins, ou plus tard pour participer au commerce des îles, Charles Carrière compte 80 négociants – une fois de plus un petit univers de privilégiés. A Rouen, en 1779, on n'en dénombre que 61 [656]. La haute banque, à Paris, sous la Restauration et plus tard, n'est-ce pas au plus 25 familles ?

Cette règle du petit nombre est bien plus générale que ne l'indiquent ces quelques exemples. Une règle qui a tout l'air d'une loi – immorale si vous voulez. Mais la vieille loi de Mariotte est-elle immorale ? La société, pour être, aurait-elle besoin de ces dominations, de ces rappels à l'ordre ? En tout cas, que la loi plaise (ce n'est pas possible) ou déplaise, elle joue tranquillement dix fois pour une dans les sociétés étrangères à la nôtre, nous ne sommes pas les seuls assujettis à ses contraintes.

Les régents de Hollande, maîtres des villes et des compagnies de commerce, dominent l'économie longtemps la plus brillante d'Europe [657]. A Cadix, au XVIIIe siècle la ville la plus sophistiquée, s'affirme la toute-puissance du *Consulado* de Séville, l'ancienne ville dominante qui n'a pas renoncé à son pouvoir. Or, en date du 12 décembre 1702, un marchand français peut écrire : « Le consulat [de Séville] consiste en quatre ou cinq particuliers [des marchands basques] qui manient le commerce suivant leurs fins particuliers [*sic*] ; les galions et les flottes sortent quand bon leur semble et reviennent quand il leur plaît ; ils ont des gens dans les Indes [en Amérique] qui s'emparent de tous les fruits [les bénéfices]. En un mot, il n'y a que ces cinq particuliers qui s'enrichissent et cela aux dépens et à la ruine des négociants. » [658]

Mais, si l'on parle de *loi* – rencontre rare en histoire comme dans les autres sciences humaines –, il faut qu'elle vaille ailleurs que dans les secteurs qui relèvent de l'argent. En fait le pouvoir, toutes les formes de pouvoir appartiennent à des minorités à ce point victorieuses que, partout, elles naviguent à leur aise – et pour leur avantage – sur la mer immense des non-privilégiés. N'est-ce pas l'occasion de reprendre le titre du livre de Pierre Goubert, *Louis XIV et vingt millions de Français* ? Ces vingt millions, mal liés, mal soudés entre eux et qui laissent la France, c'est-à-dire leurs propres personnes et leurs biens et leur travail, à la disposition d'une aristocratie étroite. Celle-ci, sans se presser, gagne la Cour. J'avoue que longtemps, suivant la leçon de mes maîtres [659], j'avais vu l'histoire de l'Ancien Régime comme une double course, vers la Cour, première étape ; vers le gouvernement et la puissance, seconde étape. Que le cardinal de Richelieu soit devenu, en 1614, l'aumônier de la reine, Anne d'Autriche, le premier pas pour lui était franchi. Comme la première entrée d'un nouveau député au Palais Bourbon. J'avoue avoir été surpris, bien que conforté dans ma nouvelle façon de voir, en lisant sous la plume autorisée de Claude-Frédéric Lévy, merveilleux connaisseur du XVIIIe siècle, cette affirmation sans nuance : « Dans les dernières années du règne de Louis XIV, le pouvoir effectif n'était exercé ni par le monarque déclinant, ni par sa dévote compagne ; il était aux mains de deux familles ministérielles, les Colbert et les Phélipeaux. » [660]. Voilà qui ajoute un trait supplémentaire à la réaction que sera la Régence contre Louis XIV et son régime. Et non moins la disgrâce du contrôleur Desmarets, le « sauveteur » de la monarchie au bord de la faillite, qui appartenait aux deux familles.

Laissant la France derrière nous et gagnant l'Angleterre des guerres napoléoniennes, j'avoue une nouvelle fois avoir été étonné de lire, sous la plume du mestre de camp Pillet, bon observateur, que l'Angleterre au début du XIXe siècle était *gouvernée* par dix familles. Et que le duc de Wellington, couvert d'honneurs, n'était par rapport à ces familles qu'un serviteur, qu'un figurant, qu'un parvenu. La haute, la très haute société, serait-elle maîtresse, discrète ou non, de toutes les manifestations du pouvoir ?

Même l'histoire culturelle ne semble pas échapper à la règle du petit nombre. Lucien Febvre avait l'habitude de dire que chaque époque était dominée par une dizaine au plus de grands écrivains et penseurs, qu'à les bien connaître, à les avoir lus de près, on connaissait à merveille le monde des idées de leur temps. Pour parler vite, songeons à la Pléiade ou aux « philosophes » du XVIIIe siècle, Diderot en tête. Dans le domaine de la peinture, au Bateau Lavoir, à Montparnasse, aux bois de Barbizon, aux bords du Loing... Et, dans la longue histoire des ferveurs religieuses, aux minorités qui échouent – Fénelon et ses amis ; aux minorités qui réussissent sans triompher : j'ai lu et relu avec passion le *Port-Royal* de Sainte-Beuve...

Mais j'arrête ce vagabondage que je reprendrai à loisir dans la seconde partie de cet ouvrage.

J'ai mis en lumière, non en accusation, le capitalisme qui s'est logé à l'aise au sommet de la vie française. Un capitalisme observable dès la profusion vivante du XVIIIe siècle finissant. A parler trop rapidement, je trouve qu'il a tardé à pénétrer la vie française. Peut-être en raison de son faible volume – même du temps de James de Rothschild – et du fait que, son expansion amorcée avec l'essor du second XIXe siècle, il aura trop souvent préféré à la France le monde extérieur, l'étranger, les colonies (reportez-vous aux diatribes raisonnables et justes de Lysis). En tout cas, il me semble que la France, sans doute rétive, n'a pas été pénétrée par le modèle, par les passions nécessaires, par le goût éperdu du profit sans quoi le moteur du capitalisme ne tourne pas. N'est-ce pas tout à la fois le charme et le malheur de la France de ne pas avoir été gagnée, ce qui s'appelle gagnée, par le capitalisme ? Son charme : elle aura vécu autrement que beaucoup d'autres peuples. Son malheur : elle n'aura pas été consciente de ses possibilités et de ses richesses, elle n'a pas su jouer à plein dans la lutte entre les puissances du monde.

Pas assez capitaliste, la France ? Oui, sans doute. Mais exploitée par le capitalisme, oui sans hésitation. L'actualité m'aiderait à le dire. Je me contenterai de citer Sébastien Mercier, que l'histoire s'obstine à voir comme un journaliste vivant, ayant un don de plume et un sens du réel étonnant. Mais il lui arrive de penser. Ecoutez-le, à quelques années seulement de la Révolution. Son article porte en titre : « Capitalistes ». « Le peuple, écrit-il, n'a plus d'argent ; voilà le grand mal. On lui soutire ce qui lui en reste par le jeu infernal d'une loterie meurtrière et par des emprunts d'une séduction dangereuse, qui se renouvellent incessamment. La poche des capitalistes et de leurs adhérents recèle au moins la somme de six cents millions. C'est avec cette masse qu'ils joutent éternellement contre les citoyens du royaume. Leurs porte-feuilles ont fait ligue et cette somme ne rentre jamais dans la circulation. Stagnante, pour ainsi dire, elle appelle encore les richesses, fait la loi, écrase, abyme tout concurrent, est étrangère à l'agriculture, à l'industrie, au commerce, même aux arts. Consacrée à l'agiotage, elle est funeste, et par le vuide qu'elle cause, et par le travail obscur et perpétuel dont elle foule la nation. Il faut que dans cinq ou six années l'argent passe tout entier, par une opération violente et forcée, dans la main des capitalistes qui s'entr'aident pour dévorer tout ce qui n'est pas eux. » [661]

POUR DES CONCLUSIONS
D'ENSEMBLE

Dans les trois volumes de cette première partie, j'ai essayé de peser et repeser certaines des réalités de base de l'histoire de France – ses espaces, le nombre de ses habitants, ses économies...

Je me suis souvent dit, chemin faisant, qu'en fin de compte, il me serait possible, au moment de conclure, de combler les vides, voire de corriger les à-peu-près de quelques-unes de mes explications. Une conclusion, et c'est une conclusion que j'aborde, se présente le plus souvent comme l'heure des repentirs, des doutes, des incertitudes. Mais je me suis aperçu, à l'écrire, que je ne modifierai guère les images que l'observation m'avait proposées et imposées. A peine quelques remarques trouveront-elles place. Donc pas de conclusions à contre sens, mais un simple résumé de longs discours. Il aura au moins l'avantage de la brièveté.

Diversité et unicité

Oui, la France est diverse. Et sa diversité est patente, durable, *structurale*. Vauban parlait déjà « de la diversité du terroir dont toutes les provinces du royaume sont composées » [1]. Michelet, Lucien Febvre l'ont signalée à leur tour et bien d'autres avec eux : une diversité qui brise, qui disjoint, qui oppose. Mais pourquoi cette hétérogénéité, ce sautillement perpétuel, obsédant, dont les Français font volontiers une caractéristique majeure de leur pays, mais qu'ils ont peut-être tort de juger sans égale à travers le monde ? En 1982, à l'université de Göttingen, je parlais sans remords de cette diversité à nulle autre pareille, ce qui prouve que, sans s'émouvoir, on a tendance à répéter les idées courantes et à sacrifier aux prétentions, même innocentes, de ses compatriotes. La discussion engagée, mes auditeurs de s'exclamer avec insistance et même amusement, que l'Allemagne, elle aussi, était diversité et d'en fournir les preuves. Je le savais, au demeurant, et aussi que l'Italie, l'Espagne, la Pologne, l'Angleterre étaient diversité.

Alors l'explication recherchée, si explication il y a, devait sortir de l'hexagone, même si, après tout, ces diversités n'avaient pas partout la même intensité.

Les choses se sont peut-être passées, en France et hors de France, de la façon suivante : de très petites sociétés humaines, d'étroites communautés préhistoriques ont saisi tel ou tel espace – divers ou non –, de préférence divers puisque la différenciation multiplie les ressources. Puis ledit espace s'est individualisé, adapté au nombre des hommes, aux outils, aux moyens et aux possibilités de déplacement d'un groupe qui, avec l'agriculture, renonce au mouvement continu et s'enracine, mais doit aller de ses maisons aux jardins, aux champs, et en revenir. Cet enracinement, cette adaptation fixent pour des siècles les conditions de l'habitat, car celui-ci ne se dégagera jamais entièrement de cette ébauche première. L'arbre aussi s'enracine pour longtemps.

A suivre cette explication vraisemblable, l'économie aurait décidé en première instance, l'espace se partageant même, à l'origine, suivant les règles qu'a exposées Von Thünen.

Par surcroît, ces groupes et espaces originels ne sont pas fermés sur eux-mêmes. Des ouvertures lient, depuis toujours, l'étroit terroir au dehors. En somme, le dehors piège le dedans qui, même s'il ne circule pas largement hors de son territoire, est obligé de rester ouvert, aussi peu que ce soit. Est alors laissée de côté l'explication du divers par la seule *nature* qui n'est là que comme décor. Ainsi l'économie est mise en cause une seconde fois : elle intervient à nouveau parce que aucun groupe ne peut vivre enfermé en lui-même, parce que la diversité appelle la diversité, comme l'électricité positive, la négative. On le voit, je dirais à l'état pur, dans les réseaux mal constitués d'échanges, où la chaîne villages – bourgs – villes n'est pas bien en place, pas constituée à plein : ainsi dans l'ouest du Bourbonnais, mieux encore dans le Velay du XIXᵉ siècle où la cohésion s'établit, faute de mieux, grâce à des foires très souvent « non urbaines » qui organisent « le rassemblement, pour quelques jours, de masses tumultueuses en plein air, dans des lieux sans aménagements spéciaux », selon un type « des plus archaïques... que l'on retrouve dans des régions reculées du sud du Massif Central (Rouergue, Gévaudan, Haut-Vivarais) à l'époque des paysanneries traditionnelles » [2]. Ai-je le droit de voir, dans ces faits patents d'hier, une sorte de démonstration ? Des groupes mal liés entre eux, suppléent à cette insuffisance par une sorte d'explosion compensatoire, la foire. L'économie affirme ainsi ses droits.

Mais l'économie, décisive à coup sûr, n'est pas seule en jeu. La sociabilité, le besoin de l'autre jouent leur rôle. Le paysan, au bourg ou à la ville, trouve l'occasion d'une rupture, d'un voyage, d'une sortie hors d'une vie où l'on est trop souvent seul avec soi-même. C'est aller vers le bruit, la conversation, les nouvelles, le cabaret où l'on trinque avec ses amis de rencontre. Le malheur, c'est que la sociabilité ne se détecte pas aussi facilement que la contrainte de l'économie. Elle est en somme plus discrète. Il me semble qu'elle se perçoit mieux dans les habitats dispersés que dans les gros villages, ou du moins qu'elle est, entre hameaux, entre maisons à honnête distance, plus vive, plus nécessaire qu'ailleurs. L'unicité de la France commence à ces liaisons élémentaires où l'homme s'affirme comme un animal social. Mais il n'évoque ni la ruche d'abeilles ni la fourmilière. Il s'arrête à mi-chemin de ces solutions totalitaires.

Le monde, un trouble-fête qui ne se laisse pas oublier

Dans le chapitre « La géographie a-t-elle inventé la France ? », je me suis arrêté pile, après avoir raconté le siège de Toulon, en 1707. Etait-ce une borne milliaire ? Certainement pas. La France débouche sur la mer et sur les épaisseurs de l'Europe continentale. Je me suis arrêté aux frontières pour en dire l'importance. Elles sont décisives pour l'histoire intérieure de la France. Mais elles ne regardent pas seulement vers le dedans, elles regardent aussi vers le dehors.

J'ai dit vite, après beaucoup d'autres, que la France a raté la mer, qu'elle n'a pas saisi le *Sea Power*, soit le sceptre du monde. Et il faudra sûrement que j'y revienne longuement, à l'extrême fin de cet ouvrage. Mais j'aurais pu, j'aurais dû indiquer déjà, par-delà les frontières, le rôle pesant de l'Europe, qui nous presse, sculpte notre destin comme le sculpteur modèle, de son pouce, le bloc de glaise où il ébauche son œuvre. L'Europe est chez nous, comme le monde est chez nous.

De César, et même bien avant César, jusqu'aux grandes invasions barbares du Ve siècle, l'histoire de France a été un morceau de l'histoire méditerranéenne. Ce qui se passe, même très loin d'elle, dans l'espace de la mer Intérieure, commande sa vie propre. Mais, après les grandes invasions (en laissant de côté les exceptions, ainsi les guerres tardives pour l'Italie), la France s'explique surtout face à l'Europe du Centre et de l'Est. J'avoue, au gré de mes voyages et des illusions qu'ils apportent, avoir rêvé de cette Europe qui commence aux bords de la Somme, de la Meuse ou du Rhin, et s'enfonce jusqu'à la Sibérie et à l'Asie lointaine... J'y ai pensé d'autant plus que, du Rhin à la Pologne, j'ai retrouvé souvent l'architecture même des paysages de Lorraine, où j'ai vécu mon enfance. Mêmes villages groupés. Mêmes champs ouverts. Mêmes terres à blé. Même assolement triennal, même encadrement. En Pologne, vus d'avion, les champs en bandes longues et étroites s'enfoncent dans la zone forestière, comme à l'emporte-pièce. Ils restent dans ma mémoire comme une réminiscence obsédante.

Si nous avions à imaginer un schéma de la France prise dans l'économie du vaste monde, je la représenterais volontiers par une circonférence. Au centre, Paris, ce qui lui donne assurément du point de vue de la géométrie un centre extravagant : le *vrai* centre, Bourges, n'a eu de valeur historique qu'un instant, au temps de Charles VII. Sur la circonférence, les grands ports : Marseille, Bordeaux, La Rochelle, Nantes, Saint-Malo, Rouen, Dunkerque – plus, au milieu des terres, des villes frontières : Lille, Strasbourg et surtout Lyon... Toutes ces villes sont attirées vers le dehors, à moitié attachées au-dedans de la France. Ce contraste du dehors et du dedans est classique. Il y a longtemps que l'on a parlé de l'Espagne périphérique et de l'Espagne intérieure. Mais y aurait-il en plus une sorte de mouvement de balancier, le dehors ayant l'avantage, puis le dedans ? Le dedans qui paraît si vide au marquis d'Argenson, au milieu de ce qui est, à nos yeux, l'essor du XVIIIᵉ siècle, parce que peut-être la vie française s'en va trop vite alors vers sa périphérie.

En tout cas, un tel schéma s'inscrit aussitôt en faux par rapport aux schémas des *économies-mondes,* où les périphéries sont sous le signe du retard, de la pauvreté, de l'exploitation. A l'imagination des économistes et des historiens de concilier de tels contrastes. Toute communauté rationnelle n'est-elle pas condamnée à agir sur ses limites mêmes pour prendre sa place dans l'ordre du monde ? Grâce à la périphérie il y a soudure entre le national et l'international.

Sur ces problèmes, d'une épaisseur redoutable, je reviendrai dans le chapitre ultime de cet ouvrage « La France hors de

France ». Sans doute est-il sage, de ma part, de ne tenter qu'alors le vrai voyage du monde, après avoir terminé les allées et venues à travers l'épaisseur, redoutable elle aussi, de l'histoire propre de la France, je veux dire, considérée dans les limites de son espace.

Mais il était utile de dire à l'avance que ces limites ne sont pas des clôtures. S'il en avait été ainsi, la France eût été moins rayonnante, moins souffrante aussi qu'elle n'a été.

Le chambardement de la France paysanne

A mes yeux, c'est le spectacle qui l'emporte sur tous les autres dans la France d'hier et plus encore d'aujourd'hui. Sans doute d'autres chambardements, d'autres bouleversements ont eu lieu – pour l'industrie, les villes, les moyens de transport, les techniques, la science... Et nous savons aussi que l'industrie de demain ne sera pas celle d'aujourd'hui, que pour elle le chambardement continuera.

Si je m'arrête à la France rurale, c'est que je pense – sauf surprise, par exemple une catastrophe pétrolière – qu'elle risque de rester longtemps semblable à ce qu'elle est devenue, au niveau de l'équilibre qu'elle a atteint. Et que cet équilibre présent appelle une explication difficile à bien formuler. Pourtant, mise correctement en place, elle éclairerait, en partie mais de façon pertinente, les autres mutations de la France.

J'ai montré à satiété qu'une France paysanne ancienne, celle des bourgs, des villages, des hameaux, des habitats dispersés, a duré, assez semblable à elle-même, jusqu'en 1914 sûrement, jusqu'en 1945 probablement. Au-delà de 1945, elle a été victime des « trente glorieuses », de cet essor sans pareil qui devait durer jusqu'aux années soixante-dix et qui, sans nul doute, quand il reprendra, sera plus constructeur et destructeur encore qu'il n'a été.

Il s'en faut qu'avant 1945, et même avant 1914, les campagnes françaises n'aient pas connu de sérieux progrès. Il y a eu progrès de l'espace cultivé, progrès de la production, progrès des méthodes de culture avec l'utilisation des engrais dont j'ai indiqué les interventions successives ; il y a eu, à partir de 1822 au moins, progrès dans la construction des charrues et, plus tard, une série de mécanisations efficaces : les batteuses à pétrole, les faucheuses, les moissonneuses-lieuses.

Il y a eu, détail plus significatif encore, résorption d'une population démunie, vagabonde à l'occasion, dangereuse aussi

– cela avec les premières années du XXᵉ siècle. C'est alors l'appel des villes qui a, peu à peu, débarrassé les campagnes de la plaie jusque-là inguérissable des populations flottantes. Les régions les moins favorisées sont libérées évidemment plus tard que les autres. En 1907 [3], le conseil général de la Nièvre dénonçait « l'exode incessant sur les voies publiques "de chemineaux" qui vivent de rapines, terrorisent les populations des campagnes et sont souvent une cause de scandale dans les villes », qui véhiculent aussi les germes de maladies contagieuses. De même, dans une région aussi misérable que le Gévaudan, les procès renseignent, avec force détails, sur les vols et les violences des vagabonds « jusqu'au jour où ils quitteront définitivement le département [de la Lozère], pour s'installer en ville, vers les années 1910 » [4].

Au chapitre des changements, il faut inscrire le développement de la grande propriété déjà présente en France, dès avant 1789 – ainsi autour de Paris –, et qui représente dans nos campagnes l'intrusion d'un capitalisme actif.

Tous ces chocs ont peu à peu poussé l'économie paysanne ancienne à sa catastrophe. Je pense que le plus décisif (parce que l'un des derniers, mais aussi pour d'autres raisons) a été l'introduction du tracteur, moteur mobile capable d'entraîner derrière lui la charrue la plus sophistiquée, l'énorme moissonneuse-batteuse (une usine en mouvement), les chariots surchargés de gerbes ou de cubes de foin, de paille, préalablement comprimés. Si le remembrement des propriétés a été possible, si la taille de l'exploitation dont peut se charger une famille d'agriculteurs a beaucoup augmenté, c'est sans doute grâce à lui. Autrement, comment ces larges pièces de terre qui marquent tant de paysages agraires pouvaient-elles être seulement labourées ? Sans doute, comme les propriétés des colons français d'Algérie – vers 1933 encore –, par une nuée de charrues et d'attelages travaillant simultanément, s'accompagnant, se croisant. Mais, dès cette époque, les tracteurs entraient en jeu en Algérie et marchaient même la nuit, leurs phares allumés. La France paysanne ne vivait pas encore à cette vitesse précoce. C'est seulement au-delà de 1945 que tout s'est précipité. Les attelages – chevaux ou bœufs – ont souvent complètement disparu. Dans mon village meusien, en 1980, lors de mon dernier passage, il n'y avait plus qu'un cheval, comme à la retraite, chez un de mes vieux cousins. La précipitation des échanges a favorisé partout les régions déjà privilégiées et fait basculer les plus pauvres dans le néant. Une France du vide, de la désertion s'est étendue d'elle-même, laissant l'espace aux broussailles et aux sangliers...

J'arrête là mes remarques sur le chambardement, sur sa brusquerie désordonnée, après 1945. La paysannerie, diverse comme toujours, a été frappée diversement comme il est facile de le constater.

C'est l'inverse de ce problème, de ces problèmes, qui retient mon intérêt et me passionne littéralement. Pourquoi ce chambardement a-t-il eu lieu si tard ? C'est évidemment toute l'économie qu'il faudrait mettre en cause. Mais n'est-ce pas aussi ce simple fait que la vie paysanne a longtemps offert, à une population sûrement en excès, un certain équilibre de vie ? Près de Céret, dans l'Aspre redevenu sauvage où règnent les ronces, les genêts proliférants, les bruyères arborescentes que le sol ingrat mais vide ne décourage pas, « l'équilibre, m'écrit Adrienne Cazeilles [20 janvier 1985], fondé sur l'autoconsommation presque intégrale et une toute petite part de marché, plus apparentée au troc qu'à l'import-export, a basculé définitivement vers 1950 ». La population a lâché pied, laissant tout en place, comme on évacue, en temps de guerre, une position que l'on ne peut plus tenir. Mais auparavant la position se défendait d'elle-même. On ne vivait pas misérablement dans les mas de l'Aspre – pauvrement, durement, oui, mais ce n'est pas la même chose. Comme me le disait plaisamment mais finement un de mes amis, fils de paysans, né en 1899 : « Nous ne manquions de rien, sauf d'argent... »

Je pense que l'habitude de se plaindre des paysans a été prise plus qu'au sérieux par les historiens. Peut-être ont-ils trop sacrifié à un *misérabilisme* de bon aloi et de bonne conscience.

Sur cet équilibre supportable où qu'il s'observe, les témoignages sûrs manquent. J'ai interrogé tant et plus les hommes de mon âge qui, au moins dans leur enfance, ont connu cette France si différente de l'actuelle. Sans doute, si vous vous retrouviez dans telle maison paysanne de l'époque de Raymond Poincaré, vous livreriez-vous à d'amères considérations. Le travail de la terre était dur, sans fin, malgré une fausse liberté : on avait le choix, oui, mais entre des tâches pénibles... Toutefois, on vivait sans se plaindre entre soi. Ni au sujet de la corvée d'eau : pas d'eau courante, la tirer du puits, la chercher à la fontaine publique ; ni à cause de l'éclairage imparfait du soir (pas d'électricité), de la médiocrité des vêtements, rarement renouvelés, ou de l'absence des commodités et distractions citadines. Chacun mangeait à sa faim grâce au jardin savamment cultivé, au champ où les pommes de terre avaient trouvé place, aux conserves familiales de fruits et légumes, à la viande de boucherie du dimanche, au cochon bénéfique élevé à la ferme, tué et consommé sur place. Mon témoignage d'enfant attentif est-il valable ? Ou celui de Jean Petit sur sa Bourgogne montagneuse d'avant 1914 ? Ou celui de Michel Sageloli, ancien maire de Céret et ancien président du conseil général des Pyrénées-Orientales ? Ou celui de ce professeur de philosophie, qui témoigne lui aussi sur la Lorraine ?

Laissons la question ouverte. Jusqu'à plus ample informé, je crois que l'ancienne France paysanne a survécu grâce à son labeur, à sa sagesse, à son aisance relative dans un pays tout de même favorisé. Je me reprocherais, en vérité, de céder en la regardant à un certain crève-cœur, alors que le maintien des anciens équilibres ne peut apparaître, rétrospectivement, sur le plan de la logique et de la sagesse, que comme une solution alors raisonnable. Il n'est pas sûr que l'agriculture d'aujourd'hui, qui va dans le sens de la technique et de l'évolution des mœurs, soit *partout* la solution raisonnable. Bien qu'elle se soit réfugiée dans les meilleures terres, abandonnant les autres, elle reste, comme hier, partagée dans son espace par de grandes différences de productivité. J'ai pris trop de plaisir à certains ouvrages romancés, pas forcément exacts, où la campagne nous est contée (ainsi *Une soupe aux herbes sauvages*, d'Emilie Carles, qui nous transporte dans les Alpes de la Maurienne ; ainsi *Retour à Malaveil* de Claude Courchay) pour y chercher des témoignages impartiaux sur la France paysanne d'hier ou d'aujourd'hui. Mais j'avoue avoir été arrêté par quelques phrases qui m'ont paru d'une exactitude pathétique : « Dans le temps, tu pouvais t'en sortir en produisant pour toi. Maintenant, il y a les traites qui tombent tous les mois. Tu ne peux plus arrêter une fois que tu as commencé. Le tracteur, dès que tu as eu fini de le payer, il est bon pour la ferraille. Finalement, tu travailles pour le Crédit Agricole. » Je continue à mon compte : jadis, tu travaillais pour le seigneur. Avant-hier, tu travaillais pour le propriétaire. Hier et aujourd'hui tu travailles pour l'Etat et pour les banques. « Pour ceux des banques, continue Claude Courchay, ça marche. Ils ouvrent des bureaux partout... Plus ça change, plus c'est pareil. La terre n'a jamais rapporté à ceux qui la travaillent. »

Tout n'est peut-être pas nouveau dans la France nouvelle d'aujourd'hui.

La longue durée

J'espère que le lecteur, arrivé au terme de cette première partie, se sera habitué au langage particulier de l'histoire de longue durée. Atteindre grâce à elle une histoire profonde, dont le mouvement entraîne, commande l'ensemble des France successives du passé, c'est un beau programme, et la deuxième partie de l'*Identité de la France* continuera cette recherche, cette découverte d'eaux souterraines, en ce qui concerne l'Etat, la culture, la société, la France mêlée au monde...

Sur le sens de la « longue durée », de multiples images s'offrent pour aider l'explication. Le mieux serait de les éviter une fois pour toutes. Mais elles nous poursuivent. Et même la télévision offre les siennes : les rapides bouillonnants et tragiques du Zaïre, les fantastiques descentes des spéléologues, les plongées sous-marines... Mais de grâce ne parlons pas de la « houle » de l'histoire profonde. Je penserais plutôt à une énorme surface d'eau quasi stagnante, sur laquelle la navigation s'installe d'elle-même. A peine s'écoule-t-elle à la lenteur du *trend* séculaire, mais, de façon irrésistible, elle entraîne tout sur elle : les barques légères qui sont les nôtres et les navires des pilotes orgueilleux de la grande histoire. Et c'est pourquoi il y a forcément continuité d'une certaine lente histoire, permanence du semblable, répétition monotone, réflexe aisé à prévoir, car toujours ou presque le même...

Evidemment, il y a des cassures, des ruptures, mais jamais telles que l'histoire entière en soit coupée en deux. L'histoire de longue durée est ainsi une sorte de référence par rapport à laquelle tout destin non pas se juge, mais se situe et s'explique. C'est la possibilité, si je ne me trompe, de distinguer l'essentiel et l'accessoire. C'est prendre une mesure inhabituelle de la France, en étoffer l'histoire. Accéder à ce que *peut* être son identité. Enfin, elle repose tous les vieux problèmes à la fois, cette histoire venue de loin et qui se propagera longtemps encore par des pentes à peine déclives. Ne limite-t-elle pas (je ne dis pas supprime) à la fois la liberté et la responsabilité des hommes ? Car ils ne font guère l'histoire, c'est l'histoire, elle surtout, qui les fait et du coup les innocente.

NOTES

Certaines des notes de cet ouvrage ont posé des problèmes difficiles. Fernand Braudel travaillait presque uniquement sur fiches, en notant souvent les références très succinctement : le nom de l'auteur (parfois remplacé par une initiale ou un signe particulier) et le numéro de la page. Ce code personnel n'était tout à fait clair que pour lui. Pour ne pas retarder davantage cette édition, nous avons décidé de laisser un certain nombre de notes incomplètes, quitte à réparer ces lacunes dans une prochaine édition.

Nous remercions très vivement Annie Duchêne, Marie-Thérèse Labignette et Josiane Ochoa, collaboratrices de longue date de Fernand Braudel, qui ont travaillé patiemment à ce travail de vérification.

Notes du troisième chapitre

1. Daniel THORNER, « L'économie paysanne. Concept pour l'histoire économique », *in : Annales E.S.C.,* mai-juin 1964, n° 3, pp. 417-432.
2. Louis CHEVALIER, *Les Paysans, étude d'histoire et d'économie rurale,* 1947, pp. 223-224.
3. D. THORNER, art. cit., p. 418.
4. Frédéric LULLIN DE CHATEAU-VIEUX, *Voyages agronomiques en France,* 1843, I, pp. 40 *sq.*
5. Maurice PARODI, *L'Economie et la société française depuis 1945,* 1981, p. 81.
6. Daniel HALEVY, *Visites aux paysans du Centre (1903-1934),* 1935, rééd. au « Livre de poche », 1978.
7. G. VALRAN, *Misère et charité en Provence au XVIIIe siècle,* 1899, p. 29.
8. Jacques LAFFITTE, cité par S. CHARLETY, *La Restauration,* 1921, *in :* Ernest LAVISSE, *Histoire de France contemporaine,* IV, p. 307.
9. Jacques LAFFITTE, *Réflexions sur la réduction de la rente et sur l'état du crédit,* 1824, p. 6.
10. A.N., F²⁰ 130.
11. Alain CORBIN, *Archaïsme et modernité en Limousin au XIXe siècle (1845-1880),* 1975, I, p. 58 note 31 : « Car [en 1866] les gens de la campagne ignorent l'usage des fosses d'aisance. »
12. Michel-Christophe KIENER, Jean-Claude PEYRONNET, *Quand Turgot régnait en Limousin : un tremplin vers le pouvoir,* 1979, p. 32.
13. C'est-à-dire labourer superficiellement.
14. Paul DUFOURNET, *Une communauté agraire sécrète et organise son territoire à Bassy (Haute Savoie)* 1975, p. 551.
15. Anne-Marie BRISEBARRE, *Bergers des Cévennes. Histoire et ethnographie du monde pastoral et de la transhumance en Cévennes,* 1978, p. 26.
16. Volume I, chapitre II.
17. Robert FOSSIER, *Le Moyen Age,* II : *L'Eveil de l'Europe,* 1982, p. 292.
18. Georges DUBY, *La Société aux XIe et XIIe siècles dans la région mâconnaise,* 1971, p. 362.
19. Jean SCHNEIDER, « Problèmes urbains dans la France médiévale », *in : Actes du 100e Congrès national des Sociétés Savantes,* 1977, p. 139.
20. Jean-Pierre POLY, *La Provence et la société féodale, 879-1166,* 1976, pp. 226-227.
21. Nom vulgaire du kermès, variété de cochenille qui vit sur les chênes verts du Midi.
22. J.-P. POLY, *op. cit.,* p. 231.
23. Hektor AMMANN, « Deutschland und die Tuchindustrie NordwestEuropas im Mittelalter », *in : Hansische Geschichtsblätter,* 1954, p. 8.
24. J.-P. POLY, *op. cit.,* pp. 233-237 et 248-249.
25. G. DUBY, *op. cit.,* p. 53.
26. *Ibid.,* p. 50.
27. *Ibid.,* pp. 46-47.
28. *Ibid.,* p. 93.
29. *Ibid.,* p. 48.
30. *Ibid.,* p. 264-266.
31. *Ibid.,* pp. 275 *sq.*
32. *Ibid,* pp. 309-310.
33. *Ibid.,* p. 316.
34. André CHEDEVILLE, *Chartres et ses campagnes, XIe-XIIIe siècles,* 1973, p. 434.
35. Nicolas de LAMARE, *Traité de la police...,* II, 1710, p. 727.
36. R. FOSSIER, *op.cit.,* II, p. 285.
37. Anne LOMBARD-JOURDAN, « Les foires aux origines des villes », *in : Francia : Forschun-*

gen zur Westeuropäischen Geschichte, X, 1983, p. 483. Cette liste est tirée du cartulaire de Saint-Aubin d'Angers.

38. François-P. GAY, *La Champagne du Berry,* 1967, p. 50.

39. Guy DEVAILLY, *Le Berry du Xe au milieu du XIIIe siècle,* 1973, p. 197.

40. *Ibid.,* p. 553.

41. N. de LAMARE, *op. cit.,* I, p. 539. Défense du Prévot de Paris de nourrir pigeons, oisons, lapins et porcs dans la ville de Paris, 4 avril 1502.

42. Elie BRACKENHOFFER, *Voyage en France 1643-1644,* éd. de 1925, p. 110.

43. Jean PITIÉ, *Exode rural et migrations intérieures en France. L'exemple de la Vienne et du Poitou-Charentes,* 1971, p. 672.

44. A.N., Y 10558 A.

45. A. CORBIN, *op. cit.,* I., p. 69.

46. A. LOMBARD-JOURDAN, *art. cit.,* p. 441. Les *Syri* ou marchands levantins apportaient en Occident, jusque vers la fin du VIe siècle, les denrées précieuses en provenance de l'Orient.

47. Jacques MULLIEZ, « Du blé, "mal nécessaire". Réflexions sur les progrès de l'agriculture de 1750 à 1850 », *in : Revue d'histoire moderne et contemporaine,* XXVI, janvier-mars 1979, p. 8.

48. Ainsi, pour notre vaste Midi, Charles HIGOUNET, « Sources et problématique de l'histoire des campagnes », in : *Actes du 100e Congrès National des Sociétés savantes,* 1979, pp. 181 *sq.*

49. Oswald SPENGLER, *L'Homme et la technique,* 1958, p. 90.

50. François JACOB, *La Logique du vivant. Une histoire de l'hérédité,* 1970, p. 261.

51. Karl MARX, *Economie et philosophie (manuscrits parisiens) (1844), in : Œuvres,* II, Bibl. de la Pléiade, 1968, p. 62.

52. Maurice GODELIER, *L'Idéel et le matériel. Pensée, économies, sociétés,* 1984, pp. 9 *sq.*

53. MALOUET, *Mémoires,* I, 1868, p. 111.

54. Paul DUFOURNET, *Pour une archéologie du paysage. Une communauté agraire sécrète et organise son territoire,* édition de sa thèse de 1975, 1978, p. 9.

55. Jean GEORGELIN, *Venise au siècle des Lumières,* 1978, p. 14.

56. A.N., F^20 561, Dordogne.

57. André BOUTON, *Le Maine. Histoire économique et sociale XVIIe et XVIIIe siècles. L'administration de l'Ancien Régime. Ses classes sociales, ses misérables,* 1962, p. 495 ; Alain MOLINIER, *Stagnations et croissance. Le Vivarais aux XVIIe et XVIIIe siècles,* 1985, p. 33.

58. A.N., F^10 242, Aveyron, 1796.

59. *Gazette de France,* 12 octobre 1772, p. 378.

60. *Ibid.,* 16 janvier 1649, p. 60.

61. *Ibid.,* 21 janvier 1651, p. 135.

62. A.N., G^7 521, Tours, 30 juin 1693.

63. A.N., F^20, 560. *Tableau des pertes causées dans chaque département par les inondations, grèles, incendies, épizooties... de 1807 à 1810 et 1814 à 1819.* Un tableau analogue, pour les années 1826-1835, pas tout à fait comparable parce qu'il inclut les gelées dans la liste, donne des chiffres beaucoup plus élevés (plus de trois fois), mais avec le même classement (grêle et incendies en tête), *ibid.*

64. *Voyage d'Angleterre, d'Hollande et de Flandre fait en l'année 1728,* Victoria and Albert Museum, 86 NN 2, fol. 4.

65. *Histoire de la Champagne,* publiée sous la direction de Maurice CRUBELLIER, 1975, p. 204.

66. René CHAPUIS, *Une vallée franc-comtoise, la Haute-Loue. Etude de géographie humaine,* 1958, pp. 16-17.

67. A.N., H 1517, 222-227.
68. Charles DUPIN, *Le Petit Producteur français*, III, 1827, pp. 1-2.
69. Léonce de LAVERGNE, *Economie rurale de la France depuis 1789*, 1877, p. 39.
70. J. PITIÉ, *op. cit.*, p. 672.
71. Joseph ANCILLON, *Recueil journalier de ce qui s'est passé de plus mémorable dans la cité de Mets, pays messin et aux environs, de 1675 à 1684*, 1866, p. 13.
72. A.N., G⁷ 293, Montpellier, 16 avril 1679. Il s'agit du père du chancelier d'Aguesseau.
73. Stockalper Archiv, Brigue, Sch. 31, n° 2998.
74. A.N., F¹⁰ 226, 1792.
75. Philippe ARBOS, *La Vie pastorale dans les Alpes françaises. Etude de géographie humaine*, 1923, p. 234.
76. André PIOGER, *Le Fertois aux XVIIᵉ et XVIIIᵉ siècles. Histoire économique et sociale*, 1973, p. 297.
77. M. DARLUC, *Histoire naturelle de la Provence*, I, 1782, pp. 129-130.
78. Se dit en Provence des habitants de la région de Gap et, plus généralement, des montagnards des Alpes.
79. A.N. FᴵᶜV (1) Hérault, Séance du Conseil général du département, session de l'agriculture, an XII.
80. *Journal de Nicolas de Baye, greffier au Parlement de Paris, 1400-1417*, p.p. A. Tuetey, 1885, I, p. 211, 17 janvier 1408.
81. Charles CARRIÈRE, *Négociants marseillais au XVIIIᵉ siècle*, I, 1973, p. 108.
82. *Histoire de Marseille*, publiée sous la direction d'Edouard BARATIER, 1973, p. 151.
83. Robert TRIGER, *Observations agricoles et météorologiques sur les années remarquables de 1544 à 1789 dans la province du Maine...*, 1881, p. 4.
84. *Journal de Simon Le Marchand, bourgeois de Caen, 1610-1693*, p.p. Gabriel VANEL, 1903, p. 166.
85. Claude HARMELLE, *Les Piqués de l'aigle. Saint-Antonin et sa région (1850-1940), révolution des transports et changement social*, 1982, p. 46.
86. A.N., Fᴵᶜ III Bouches-du-Rhône 7.
87. A.N., Fᴵᶜ III Aube 4, 19 novembre 1853.
88. A.N., Fᴵᶜ III Ardennes 6, 27 février 1854.
89. Jehan RICTUS, *Les Soliloques du pauvre*, éd. 1971, p. 9.
90. D'après la formule de l'Assemblée Provinciale de l'Ile-de-France, 1787, p. 245.
91. Pierre-André SIGALAS, *La Vie à Grasse en 1650*, 1964, p. 86.
92. Antoine Laurent de LAVOISIER, *De la richesse territoriale du royaume de France*, in : *Collection des principaux économistes*, XIV, 1847, éd. 1966, p. 595.
93. A. CORBIN, *op. cit.*, I., p. 67.
94. Thomas MORE, *L'Utopie, Discours du très excellent homme Raphaël Aythloday sur la meilleure constitution d'une république*, éd. de 1966, pp. 81-82.
95. Richard de CANTILLON, *Essai sur la nature du commerce en général*, 1755, pp. 97-98.
96. MESSANCE, *Nouvelles Recherches sur la population de la France*, 1788, p. 85.
97. Léonce de LAVERGNE, *Economie rurale de la France depuis 1789*, 1860, p. 75.
98. Jules-Marie RICHARD, *La Vie privée dans une province de l'Ouest. Laval aux XVIIᵉ et XVIIIᵉ siècles*, 1922, p. 5.
99. Elie BRACKENHOFFER, *Voyage en France, 1643-1644*, éd. de 1925, p. 111.
100. A.N., F¹⁰ 295, 141, et H 1517, 207-211.
101. N. de LAMARE, *Traité de la police, op. cit.*, I, p. 569, éd. du 12 décembre 1697.

102. François JULIEN-LABRUYÈRE, *Paysans charentais. Histoire des campagnes d'Aunis, Saintonge et bas Angoumois. I : Economie rurale*, 1982, p. 218 note 1.
103. *Ibid.*, p. 269 et note 18.
104. P.G. POINSOT, *L'Ami des cultivateurs*, 1806, II, pp. 39-41.
105. A. BOUTON, *op. cit.*, pp. 497-498.
106. P. ARBOS, *op. cit.*, p. 196.
107. *Ibid.*, p. 174.
108. André GERDEAUX, « Evolution de l'agriculture et métamorphoses des paysages de la Champagne châlonnaise », *in : Châlons, 2 000 ans d'histoire, mélanges d'histoire, de géographie, d'art et de traditions*, 1980, p. 243.
109. P. ARBOS, *op. cit.*, p. 173.
110. A.N., F^{10} 212 AB.
111. Pendant la Révolution, les réserves de chasse étant supprimées, il y a eu forte diminution du gibier.
112. Alfred LEROUX, *Le Massif Central. Histoire d'une région de la France*, 1898, II, p. 45 ; Alain MOLINIER, *Stagnations et croissance...*, *op. cit.*, pp. 179-180 ; P. ARBOS, *op. cit.*, pp.172-173.
113. Jean-François SOULET, *La Vie quotidienne dans les Pyrénées sous l'Ancien Régime, du XVIe siècle au XVIIIe siècle*, 1974, pp. 84-85.
114. A. BOUTON, *op. cit.*, p. 502.
115. *Ibid.*, p. 501.
116. *Ibid.*, p. 502.
117. F. BRAUDEL, *Civilisation matérielle...*, I, p. 94.
118. A.N., F^{20} 561.
119. A.N., H 1462, imprimé, 1785, p. 3.
120. Roger BRUNET, *Les Campagnes toulousaines. Etude géographique*, 1965, p. 163.
121. Pierre DEFFONTAINES, *Les Hommes et leurs travaux dans les pays de la Moyenne-Garonne (Agenais-Bas-Quercy)*, 1932, p. 220.
122. Gustave HEUZÉ, *La France agricole, Région du Sud ou région de l'olivier*, 1868, p. 91.
123. J. PITIÉ, *op. cit.*, p. 307.
124. L. de LAVERGNE, *op. cit.*, p. 387 ; Robert LAURENT, *Les Vignerons de la « Côte d'Or » au XIXe siècle*, 1958, p. 177.
125. Michel AUBRUN, « La terre et les hommes d'une paroisse marchoise. Essai d'histoire régressive », *in : Etudes rurales*, janv.-sept. 1983, p. 252.
126. F. JULIEN-LABRUYÈRE, *op. cit.*, I, p. 224.
127. Pierre VALMARY, *Familles paysannes au XVIIIe siècle en Bas-Quercy. Etude démographique*, 1965, pp. 15-17.
128. *Réflexions d'un citoyen-propriétaire sur l'étendue de la contribution foncière et sa proportion avec le produit net territorial, converti en argent*, 1792, p. 8 ; A. de LAVOISIER, *op. cit.*
129. *Annuaire statistique de l'INSEE*, 58e volume, 1951, p. 119.
130. Jean-Claude TOUTAIN, *La Population de la France de 1700 à 1959*, *in : Cahiers de l'ISEA*, 1963, pp. 54-55.
131. Au XVIIIe siècle, dans l'élection picarde de Clermont, cultures à bras : 1850 arpents ; labours : 76 665 ; Albéric de CALONNE, *La Vie agricole sous l'Ancien Régime en Picardie et en Artois*, 1883, p. 261.
132. Les bouillies, base de l'alimentation dans les Pyrénées ariégeoises ; les châtaignes, dans le Limousin et le Gévaudan.
133. Louis-René NOUGIER, *Géographie humaine préhistorique*, préface de Pierre DEFFONTAINES, 1959, p. 8.
134. Marc BLOCH, *Les Caractères originaux de l'histoire rurale française*, I, 1952, p. 24.
135. A.N., F^{10} 221 1.
136. Isaac de PINTO, *Traité de la circulation et du crédit*, 1771, p. 12.
137. L'Angleterre en effet, à partir de 1689, a encouragé les exporta-

tions par des primes ((*bounties*) *Cf.* Peter MATHIAS, *The first Industrial Nation,* 1969, p. 71.

138. Jean CHAPELOT, Robert FOSSIER, *Le Village et la maison au Moyen Age,* 1980, p. 147.

139. Jean-Claude TOUTAIN, *Le Produit de l'agriculture française de 1700 à 1958. I. Estimation du produit au XIXe siècle, in : Histoire quantitative de l'économie française,* dir. J. MARCZEWSKI, *Cahiers de l'ISEA,* série AF, n° 1, juillet 1961, p. 23.

140. Georges d'AVENEL, *Histoire économique de la propriété, des salaires, des denrées et de tous les prix en général depuis l'an 1200 jusqu'en l'an 1800,* I, 1894, p. 268.

141 L. de LAVERGNE, *op. cit.,* pp. 402-403.

142. Marc BLOCH, *Les Caractères originaux de l'histoire rurale française,* I, 1952, p. 22.

143. J. MULLIEZ, « Du blé, "mal nécessaire", art. cit., pp. 3-47.

144. Ainsi autour de Prades, en 1859, « on arrose ordinairement trois fois le blé, froment et seigle, savoir à l'époque de la floraison, à celle de la grenaison et au commencement du mois de juin afin que la terre puisse conserver une humidité suffisante jusqu'à la parfaite maturité du grain. Il est des années où il faut arroser 4 et même 5 fois... » (Rapport du sous-préfet de Prades, A.N., FIC III Pyrénées-Orientales 8, *in : Documents d'histoire économique 1800-1914,* Service éducatif des Archives Départementales des Pyrénées-Orientales, 1974, p. 10).

145. L. de LAVERGNE, *op. cit.,* p. 139.

146. *Ibid,* p. 50.

147. Pierre LE PESANT DE BOISGUILLEBERT, *Le Détail de la France,* 1697, rééd. 1966, pp. 253 et 254.

148. G. d'AVENEL, *Histoire économique de la propriété, op. cit.,* 1894-1912, 6 volumes.

149. *Ibid,* I, p. 406.

150. *Ibid.,* I, pp. 394 et 405-407.

151. *Ibid.,* I., p. 275.

152. Moscou, A.E.A., 84/2.418. p. 7 v°.

153. Henrich STRODS, *Die Einschränkung der Wolfsplage und die Viehzucht Lettlands,* 1970, pp. 126-131.

154. G. d'AVENEL, *op cit.,* I, p. 273.

155. L. de LAVERGNE, *op. cit.,* p. 350.

156. A.N., F¹¹ 2740.

157. F. JULIEN-LABRUYÈRE, *op. cit.,* I, p. 479. En termes de chasse, les bêtes de pelage fauve (lièvres, cerfs, daims, etc.) par opposition aux bêtes noires (loups, sangliers).

158. Les limites des propriétés forestières étaient marquées d'ordinaire par un fossé, souvent reconnaissable aujourd'hui encore.

159. André MATEU, *Un village gascon au temps de Louis XIV. Fals-en-Bruilhois ou la chronique de l'abbé Laplaigne,* 1978, p. 10 note 16.

160. L. de LAVERGNE, *op. cit.,* p. 85.

161. *Ibid.,* p. 75.

162. J.-J. MENURET, *Mémoire sur la culture des jachères,* 1791, p. 28.

163. R. CHAPUIS, *op. cit.,* p. 65.

164. Joseph CRESSOT, *Le Pain au lièvre,* 1973, p. 65.

165. Michel COINTAT, *Tresques en Languedoc ou l'histoire vivante dans le Midi,* 1980, p. 263.

166. A.N., H 1518. Culture des gros navets.

167. Classe de plantes comprenant des herbes annuelles ou vivaces et des arbrisseaux (oseille, persicaire, renouée, rhubarbe, sarrasin...).

168. J.-J. MENURET, *op. cit.,* pp. 18-19.

169. Michel CHEVALIER, *La Vie humaine dans les Pyrénées ariégeoises,* 1956, p. 217.

170. Emmanuel LE ROY LADURIE, *Les Paysans de Languedoc,* I, 1966, p. 71.

171. F. JULIEN-LABRUYÈRE, *op. cit.*, I, p. 302.
172. J.-J.MENURET, *op. cit.*, pp. 28-29.
173. R.M. HARTWELL, *The Industrial Revolution and Economic Growth*, 1971, p. 127.
174. Ernest KAHANE, *Parmentier ou la dignité de la pomme de terre. Essai sur la famine*, 1978, pp. 38-41.
175. F. BRAUDEL, *Civilisation matérielle...*, I, p. 141.
176. E. KAHANE, *op. cit*, pp. 52-53.
177. *Ibid.*, pp. 67, 73-75, 84, 91.
178. *Ibid.*, p. 74.
179. A.N., F¹⁰ 242, 29 vendémiaire an IV.
180. Claude CHÉREAU, *Huillé, une paroisse rurale angevine de 1600 à 1836*, 1970, p. 120.
181. J.-J. MENURET, *op. cit.*, pp. 21-22.
182. Guy THUILLIER, *Aspects de l'économie nivernaise au XIXᵉ siècle*, 1966, p. 17.
183. Margoter ou marcotter : multiplier une plante en isolant une tige aérienne qui a été préalablement mise en contact avec le sol et qui y a pris racine.
184. A.N., F¹⁰ 210, Libreville, 30 frimaire an III.
185. « La jachère ou *guéret* (ou encore : *versaine, sombre, somart, cultivage, estivade, cotive*, etc)... », François SIGAUT, « Pour une cartographie des assolements en France au début du XIXᵉ siècle », *in : Annales E.S.C.*, 3, 1976, p. 633.
186. G. THUILLIER, *op. cit.*, pp. 52-53.
187. André DELEAGE, *La Vie rurale en Bourgogne jusqu'au début du XIᵉ siècle*, 1941, I, p. 188.
188. Pierre GOUBERT, *Beauvais et le Beauvaisis de 1600 à 1730. Contribution à l'histoire sociale de la France du XVIIᵉ siècle*, 1960, p. 169 note 81.
189. A.N., H 1514, Alfort, Maisons et Créteil, 14 juin 1786.

190. Cité par J. MULLIEZ, art. cit., p. 7.
191. Jean Antoine Claude CHAPTAL, *Chimie appliquée à l'agriculture*, 1823, I, p. XLVI.
192. *Histoire des faits économiques jusqu'au XVIIIᵉ siècle*, dir. par Robert BESNIER, n° 502, 1963-1964, p. 42.
193. *Ibid.*, 1962-1963, pp. 63 *sq.*
194. F. JULIEN-LABRUYERE, *op. cit.*, I, p. 202.
195. A.N., H 1515, n° 60.
196. Ernest LABROUSSE, « L'expansion agricole : la montée de la production », in *Histoire économique et sociale de la France*, dir. par Fernand BRAUDEL et Ernest LABROUSSE, II, 1970, pp. 435-436.
197. A.N., H 1514, Alfort, Maisons et Créteil.
198. Déroyer ou desroyer : mettre en désordre *(Dictionnaire de la langue française du XVIᵉ siècle)*.
199. E. LABROUSSE, in : *Histoire économique et sociale... op. cit.*, II, pp. 436-437.
200. M. BLOCH, *op. cit.*, p. 215.
201. Pour la Basse-Auvergne, sur « l'incompatibilité de la vaine pâture et de la prairie artificielle », Abel POITRINEAU, *La Vie rurale en Basse-Auvergne au XVIIIᵉ siècle*, 1965, pp. 243 *sq.*
202. A.N., H 1514.
203. *Procès-verbal de l'Assemblée Provinciale de l'Isle-de-France*, séance du 15 décembre 1787, p. 370.
204. A.N., F¹⁰ 1576, 22 avril 1836.
205. A.N., F¹ᶜ III Meuse 11, 25 juillet 1861.
206. L. de LAVERGNE, *op. cit.*, pp. 10-111.
207. Pierre BARRAL, *in* : « Le monde agricole », in : *Histoire économique et sociale de la France*, dir. par Fernand BRAUDEL et Ernest LABROUSSE, IV, 1979, pp. 359-360.

208. E. Le Roy Ladurie, *Les Paysans de Languedoc, op. cit.* I, p. 71.
209. *Ibid,* p. 59.
210. « En 1700, les intendants s'accordent à reconnaître que les provinces ne cultivent que le blé nécessaire à leur consommation », J.-C. Toutain, *op. cit.,* I, p. 4, note 5.
211. Chef-lieu de canton du Nord, à 19 km de Valenciennes.
212. Arthur Young, *Voyages en France, 1787, 1788, 1789.* II. *Observations générales sur l'agriculture, l'industrie et le commerce,* 1976, pp. 549-550.
213. L. de Lavergne, *op. cit.,* pp. 73 sq.
214. *Ibid.,* p. 75.
215. Gilles Le Bouvier dit Berry, *Le Livre de la description des pays...,* p.p. E. T. Hamy, 1908, pp. 30-31.
216. A.N., F¹⁰ 212 A-B.
217. Joseph de Pesquidoux, *Chez nous. Travaux et jeux rustiques,* 6ᵉ éd. 1921, p. 106.
218. André Plaisse, *La Baronnie du Neubourg,* 1961, p. 193.
219. J. Mulliez, art. cit., pp. 40-41.
220. Paul Adam, *Systèmes économiques et histoire. Essais sur la violence dans les guerres et la paix,* 1980, pp. 197 *sq.*
221. A.N., F²⁰ 560.
222. Production totale, en 1835, 32 millions de stères de bois ; *ibid.*
223. L. de Lavergne, *op. cit.,* pp. 95-96.
224. *Ibid.,* p. 435.
225. M. Darluc, *op. cit.,* I, pp. 263-264.
226. *Statistiques de la France esquissées par Hubert, le long d'une période de 90 ans, 1785 à 1875,* 1883, pp. 20-21.
227. Pierre Bonnet, *La Commercialisation de la vie française du Premier Empire à nos jours,* 1929, p. 93.
228. Jacques Mulliez, *Les Chevaux du royaume. Histoire de l'élevage du cheval et de la création des haras,* 1983.
229. C'est-à-dire milliers de livres anciennes, soit environ 450 kg.
230. A.N., H¹ 262, 10 janvier 1731.
231. Jacques Savary des Bruslons, *Dictionnaire universel de commerce,* éd. 1759, I, col. 550.
232. Abbé Alexandre Tollemer, *Journal manuscrit du sire de Gouberville...,* op. cit., pp. 381-384.
233. Au sens ancien, *haras* signifie à la fois l'établissement d'élevage et « les étalons et les cavales renfermés dans le haras » (Littré).
234. A. Tollemer, *op. cit.,* pp. 367-369.
235. A.N., F¹⁰ 222, Mémoire sur l'engrais des bœufs en Limousin et pays adjacents, février 1791.
236. A.N., F¹¹ 2740.
237. Xavier de Planhol, « Essai sur la genèse du paysage rural de champs ouverts », *in : Annales de l'Est,* Actes du colloque international de Nancy, 2-7 septembre 1957, pp. 418-419.
238. *Ibid.*
239. André Leguai, *De la seigneurie à l'Etat. Le Bourbonnais pendant la guerre de Cent Ans,* 1969, p. 20.
240. Victor Hugo, *Les Pyrénées,* éd. Danièle Lamarque, 1984, p. 170.
241. A.N., F¹⁰ 628, 1733.
242. A. Tollemer, *op. cit.,* pp. 391-399.
243. « L'usage dangereux qu'ont les habitants des campagnes d'être pêle-mêle avec leurs bestiaux » est dénoncé comme une cause de dépopulation des Côtes-du-Nord, en l'an IX. *Cf.* Octave Festy, « La situation de la population française d'après la session de l'an IX des conseils généraux de département », *in : Revue d'histoire économique et sociale,* 1954, p. 288 ; *cf.* aussi le rapport du

Docteur Bagot, cité par Jean-Pierre GOUBERT, *Maladies et médecins en Bretagne, op. cit.,* pp. 192-193.

244. JAQUET, *Mémoire sur la statistique de l'arrondissement de Suze...,* an X, p. 9, p.p. Charles MAURICE, *La Vie agricole au xviiie siècle dans l'ancien Ecarton d'Oulx,* réimpr. 1981.

245. Jean ANGLADE, *La Vie quotidienne dans le Massif Central au xixe siècle,* 1971, p. 162.

246. Nicolas Luton DURIVAL, *Description de la Lorraine et du Barrois,* 1778, I, pp. 288-289.

247. P. ARBOS, *op. cit.,* pp. 12 *sq.*

248. *Ibid.,* p. 21.

249. Dom Thierry RUINART, *Voyage littéraire... en Lorraine et en Alsace,* 1862, p. 50.

250. Jean et Renée NICOLAS, *La Vie quotidienne en Savoie aux xviie et xviiie siècles,* 1979, pp. 21 *sq.*

251. Ibid., p. 23.

252. A.N., F¹⁰ 222, Mémoire sur l'engrais des bœufs en Limousin et pays adjacents, février 1791.

253. J. MULLIEZ, *Les Chevaux du royaume..., op. cit.,* pp. 38-39.

254. Noëlle BERTRAND, *Colondannes, village creusois (1623-1802),* 1975, p. 43.

255. P. ARBOS, *op. cit.,* p. 203.

256. Archives des Bouches-du-Rhône, amirauté de Marseille, B IX, 14.

257. M. JAUFFRET, *Petite Ecole des arts et métiers...,* I, 1816, p. 49.

258. P. ARBOS, *op. cit.,* pp. 183-184.

259. Fromage de deuxième catégorie.

260. P. ARBOS, *op. cit.,* pp. 167-168.

261. *Ibid.,* p. 185.

262. L. de LAVERGNE, *op. cit.,* p. 317.

263. A.N., Z¹ᶜ 430-431.

264. De *trans,* au-delà, et *humus,* terre.

265. F. BRAUDEL, *La Méditerranée...,* I, pp. 76 *sq.*

266. Cité par F. JULIEN-LABRUYÈRE, *op. cit.,* I, pp. 402-403.

267. Archives départementales de la Lozère C 480, citées par

A.-M. BRISEBARRE, *op. cit.,* pp. 99-100.

268. A.-M. BRISEBARRE, *op. cit.,* pp. 103-104.

269. Bernard DUHOURCAU, *Guide des Pyrénées mystérieuses,* 1973, pp. 119-120.

270. René NELLI, « Le berger dans le pays d'Aude », *in : Folklore, revue d'ethnologie méridionale,* printemps 1952, pp. 3-13.

271. Jean-Pierre PINIES, *Figures de la sorcellerie languedocienne,* 1983, p. 45 (*arma* = âme dans le languedocien archaïque).

272. Thérèse SCLAFERT, *Cultures en Haute-Provence : déboisements et pâturages au Moyen Age,* 1959.

273. Marie MAURON, *La Transhumance du pays d'Arles aux grandes Alpes,* 1952.

274. A.-M. BRISEBARRE, *op. cit.*

275. Jacques MULLIEZ, « Pratiques populaires et science bourgeoise : l'élevage des gros bestiaux en France de 1750 à 1850 », *in :* Actes du Congrès de Clermont-Ferrand, « *L'Elevage dans les hautes terres* », 1982, p. 299.

276. L. de LAVERGNE, *op. cit.,* pp. 90-91.

277. *Ibid.,* p. 212. *Cf.* aussi le *Larousse agricole,* publié sous la direction de Jean-Michel CLEMENT, 1981, à la rubrique « Bretonne Pie Noire. »

278. A.N., F¹⁰ 1574.

279. *Ibid.*

280. J. MULLIEZ, « Pratiques populaires... », art. cit., p. 299.

281. *Larousse agricole, op. cit.,* légende de la première photo entre les pages 208 et 209.

282. *Ibid.,* pp. 55-56.

283. A.N. F¹⁰ 222, Mémoire sur l'engrais des bœufs en Limousin et pays adjacents, février 1791.

284. *Ibid.*

285. Charles PIGAULT LEBRUN, et Victor AUGIER, *Voyage dans le Midi de la France,* 1827, p. 31.

286. J. MULLIEZ, *Les Chevaux du royaume...*, *op. cit.*, p. 81.
287. J. SAVARY DES BRUSLONS, *Dictionnaire...*, *op. cit.*, article « Cheval », I, col. 1057 et 1060.
288. R. CHAPUIS, *op. cit.*, p. 73.
289. A.N., F¹² 67, *fol.* 98-99, 4 avril 1720.
290. Georges de MANTEYER, *Le Livre journal tenu par Fazy de Rame en langage embrunais (6 juin 1471 – 10 juillet 1507)*, II, 1932, p. 85.
291. P. ARBOS, *op. cit.*, p. 182.
292. « *Un paysan qui a une charrette et deux bœufs est à son aise* », écrit en 1713 l'intendant de Guyenne ; cité par Jean-Pierre POUSSOU, *in : Hommage à Philippe Wolff, Annales du Midi*, 1978, p. 409.
293. Antoine LOISEL, *Mémoires des pays de Beauvaisis...*, 1617, p. 27, cité par Pierre GOUBERT, *Beauvais et le Beauvaisis...*, p. 111.
294. Gabriel DU MOULIN, 1631, cité par René DUMONT, *Voyages en France d'un agronome*, 1951, pp. 376 et 379.
295. D. HALÉVY, *op. cit.*, p. 217.
296. Edouard DEMOLINS, *Les Français d'aujourd'hui*, 1898, p. 133.
297. Robert LAURENT, *Les Vignerons de la « Côte d'or » du XIXᵉ siècle*, 1958, p. 18.
298. Léonce de LAVERGNE, *Economie rurale de la France depuis 1789*, 1860, éd. 1877, p. 123.
299. E. DEMOLINS, *op. cit.*, p. 137.
300. Roger DION, *Histoire de la vigne et du vin en France des origines au XIXᵉ siècle*, 1959, éd. 1977, p. 650.
301. E. DEMOLINS, *op. cit.*, p. 133.
302. A.N., F¹⁰ 226, p. 35.
303. Georges DURAND, *Vin, vigne et vignerons en Lyonnais et Beaujolais*, 1979, p. 11.
304. Renée CHAPUIS, *Une vallée franc-comtoise... op. cit.*, p. 17.
305. Cité par R. DION, *op. cit.*, p. 101.
306. Diodore de Sicile, cité par R. DION, *op. cit.*, p. 102.
307. André DELÉAGE, *La Vie rurale en Bourgogne jusqu'au début du XIᵉ siècle*, 1941, I, p. 154
308. Charles LAMPRECHT, *Etudes sur l'état économique de la France pendant la première partie du Moyen Age*, 1889, p. 23.
309. Alfred LEROUX, *Le Massif Central. Histoire d'une région de la France*, 1898, II, p. 50.
310. Gustave BLOCH, *Les Origines. La Gaule indépendante et la Gaule romaine*, in : *Histoire de France*, p.p. E. LAVISSE, 1911, II, p. 425.
311. R. DION, *op. cit.*, p. 129.
312. *Ibid.*, p. 148.
313. *Ibid.*, p. 165.
314. *Ibid.*, p. 202 et p. IX.
315. F. BRAUDEL, *Civilisation matérielle...*, *op. cit.*, II, p. 231.
316. *Histoire de l'Alsace*, p.p. Philippe DOLLINGER, 1970, pp. 158 et 175 ; Jean-Pierre KINTZ, *La Société strasbourgeoise 1560-1650*, 1984, pp. 319 *sq.*
317. « Les formations alluviales caillouteuses appelées *graves* possèdent les propriétés physiques qui font les grands vins de Bordeaux », R. DION, *op. cit.*, p. 34.
318. Nicolas de LAMOIGNON de BASVILLE, *Mémoires pour servir à l'histoire du Languedoc*, 1734, p. 252.
319. *Ibid.*, p. 258.
320. *Ibid.*, p. 271.
321. F. BRAUDEL, *Civilisation matérielle...*, I, p. 200.
322. Michel BELOTTE, *La Région de Bar-sur-Seine...*, *op. cit.*, 1973, p. 45.
323. A.N., F²⁰ 221.
324. Emile APPOLIS, *Le Diocèse civil de Lodève*, 1951, pp. 421-422.
325. P. GOUBERT, *Beauvais et le Beauvaisis...*, *op. cit.*, 1960, p. 168.
326. Mariel JEAN-BRUHNES DELAMARRE, *Le Berger dans la France des villages*, 1970, p. 20.
327. A.N., F²⁰ 221 Marne.

328. R. DION, *op. cit.*, pp. 462 *sq.*
329. *Ibid.*, p. 469.
330. *Ibid.* p. 491.
331. *Ibid.*, pp. 459-460.
332. Pierre de SAINT-JACOB, *Les Paysans de la Bourgogne du Nord au dernier siècle de l'Ancien Régime*, 1960, p. 539.
333. J. SAVARY DES BRUSLONS, *Dictionnaire universel du commerce*, 1762, IVᴵ, article « Vin », col. 1213 *sq.*
334. L. de LAVERGNE, *op. cit.*, p. 123.
335. P. CLÉMENT, *Lettres, instructions et mémoires de Colbert*, 1861-1882, II, pp. 624-625.
336. R. DION, *op. cit.*, p. 33.
337. Brassier : celui qui n'a que ses bras pour travailler, synonyme de manouvrier.
338. F. BRAUDEL, *Civilisation matérielle...*, II, p. 278.
339. *Voyages du chevalier Chardin en Perse et autres lieux de l'Orient*, IV, 1811, p. 107.
340. F. BRAUDEL, *Civilisation matérielle...*, I, p. 200.
341. Pierre CHERRUAU, « Sauternes fait main », *in : Le Monde*, 30 septembre 1984.
342. R. DION, *op. cit.*, pp. 119-120.
343. « Le vin de Suresnes », *in : Le Monde*, 22 septembre 1984.
344. Cité par R. DION, *op. cit.*, p. 25.
345. Gaston ROUPNEL, *Histoire et destin*, 1943, pp. 61-62.
346. Henry de ROUVIÈRE, *Voyage du tour de France*, 1713, p. 56.
347. Arthur YOUNG, *Voyages en France 1787, 1788, 1789*, 1976, I, p. 93.
348. POTTIER DE LA HESTROYE, *Réflexions sur la Dîme royale*, 1716, I, p. 52 et *infra*.
349. J. SAVARY DES BRUSLONS, *op. cit.*, I, 1759, p. 531.
350. Cité par Jean CLAUDIAN, « Quelques réflexions sur l'évolution du vocabulaire alimentaire », *in : Cahiers de Nutrition et de Diététique*, IX, p. 163.
351. E. DEMOLINS, *op. cit.*, p. 84.
352. J. SAVARY DES BRUSLONS, *op. cit.*, II, 1766, colonne 785.
353. A.N., F 10 226.
354. Adrien de GASPARIN, *Cours d'agriculture*, 1831, éd. 1860, pp. 1-2.
355. Frédéric LULLIN DE CHATEAU-VIEUX, *Voyages agronomiques en France*, 1843, I, pp. 283 et 287.
356. A.N., H 1510 n° 16, cité par Marc BLOCH, *Les Caractères originaux de l'histoire rurale française*, 1952, p. 54.
357. F. LULLIN DE CHATEAUVIEUX, *op. cit.*, II, pp. 331-332.
358. A. de GASPARIN, *op. cit.*, V, p. 3.
359. *Le Livre de main des Du Pouget (1522-1598)*, éd. Louis GREIL, 1897, p. 20.
360. Christophe MATHIEU de DOMBASLE, *Traité d'agriculture*, 1862, p. 213.
361. *Procès-verbal de l'Assemblée provinciale de l'Ile-de-France*, 1787, p. 245.
362. Jean MEUVRET, *Le Problème des subsistances à l'époque de Louis XIV*, 1977, p. 111.
363. Henri-Louis DUHAMEL DU MONCEAU, *Eléments d'agriculture*, 1762, livre II, ch. IV, p. 221.
364. François SIGAUT, « Pour une cartographie des assolements en France au début du XIXᵉ siècle », *in : Annales E.S.C.*, 1976, pp. 631-643.
365. François SIGAUT, « Quelques notions de base en matière de travail du sol dans les anciennes cultures européennes », *in : Les Hommes et leurs sols – Les techniques de préparation du champ dans le fonctionnement et l'histoire des systèmes de culture.* Numéro spécial du *Journal d'Agriculture et de Botanique appliquée*, 1977, p. 155.

366. Etienne JUILLARD, *Problèmes alsaciens vus par un géographe,* 1968, p. 112.

367. Jean-Robert PITTE, *Histoire du paysage français,* 1983, II, p. 62 et note 551 p. 150 d'après Gérard SIVERY, « Les noyaux de bocage dans le nord de la Thiérache à la fin du Moyen Age », *in : Les Bocages,* 1976, pp. 93-96.

368. J.-R. PITTE, *op. cit.,* II, p. 63.

369. Louis MERLE, cité par J.-R. PITTE, *op. cit.,* II, p. 63 et note 555, p. 150.

370. René LEBEAU, cité par J.-R. PITTE, *op. cit.,* II, p. 63 et note 556, p. 150.

371. J.-R. PITTE, *op. cit.,* II, p. 63.

372. Arthur YOUNG, *Voyages en France, op. cit.,* II, p. 617.

373. François SIGAUT, « La jachère en Ecosse au XVIIIᵉ siècle : phase ultime de l'expansion d'une technique », *in : Etudes rurales,* janv.-mars 1975, p. 99.

374. L. de LAVERGNE, *op. cit.,* p. 257.

375. Germain SICARD, « Le métayage dans le Midi toulousain à la fin du Moyen Age », *in : Mémoires de l'Académie de législation,* Toulouse, 1955, p. 36.

376. Paul Louis MALAUSSENA, *La Vie en Provence orientale aux XIVᵉ et XVᵉ siècles,* 1969, p. 87.

377. Roger DION, « La part de la géographie et celle de l'histoire dans l'explication de l'habitat rural du Bassin Parisien », *in : Publications de la Société de Géographie de Lille,* 1946, p. 72.

378. Pierre MASSÉ, *Varennes et ses maîtres,* 1926, p. 24.

379. Lynn WHITE, *Medieval Technology,* 1962, p. 72, cité par F. SIGAUT, « Pour une cartographie des assolements... », p. 635.

380. R. DION, art. cit., p. 59.

381. J. MULLIEZ, art. cit., p. 11.

382. F. SIGAUT, art. cit., p. 636.

383. J. MEUVRET, *op. cit.,* pp. 108-109.

384. René MUSSET, « Les anciens assolements et la nourriture », *in : Mélanges géographiques offerts à Ph. Arbos,* 1953, p. 176.

385. *Mémoires de Oudard Coquault, bourgeois de Reims (1649-1669),* p.p. Charles LORIQUET 1875, I, p. 183.

386. A.N., F¹¹ 222.

387. P. MASSÉ, *op. cit.,* pp. 23-24.

388. *Ibid.,* p. 23.

389. *Maurice LE LANNOU, « Les sols et les climats », in : La France et les Français,* p.p. Michel FRANÇOIS, 1972, pp. 23-24.

390. Pierre de SAINT-JACOB, « Etudes sur l'ancienne communauté rurale en Bourgogne », *in : Annales de Bourgogne,* 15, 1943, p. 184.

391. *Les Bocages, histoire, écologie, économie.* Table ronde du C.N.R.S., Rennes, 1976, I. Géographie. Pierre FLATRES, *Rapport de synthèse,* pp. 21-30.

392. L. de LAVERGNE, *op. cit.,* p. 186.

393. *Ibid,* p. 208.

394. Marc BLOCH, *op. cit.*

395. *Herms,* nom dans le Midi des terres incultes et improductives. *Terre gaste,* Georges BERTRAND, « Pour une histoire écologique de la France rurale », *in : Histoire de la France rurale,* p.p. G. DUBY, 1975, p. 74.

396. L. de LAVERGNE, *op. cit.,* p. 264.

397. *Ibid.,* p. 269.

398. *Ibid.,* p. 270.

399. P. L. MALAUSSENA, *op. cit.,* p. 84.

400. L. de LAVERGNE, *op. cit.,* pp. 246-247.

401. François Hilaire GILBERT, *Recherches sur les moyens d'étendre et de perfectionner la culture des prairies artificielles,* 1787, p.p. Ch. DUFOUR, 1880, p. 35.

402. Marc BLOCH, *op. cit.,* 1931, rééd. 1952, pp. X et XIV.

403. François SIGAUT, « Pour une cartographie... », art. cit., p. 632.

404. Maurice LE LANNOU, *Pâtres et paysans de la Sardaigne,* 1941, p. 195.
405. Xavier de PLANHOL, « Essai sur la genèse du paysage rural de champs ouverts », *in : Annales de l'Est,* 1959, p. 416.
406. Michel CONFINO, *Systèmes agraires et progrès agricoles. L'assolement triennal en Russie aux XVIIIe-XIXe siècles,* 1969, *passim* et pp. 29-46.
407. Laszlo MAKKAI, « Grands domaines et petites exploitations, seigneur et paysan en Europe au Moyen Age et aux temps modernes », *in : Eight international Economic Congress,* Budapest, 1982, *« A » Thèmes,* pp. 10-11.
408. Comte de GASPARIN, *Cours d'agriculture,* V, p. 6.
409. J.-R. PITTE, *op. cit.,* pp. 40 et 117.
410. R. MUSSET, art. cit., p. 172.
411. X. de PLANHOL, art. cit., p. 417.
412. Robert SPECKLIN, *La Géographie de la France dans la littérature allemande* (1870-1940), 1979 ; « Etudes sur les origines de la France », *in : Acta Geographica,* 2e trimestre 1982.
413. Olivier LAUNAY, *La Civilisation des Celtes,* 1975, p. 170.
414. Lucien GACHON, « Regards sur la campagne française », *in : Les Nouvelles Littéraires,* 10 février 1940, p. 2.
415. François SIGAUT, *Les Réserves de grains à long terme,* 1978, p. 32.
416. *Ibid.,* p. 21.
417. J. SAVARY DES BRUSLONS, *op. cit.,* 1762, pp. 524-525, article : « Blé ».
418. Geneviève ACLOCQUE, *Les Corporations et le commerce à Chartres du XIe siècle à la Révolution,* 1917, p. 212.
419. Maurice BLOCK, *Du commerce des grains,* 1854, p. 59.
420. G. ACLOCQUE, *op. cit.,* p. 214.
421. *Ibid.,* p. 215.
422. *Ibid.,* pp. 218-220.
423. Blattiers : « Petits marchands forains qui vont avec des chevaux et des ânes chercher du blé dans les campagnes éloignées... et l'amènent à somme dans les marchez..., ou bien proche des rivières où ils le vendent aux marchands qui chargent pour les ... grandes villes » (Nicolas de LAMARE, *Traité de police,* II, 1710, p. 738).
424. G. ACLOCQUE, *op. cit.,* p. 215.
425. A.N., Y 105 58a (4 mai 1775).
426. Gazier : travailleur du textile, ouvrier en gaze.
427. F. SIGAUT, *Les Réserves de grains..., op. cit.,* p. 37.
428. F. LULLIN DE CHATEAUVIEUX, *op. cit.,* I, p. 62.
429. A.N., F^{12} 647-648.
430. Pierre LE GRAND D'AUSSY, cité par Jean CLAUDIAN, « L'homme et son pain », *in : Cahiers de nutrition et de diététique,* VII, 1972, p. 269 note 1.
431. A.N., F^{10} 226.
432. Georges DUBY, *L'Economie rurale et la vie des campagnes dans l'Occident médiéval,* I, 1962, pp. 223-224.
433. POTTIER DE LA HESTROYE, *op. cit.,* I, pp. 122-123.
434. Mais pas forcément ce que nous appelons aujourd'hui pain blanc, fait de farines à très fort taux de blutage que les moulins ne peuvent fournir que depuis l'avènement du moulin à cylindre, dans les dernières années du XIXe siècle. Elles sont restées une rareté tant que le tamisage se faisait à la main. Jusque-là la farine de pur froment, plus blanche que les autres même grossièrement débarrassée du son, était à elle seule un luxe. Henri BEAUFOUR, *Le Préjugé du pain blanc,* 1931, pp. 8-9.
435. F. BRAUDEL, *Civilisation matérielle...,* I, p. 110 ; Jean MEYER, *La Noblesse bretonne au XVIIIe siècle,* 1966, pp. 446-447.

436. Jacques-Joseph JUGE SAINT MARTIN, *Changements survenus dans les mœurs des habitants de Limoges depuis une cinquantaine d'années*, 1817, pp. 14-15.

437. Valentin JAMMERET-DUVAL, *Mémoires*, 1981, p. 112.

438. A.N., $F^{10}*$ 1B (1786) et A.N., H 514 (1787).

439. A.N., $F^{10}*$ 1 B.

440. Jean-Claude TOUTAIN, dans ses statistiques rétrospectives, aboutit pour les années 1781-1790, à un chiffre proche, entre 2 420 et 2 850 millions de livres. *Le Produit de l'agriculture française de 1700 à 1958*, I, p. 215 (*Cahiers de l'I.S.E.A.*, 1961).

441. J. MARCZEWSKI, « Y a-t-il eu un "take off" en France ? », *in : Evolution des techniques et progrès de l'économie. Cahiers de I.S.E.A.*, mars 1961 (série AD, n° 1), p. 72.

442. J. SAVARY DES BRUSLONS, *op. cit.*, I, 1760, article « Ecu », colonne 250.

443. J.-C. TOUTAIN, *op. cit.*, I, p. 8.

444. SULLY, *Mémoires*, III, éd. 1822, p. 485.

445. Antoine de MONTCHRÉTIEN, *Traité de l'économie politique*, Rouen, 1615, éd. 1889, pp. 23-24.

446. VAUBAN, *Projet d'une disme royale*, 1707, p. 26.

447. A.N., F^{12}, 647-648.

448. A.N., F^{12} 673 (vers 1696).

449. Mémoire publié par la Société d'Agriculture, Sciences, Arts et Belles-Lettres de l'Aube, 1836, p. 151.

450. J. SAVARY DES BRUSLONS, *Dictionnaire universel de commerce*, II, 1760, col. 781, article : « Fromage ».

451. F. LULLIN DE CHATEAUVIEUX, *op. cit.*, I, p. 298.

452. A.N., F^{IC} III, Saône et Loire.

453. Pas moins de 300 000 écus pour un seul achat en Suisse, en mars 1710. A.N., G^7 1511 (1711).

454. A.N., F^{10} 226 (30 janvier 1792).

455. A.N., F^{12} 1904.

456. A.N., F^{10} 1576 (1837).

457. Jean-Henri SCHNITZLER, *Statistique générale, méthodique et complète de la France comparée aux autres grandes puissances de l'Europe*, tome IV, p. 40.

458. Alfred SAUVY, *Histoire économique de la France entre les deux guerres (1918-1931)*, I, 1965, pp. 239-240. Pour la moyenne 1903-1912, voir *Annuaire rétrospectif de l'INSEE*.

459. René GIRAULT, « Place et rôle des échanges extérieurs », *in : Histoire économique et sociale de la France*, pp. F. BRAUDEL et E. LABROUSSE, IV, 1979, p. 199.

460. Arthur de BOISLISLE, *Correspondance des contrôleurs généraux des finances avec les Intendants des provinces*, I, 1874, p. 11. (M. de Ris, intendant à Bordeaux au Contrôleur Général, 8 janvier 1684).

461. *Ibid.*

462. Bernard Hendrik SLICHER VAN BATH, cité par Immanuel WALLERSTEIN, *Le Système du monde du XVᵉ siècle à nos jours. I. Capitalisme et économie monde 1450-1640*, 1980, p. 92.

463. Ange GOUDAR, *Les Intérêts de la France mal entendus*, 1756, I, p. 19.

464. A.N., F^{10} 226 et F. BRAUDEL, *Civilisation matérielle...*, I, p. 86.

465. A.N., F^{IC} III, Côte-d'Or, 7 (1819).

466. A.N., H 1517 (Dufriche de Valazé à M. de Tarlé).

467. A.N., F^{10} 226 (1792).

468. A.N., G^7 449 (Thouars 27 avril 1683).

469. Archives du Ministère de la Guerre, A 1 1524,6 (Rochefort, 2 janvier 1701).

470. A. SAUVY, *op. cit.*, I, 1965, pp. 239-240.

471. Alfred RAMBAUD, *Histoire de la civilisation contemporaine en France,* 1888, éd. 1926, p. 488.
472. Abbé de MABLY, *Le Commerce des grains. Œuvres,* XIII, pp. 291-297.
473. Pierre LE PESANT DE BOISGUILLEBERT, *Le Détail de la France,* 1697, 1966, I, p. 381.
474. Nicolas de LAMARE, *Traité de police,* II, 1710, p. 1038.
475. A.N., G⁷ 1651, fol. 26.
476. A.N., G⁷ 1651, f⁰ 27.
477. Ustensile : droit pour les troupes de passage de prendre chez l'habitant le lit, le pot et la place au feu et à la chandelle (LITTRÉ).
478. A.N., G⁷ 156 (Dijon, 12 juillet 1682).
479. Yves-Marie BERCÉ, *Histoire des croquants,* 1974, p. 65.
480. POTTIER DE LA HESTROYE, *op. cit.*
481. A. YOUNG, *op. cit.,* II, p. 863.
482. Jean FOURASTIÉ, *Machinisme et bien-être,* 1962 ; en 1899, ils faisaient vivre 43 personnes (aujourd'hui 300).
483. Jean FOURASTIÉ, *Les Trente Glorieuses,* 1979, p. 159.
484. Marquis d'ARGENSON, *Mémoires,* 26 janvier 1732, p.p. J.E.B. RATHERY, 1859, II, p. 72.
485. F. BRAUDEL, *Civilisation matérielle...,* I, p. 58.
486. A.N., G⁷ 1633 (Bérulle).
487. A.N., G⁷ 103 (Desmarets de Vaubourg).
488. *Ibid.*
489. A.N., G⁷ 346.
490. F. BRAUDEL, *Civilisation matérielle,* I, p. 55.
491. A.N., F¹¹ 704 (30 avril 1812).
492. Philippe SUSSEL, *La France de la bourgeoisie 1815-1850,* 1970, p. 70.
493. Toschio HORII, « La crise alimentaire de 1853 à 1856 et la caisse de la boulangerie », *in : Revue historique,* oct.-déc. 1984, pp. 375 *sq.*

494. E. LAVISSE, *Histoire de France,* 1911, IV, pp. 132 *sq.*
495. *Ibid.,* 1911, VII, 1, p. 349.
496. Louise A. TILLY, « La révolte frumentaire, forme de conflit politique en France », *in : Annales E.S.C.,* 1972, p. 731.
497. Arsenal, Mˢˢ 4116. Chèvrepied : qui a des pieds de chèvre, en parlant du dieu Pan, des faunes, des satyres et – par extension – d'hommes capables de violence et d'agression.
498. Auguste POIRSON, *Histoire du règne de Henri IV,* 1862, I, pp. 593 *sq.*
499. Boris PORCHNEV, *Les Soulèvements populaires en France de 1623 à 1648,* 1963, *passim.*
500. E. LAVISSE, *op. cit.,* VII, 1, p. 355.
501. Y.-M. BERCÉ, *op. cit.,* II, p. 681.
502. B. PORCHNEV, *op. cit.*
503. Hugues NEVEUX, « Die ideologische Dimension der französischen Bauernaufstände im 17. Jahrhundert », *in : Historische Zeitschrift,* avril 1984.
504. P. GOUBERT, *Beauvais et le Beauvaisis..., op. cit.,* 1960, p. L.
505. F. JULIEN-LABRUYÈRE, *Paysans charentais, op. cit.,* I, p. 302.
506. George RUDÉ, « The growth of cities and popular revolt – 1750-1850 », *in : French Government and Society. 1500-1850,* p.p. J. F. BOSHER, 1973, p. 176 ; Ernest LABROUSSE, *in :* LABROUSSE-BRAUDEL, *Histoire économique et sociale de la France,* II, p. 729 ; Jean MEYER, *in : Histoire de France,* p.p. Jean FAVIER, III, *La France moderne,* p. 448.
507. Jean NICOLAS, « L'enjeu décimal dans l'espace rural savoyard », *in : Prestations paysannes, dîmes, rentes foncières et mouvement de la production agricole à l'époque industrielle,* p.p. Joseph GOY et Emmanuel LE ROY LADURIE, pp. 66, note 20, p. 674 et note 64, p. 690.

447

508. A.N., G⁷ 1642, 396.

509. A.N., G⁷ 415-416.

510. A.N., G⁷ 1642, 403.

511. François LEBRUN, *L'Histoire vue de l'Anjou*, 1963, I, pp. 169 et 170.

512. A.N., G⁷ 1646.

513. *Ibid.*

514. A.N., G⁷ 1647.

515. F. LEBRUN, *op. cit.*, I, p. 170-171.

516. A.N., G⁷ 1646, 342 (Moulins, 16 juin 1709).

517. A.N., G⁷ 1646, 369 (Orléans, 20 mars 1709).

518. F. LEBRUN, *op. cit.*, pp. 192-194.

519. A.N., F¹¹ 2740.

520. TOULOT, *Subsistances 1816. Vues générales sur la nécessité de faire des achats de grains à l'étranger pour parer à l'insuffisance de la récolte de 1816*, 20 janvier 1817, p. 5.

521. Carreau : lieu de vente autour des halles.

522. A.N., F¹¹ 726.

523. A.N., H 1517.

524. A.N., F¹¹ 728.

525. *Ibid.*

526. Alfred RAMBAUD, *Histoire de la civilisation contemporaine en France*, 1888, 6ᵉ éd. 1901, p. 488.

527. L. de LAVERGNE, *op. cit.*, p. 440 note 1.

528. René PILLORGET, *Les Mouvements insurrectionnels de Provence entre 1595 et 1715*, 1975, p. 989.

529. Pierre LÉON, « L'épanouissement d'un marché national », *in : Histoire économique et sociale de la France*, p.p. F. BRAUDEL et E. LABROUSSE, III¹, 1976, pp. 301-302.

530. L. de LAVERGNE, *op. cit.*, p. 45.

531. Yves LEQUIN, *Histoire des Français*, II, *La Société*, p. 307.

532. Adeline DAUMARD, *Les Fortunes françaises du XIXᵉ siècle*, 1973, p. 192.

533. Pierre LÉON, *in* : BRAUDEL-LABROUSSE, *op. cit.*, III², pp. 604-606.

534. Alain PLESSIS, *Les Régents et gouverneurs de la Banque de France*, 1985, p. 204.

535. R. LAURENT, *in* : F. BRAUDEL-E. LABROUSSE, *op. cit.*, III², pp. 740-744.

536. Félix GAIFFE, *L'Envers du grand siècle*, 1924, pp. 117 *sq.*

537. L. de LAVERGNE, *op. cit.*, p. 38.

538. A.N., F¹¹ 2740 (Amiens, 23 et 28 avril).

539. A.N., F¹¹ 2740 (Paris, 3 juin 1817).

540. Guy THUILLIER, *Aspects de l'économie nivernaise au XIXᵉ siècle*, 1966, p. 82.

541. Elisabeth CLAVERIE, Pierre LAMAISON, *L'Impossible Mariage. Violence et parenté en Gévaudan, XVIIᵉ, XVIIIᵉ et XIXᵉ siècles*, 1982, p. 339.

542. G. THUILLIER, *op. cit.*, pp. 75-76.

543. *Ibid.*, pp. 81-82.

544. Louis LÉOUZON, *Agronomes et éleveurs*, 1905, p. 232.

545. Paulette SEIGNOUR, *La Vie économique du Vaucluse de 1815 à 1848*, 1957, p. 101.

546. Joseph PESQUIDOUX, *Chez nous. Travaux et joies rustiques*, 6ᵉ éd. 1921, p. 141.

547. Souvenir personnel.

548. Daniel ZOLA, *L'Agriculture moderne*, 1913, p. 13.

549. L. de LAVERGNE, *op. cit.*, 1877, p. 105.

550. *Ibid*, 1877, p. 194.

551. Aimé PERPILLOU, « Essai d'établissement d'une carte de l'utilisation du sol et des paysages ruraux en France », *in : Mélanges géographiques offerts à Philippe Arbos*, 1953, p. 197.

552. L. de LAVERGNE, *op. cit.*, pp. 51-52 et pp. 402-403 où l'auteur corrige en partie les chiffres donnés p. 52.

553. Robert LAURENT, « Tradition et progrès : le secteur agricole », *in : Histoire économique et sociale de la France*, pp.

F. BRAUDEL et E. LABROUSSE, III², p. 672.

554. *Ibid.,* p. 682.

555. Pierre BARRAL, « Le monde agricole », *in : Histoire économique et sociale de la France,* p.p.

F. BRAUDEL et E. LABROUSSE, IV¹ 1979, p. 361.

556. André GAURON, *Histoire économique et sociale de la Cinquième République,* I. *Le temps des modernistes,* 1983, p. 19.

Notes du quatrième chapitre

1. Isaac de PINTO, *Traité de la circulation et du crédit*, 1771, p. 218.
2. Ce n'est pas la définition marxiste de ces mots, bien entendu.
3. Pierre CHAUNU, *La Civilisation de l'Europe classique*, 1970, p. 26.
4. Voir *infra*, courbe et p. 186.
5. Heinrich BECHTEL, *Wirtschafts-geschichte Deutschlands von der Vorzeit bis zum Ende des Mittelalters*, I, 1951, p. 255.
6. François-Gabriel de BRAY, *Essai critique sur l'histoire de la Livonie*, III, 1817, pp. 22-23.
7. Hugh SETON-WATSON, *The Russian Empire 1801-1917*, 1967, pp. 21 *sq.*
8. Julius BELOCH, « Die Bevölkerung Europas im Mittelalter », in : *Zeitschrift für Sozialwissenschaft*, 1900, p. 409.
9. Chiffres que me communique Gérard CALOT de l'I.N.E.D., 28 mai 1984.
10. Bien que, à la fin du XVIIIᵉ siècle encore, il n'y ait que « l'ébauche d'un réseau urbain vivarois » (Alain MOLINIER, *Stagnation et croissance. Le Vivarais aux XVIIᵉ-XVIIIᵉ siècles*, 1985, pp. 46-47 et 67 *sq.*), il s'agit de bourgades depuis longtemps stagnantes, mais très anciennement fondées. (Pierre BOZON, *Histoire du peuple vivarois*, 1966, pp. 263 *sq.*) De même dans le Gévaudan.
11. Guy BOIS, *Crise du féodalisme*, 1976, pp. 61 et 66-67.
12. Yves RENOUARD, *Les Villes d'Italie de la fin du Xᵉ siècle au début du XIVᵉ siècle*, 1969, I, p. 15.
13. Jean SCHNEIDER, « Problèmes d'histoire urbaine dans la France médiévale » *in : Actes du 100ᵉ Congrès National des Sociétés Savantes* (Paris, 1975), 1977, p. 150.
14. *Ibid.*, p. 153.
15. *Ibid.*, p. 152.
16. Ce que Bernard CHEVALIER, *Les Bonnes Villes de France du XIVᵉ au XVIᵉ siècle*, 1982, a bien mis en lumière.
17. G. BOIS, *op. cit.*, pp. 311-314.
18. Edouard PERROY, « A l'origine d'une économie contractée, les crises du XIVᵉ siècle », *in : Annales E.S.C.*, 1949, pp. 167-182 ; Wilhelm ABEL, *Crises agraires en Europe (XIIIᵉ-XXᵉ siècles)*, 1973, p. 75, cités par G. BOIS, *op. cit.*, p. 84, note 32.
19. F. BRAUDEL, *La Méditerranée...*, I, pp. 468 *sq.*
20. Cité par Friedrich LÜTGE, *Deutsche Sozial-und Wirtschaftsgeschichte*, éd. 1976, p. 207.
21. Jean-Robert PITTE, *Histoire du paysage français*, I, 1983, p. 149.
22. B. CHEVALIER, *Les Bonnes Villes de France...*, *op. cit.*
23. Louis STOUFF, « La population d'Arles au XVᵉ siècle : composition socio-professionnelle, immigration, répartition topographique », *in : Habiter la ville, XVᵉ-XXᵉ siècles*, Actes de la table ronde organisée sous la direction de Maurice GARDEN et Yves LEQUIN, Lyon, 1984, p. 8.
24. Henri SÉE, *Louis XI et les villes*, 1892, *passim*.
25. *Ibid.*
26. F. REYNAUD, « Du comté au royaume (1423 - 1596) », *in : Histoire de Marseille*, p.p. Edouard BARATIER, 1973, p. 132.
27. Sal. Al. WESTRICH, *L'Ormée de Bordeaux. Une révolution pendant la Fronde*, 1973.
28. B. CHEVALIER, *op. cit.*, p. 310.
29. Jean-Baptiste SAY, *Cours complet d'économie politique*, 1852, réimpression 1966, III, p. 612.

30. J.-R. PITTE, *op. cit.*, II, p. 25.
31. *Ibid.*, pp. 31-32.
32. Thomas REGAZZOLA, Jacques LEFEBVRE, *La Domestication du mouvement. Poussées mobilisatrices et surrection de l'Etat*, 1981, p. 123.
33. J.-R. PITTE, *op. cit.*, II, p. 40.
34. Bernard QUILLIET, *Les Corps d'officiers de la prévôté et vicomté de Paris et de l'Ile-de-France, de la fin de la guerre de Cent Ans au début des guerres de Religion : étude sociale*, thèse soutenue à l'université de Paris IV, 1977. Lille, service des reproduction de thèses, 1982, I, p. 145.
35. Philippe de COMMYNES, *Mémoires*, I, éd. J. CALMETTE, 1964, pp. 73-74.
36. Le *Dictionnaire de Furetière* (1690) définit la ville : « Habitation d'un peuple assez nombreux qui est ordinairement fermée de murailles. »
37. Roberto LOPEZ, *Intervista sulla città medievale*, 1984, p. 5.
38. A.N., G⁷ 1692-259, f⁰ 81 *sq.*
39. Jules BLACHE, « Sites urbains et rivières françaises », *in : Revue de géographie de Lyon*, vol. 34, 1959, pp. 17-55.
40. Daniel FAUCHER, *L'Homme et le Rhône*, 1968, p. 179.
41. Jean-Pierre BARDET, « Un dynamisme raisonnable. Dimensions, évolutions (1640 - 1790) », *in : Histoire de Rouen*, p. p. Michel MOLLAT, 1979, p. 214.
42. Jean MEYER, *Etudes sur les villes en Europe occidentale (milieu du XVIIᵉ siècle à la veille de la Révolution française)*, I, 1983, p. 68.
43. A.N., F¹² 673, Metz, 6 juin 1717 ; de même en 1712, G⁷ 1697, 127, 7 septembre 1712.
44. A.N., F²⁰ 215.
45. Paul BOIS, « La Révolution et l'Empire », *in : Histoire de Nantes*, p. p. Paul BOIS, 1977, p. 245.
46. Référence égarée.
47. Paulette SEIGNOUR, *La Vie économique du Vaucluse de 1815 à 1848*, 1957, p. 77.
48. Renée CHAPUIS, *Une vallée franc-comtoise, la Haute-Loue*, 1958, p. 125.
49. J. MEYER, *op. cit.*, I, p. 69.
50. Adolphe BLANQUI, « Tableau des populations rurales de la France en 1850 », *in : Journal des économistes*, janvier 1851, p. 9.
51. E.A. WRIGLEY, *Towns in societies*, 1978, p. 298.
52. L. STOUFF, art. cit., p. 10.
53. Alain CROIX, *Nantes et le pays nantais*, 1974, pp. 163-199.
54. Roger DEVOS, « Un siècle en mutation (1536 - 1684) », *in : Histoire de la Savoie*, p. p. Roger DEVOS, 1973, p. 258.
55. Olivier ZELLER, « L'implantation savoyarde à Lyon à la fin du XVIᵉ siècle », *in : Habiter la ville...*, *op. cit.*, p. 27.
56. Maurice GARDEN, « Trois provinces, une généralité (XVIIᵉ-XVIIIᵉ siècles) », *in : Histoire de Lyon et du Lyonnais*, p.p. André LATREILLE, 1975, p. 227.
57. Louis-Sébastien MERCIER, *Tableau de Paris*, V, 1783, p. 282 ; VI, 1783, pp. 82-83 ; IX, 1788, pp. 167-168, et F. BRAUDEL, *Civilisation matérielle...*, *op. cit.*, I, p. 431.
58. Jean-Pierre POUSSOU, *Bordeaux et le Sud-Ouest au XVIIIᵉ siècle. Croissance économique et attraction urbaine*, passim, et pp. 100-101 et 369 *sq.*
59. *Cf. supra*, p. 14
60. Pour Caen, Jean-Claude PERROT, *Genèse d'une ville moderne : Caen au XVIIIᵉ siècle*, 1975, I, pp. 23 *sq.*, et II, chapitres X et XI, étudie les sentiments et les intérêts jouant pour et contre le nouvel urbanisme; la destruction des fortifications, commencée en 1751, ne sera

totale qu'en 1787. Hésitation à Bordeaux : *in : Histoire de Bordeaux,* p.p. Ch. HIGOUNET, p. 236.

61. J.-R. PITTE, *op. cit.,* II, p. 16.
62. *Ibid.,* II, chapitre I.
63. J. MEYER, *op. cit.,* I, p. 14.
64. L. S. MERCIER.
65. Léonce de LAVERGNE, *Economie rurale de la France depuis 1789,* 1860, éd. 1877, p. 192.
66. Jean-Pierre POUSSOU, « Une ville digne de sa fortune », *in : Histoire de Bordeaux,* p.p. Charles HIGOUNET, 1980, p. 238 ; J. GODECHOT et B. TOLLON, « Ombres et lumières sur Toulouse (1715-1789) », *in : Histoire de Toulouse,* p.p. Philippe WOLFF, 1974, pp. 370-372 ; A. BOURDE, « Les mentalités, la religion, les lettres et les arts de 1596 à 1789 », *in : Histoire de Marseille,* p.p. Edouard BARATIER, 1973, p. 237 ; Jean-Pierre BARDET, « Un dynamisme raisonnable. Dimensions, évolutions (1640-1789) », *in : Histoire de Rouen,* p.p. Michel MOLLAT, 1979, p. 213 ; J.-C. PERROT, *op. cit.,* II, p. 585.
67. Claude NIÈRES, « L'incendie et la reconstruction de Rennes », *in : Histoire de Rennes,* p.p. Jean MEYER, 1972, pp. 213 *sq.*
68. *Ibid.,* p. 229.
69. *Ibid.,* p. 233.
70. J.-C. PERROT, *op. cit.,* II, pp. 592 et 615-617.
71. Louis TRENARD, « Le Paris des Pays-Bas (XVIIIᵉ siècle) », *in : Histoire d'une métropole, Lille Roubaix Tourcoing,* 1977, p. 278.
72. Pierre PATTE, *Mémoire sur les objets les plus importants de l'architecture,* 1772, p. 6, cité par Claudette DEROZIER, « Aspects de l'urbanisme à Besançon au XVIIIᵉ siècle », *in : L'Information historique,* 1984, p. 82.

73. Jean-Marie CARBASSE, « Pesanteurs et fastes de l'Ancien Régime », *in : Histoire de Narbonne,* p.p. Jacques MICHAUD et André CABANIS, 1981, p. 244.
74. Eugène NOËL, *Rouen, Rouennais, rouenneries,* 1894, pp. 164-172.
75. Jean-Pierre BARDET, « La maison rouennaise aux XVIIᵉ et XVIIIᵉ siècles, économie et comportement », *in : Le Bâtiment. Enquête d'histoire économique XIVᵉ-XIXᵉ siècles, I. Maisons rurales et urbaines de la France traditionnelle,* p.p. J.-P. BARDET, P. CHAUNU, G. DESERT, P. GOUHIER, H. NEVEUX, 1971, pp. 319-320.
76. Roberto LOPEZ, Harry A. MISKIMIN, « The economic Depression of the Renaissance », *in : The Economic History Review,* XIV, nᵒ 3, avril 1962, pp. 115-126.
77. Lors de la soutenance du 27 mai 1972.
78. Witold KULA, Rapport de A. Wyrobisz et discussion, sixième semaine de Prato, 1974.
79. Sébastien CHARLETY, *Histoire de Lyon,* 1903, p. 129.
80. En 1789, la dette de Lyon atteint 40 millions, celle de Marseille presque 19, celle d'Aix-en-Provence 1,8, celle d'Arles 1 million.
81. Pierre CHAUNU, « Le bâtiment dans l'économie traditionnelle », *in : Le Bâtiment..., op. cit.,* pp. 19-20 ; Hugues NEVEUX, « Recherches sur la construction et l'entretien des maisons à Cambrai de la fin du XIVᵉ siècle au début du XVIIIᵉ », *ibid.,* p. 244.
82. J.-C. PERROT, *op. cit.,* II, p. 615.
83. P. CHAUNU, art. cit., *in : Le Bâtiment... op. cit.,* p. 20.
84. *Ibid.,* p. 25.
85. Louis CHEVALIER, *Classes laborieuses, classes dangereuses,* 1958, p. 217.
86. P. CHAUNU, art. cit., p. 31.

87. Jacques DUPÂQUIER, « Le réseau urbain du Bassin Parisien au XVIIIᵉ et au début du XIXᵉ siècle. Essai de statistique », in : *Actes du 100ᵉ Congrès National des Sociétés Savantes, Histoire Moderne II* (Paris 1975), 1977, p. 125.
88. *Cf. supra,* I, p. 159.
89. Marcel REINHARD, « La population des villes, sa mesure sous la Révolution et l'Empire », in : *Population,* 1954, n° 2, pp. 279-288.
90 Paul BAIROCH, *De Jéricho à Mexico. Villes et économies dans l'histoire,* 1985, p. 288.
91. François LEBRUN, « La tutelle monarchique (1657-1787) », in : *Histoire d'Angers,* p.p. François LEBRUN, 1975, p. 83.
92. *Ibid.,* p. 101.
93. *Ibid.,* p. 103.
94. *Ibid.,* p. 103.
95. *Ibid.,* p. 101.
96. Rémy CAZALS, Jean VALENTIN, *Carcassonne ville industrielle au XVIIIᵉ siècle,* 1984, pp. 3-4.
97. Pierre DARDEL, *Commerce, industrie et navigation à Rouen et au Havre au XVIIIᵉ siècle,* 1966, p. 118.
98. *Ibid.,* pp. 118-119.
99. *Ibid.,* pp. 123-139.
100. F. BRAUDEL, *Civilisation matérielle..., op. cit.,* I, pp. 282-283 et note.
101. Pierre CAYEZ, *Métiers jacquard et hauts fourneaux aux origines de l'industrie lyonnaise,* 1978, pp. 79 *sq.*
102. *Ibid.,* p. 107.
103. *Ibid.,* pp. 154-155.
104. Edward FOX, *L'Autre France. L'histoire en perspective géographique,* 1973.
105. J.-P. POUSSOU, *Bordeaux et le Sud-Ouest..., op. cit.,* pp. 411-414.
106. M. BRAURE, *Lille et la Flandre wallonne au XVIIIᵉ siècle,* 1932, II, pp. 85 *sq.*, 369 *sq.*

107. M. BRAURE, *op. cit.,* II, pp. 376-377.
108. *Ibid.,* p. 376.
109. *Ibid.,* pp. 378-379.
110. *Ibid.,* pp. 378-379 et 387.
111. L. TRENARD, art. cit., in : *Histoire d'une métropole..., op. cit.,* p. 245.
112. Mémoire d'Antoine de SURMONT, cité par M. BRAURE, *op. cit.,* II, pp. 379-380.
113. P. CAYEZ, *op. cit.,* p. 94.
114. A partir de 1692 : Maurice BORDES, *L'Administration provinciale et municipale en France au XVIIIᵉ siècle,* 1972, p. 199.
115. T. REGAZZOLA, J. LEFEBVRE, *op. cit.,* p. 123.
116. Herbert LÜTHY, *La Banque protestante en France, de la révocation de l'Edit de Nantes à la Révolution,* I, 1959, p. 314.
117. Jean SENTOU, *La Fortune immobilière des Toulousains et la Révolution française,* 1970, p. 25.
118. *Ibid.,* p. 174.
119. Robert BESNIER, *Histoire des faits économiques jusqu'au XVIIIᵉ siècle,* 1965, p. 42.
120. Arghiri EMMANUEL, *L'Echange inégal. Essai sur les antagonismes dans les rapports économiques internationaux,* 1969, p. 43.
122. Séminaire de Charles MORAZÉ.
123. A.N., F¹⁰ 242. Réponse du département du Mont-Blanc au Comité de Salut Public sur les questions concernant l'agriculture, les manufactures, le commerce, an IV. La Savoie est devenue le département du Mont-Blanc le 27 novembre 1792.
124. Extrait de souvenirs d'enfance que mon ami Roger VERLHAC, mort prématurément, avait commencé à rédiger à ma demande, sur Saint-Gervais et la vallée des Contamines, avant l'invasion du tourisme. En 1820, le même système fonctionnait dans le Jura autour des Rousses, *cf.* Abbé M. BERTHET, « Les

Rousses », *in : A travers les villages du Jura*, p.p. J. BRELOT, M. BERTHET, G. DUHEM, 1963, p. 285.

125. Informations recueillies par Gilbert BLANC, garde-forestier et guide de Saint-Gervais.

126. Joseph-Michel DUTENS, *Histoire de la navigation intérieure en France*, 1828, I, pp. IX-X, cité par Jean-Claude TOUTAIN, *Les Transports en France de 1830 à 1965*, Cahiers de l'ISEA, série AF-9, sept.-oct. 1967, p. 38.

127. Bernard LEPETIT, *Chemins de terre et voies d'eau : réseaux de transports et organisation de l'espace en France, 1740-1840*, 1984, p. 91.

128. Arthur YOUNG, *Voyages en France*, I, éd. 1976, pp. 75-76, 142, 163, 393.

129. *Statistique générale de la France. Territoire et population*, 1837, p. 47.

130. A.N., F¹⁰ 242, *op. cit.*

131. Pierre GOUBERT, Daniel ROCHE, *Les Français et l'Ancien Régime*, 1984, I, p. 55.

132. L. de LAVERGNE, *op. cit.*, p. 434.

133. Fonds privé du Dʳ Morand qui nous a été gracieusement communiqué.

134. P. GOUBERT, D. ROCHE, *op. cit.*, I, p. 55.

135. Alexis MONTEIL, *Description du département de l'Aveyron*, an X, cité par Claude HARMELLE, *Les Piqués de l'aigle. Saint-Antonin et sa région 1850 - 1940. Révolution des transports et changement social*, 1982, p. 75.

137. Marc AMBROISE-RENDU, « Géographie parisienne, les révélations du nouvel atlas démographique et social de la capitale », *in : Le Monde*, 30-31 décembre 1984, p. 1.

138. B. LEPETIT, *op. cit.*, p. 81.

139. A.N., F²⁰ 197.

140. B. LEPETIT, *op. cit.*, pp. 67-71.

141. René FAVIER, « Une ville face au développement de la circulation au XVIIIᵉ siècle : Vienne en Dauphiné », *in : Actes du 100ᵉ Congrès National des Sociétés Savantes*, Paris, 1975, pp. 54-55.

142. Pierre FUSTIER, *La Route. Voies antiques, chemins anciens, chaussées modernes*, 1968, pp. 228-236 et 249-254. Le premier pont de fer est construit sur le Rhône en 1824 par Marc SEGUIN entre Tain et Tournon.

143. STENDHAL, *Mémoires d'un touriste*, 1838, éd. 1929, I, pp. 73 et 309-310.

144. T. REGAZZOLA, J. LEFEBVRE, *op. cit.*, p. 112.

145. Guy ARBELLOT, « Les routes en France au XVIIIᵉ siècle », *in : Annales E.S.C.*, mai-juin 1973, p. 790 hors texte, cité par Fernand BRAUDEL, *Civilisation matérielle...*, III, 1979, pp. 270-271.

146. Ministère des Travaux Publics, documents statistiques sur les routes et les ponts, 1873, cité par J.-C. TOUTAIN, *Les Transports... op. cit.*, p. 15.

147. Jean-Claude GEORGES, *De la Beholle à la Falouse*, 1985, p. 75.

148. Alain CROIX, *La Bretagne aux XVIᵉ et XVIIᵉ siècles*, I, 1981, p. 39 et note 95.

149. Victor HUGO, *Les Pyrénées*, éd. 1984, p. 18.

150. Pierre GOUBERT, Préface à l'ouvrage d'Anne-Marie COCULA-VAILLIÈRES, *Un fleuve et des hommes. Les gens de la Dordogne au XVIIIᵉ siècle*, 1981, p. 7.

151. Blaise de MONTLUC, *Commentaires (1521-1576)*, éd. Pléiade, 1964, V, p. 515 cité par A.-M. COCULA-VAILLIÈRES, *op. cit.*, p. 15.

152. Antonio PONZ, *Viaje fuera de España*, 2ᵉ éd., 1791, I, p. 56.

153. A.-M. COCULA-VAILLIÈRES, *op. cit.*

154. *Ibid.*, p. 34.
155. *Ibid.*, pp. 79 et *sq.*
156. *Ibid.*, pp. 110-114.
157. *Ibid.*, p. 73.
158. *Ibid.*, pp. 76-78.
159. Ces contrats portaient non seulement la liste des marchandises, le prix du transport, mais aussi un délai limite (en général trois semaines). Dans le registre d'un marchand du XVIIᵉ siècle, on les retrouve inscrits et signés par deux témoins. O. GRANAT, « Essai sur le commerce dans un canton de l'Agenais au XVIIᵉ siècle d'après le "livre de comptes et de raisons de Hugues Mario, marchand" de Montaigut en Agenais, aujourd'hui Montaigut-du-Quercy (1648-1654) », *in : Revue de l'Agenais*, 1901, t. XXVIII, pp. 425-440.
160. Léon CAHEN, « Ce qu'enseigne un péage du XVIIIᵉ siècle : la Seine, entre Rouen et Paris, et les caractères de l'économie parisienne », *in : Annales d'histoire économique et sociale*, 1931, III, pp. 487-518.
161. A.N., G⁷ 1647, nᵒ 345, 14 juin 1710.
162. *Ibid.*, nᵒ 326, 20 avril 1709.
163. Maurice BLOCK, *Statistique de la France comparée avec les divers pays de l'Europe*, 1875, II, p. 250.
164. O. GRANAT, art. cit., pp. 437-438.
165. A.N., F¹⁴ 168, imprimé.
166. Henriette DUSSOURD, *Les Hommes de la Loire*, 1985, pp. 85 *sq.*
167. A.N., G⁷ 124.
168. A.N., H 94, dossier VI, pièce 74.
169. *Gazette de France*, 15 avril 1763.
170. *Histoire de la navigation sur l'Allier en Bourbonnais*, p.p. le Service éducatif des Archives Départementales de l'Allier, 1983, p. 30.
171. A.N., F¹² 1512 C.
172. Adrien HUGUET, *Histoire de Saint-Valéry*, 1909, pp. 1191 *sq.*

173. J.-C. TOUTAIN, *op. cit.*, pp. 74-75.
174. J. MEYER, *op. cit.*, p. 36.
175. Richard GASCON, *Grand Commerce et vie urbaine au XVIᵉ siècle. Lyon et ses marchands*, 1971, p. 157.
176. Joseph-Michel DUTENS, *op. cit.*, I, pp. IX-X, cité par J.-C. TOUTAIN, *op. cit.*, p. 38.
177. VAUBAN, *Mémoire sur la navigation des rivières*, in : *Mémoires des Intendants sur l'état des généralités, dressés pour l'instruction du Duc de Bourgogne*, p.p. A.M. de BOISLILE (1ʳᵉ éd. 1761), I, 1881, p. 401.
178. Par exemple, d'après une statistique annuelle du mouvement de la navigation de l'Allier, en 1837 (seule année où elle soit donnée en détail), 29 bateaux ont transporté à Paris 870 tonnes de charbon de bois, et 18 bateaux 360 tonnes de paille de Pont-du-Château à Moulins. *Histoire de la navigation sur l'Allier..., op. cit.*, pp. 34-35.
179. A.N., F¹⁰ 242.
180. J.-C. PERROT, *op. cit.*, p. 211.
181. A.N., F¹¹ 3059.
182. J. LETACONNOUX, « Les voies de communication en France au XVIIIᵉ siècle » in : *Vierteljahrschrift für Sozial-und Wirtschaftsgeschichte*, VII, 1909, p. 108.
183. J.-C. TOUTAIN, *op. cit.*, p. 40.
184. La Statistique annuelle de navigation de l'Allier, citée plus haut, donne pour l'année 1837 un tableau des poids et valeurs de toutes les marchandises transportées (vin, charbon de terre, charbon de bois, planches, merrains, pierres, plateaux de bois, paille, fruits, etc.), puis mentionne « 108 trains de bois », sans autre précision et sans les inclure dans le tableau. *Histoire de la navigation sur l'Allier... op. cit.*, pp. 34-35.
185. A.N., F¹²-653, janvier 1786.
186. J.-C. TOUTAIN, *op. cit.*, p. 248.

187. VAUBAN, *Mémoire sur la navigation..., op. cit.,* p. 413.
188. T. REGAZZOLA, J. LEFEBVRE, *op. cit.,* p. 132 ; J.-C. TOUTAIN, *op. cit.,* p. 252.
189. Marcel MARION, *Dictionnaire des institutions de la France au XVIIᵉ et au XVIIIᵉ siècle,* éd. 1976, p. 561.
190. T. REGAZZOLA, J. LEFEBVRE, *op. cit.,* p. 97.
191. *Ibid,* p. 111.
192. Ch. DEPLAT, « Les résistances à l'implantation de la route royale dans le ressort de l'intendance d'Auch et de Pau au XVIIIᵉ siècle », *in Annales du Midi,* 1981.
193. T. REGAZZOLA, J. LEFEBVRE, *op. cit.,* p. 105.
194. M. MARION, *op. cit.,* pp. 153-154 ; Gaston WIMBÉE, *Histoire du Berry, des origines à 1790,* 1957, p. 245.
195. A.N., H 160, Mémoire de M. Antoine, sous-ingénieur en Bourgogne, sur la suppression de la corvée en Bourgogne, 1775.
196. M. MARION, *op. cit.,* p. 154.
197. Guy ARBELLOT, « Le réseau des routes de poste, objet des premières cartes thématiques de la France moderne », *in : Les Transports de 1610 à nos jours,* Actes du 104ᵉ Congrès National des Sociétés Savantes, Bordeaux, 1979, 1980, I, p. 107 et note 4.
198. Voir *supra, L'Identité de la France,* I, pp. 320-321.
199. Pierre DUBOIS, *Histoire de la campagne de 1707 dans le Sud-Est de la France,* dactylogramme, p. 28, lettre de Tessé.
200. Madeleine FOUCHÉ, *La Poste aux chevaux de Paris et ses maîtres de poste à travers les siècles,* 1975, pp. 84-85.
201. Pierre CHAMPION, *Paris au temps de la Renaissance. L'envers de la tapisserie. Le règne de François Iᵉʳ,* 1935, p. 32. Diego de Zuniga écrit le jour même de la Saint-Barthélemy pour l'annoncer à Philippe II qui reçoit la lettre le 7 septembre et laisse éclater sa joie. Philippe ERLANGER, *Le Massacre de la Saint-Barthélemy,* 1960, p. 203.
202. A.N., F¹⁰ 221-1, Quimper, 27 juin 1791.
203. Chiffres obligeamment communiqués par J.-C. TOUTAIN, qui les a réunis pour un livre à paraître.
204. D'après le chapitre VI des *Mémoires pour servir à l'histoire du Languedoc,* rédigés en 1737 par l'intendant de Basville.
205. Pourcentages calculés par J.-C. TOUTAIN : 1781-90, 30 % ; 1803-14, 32 % ; 1825-34, 37 % ; 1845-54, 45 % ; 1875-84, 52 % ; 1895-1904, 58 % ; 1920-24, 65 % ; 1925-34, 72 % ; 1935-38, 75 % ; 1980, 95 %.
206. Cité par M. MARION, *op. cit.,* p. 540.
207. *Ibid.,* p. 188.
208. *Ibid.,* p. 437.
209. Moscou, AEA 35/6, 381, fᵒˢ 170-171.
210. Cité par M. MARION, *op. cit.,* p. 541.
211. *Ibid.,* p. 540.
212. Moscou, AEA 13/6 439, fol. 168 et vᵒ.
213. T. REGAZZOLA, J. LEFEBVRE, *op. cit.,* p. 158.
214. *Ibid.*
215. *Ibid.,* pp. 152-154.
216. Michel CHEVALIER, *Système de la Méditerranée,* 1832, cité par T. REGAZZOLA, J. LEFEBVRE, *op. cit.,* pp. 160-161.
217. T. REGAZZOLA, J. LEFEBVRE, *op. cit.,* p. 165.
218. Pierre BONNET, *La Commercialisation de la vie française du Premier Empire à nos jours,* 1929, p. 82.
219. C. HARMELLE, *op. cit.,* pp. 152 et 162.
220. Georges DUCHÊNE, *L'Empire industriel. Histoire critique des*

concessions financières et industrielles du Second Empire, 1869, p. 297.

221. Pierre FUSTIER, *La Route, voies antiques, chemins anciens, chaussées modernes*, 1968, p. 256.

222. Jacques LOVIE, « Chemins de Savoie : la route d'Italie à l'époque romantique (1815-1860) », *in : Les Transports de 1610 à nos jours..., op. cit.*, p. 80.

223. A.N., FᴵC III Loiret 7, n° 307.

224. Edmond GOT, *Journal ... 1822-1901*, II, 1910, p. 245.

225. P. SEIGNOUR, *op. cit.*, p. 91.

226. Elie REYNIER, *Le Pays de Vivarais*, 1934, cité par René NELLI, *Le Languedoc et le Comté de Foix, le Roussillon*, 1958, p. 51.

227. Eugen WEBER, *Peasants into Frenchmen. The Modernization of rural France 1870-1914*, 1977, publié en français sous le titre : *La Fin des terroirs : la modernisation de la France rurale, 1870-1914*, 1983.

228. C. HARMELLE, *op. cit.*

229. *Ibid.*, p. 53.

230. *Ibid.*, p. 93.

231. *Ibid.*, pp. 92-93.

232. *Ibid.*, p. 222.

233. Alexis MONTEIL, *Description du département de l'Aveyron*, an X (1802), cité par C. HARMELLE, *op. cit.*, p. 75.

234. *Ibid.*, p. 77.

235. *Ibid.*, pp. 110-111.

236. *Ibid.*, p. 235.

237. *Ibid.*, p. 320.

238. *Ibid.*, pp. 152 et 162.

239. Pierre CAYEZ, référence incomplète.

240. Paul HARSIN, « De quand date le mot industrie ? », *in : Annales d'histoire économique et sociale*, 1930, pp. 235-242.

241. C.J.A. MATHIEU DE DOMBASLE, *De l'avenir industriel de la France*, 1835.

242. G. DUCHÊNE, *L'Empire industriel..., op. cit.*, p. 45.

243. Lettres au préfet des Côtes-du-Nord, Loudéac, 24 février 1853, et au Préfet du Finistère, Morlaix, 14 janvier 1850, A.N., F¹² 4476 C.

244. A.N., FᴵC V Hérault, 3, 1837.

245. Jean-Baptiste SAY, *Cours complet d'économie politique pratique*, I, 1966, réimp., pp. 100-101.

246. Pierre BARRAL, « La crise agricole », *in : Histoire économique et sociale de la France*, p.p. Fernand BRAUDEL et Ernest LABROUSSE, *op. cit.*, IV₁, p. 371.

247. Massimo d'ANGELO.

248. David RICARDO, *Principes de l'économie politique et de l'impôt*, 1817, pp. 3-8.

249. *Ibid.*, p. 7 note 1 de Jean-Baptiste SAY, à l'édition de D. RICARDO.

250. Eugène de BOULLAY, *Statistique agricole et industrielle du département de la Saône-et-Loire*, 1849, p. 10.

251. Maria Rafaella CAROSELLI, « I fattori della seconda Rivoluzione industriale », *in : Economia e Storia*, 1978, pp. 389-418.

252. Albert DAUZAT, Jean DUBOIS, Henri MITTERAND, *Nouveau Dictionnaire étymologique et historique*, 1964.

254. F. BRAUDEL, *Civilisation matérielle..., op. cit.*, II, p. 261.

255. F. BRAUDEL, *L'Identité de la France*, I, pp. 208 sq.

256. Serge CHASSAGNE, « Industrialisation et désindustrialisation dans les campagnes françaises : quelques réflexions à partir du textile », *in : Revue du Nord*, janvier-mars 1981, p. 43, note 26.

257. Pierre GEORGE, « Histoire de France, le recours à la terre », *in : Le Monde*, 27 octobre 1984.

258. Béatrix de BUFFEVENT, « Marchands ruraux de l'ancien "pays de France" au XVIIIᵉ siècle », *in : Le Développement urbain de 1610 à nos jours*, Actes du 100ᵉ Congrès National des So-

ciétés Savantes, Paris, 1975, 1977, pp. 171-184.

259. Pierre LÉON, « Les transformations de l'entreprise industrielle », *in : Histoire économique et sociale de la France,* p.p. Fernand BRAUDEL et Ernest LABROUSSE, II, 1970, p. 262.

260. Le mot peut avoir diverses significations, même dans l'industrie d'aujourd'hui comme le souligne Yves MORVAN, *La Concentration de l'industrie en France,* 1972, pp. 15 *sq.* Il peut concerner uniquement la taille de l'unité de production (c'est le cas des manufactures) ou le rassemblement de métiers divers travaillant à la même production (c'est l'exemple donné ici de Gueugnon).

261. A.N., F¹⁴ 4481, documents 1 et 7.

262. Christian DEVILLERS, Bernard HUET, *Le Creusot. Naissance et développement d'une ville industrielle 1782-1914,* 1981, pp. 36-49.

263. Adrien PRINTZ, *La Vallée usinière, histoire d'un ruisseau, la Fensch,* 1966, pp. 57-67.

264. *Société lorraine des anciens établissements de Dietrich et Cie, de Lunéville 1880-1950,* 1951, p. 9.

265. Alexandre MOREAU de JONNÈS, *Etat économique et social de la France depuis Henri IV jusqu'à Louis XIV,* 1867, pp. 59-60.

266. F. BRAUDEL, *Civilisation matérielle...,* II, p. 95.

267. *Le Monde des affaires en France de 1830 à nos jours,* 1952, p. 83.

268. Isaac de PINTO, *Lettre sur la jalousie du commerce, in : Traité de la circulation et du crédit,* 1771, p. 287.

269. François VÉRON de FORBONNAIS, *Principes et observations économiques,* 1767, I, p. 205.

270. Pierre Samuel DUPONT de NEMOURS, *De l'exportation et de l'importation des grains,* 1764, pp. 90-91, cité par Pierre DOCKÈS, *L'Espace dans la pensée économi-*

que du XVIᵉ au XVIIᵉ siècle, 1969, p. 288.

271. Jean-Jacques ROUSSEAU, *Emile ou de l'Éducation,* éd. 1961, p. 226.

272. Louis GUENEAU, *Les Conditions de la vie à Nevers (denrées, logements, salaires) à la fin de l'Ancien Régime,* 1919, pp. 99 *sq.*

273. *Bulletin de l'Association Meusienne,* avril 1984.

274. Paul VIDAL de LA BLACHE, *La France de l'Est, Lorraine, Alsace,* 1917, p. 38.

275. André CHAMSON, *Les Hommes de la route,* 1927, p. 76.

276. Gilbert ARMAND, *Villes, centres et organisation urbaine des Alpes du Nord. Le passé et le présent,* 1974, pp. 85-86.

277. Pour Laval, Cholet, Saint-Quentin, voir Serge CHASSAGNE, « Industrialisation et désindustrialisation dans les campagnes françaises », *in : Revue du Nord,* 1981, pp. 37-40.

278. G. ARMAND, *op. cit.,* p. 92.

279. *Ibid.,* pp. 88-89.

280. Jacques SCHNETZLER, *Les Industries et les hommes dans la région de Saint-Etienne,* 1976, pp. 50-51.

281. Pierre LÉON, « La réponse de l'industrie », *in : Histoire économique et sociale de la France,* p.p. Fernand BRAUDEL et Ernest LABROUSSE, II, 1970, p. 252.

282. *Ibid.,* pp. 252-253.

283. François DORNIC, *Le Fer contre la forêt,* 1984, p. 40.

284. Eugenii K. TARLÉ, *L'Industrie dans les campagnes en France à la fin de l'Ancien Régime,* 1910, p. 48.

285. S. CHASSAGNE « Industrialisation et désindustrialisation... », art. cit., pp. 49-50.

286. Georges DESBONS, *Capitalisme et agriculture,* 1912, p. 19 et Charles SEIGNOBOS, « L'évolution de la IIIᵉ République », *in : Histoire de la France contemporaine,*

p.p. Ernest LAVISSE, VIII, 1921, p. 460.

287. Paul BAIROCH, *Révolution industrielle et sous-développement*, 1974, p. 276.

288. Maurice DAUMAS, *L'Archéologie industrielle en France*, 1980, p. 106.

289. Louis-Marie LOMÜLLER, *Histoire économique et industrielle de la France de la fin du XVIIᵉ siècle au début du XIXᵉ siècle. Guillaume Ternaux, 1763-1833, créateur de la première intégration industrielle française*, 1978, p. 56 note 9.

290. M. DAUMAS, *op. cit.*, p. 98.

291. Jacob van KLAVEREN, « Die Manufakturen des "Ancien Régime" », *in : Vierteljahrschrift und Sozial-Wirtschaftsgeschichte*, 1964, pp. 145 *sq.*

292. Werner SOMBART, *Der Moderne Kapitalismus*, 15ᵉ éd. 1928, II, p. 731. *Cf.* aussi F. BRAUDEL, *Civilisation matérielle...*, II, pp. 259 *sq.*

293. Pierre LÉON, « La réponse de l'industrie », *in : Histoire économique et sociale de la France*, p.p. F. BRAUDEL et E. LABROUSSE, II, 1970, pp. 257 *sq.*

294. M. DAUMAS, *op. cit.*, pp. 134-135 ; A.N., O² 871 à 906.

295. Claude PRIS, *La Manufacture royale des glaces de Saint-Gobain 1665-1830*, 1973.

296. M. DAUMAS, *op. cit.*, p. 106.

297. *Ibid.*, pp. 111-114.

298. A.N., G⁷ 259 f⁰ 9.

299. M. DAUMAS, *op. cit.*, pp. 98-106.

300. P. LÉON, « La réponse de l'industrie », art. cit., p. 260.

301. *Ibid.*

302. Frédérick Louis NUSSBAUM, *A History of the economic Institutions of modern Europe*, 1933, pp. 212-213.

303. Rémy CAZALS, *Les Révolutions industrielles à Mazamet 1750-1900*, 1983, p. 79.

304. Louis François DEY de SÉRAUCOURT, *Mémoire sur la généralité de Bourges, dressé par ordre du duc de Bourgogne en 1697*, 1844.

305. P. LÉON, « La réponse de l'industrie », art. cit., pp. 259 et 243.

306. F. BRAUDEL. *Civilisation matérielle...*, III, p. 514.

307. Albert SOBOUL, « La reprise économique et la stabilisation sociale, 1797-1815 », *in : Histoire économique et sociale de la France*, p.p. F. BRAUDEL et E. LABROUSSE, III : *L'Avènement de l'ère industrielle (1789-années 1980)*, 1976, p. 107 ; Pierre LÉON, « L'impulsion technique », *in : Histoire économique et sociale de la France*, *op. cit.*, III₂, 1976, p. 485 ; R. CAZALS, *op. cit.*, p. 114-115.

308. *Cf.* L. S. MERCIER, *op. cit.*, VII, p. 147.

309. Richard CANTILLON, *Essai sur la nature du commerce en général*, 1755, éd. 1952, p. 36.

310. Pierre BONNET, *La Commercialisation et la vie française du Premier Empire à nos jours*, 1929, p. 12. Walter ENDREI, *L'Evolution des techniques de filage et de tissage du Moyen Age à la Révolution industrielle*, 1968, p. 145.

311. Hervé LE BRAS, *Les Trois France*, 1986, p. 237.

312. P. LÉON, « L'impulsion technique », art. cit., p. 498.

313. A. PRINTZ, *La Vallée usinière...*, *op. cit.*, pp. 57-67.

314. F. BRAUDEL, *Civilisation matérielle...*, 1979, II, p. 287 et note 341 ; A.N., F¹² 682 (9 janvier 1727).

315. Tihomir J. MARKOVITCH, *L'Industrie française de 1789 à 1964*, Conclusions générales, *in : Cahiers de l'ISEA*, IV, 1966, p. 59.

316. T.J. MARKOVITCH, référence incomplète.

317. Georges d'AVENEL, *Le Mécanisme de la vie moderne*, 3ᵉ série 1900, pp. 215-216.

459

318. Yves GUYOT, « Notes sur l'industrie et le commerce de la France », *in : Journal de la Société de Statistique de Paris*, 1897, p. 287.

319. Marcel GILLET, *Les Charbonnages du Nord de la France au XIXᵉ siècle*, 1973, p. 28.

320. G. d'AVENEL, *op. cit.*, p. 214.

321. *Ibid.*

322. Sébastien CHARLETY, référence incomplète.

323. Jean-Antoine CHAPTAL, *De l'industrie française*, II, 1819, cité par P. LÉON, « L'impulsion technique », art. cit., pp. 482-483.

324. P. LÉON, « La réponse de l'industrie », art. cit., pp. 239-243.

325. P. LÉON, « L'impulsion technique », art. cit., p. 481.

326. Carlo PONI, « Archéologie de la fabrique : la diffusion des moulins à soie *alla bolognese* dans les Etats vénitiens des XVIᵉ et XVIIIᵉ siècles », *in :* F. BRAUDEL, *Civilisation matérielle...*, 1979, III, p. 476.

327. Charles SINGER, Eric John HOLMYATD, A. Rupert HALL, Trevor I. WILLIAMS, *Storia della tecnologia*, III, 1963, p. 382.

328. Cité par François CARON, *Le Résistible Déclin des sociétés industrielles*, 1985, p. 66.

329. Jacques PAYEN, « Machines et turbines à vapeur », *in : Histoire générale des techniques*, p.p. Maurice DAUMAS, IV, 1978, p. 18.

330. *Ibid.*, p. 118.

331. Jules GUÉRON, « L'énergie nucléaire », *in : Histoire générale des techniques*, p.p. Maurice DAUMAS, IV, 1978, p. 42.

332. Jacques PAYEN « Machines et turbines à vapeur », *in : Histoire générale des techniques*, IV, 1978, pp. 46-51 et François CARON, *op. cit.*, p. 67.

333. F. CARON, *op. cit.*, p. 57.

334. François CARON, « La croissance économique », *in : Histoire économique et sociale du monde*, p.p. Pierre LÉON, IV, 1978, pp. 91-92.

335. F. CARON, *Le Résistible Déclin...*, *op. cit.*, p. 87.

336. Louis LEPRINCE-RINGUET, *L'Aventure de l'électricité*, 1983, pp. 46-52.

337. F. CARON, « La croissance économique », art. cit., p. 93.

338. Robert MOÏSE et Maurice DAUMAS, « L'électricité industrielle », *in : Histoire générale des techniques, op. cit.*, IV, pp. 418, 364 et 423.

339. Référence égarée.

340. Antoine CAILLOT, *Mémoires pour servir à l'histoire des mœurs et usages des Français*, 1827, I, p. 134.

341. *Op. cit*, article « Commerce », II, p. 113.

342. Nicolas LAMOIGNON de BASVILLE, *Mémoires pour servir à l'histoire du Languedoc*, 1734, p. 39.

343. Moscou, Bibliothèque Lénine, FR 374, fᵒ 159.

344. R. CAZALS, *op. cit.*, p. 14.

345. *Ibid.*

346. Louis TRENARD, *Histoire d'une métropole : Lille-Roubaix-Tourcoing*, 1977, pp. 248-249 et 318-319.

347. A.N., G⁷ 1691, 63.

348. Tihomir J. MARKOVITCH, « L'industrie française de 1789 à 1964. Conclusions générales », *in : Cahiers de l'I.S.E.A.*, AF nᵒ 7, nᵒ 179, nov. 1966, p. 142.

349. Serge CHASSAGNE, « L'industrie lainière en France à l'époque révolutionnaire et impériale 1790-1810 », *in : Voies nouvelles pour l'histoire de la Révolution française*, Colloque A. Mathiez et G. Lefebvre, 1978

350. Fernand BRAUDEL, *Civilisation matérielle...*, III, pp. 481 *sq.* ; Pierre BONNET, *La Commerciali-*

sation de la vie française du Ier Empire à nos jours, 1929, constatant, le retard français en 1814, par rapport à l'Angleterre notamment, range la Révolution et les guerres napoléoniennes parmi les « causes apparentes », les véritables causes étant d'ordre technique, social, législatif et avant tout « l'hégémonie de la terre », bref structurelles, pp. 17-53.

351. Jean BOUVIER, « Industrie et société », *in : Histoire économique et sociale de la France*, p.p. F. BRAUDEL et E. LABROUSSE, IV₃, 1982, pp. 1724-1725.

352. Emile APPOLIS, *Un pays languedocien au milieu du XVIIIe siècle, le diocèse civil de Lodève*, 1951, p. VI.

353. M. DAUMAS, *L'Archéologie industrielle en France*, 1980, p. 30.

354. *Ibid.*, p. 99.

355. *Ibid.*, p. 106.

356. *Ibid.*, pp. 98-106 et Claude ALBERGE, J.-P. LAURENT, J. SAGNES, *Villeneuvette, une manufacture du Languedoc, in : Etudes sur l'Hérault*, 1984, nº 12.

357. M. DAUMAS, *op. cit.*, pp. 185-186.

358. Walter G. HOFFMANN, *British Industry, 1700-1950*, 1955, cité par F. BRAUDEL, *Civilisation matérielle...*, II, p. 304.

359. F. BRAUDEL, F. SPOONER, *Prices in Europe from 1450 to 1750, in : Cambridge Economic History of Europe*, IV, pp. 454 et 484.

360. T. J. MARKOVITCH, *L'Industrie française de 1789 à 1964, op. cit.*, p. 196.

361. Henri SÉE, « Esquisse de l'évolution industrielle de la France de 1815 à 1848, les progrès du machinisme et de la concentration », *in : Revue d'histoire économique et sociale*, 1923, nº 4, pp. 473-497.

362. P. LÉON, « L'impulsion technique », art. cit., p. 479.

363. F. BRAUDEL, *Civilisation matérielle, op. cit.*, III, pp. 69 et 231.

364. T.J. MARKOVITCH, « Salaires et profits industriels en France (sous la Monarchie de Juillet et le Second Empire) », *in : Economies et Sociétés, Cahiers de l'ISEA*, avril 1967, p. 79.

365. T.J. MARKOVITCH, *L'Industrie française de 1789 à 1964, op. cit.*, p. 86.

366. Conclusions tirées d'un rapport-résumé de T.J. Markovitch rédigé à l'intention exclusive de F. Braudel en 1984 et englobant les résultats essentiels que T.J. Markovitch a tiré de ses sept volumes publiés à ce jour sur l'*Histoire des industries françaises.*

367. Charles SEIGNOBOS, *L'Evolution de la IIIe République, in : Histoire de la France contemporaine*, p.p. E. LAVISSE, 1921, p. 460.

368. H. LE BRAS, *Les Trois France, op. cit.*, p. 223.

369. *Ibid.*, p. 236.

370. *Ibid.*, pp. 228-229.

371. Référence égarée.

372. Léonce de LAVERGNE, *Economie rurale de la France depuis 1789*, 1877, p. 45.

373. Pierre CHAUNU, *La Civilisation de l'Europe classique*, 1966, pp. 328-329 et 342.

374. *Œuvres économiques de Sir William Petty*, 1905, I, p. 277, cité par Pierre DOCKES, *L'Espace dans la pensée économique du XVIe au XVIIIe siècle*, 1969, p. 152.

375. *Cf.* sa correspondance dans les archives de Moscou. Les négociants suisses se chargeaient souvent à Marseille des consulats étrangers, par exemple du Danemark, d'Autriche, d'Angleterre ; *Histoire du commerce de Marseille*, p.p. Gaston RAMBERT, IV, 1954, pp. 529-530.

376. Anne-Robert-Jacques TURGOT, *Réflexions sur la formation et la distribution des richesses*, 1766,

in : *Œuvres de Turgot*, p.p. Eugène DAIRE, 1844, rééd. 1966, I, p. 43 ; A.N., G⁷ 1697, 165, 23 décembre 1712.

377. Jean-Claude TOUTAIN, *La Population de la France de 1700 à 1959, in : Cahiers de l'ISEA*, AF 3, 1963, tableaux pp. 136-137.

378. A.N., K 1351, Le compagnon ordinaire des marchands, 1700.

379. Elie BRACKENHOFFER, *Voyage en France 1643-1644*, trad. Henry LEHR, 1925, pp. 115-116.

380. Jean-Claude PERROT, *Genèse d'une ville moderne : Caen au XVIIIᵉ siècle*, I, 1975, p. 182.

381. Claude SEYSSEL, *Histoire singulière du roy Loys XII*, 1558, p. 113.

382. *Journal de voyage de deux jeunes Hollandais (MM. de Villers) à Paris en 1656-1658*, p.p. A.-P. FAUGÈRE, 1899, p. 30.

383. POTTIER de LA HESTROYE, *Réflexions sur la dîme royale*, 1716, pp. 104-105.

384. Jacques Joseph JUGE SAINT-MARTIN, *Changements survenus dans les mœurs des habitants de Limoges*, p. 90.

385. Edmond ESMONIN, « Un recensement de la population de Grenoble en 1725 », *in : Cahiers d'histoire*, 1957, réédité dans *Etudes sur la France des XVIIᵉ et XVIIIᵉ siècles*, 1964, pp. 429-461.

386. Gilbert ARMAND, *Villes, centres et organisation urbaine dans les Alpes du Sud, op. cit.*, p. 83.

387. Maurice BLOCK, *Statistique de la France comparée avec les autres Etats de l'Europe*, II, 1860, p. 225.

388. Pierre BONNET, *La Commercialisation de la vie française du Premier Empire à nos jours*, 1929, pp. 170-171 et 173.

389. M. BLOCK, *op. cit.*, II, p. 286.

390. Peter MATHIAS, *The First Industrial Nation. An Economic History of Britain 1700-1914*, 1969, p. 18 ; R.M. HARTWELL, *The Industrial Revolution and Economic Growth*, 1971, pp. 180 *sq*.

391. F. BRAUDEL, *Civilisation matérielle...*, II, p. 357.

392. Michel MORINEAU, « Quelques recherches relatives à la balance du commerce extérieur français au XVIIIᵉ siècle : où cette fois un égale deux », *in : Aires et structures du commerce français au XVIIIᵉ siècle*, colloque, Paris, 1973, pp. 1-45.

393. Ruggiero ROMANO, « Documenti e prime considerazioni intorno alla "balance de commerce" della Francia dal 1719 a 1780 », *in : Studio in onore di Armando Sapori*, p. 1291.

394. M. MORINEAU, art. cit., p. 3.

395. *Mémoires de Jean Maillefer, marchand bourgeois de Reims (1611-1684), continués par son fils jusqu'en 1716*, p.p. Henri JADART, 1890, pp. 10-12.

396. F. BRAUDEL, *Civilisation matérielle...*, II, pp. 387-390.

397. Robert BIGO, *Les Banques françaises au cours du XIXᵉ siècle*, 1947, p. 272.

398. Friedrich LÜTGE, *Deutsche Sozial – und Wirtschaftsgeschichte*, 1966, p. 235.

399. L. BLANCARD, *Documents inédits sur le commerce de Marseille au Moyen Age*, 1884 (21 mars 1248), cité par Gérard SIVERY, « Les orientations actuelles de l'histoire économique du Moyen Age dans l'Europe du Nord-Ouest », *in : Revue du Nord*, 1973, p. 213.

400. *Ibid.*

401. Jacques ACCARIAS DE SERIONNE, *Les Intérêts des nations de l'Europe développés relativement au commerce*, 1766, I, p. 93.

402. Moscou, A.E. A., 50/6, 522-105 Amsterdam, 20 sept. et 1ᵉʳ oct. 1784.

403. Dieudonné RINCHON, *Les Armements négriers au XVIIIᵉ siècle*,

d'après la correspondance et la comptabilité des armateurs et capitaines nantais, 1955, *passim* et pp. 83, 73 et 75.

404. C'est le cas pour les frères Chaurand, pour onze expéditions de 1783 à 1792, *ibid.*, pp. 128-129.

405. *Ibid.*, p. 12.

406. Louis TURQUET DE MAYERNE, *La Monarchie aristodémocratique ou le gouvernement composé et meslé des trois formes de légitimes Républiques*, 1611, p. 122, cité par Roland MOUSNIER, « L'opposion politique bourgeoise à la fin du XVIᵉ siècle et au début du XVIIᵉ siècle. L'œuvre de Louis Turquet de Mayerne », *in : Revue historique*, janvier-mars 1955, p. 64.

407. Jean ÉON (le père Mathias de Saint Jean), *Le Commerce honorable ou considérations politiques... composé par un habitant de la ville de Nantes*, 1646, pp. 21-22.

408. Jean Baptiste PÉRIER, *La Prospérité rochelaise au XVIIIᵉ siècle et la bourgeoisie protestante*, 1899, II, p. 5.

409. B.N., Fonds Fr.

410. A.N., F 12 116, 99 *sq.*

411. Immanuel WALLERSTEIN, *Le Système du monde du XVᵉ siècle à nos jours*, I. *Capitalisme et économie monde 1450-1640*, 1980, p. 120.

412. Marcello CARMAGNANI, *Les Mécanismes de la vie économique dans une société coloniale : le Chili (1680-1830)*, 1973, p. 14.

413. F. BRAUDEL, *Civilisation matérielle...*, II, p. 355.

414. Vitorino MAGALHAES GODINHO, *L'Economie de l'Empire portugais aux XVᵉ et XVIᵉ siècles*, 1969 ; F. BRAUDEL, *Civilisation matérielle...*, II, p. 355.

415. Paul ADAM, « Les inventions nautiques, médiévales et l'émergences du développement écono-mique moderne », *in : Systèmes économiques et histoire*, dactyl., 1980, p. 58.

416. François DORNIC, *L'Industrie textile dans le Maine (1650-1815)*, 1955, p. 43 ; Nicolas de LAMARE, *Traité de la police...*, II, p. 725.

417. François DORNIC, *Histoire du Mans et du pays manceau*, 1975, pp. 146-151.

418. A.N., A.E. B1 280 (29 mars 1703).

419. POTTIER DE LA HESTROYE, *op. cit.*

420. A.N., G⁷ 1687, 33.

421. Jacques SAVARY, *Le Parfait Négociant ou Instruction générale pour ce qui regarde le commerce de toute sorte de marchandise tant de France que des pays étrangers...*, 1675, II, p. 156 ; voir aussi J. EON, *Le Commerce honorable..., op. cit.*, p. 167.

422. Jacques-Marie MONTARAN, cité *in :* Charles CARRIÈRE, *Négociants marseillais au XVIIᵉ siècle*, I, 1973, p. 245.

423. Jean-François BELHOSTE, « Naissance de l'industrie du drap fin en France », *in : La Manufacture du Dijonval et la draperie sédanaise 1650-1850*, Cahiers de l'Inventaire, nᵒ 2, 1984, p. 14.

424. Régine PERNOUD, *Le Moyen Age jusqu'en 1291, in : Histoire du commerce de Marseille*, p.p. Gaston RAMBERT I, 1949, p. 56.

425. A.E., Mémoires et Documents, Turquie, 11. Capitulations : nom donné ordinairement aux traités passés avec les Turcs.

426. F. BRAUDEL, *La Méditerranée...*, I, pp. 448-449 et 497 ; F. BRAUDEL, *Civilisation matérielle...*, pp. 137-138.

427. D'après l'enquête du 3 février 1563 et Joseph BILLIOUD, « Le commerce de Marseille de 1515 à 1599 », *in : Histoire du commerce de Marseille*, III, 1951, p. 445.

428. Louis BERGASSE, « Le commerce de Marseille de 1599 à 1660 », in : *Histoire du commerce de Marseille*, IV, 1954, pp. 95, 91 et 94.

429. *Le Parfait Négociant, op. cit.*, 1712, IIe partie, pp. 385-387.

430. Robert PARIS, « De 1660 à 1789. Le Levant », in : *Histoire du commerce de Marseille*, V, 1957, pp. 557-564.

431. A.N., A.E., Mémoires et Documents, Turquie, 11.

432. André LESPAGNOL, « Saint-Malo port mondial du XVIe au XVIIIe siècle », in : *Histoire de Saint-Malo et du pays malouin*, 1984, p. 113.

433. A.N., A.E., B1 211 (9 mai 1669).

434. *Carrera de Indias :* flotte destinée à l'Amérique espagnole dont le trafic, monopole du roi d'Espagne est organisé, contrôlé et protégé militairement.

435. A. LESPAGNOL, *Histoire de Saint-Malo, op. cit.*, p. 79.

436. *Ibid.*, pp. 102 *sq.*

437. A.N., A.E., B1 214, f° 282.

438. *Ibid.*

439. *Ibid.*

440. *Ibid.* (Cadix, 15 octobre 1702).

441. A.N., A.E. B1 212 (19 octobre 1682).

442. A.N., A.E. B1 211 (16 octobre 1672).

443. *Correspondance des contrôleurs généraux...*, p.p. A.M. de BOISLISLE, I, 1874, p. 173, 18 février 1689.

445. Abbé PREVOST, *Histoire générale des voyages...*, 1753, XI, pp. 47-63, Relation du voyage de M. de Gennes.

446. A.N., Colonies F2 A 15 (4 mars 1698).

447. La Basse-Californie, occupée par les Espagnols en 1602, qui fait partie de l'actuel Mexique.

448. A.N., Colonies F² A 15 (20 mai 1698).

450. *Sol :* on partage d'ordinaire le capital des sociétés en 20 parts dites *sol*, par analogie avec les 20 sols de la livre, monnaie de compte.

451. A.N., Colonies F² A 15 (17 novembre 1698).

452. *Ibid.*, 19 décembre 1698.

453. Elle n'entrait pas dans le cadre de la « guerre de course », de cette piraterie qui, codifiée par l'Etat, était devenue une activité légale, en quelque sorte, *en temps de guerre*. Saint-Malo y avait très largement participé ainsi que Dunkerque ; A. LESPAGNOL, *Histoire de Saint-Malo, op. cit.*, pp. 114-120.

454. A.N., Colonies F² A 21, 30 juillet 1702. Sur les inconvénients pour le gouvernement espagnol du commerce entre les Philippines et le Pérou, *cf. Civilisation matérielle, op. cit.*

455. A.N., Colonies F² A21, Paris 12 juin 1700.

456. F. BRAUDEL, *Civilisation matérielle...*, III.

457. A. LESPAGNOL, *Histoire de Saint-Malo, op. cit.*, p. 121.

458. *Ibid.*, p. 124.

459. *Ibid., op. cit.*, p. 123.

460. *Ibid., op. cit.*, pp. 126-127 ; Pierre GOUBERT, « Le tragique XVIIe siècle », in : *Histoire économique et sociale de la France*, p.p. F. BRAUDEL et E. LABROUSSE, II, 1970, p. 364.

461. A.N., F 12 681 106.

462. A.N., G⁷ 1701 137 f° 57 ; Anne MOREL, « Les armateurs malouins et le commerce interlope », in : *Les Sources de l'histoire maritime en Europe, du Moyen Age au XVIIIe siècle*, p.p. Michel MOLLAT et *al.*, 1962, p. 313.

463. A. LESPAGNOL, *op. cit.*, pp. 129 *sq.*

464. Jean MEYER, « Le commerce nantais du XVIe au XVIIIe siècle », in : *Histoire de Nantes*, p.p. Paul BOIS, 1977, pp. 135-136.

466. La partie espagnole de l'île est de 48 000 kilomètres carrés, Cuba de 114 000.
467. Alice PIFFER CANABRAVA, *A industria de açucar nas ilhas inglesas e francesas do mar das Antilhas (1697-1755)*, 1946, dactylogramme.
468. Jacques SAVARY des BRUSLONS, *Dictionnaire..., op. cit.,* V, col. 1462.
469. *Ibid.,* V, col. 1466.
470. Ruggiero ROMANO, « Documenti e Prime Considerazioni intorno alla 'Balance du commerce' della Francia dal 1716 al 1780 », *in : Studi in onore di Armando Sapori,* 1957, pp. 1274, 1275, 1291.
471. *Cf. supra,* p. 314.
472. F. BRAUDEL, *Civilisation matérielle...,* II, pp. 367-368.
473. François CROUZET, « Le commerce de Bordeaux », *in : Bordeaux au XVIIIe siècle,* p.p. François-Georges PARISET, *Histoire de Bordeaux,* V, p.p. Charles HIGOUNET, 1968, p. 233.
474. M. MORINEAU, « Quelques recherches relatives à la balance..., art. cit. pp. 32-33 ; Jean CAVIGNAC, *Jean Pellet commerçant de gros, 1694-1772. Contribution à l'étude du négoce bordelais du XVIIIe siècle,* 1967, p. 103.
475. J.-P. POUSSOU, *Bordeaux et le Sud-Ouest au XVIIIe siècle, op. cit.,* p. 20.
476. J. CAVIGNAC, *Jean Pellet..., op. cit.,* pp. 31-32.
477. Jean-Pierre POUSSOU, « Les structures démographiques et sociales », *in : Bordeaux au XVIIIe siècle..., op. cit.,* pp. 344 *sq.*
478. J.-P. POUSSOU, *op. cit.,* pp. 27 et 31.
479. Pierre DARDEL, *Commerce, industrie et navigation à Rouen et au Havre au XVIIIe siècle,* 1966, p. 141.

480. En pratique, la contrebande anglaise n'a jamais cessé, avec la complicité des habitants qu'elle ravitaillait en farine, bœuf salé, chevaux, mulets... Les agents du roi fermaient les yeux le plus souvent. J. CAVIGNAC, *Jean Pellet..., op. cit.,* pp. 172-173.
481. Charles GIDE, *Cours d'économie politique,* 5e éd. 1919, I, p. 198.
482. Maxime RODINSON, *Islam et capitalisme,* 1966, p. 27.
483. Emile SAVOY, *L'Agriculture à travers les âges,* I, 1935, p. 119.
484. René SEDILLOT, *Histoire des marchands et des marchés,* 1964, p. 188.
485. Jacques LAFFITTE, *Réflexions sur la réduction de la rente et sur l'état du crédit,* 1824, p. 14.
486. Joseph CHAPPEY, *La Crise du capital. I : La Formation du système monétaire moderne,* 1937, p. 189.
487. Jean HERAULT, sieur de GOURVILLE, *Mémoires de Monsieur de Gourville,* 1665, éd. 1724, II, p. 2.
488. *Ibid.*
489. Pierre DARDEL, *Commerce, industrie et navigation à Rouen et au Havre au XVIIIe siècle,* 1966, p. 159.
490. François DORNIC, *L'Industrie textile dans le Maine et ses débouchés internationaux (1650-1815),* 1955, pp. 182-183.
491. F. BRAUDEL, *Civilisation matérielle...,* II, p. 343.
494. Les billets émis par Louis XIV et rapidement dépréciés, voire *infra.*
495. A.N., G⁷ 1691, 35, 6 mars 1708.
496. Copie de lettre expédiée en Pologne aux Radziwill, Varsovie, AG, AD Radziwill.
498. Jean DUCHE, *Le Bouclier d'Athéna. L'Occident, son histoire et son destin,* 1983, p. 487.
499. Alfred NEYMARCK, « Le développement annuel de l'épargne française », *in : Revue internatio-*

nale du commerce, de l'industrie et de la banque, 1906, p. 7.

500. Léon SCHICK, *Suggestions pour une reconstruction française*, 1945, pp. 38 sq.

501. Pierre GOUBERT, *op. cit.*

502. Emile VINCENS, *Des sociétés par actions. Des banques en France*, 1837, pp. 117-118.

503. G. THUILLIER.

504. Herbert LÜTHY, *La Banque protestante en France de la révocation de l'édit de Nantes à la Révolution*, 1959-1961, I, p. 95.

505. Jean MEYER, *L'Armement nantais dans la deuxième moitié du XVIIᵉ siècle*, 1969, passim.

506. Fernand LAURENT, *En Armagnac il y a cent ans. La vie d'un aïeul (1761-1849)*, 1928, ch. X, pp. 198 sq.

507. Moscou, AEA 93/6-428-174 : le chiffre paraît énorme. Mais Guy CHAUSSINAND-NOGARET, *La Noblesse au XVIIIᵉ siècle*, 1976 (p. 78) confirme, chiffres à l'appui, l'importance des fortunes terriennes de la grande noblesse : « Les revenus des princes, dit-il, se comptent par millions. »

508. Béatrice F. HYSLOP, *L'Apanage de Philippe Egalité duc d'Orléans (1785-1791)*, 1965, chapitres I et II.

509. P. LÉON, « La réponse de l'industrie », art. cit., pp. 255-256 ; G. CHAUSSINAND-NOGARET, *La Noblesse au XVIIIᵉ siècle, op. cit.*, pp. 119, 161 et 144.

510. Jean LABASSE, *Les Capitaux et la région. Etude géographique. Essai sur le commerce et la circulation des capitaux dans la région lyonnaise*, 1955, pp. 9 sq.

511. Cité par R. BIGO, *Les Banques françaises au cours du XIXᵉ siècle, op. cit.*, pp. 41-42.

512. E. VINCENS, *op. cit., passim* et pp. 114 sq.

513. R. BIGO, *op. cit.*, p. 41.

514. Jean-Baptiste SAY, « De la production des richesses », in :

515. *Cours complet d'économie politique pratique*, réimpression de l'édition 1852, 1966, I, p. 131.

515. *Ibid.*, I, p. 132.

516. J. EON, *Le Commerce honorable..., op. cit.*

517. Jean-François FAURE-SOULET, *Economie politique et progrès au siècle des Lumières (1750-1789)*, thèse, 1964, pp. 94-95.

518. Pierre CHAUNU, *op. cit.*

519. Fritz WAGNER, *Europa im Zeitalter des Absolutismus und der Aufklärung*, tome 4 de *Handbuch der europaischen Geschichte*, p.p. Theodor SCHIEDER, 1968, p. 104.

520. VAN DER MEULEN, *Recherches sur le commerce*, II, 1779, p. 75.

521. J.-F. FAURE-SOULET, *op. cit.*, p. 101.

522. Cf. F. BRAUDEL, *Civilisation matérielle...*, III, pp. 266-267.

523. A.N., G ⁷ 1622.

525. POTTIER de LA HESTROYE, *op. cit., passim*.

526. Louis DERMIGNY, *La Chine et l'Occident. Le commerce à Canton au XVIIIᵉ siècle, 1719-1833*, 1964, p. 740 et note 3.

527. Michèle SAINT-MARC, *Histoire monétaire de la France, 1800-1980*, 1983, p. 36.

528. Ange GOUDAR, *Les Intérêts de la France mal entendus*, 1756, II, p. 20.

529. A.N., G⁷ 418.

530. A.N., G⁷ 521, 19 novembre 1693.

531. R. BIGO, *op. cit.*, p. 42.

532. *Ibid.*, p. 114.

533. F. BAYARD, *op. cit.*, p. 107 ; R. GASCON, *op. cit.*, I, p. 188.

534. Albéric de CALONNE, *La Vie agricole sous l'Ancien Régime en Picardie et en Artois*, 1883, p. 70. Il cite A.D. Aisne c 765.

535. F. BRAUDEL, *Civilisation matérielle...*, I, p. 391.

536. Georges d'AVENEL, *Histoire économique de la propriété, des salaires, des denrées... op. cit.*, I, pp. 21-22.

537. M.-T. BOYER, G. DELAPLACE, L. GILLARD, *op. cit.,* p. 128.
538. Maximilien de BÉTHUNE, duc de SULLY, *Mémoires,* III, éd. 1788, p. 6.
539. Barry E. SUPPLE, « Currency and commerce in the early seventeenth century », *in : The Economic History Review,* décembre 1957, p. 240 note 1.
540. Marie-Thérèse BOYER, Ghislaine DELAPLACE, Lucien GILLARD, *Monnaie privée et pouvoir des princes,* dactylogramme, p. 55.
541. Paul RAVEAU, *Essai sur la situation économique et l'état social en Poitou au* XVIe *siècle,* 1931, p. 92.
542. Germain MARTIN, « La monnaie et le crédit privé en France aux XVIe et XVIIe siècles : les faits et les théories (1550-1664) », *in : Revue d'histoire des doctrines économiques et sociales,* 1909, p. 28.
543. Référence égarée.
544. François-Nicolas MOLLIEN, *Mémoires d'un ministre du Trésor public 1780-1814,* III, éd. 1845, p. 469.
545. Pièce de huit : piastre ou pièce de huit réaux, première pièce d'argent frappée par les Espagnols en Amérique en 1535.
546. La pistole, frappée à partir de 1537 avec l'or importé du Nouveau Monde.
547. A.N., G⁷ 1622, vers 1706.
548. Jean RIVOIRE, *Histoire de la monnaie,* 1985, p. 33.
549. G. d'AVENEL, *op. cit.,* I, pp. 39-40.
550. J. RIVOIRE, *op. cit.,* p. 21.
551. G. d'AVENEL, *op. cit.,* I, p. 37.
552. F. BRAUDEL, *civ. mat.* I, p. 410.
553. Richard GASCON, *Grand Commerce et vie urbaine au* XVIe *siècle. Lyon et ses marchands,* 1971, II, p. 760.
554. M. MARION, *Dictionnaire des institutions, op. cit.,* p. 384.
555. José GENTIL DA SILVA, *Banque et crédit en italie... op. cit.,* I, 1969, p. 284.

556. A. GOUDAR, *op. cit.,* II, p. 120.
557. Charles DUPIN, *Le Petit Producteur français,* I, 1827, p. 24.
558. *Société historique et archéologique du Périgord,* 1875, p. 50 et 1880, p. 397, cité par G. d'AVENEL, *op. cit.,* I, p. 37.
559. G. d'AVENEL, *op. cit.,* I, p. 35.
560. André PIOGER, *Le Fertois aux* XVIIe *et* XVIIIe *siècles. Histoire économique et sociale,* 1973, p. 196.
561. F. BRAUDEL, *Civilisation matérielle...,* 1979, II, pp. 71-72.
562. R. SÉDILLOT, cité par M. SAINT-MARC, *op. cit.,* p. 208.
563. Traian STOIANOVITCH, *The Commercial Revolution,* dactylogramme, pp. 68-69.
564. E. H. PHELPS-BROWN et S.V. HOPKINS, « Wage-Rate and Prices : Evidence for Population Pressure in the 16th Century », *in : Economica,* XXIV, 1957, p. 298, cité par Immanuel WALLERSTEIN, *Le Système du monde du* XVe *siècle à nos jours,* I : *Capitalisme et économie-monde, 1450-1640,* 1980, p. 79.
565. Jean MEUVRET, *« Circulation monétaire et utilisation économique de la monnaie dans la France du* XVIe *et du* XVIIe *siècle »,* in : *Etudes d'histoire économique, recueil d'articles,* 1971, p. 132 et note 8.
566. Marquis d'ARGENSON, *op. cit.,* p. 56, *cf.* F. BRAUDEL, *Civilisation matérielle...,* II, p. 376 et note 157.
567. José GENTIL DA SILVA, *Banque et crédit..., op. cit.*
568. Jean MEUVRET, « La France au temps de Louis XIV : des temps difficiles », in : *Etudes d'histoire économique,* 1971, p. 27.
569. F. MOLLIEN, *op. cit.,* III, pp. 471-472.
570. *Ibid.,* p. 478.
571. R. GASCON, *op. cit.,* II, pp. 569-570.
572. Yves-Marie BERCÉ, *Histoire des croquants,* 1974, I, p. 42 note 105.

573. José GENTIL DA SILVA, *Banque et crédit en Italie au XVIIe siècle,* 1969, p. 404 ; *cf.* F. BRAUDEL, *Civilisation matérielle...,* II, pp. 374-377.

574. Georges DUCHÊNE, *L'Empire industriel. Histoire critique des concessions financières et industrielles au Second Empire,* 1869, *passim ;* Lysis (pseudonyme de Eugène LETAILLEUR), *Les Capitalistes français contre la France,* 1916.

575. Jean BUVAT, *Journal de la Régence,* B.N., Ms. Fr. 10283 III, pp. 1352-1409. Je mets en cause la partie non publiée du *Journal,* intitulé *Idées générales du nouveau système des finances.*

576. Isaac de PINTO, *Traité de la circulation et du crédit,* 1771, p. 148.

577. A.N., G⁷ 1622, vers 1706.

578. Guy THUILLIER, « La réforme monétaire de 1785 », *in : Annales E.S.C.,* sept.-oct. 1971, p. 1031 note 3 ; H. LÜTHY, *op. cit.,* II, pp. 687-698 et 706.

579. *Journaux inédits de Jean DES-NOYERS et d'Isaac GIRARD,* p.p. Pierre DUFAY, 1912, p. 90 note 2.

580. Jean BOUVIER, « Vers le capitalisme bancaire : l'expansion du crédit après Law », *in : Histoire économique et sociale de la France,* p.p. F. BRAUDEL et E. LABROUSSE, II, 1970, p. 302.

581. A.N., F ¹⁰ 242 ; Article du *Moniteur* du 30 septembre 1838.

582. Jean RIVOIRE, *Histoire de la banque,* 1984, p. 50.

583. Jean BOUVIER, « Rapports entre systèmes bancaires et entreprises industrielles dans la croissance européenne du XIXe siècle », *in : L'Industrialisation en Europe au XIXe siècle,* colloque C.N.R.S., Lyon 7-10 octobre 1970, 1972, p. 117.

584. Jean TRENCHANT, *L'Arithmétique,* 1561, p. 342, cité par Marie-Thérèse BOYER, Ghislaine DE-LAPLACE, Lucien GILLARD, *Monnaie privée et pouvoir des princes* (dactylogramme), p. 20.

585. Etienne BONNOT de CONDILLAC, *Le Commerce et le gouvernement,* in : *Collection des principaux économistes,* XIV, 1847, p. 306.

586. Jean BOUCHARY, *Le Marché des changes à Paris au XVIIIe siècle,* 1937, p. 37.

587. R. BIGO, *op. cit.,* p. 69.

588. Felipe RUIZ MARTIN, *Lettres marchandes échangées entre Florence et Medina del Campo,* 1965.

589. M.-Th. BOYER, G. DELAPLACE, L. GILLARD, *op. cit.,* p. 235.

590. Ferdinand GALIANI, *Dialogues sur le commerce des grains, in : Collection des principaux économistes,* XV : *Mélanges d'économie politique,* II, réimpression de l'édition 1848, 1966, p. 51.

591. J. SAVARY, *op. cit.,* I, p. 187.

592. F. RUIZ MARTIN, *Lettres marchandes, op. cit.* Lettres échangées entre Simon Ruiz et Baltasar Suarez, lettre du 30 mars 1590.

593. F. MOLLIEN, *op. cit.,* III, p. 471.

594. M.-Th. BOYER, G. DELAPLACE, L. GILLARD, *op. cit.,* pp. 115-116.

595. *Ibid.,* pp. 302-303.

596. *Référence égarée.*

597. Louis de ROUVROY, duc de SAINT-SIMON, *Mémoires,* II, éd. La Pléiade 1969, p. 1029.

598. Adolphe VUITRY, *Le Désordre des finances et les excès de la spéculation à la fin du règne de Louis XIV et au commencement du règne de Louis XV,* 1885, pp. 27-28.

599. Jean BOUVIER et Henry GER-MAIN-MARTIN, *Finances et financiers de l'Ancien Régime,* 1969, p. 6.

600. J. BOUVIER, H. GERMAIN-MARTIN, *op. cit.,* p. 5.

601. Mercure de France, XI, p. 557.

602. J. BOUVIER, H. GERMAIN-MARTIN, *op. cit.,* p. 40.

603. Georges MONGREDIEN, *L'Affaire Foucquet*, 1956, pp. 240 *sq*. Daniel DESSERT, *Argent, pouvoir et société au Grand Siècle*, 1984, à propos du procès, précise que l'on a préféré ne pas aller au fond des choses, pour ne pas compromettre de grands personnages, dont Mazarin et Colbert lui-même (pp. 279-310).

604. Françoise BAYARD, *Finances et financiers en France dans la première moitié du XVIIe siècle (1598-1653)*, dactyl., 1984, p. 1851 ; D. DESSERT, *op. cit.*, p. 365.

605. D. DESSERT, *op. cit.*, p. 209.

606. *Ibid.*, p. 207.

607. Jean BODIN et Claude de RUBYS, cités par Henri HAUSER et Augustin RENAUDET, *Les Débuts de l'âge moderne*, 1938, pp. 572-573.

608. *Cf.* F. BRAUDEL, *Civilisation matérielle...*, II, pp. 339-343.

609. Référence égarée. *Les Débuts..., op. cit.*, p. 573.

610. Sur Zamet, sa carrière surprenante, sa familiarité avec Henri IV, voir la thèse dactylographiée de F. BAYARD, *op. cit.* IV, pp. 1141-1146.

611. Henri HAUSER, « The European Financial Crisis of 1559 », *in* : *Journal of European Business History*, 1930, pp. 241 *sq.*, cité par I. WALLERSTEIN, *Le Système du monde du XVe siècle à nos jours, op. cit.*, p. 167.

612. Lettre de Bernard à Chamillart, 12 octobre 1707, citée par H. LÜTHY, *op. cit.*, I, p. 121.

613. *Ibid.*, I, p. 122.

614. *Ibid.*, I, p. 111.

615. *Ibid.*, I, p. 121.

616. Jacques de SAINT-GERMAIN, *Samuel Bernard, le banquier des rois*, 1960, p. 193.

617. H. LÜTHY, *op. cit.*, I, p. 195.

618. *Ibid.*, I, pp. 283-285.

619. *Ibid.*, I, pp. 414-415.

620. Adolphe THIERS, *Histoire de Law*, 1858, pp. 175 et 178.

621. A.d.S. Florence, Francia f° 105 *v^o*.

622. Jean-Paul SOISSONS, *Notaires et sociétés*, 1985, pp. 309 *sq* ; Earl J. HAMILTON, *Prices and wages at Paris under John Law's System (Quarterly journal of economics*, vol. 51 1936-1937, pp. 30-69) et *Prices and wages in Southern France under John Law's System (Economic history Supplement to the Economic journal*, vol. IV. 1934-1937, pp. 442-461).

623. J. BOUVIER, « Vers le capitalisme bancaire : l'expansion du crédit après Law », art. cit., p. 321.

624. Georges PARISET, *Le Consulat et l'Empire, in* : *Histoire de la France contemporaine*, p.p. E. LAVISSE, III, p. 40.

625. Bertrand GILLE, *La Banque et le crédit en France de 1815 à 1848*, 1959, p. 41.

626. *Ibid.*, p. 39.

627. *Ibid.*, p. 40.

628. *Ibid.*, pp. 46-47.

629. Jean SAVANT, *Tel fut Ouvrard, le financier providentiel de Napoléon*, 1954.

630. Charles DUPIN, *Le Petit Producteur français*, I, 1827, pp. 5 *sq.*

631. Cité par Jean BOUVIER, « Les premiers pas du grand capitalisme français. Le système de crédit et l'évolution des affaires de 1815 à 1848 », *in* : *La Pensée*, n° 72, mars-avril 1957, II, p. 67.

632. B. GILLE, *op. cit.*, pp. 52-54.

633. F. DUCUING, *De l'organisation du crédit en France*, 1864, p. 80, cité par R. BIGO, *op. cit.*, p. 124.

634. R. BIGO, *op. cit.*, p. 125 note 1.

635. Guy PALMADE, *Capitalisme et capitalistes français au XIXe siècle*, 1961, p. 122.

636. R. BIGO, *op. cit.*, pp. 125-126.

637. G. PALMADE, *op. cit.*, pp. 133-134.

638. *Ibid.*, p. 128.

639. R. BIGO, *op. cit.*, p. 40.

640. Maurice LÉVY-LEBOYER, « Le crédit et la monnaie : l'évolu-

tion institutionnelle », *in :*
Histoire économique et sociale
de la France..., III₁, pp. 354-
355.
641. *Ibid.,* pp. 362-363.
642. *Ibid.,* pp. 372-373.
643. Rondo CAMERON, *La France et*
le développement économique de
l'Europe, 1800-1914, 1971,
pp. 128-130.
644. Jean BOUVIER, *Les Rothschild,*
1967, pp. 199 *sq.*
645. M. LÉVY-LEBOYER, « Le crédit
et la monnaie... », art. cit.,
pp. 393-400.
646. Maurice LÉVY-LEBOYER, « La
spécialisation des établissements
bancaires », *in : Histoire écono-*
mique et sociale..., III₁, *op. cit.,*
pp. 470-471.
647. M. LÉVY-LEBOYER, « Le crédit
et la monnaie... », art. cit.,
p. 353.
648. *Ibid.,* p. 395.
649. Jean BOUVIER, « Les profits des
grandes banques françaises des
années 1850 jusqu'à la première
guerre mondiale », *in : Studi*
Storici, avril-juin 1963, pp. 223-
239.
650. D. DESSERT, *op. cit.,* p. 80.

651. *Ibid.,* p. 88.
652. *Ibid.,* p. 71.
653. Guy CHAUSSINAND-NOGARET,
Les Financiers du Languedoc au
XVIIIᵉ siècle, 1970, p. 236.
654. A. GOUDAR, *op. cit.,* I, pp. 70-71
et note.
655. F. BAYARD, *op. cit.,* p. 918.
656. M. LÉVY-LEBOYER, « Le crédit
et la monnaie... », art. cit.,
p. 350.
657. F. BRAUDEL, *Civilisation maté-*
rielle..., III, p. 166.
658. Séville, A.N. Marine B7 226,
cité par E.-W. DAHLGREN, *Les*
Relations commerciales et mari-
times entre la France et les
côtes de l'océan Pacifique
(commencement du XVIIIᵉ siè-
cle). I. *Le Commerce de la mer*
du Sud jusqu'à la paix d'Utrecht,
1909, p. 36 et note 1.
659. En particulier d'Emile BOUR-
GEOIS.
660. Claude-Frédéric LÉVY, *Capita-*
listes et pouvoir au siècle des
Lumières. II. *La Révolution libé-*
rale 1715-1717, 1979, p. 10.
661. Louis-Sébastien MERCIER, *Ta-*
bleau de Paris, III, 1782 pp. 198-
199.

Notes de la conclusion

1. VAUBAN, *op. cit.,* p. 164
2. P. BONNAUD *op. cit.,* II, p. 23.
3. G. THUILLIER *op. cit.,* p. 82.
4. Elisabeth CLAVERIE, Pierre LA-
MAISON, *L'Impossible Mariage.*
Violence et parenté en Gévaudan,
1982, p. 339. *Les Financiers de*
Languedoc au XVIIᵉ siècle, 1970.

TABLE DES CARTES
ET GRAPHIQUES

Tableau des calamités en France (1807-1819) 24

Population rurale et population animale de 1806 à 1954 . . 41

La pomme de terre en Europe 54

Production de la pomme de terre en France de 1800
à 1950 58

Le recul de la jachère de 1852 à 1882 62

Revenu moyen de l'hectare en 1817 72-73

Viticulture et commerce du vin dans la Gaule romaine
et franque 99

Villes et bourgs d'Aquitaine exportant du vin au XIIIᵉ siècle
vers l'Angleterre 102

L'organisation de l'espace rural dans le Sud-Ouest français
(XVIIIᵉ siècle) 103

Approvisionnement de Paris en vins à bon marché aux XVIIᵉ
et XVIIIᵉ siècles 106-107

La propagation du phylloxera en France 115

Répartition des animaux de labour au XVIIIᵉ siècle 124

Araires et charrues, 1852 125

Les assolements en France au début du XIXᵉ siècle 131

Systèmes agraires en Russie d'Europe au XVIIIᵉ siècle 133

Importations de fromages à la fin du XVIIᵉ siècle 149

Production, commerce extérieur et prix moyen du blé en
France de 1810 à 1911 152

Arrivages de blé à Marseille, le 5 novembre 1845 153

Soulèvements populaires en France au XVIIe siècle 165

Augmentation des rendements du froment 180

L'incidence irrégulière des cultures nouvelles 181

Populations rurale et urbaine de 1806 à 1954 186

Disparité des taux d'urbanisation par département – 1806 . 188

Indice d'attraction villes-rivières 197

Une France encore criblée de foires en 1841 200

L'immigration dans quelques villes du Sud-Ouest 202-203

L'architecture civile de la Renaissance jusqu'à François Ier 206

Pourcentages d'urbanisation en France et dans les pays
voisins d'Europe de 1900 à 1980 213

Extension de l'industrie de la soie autour de Lyon 219

Productions industrielle et agricole de 1781 à 1938 224

Routes carrossables et principaux chemins du Haut-Dauphiné
isérois en 1787 229

Densité routière par département, 1820 234

Immensité de la France : les difficultés d'un marché
national 238-239

Les routes de poste en 1632 248

Les routes de poste en 1797 249

Produit global et production commercialisée de 1785 à 1938 253

Le réseau des routes royales, 1820 255

La naissance dù chemin de fer 259

Révolution des transports et changement social 265

Fabricants de textiles de l'inspection de Troyes, en 1746 .. 271

Industries dynamiques progressives et déclinantes 300

En 1830, « les dénivellations de l'espace économique
en France » 305

Le cycle court du trafic de Saint-Malo avec la mer du Sud 328

Cours de la livre tournois exprimé en francs germinal à base d'or et d'argent 365

La dévaluation monétaire, un phénomène général en Europe 366

Pourcentage des billets et des pièces métalliques dans la masse monétaire de 1820 à 1895 376

Les circuits des lettres de change, 1385-1410 388

Le triangle des lettres de changes et le mouvement mondial des espèces 389

Crédit cartographiques : Annales E.S.C., G. Armand, Jacques Bertin, Armand Colin, Cambridge University Press, Editions de l'Ecole des Hautes Etudes en Sciences Sociale et de la Maison des Sciences de l'Homme, Flammarion, Editions Marie-Thérèse Genin, Robert Laffont, Jean-Pierre Poussou, Boris Porchnev, P.U.F., Taillandier, Françoise Vergneault.

TABLES DES MATIERES

SECONDE PARTIE :
UNE « ECONOMIE PAYSANNE »
JUSQU'AU XXᵉ SIECLE

CHAPITRE III : Les infrastructures   9

I. Combien de siècles la France a-t-elle vécu en
« économie paysanne » ?   12
Jusqu'à aujourd'hui, 13. − Tout n'a pas commencé, mais
tout s'affirme à partir du XIᵉ siècle, 15.

II. Les traits d'ensemble   21
La force de la nature, 21. − Le rythme des saisons, 26. − La
bêche, la houe, la pioche, ou la charrue, 30. − Un projet
inattendu, 35. − Une suite d'exemples, 37. − La proportion
des cultures, 40. − Les proportions (suite), 45. − Ote-toi
de là que je m'y mette : les cultures nouvelles, 49. − Sur
la sole vide des jachères, 58. − Ote-toi de là que je m'y mette
(suite) : les prairies artificielles, 59. − Une France toujours
en retard d'une innovation, 65.

III. L'élevage, la vigne, le blé, les forêts   68
Ne pas oublier l'ensemble, 69. − En 1817, 69. − L'élevage
ancien. Première règle : aux animaux de se débrouiller pour
vivre, 75. − Seconde règle : la stabulation saisonnière et
le plein air, 80. − Autre règle : la division du travail oblige
aux échanges, ventes et reventes, 83. − La transhumance :
plutôt une exception, 86. − La difficile naissance d'un
élevage scientifique, 88. − L'histoire curieuse du cheval, en
France, s'explique-t-elle ?, 92. − L'élevage : activité marginale, 93. − La somptuosité de la vigne, 95. − L'extension
de la vigne, 97. − Une viticulture populaire, 104.
− Le vin : une industrie, 110. − Trois France viticoles,
112. − Enfin, parlons du blé ou mieux des blés, 116.

475

– Les exigences du blé, 118. – La rotation des cultures, 121. – Trois France au moins, 127. – Remonter le cours des siècles, 130. – Du blé au pain, 136. – Le Français mangeur de pain, 141. – Le pain blanc, 142. – Blé et revenu national, 143.

IV. Un bilan d'ensemble est-il possible ? 146
La France suffit-elle à la France ?, 148. – Pénuries, disettes, famines, émeutes frumentaires, révoltes, 159. – Insurrections paysannes et révoltes frumentaires, 161. – Les émeutes avant 1680, 163. – Après 1680, 166.

V. Tout de même de sérieux progrès 173
Les changements peuvent-ils se situer ?, 173. – Un progrès général et ses revers, 174. – Le progrès d'ensemble : technique d'abord, 177.

CHAPITRE IV : Les superstructures 183

I. Les villes d'abord 185
Les 10 % : une ligne ancienne et provisoire de flottaison, 185. – La place grandissante des villes, 189. – Les villes et le roi, 192. – La fixité du réseau urbain, 194. – Les sites urbains, 195. – Les hommes indispensables, 201. – Les villes face à l'économie de la France, 205. – Sur le taux d'urbanisation, 211. – Les villes face à l'économie (suite et fin), 214. – L'exemple de Lyon, 217. – L'exemple de Lille, 220. – D'autres responsabilités, 222. –

II. Circulation et structure 227
Haute et basse circulations, 228. – Les grandes routes, 233. – L'eau, une troisième voie ?, 236. – La terre supérieure à l'eau ?, 243. – L'ensemble : le rôle de l'Etat, 246. – Le volume global de la circulation, 252. – Avant et après les chemins de fer, 256. – Le passé rétrograde, 262.

III. Industrie et industrialisation 267
Le mot « industrie », 267. – Pour un langage scientifique, 270. – Précautions et réserves, 273. – Les fabriques disséminées, 276. – Les manufactures ou les premières concentrations, 280. – La grande industrie et les nouvelles

sources d'énergie, 284. – Les innovations, 288. – Après le comment, le pourquoi, 293. – Fluctuations répétitives, 297. – Un bilan ou la survie de la petite entreprise, 301.

IV. Le commerce : une avance constante à l'allumage ..   307
Les effectifs du commerce, 309. – Les négociants et le commerce au loin, 315. – Le petit nombre des gagnants, 319. – Le témoignage des grands commerces, 322. – Problèmes posés, non résolus, 343.

V. Au somment des hiérarchies : le capitalisme   346
Capitaux, capitalistes et capitalismes, 347. – Les pesanteurs du capital dormant, 349. – Les monnaies métalliques : stocks et flux, 355. – La monnaie du prince, 360. – Les jeux internes de la monnaie, 362. – Le change vertical, 370. – La lente émergence du papier, 372. – Le rôle de la lettre de change, 377. – La lettre de change a-t-elle créé l'inter-Europe ?, 381. – Finance et banque : les débuts d'un système, 390. – Finance et banque : une occasion perdue, 399. – La finance et la banque (suite et fin), 404. – De 1789 à 1848, 407. – L'importance du petit nombre, 416.

POUR DES CONCLUSIONS D'ENSEMBLE

Diversité et unicité, 423. – Le monde, un trouble-fête qui ne se laisse pas oublier, 425. – Le chambardement de la France paysanne, 427. – La longue durée, 431.

Notes et references   433

Achevé d'imprimer le 23 décembre 1986
sur les presses de Maury-Imprimeur S.A. à Malesherbes
N° d'édition : 1801
N° d'impression : L86/20077I

Dépôt légal : novembre 1986
Imprimé en France.